# 目　录

# 陈垣先生诞辰 140 周年
# 纪念暨学术研讨会致辞

（2020 年 11 月 12 日）

董　奇

尊敬的刘家和先生，尊敬的饶权馆长，尊敬的赵笑洁书记，尊敬的各位专家来宾，老师们，同学们：

大家上午好！

今天是我国著名的史学家、教育家，我校老校长陈垣先生诞辰 140 周年，学校联合中国国家图书馆、中国社科院古代史研究所等单位共同主办"陈垣先生诞辰 140 周年纪念暨学术研讨会"，深切缅怀陈垣先生的品格和风范，大力弘扬陈先生的学术精神和教育思想。在此，我首先代表程建平书记，代表全校师生，向与会的各位领导、专家表示最热烈的欢迎和衷心的感谢！

大家知道，陈垣先生是我国著名的史学大家、大教育家、社会活动家，是一位勇于追求真理、具有强烈爱国思想和奉献精神的学者。陈垣先生在杏坛辛勤耕耘 70 余年，先后长期担任辅仁大学、北京师范大学校长，一生诲人不倦，桃李满天下，为北京师范大学、为中国高等教育事业的发展作出了杰出的贡献。在多年的从教事业中，陈垣先生倡导教学与研究紧

---

作者简介：董奇，北京师范大学校长（2012 年 7 月—2022 年 5 月）。

密结合，形成了独特的教学理念和教学风格，使一大批学生受用终身。陈垣先生一生高扬民族气节，坚持将爱国主义贯穿于大学教育中，将爱国基因深化到北师大的人文血脉中，代代相传。陈垣先生高度重视师范教育，为新中国的师范教育事业呼吁奔走，用毕生精力塑造了北师大"学为人师，行为世范"的校训精神，书写了为民族复兴办教育、为国家富强育英才的大爱情怀。陈垣先生学养深厚，在多个领域作出了开创性的成绩，学术影响蜚声海内外。陈垣先生数十年如一日钻研史学，治学风格一丝不苟，研究视野广阔精深，史学著作等身，在宗教史、元史、历史文献学等领域都有富有创建的成果，具有重要的影响。作为北京师范大学历史学科的创始人，他秉持中国传统的根柢之学，融合目录学、校勘学、年代学等，博通与精专结合，历史与史学并重，考证与经世相融，为北师大历史学科的贯通和会通之学奠定了坚实的基础，深刻塑造了学校历史学科的学术风格。尊重历史，以史为鉴，一直是中华民族的优良传统。党的十八大以来，以习近平同志为核心的党中央高度重视历史研究，习近平总书记在众多重要场合就重视历史、研究历史、借鉴历史、把握历史等发表了一系列重要的论述。他强调，历史研究是一切社会科学的基础，承担着"究天人之际，通古今之变"的使命，深刻阐述了历史研究的重要意义，也为新时代历史研究提出了新的更高的要求，为我国历史学科的发展和人才培养指明了方向。当今世界面临百年未有之大变局，我国正处于实现中华民族伟大复兴的关键时期，如何在危机中育新机，于变局中开新局，是时代交给我们的重大课题。当前，北京师范大学正在加快综合型、研究型、教师教育特色领先的中国特色世界一流大学建设，着力构建以北京校区和珠海校区为一体两翼的办学格局，不断深化综合改革，巩固强化学校人文社会科学的特色优势，努力提升服务国家重大需求的能力。北师大历史学科要自觉承担起更加光荣、更加重大的历史使命，进一步继承和弘扬陈垣先生珍贵的学术遗产和精神品格，扎实谋划"十四五"历史学科的发展，积极回应和服务国家重大理论和现实需要，力争在创建中国特色历史学科体系、学术体系和话语体系中贡献北师大历史学科的力量。

今天来了很多历史、文化方面重要单位的领导、专家，我也借这个机会衷心感谢各位专家长期以来对北京师范大学，对北京师范大学历史学科、人文学科的大力支持和长期以来给予的关心。我也特别希望通过今天这样一个研讨会，能够进一步推动北京师范大学和在座各位专家所在单位在科研、人才培养等方面的合作，为我们国家历史学科和教育文化事业的发展作出我们共同的努力和贡献。最后，祝此次研讨会圆满成功！谢谢大家。

# 陈垣先生诞辰 140 周年纪念
# 暨学术研讨会致辞

（2020 年 11 月 12 日）

饶　权

尊敬的董奇校长、赵笑洁书记、刘家和先生、陈智超先生，各位专家、各位来宾：

大家上午好！

今天是陈垣先生诞辰 140 周年，国家图书馆与北京师范大学、中国社科院古代史研究所联合主办陈垣先生诞辰 140 周年纪念暨学术研讨会。在此，我谨代表国家图书馆向莅临本次会议的各位专家表示热烈欢迎和衷心感谢，向陈垣先生的家人以及来自先生家乡的各位代表致以诚挚问候，向不辞辛劳筹办此次活动的北京师范大学各位同人致以崇高的敬意。

陈垣先生是 20 世纪中国著名历史学家、宗教学家、教育家，学术界公认的世界级学者，伟大的爱国主义者。陈垣先生和王国维先生被并称为中国近代之世界学者，毛泽东主席称他为"国宝"。傅斯年先生说："静庵先生驰誉海东于前，（陈垣）先生鹰扬河朔于后。"陈垣先生与国家图书馆渊源颇深，曾以教育部次长身份兼任京师图书馆馆长，并历任国立北平图书馆筹备委员会委员、国立北平图书馆委员会委员、国立北平图书馆购书委

---

作者简介：饶权，时任中国国家图书馆馆长。

员会中文组主席等职务，此后也多次参与国家图书馆馆务、管理等工作，于我馆馆务发展、藏书建设、文献整理等方面均作出过巨大贡献。

1928 年 7 月至 1929 年 5 月，国民政府大学院令国立京师图书馆改称为国立北平图书馆，聘请陈垣等 5 人为国立北平图书馆筹备委员会委员。以陈垣先生为首席，一方面为新馆建设积极奔走，极力促成有关部门将中南海居仁堂拨交北平图书馆使用，有效解决了国子监南学旧址馆舍空间偏狭、火灾隐患严重等问题；另一方面在争取中美教育文化基金会支持的同时，力主中方在北平图书馆馆务方面的主体地位，推动建立了以中方占多数的北平图书馆委员会。1929—1937 年，陈垣先生一直担任国立北平图书馆委员会和购书委员会委员，并于 1929—1930 年担任国立北平图书馆委员会委员长，对图书馆图书的购置、增添、制订买书计划、与藏书家联系转让等事宜倾注心血，贡献颇多。

陈垣先生特别强调图书资料的使用价值。他曾说，在图书馆内图书的保管与利用应有很好的结合，过分强调保管，会使很多有用的图书资料不能为专家学者所利用。他同时也是勤谨笃学的文献研究专家，长期致力于《四库全书》、敦煌遗书等珍贵典籍的精研和整理工作。1915 年，文津阁《四库全书》由承德避暑山庄入京，存于当时位于方家胡同的京师图书馆。陈垣先生至此即每天到馆，坚持不懈地对《四库全书》研读了 10 年，并曾带领助手对文津阁《四库全书》进行清点统计，亲至故宫文渊阁调查最初排架格式，先后编成《四库书目考异》《文津阁四库全书册数页数表》《文渊阁四库全书排架图》等四库学重要研究资料，为后世研究、整理、利用《四库全书》奠定了坚实基础。1922 年，为了解宣统二年(1910 年)移交京师图书馆的敦煌唐人写经 8651 卷的内容，陈垣先生曾连续 3 个多月每日到馆翻看经卷。1924 年被推举为敦煌经籍辑存会采访部长后，更对馆藏敦煌遗书作了全面细致的查阅与考订，编成敦煌学史上第一部大规模分类目录《敦煌劫余录》。《文津阁四库全书》和敦煌遗书都是国家图书馆的镇馆之宝，也是中华文明发展史上非常重要的文献典籍，陈垣先生对这两部分典籍的整理皆厥功甚伟。陈垣先生不在国家图书馆任职后，也一直关心着国家图书馆的发展，热心参与国家图书馆举办的活动。1958 年，北京图书馆为纪念戊戌变法 60 周年举办展览，向先生征询展览意见并征求展品。先生提出了很多设想和很好的建议，连日寻找可供参展的文献，将他珍藏的康有为殿试卷、黄遵宪撰《人境庐尺牍》墨迹册页（该尺牍在若干年后收入《黄遵宪文集》中，成为难得的实物史料）、徐继畬《瀛寰考略》2 卷（《瀛寰志略》原稿本）等作为参展的展品，并写了相应的文字说明，成为展览会上的珍品。

陈垣先生曾说，"我如鱼，书如水"，这句话至今都是国家图书馆员工和广大国图读者们耳熟能详的阅读格言。先生一生挚爱读书，也是中国近代藏书大家，自少年时代就开始有意识地积累书籍，经过数十年搜求积累，藏书达 4.2 万册，内容涉及宗教、文学、历史等众多门类。先生讲究藏以致用，其藏书中有相当一部分是他经常仔细阅读，认真批校过的，留存于这些藏书眉端行间的批注校正，充分体现了其深厚的史学修养和严谨的治学精神。陈垣先生去世后，他一生珍藏的 4 万余册藏书悉数入藏国家图书馆。陈垣先生的手稿后来经过其子著名历史学家陈乐素和其孙著名宋史专家陈智超先生整理后，也捐献给了国家图书馆，服务社会公众。

陈垣先生不仅是一位学者，同时也是一名爱国主义者。他曾说："余如南归，辅仁大学数千青年有何人能代余教育之，沦陷区正气有何人能代余支持倡导，且余之图书又不能全部带去，只身南逃，尤属不宜。"为此，他于抗战期间不畏艰险，留守北平，坚决不和敌人合作，坚决不任伪职，一面对学生进行爱国主义教育，为国家保留读书种子，一面以书斋作为战场，以纸笔为武器，撰写《明季滇黔佛教考》《通鉴胡注表微》等著作，借古喻今，痛斥日本侵略者和汉奸卖国贼，阐发历史上的爱国主义传统，提倡经世致用的史学。这些著作是我们民族的宝贵精神财富，也是极好的爱国主义教材，为继承和弘扬先生热爱祖国、学以致用的励耘精神，让更多人能够了解陈垣先生卓越的史学成就、进取创新的治学方法，以及他甘于奉献、报效祖国的铮铮傲骨，国家图书馆多次与北京师范大学、江门市人民政府等机构合作，联合举办纪念活动。如 2010 年在北京师范大学举办纪念陈垣先生诞辰 130 周年学术研讨会，2015 年在国家典籍博物馆举办"傲骨立天地，史学铸丰碑——陈垣先生诞辰 135 周年纪念展"，在江门市举办"江门英才，史学巨擘——陈垣先生诞辰 135 周年纪念展"等，生动再现了陈垣先生在史学方面的卓越成就、在教书育人方面的突出贡献和他为祖国和人民奔涌的热血情怀，在社会各界引起广泛关注和强烈共鸣。

　　陈垣先生是中国知识分子的杰出代表，是近代中国文化教育事业发展征程中兼有崇高理想与务实精神的建设者与开拓者，其治学则求慎独，为师则授业务精，奉公则鞠躬尽瘁。先生的学问成就与精神值得一代代中华儿女永远学习、纪念、传承。先生为国家图书馆留下了宝贵的精神财富，不仅寄托在其捐赠的数万册藏书、手稿中，更深深浸润在每一位国图人和中国图书馆人的血脉里。值此先生诞辰 140 周年之际，请允许我代表国家图书馆再次向这位学术宗师、我们的老馆长陈垣先生表示崇高的敬意和深切的缅怀，我们将努力继承先辈光荣传统，坚守传承文明、服务社会的初心使命，大力弘扬中华优秀传统文化，充分发挥图书馆滋养民族心灵、培育文化自信的重要作用，为建设社会主义文化强国再立新功。谢谢大家！

# 陈垣先生诞辰 140 周年纪念
# 暨学术研讨会致辞

（2020 年 11 月 12 日）

赵笑洁

尊敬的各位专家，各位领导朋友们：

大家上午好！

今天是北京师范大学老校长、国家图书馆老馆长、我们中国社会科学院古代史研究所老所长、著名史学家陈垣先生诞辰 140 周年，很荣幸能够参加这个纪念会和研讨会。在此，我谨代表中国社会科学院古代史研究所、中国历史研究院古代史研究所致以崇高的敬意。陈垣先生是 20 世纪中国杰出的历史学家、教育家和社会活动家。1954 年，中国科学院成立 3 个历史研究所，郭沫若、陈垣、范文澜分别担任历史一所、二所、三所的所长。1955 年，毛泽东主席向郭沫若提出为县团级干部编写一部历史教材。由郭沫若牵头，陈垣等多位历史学家组成的中国历史教科书编辑委员会共同承担了编写工作。1956 年，历史一所和历史二所合并为我们古代史所的前身——历史研究所。2019 年，历史研究所更名为古代史研究所，陈垣先生就这样与我们所结下了不解之缘。陈垣先生是著名的学者，是新中国建立之前就蜚声中外的史学大家、教育家，同时他还是一位炽热的爱国

作者简介：赵笑洁，中国社会科学院古代史研究所党委书记。

者。陈垣先生一生致力于元史、宗教史、历史文献方面的研究，尤其是在元史研究方面著作等身。陈垣先生的《元也里可温教考》《元西域人华化考》《元典章校补》《元秘史音译类纂》等论著在元史学界影响深远而广泛。

对于陈垣先生的学术成就、治学精神和教学耕耘，与会的学者专家应该谈论很多，我在此不占用更多的时间。我想借这个机会，跟大家一起回顾一下陈垣先生一生的爱国情怀。炽热的爱国精神可谓贯穿了陈垣先生的一生。20 世纪初，青年时期的陈垣先生受到维新思想的影响，曾经投身于反帝反封建的革命运动。但辛亥革命推翻清朝帝制之后，国家仍然衰弱，混乱的现实打破了他的幻想。正如他自己所说："眼见国事日非，军阀混战连年，自己思想没有出路，感到生于乱世，无所适从。"于是，陈垣先生就想专心致力于教学与著述。因此，在新中国成立之前，陈垣先生基本一直潜心学术，不参与时事政治。

陈垣先生迎来思想的巨大转变是到了 1949 年新中国成立前夕。从1948 年 12 月至 1949 年 1 月，国民政府想借助陈垣先生的社会名望，曾多次来电，并派人接陈垣先生南下，陈垣先生都避而不见。陈垣先生留下来，是为了迎接一个新时代。1949 年 1 月 31 日，北平和平解放，2 月 1日，解放军进城，陈垣与众人从辅仁大学步行到西直门大街，站在马路边，一同欢迎解放军。这一刻，陈垣先生直观地看到了中国共产党人与解放军指战员的纪律与风貌。新中国成立以后，年近 70 岁高龄的陈垣购置了大量的马克思著作，开始自觉学习马列主义理论，思想在急剧变化。4月 29 日，陈垣先生向胡适写下了一封公开信，发表在 5 月 1 日的《人民日报》上，这封信是一篇重要的文献，更是陈垣先生一篇告别旧社会和拥抱新时代的勇敢宣言。在信中，陈垣先生坦言自己思想变化的缘起，勇敢宣告："在北平解放的前夕，南京政府三番两次的用飞机来接，但是青年的学生们却用行动告诉了我，他们在等待着光明，他们在迎接着新的社会，我知道新生力量已经成长，正在摧毁着旧的社会制度。我没有理由离开北平，我要留下来和青年们一起看看这新的社会究竟是怎样的。"这封公开信被诸多报纸转载，还翻译成日文等外文在国外传播，在海内外知识界引起了巨大的震动，为新中国迅速获得知识分子的拥护贡献了力量。

新中国成立以来，年过古稀的陈垣先生以极大的热情投入国家的社会主义建设和中国科学院历史研究所的筹备和组建工作。1951 年召开新元史研究会议，在召开的新史学研究会上，他建议科学院应成立历史研究所。1954 年《历史研究》杂志创刊。陈垣担任编委后，一直为《历史研究》审查论文。1954 年，中国科学院历史研究所二所成立，陈垣先生担任所长，积极为历史所的筹建贡献力量。

陈垣先生对祖国的热爱，对国家富强的渴望是十分真挚的。1958 年春夏之际，陈垣要求秘书把报纸上登出的各类展览会的情况和消息告诉他。一有重大信息，他就急忙前往。陈垣先生先后参加参观了三大工程、宝成铁路、武汉大桥、鹰厦铁路等的展览会，以及全国工业交通展览会。在三大工程展览会上，陈垣听到讲解员讲这些工程都是由我们自己设计时，一时激动不已，在现场就不禁流下了激动的眼泪。大家都称陈垣先生是"先生"，但更多人愿意称他为"同志"。新中国成立以来，看到新社会前所未有翻天覆地的巨变，他由衷地爱戴和拥护中国共产党的领导。1955 年，当他听说清华大学副校长刘仙洲 65 岁光荣加入中国共产党的消息时，他给弟子的信中表达了自己无限的羡慕之情。终于在 1959 年 1 月 28 日，79 岁高龄时，陈垣如愿以偿，光荣地参加了中国共产党，把加入中国共产党作为自己的政治归宿。在旧社会和新中国，陈垣先生以完全不同的两种态度，投入学术事业、教育工作和日常工作，空前热情地参与政治和社会事务，充分说明他对于党的领导和新中国的建设事业的肯定和期待。

今天，我们相聚在陈垣先生曾经工作过的北京师范大学，共同围绕陈垣先生的相关议题进行充分的追念、缅怀和学术碰撞，我们相信，陈垣先生的爱国爱民、高风亮节和赤诚之心将会永远传承下去，并发扬光大。谢谢大家。

# 陈垣先生诞辰 140 周年纪念
# 暨学术研讨会致辞

（2020 年 11 月 12 日）

梁凤琼

尊敬的董奇校长、饶权馆长、赵笑洁书记、刘家和教授，尊敬的各位嘉宾，各位专家学者：

大家上午好！

我和谢树浓副区长、陈小平常务副部长、李茂槐局长等一行，来自陈垣先生的家乡广东省江门市蓬江区。今天是陈垣先生诞辰 140 周年纪念日，在这个隆重的日子里，我谨代表中共江门市蓬江区委、区人民政府向陈垣先生致以崇高的敬意！向陈垣先生的家人表达诚挚的问候！祝愿陈垣先生诞辰 140 周年纪念暨学术研讨会取得圆满成功。

今年，北师大与我们家乡共同开展纪念活动，江门市是珠三角 9 大城市之一，也是粤港澳大湾区的重要节点城市，共有海内外华侨 400 多万，是全国的著名侨乡。蓬江区是江门市的中心城区，总面积 324 平方千米，常住人口 80 万，下辖 6 个镇街，2019 年的 GDP 是 712 亿元。蓬江区是一个历史文化底蕴深厚，宜居、宜业、宜游的好地方。陈垣先生出身于一个药商的家庭，他在我们家乡生活到 6 岁，在青年时期曾经回家乡教过一年

---

作者简介：梁凤琼，中共广东省江门市蓬江区委常委、宣传部长。

书。陈垣先生是著名的史学家、教育家、社会活动家。他从事教育事业 70 多年，担任辅仁大学和北师大校长长达 45 年之久。他英才广育，桃李满园，他学识广博，品格高华。他是我们父老乡亲的骄傲，是蓬江区一座不朽的文化丰碑，是激励我区干部群众奋发图强，敢于拼搏，勇于创新的巨大精神源泉。

为纪念陈垣先生的精神，近年来，我区把陈垣文化开发列为区政府的重要工作，推动陈垣文化开发利用工作取得成效。一是强化对陈垣文化开发利用工作的组织领导。我区成立陈垣文化开发利用工作领导小组，由区委书记担任组长，下设工作专班，具体负责推动落实陈垣文化的开发利用。二是打造好陈垣文化品牌。通过打造陈垣读书品牌，目前已经完成 15 家陈垣书屋和 1 家陈垣励耘书吧的建设，并连续多年举办纪念陈垣先生诞辰活动。这已经成为蓬江区长期坚持开展的文化品牌。三是保护和开发好陈垣故居。陈垣故居是广东省文物保护单位，蓬江区计划将陈垣故居打造成以名人故居、国学文化、民族精神社会道德教育和爱国主义教育基地为主题，融展览纪念、研习教育、休闲观光、文化交流等于一体的特色文化综合体。我们诚挚希望北师大珠海校区积极参与保护和开发陈垣故居。我区距离珠海校区约一小时的车程，距离非常近，诚邀各位领导专家来蓬江考察指导，共商合作大计。

最后，感谢北师大为推广陈垣文化以及他的学术精神、教育思想，搭建了这个高层次的交流平台，感谢各位专家学者对陈垣文化孜孜不倦的研究与探索。祝各位领导、各位嘉宾、专家学者、各位朋友，身体健康，阖家幸福，万事如意！谢谢大家。

# 陈垣先生诞辰 140 周年纪念
# 暨学术研讨会致辞

（2020 年 11 月 12 日）

吴国武

尊敬的董奇校长、饶权馆长、赵笑洁书记，尊敬的刘家和先生、陈智超先生、陈垣先生的家属、家乡人和陈垣先生的学术传人，老师们、同学们：

大家上午好！

今天是著名的教育家、历史学家、古文献学家、北京师范大学原校长陈垣先生诞辰 140 周年纪念暨学术研讨会，受全国高等院校古籍整理研究工作委员会和安平秋主任的委托，谨向陈垣先生诞辰 140 周年纪念暨学术研讨会的隆重召开表示衷心的祝贺，向令人敬仰的陈垣先生表达深切的缅怀和崇高的敬意，向继承陈垣先生学术精神和文教事业的 3 家主办单位、向陈垣先生的家属、陈垣先生的学术传人表达祝愿和祝福！

陈垣先生一生兴办教育，长期担任辅仁大学和北京师范大学的校长，为我国教育事业作出了巨大的贡献，是享誉海内外的教育家。陈垣先生很早参与领导中国图书馆的建设，担任过中国国家图书馆的前身——京师图书馆的馆长，负责过北平图书馆的相关工作，为我国图书馆事业作出了开创性的贡献。

---

作者简介：吴国武，全国高等院校古籍整理研究工作委员会代表。

陈垣先生一生从事历史研究和历史教育，担任过中国历史研究院古代史研究所的前身——中国历史研究所的所长，也是北京师范大学历史学科的创始人。他勤于著述，精于考证，功力深厚，见识高超，在元代历史、宗教史、中外关系史、年代学、避讳学和历史文献学等中国古代史众多的领域成就卓著。他循循然善诱人，培养了陈乐素先生、柴德赓先生、赵光贤先生、启功先生、刘乃和先生、郭预衡先生等学界大家，滋育了几代学者，是我国现代著名的史学大师之一。

值得一提的是，在陈垣先生的学术和文教生涯中，古籍整理的人才培养和科学研究始终是他从教治学的基石和特色。陈垣先生在担任京师图书馆、北平图书馆馆长和负责相关工作期间，在任教北京大学、燕京大学、辅仁大学和北京师范大学期间，致力于我国古籍的收藏保护和整理研究，在目录学、校勘学、史源学、四库学等古文献领域进行了深入系统的创造性研究。他主持过文津阁《四库全书》的清点以及《宋会要辑稿》的影印工作，他组织点校过《二十四史》之中的新旧两部《五代史》，编著了《元典章校补》《日知录校注》《廿二史札记考证》等重要的古籍整理著作，撰写了《敦煌劫余录》《中国佛教史籍概论》《校勘学释例》以及《史讳举例》等古文献学领域的经典之作。不仅如此，陈垣先生在掌教辅仁大学和北京师范大学期间，培养了大量古籍整理方面的文史名家，对北京师范大学的古籍整理研究产生了广泛和深远的影响，为我国古籍整理事业的发展作出了不朽的贡献。

在陈垣先生诞辰 140 周年之际，学术界、文化界、教育界齐聚北京师范大学，纪念这位名垂千秋的史学大师和大教育家，研讨他的学术成就和历史贡献，必将有力地推动我国学术、文化、教育事业的繁荣昌盛。最后，预祝陈垣先生诞辰 140 周年纪念暨学术研讨会取得圆满成功。我们相信，陈垣先生的学术精神和文教事业必将代有传人，发扬光大。谢谢！

# 对陈援庵先生学术传统的继承和发展

刘家和

陈援庵先生的学问，在今天开幕式的时候，各位介绍得都很完备，不需要我再加以重复。现在我想谈的是陈援庵先生的治学传统，以及这个传统在北京师范大学的继承和发展，只是谈一点粗浅的体会。

陈老的学问，在我们看起来是很伟大很崇高的，可是他入手的地方看起来却很平凡。陈老十二三岁的时候，读的书是张之洞的《书目答问》。《书目答问》这部书，陈老的高足、最优秀的学生柴德赓先生作了批注，邱居里老师又加以标点，还有孙文泱先生也作了一些补充。我觉得从这部书就能看出陈老是从目录学入手。其实做学问从目录学入手，这很平凡啊，大家几乎都是这样的。可是他的不平凡之处是什么呢？为什么陈老在十二三岁的时候，一读这部书就读了两年？现在这书已经不是原样了，我一会儿会讲我个人的体会，请润珍教授、陈先生以及各位先生批评指教。

我早年也读过《书目答问》，但没有读进去，一直到1963年读了柴德赓先生写的序之后才开始认真读，当时我已经35岁了，可是陈老在37岁的时候就写了《元也里可温教考》。他连续两年读《书目答问》，不是把这部书当成随便查一查的书；很多人认为《书目答问》就是用来查一查的，但陈老反复阅读，我觉得这个是非常在行的。这是我觉得他不平凡的地方。一

---

作者简介：刘家和，北京师范大学历史学院资深教授。

个十二三岁的年轻人，为什么把这部书一翻再翻？张之洞的这部书是从略例讲起，仅仅一两页，就完全指示了治学的门径。所以这部书是要读的，是要研究的。我们读书恐怕就是要多读略例，读序，读前言。现在我们一般的习惯是读书不读序，其实序是最根本的，要读。一本书不读序，将大大地降低阅读效果。所以张之洞在略例中讲，读书不得要领，劳而无功；读其书，合适的书，不得精校精注本，事倍功半。这话非常重要。"不得要领"是指，你对这本书不了解，怎么能够很好地把握它呢？这就是问题关键所在。所以我觉得陈老一读到这些内容，就读下去了。

《书目答问》这部书尤其妙在内容结构分成两部分。前一部分是讲分类的，是经、史、子、集四部。其实这个分类，细看同《四库全书》的分类并不完全相同，很有意思，譬如子部和《四库全书》就不一样，是将"前秦诸子"单列出来，大有道理。这些都是张之洞当时为了指导年轻人，而做的很有心的事。他把学科的各门各类分四部以后，再分成各个小类，纲举目张。再加上丛书全书主要涵盖了2000多种书，门类很齐全。在这样的情况下，一般的人查一查就完了，但其实不然，它是告诉你学术的部类，你要在头脑里形成一个大概的印象，然后再来读书。这是前一部分。

后一部分是附录，特别是其中有篇《国朝著述诸家姓名略》，把人一个个分类。比如经学家，经学家包括汉学经学家，汉宋兼采经学家，等等。这是什么意思？其实张之洞是留了个让学生做的大作业，我觉得陈老认识到了。这作业现在由柴德赓先生完成了，把每一个人名，他有什么著作，都完成了。这篇《国朝著述诸家姓名略》，我直到看了柴先生的书以后才知道。过去孟子就讲过，要尚友古人："颂其诗，读其书，不知其人，可乎？"所以读书一定要知道人，有人才能知道书，书是一个网络，人是一个网络，书跟人之间得有网络，这是非常重要的。

陈老后来就把这个网络给构成了。他花了两年时间，一边读书一边买书——他家里还是比较富裕的（刚才他家乡的朋友也讲了）。他的父亲问他，你买那些书能看得完吗？他说书有不同类，有些是要精读的，有些是要泛读的，有些只是备查的。这话说得非常地道。我经常说书架上的书有两种，一种书是我用钱买的，从法律上说我有它的财产所有权。但严格来讲，这本书不是我的，因此我要对这本书进行了解。我到书店去看也是为了了解，这本书的特点是什么，在什么时候会用得上，在哪一类问题上是非常重要的书，在哪一种情况下又不是重要的书。如果能够了解到这样一些情况，那么这本书就是你的，即使是从图书馆借来读的，这本书也是你的，因为以后你要做研究的时候，你一伸手就可以"拿到"了。

就这样，陈老一边买书，一边把这样一部小书研究了两年，在非常平凡之间可以看出非常不平凡。他入手点很高，这样有了两年的功夫，实际上就知道了一个书的谱系，也看到了一个人的谱系，这是什么呢，其实就是真正的目录学。目录学从什么时候开始的？是从刘向、刘歆父子天禄阁校书、作《七略》的时候。后来《汉书·艺文志》把《七略》编了进去。《汉书·艺文志》把书分为各个门类，是横向的；又讲学术史，讲哪个门类里有哪些书，是纵向的。所以它像数学坐标系似的，有纵坐标和横坐标，不是同一个层次的坐标值，实际上形成了一个网络。所以，《汉书·艺文志》的方法，就是我们现在的目录学。用章学诚的两句话、八个字来说，就是"辨章学术"——这是横的分类，"考镜源流"——这是纵的分类。

陈老就是这样进入了目录学，用的是活的方法，如同画一张大地图。比如说我是个邮递员，要在海淀区投递，那么我知道这个地方就行了；可是不仅如此，我还要知道海淀区附近的路是什么，北京市的路是什么。我能到海淀区，也能到另外一个区，这样之后就变成了活的网络，想到哪儿都行。这就是陈老做研究的方法。例如他写《元也里可温教考》，当时的元史老前辈柯劭忞先生就很佩服他；有些地方恐怕搞元史的学者，就像钱大昕，也没有注意到。

当然《书目答问》主要讲清代的书，更早的书还要读《四库提要》。在1906年，文津阁的《四库全书》到了北京，陈老就开始读《四库全书》了。他每天去，早上去，晚上回，中午就吃带去的干粮，然后他就做了人名索引、书名索引。他考证出《四库简明目录》实际上跟文津阁的《四库全书》有所不同，看中间是怎么抽改的，作了一篇考异，这样陈老对《四库全书》就有了全面的把握。陈老作了一个表，要找材料的时候就非常顺手、非常顺畅。陈老入手目录学，包括考据、校勘等文献学，都为今后打下了坚实的基础。

1924 年冯玉祥发动政变，把溥仪赶出故宫，这个时候大量的故宫档案材料就都出来了，让谁去整理啊，让陈老去。当然我们现在没法跟陈老相比，陈老能看到的书不是我们能看到的。在座诸位，咱们能看的书能跟老先生比吗？不能比。要知道如果是我们突然看到这么多新见的书，就傻眼了，没法对付。可是对陈老来说，得其所哉，游刃有余。所以他能做故宫博物院图书馆的馆长，后来又成了京师图书馆的馆长。陈老的学问基础是一切考据学的基础，有这个学问基础才能搞史源学，所以这是我觉得陈老的学问对我们来说非常非常重要的一点。

后来柴德赓先生主要继承了陈老的学问，我觉得现在恐怕要做到像柴先生的《史籍举要》这样不会太容易。柴先生把《书目答问》中《国朝著述诸家姓名略》里的人一一作了简介，就是《四库提要》式的。举一个人来说，比如顾炎武，经学家里边有顾炎武，小学家里有顾炎武，史学家里有顾炎武，金石学家里有顾炎武，校勘家里也有，一个人兼了多少家，哪些是大家，哪些是专家，看看《国朝著述诸家姓名略》就知道了。比如《史记志疑》的作者梁玉绳，就只是史学家，没有兼其他家。所以《书目答问》实际上告诉我们好多好多的问题，现在柴先生都给做出来，邱居里教授给整理出来。我是直到 35 岁才知道用功看这部书，而陈老在 35 岁时已经成大家了，我现在等于在作检讨，但诸位年轻的朋友可以从现在就做起，把《书目答问》当作学问来读、来研究。在这点上，陈老的学问不平凡在于他把目录学当作学术史来做，这是我讲的第一点。

第二点是，当陈老二十二三岁的时候，就开始读赵翼的《廿二史札记》，这是陈老治通史的一个基础。陈老为什么在王鸣盛的《十七史商榷》、钱大昕的《廿二史考异》和赵翼的《廿二史札记》这三本书里选《廿二史札记》呢？要说精，是钱大昕的《廿二史考异》最精，为什么陈老选《廿二史札记》？因为只有赵翼这本书从《史记》开始，涵盖了二十四史。王鸣盛的《十七史商榷》才到《五代史》，缺少宋、辽、金、元、明五个朝代，如果加上这五个朝代就是二十二了。钱大昕的《廿二史考异》没有《旧五代史》，陈老后来有《旧五代史辑本发覆》；它也没有《明史》，清人对明史很敏感，钱大昕比较小心谨慎，所以钱大昕的《廿二史考异》也没有真正完全涵盖。陈老选赵翼的《廿二史札记》，一方面是因为它全，的确涵盖了二十四史——算上新旧《唐书》、新旧《五代史》就是二十四了，求其全；另一方面是因为这部书是陈老读了一辈子，也是他后来给学生作史源学实习的一部教科书。陈老发现这部书一部分叫作"史法"，另一部分叫作"史事"，于是他就把《廿二史札记》分成两部分，讲"史法"的实际就是分析介绍这部书，也就是史学史；讲"史事"的就是讲历史过程。这样一分有什么意义呢？从我们今天来讲，这其实就是辩证法认识的开始。

辩证法，我们通俗地讲叫一分为二，就是统一体分为两个对立的部分。本来只有一个，就是史。只有到产生史学的时候，所谓的历史才存在。史学本身作为学问来讲，一边是历史事实，另一边是历史书写。有了文献和历史书写以后，就可以反观历史，所以两边是相得益彰的。史学史对历史是有影响的，历史对史学史也是有影响的，它们互相影响，互相促进。在这样的情况下，就留下一个传统，我觉得这个传统在陈老这里没有用通史的形式表现出来，但实际上就是通史。他带学生作史源学实习的时候，做的实际上就是通史。陈老没有写过一部通史，也没有写过一部史学史，但《史学名著评论》不就是史学史，柴先生的《史籍举要》不也是史学史？

后来柴先生在北师大当了 3 年系主任就到苏州去了，那么陈老的学问是不是就断了？我觉得不是，陈老的学问还有白寿彝先生继承。白寿彝先生两手抓，一手抓通史，一手抓史学史，我觉得这就是陈老的学术传统，在陈老的学术路径中存在着，只是没有显示出来。套用黑格尔的话讲，原来是自在的，现在变成自为的，而白先生继承了这些。白先生想做通史，当时在系里是很困难的，但白先生认为年轻人一定要做通史，这也是陈老读《廿二史札记》的原因。我自己没有读过二十四史，但是我读了《廿二史札记》也就对中国通史有概念了。

改革开放后，白先生干脆建立了史学所，我也被白先生调到史学所。史学所有两个研究室，一个是中国史学史，另一个是中国通史，两者是相通的。我在中国通史教研室，也参加了白先生编写《中国通史》的一些工作。白先生认为这个时代需要理论，他的理论思维比较活跃，比较先进，白先生的学术传统也是我们应该继承的。

时代在变化，我们也面临着国际化。我早年是做世界史的，改革开放后才又来做中国史，其实我本身是做中国史的，但因为我研究过世界史，所以我深深知道，我们国家不仅 100 多年以来受到歧视、压迫，史学在世界上也受到歧视，比如黑格尔对中国历史的看法。所以到我们这一代的时候就开始做一些比较研究，比如之前我们做了一个集体的项目，叫中西古代历史、史学和理论的比较研究，虽然成于众人之手，但是有一条主线很清楚，就是批判黑格尔的历史哲学。"历史哲学"是过去的译法，这我们都知道；其实真正的原文应该是"世界历史哲学"，它不是历史本身的哲学，是世界史的哲学。

我们为什么要做历史、史学和理论的比较研究呢？因为有 3 个层次存在（黑格尔就是这么做的）：讲历史、讲史学、讲理论。这个情况也不稀奇，《孟子·离娄下》说："王者之迹熄而诗亡，诗亡，然后《春秋》作。晋之《乘》，楚之《梼杌》，鲁之《春秋》，一也。其事则齐桓、晋文，其文则史，孔子曰：其义则丘窃取之矣。"很有意思。有个地方要解释一下，"其事则齐桓、晋文"，齐桓、晋文是人啊，怎么是"事"呢？其实它是省略句："其事"则齐桓、晋文之事；"其文"则史官之文，"史"是官，"史"最初并没有作为书，司马迁的《史记》最初叫《太史公书》；"其义"就是义。中国人很早就已经有事、文、义的三分，因此我们对黑格尔的批判也符合我们中国的传统。但这个工作相当相当艰巨，我希望在北京师范大学能够继承这两代前辈的研究启示和成果，希望能够有点滴的进步。

我讲的时间要到了，谢谢诸位，请各位多多指教。我的眼睛不好，我跟重跃两人之前一起讨论了稿子，这个稿子我也有的，但看不见，只好就这样说。对不起，谢谢诸位，请多指教。

# 从爱国者到共产党员

陈智超

今天是祖父的诞辰，其实这只是按一种历法计算的诞辰，即现在大家习惯的所谓"公历"，按这种历法计算，孙中山先生也诞生于这一天，但他比祖父大 16 岁。如果按传统的中国农历，祖父的诞辰是十月初十。所以请大家注意，祖父费了大力气编著的历书名为《中西回史日历》，而不是《中公回史日历》。

祖父 6 岁前在家乡广东新会棠下乡石头村度过童年。棠下于 2002 年 9 月划入江门市蓬江区管辖，即在祖父出生 122 年之后，我们要尊重历史，所以还是应用新会为宜。6 岁他随父亲到广州读私塾，直到他老年时还清楚记得私塾业师、地址和课程，如 8 岁学《论语》、9 岁读《孟子》等。12 岁那年，他偶然在老师书架上发现张之洞著的《书目答问》，渐渐学会按书中所开目录买自己需要的书。而他的父亲也不顾族中父老的异议，支持他买那些族中长老认为与科举无关的书，从此他走上了自学之路。他在 16 岁那年，用 100 多两银子买了一部《二十四史》，8 两银子买了《四库全书总目》。但曾祖父也不能违拗家中众兄弟的意愿，在 1897 年即清光绪二十三年，花了 8 两银子，为祖父买了一个监生资格，使他可以跳过院试、府试

作者简介：陈智超，中国历史研究院古代史研究所研究员、北京师范大学历史学院特聘教授。

的初试阶段，直接到北京参加录取率较高的顺天乡试。当年，祖父只身从广州来到北京，住在有招待所性质的新会会馆。当时，有位没有带家眷来京的新会籍翰林伍叔葆，看见来了一位来京赶考的小同乡，就问起一些学术上的问题；祖父熟读《四库提要》，对答如流，伍老翰林对他很是欣赏。考试时，祖父放笔为文，很是得意。考完回会馆，伍老翰林问他考得怎样，他便回答题目如何，以及他的作答如何。老翰林点点头，没有说话。放榜后，祖父名落孙山。半个世纪以后，祖父回忆当时的情景写道："榜发下第，出京时重阳已过，朔风凛洌，叔葆先生远送至京榆路起点之马家铺。"临别之际，老翰林指点他，他的文章不合八股程式，如果不改，再考十次也不会中举。这话深深刺激了他。回到广州以后，他开始当蒙馆老师教书，用所得收入来维持生活，再也不要家庭供养；同时，他把光绪二十三年（1897 年）以前十科乡试、会试中试的试卷全买来读了一遍，反复筛选，"得文百篇，以为模范，年余而技粗成"。连续 3 年，参加院试、府试，中了秀才，所以他后来填写学历都填"前清廪生"。

1898 年戊戌变法失败，1900 年八国联军占领北京，1901 年签订《辛丑条约》，对祖父造成了很大刺激，20 世纪初他参加了当时反帝反清的革命活动。

1904 年，祖父开始参加《时事画报》的筹备工作，反对"华工禁约"。

1905 年《时事画报》正式出版，他以钱罂（yīng，即粤语的存钱罐，又名"扑满"）、谦益（相对于"满招损"）发表反清文章，其中一个重要手法就是利用"上谕"的矛盾。他在《释奴才》一文中指出"汉人求为奴才且不可得"，同时也运用西方的启蒙思想，在《老父识民权》一文中就引了卢梭的《民约论》（即《社会契约论》），说皇帝也要被人民所役，而不是役人民。他的一个朋友，就取名卢梭魂，可见当时进步青年的向往。

1906 年，他的父亲患膀胱结石症，发作起来非常痛苦，家中开药材铺，当然是找中医医治，但医治无效，不得已入住广州博济医院施行手术，取出一块鹅蛋大的结石。受此影响，他进入博济医学堂学习西医，但医院和医学堂都是美国教会办的，教会中人歧视中国医生及学生，他于是愤而与同志创办光华医社和光华医学专门学校，这是中国第一所民办的西医高等学校。祖父既是该校的发起人之一，又是第一届毕业生。学校和医社名为光华，就是"光我中华"的意思。同时，他还与友人创办《震旦日报》，也是他反清的舆论阵地。

1911 年辛亥革命成功，1912 年民国成立。祖父以"革命报人"的身份当选为国会议员。当时国会议员是专职的。1913 年他来北京就职，从此在北京定居。他到北京以后，与交通系的梁士诒、叶恭绰（都是广东人）关系密切。1921 年 12 月梁士诒任国务总理，祖父担任过半年左右的教育次长，因部长黄炎培没有到职，祖父实际主持部务。但北洋军阀们连年混战，他的部长也当不下去了，离职前做的一件事就是筹措经费，解决了大学教师索薪的问题。

1924 年起祖父为保护故宫和故宫所藏文物，同北洋军阀及其支持下的北洋政府，进行了顽强机智的斗争，作出了重大贡献。1924 年 11 月，冯玉祥发动了军事政变，将溥仪驱逐出故宫。同月成立了清室善后委员会，祖父是委员之一，又由于委员长李煜瀛（字石曾）经常离开北京，他写信给祖父，要祖父在他离京时主持会务，所以祖父是委员会的实际主持人。

1925 年 10 月，委员会筹备成立了故宫博物院，并集中宫内各处档案。1926 年 8 月，北洋军阀政府在清室遗老的支持下，扬言要接收故宫博物院，并借口没有营房，要让军队在故宫入住。这些军阀部下的大兵，能保证他们不会随意破坏故宫的建筑、不顺手牵羊偷盗故宫的文物吗？显然不能。为了阻止北洋军阀的阴谋，祖父被故宫全体工作人员推举为与北洋政府交涉的代表。他提出，北洋政府如要接收，需先立移交手续，将院中各物逐件清点，造册公布。这种条件，连当时的总理杜锡珪也觉得不能拒绝。这使一些清室遗老大为恼火，于是发生了张宗昌命令宪兵司令王琦逮捕祖父的事件。他把祖父关在地安门外的宪兵司令部，由于社会舆论的压力，半天后把他释放，派两个宪兵送他回寓所，宪兵就住在祖父家的外院，把他软禁起来，但故宫和故宫内的文物终于得以保全了。

经过这次挫折，祖父转而专心致志于从学术和教育两方面报国。在教育方面，他受英华（字敛之）的临终嘱托，担任辅仁大学校长，教书育人。在学术方面，他和胡适、陈寅恪、傅斯年等人合作，决心以实际行动，将汉学中心夺回中国。因为当时的论调，不是说汉学中心在巴黎，就是在日本。汉学是外国人指研究中国的文化、历史、语言、文学等方面的学问。研究这些学问的中心本应在中国，怎么会在巴黎或日本呢？扭转这种论调是中国学者义不容辞的责任。于是祖父同胡适、陈寅恪、傅斯年等志同道合的学者合作，一方面努力创作，另一方面鼓励学生。祖父在这一时期完成了《元西域人华化考》《史讳举例》《敦煌劫余录》《校勘学释例》《元秘史译音用字考》《吴渔山先生年谱》等足以传世的著作。此外，祖父当年的学生在多年后回忆当年老师对他们的教导，都不约而同地提到老师如何鼓励他们要用实际行动把汉学中心牢牢掌握在中国学者手中，他们也确实没有辜负老师的期望。

1937 年 7 月 7 日，七七事变爆发，日本军国主义发动了全面侵华战争。但祖父并没有南迁，而是留在北平，原因何在？一、辅仁大学是德国教会主持的，并没有南下的打算，他如果只身南下，只能丢下辅仁大学的师生以及他进行教学所必需的书籍。二、他坚信日本侵略者是不能长久的，而沦陷区的人民（包括师生）大部分是不可能南迁的。因此沦陷区需要有人主持正气，他就是其中之一。他当时有句话："正人心，端士习。"端也是正的意思，士是指知识分子，他要用自己的行动（包括著作）来在沦陷区发扬正气。他主要做了 3 件事：一、维持辅仁大学的教学。二、教育学生。三、写了一系列有战斗性的著作，如《通鉴胡注表微》《南宋初河北新道教考》等，以此"斥汉奸、斥日寇、责当政（指消极抗日的国民党政府）"。这里还可以讲一个他在辅仁大学 1942 年返校节运动会上讲的故事。他说："今天不是开运动会吗，我讲一个孔子开运动会的故事：《礼记》讲到孔子主持一次射箭比赛，让子路把门，宣布有三种人不能参加运动会，一是败军之将，不能保卫国家的，二是为敌人做事的，三是认贼作父的。"他以这个故事警告当时在场的汉奸，也以此教育学生要保持气节。

14年抗战胜利了，但大批从国民政府派来的接收大员，与汉奸相勾结，大发国难财，所以《通鉴胡注表微》一书中有"光复""发国难财"等语，矛头直指蒋介石派来接收上海的官员，因为《表微》一书合订本是抗战胜利以后出版的。这是祖父一生中第二次大失望。

抗日战争胜利以后，特别是三大战役开始，祖父作出了怎样的抉择呢？在抗战胜利的1945年，祖父65岁。现在来说，还只刚进入老年，但在当时，已经很老了，而且抗战期间，他在沦陷区为维持辅仁大学，教育学生，奋力著作，精力已消耗殆尽了。1948年底，国民党政府连续3次派飞机到北平来接人南下。他们3次派人寻找祖父，他想尽办法躲避。为什么祖父决定留在北平呢？他在1949年1月10日给我当时在香港的约之叔信中说："自前月十七八政府来电并派机来接，都未成行。后又敦促数次，均婉谢，因无走之必要也。"我还可以引用祖父在1949年4月29日写成并在5月11日在《人民日报》上发表的致胡适的公开信来说明。信上说："虽然你已经走了，但是青年的学生们却用行动告诉了我，他们在等待着光明，他们在迎接着新的社会。我要留下来和青年们一起看看这新的社会究竟是怎样的。"

新中国成立，祖父在一生中第一次看到了希望，思想飞速转变。1951年10月31日，在人民政协第一届全国委员会第三次会议上，祖父作了"教师们要努力实行自我教育和自我改造"的发言。发言以后，毛主席特地走到他的座位旁致意，夸奖说："你今天发言认识深刻，很有道理。"祖父说："我是解放后才学习你写的《新民主主义论》的，我闻道太晚了，要努力赶上。"第二天，在怀仁堂举行的国宴上，毛主席与祖父同席交谈，并向别人介绍说："这是陈垣先生，读书很多，是我们国家的国宝。"

新中国成立后，党对祖父进行了持续的教育和培养。辅仁大学是德国教会办的学校，新中国成立后，教会方面几次以停发经费相威胁，提出要解聘 5 位不信教的教师等无理要求，我们当然不能接受。最后，以人民政府接办辅仁大学而胜利结束了这场斗争。

1951 年夏，祖父任西南土改工作团第二团团长，到四川巴县参加土地改革，历时 3 个多月。土改归来，1951 年 11 月 29 日，他在中央人民广播电台发表了题为《我参加土地改革工作后思想上的转变》的广播，谈了他对土地改革工作的认识，对于"超政治""超阶级"的批判，以及对于历史书本的重新估计。他说："我和农民一起生活一起斗争的时候，才掀起了真正的阶级仇恨。因之，更深一步地体验到历史书籍，要用阶级分析方法把这些历史材料从新估计，不然就会颠倒是非，以善为恶了。"

1952 年 5 月 19 日，中央人民政府教育部正式宣布，辅仁大学并入北京师范大学，祖父代表全体师生员工热烈拥护政府这一措施，并就任北京师范大学校长。

1959 年 3 月，经过党的长期考察、培养、教育，祖父终于实现了多年的愿望，光荣地参加了中国共产党。他以《党使我获得新的生命》为题，表达了他的心声。这时他已是 79 岁高龄，仍以党员的标准严格要求自己，不断进步。虽然年老体衰，仍然尽可能把自己为人、为师、为学的经验教训，传达给青年学生。

在各级领导的关怀下，祖父在生命的最后一年，能够安稳度过，但终因年老，1970 年 7 月至 9 月，因脑血栓后遗症住了一次医院，出院不久，又于 12 月 14 日发低烧住进医院，从此再也没能回到居住了 31 年的兴化寺街 5 号。

1971 年 6 月 21 日下午 3 时 5 分，祖父走完了他 91 年的人生道路，离开了人世。6 月 22 日，据有关方面《关于陈垣同志丧事安排的请示》的相关安排，骨灰放在八宝山革命公墓（后来安放在第一室）。6 月 24 日下午 4 时在八宝山举行告别仪式，由李先念主持，郭沫若致悼词。华罗庚、吴有训、竺可桢、谢扶民、张奚若等参加了告别仪式。丧事结束以后，我们家属也遵照祖父生前遗愿做了几件事：一、将他全部积蓄 4 万元交作党费；

二、将他的全部藏书 4.4 万册全部捐与北京图书馆(今中国国家图书馆);

三、文物 4 箱也捐与北京图书馆。其中最珍贵的文物 281 件现藏首都博物馆。我也经过多年收集、整理后主编了 23 册的《陈垣全集》,于 2009 年 12 月由安徽大学出版社出版,供后人学习研究。

# 真正的师表，不朽的楷模

## ——纪念陈垣先生诞辰 140 周年

曹永年

 

 陈垣先生是我国一代史学宗师，他还是我国著名的教育家。

 我的老师柴德赓先生 1959 年撰写《我的老师——陈垣先生》，庆贺陈先生 80 华诞。文章从 3 个方面谈自己的切身体会，以表自己的景仰和祝颂，其第一点就是"教学工作"，列举事实，颂扬"陈老师热爱教育事业，积极培养青年、关心青年的成长"①。白寿彝先生为纪念陈垣先生百年诞辰，以《要继承这份遗产》为题发表论文，也首先称道"援庵先生从事教育工作七十余年，是我国著名的教育家"②。抛去早年任小学、中学教师不算，1922 年陈先生开始担任北京大学研究所的导师，后历任北平师范大学、辅仁大学、燕京大学历史系和史学研究所教职，包括 1926 年年初出任辅仁大学校长，直至 1952 年，年过古稀，从未离开高校的讲坛。在现代史上，北京大学校长蔡元培、清华大学校长梅贻琦、南开大学校长张伯苓、厦门大学校长陈嘉庚等，光耀史册、群星灿烂，为我国高等教育作出了不朽的贡献，但是像陈垣先生执掌辅仁这样的名校，既是校长，又当教

---

 作者简介：曹永年，内蒙古师范大学历史文化学院教授。

 ① 柴德赓：《我的老师——陈垣先生》，见《史学丛考》，432 页，北京，中华书局，1982。

 ② 白寿彝：《要继承这份遗产——纪念陈援庵先生诞生一百周年》，见陈智超编：《励耘书屋问学记：史学家陈垣的治学》，1 页，北京，生活·读书·新知三联书店，1982。

师，孜孜不倦奋战在教学第一线，且坚持到古稀之年者，实为罕见。

教师是崇高的事业。封建社会讲"天地君亲师"，教师与天、地、君王、父母并列。新中国将培养下一代的重任托付给教师，陈垣先生将此看作"自己义不容辞的职责"。作为一位著作等身的史学大师，他甚至提出："做一个优良教师，就非进行科学研究不可，科研是提高教学质量的主要手段。但教师的科学研究，主要是为教学服务。"①正是这种高尚的情怀，陈先生毕生奋斗，执掌名校之长，又须臾不离三尺讲坛，培养了大批人才，为教育事业作出了巨大贡献，为我们树立了教师的典范、光辉的楷模。

陈垣先生学识渊博，早已为世熟知，但为了教好课，他还是倾全力作准备。柴师亲见，1942 年他为辅仁大学研究生开"中国佛教史籍概论"一课，从《大藏经》及有关史料中搜集资料加以研究，写成论文底稿，再来讲授，惊叹"真是以狮子搏象的精神来备课"②，为这种高度负责的精神深深感动。

陈先生的课堂教学也形成了自己独特、堪称经典的方法。在传授传统基础知识的同时，特别重视培养学生独立获取知识，独立从事学术研究的能力，让学生会读书，会研究。史念海先生说："以前有人说过：'鸳鸯绣了从教看，莫把金针度与人'，援庵先生不仅要人看鸳鸯绣，而且是在度人以金针。"③这一卓越的教育理念最能体现在陈垣先生所开创的"中国史学名著评论"和"史源学实习"课程。

从 20 世纪 20 年代开始，陈垣先生先后在北京大学、燕京大学、北平师范大学开设"中国史学名著评论""元史目录""中国基督教史资料目录""佛教史籍概论"等多门目录学课程，传授治学门径。柴先生说，以往授目

---

① 邱瑞中：《陈垣先生谈读书和研究方法》，见《陈垣先生诞辰 140 周年纪念暨学术研讨会论文集》，待刊。

② 柴德赓：《我的老师——陈垣先生》，见《史学丛考》，433 页。

③ 《纪念陈垣校长诞生 110 年学术论文集》，289 页，北京，北京师范大学出版社，1990。

录学，"讲书的源流和版本多，对书的内容及如何利用这部书就讲得很少，而且他们是专讲目录之学，并非把它作为基础来搞学问。陈先生搞目录学，是把它作为工具，作为手段，通过它掌握材料，做科学研究"①。就我见到的几份陈垣先生史学名著讲授记录看，给本科生讲，主要是廿四史、通鉴，每次都有不同；而给研究生，则廿四史、通鉴以外，编年体、纪事本末体、政书乃至方志、目录等门类皆有介绍。陈垣先生介绍史学名著，也谈这些书的作者、源流、版本，但核心是讲它们的史料价值。他以文献的史料价值为基准，将名著分为资料书、参考书、工具书，分得清清楚楚，教导初涉史坛的学生如何去读书，去搜集掌握第一手资料，引导学生进入史学殿堂之门。

李瑚先生于 1947—1948 年随陈垣先生学习史源学，其《"史源学实习"听讲笔记》记载，陈先生在该课开讲时说："史源学十五年前在北大开过，选此课者当皆已成才。"②据此，陈先生 1932 年在北大讲授"史源学实习"，首创了这一经典课程，其目的是"择近代史学名著一二种，一一追寻其史源，考证其讹误，以练习读史之能力儆惕著论之轻心"。具体来说，是"取清儒史学考证之书如顾氏《日知录》等为课本，注重实习，因其所考证者而考证之，观其如何发生问题，如何搜集证据，如何判断结果，由此可得前人考证之方法，并可随时纠正其论据之偶误，增加本人读书之经验。研究生必修"③。这是集学会读书、追寻史源、发现问题、进行考证，诸多实践训练于一统的课程，其培养学生研究能力的目的十分明确。李瑚先生的《"史源学实习"听讲笔记》、刘翰屏先生的《励耘书屋受业心得》，以及陈先生的范文，陈先生批改的刘翰屏、李瑚作业的影印手稿，④ 都可以使我们

---

① 柴德赓：《陈垣先生的学识》，见陈智超编：《励耘书屋问学记：史学家陈垣的治学》，26 页。

② 《李瑚听讲笔记》，见陈垣著、陈智超编：《史源学实习及清代史学考证法》，9 页，北京，商务印书馆，2014。

③ 《李瑚听讲笔记》，见陈垣著、陈智超编：《史源学实习及清代史学考证法》，2 页。

④ 《李瑚听讲笔记》，见陈垣著、陈智超编：《史源学实习及清代史学考证法》，163～174 页。

领略到这一课程的概况以及学生训练后所取得的实效。这样的教学，学生受益无穷，但对于老师来说，这种课程，没有献身精神，没有博览群书的功力，没有驾驭材料进行研究分析问题的高超本领，是开不了的。陈先生开这个课程，完全是为了学生。能力的培养贯串在陈先生的整个教学生涯之中。

我生也晚，没有可能接受陈先生亲炙。但我非常幸运。柴德赓先生于1955 年调江苏师范学院历史系任教，1956 年我以速成师范毕业有 3 年教龄的小学教师调干考入江苏师范学院历史系，成为柴先生的学生。他为我们开设"历史要籍介绍"。课前发讲义，课堂上侃侃而谈，如数家珍，内容比讲义更丰富、更生动。配上飘逸俊秀的板书，听先生的课不仅是享受，也为我们树立了榜样。一个优秀的老师，他的课堂教学就应该这样引人入胜。我从柴师的课堂教学推想，陈垣先生当年的课堂教学是如何的精湛！

"历史要籍介绍"讲了 60 多部要籍，讲授中涉及的相关典籍又数倍于此。学下来不仅对于这些要籍的作者、体例、内容、价值等有了初步了解，关键是，它们之中，哪些是应该精读的材料书，哪些书是参考书、工具书，以及它们在研究过程中的地位、价值和功用都有了清晰的了解。

更值得强调的是，柴师在授课过程中，以"因事附见"的方式，结合史家、名著鲜活生动的逸事，将作为一个史学工作者应该具备的史家情怀、史学素养及治学方法，如对史源的追寻，对史料的竭泽而渔、分类、鉴别、考订，长编的制作，札记的撰写，等等，娓娓道来，兴味盎然，润物无声，让我们受到熏陶和教育，为日后从事史学研究树立正确的规范。记得柴师曾反复引陈垣先生的话，文章写好，要放一放"陈酿"，我现在还有存放二三十年的未曾发表的文章。

在柴师的引导下，钻图书馆成为日常爱好。所讲要籍都尽可能找来见了面。刘知几、赵翼、钱大昕、王鸣盛等人的史学评论著作，更经常翻阅。当时史学方面的刊物很少，就《历史研究》《历史教学》《新史学通讯》（后改《史学月刊》）数种，我也拿来读。说实在的，很多都读不懂，囫囵吞枣，一知半解。但是培养了兴趣，养成了读书的习惯，日积月累，不仅增加了学识，还锻炼了思维能力。对柴师课堂上所指点的研究途径和方法，也有了更深的体会，实际上无异于读了一次研究生。

1960 年 10 月，我毕业被分配到内蒙古教育厅工作，1961 年调入内蒙古师范学院任教。柴师专程去苏州古籍书店文学山房为我购买了涵芬楼影印殿版前四史。我按照柴师的教导开始系统阅读这部前四史，小有心得，写成札记。1963 年在札记的基础上写成《战国历史上的匈奴》和《关于陈胜吴广起义的口号》两篇短文，先后在《光明日报》1963 年 4 月 10 日和同年 8 月 14 日《史学》周刊上发表，从此走上了史学研究的道路。当年柴师来信，深情地给我鼓励，并转达北大老师的夸奖，说我"会读书"。著名蒙古史元史学家周清澍先生为我的论文集《明代蒙古史丛考》作序，说我是"自学成才，有突出成就的学者"。"突出成就"是周先生谬赞，实不敢当。我的学历确实仅仅是本科毕业，作为边疆地区普通师范学校的年轻助教，在专业领域无从得到名师指点，但我在本科期间就已在柴师的精心教导下，打下了坚实的基础，后来所取得的成绩都是在这基础上通过努力取得的。现在回过头来看，特别是认真读了青峰先生所藏援庵先生《中国史学名著评论》，深深体会到柴师的学术以及"历史要籍介绍"所体现的教学理念和方法，完全是陈垣先生的传承。

内蒙古师范学院创建不久，图书资料十分贫乏。魏晋南北朝基本史料仅《后汉书》《三国志》《晋书》以及南北朝八书二史、《资治通鉴》《世说新语》《水经注》《洛阳伽蓝记》《颜氏家训》等不多几部，校内图书馆还能找到，于是选择这一时段作为自己的专业方向，开始攻读陈寅恪、唐长孺、周一良先生的论著。在接受"北陈"陈垣先生治学理念的基础上，转向"南陈"陈寅恪先生的专擅领域。来新夏先生说："我受业于陈垣老师，但也读过多种陈寅恪老的著作，后学不敢妄议前辈，只觉得二老各有优长，如果冒昧第比喻，读寅老的著作时有'鸳鸯绣了从教看'，让人有一种望之弥高的感觉，而读陈垣老师的书和听讲及读范文都有"不吝金针度与人"的感觉，使人能以把握，这在选读'史源学实习'一课程时，尤感深切。"①田余庆先生《接替陈寅恪，树立了一个新的路标——〈唐长孺全集〉首发式上的发言》也说："唐先生的治学思辨能力很强，有自己的巧思。……上世纪四十年代，陈寅恪先生当选为英国科学院通讯院士，英方举了他三篇代表作，篇篇都有巧思，一篇是《支愍度学说考》，一篇是《东晋南朝之吴语》，一篇是《天师道与滨海地域之关系》。读唐先生文章，能够得到这种感觉的也不少，如《晋书赵至传中所见的曹魏士家制度》，看起来是一篇小文章，却带出一个大题目。这不光是学术素养和理论水平的问题，还要有很高的悟性和很丰富的灵感。就这方面来说，唐先生有很多可学的地方，常常让人回味无穷。古人说大匠诲人以规矩，不能使人巧，前辈学者并没有教我们如何把他们治学的'巧思'学到手，只有靠我们深深地去体会。"②两位先生所言极是。我想说的是，尽管我所学只是皮毛，成果也很少，但根据自己学习的体会，受过陈垣先生学术的训练，再去深深体会陈寅恪先生的学术，应是一条比较有效的治学途径，还可以避免"走火入魔的危险"③。

陈垣先生在教学以外，对学生的关怀是无微不至的。据柴师和刘乃和先生回忆，很多不是弟子的人，也通过信件得到了他的指导，最后成为他的学生，这种大爱，有教无类，正是教育家的本色。陈垣先生给我们树立了一位教师的光辉榜样。怎么当教师？就应该像他那样去当！我切身体会，我的老师柴德赓先生做到了。我们也要努力去做。

今天我们国家各项事业都在蓬勃发展，高等教育无论在规模、设备还是水平上都是陈先生、柴先生当时无法比拟的。现在我们纪念陈垣先生，

---

① 来新夏：《重读〈陈垣史源学杂文〉》，见龚书铎主编：《励耘学术承习录》，181 页，北京，北京师范大学出版社，2000。

② 田余庆：《师友杂忆》，72～73 页，北京，海豚出版社，2014。

③ 严耕望：《治史三书》，178 页，沈阳，辽宁教育出版社，1998。

就是要传承陈垣先生和他的弟子柴德赓先生等老一辈的崇高风范，将培养优秀的决定祖国未来各项事业命运的年轻接班人，作为自己"义不容辞的职责"，将陈垣先生以学生至上，着力培养学生科研、教学能力的教育理念和教学方法一代一代传承下去。

# 陈垣先生学术成就的时代意蕴

陈其泰

[摘要]考察陈垣先生何以能够取得卓著学术成就的一个新维度，就是深入分析他如何在时代推动下，吸收新的智慧，不断开拓奋进。我们从其青年时期如何勤奋学习和矢志追求，从其既善于继承传统又勇于超越，从其在抗战时期如何提倡并实践"有意义之史学"，都能发掘出丰富的内涵，从而大大推进对这位史学大师何以成功地为新历史考证学创辟新境的认识。通过梳理和剖析陈垣先生学术风范的时代意蕴，我们能够更加清楚认识其留给后人的宝贵思想遗产——严谨求真精神、开拓创造精神、使命担当精神，从而激励我们奋发努力，把学术工作不断向前推进。

[关键词]陈垣；20世纪中国史学；严谨求真；开拓创造；使命精神

陈垣先生治学气象博大，成就备受推崇，是20世纪新历史考证学的重要代表人物。他数十年在史学园地辛勤耕耘，著述宏富，在元史、中西交通史、民族关系史、宗教史、校勘学、目录学、年代学、避讳学等领域都作出了重要贡献，为我们留下一笔珍贵的文化遗产。2009年由安徽大学出版社出版的《陈垣全集》（顾问启功，主编陈智超）共计23册，字数达1000余万字。其中有多部影响广泛的名著，内容厚重精深，专业性强，还

---

作者简介：陈其泰，北京师范大学历史学院教授。

有多种历史文献整理成果，以及短文、教学札记、书信、早年文录等，范围广泛，形式多样，前后撰著的时间相距有 70 年。为了更好地发挥陈垣先生这笔丰厚学术遗产的价值，当代学者有必要从 20 世纪社会与学术变迁的宏大视角认真考察，回答下列问题：陈垣先生半个多世纪学术思想发展的内在逻辑是什么？时代潮流、学术风尚的变迁如何推动着他前进？其学术风范的主要特点和启示意义又是什么？本文尝试在以往学者已有成果的基础上作进一步的考察，对上述问题进行初步的思考，希望得到专家和广大读者的指正。

## 一、青年时期的勤奋和追求

陈垣先生字援庵，1880 年出生于广东新会，1911 年以前是他为学术研究作准备和参加社会活动时期。少年时代他跟着家乡或广州的老师勤学经史，准备科举考试，学习作八股文。他自己讲过，虽然后来清朝"废科举"，未能考中举人，但学习作八股文，却让他经过苦练，懂得要写出好文章，应该如何准备扎实的材料，如何讲究立意、布局、结构、层次，如何提出论点和展开论证，如何遣词用字，这些对于后来他的文章为何能吸引读者和受到学界的普遍敬重，实在大有关系。而与其他学子相比，陈垣从少年时代起，就对读书有极高的颖悟，对人生有独特的追求。他从 13 岁开始就研读《书目答问》《四库总目提要》，后来又读了多遍，如此地酷爱学习、钻研，使他在文献目录学方面打下了坚实的基础，又通过学习《清经解》等书，进而熟悉朴学家严密考证的方法。他学无常师，但通过广泛的学习，已经显示出具有独到的识见。譬如，他读赵翼所著《廿二史札记》就总结出，书中评论各部正史，前面部分是言史法，后面部分是言史事，还曾写有著名的联句："百年史学推瓯北，万首诗篇爱剑南。"对于赵翼所言其著书宗旨，尤重视"古今风会之递变，世事之屡更，有关治乱兴衰之故者"，他深有领会。他勤于写作，15 岁在广州读书，就开始向报社投稿，此后经常在报刊上发表文章。他写了许多时评，如《老父识民权》《调和满汉》《国民与政府》等。尤应注意到，他当时已经撰写了一些具有首创性价值的文章，如《牛痘入中国考略》《中国解剖学史料》，都是国人首次涉足的领域。他关心国家民族命运，参加同盟会，拥护孙中山的反清革命思想。他回到新会应县考，文章本来写得很好，议论风发，县官杨介康思想开放，对此很欣赏，拟列为第一名。但遭到广州知府施典章的反对，此人思想顽固守旧，对其文章的思想倾向不满，批为"直类孙汶（文）之徒"（后来又将"孙汶"二字圈掉，改为"狂妄"），而取消他头名的资格。此事引起舆论哗然，后来到第三场试，才列陈垣为县考第一，中了秀才。[①]

　　青年时期，陈垣还参加了许多社会活动。1905年，他参与创办《时事画报》，担任文字主编。当时，这份报纸是除香港以外国内第一份敢于登载鼓吹民权思想、有明显的反清革命倾向的报纸，其中陈垣所写的一篇文章被香港报纸转载，引起强烈的反响，陈垣因此很受人们的关注。《时事画报》的进步倾向为反动当局所不满，至1908年被迫停刊。1911年年初，陈垣又参与创办《震旦日报》，由他主编副刊《鸡鸣集》，取《诗经》中"风雨如晦，鸡鸣不已"之意，继续宣传反清革命思想，并恰好迎接了同年10月10日武昌起义的爆发。这两份报纸也记载了陈垣为宣传革命所作的贡献。因此民国成立之后，他于1912年任中国同盟会广东支部评议员，又于次年以"革命报人"的身份当选为众议员，并从此定居北京。在1907—1910年，他还学习了西医，参与了广州光华医学院的创办，这件事无论对陈垣本人或中国近代医疗史，都很值得一说。他先是考入美国教会办的广州博济医学院，时为1907年。他决定到此学习西医的直接原因是，"他认为要

---

①　此事后来还有余波，当陈垣过50岁寿诞时，健在的杨介康为陈垣写了祝寿诗，称誉他当日"射策晁董俦，蔼然弁童子"。注云："试日焚香限刻，生笔不停辍，学有根柢，遂以弁冕群材。"陈垣的和诗则云："沔阳（杨介康为湖北沔阳人）自昔受恩深，此日欣闻座右箴。犹忆当年施太守，嗤余狂妄亦知音。"表达感谢杨介康的知遇，又称施某人指责其直类孙文之徒，亦真看得很准，予以讽刺。详见刘乃和等：《陈垣年谱配图长编》，26～28页，沈阳，辽海出版社，2000。

使中国摆脱贫穷落后，必须提高文化，发展科学。一八九二年广州大瘟疫，传染得很快，他看见郊区四处是病死人的尸体，都来不及掩埋。他想如果医学发达何至于这样传染蔓延"①，于是决定学习西医。可是进入博济学习以后，却眼见美籍教师经常歧视、刁难中国学生，于是愤而退出博济，并带领部分学生退学，一起进入刚刚成立的光华医学院学习。陈垣是学院创办人之一，任学院董事，又继续当学生在校完成学业，是首届毕业生。陈垣本人也曾回忆说："光华医学院者，合全粤医师之力而成，谋学术自立之先锋队也。学术贵自立，不能恒赖于人。广州滨海，得风气最先。近代医学之入广州百年矣，然迄无一粤人自办医学教育机关，有之，自光华始……光华之成，余忝为创办人之一，复从而就学焉。"②他在一年中系统地学习了近代医学和物理、化学课程，毕业后又在光华医学院任教，教授生理学、解剖学、细菌学课程。

以上青年时期的求学经历和社会活动，看似互相孤立、缺乏内在联系，实则已经从3个方面为他一生的学术道路和学术风格奠定了基础。第一，重视目录学，熟悉清儒治学路数，对于如何读书有自己的独特见解，使他走上精治考证之学的道路，并且富有开拓精神。第二，对于国家民族命运有强烈的责任感，充满着爱国热情。不仅研究历史，而且主动参加创造历史。他身在书斋，内心却是炽热的，终其一生都是如此。由此也使他在同时代知名学者中更加具有鲜明的学术个性。第三，受过近代科学的系统训练，具有严密的逻辑思维，学术成果具有系统性、科学性。其论著结构之谨严。体例之精当，条理之清晰，内容之连贯，为近代老一辈学者中之所鲜见。总之，陈垣先生以后几十年中学术的发展，都与这3项密切相关。

---

① 刘乃和：《励耘承学录》，5页，北京，北京师范大学出版社，1992。

② 陈垣：《广东光华医学院故校长郑君纪念碑》，见暨南大学编：《陈垣教授诞生百一十周年纪念文集》，广州，暨南大学出版社，1994。

## 二、继承传统，又勇于超越

### (一)开拓学术新领域

乾嘉学术是传统考证学的高峰，名家辈出，形成了一套精良的考证方法。陈垣自觉地继承其优良传统，熟练地运用其普遍采用的"实事求是，无征不信，广参互证，追根溯源"的方法，撰成多部考证学名著，学者共同称誉其考证学风是"精深严密"。陈垣推崇清代考证学名家，尤其服膺顾炎武、钱大昕。20 世纪 30 年代至 40 年代他在辅仁大学讲授"清代史学考证法"课程，即以《日知录》为主要教材之一，其间，他为《日知录》作校注，这项工作一直认真进行至 20 世纪 50 年代中期，现在排印出版的《日知录校注》有三厚册。他撰《史讳举例》，列举了顾炎武、钱大昕、赵翼、王鸣盛等人，彰显其成果。并在此书 1928 年 2 月所写的序中，特别记载"钱竹汀先生诞生二百周年纪念日"，以表敬意。然而，一时代有一时代之新学术。20 世纪前期，中国正处于由传统向近代的过渡，又是中西文化交流活跃的时期，陈垣既重视继承传统，又勇于超越，吸取时代智慧，力求创新。故其学术成就，并不是传统考证学的简单延续，而是达到更高的境界，是具有深刻时代内涵和鲜明创新特点的"近代学术"。1971 年 6 月 21 日，陈垣先生以 91 岁高龄逝世，他的学生、著名学者邵循正所撰挽联曾对此加以概括，称陈援老为"校雠捐故技，不为乾嘉作殿军"，是恰当的。

陈垣考证学名著凸显出开拓研究新领域的时代特色，我们可以举出其两部代表作。

一是宗教史开山之作《元也里可温教考》，撰成于 1917 年。在这一年，不仅陈垣著成此书，还有在中国近现代史学享有盛名的王国维撰成其名著《卜辞中所见殷先公先王考》及《续考》，胡适的《中国哲学史大纲(上册)》也著成于此年，故此，1917 年乃是中国近现代史学史极为重要的年份，其原因就是传统学术向近现代学术转变的趋势蓄积已久，至此达到成熟，喷薄而出矣！该书著述的缘起是，他从元代重要典籍《元典章》中发现其所载多处均有"也里可温"的词语。因而首先明确揭示出其著述之宗旨："此书之目的，在专以汉文史料，证明元代基督教之情形。先认定元史之也里可温为基督教，然后搜集关于也里可温之史料，分类说明之，以为研究元代基督教史者之助。"①陈垣在广搜史料、精审考证的基础上，对元代也里可温教作了系统的研究，从多角度再现其历史面貌。全书15章，论述的主要内容包括：也里可温教士的东来；也里可温之戒律；也里可温人数之推想；也里可温人物之大概；也里可温徭役之蠲免；也里可温租税之征免；政府对也里可温之尊崇等。如第三章"也里可温之戒律"，论证也里可温之宗教仪式，这是证实它确为元代宗教，辨正《元史·国语解》《续通志·氏族略》《元史·氏族表》中以也里可温为"部族"之误。该书勘破了自元朝灭亡之后500余年间难解之谜，所论均有确切根据，尽显出陈垣善于继承乾嘉先辈治史精良方法而又后来居上的特色。因而著成之后，"不但引起了我国研究元史和宗教史家的注意，而且引起了国际学者和宗教史家的重视"②。因该书的成功，此后宗教史成为他长期致力的研究领域，相继著成《开封一赐乐业教考》《火祆教入中国考》《摩尼教入中国考》《中国佛教史籍概论》等，成为宗教史系列著作。

二是在元代领域和民族关系史领域均有重要开拓意义的《元西域人华化考》。该书著于1923年，1923—1927年刊行。

元朝历史长期未得到积极评价，需要从新的角度来审视。该书的中心观点，是论证元建立了大一统帝国后，在新的局面下，大批过去居住在葱岭以西的中亚以至西亚地区的居民以及西北少数民族来到中原，仰慕中华文化，因而交往甚多。陈垣要揭示元代民族关系史上这一意义重大的事

---

① 陈垣：《元也里可温教考》，见《陈垣学术论文集》第1集，2页，北京，中华书局，1980。

② 陈乐素：《陈垣》，见《中国史学家评传》下册，1248页，郑州，中州古籍出版社，1985。

实，由此阐发中华文化所具有的伟大向心力、传承力。如陈垣在绪论中所深刻论述的："元军先定西域，后下中原，西域人之从军者、被虏者、贸易者，接踵而至，平昔所想望之声明文物，尽触于目前，元制色目人又自由杂居，故一传再传，遂多敦诗书而说礼乐。兹编之作，正所以著其盛也。"该书的成功又在于，作者披沙沥金，搜集了丰富详尽的史料。西域地域广大，地理远隔，民族、部族关系十分复杂，人物姓名易混、难记，搜集材料难度极大。陈垣以搜集墓志、诗文集为主，又遍查正史、笔记、方志、杂记，甚至画谱、书法、进士录等史料也不遗漏。该书共约 8 万字，而采书达 220 种，仅元人诗文集就有近 100 种之多。如元代营建北京城是一大工程，但《元史》对其营建过程并无明载。陈垣从欧阳玄《圭斋集》卷九《马合马沙碑》中发现了大食国人也里迷儿对此作出贡献的史料，称其"领茶迭儿局诸色人匠总管府达鲁花赤，兼领监宫殿"，"受任劳勚，夙夜不遑"。元统治者以游牧民族入主中原，为何舍庐帐而仿汉制大力营建华美之宫阙呢？陈垣议论云："元人自知庐帐之陋，不如汉家宫阙之美，故虽以武力征服其人，而既入主中原，则不能不改从中原制度，所谓马上得之，不能以马上治之也。此亦元人自审除武力外，文明程度不及汉人，故不惜舍庐帐而用宫阙。也黑迷儿深知其意，故采中国制度，而行以威加海内之规模，夫如是庶可慑服中国人，而不虞其窃笑矣。"①

该书书名"元西域人华化考"的确定显示出陈垣对历史上民族融合趋势的深刻观察。陈垣开始用"中国化"，其后又用"汉化"，最后才确定用"华化"的提法，体现了严谨的态度和深邃的智慧。"中国化"略嫌历史感不强。"汉化"则有局限性，须知，中华文化的创造虽然是以汉族为主体，但更是各族人民的共同创造，且"汉族"本身就是在漫长历史时期中由各民族交融而成，像滚雪球一样越滚越大，从而成为人口众多的民族。而"华化"则指

---

① 陈垣：《元西域人华化考》，103 页，北京，中华书局，2016。

明周边民族因仰慕先进的中华文化，而变易旧俗，改从礼乐文明，因而形成各族互相交流交融的大趋势和强大的向心力。因此，"华化"这一概括揭示出历史进程的本质，时至今日对我们还有启示意义。陈垣以宏大之气势，严密完整之结构，井然有序地展现。该书共 8 卷，前有绪论，然后分儒学、佛老、文学、美术、礼俗、女学 6 个方面记述和评论，最后是结论，涉及"华化"人物 168 人。该书体制恢宏，发掘丰富，多层论证，拓展出一片学术新天地。

书中又特别重视紧扣史实发表议论。以往考证学者的著述罕有议论，清代朴学家的风气是唯重史实的排比与考辨，认为这样做是非自见，再加议论乃属于多余。陈垣此书则明显地突破了这种旧规，不但书前有绪论，全书结束有结论，而且书中在记载西域人"华化"的种种史实前后，也多有精心撰写的议论相配合。前文对此已有涉及，这里再举出典型例证。如，卷二第一节概言色目人到中原之后，因服膺中华文化而读书、入仕，云："由此可见色目人之读书，大抵在入中国一二世以后。其初皆军人，宇内既平，武力无所用，而炫于中国之文物，视为乐土，不肯思归，则唯有读书入仕之一途而已。"又同卷第二节论述原为基督教世家、而仰慕儒学的马祖常，在引用了他所写的曾祖马公神道碑及诗作之后，即加评论云："则其恶旧俗之情，概可见矣。""以日碑、羌氏自拟，以夷狄进于中国自慰，以得受孔道陶化为幸，以努力攀跻孔阶自矢，磊落光明，莫有伦比。"卷八"结论"中更有一段总括元代文化的议论，与"绪论"中所言华化总趋势相呼应，云："盖自辽、金、宋偏安后，南北隔绝者三百年，至元而门户洞开，西北拓地数万里，色目人杂居汉地无禁，所有中国之声明文物，一旦尽发无遗，西域人羡慕之余，不觉事事为之仿效。……故儒学、文学，均盛极一时。"作者所作议论均因史实而发，是对事物本质的有力揭示，对历史趋势的中肯概括，提升了记载史实的意义，增强了"华化"主题的说服力，因而达到唤起国人、树立中国文化自信心的目的。本书的开拓性成就赢得了学术界的高度评价。日本学者桑原骘藏发表书评，称陈垣为"现代中国史家尤有价值之学者"，又称，此书不仅对研究元史，即研究中国文化史，也应参考。[①] 陈寅恪先生于 1927 年为此书作序，极赞此书"材料丰实，条理明辨，分析与综合俱极其工力。必可为当代学者示以准绳，匡其趋向"[②]。

### (二)系统化，条理化：彰显近代学术的特色

进入近代，治史观念和方法与时俱进，其总体趋势是强调学科的区分和科学化，在文献整理、考证领域出现的新特点，即系统化、条理化。陈垣的文献考证学著作堪称是典型代表，《元典章校补释例》一书尤备受推崇。胡适评论说："陈垣先生校《元典章》工作，可以说是中国校勘学的第一伟大工程，也可以说中国校勘学第一次走向科学的道路。"[③]

陈垣早年在北京购得《元典章》抄本，以后花了极大精力对它进行研究、校勘。他以之与沈家本刻本《元典章》对勘，再用故宫藏元刻本和其他几种版本互校。遂发现沈刻本诸多错误，包括讹、误、衍、脱、颠倒、妄改等，共校出 1.2 万多条错误，写成《沈刻元典章校补》10 卷。他又从中选出有代表性的 1000 多条，作为例子，加以分析、归纳，指明导出错误的原因，写成《元典章校补释例》(此书又名《校勘学释例》)。至 1931 年著成，前后共历 10 年。同时，他由概括大量校勘实例而上升到理论，总结出"校勘四法"：一、对校法，以祖本或别本相对校；二、本校法，以本书前后互证；三、他校法，以他书校本书；四、理校法，不凭版本而据逻辑道理定是非。陈垣还成功地运用了"类例法"，将选取的材料分类部居，加以疏

---

① 参见陈智超：《〈元西域人华化考〉导读》，见陈垣：《元西域人华化考》，9 页。

② 陈寅恪：《陈垣元西域人华化考序》，见《金明馆丛稿二编》，239 页，上海，上海古籍出版社，1982。

③ 胡适：《校勘方法论——序陈垣先生的〈元典章校补释例〉》，见《胡适书评序跋集》，321 页，长沙，岳麓书社，1987。

解，归纳了50个例子。陈垣的"类例法"也有举一端以例其余的意思，可以举一反三，将这些校勘学的原则运用到其他时代典籍的校勘工作之中。通过陈垣的校勘、研究，不但为元史学界提供了比元刻本更佳的《元典章》，而且为校勘学提供了范例。

其他还有《史讳举例》和多部目录学著作（仅有关四库目录学著作即有5种之多），也都体现出这一系统、科学的特色。陈垣对于撰成系统化的著作是具有充分自觉的，《史讳举例·序》中，他既肯定清代著名考证家著作中，"对于避讳，亦皆有特别著录之条"，而且又明确指出其并未达到系统化的缺憾，说："钱氏《廿二史考异》中，以避讳解释疑难者尤多，徒因散在诸书，未能为有系统之董理"，"今肆上通行专言避讳者，谬误颇多，不足为典要，未能应用之于校勘学及考古学上发人深思，所以有改作之必要"，故此书用意在继承钱大昕等学者考证成果的基础上，将之发展成为具有近代学术系统化特点的学问，而"欲为避讳史作一总结束"。① 全书8卷，归纳了82个例子。前42例，讲避讳所用的方法，避讳的种类，避讳改的史实，因避讳而生之讹异；后40例，讲避讳学应注意事项，不讲避讳学之贻误，避讳学之利用。引书达100种以上，故此书也为研究者提供了极有用之工具。在年代学方面，陈垣有《二十史朔闰表》《中西回史日历》，两书成于1925年，成为史学工作极有用的参考书。《中西回史日历》为研究中西交通史不可缺少的2000年日历，且成为研究我国与东南亚各国交通史的重要工具。关于目录学，陈垣认为，它是治史的门径。他为了掌握中国历史文献的概貌，对《四库全书总目提要》进行了详细的研究，后又相继撰写了多部有关四库全书的多种目录学著作。所著《中国佛教史籍概论》和《敦煌劫余录》，同是目录学方面的专书。诚如白寿彝先生所说：在整理文献方面，有关校勘学、年代学、目录学、避讳学"四个方面的经

---

① 陈垣：《史讳举例·序》，见《陈垣全集》第7册，3～4页，合肥，安徽大学出版社，2009。

验进行总结，使之条理化、系统化，这是从陈垣先生开始的"①。

陈垣先生以上两方面的成就，对于 20 世纪学术向前推进贡献巨大，堪称是让中国的考证学传统绽放出新的异彩，也为后人治史如何既善于继承传统，又勇于超越，作出了最好的示范。

## 三、抗战时期"提倡有意义史学"

陈垣先生又是气节凛然的爱国者，在抗战时期，他的思想达到升华，撰成一系列的激扬民族正气的著作。14 年浴血抗战是我们民族生死存亡的紧急关头，而对当时生活在日寇统治下北平的陈垣先生来说，这漫长的 14 年尤其是一场严峻考验。在日寇的迫害威胁面前，陈垣处处表现出高尚的民族气节，并且以他的一系列同民族解放斗争密切相联系的史学著作，显示出其著史目的达到更高层次，著史内容具有崭新面貌。

作为教育家和史学家，陈垣先生主要的斗争手段是慷慨激昂地宣传民族气节和爱国精神。陈先生在课堂上向学生讲《日知录》《鲒埼亭集》，以顾炎武的经世思想和全祖望的民族气节教育激励学生。同时，在研究工作中，他将爱国思想熔炼在阐发历史上人民的正义斗争和表彰历史人物坚持民族大义的著作中。陈垣于 1938—1940 年撰写《明季滇黔佛教考》，继之又撰成《清初僧诤记》(1941 年)、《南宋初河北新道教考》(1941 年)、《通鉴胡注表微》(1945 年)，堪称构成"陈垣抗战史学系列"。

陈垣先生所著《明季滇黔佛教考》所用的材料是从长期无人问津的《嘉兴藏》中发掘出来的。它原是明末清初所刻的私版佛教藏经，分散刊刻的工程甚巨，始刻于山西五台山，后来迁到江浙续刻，分散在余姚、嘉兴、吴江、金坛等处募刻，至康熙十五年(1676 年)，终于在嘉兴集中经板刷印流通，故称《嘉兴藏》。但因典籍数量浩大，并未经过统一整理、编目，其

---

① 白寿彝主编：《史学概论》，323 页，银川，宁夏人民出版社，1983。

中的详细书名、篇名、内容无人知晓，更从无有人利用过而长期堆放在图书馆书库的角落里。① 陈垣熟悉佛教典籍，处于抗战初年这一特殊的时代环境，他发愿要究明这部刊刻于明清之际的典籍中有无涉及易代之际僧人活动的记载，于是不顾层层尘封，将它打开翻阅，果然从中发现有大量当时僧人在颠沛流离中表达其不与清廷合作、保全志节的语录。陈垣视此为珍贵的史料，决心爬梳、分析，表彰这批僧人在危难环境中的浩然民族正气。《明季滇黔佛教考》这部著作不仅出色地做到对分散的史料贯串钩稽，发前人未发之覆，而与作者以前史著相比较，其崭新风格是不满足于钩稽考证，而又能紧扣史实，大量正面发表富有思想性和政治意义的议论，因而实现了向自觉体现时代精神这一更高层次的飞跃。

全书中心论述"遗民之逃禅"，以出家或隐居的形式反抗清朝统治。卷五就写了钱邦芑、陈起相、曾高捷等 25 人，写他们面对清朝官吏威胁，毫不畏惧，置生死于度外。这是陈垣通过新发现的史料精心塑造的明遗民心怀故国、顽强抗争的群像。该书由于恰当地运用了具有极高价值的典型语录材料，精心组织，因而生动地再现了明遗民"逃禅抗清"的历史场景。钱邦芑是其中影响最大的人物，他是明朝四川巡抚，地位甚高，南明桂王委任他为贵州巡抚。孙可望入黔，邦芑避居于一处偏僻山村，"终日啸歌，或聚邑人讲学，播北水西，有千里负笈者"。许多不甘心受清廷统治的人汇集在他周围，清廷当局对此更加忌恨。孙可望威逼他出仕，邦芑遂削发为僧，表示决不降清的意志。陈垣详细引录他在《嘉兴藏》中发掘而得的史料——钱邦芑所写《祝发记》一文，"借此极写削发不是消极避世，而是面对刀剑和死亡威胁的勇敢斗争"。此前孙可望曾逼召封官 13 次，甚至以"封刃行诛"加以恐吓。那天正是邦芑生日，一批好友聚集一起向他祝寿，邦芑郑重地向朋友们表示定以志节自励。次日，县令孙秉浩带着孙可望的

---

① 《嘉兴藏》经过多位出版家、学者的艰辛努力和国家的有力支持，终于被统一编目、整理，于2008 年由民族出版社正式出版，收录的总卷数共 1.2 万卷。

命令，迫他立刻上路，"恐吓万端"。邦芑决心已下，在清廷官吏面前谈笑自若，当晚便正式当了和尚，并口说一偈，表示抗清志节至死不渝。"邦芑削发为僧立即引起连锁反应，平时仰慕其志节者，三天之内共有十一人'争先被剃'一起出家。因此以钱邦芑为开头的这次'集体逃禅'，无异演成了抗议清廷的一次小型示威行动。"①

书中一方面以丰富的新史料和正气凛然的评论，表彰具有高尚民族气节的人物，另一方面则对吴三桂、孙可望等投降变节之徒进行抨击和鞭挞，因而本书再也不以严密考证自限，而是深刻地揭示出史实中所蕴含的意义和价值，歌颂民族正气，鼓舞抗战军民的士气，发挥其在现实斗争中的作用。正由于此，陈垣在著述中体验到治史以来从未有过的"左右逢源之乐"。书成后，他将稿本寄给在昆明西南联大任教的好友陈寅恪教授，请其作序。据柴德赓先生所述，由于"这本书确实充分地表达了陈先生的爱国思想，很多西南朋友读了，非常感动"。陈寅恪先生写了一篇含义深刻的序，高度评价了陈垣先生并称与之志节相同、肝胆相照。序言说："此三岁中，天下之变无穷，先生讲学著书于东北风尘之际，寅恪入城乞食于西南天地之间，南北相望，幸俱未树新义，以负如来。"②中肯地指出《明季滇黔佛教考》的意义，在于表彰明末遗民的民族精神，因而具有政治史的深刻内涵；同时借此以昭告世人，在民族危亡的时刻，他与陈垣都一致地斥责可耻的投降行为，以保持民族气节自励。陈垣、陈寅恪两位爱国史学家围绕本书的这一思想交流和互相鼓舞，堪称抗战时期史坛的佳话。

表彰民族气节、斥责投降行为的著述宗旨一直贯彻于此后数年陈垣所撰的史著中。如《清初僧诤记》即为指斥汉奸卖国求荣而写，书中集中搜集清初遗民僧对气节不振者的批评，予以表彰。《通鉴胡注表微》撰著的缘起，便是由于陈垣先生处于日寇统治、异族压迫的环境，对于《资治通鉴》

---

① 陈其泰：《中国近代史学的历程》，350～351 页，郑州，河南人民出版社，1994。

② 陈寅恪：《金明馆丛稿二编》，240～241 页。

胡三省注中所寄托的亡国之痛，感受最深，因而要将长期被掩盖的胡三省的民族气节、爱国思想发掘出来，成为对于抗战事业有所裨益的宝贵思想资料。

陈垣先生学术思想之升华，又突出体现为这一时期他在理论上提出新的观点与时代需要相呼应的强烈使命担当精神。

他于1943年年末在一封致友人书信中表达出对于史学的新见解："至于史学，此间风气亦变。从前专重考证，服膺嘉定钱氏；事变后，颇重实用，推尊昆山顾氏；近又进一步，颇提倡有意义之史学。故前两年讲《日知录》，今年讲《鲒埼亭集》，亦欲以正人心，端士习，不徒为精密之考证而已。此盖时势为之，若药不瞑眩，厥疾弗瘳也。"①处于抗日战争的最困难阶段之际，陈垣先生不但没有彷徨悲观，反而更加坚定，他极其鲜明地把著史跟民族解放斗争更紧密地联系起来，"提倡有意义之史学"，这正是陈垣抗战时期史著的指导思想，要让史学直接服务于抗战事业，坚定人民抗战的意志，指斥汉奸叛变行为，打击投降主义气焰。

更为令人感叹的是，同一时期，陈垣先生还对"现时代撰写中国史应以什么作为指导思想"作出回答，所言掷地有声，更加有力地证明其学术思想达到了升华。此见于他1943年秋所写的一份教学札记，篇幅不长，却是一篇立意高远、思想极其深刻的珍贵文献。原文为：

或问：现在中国史应当如何写法？

答曰：一方面要发挥本民族之伟大精神；另方面要指摘历朝政治之缺点。

处处说明社会进化之原理，及国民与国家之关系。

目的在造成现代式的国家，与各国享平等之幸福。

---

① 陈垣著、陈乐素编：《陈垣史学论著选》，624页，上海，上海人民出版社，1981。

此现代本国史之作法也。①

显然，这份札记实际上是一篇论纲，语言高度概括，内容却十分丰富，它浓缩了陈垣设想的新型中国史撰写的基本要求，体现了其史学思想达到的新境界。其论分为 3 个层次，论证逻辑严密。第一层次，言"一方面要发挥本民族之伟大精神；另一方面要指摘历朝政治之缺点"。这两项，是明确回答现代中国史应当叙述的基本事实和用以贯穿全书的两条主线。此时，他心目中要撰写的中国史，是要把发掘、论述中华民族之伟大精神作为全书的灵魂，通过丰富的史实和恰当的阐释以增进民众的自信心和奋斗精神。这无疑是他总结 5000 年来中华民族生生不已、自强不息的历史而得，也是总结他本人经历的从辛亥革命推翻腐朽的清朝统治、建立共和制度的奋斗史，直至举国同仇敌忾，英勇抗击日寇侵略的壮烈斗争而得。同时他又明确指出要正视历史上的阴暗面，揭露历朝统治者的弊政。要明白历史上并不是"一片琴瑟和鸣声"，懂得历史上的进步都是通过反抗压迫、剥削，通过改革弊政而取得的，必须深刻地总结兴衰治乱教训，鉴往知来，以求根除种种黑暗现象，免遭覆辙。第二层次，言"处处说明社会进化之原理，及国民与国家之关系"。这是强调现代著中国史必须有正确的观点作指导，不能只摆事实，还要有理论分析，对丰富的史实加以概括和提升。从经济、制度、物质、文化各个方面证明历史如何从低级阶段向高级阶段进步，有说服力地体现社会进化的普遍原理，摆脱倒退史观、循环史观等错误观点的影响，并且要讲出民众的努力与社会进步、国家兴盛的关系，增强国民对于国家的责任感。这显然是对 20 世纪初以来"新史学"理论主张的高度认同。要让读史者对于各种史实、制度既能知其然，更能知其所以然。第三层次，他指出总结历史、反思历史还要有世界眼光，而著史的最终目的是要认识和迎头赶上世界潮流，最终把中国建设成

---

① 陈垣著、陈智超编：《中国史学名著评论》，61～62 页，北京，商务印书馆，2016。

为现代国家，自立于世界民族之林，享受独立、自由、平等的地位，与各国携手前进，同臻幸福之境！而这又正是当年陈垣积极参加反清革命、追求推翻专制统治，建立民主共和国之理想的发展，并至此有了更加明确的表述。以上陈垣先生所精辟论述的 3 项著史纲领，堪称是达到了在当时历史条件下所能达到的高度，他所言发挥本民族之伟大精神等项，至今仍然没有过时，仍然具有深刻的启示意义。一个原先是专讲严密考证的史学家，至此有如此远大的史识、进步的观点、世界的眼光，这是多么令人惊叹的变化！也正由于此，到 1949 年，他同全国人民迎来了新中国的诞生。

陈垣先生著述宏富，影响巨大，其取得成功的真谛和学术风范的精髓究竟是什么？他对中华文化优良传统如何做到自觉继承？这诚然是我们进行考察的一个重要维度。重读其遗著，我们能深切地感受到他对祖国丰富文化典籍的珍爱，对中华文化传承力的赞叹，以及历代优秀史学成果的推崇。这些确实是他取得成功的一项主要原因，以往学界对此已有较多的论述。探索陈垣先生何以获得卓著成就的又一重要维度，是考察他在时代的推动下，如何善于抓住机遇，吸取新的智慧，拓展新领域，采取新方法，不断奋进。我们从其青年时期如何勤奋学习和矢志追求，从其既善于继承传统，又勇于超越，从其在抗战时期如何提倡并实践"有意义之史学"，都能发掘出丰富的内涵，从而大大推进对这位史学大师何以成功地为新历史考证学创辟新境的认识，深化对 20 世纪学术史的研究。通过深入梳理和剖析陈垣先生学术风范的时代意蕴，我们能够进一步明确认识其留给后人的宝贵思想遗产——严谨求真精神、开拓创造精神和使命担当精神。发扬陈垣先生的治学精神，我们定能更好地提升自己，为新时代史学的发展作出更大贡献。

# 晚清岭南汉学学风的形成与
# 陈垣的学术渊源

张荣芳

[摘要]阮元创办学海堂一改岭南的学风，由明代以来的心性、帖括之学变为重视考据训诂之汉学；岭南汉学学风形成的标志是出现了陈东塾之学及东塾学派。这是陈垣学术渊源之一。

[关键词]阮元；陈澧；陈垣；学海堂；东塾之学

## 一、尹炎武与陈垣的交往并论陈垣的学术渊源

尹炎武(1888—1971)，又名太蒸、文，号石公、硕公、谈翁，又号蒜山，江苏镇江人。古文献与文物专家。1911年入安徽存古学堂，从朱骏声学《说文》。朱骏声著《说文通训定声》，从形、音、义三方面综合研究词义，为竭半生精力之作，此为尹炎武打下了文字学基础。后毕业于私立吴淞中国公学国文系，又师从胡韫玉、李详，精熟清史，善作骈文。20世纪20年代初，任国立北京农业学堂教员。1926年，受陈垣之聘，任私立北平辅仁大学国文系主任，并兼私立中法大学教授。其后历任省立河南大学

---

作者简介：张荣芳，中山大学历史学系教授。

历史系主任、贵阳师范学院教授、国史馆纂修等职。1934年，任《江苏通志》稿件整理处编纂。1937年，镇江沦陷前，将志稿和资料送僧寺保管，未遭损失。中华人民共和国成立后，任上海市文物管理委员会委员，负责征集组工作。在任期间，为国家征集到大批图书文物，特别是收集到金山（今属上海）著名藏书家姚石子（字复庐，1891—1945）的藏书，其中以有关金石、碑板、图录等为多，并有不少善本、孤本、批校本、手抄本典籍，大都为海内稀有之物，弥足珍贵。这次的征集，受到有关单位的表扬。曾与严致和、柳诒征等合力恢复绍宗楼藏书。自名所居为"说食斋"。①

尹炎武与陈垣交情甚笃，《陈垣来往书信集（增订本）》中，收入两人的来往书信119通，时间从1922年至1964年，书信不断达40余年。② 1922年，陈垣任教育部次长时，尹炎武即"送上教部现职员简录一册以供清览"，并向陈垣提供人事布局的意见。③ 同年又致函陈垣，说"本日社集，因预有清华之约，不及赶回。社中诸友，幸为代谢"④。此"社集""社中"诸友，是指1922年5月，由吴承仕倡议，尹炎武、朱师辙、程炎震、洪汝闿、邵瑞彭、杨树达、孙人和等8人在北京的歙县会馆结成"思误社"，取北齐邢邵语"日思误书，亦是一适"之意，每两周会集一次，主要是校订古书，以养成学术空气。后改名为"思辨社"，陆续加入者有陈垣、高步瀛、陈世宜、席启骃、邵章、徐鸿宝、孟森、董节、伦明、谭祖任、张尔田等人。⑤ 陈垣与"思辨社"成员的交谊尤为深远。谭祖任加入"思辨社"之后，该社的论集改到位于丰盛胡同的谭宅聊园举行。1933年，杨钟羲、尹炎武

---

① 参见徐友春主编：《民国人物大辞典（增订版）》，239页，石家庄，河北人民出版社，2007；刘乃和：读《陈垣〈寿尹文书札跋〉》，见《历史文献研究论丛》，194页，桂林，广西师范大学出版社，1998。

② 陈智超编注：《陈垣来往书信集（增订本）》，117～160页，北京，生活·读书·新知三联书店，2010。

③ 陈智超编注：《陈垣来往书信集（增订本）》，117页。

④ 陈智超编注：《陈垣来往书信集（增订本）》，118页。

⑤ 桑兵：《民国学界的老辈》，见《晚清民国的学人与学术》，206页，北京，中华书局，2008。

图 1　1933 年杨钟羲、尹炎武在聊园宴请到访的法国学者伯希和，
邀请陈垣出席作陪（选自刘乃和等编著：《陈垣图传》）

在聊园宴请到访的法国学者伯希和，邀请陈垣出席作陪（见图 1）。同年，尹炎武离开北平到开封河南大学任教，在河南大学第一次致函陈垣是 1933 年 4 月 27 日，说"到汴（开封）四五十日，尚未笺候起居，负疚何己"，然后述说"此间风土与（北）平绝异"，带着与友人的情感，叙述在开封的生活，"课余之暇，以阅肆访书为消遣"，"今月十五，伯希禾翁回国，我公与适之、圣章、叔琦、贝大夫诸君到站送行。临发，伯翁谓人曰：'中国近代之世界学者，惟王国维及陈先生两人。'不幸国维死矣，鲁殿灵光，长受士人之爱护者，独吾陈君也。在平四月，遍见故国遗老及当代胜流，而少所许可，乃心悦诚服，矢口不移，必以执事为首屈一指"。①

后来尹炎武致函陈垣时，每每忆及聊园研讨学问的情趣。1934 年一封致陈垣函说："每念高斋促膝，娓娓雅谭，风月聊园，沉沉清夜，未尝不

---

①　陈智超编注：《陈垣来往书信集（增订本）》，123～124 页。

极目苍茫，精神飞越。南北相望，想同之也。夫以博雅闳深之学，精密湛邃之思，肴核百家，委怀乙部，冷交易集，起冬至而消寒，版本搜奇，汲修绠之供给。左揽绩溪（胡适）之奇侅，右瞰藏园（傅增湘）之珍秘，真率五簋，高谈娱心，横议华筵，抵掌快意，此情此景，寤寐不忘。辅仁诸友，晨夕过从，亦曾忆及憔悴江头，风雪弥天，有一故人寅夜灯前，拥书独坐乎？""聊园居士，江安老人及伦老师、余季老、雪桥、心史、葆之、理斋、羹某、少滨、蜀丞、燕舲、森老、遇夫、孟劬、文如诸钜子，见面时幸为道意。"①1935 年 1 月 31 日致陈垣函云："每忆励耘（耘）学肆之雅谈，聊园春酤之坠馥，茶消意倦，遥夜明灯，辄不胜起舞弄清影之感。"②

尹炎武还把聊园同人的业绩和趣事写入诗中，如 1935 年致陈垣一函，忆及聊园君子："寄援庵北平并简石遗（陈衍）公休含光三君子，平生缟纻倾南北，天下文章右八陈。乱世功名委尘土，藏山著述割星辰。从来吴越陵中国，今日湖湘叹绝伦。开岁聊园数社集，知君定忆未归人。援庵史学，伯严、公休古文，弢庵（陈宝琛）、石遗歌诗，含光骈体，海梢倚声，皆极天下之选，卓然为一代传人。八君子著籍粤、闽、吴、赣，皆吴越境内也。"③1944 年致陈垣一函曰："柳翼谋过筑入都赋此送之。仓黄未饮茅台酒，邂逅还登甲秀楼。奔命兵间神愈王，填胸掌故世无俦。难忘书藏几灰烬，早续厄林（明周婴）备敏求。犹欲捃遗传大错，文澜侨置待卢牟（文澜阁库书近侨置贵阳）。援庵少滨琴石季豫诸老一笑。石公录稿。"④1962 年 6 月，简陈援庵诗中曰：

杨（遇夫）朱（少滨）解故（《汉书窥管》《商君书解诂》）破拘挛，高叟（阆仙）钩沉（《文选注疏》）孰比肩，一任余（季豫）吴（检斋）规纪阮（《四

---

① 陈智超编注：《陈垣来往书信集（增订本）》，130～131 页。
② 陈智超编注：《陈垣来往书信集（增订本）》，133 页。
③ 陈智超编注：《陈垣来往书信集（增订本）》，134 页。
④ 陈智超编注：《陈垣来往书信集（增订本）》，137 页。

库提要辨证《经籍纂诂》),登坛述学首潜研(先生教人,为从竹汀《考异》《养新》入手)。

黄(晦闻)陈(匪石)伦(哲如)孟(心史)闵(葆之)孙(蜀丞)谭(篆卿),二邵(伯纲、次公)张(孟劬)洪(泽丞)共一龛,若问聊园思辨社,空余惆怅望江南(黄诗,陈词,伦、孟、闵、孙考证,二邵、张、洪均词家,谭金石赏鉴)。

梦到宣南著作林,追攀翊教许同心,昨宵有客传新句,如接锵鸣满袖金(西城翊教寺为先生闭户著书之所)。①

尹炎武在京外工作,十分思念聊园思辨社的同人,在致陈垣的信中,经常提及。如 1944 年 9 月 7 日信云:"圣遗(杨钟羲)作古,颇有老成凋谢之感。""聊园觞咏如恒,可有昔时之盛?少滨携妾北征,兴致不浅。哲儒养疴家弄,曾否还平?季豫《四库考证》,定增新稿。兼士殚思音韵,发明必多。亮丞(张星烺)钻研外史,有何新纂?孟劬息影燕大,近况何如?"②陈垣在给尹炎武信中,亦经常提到聊园思辨社同人,如 1956 年 2 月 25 日,陈垣致尹信中说:"即日所闻,积微居主(杨树达)已作古,思辨同人,又弱一个了。"③又如 1956 年 3 月 30 日,陈垣致尹信云:"春寒,杨、树(杨树达、柳诒征)一时俱萎,甚为怆痛何如","与大师兄(朱师辙)合照早收到,渠来书屡将张冷僧(张宗祥)误为阆仙(高步瀛),昨去书告之","余谓阆仙、冷僧皆教部同事,而君与阆仙又是思辨同人"。④

反映尹炎武与陈垣交往密切,感情深厚,除了上述书信之外,还可举庚午年(1930 年)陈垣写《寿尹文书札跋》为例。尹文生于 1888 年农历十月初十日,陈垣生于 1880 年农历十月初十日,两人同月同日生,陈垣比尹

---

① 陈智超编注:《陈垣来往书信集(增订本)》,159 页。
② 陈智超编注:《陈垣来往书信集(增订本)》,136 页。
③ 陈智超编注:《陈垣来往书信集(增订本)》,149 页。
④ 陈智超编注:《陈垣来往书信集(增订本)》,149 页。

文大 8 岁。1930 年，尹文 41 岁生日，生辰前，适琉璃厂文物店持明清人手札数件求售，陈垣见其中有两札，正可祝尹文之寿，乃将书札买下，并撰写跋文，说明以此两札祝寿之理由。经过陈垣考证，这两封书札是：

王如金（字子坚）与曹伟（号硕公）书，写于清顺治二年（1645 年）三月；

申涵光（号凫盟）与戴廷栻（字枫伟）书，写于清康熙十五年（1676 年）。

两札皆有傅山（字青主）印章，曾为傅山所藏。作书受信 4 人，都是傅山挚友。

两札所涉及的人物，都是明末遗民。明亡后，志不得伸，或抗清死节，或洁身不仕，或闭门读书，或诗酒解忧。他们是山西地区一批青壮年，怀念故国，坚不降清，是有民族意识的爱国忠义之士。他们的老师袁继咸（字袁山），江西宜春人。明天启四年（1624 年）、五年（1625 年）联捷进士，擢兵部右侍郎，兼右佥都御史。崇祯七年（1634 年）提学山西，为巡按御史张孙振所诬，帝怒，逮捕入狱，几死。诸生随至京都，伏阙诉冤，被释放。后总督江西、湖广等地军务。驻九江。清兵南下，九江陷，被执北去，不屈见杀。可见袁山也是抗清之士。

陈垣跋中说"一则隐藏硕公之姓与名"，指第二札，此札中"称及宁人、公他、伯岩"。宁人，顾炎武字，尹文一名炎武，此即隐藏尹文之名。公他、公之他，皆傅山别号。《孟子·离娄》下有《庾公之斯学射于尹公之他》，傅山此别名源于《孟子》，此即隐藏尹文之姓。

跋中又说："一则明著硕公之号"，盖第一札为王如金与硕公书，上款为硕公，尹文字硕公，即明著尹文之号也。因此陈垣谓"是非还之硕公不可"，乃将两札连同跋文装裱成册，以祝尹文 41 岁寿。

尹文得此册页极喜，视为珍品，宝而藏之。一来喜得傅山收藏过的明末忠义之士书札，更主要的是喜陈垣的题跋及精妙细致的考证。[①]

---

① 陈垣：《寿尹文书札跋》，见《陈垣全集》第 7 册，888 页，合肥，安徽大学出版社，2009；刘乃和：《读陈垣〈寿尹文书札跋〉》，见《历史文献研究论丛》，193～200 页；陈智超：《学者的收藏》，见《陈垣——生平、学术、教育与交往》，106 页，合肥，安徽大学出版社，2010。

陈垣以古人墨迹赠送尹文以祝寿者，如尹文 72 岁大寿，1960 年 4 月 12 日，陈垣致函尹文：

> 大错和尚为公乡人，前承借我大错遗集，久思以大错真迹为报，昨在厂肆见《明人印章题词》墨迹一册，十八开，题者八人，中有陈元长持钱少开札索晤张一鹄之事，又有少开亲笔题记。册首有董玄宰、陈眉公书，末有夏树芳老人题诗，又有眭明永，希姓书家难得，因亟携归，另邮寄呈，以为吾师寿。①

1960 年 4 月 23 日，尹文复信陈垣曰：

> 承赐明人印章题辞墨迹，不独开少亲笔，生平未睹，即夏眭遗翰，亦希罕之极矣。不知先生何幸得之，又不自留，其于鲰生，惠贶大矣。望风拜嘉，难以笔述。②

尹炎武比陈垣小 8 岁，在书信中累称陈垣为老师，或自称为陈垣"门下"③。他对陈垣史学成就十分崇敬，称陈垣为"近百年来横绝一世"的"当代史学钜子"，"我公学术，海内匪二，主讲旧京，腾声域外"，④ "考据之业，到此境界，真神乎其技，空前绝后也，岂特当世无两哉！"⑤1952 年，时任上海市文物保管委员会委员的尹炎武把友人携来的钱竹汀手简 15 通，请陈垣考释。陈垣写成《跋钱竹汀手简》⑥。1952 年 4 月 5 日，陈垣致信尹炎

---

① 陈智超编注：《陈垣来往书信集（增订本）》，156 页。
② 陈智超编注：《陈垣来往书信集（增订本）》，156 页。
③ 陈智超编注：《陈垣来往书信集（增订本）》，126 页。
④ 陈智超编注：《陈垣来往书信集（增订本）》，127 页。
⑤ 陈智超编注：《陈垣来往书信集（增订本）》，141 页。
⑥ 此跋后经修改，题曰《钱竹汀手简十五函考释》，载《文物》，1963(5)。收入《陈垣全集》第 7 册，752～761 页。

武曰：钱大昕竹汀手简十五通，分裱十四开，石公自沪寄我。抽暇一阅，皆竹汀寄家人子弟信，中有"东壁图书印"，当为竹汀长子东壁所收藏。今略考其年月次第以下。"综核此册，虽寥寥十五简，但自乾隆三十九年竹汀四十七岁起至嘉庆八年竹汀七十六岁止，绵亘凡三十年。中多有月无年，或有日无月，或日月并缺，今为一一考出，以质石公。一九五二年清明。"①尹炎武收到陈垣来信并考释文字，于 1952 年 5 月 20 日复函陈垣曰："奉四月中毕海，并跋竹汀手简，欢喜捧诵，传观赞叹。""跋竹汀文与往年跋于文襄手札同一精妙。尝与柳劬堂、鲍技九（鼎）谈当代擅场史学，而以深入浅出之文达之，励云（耘）书屋外无二手也。"②1956 年 3 月 29 日致陈垣函云："至先生史学明并日月，无待称述，况名垂瀛海之人，更何须自号老友者为之扬诩也。"③1960 年 5 月 23 日，陈垣致函尹炎武曰："前日偶检旧箧，见有凌次仲（凌廷堪）上款钱（钱大昕）、阮（阮元）尺牍一册，记得系吾师所贻，中有残札两开，据内容笔迹，是孙渊如（孙星衍）的无疑，但此札年月，颇有问题，特为考定如另纸。"④此"特为考定如另纸"即陈垣《跋凌次仲藏孙渊如残札》一文⑤。尹炎武收到来信及考释后，于同年 1960 年 6 月 1 日复信陈垣曰："跋无名断简，断定孙渊如，真是具眼，非我公无第二手。"⑥1961 年，尹炎武把上海文物保管委员会所藏的清代学者书札寄请陈垣考释，陈垣写《跋洪北江与王复手札》一文。文曰："上海市文物保管委员会尹同志寄示乾嘉诸儒手札墨跋，中有洪亮吉与秋塍明府一札，有月无年，试释其时地人事如下。""秋塍者王复，浙江秀水人，王又曾之子。"⑦

① 陈智超编注：《陈垣来往书信集（增订本）》，143 页。
② 陈智超编注：《陈垣来往书信集（增订本）》，143 页。
③ 陈智超编注：《陈垣来往书信集（增订本）》，151 页。
④ 陈智超编注：《陈垣来往书信集（增订本）》，157 页。
⑤ 陈垣：《跋凌次仲藏孙渊如残札》，载《文物》，1962(6)。收入《陈垣全集》第 7 册，745～748 页。
⑥ 陈智超编注：《陈垣来往书信集（增订本）》，157 页。
⑦ 陈智超编注：《陈垣来往书信集（增订本）》，158 页。

上述事迹，说明尹炎武对陈垣的史学考证佩服得五体投地。1956 年 3 月
20 日，尹炎武来信赞陈垣"考据之文至师可谓登峰造极矣"①。

尹炎武对陈垣新中国成立后的思想进步也十分敬佩。1952 年 1 月 21
日的信说："吾师与时俱进，养新德而起新知，幸有以广之。"②同年 2 月 14
日信云："本日《大公报》载吾师三反检讨文，朴实说理，真诚无妄，真可
示范。"③尹炎武对陈垣的学术十分熟悉，不但阅读过他的大部分著作，而
且对其中的"微言大义"也很了解。1962 年，陈垣为庆祝北京师范大学成立
60 周年而作《今日》诗一首④，尹炎武 1962 年 6 月致陈垣信云："昨读先生
新诗，忆及往事，爰效急就篇得八截句寄呈。"这 8 首绝句，不但说明尹炎
武对陈垣学术著作的谙熟，而且深刻阐述了陈垣学术渊源，其中云：

珠江学海肇仪真（征），粤秀承风更绝尘，今日代兴起新会，不知
面广几由旬。（陈东塾学出仪真［征］而精纯过之。先生实承其术，面
复加广。）

漫云国竟判西东，旦暮何年跻大同，不有励耘钩距手，谁知西域
被华风。（《元西域人华化考》）

随园樊榭寻常见，西沚辛楣是处无，今日吾侪眼孔仄，天台梅磵
已模糊。（《通鉴胡注表微》）

霁月光风上绿阴，坐看群碧在遥岑，护林影事难回首，却慰平生
种树心。（第四句先生原句）

梦到宣南著作林，追攀翊教许同心，昨宵有客传新句，如接锵鸣
满袖金（西城翊教寺为先生闭户著书之所）。⑤

---

① 陈智超编注：《陈垣来往书信集（增订本）》，150 页。
② 陈智超编注：《陈垣来往书信集（增订本）》，140 页。
③ 陈智超编注：《陈垣来往书信集（增订本）》，140 页。
④ 《陈垣全集》第 22 册，564 页。
⑤ 陈智超编注：《陈垣来往书信集（增订本）》，159 页。

这些诗作和自注不但画龙点睛地说明了陈垣每种著作的精髓所在，而且第一首诗精准地道出了陈垣的学术渊源于阮元在广州创办的学海堂，和陈澧任山长的菊坡精舍。学海堂改变晚清岭南学风对陈垣学术的影响甚大。"粤秀承风更绝尘"，是指菊坡精舍和陈澧。菊坡精舍建于粤秀山南麓，陈澧任山长十年，教学仿学海堂。所以尹炎武自注云："陈东塾学出仪真（征）而精纯过之。先生实承其术，面复加广。"阮元—陈澧—陈垣的学术一脉相承。

## 二、阮元督粤创立学海堂一改岭南学风

阮元（1764—1849）（见图2），字伯元，号芸台，江苏仪征人。他是乾隆五十四年（1789年）进士，历仕乾隆、嘉庆、道光三朝，曾任浙江、河南、江西的巡抚和两广、云贵的总督，后入京任体仁阁大学士，加太傅，死谥文达。他既是封疆大吏、朝廷重臣，又是学坛领袖、经术名家，集高官与学者于一身，并且长达数十年。《清史稿》本传称他"身历乾嘉文物鼎盛之时，主持风会数十年，海内学者奉为山斗焉"[①]。

阮元于嘉庆二十二年（1817年）由湖广总督调补两广总督。道光六年（1826年）奉旨调任云贵总督，在粤前后约9年。期间还四度兼任广东巡抚，还曾兼署学政

图2 阮元像 （选自叶衍兰、叶恭绰编：《清代学者象传》）

---

① 赵尔巽等：《清史稿》卷三百六十四，11424页，北京，中华书局，1976。

和粤海关总督等职。他去世后，时人在《粤东绅士公请前两广总督太傅阮文达公入祀名宦祠启》中，对他在粤的政绩作了全面而具体的高度评价。其中关于改变岭南学风的功绩，有如下评述："取学海以建堂，上林获稽古之益。""《皇清经解》八十家，实艺林之渊岳。岂徒岭南纸贵，已看海内风行。公研经有集，著述等身。而独举二书者，则以此二书能阐发乎群经，而皆开雕于东粤者也。他如纂《广东通志》，修镇海层楼……凡兹措置，无懈宣勤。"①由此可见时人对阮元督粤岭南兴学、转变学风的作用是充分肯定的。梁启超也说："同是一岭南，假使无阮文达之师，则道咸之后，与其前或不相远，未可知也。"②阮元对推动岭南学风的转变，主要表现在以下几个方面。

（一）提倡汉学，转变岭南的学术风气

清代岭南学术文化，以阮元督粤为界，可分为前后两期：前期为帖括之学，守白沙、甘泉之旧，多尚宋明理学（或称宋学）；后期则因阮元提倡，多崇汉学、朴学。③诚如陈澧之弟子、曾任广雅书院院长的廖廷相所说："岭南承白沙、甘泉之遗，国初如金竹、潜斋诸儒，类多讲求身心性命之学，迨扬州阮文达公督粤，开学海堂以经术课士，而考据训诂之学大兴。"④梁启超在《三十自述》中说："余十二岁应试学院，补博士弟子员，日治帖括，虽心慊之，然不知天地间于帖括外，更有所谓学也。""十五岁方游学省会，时肄业于省会之学海堂，堂为嘉庆间前督阮元所立，以训诂词章课粤人者也。至是乃决舍帖括以从事于此。"梁氏接着叙述光绪十六年（1890 年）初次拜见康有为时的心态："时余以少年科第，且于时流所推重

---

① 《粤东绅士公请前两广总督太傅阮文达公入祀名宦祠启》，见张鉴等：《阮元年谱》，北京，中华书局，1995。

② 梁启超：《近代学风之地理分布·序》，见《饮冰室合集》第 5 册，51 页，北京，中华书局，1989。

③ 李绪柏：《清代广东朴学研究》，1 页，广州，广东省地图出版社，2001。

④ 廖廷相：《劬书室遗集·序》，见《广州大典》第 464 册，349 页，广州，广州出版社，2017。

之训诂词章学，颇有所知，辄沾沾自喜。"①谢国桢在《近代书院学校制度变迁考》中说："自阮文达元督学浙江时，创立诂经精舍，总督两粤时，创立学海堂，其学以考证经史为宗，兼及天算推步之学。于是士子闻风竞起，所向景从，学风为之一变。"②由此可见，清代岭南的学风，以阮元督粤开学海堂为界分为前后两期，为学术界所公认。

前期崇尚帖括之学与白沙遗绪。帖括之学，是指读书的目的完全是为了博取功名和利禄仕途。学人读儒家经典，只取其有涉制艺试帖者，练习揣摩，积习相沿。对这种学风，时人樊封就尖锐指出："学校、书院之设遍天下，儒生竞为文以博进取，兀兀穷年，不外帖括。圣经贤传之旨，不暇寓目。即长吏爱才养士，亦不过校其时艺之优劣，量加劝奖而已，其他亦非所计也。"③帖括之风愈刮愈浓，学风日下，与乾嘉考据学的读书做学问之风气相去甚远。白沙遗绪，是指"白沙学派"的遗风。创立"白沙学派"的明代大理学家陈献章(1428—1500)，字公甫，号石斋，广东新会白沙村人，学者称白沙先生。白沙开王阳明心学思想之先河，并将其学说授之弟子湛若水(字甘泉)，门徒众多，影响甚大，世称"陈湛学派""江门学派"或"广宗"。清代学者全祖望说，陈白沙"粤中学统，殆莫之或先也。白沙授之甘泉，其门户益盛，受业著录四千余人，当时称为'广宗'，同时与阳明分讲席，当时称为'浙宗'。终明之世，学统未有盛于二宗者，而河汾一辈之学，几至遏而不行。"④由此可知，明代白沙、甘泉学派在全国占有举足轻重的地位。但是白沙之学提倡学宗自然，学贵自得，主静致虚，明心见性，为学须在静中坐养出来，不必靠书册。这种哲学思想有其积极一面，但发展到清代晚期，其消极一面已凸显出来。阮元曾经评论说："粤东自

---

① 梁启超：《饮冰室合集》，见《饮冰室全集》第 2 册，16 页。

② 谢国桢：《近代书院学校制度变迁考》，见《谢国桢全集》第 7 册，378 页，北京，北京出版社，2013。

③ 樊封：《新建粤秀山学海堂题名记》，见赵所生、薛正兴主编：《中国历代书院志》第 13 册《学海堂集》卷十六，275 页，南京，江苏教育出版社，1995。

④ 《全祖望集汇校集注(中)》，朱铸禹汇校集注，1852 页，上海，上海古籍出版社，2000。

前明以来，多传白沙、甘泉之学，固甚高妙，但有束书不睹，不立文字之流弊。"①时人评说："粤人濡阳明绪余，祖法乎良知之说，与康成、晦庵相违，视六经为支离，薄训诂研索为末务。士子稍解握管，辄高谈妙论，凡目所未见之书，辄指为伪册，父诫其子，师训其徒，牢不可破，空疏无据，流弊三百年。"②这里所谓"阳明绪余"，当然包括白沙、甘泉绪余在内，岭南这种崇尚空谈、言心言性的学术风气，与乾嘉以来崇尚训诂名物考订的汉学、实学大相径庭。

阮元在嘉庆二十二年（1817 年）接任两广总督时，"在广东找不到一本考据必需的书籍——段注《说文解字》，诧为怪事"③。因粤人不治汉学，阮元要改变这种状况，提倡汉学。这里所说的"汉学"，是指传统的考据学（或曰考证学）或称朴学，而非 18 世纪以后产生于欧洲的西方汉学。"汉学"（朴学）的学风，梁启超在《清代学术概论》中，归纳出十大要素：

1. 凡立一义，必凭证据；无证据而以臆度者，在所必摈。

2. 选择证据，以古为尚。以汉唐证据难宋明，不以宋明证据难汉唐；据汉魏可以难唐，据汉可以难魏晋，据先秦西汉可以难东汉。以经证经，可以难一切传记。

3. 孤证不为定说。其无反证者姑存之，得有续证则渐信之，遇有力之反证则弃之。

4. 隐匿证据或曲解证据，皆认为不德。

5. 最喜罗列事项之同类者，为比较的研究，而求得其公则。

6. 凡采用旧说，必明引之，剿说认为大不德。

7. 所见不合，则相辩诘，虽弟子驳难本师，亦所不避，受之者从不以为忤。

---

① 张鉴等：《阮元年谱》，147 页，北京，中华书局，1995。

② 樊封：《粤秀山新建学海堂铭并序》，见赵所生、薛正兴主编：《中国历代书院志》第 13 册《学海堂集》卷十六，276 页。

③ 王惠荣：《陈澧思想研究》，14 页，北京，中国社会科学出版社，2008。

8. 辩诘以本问题为范围，词旨务笃实温厚。虽不肯枉自己意见，同时仍尊重别人意见。有盛气凌铄，或支离牵涉，或影射讥笑者，认为不德。

9. 喜专治一业，为"窄而深"的研究。

10. 文体贵朴实简洁，最忌"言有枝叶"。①

清代乾嘉学术以这种学风为主流，学者以此种学风相矜尚，自命曰"朴学"。其学问之中，以经学为中坚。经学之附庸则小学，以次及于史学、天算学、地理学、音韵学、律吕学、金石学、校勘学、目录学等等，一切学问皆以此种研究精神治之。这样，举凡自汉以来的典籍，皆加以一番研究，得出新的结论。阮元要在岭南倡导这种"汉学""朴学""实学"的学风。

(二)创立学海堂，培养汉学人才

要提倡一种学风，必须有一批以此种学术风格去治学的人才。为此，嘉庆二十五年(1820年)，阮元在广州创立学海堂(见图3、图4)②。光绪三十一年(1905年)学海堂奉旨撤销，

图3 《学海堂图》[选自林伯桐编：《学海堂志》，见《陈澧集》(五)]

---

① 梁启超：《清代学术概论》，69～70页，中华书局，2010。

② 关于学海堂创立的时间，学术界有4种说法：一说道光元年(1821年)；一说道光四年(1824年)；一说道光六年(1826年)；一说嘉庆二十五年(1820年)。准确的说法，应该是嘉庆二十五年，创办学海堂，学海堂匾挂于城西文澜书院；道光四年，粤秀山的学海堂校舍建成，学海堂匾迁挂于新地。参考陈泽泓：《学海堂考略》，见《岭峤春秋——广府文化与阮元论文集》，211～216页，广州，中山大学出版社，2003。

图 4　学海堂遗址（选自广州市档案馆主编：《人文广州丛书·千年文脉看越秀》）

至此学海堂在历史上存在 75 年，它的办学规制有一个形成、发展、完善过程。在此不专门探讨它的完善过程，只从它的过程中，勾勒它的办学特色。

1. 阮元办学海堂之取名及意旨

阮元在《学海堂集序》中说：

　　昔者何邵公学无不通，进退忠直，聿有学海之誉，与康成并举，惟此山堂，吞吐潮汐，近取于海，乃见主名。多士或习经传，寻疏义于宋、齐，或解文字，考故训于《仓》《雅》，或析道理，守晦庵之正传，或讨史志，求深宁之家法，或且规矩汉、晋，熟精萧《选》，师法唐、宋，各得诗笔，虽性之所近，业有殊工，而力有可兼，事亦并擅。①

在《学海堂志》中，明确指出，根据阮元之指示，学海堂设立学长，"学长

① 阮元：《揅经室集》下册，1077 页，北京，中华书局，1993。

责任与山长无异，惟此课既劝通经，兼赅众体，非可独理"，"此堂专勉实学"。① 这里所说的"实学"，就是汉学、朴学。阮元取"学海"之意，因东汉学者何休学识渊博，人称学海。崔弼在《新建粤秀山学海堂记》中说："公之名堂，取何休学海之意，谓学之海也。若扬雄所谓'百川学于海'，非其指也。"②堂中有阮元自撰楹联："公羊传经，司马记史；白虎论德，雕龙文心。"③此联与阮元为浙江诂经精舍撰联完全相同，"其实事求是，崇尚汉学之初心，又于是寓焉"④。学海堂规制仿诂经精舍，阮元在《西湖诂经精舍记》中说："圣贤之道存于经，经非诂不明。汉人之诂，去圣贤为尤近。"巡抚浙江时，"选两浙诸生学古者读书其中，题曰'诂经精舍'。'精舍'者，汉学生徒所居之名。'诂经'者，不忘旧业且勖新知也。""诸生谓周、秦经训至汉高密郑大司农集其成，请祀于舍，孙君曰：非汝南许浚长，则三代文字不传于后世，其有功于经尤重，宜并祀之。"乃"奉许、郑木主于舍中，群拜祀焉"，"谓有志于圣贤之经，惟汉人之诂多得，去古近也。其实者，许、郑集汉诂之成者也，故宜祀之"。⑤ 可见阮元创学海堂，是仿诂经精舍，提倡汉学、朴学、实学。阮元在学海堂首次命题为王应麟《困学纪闻》、顾炎武《日知录》、钱大昕《十驾斋养新录》三跋。⑥ 顾炎武为清学开山之祖；钱大昕是乾嘉考据学大师，汉学中坚人物；而追溯清代考据学渊源，则非宋代王应麟莫属。阮元以此三跋课士，其学术宗旨及治学方法已明白无误。

2. 阮元提倡汉学，并不排斥宋学，主张汉宋兼采

近代学者刘师培说："自汉学风靡天下，大江以北治经者，以十百计。

① 林伯桐编：《学海堂志》，见《陈澧集》（五），620～621 页，上海，上海古籍出版社，2008。
② 崔弼：《新建粤秀山学海堂记》，见《广州大典》第 512 册，746 页。
③ 林伯桐编：《学海堂志》，见《陈澧集》（五），668 页。
④ 张鉴：《诂经精舍志初稿》，见赵所生、薛正兴主编：《中国历代书院志》，南京，江苏教育出版社，1995。
⑤ 阮元：《西湖诂经精舍记》，见《揅经室集》上册，547～548 页。
⑥ 桂文灿：《经学博采录》卷一，8 页，上海，华东师范大学出版社，2010。

或守一先生之言，累世不能殚其业。或缘词生训，岐惑学者。惟焦（循）、阮（元）二公，力持学术之平，不主门户之见。"所谓汉学、宋学，从其治学宗旨来看，都是要阐述经义，解释圣言，发挥儒家道义。从历史文化遗产来分析，两者都值得重视。从治学上讲，汉学本着实事求是的态度，对儒家经典作了许多忠实的训诂，发展了我国的文字、音韵、训诂等方面的学问，从而开始了考据学的一个新时代。但是，乾嘉时代，汉、宋二家，门户对立，各执一端，互相排斥，水火不相容。汉学家江藩在《国朝汉学师承记》中攻击宋学，斥宋明诸儒为"乱经非圣"：

> 宋初承唐之弊，而邪说诡言，乱经非圣，殆有甚焉。如欧阳修之《诗》，孙明复之《春秋》，王安石之《新义》是已。至于濂、洛、关、闽之学，不究礼乐之源，独标性命之旨，义疏诸书，束置高阁，视如糟粕，弃等弁髦，盖率履则有余，考镜则不足也。元、明之际，以制义取士，古学几绝，而有明三百年，四方秀艾，困于帖括，以讲章为经学，以类书为博闻，长夜悠悠，视天梦梦，可悲也夫。①

宋学家方东树著《汉学商兑》，反唇相讥：

> 自是以来，汉学大盛，新编林立，声气扇和，专与宋儒为水火。……历观诸家之书，所以标宗旨、峻门户，上援通贤，下眘流俗，众口一舌，不出于训诂、小学、名物、制度。弃本贵末，违戾诐诬，于圣人躬行求仁，修齐治平之教，一切抹杀。名为治经，实足乱经；名为卫道，实则畔道。②

---

① 江藩纂：《汉学师承记笺释》上册，漆永祥笺释，12～13 页，上海，上海古籍出版社，2006。
② 见钱钟书主编：《中国近代学术名著》，235 页，北京，生活·读书·新知三联书店，1998。

阮元在治学上抛弃门户之见，"力持学术之平"。他说："两汉名教得儒经之功，宋、明讲学得师道之益，皆于周孔之道得其分合，未可偏讥互诮也。"①这种态度在当时无疑是十分进步的。阮元"力持学术之平"，在治学方法上是遵循汉学家的方法。如在训诂学上，他说："汉人之诂，去圣贤为尤近，譬之越人之语言，吴人能辨之，楚人则否；高、曾之容体，祖父及见之，云仍则否。盖远者见闻终不若近者之实也。"②他认为推求古义、古音，应当以最近该时期者可靠，因此，应相信汉儒对经传的注释。对宋明理学，朱熹是理学的集大成者，阮元对朱熹的义理之学，十分重视。在《拟国史儒林传序》中说："我朝列圣，道德纯备，包涵前古，崇宋学之圣道，而以汉儒经义实之，圣学所指，海内响风。"③他以性道和经义二者结合，互为补充，把对朱熹义理之学的研究放到一个崭新的视角来思考。

学界一般认为宋明理学有程（颐）朱（熹）、陆（九渊）王（阳明）两大派。陆王派思想理路偏于心性之学。由于王阳明写了《朱子晚年定论》，朱派的人认为混淆朱、陆两家思想的是非，因此而加以驳斥。明代东莞的陈建（1497—1567，别号清澜）著《学蔀通辨》一书，就是驳斥王阳明的上述著作，阐明朱、陆的根本不同，从而申明朱学。故后人认为他完全可以为朱熹护法。

陈建《学蔀通辨》分前、后、续、终4编，共12卷。他在自序中说："学术之患，莫大于蔀障。近世学者所以儒佛混淆而朱陆莫辨者，以异说重为之蔀障，而其底里是非之实不白也。……《前编》明朱、陆早同晚异之实；《后编》明象山阳儒阴释之实；《续编》明佛学近似惑人之实；而以圣贤正学不可妄议之实终焉。"陈建这部著作的最大贡献，是阐明朱熹学问思想的先后次序，并说明朱学与陆学的不同。在《学蔀通辨·终篇》卷中，举《朱子语类》的一条，说明朱子为学的主张。朱子曰："涵养、致知、力行

---

① 阮元：《拟国史儒林传序》，见《揅经室集》上册，37页。

② 阮元：《西湖诂经精舍记》，见《揅经室集》上册，547～548页。

③ 阮元：《拟国史儒林传序》，见《揅经室集》上册，37页。

三者：便是以涵养做头，致知次之，力行次之。不涵养则无主宰……既涵养又须致知，既致知又须力行。若致知而不力行，与不知同。亦须一时并了。非谓今日涵养，明日致知，后日力行也。要当皆以敬为本。敬只是提起这心，莫教放散。凭地，则心便自明。这里便穷理格物，见得当如此便是，不当如此便不是。既见了，便行将去。"朱子主张无论知和见，都要落实到行动中去。而陆学"惑于佛氏本来面目之说"，教人静心养性，"假其似以乱吾儒之真，授儒言以掩佛学之实"，是"改头换面，阳儒阴释"的货色。所以，陈建说："静坐体认之说，非圣贤意也，起于佛氏也。"因此，容肇祖说："陈建对于朱学上的贡献，是不能不注意的。"《明儒学案》不提陈建，"应有补充的述说陈建的必要了"。①

清初学者顾炎武对《学蔀通辨》评价很高，在《日知录》卷十八"朱子晚年定论"条中说："《困知》之记，《学蔀》之编，固今日中流之砥柱矣。"②阮元在学海堂极力推广《学蔀通辨》的观点，写了《学蔀通辨序》《书东莞陈氏学蔀通辨后》等文，在前文中说："粤中学人，固当知此乡先生学博识高，为三百年来之崇议也。"在后文中说："朱子中年讲理，固已精实，晚年讲礼，尤耐繁难，诚有见乎理必出于礼也。古今所以治天下者礼也，五伦皆礼，故宜忠宜孝即理也。""朱子一生拳拳于君国大事，圣贤礼经，晚年益精益勤之明证确据。若如王阳明诬朱子以晚年定论之说，直似朱子晚年厌弃经疏，忘情礼教，但如禅家之简静，不必烦劳，不必凄黯矣，适相反矣。然则《三礼》注疏，学者何可不读。盖未有象山、篁墩、阳明而肯读《仪礼》注疏者也。其视诸经注疏，直以为支离丧志者也。岂有朱子守孔、颜博文约礼之训，而晚悔支离者哉？此清澜陈氏所未及，亦学海堂诸人所未言者，故特著之。"③阮元后来说："岭南学人惟知多奉白沙、甘泉，余于

---

① 参见容肇祖：《补明儒东莞学案——林光与陈建》，见《容肇祖全集》第 5 册，2362～2380 页，济南，齐鲁书社，2013。

② 陈垣：《日知录校注》，见《陈垣全集》第 15 册，1082 页。

③ 阮元：《揅经室集》下册，1062～1064 页。

《学海堂初集》大推东莞陈氏《学蔀》之说，粤人乃知儒道。"由此可见，阮元在学海堂提倡汉学，并不排斥宋学，尤其是推荐《学蔀通辨》，光大朱子之学，对岭南学风之改变，起巨大作用。容祖海堂肇在《学考》中说："阮元在广东学术界的提倡有二方面：（一）打破专作帖括之学的迷梦，而引导之使之入于经史理文的范围；（二）提出陈建的《学蔀通辨》一书，使一部分人放弃支离的理学而为切实的学向的研究。"[①]这一评价是中肯的。

3. 教育学生以实践为主，培养通经致用的高级专门人才

学海堂的教学，依照阮元创立的"诂经精舍"成例，并更趋完善。学海堂不讲授八股制艺，而开设《十三经注疏》及《史记》《汉书》《后汉书》《三国志》《文选》《杜诗》《昌黎集》《朱子大全》等各种专书课程（见图5）。每生在学长八人中择师而从其学，成为专课生。各生备有功课日程簿，簿注明某书，将每日所作功课填入簿中。各生就性之所近，专攻一书，进行句读、评校、抄录、著述。"令肄业诸生每日读书，用红笔挨次点句，毋得漏略凌乱，以杜浮躁。至于评校、抄录、著述三项，视乎其人学问深浅。凡为句读工夫者，不限以兼三项，为三项工夫者，必限以兼句读。期使学问风气益臻笃实。"[②]

学海堂教学严谨，强调实践，要求通经以致用。在这种教学思想指导下，培养了大批经世致用的人才。这些人才

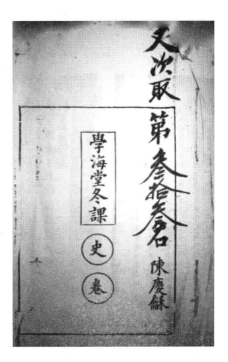

图5 学海堂冬课史卷（选自麦哲维：《学海堂与晚清岭南学术文化》）

---

① 容肇祖：《学海堂考》，见《容肇祖全集》第5册，2196页。

② 林伯桐编：《学海堂志》，见《陈澧集》（五），618页。

大致可以分为经史、古文、算数、测绘、金石、校勘、考古、书画、诗词、骈文、编志、医学等类。

4. 提倡学术自由，不设山长而设 8 名学长，使学海堂成为学术研究的机构

阮元在《学海堂章程》中说："管理学海堂，本部堂酌派出学长吴兰修、赵均、林伯桐、曾钊、徐荣、熊景星、马福安、吴应逵共八人，同司课事，其有出仕等事再由七人公举补额，永不设立山长，亦不允荐山长。"① 为什么不设山长，阮元解释道："学长责任与山长无异，惟此课既劝通经，兼赅众体，非可独理。而山长不能多设，且课举业者各书院已大备，士子皆知讲习，此堂专勉实学，必须八学长各用所长，协力启导，庶望人才日出也。"② 由此可见，学海堂不设山长，而设 8 名学长，是为了使学生真正得到除科举八股以外的更多知识。各位学长有自己的专业特长，以己所长教授学生。而教授学生的方法，一改传统的由教师专讲为师生共同讨论，自由辩论，探求真理。诚如陈澧所说："天下为真学问者，岂敢谓无人。然师友讲习者，则惟吾粤有学海堂。""于举业之外，尚有此一程学问。"③ 学海堂成为一所新式的研究型学术机构，培养了大批汉学人才。

(三)刊刻大量典籍图书，对近代学术文化产生深刻影响

刊刻图书的多寡，是文化事业发展盛衰的标志之一。清代前期，广东刻书很少，书籍多来自江浙。乾隆三十七年(1772 年)，为纂修《四库全书》，谕令各地征集遗书。当年两广总督李侍尧奏称：粤省无书可购，"粤东书贾，向系贩自江浙，不过通行文籍，并无刊刻新书，大率鲜有可

① 林伯桐编：《学海堂志》，见《陈澧集》(五)，615 页。
② 林伯桐编：《学海堂志》，见《陈澧集》(五)，621 页。
③ 陈澧：《默记》，见《陈澧集》(二)，753 页。

采。"①"初粤省虽号富饶，而藏书家绝少。坊间所售，止学馆所诵习洎科场应用之书，此外无从购买……而本省板刻无多，其他处贩运来者，作值傍倍昂，寒士艰于储蓄。"②这些情况说明，清前期广东刻书业不发达。③

自阮元创办学海堂以后，广东刻书业开始了重要的转折。学海堂以朴学课士，经、史、子、集，皆为研究实学所必需。为满足士子学习研究之需，阮元提倡学海堂刻书。学海堂前期，在阮元主持下，刻书规模比较大。如《皇清经解》《揅经室集》《再续集》《外集》《诗集》及《学海堂集》1 至 4 集等。阮元逝世后，学海堂师生专建"启秀山房"，一来祭祀阮元，二来作收藏书版和刊刻书籍之用。所以学海堂后期刻本称为"启秀山房刊本。"启秀山房刻书很多。

学海堂刻的书，大体可分为 3 类。第一类为公共图书，经、史、子、集四部都有。学海堂以倡导学术，总结优秀学术成果为己任。因此，一些久负盛名的学术经典，成为刊刻的重点。如《皇清经解》（又名《学海堂经解》），搜辑了清初至乾隆、嘉庆年间 74 家的经学著作，共 183 种（一作 188 种），凡 1400 卷（一作 1468 卷）。其中大部分是清代学者经学研究的最新成果，包括了顾炎武、万斯大、毛奇龄、惠士奇、江永、全祖望、惠栋、卢文弨、王鸣盛、钱大昕、任大椿、段玉裁、王念孙、戴震、孙星衍、凌迁堪、阮元、王引之等人的著作。这套丛书，几乎汇聚了阮元以前清代经学研究的全部成果。后来，王先谦又汇刻《续皇清经解》，汇集了阮元以后的经学研究成果。皮锡瑞说："《皇清经解》《续皇清经解》二书，于国朝诸家搜集大备。"④因此，《皇清经解》的汇刻，实在是清代经学史、学术史上的一件盛事。此外，还刻了一些地方文献，如先后刻了宋代方信儒的《南海

---

① 中国第一历史档案馆编：《纂修四库全书档案》（上），41～42 页，上海，上海古籍出版社，1997。

② 《南海县志》卷十八，据清同治十一年刻本影印，台北，成文出版社，1919。

③ 参见李绪柏：《清代广东朴学研究》，233 页。

④ 皮锡瑞：《经学历史》，北京，中华书局，1959。

百咏》，清代樊封的《南海百咏续编》，清代陈在谦的《国朝岭南文钞》等。

第二类图书为书院文献，包括书院志、学规、讲义等。主要是为书院的教学和管理服务。如屈曾发编著的《数学精详》12 卷，林柏桐著的《学海堂志》等。

第三类图书为本院教师的学术著作和学生的课艺。如马福安著《止斋文钞》2 卷，曾钊著《面城楼集》10 卷，仪克中著《剑光楼集》11 卷，谭莹著《乐志堂文略》4 卷等。学海堂编的课艺《学海堂集》共 4 集，分别由阮元、钱仪吉、张维屏、陈澧等主编。《学海堂集》展示了书院教学和研究水平。自学海堂以后，广东的刻书活动进入高潮，使广东的出版事业走在全国前列。①

(四)重修《广东通志》，对改变广东学风起重要作用

阮元在两广总督任内，主持重修《广东通志》(以下简称阮志)，始于嘉庆二十四年(1819 年)，成于道光二年(1822 年)，历时 3 年。梁启超对阮志评价甚高，说"大约省志中，嘉道间之广西谢志，浙江、广东阮志，其价值久为学界所公认"②，阮志也被古典方志学者推为善本。阮元重修《广东通志》，影响广东学风者，有以下数端。

第一，严谨的实事求是和经世致用的学风。

阮志选材十分广泛，阮元在《广东通志·序》中说："今志阅书颇博，考古较旧加详，而沿革、选举、人物、前事、艺文、金石各门亦详核。"③这一长处为史志学界公认，阮志对史籍文献览阅之广博，引用之专精，对取材考核之翔实，是历代《广东通志》之冠。被阮志广为征引的首推各类方志，如不仅大量引用明之黄佐通志、郭棐通志、清之金光祖通志、郝玉麟通志等，凡粤省各府州县之旧志，几乎都在查阅引用之列；其他舆地学名著如《天下郡国利病书》《读史方舆纪要》《元和郡县志》《元丰九城志》《太平

① 陈勇强：《学海堂刻书考述》，见《岭峤春秋——广府文化与阮元论文集》，223～228 页。
② 梁启超：《中国近三百年学术史》，见《饮冰室合集》，309 页。
③ 阮元：《重修广东通志序》，见《揅经室集》上册，589 页。

寰宇记》《舆地纪胜》等均被征引。此外，还引用了大量专著和文集、金石、碑刻。全志征引的史籍文献有多少种，没有人统计过。但有学者就《舆地略·风俗》一门（卷九十二和卷九十三）统计过，这一门征引的府州县志共65种，其他典籍共43种。仅此两卷征引文献即达100余种。[①] 阮志对古籍广征博引，但不是轻信盲从，而是详加考核，如发现有谬误、缺漏之处，便在引条之下，用"谨案"的形式加以纠正或补充。例如《山川略》引用《舆地纪胜》与郝通志，记述石门山在城西北三十里，两山对峙，夹石如门，高二十余丈，前有控海楼，下有贪泉。在此条下，"谨案"指出：《史记·南越传》引《广州记》云：在番禺县西北二十里，吕嘉拒汉，积石江中为门，石门由此得名。这是一种讹传，经考证《南海古迹记》诸书，"皆云两山夹江对峙如门，乃天生形胜，非积石为之。吕嘉积为门之石门，疑非贪泉之石门也"[②]。又例如历代《广东通志》列传中均首列高固、公师隅二人。阮志虽仍列二人，但在"谨案"中指出："固为楚相，岂有去郢适粤之事耶，后人因此附会，固为南海人实无确据也。"[③] 这种辩证与存疑，是一种科学的、实事求是的学风。

阮元修《广东通志》的时代，是清代学风由专注考证转向经世致用的时代。阮志也烙上经世致用的时代特征，对关于国计民生的大事都极为关注，并给予充分的阐述。如粤中桑园围，地跨南海、顺德、三水诸县，珠江三支流西江、北江、绥江环绕而过，成为捍卫粤中经济命脉的水利体系。阮志便详记了自明代洪武年间到清代嘉道年间。历次溃堤造成的灾害，历任地方官对桑园围修葺情况，为后人对粤中水利建设提供参考依据。又如明末清初，西方殖民者东来，成为明清两代的大事。阮志对此有较详细的记录，并对一些东来国家的政治、经济、军事、殖民地范围都有

① 关汉华、颜广文：《论阮元与〈广东通志〉的编纂》，见《岭峤春秋——广府文化与阮元论文集》，283页。

② 阮元：《广东通志》卷一百《山川略》，1904页，上海，上海古籍出版社，1990。

③ 阮元：《广东通志》卷二百六十八《列传一》，4642页。

分析记载，反映了对时代潮流的认识水平。

第二，推动广东各府州县编修方志事业的发展。

阮元奏修省志，先命各府州县预辑草志呈送省志局。因此，各地纷纷筹划开局编纂，出现全省普修方志局面。如南雄州，知州余保纯遵照所颁之章程，制定义例，聘邑人黄其勤纂成《南雄州志》13 卷。及至道光四年（1824 年），重修之《广东通志》传世后，南雄知州戴锡纶以阮志复加校核，发现旧志的不少脱漏，将黄其勤所修之《南雄州志》补缀增修，整为 34 卷。

阮志对广州府及所辖各县方志修纂，影响尤深。同治八年（1869 年），代理知府戴肇辰，聘史隆、李光廷为总纂，重修《府州府志》。志未成而戴调任。光绪五年（1879 年），知府冯端本踵成之。冯在《重修广州府志序》中说："体例悉遵阮文达公通志，考核精详，较旧志尤为明备。"府志以阮志为本，不仅依其体例，而且师其加强采访调查和考证核实之方法，使记述的人和事翔实准确。除《广州府志》外，南海、番禺、顺德诸县志，均师承阮志，可征信而考核翔实。①

第三，通过修《广东通志》，培养了一大批在后来广东学术事业中发挥重要作用的人才。

阮志编纂班子，绝大多数是具有真才实学的人士。查在阮志中署名的编纂者共 32 人，总纂：陈昌齐、刘彬华、江藩、谢兰生；总校叶梦龙；分纂吴兰修、曾钊、刘华东、郑灏若、余锡、崔弼、吴应逵、李光昭、方东澍、马良宇；分校许珩、郑兆珩、韩卫勋、江安、谢光辅、熊景星、黄一桂、吴梅修、邓淳、赵古农、郑兰芳；收掌虞树宝；绘图李明澈；采访冯之基、仪克中；掌管誊录钱漳。阮志初刻于道光二年（1822 年），版片藏于学海堂，第二次鸦片战争期间，版片毁于炮火。咸丰十一年（1861 年），史澄等倡议重刊，同治三年（1864 年）刊成（这是我们通常见到的版本）。参

---

① 参见甄人：《略论阮元与道光〈广东通志〉》，见《岭峤春秋——广府文化与阮元论文集》，299～300 页。

与再版重刊工作的共 6 人：总理梁纶枢、陈日新；部校史澄、谭莹、陈澧；有些是初露峥嵘的新秀俊彦。他们大多学有所长，或通经懂史，或能诗善文，或精于舆地，或熟谙掌故。这些人大多成为晚清广东汉学运动的中坚力量，说明他们在转变广东学风中发挥重要作用。

(五)对西学知识的开放态度，推动岭南科学技术研究

明末清初以来，西学东渐，西方一些先进的自然科学知识已为中国有识之士所接受和推介。阮元一方面"博通古人之书"，研求经史；另一方面"兼明西洋泰西之说"，对西方先进的科学技术有所研究，是一位天文学家和数学家。他对西方先进文化的开放态度，还贯彻于他的办学实践中。在学海堂的教学中，算学、几何、三角、历法的题目占有相当的数量。而且要求学生结合中国的记载，认真学习和研究。他在《学海堂策问》中，向学生提问说：

> 今大、小西洋之历法来至中国在于何时？所由何路？小西洋即今港脚等国，在今回疆之南，古天竺等处元之《回回历》是否如明之《大西洋新法》之由广东海舶而来？大、小西洋之法，自必亦如中国之由疏而密，但孰先孰后？孰密孰疏？其创始造历由今上溯若干年？准中国之何代何年？西法言依巴谷在汉武帝、周显王时，确否？六朝番舶已有广东相通，故达摩得入中国。中国汉郤萌已有诸曜不附天之说，后秦姜岌有游气之论，宋何承天立强弱二率，齐祖冲之立岁差等法，皆比汉为密，与明来之《大西洋新法》相合，是皆在达摩未入中国前也。至于唐时市舶与西洋各国往来更熟，元之《回回法》，明之《大西洋新法》如是古法，何以不来于唐《九执法》之前？《九执法》又自何来？且西洋又何以名借根方为东来法也？其考证之。①

---

① 阮元：《学海堂策问》，见《揅经室集》下册，1067～1068 页。

这是中西文化交流史的试题，要求学生对西方科学知识和中国科技史要有一定的了解。

学海堂培养了不少科学技术人才，邹伯奇就是其中杰出的代表。邹伯奇在物理学、测绘学等学科的研究成果在近代中国处于领先的地位。学海堂师生中如吴兰修、张其（曾羽）、陈澧、张金涛、温仲和、蔡受采、徐灏等都撰写有自然科学的著作，说明清末广东对自然科学的研究已逐渐形成风气。[1]

从以上可知，阮元督粤，提倡汉学，创立学海堂，刊刻《皇清经解》等大量图书，重修《广东通志》，对西学知识的开放态度等，对改变晚清广东的学风起着重要作用，正如梁启超所说："广东近百年的学风，由他一手开出。"

图 6　陈澧像　（选自叶衍兰、叶恭绰编：《清代学者象传》）

## 三、东塾之学及其提倡的新学风

### （一）陈澧生平简述

陈澧（1810—1882）（见图 6），字兰甫，号江南倦客，广东番禺人。因他读书处在祖宅东厢，自命所撰书为《东塾读书记》，学者称之为东塾先生，其学问世人称为"东塾之学"。清道光举人，七应会试不中，大挑二等选授河源县（今广东省河源市）学训导，只任职两个月便告病归。从此绝意功名仕宦，请京官职衔，得国子监学录。以讲学著述终生。陈澧于道光十四

---

① 林子雄：《学海堂师生及其对近代广东文化兴起与发展的贡献》，见《岭峤春秋——广府文化与阮元论文集》，210 页。

年（1834年）选为学海堂专课肄业生，道光二十年（1840年），31岁补为学海堂学长，从此为学海堂学长数十年。同治六年（1867年），两广盐运使方浚颐创办菊坡精舍（见图7），聘陈澧为菊坡精舍山长，为山长长达10年之久。光绪八年（1882年），73岁病逝。[①]

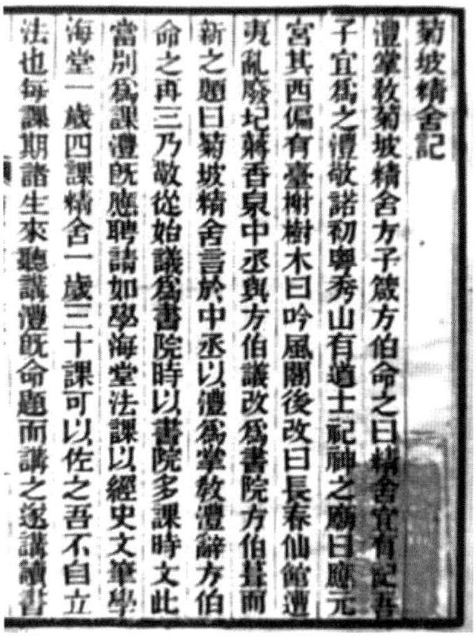

菊坡精舍記

澧掌教菊坡精舍方子箴方伯命之曰精舍宜有記吾子宜爲之澧敬諾初粵秀山有道士祀神之廟曰應元宮其西偏有臺榭樹木曰吟風閣後改曰長春仙館遭兵亂廢圮蔣香泉中丞與方伯議改爲書院方伯葺而新之題曰菊坡精舍言於中丞以澧爲掌教澧辭方伯命之再三乃敬從始議爲書院時以書院多課時文此當別爲課澧既應聘請如學海堂法課以經史文筆學海堂一歲四課精舍一歲三十課可以佐之吾不自立法也每課期諸生來聽講澧既命題而講之遂講讀書

图7 《菊坡精舍记》（选自《人文广州丛书·千年文脉看越秀》）

### （二）东塾之学

刘禺生在《世载堂杂忆·岭南两大儒条》中说："东塾之学，悉本之阮元。元督粤，以粤人不治朴学，乃创学海堂以训士，东塾遂为高材生。"[②]

陈澧在《东塾读书记·自述》中说："生平无事可述，惟读书数十年，著书百余卷耳。""少好为诗，及长弃去，泛滥群籍。中年读朱子书，读诸经注疏子史，日有课程。尤好读《孟子》，以为《孟子》所谓性善者，人性皆有善，荀扬辈皆未知也。读郑氏诸经注，以为郑学有宗主，复有不同，中正无弊，胜于许氏《异义》、何氏《墨守》之学。魏晋以后，天下大乱，而圣人之道不绝，惟郑氏礼学是赖。读《后汉书》，以为学汉儒之学，尤当学汉儒之行。读朱子书，以为国朝考据之学源出朱子，不可反诋朱子。又以为国朝考据之学盛矣，犹有未备者，宜补苴之。"[③]

陈澧这段话，把他一生的读书及学术思想勾勒得很清晰。他一生主要参加科举考试和著书育人两件事。中年以前主要从事前者，中年以后则纯为治学与教学。他毕生勤于著述，成果丰硕。2008年上海古籍出版社出版

① 黄国声、李福标：《陈澧先生年谱》，35、51、213、297页，广州，广东人民出版社，2014。

② 刘禺生：《世载堂杂忆》，280页，北京，中华书局，2006。

③ 陈澧：《东塾读书记》，见《陈澧集》（二），10～11页。

由黄国声主编的《陈澧集》(全 6 册),近 250 万字,包括其主要学术成果在内的著作、别集 30 余种,其中新辑的《东塾集外文》6 卷,以及录自其读书笔记《东塾遗稿》的《东塾读书论学札记》《默记》等,均为首次刊行。尤以《东塾集》《东塾读书记》《切韵考》《声律通考》《汉书地理志水道图说》《水经注西南诸水考》《汉儒通义》等闻名学界。陈澧是一位于小学(包括文字、音韵、训诂)、经学、史学、地理学、方志学、诗词、声律、书法、篆刻领域造诣精深的学人,是晚清岭南学术界的领袖人物。陈澧的著述及其学术成就,构成了被学界认可的"东塾之学",影响了岭南学术界乃至全国的学术界。

陈澧一生培养学生甚多,有赞成汉宋调和、反对门户之争、成就显著的学者群,如赵齐婴、桂文灿、胡伯蓟、黎永椿、林国庚、陶福祥、廖廷相、陈树镛、汪兆镛等。有从政而获得高官者如谭宗浚、于式枚、文廷式、冯焌光等。有在清末新政中作出贡献的如梁鼎芬等。有学者认为,陈澧及其培养的学生形成了晚清的"东塾学派",有一定的道理。① 从阮元创办学海堂,一改岭南自明代心性、帖括之学为重视考据训诂之汉学,汉学风气形成的标志,是出现了"东塾之学"及"东塾学派"。

(三)提倡学术经世致用的新学风

陈澧处于乾嘉汉学由盛极转衰之时期,汉学的流弊已暴露无遗,他在著作中多言汉学之弊端。说现在的汉学专务训诂考据而忘义理,"今人只讲训诂考据,而不求其义理,遂至于终年读许多书,而做人办事全无长进,此真与不读书者等耳。此风气急宜挽回"②。他对乾嘉汉学的总体批评说:

今时学术之弊:说经不求义理,而不知经;好求新义,与先儒

---

① 李绪柏:《东塾学派与汉宋调和》,见桑兵等主编:《先因后创与不破不立:近代中国学术流派研究》,75~194 页,北京,生活·读书·新知三联书店,2007;王惠荣:《陈澧思想研究》,200~213 页,北京,中国社会科学出版社,2008。

② 陈澧:《东塾读书论学札记》,见《陈澧集》(二),358 页。

异，且与近儒异；著书太繁，誇多门靡；墨守；好诋宋儒，不读宋儒书；说文字太繁碎；信古而迂；穿凿牵强；不读史；叠木架屋……以骈体加于古文之上；无诗人；门户之见太深；辑古书太零碎。①

陈澧目击汉学风气之坏，至今日而极，无事不坏，盖数百年所未有，因此他提倡一种新学风，以挽救颓世。

陈澧提倡的新学风，内容很广泛，如读经要寻求大义，重大义亦不废考据；汉宋兼采；人通一经，劝人读一部注疏，克服懒且躁的风气；等等，在此仅介绍其学术经世致用的学风。

陈澧一生经历嘉庆、道光、咸丰、同治、光绪五朝，他一生几乎没有做过官（仅在道光二十九年，获选授广东河源县学训导，仅任职 80 余天，便结束他唯一的出任经历），没有在实践中实现儒家传统的治国平天下的理想，他选择了学术经世致用的道路。

儒家的"经世致用"，就是用儒家的经典来治理国家，治理天下。学术怎样可以治理国家，治理天下呢？陈澧认为，学者们可以通过著书立说或参与组织学术文化事业来移风易俗，影响政治、教育。他服膺顾炎武的经世致用之学，对于顾氏"目击世趋，方知治乱之关必在人心风俗。而所以转移人心，整顿风俗，则教化纲纪为不可阙矣。百年必世养之而不足，一朝一夕败之而有余"②。陈澧认为只有这样才能祛弊救时，拯救国家于危难之中。他在《与黄理厓书》中说：

读书三十年，颇有所得，见时事之日非，感愤无聊，既不能出，则将竭其愚才，以著一书，或可有益于世。惟政治得失，未尝身历其事，不欲为空论，至于学术衰坏，关系人心风俗，则粗知之矣，笔之于书，

---

① 陈澧：《学思录序目》，见《陈澧集》（二），769～770 页。
② 顾炎武：《顾亭林文集》卷四《与人书》之九，见《顾亭林诗文集》，93 页，北京，中华书局，1983。

名曰《学思录》(按：后改名为《东塾读书记》)。来诗所云，澧诚不敢当，然天之生才，使之出而仕，用也；使之隐而著述，亦用也。但有栖诋之地，陋室可居，脱粟可食，著成此书，生平志业亦粗毕矣。[1]

他在《与胡伯蓟书》中又说：

以为政治由于人才，人才由于学术，吾之书专明学术，幸而传于世，庶几读书明理之人多，其出而从政者必有济于天下，此其效在数十年之后者也。[2]

陈澧十分推崇孟子，认为《孟子》一书，论述了学风可以影响世风，说：

《离娄》章"上无道揆也，下无法守也"以下百余言，于战国衰乱言之痛切，当时竟不知也。若知如此则衰乱，则知不如此即转衰为盛，拨乱为治矣。上修道揆，下谨法守；朝信道，工信度；以义治君子，以刑威小人；上兴礼，下勤学；事君以义，进退以礼，言必称先王；如此则国存而贼民灭矣。且以贼民兴，由于下无学。然则学向之事，所系岂不重哉！[3]

陈澧把学术与国家的兴亡联系起来，上无学则下无行，学风的偏正，关系到世道人心，要使自己的著作能有用于社会，为后世提供典范，必须端正学风。无论是治理乱世还是整顿学风，都离不开学向。陈澧的著作，都是以学术经世的典范，能够潜移默化地影响当代或后世的学风及世俗人心。

---

[1] 陈澧：《与黄理厓书》，见《陈澧集》(一)，165 页。

[2] 陈澧：《与胡伯蓟书》，见《陈澧集》(一)，175 页。

[3] 陈澧：《东塾读书记》卷三，见《陈澧集》(二)，62 页。

陈澧的学术经世学风还表现在他的作品揭露官僚的腐败无能和对外患的忧虑。咸丰七年（1857 年）十一月，英法联军进攻广州，两广总督叶名琛不设防守，相信卜筮，以为联军不会攻陷广州，结果广州沦陷，叶名琛被俘。陈澧避乱寓居横沙。时事日非，感愤无聊，唯以读书著书遣日。陈澧尝私记其心绪："《魏书·裴粲传》云云，前时抄此条，非有所指，乃近日叶相国之于夷寇，正复相类，为之慨然，戊午正月六日书。""《北史·穆寿传》：蠕蠕吴提将来犯，寿信卜筮，谓贼不来，竟不设备。吴提果至，京邑大骇，寿不知何为，信卜筮谓贼不来而不备。叶相国似之。""《北史·公孙质传》：穆寿雅信任质为盟主。质性好卜筮，卜筮者咸云蠕蠕必不来，故不设备，由质几败国。今复见此事，读此为之愤恨。"叶名琛误国被俘，陈澧有感，作《有感》《白蚁行》等诗以志愤，《有感》诗曰：

> 晋时王凝之，世事五斗米。孙恩攻会稽，凝之为内史。寮佐请设
> 备，内史偏禁止。靖室自祷祠，出告诸将吏。吾已请大道，击贼自破
> 矣。贼至破其城，凝之遇害死。[①]

这首诗是陈澧借晋代王凝之在会稽被杀的事，讽刺叶名琛临敌而不设防，只靠卜筮来应付事变的愚蠢行为。

又有《失题》诗三首，亦是讥刺叶铭琛丧师辱国事：

其一云："叶中堂告官吏，十五日，必无事。十三夷炮打城惊，十四城破炮无声。十五无事灵不灵？觋仙耶？卦耶？籤诗耶？择日耶？"

其二云："夷船夷炮环珠口，绅衿翰林谒中堂。中堂绝不道时事，但讲算术声琅琅。四元玉鉴精妙极，近来此秘无人识。中堂真有学问

---

① 陈澧：《陈东塾先生遗诗》，见《陈澧集》（一），577 页。此诗系咸丰六年丙辰作，黄国声考证为咸丰八年戊午所作（见黄国声、李福标：《陈澧先生年谱》，132～133 页）。

人，不作学政真可惜。"

其三云："洋炮打城破，中堂书院坐。忽然双泪垂，广东人误我。广东人误诚有之，中堂此语本无疑。试问广东之人千百万，贻误中堂是呵谁？"①

这些诗作反映了陈澧对清末官吏的腐败无能和外敌侵入的愤慨。在《白蚁行》一诗中，讽刺成千上万的大小官吏，像白蚁一样日复一日，年复一年腐蚀着清王朝这座大厦。

陈澧以学术经世的学风也表现在他提倡并践行编刻大量书籍，嘉惠后学。

清代在考据、校勘、辑佚、辨伪兴起的同时，刻书之风大盛。清末叶德辉认为刻书不仅可以利及子孙，还可以扬名后世。张之洞劝人刻书说：凡有力好事之人，"而欲求不朽者，莫如刊布古书一法"，"其书终古不废，则刻书之人终古不泯，如歙之鲍，吴之黄，南海之伍，金山之钱，可决其五百年中必不泯灭"，"且刻书者，传先哲之精蕴，启后学之困蒙，亦利济之先务，积善之雅谈也"。②张之洞所举"南海之伍"，即广东著名洋商兼刻书家伍崇曜，广东近代以前刻书不多，刻印书籍形成较大规模是道光朝之事。道光九年（1829年）阮元辑刊《皇清经解》开启了近代广东刻书的风气。

据黄国声、李福标编著《陈澧先生年谱》，咸丰十年（1860年）闰三月，"两广总督劳崇光聘先生为总校，负责补刊《皇清经解》，乃自东莞归省城"，"校事设局于城西长寿寺半帆亭，同总校者有郑献甫（小谷）、谭莹、孔广镛"。③陈澧在《复王峻之书》中说："仆以刻《皇清经解》事不能不急急回省，然颇恋龙溪也。"④按：此前英法联军占领广州3年多，联军撤离广州后，陈澧应聘前往东莞石龙主讲龙溪书院。陈澧主讲龙溪书院时间不

① 黄国声、李福标：《陈澧先生年谱》，133页。
② 张之洞：《书目答问二种》，见钱钟书主编：《中国近代学术名著》，263页。
③ 黄国声、李福标：《陈澧先生年谱》，161页。
④ 陈澧：《东塾集》卷四，见《陈澧集》（一），181页。

长，但东莞人士却十分看重此事，引以为荣。陈铭珪在《家兰甫掌教龙溪书院赋赠》诗中写道："且喜先生来唐洞，遂令多士仰龙门。"陈铭珪，字友珊，东莞人，陈澧门人，光绪探花陈伯陶之父。这诗表明，早在咸丰末年，广东人士已把陈澧尊为大崇儒师了。

道光初年，阮元组织辑刊的《皇清经解》，因为版片贮存于广州粤秀山学海堂文澜阁，又称为《学海堂经解》。此书蜚声海内，是广东学界的骄傲。咸丰七年（1857年）十一月，英法联军攻陷广州，占据了粤秀山学海堂。《皇清经解》版片损失大半。联军撤出广州后，两广总督劳崇光为了振兴文化事业，自己捐银并筹资补刊《皇清经解》，至同治元年（1862年）完成，补刊时，加入冯登府所著《石经考异》7种于后，共计收书190种，1408卷。①

在补刊《皇清经解》期间，陈澧又参加了重刻道光《广东通志》的校刊工作。道光年间修的《阮通志》刻成后，版片贮藏于广州城内双门底拱北楼。英法联军侵入广州，拱北楼与《阮通志》版片均被战火焚毁。咸丰十一年（1861年），广东士绅史澄等人呼吁，重新刊刻《阮通志》。得到当局应允，由史澄、谭莹、陈澧3人担任总校，于同治三年（1864年）春完成。

清史上的"同治中兴"，在文化事业上有一个重要表现，是各省相继创办官书局，聘请名儒学者主持校雠，大规模刊刻经史古籍，掀起一个搜书、校书、刻书的文化高潮。广东书局创始于同治七年（1868年）春，倡议者是广东巡抚蒋益澧和两广盐运使方俊颐二人。蒋益澧以巡抚身份过问此事，真正积极筹款使书局得以实际运作起来的是方俊颐。他大力推荐陈澧主持书局，总习校雠事宜。

广东书局首先刊刻的是《钦定四库全书总目》200卷和《钦定四库全书简明目录》20卷。这里可以看出陈澧挑选刻书的重心是学术，这与他一贯重视、提倡研究学问，应从阅读《四库全书总目》开始的精神是一致的。后来方俊颐于同治七年秋移任两淮盐运使，经费的短缺，导致广东书局的运作

① 李绪柏：《清代岭南大儒陈澧》，106页，广州，广东人民出版社，2009。

难以为继。同治十年（1871 年）春，陈澧弟子桂文灿会试落第，出京师南下，到皇陵拜谒了两江总督曾国藩。曾、桂在金陵数次晤谈，十分投机，大有相见恨晚之意。桂文灿回到广东后，当年七月，曾国藩分别致信两广总督瑞麟和两广盐运使钟谦钧，主要内容是敦促劝导广东当局开设书局，"先刻《十三经注疏》，以为振兴文教之基。"信中又特别谈到桂文灿，认为他"绩学敦行，于国朝研经诸老辈洞悉源流，不独为粤中翘楚，抑不愧海内硕彦。"并且特别嘱咐说，广东如果开设书局刻书，可以委派桂文灿总司其成，一定有裨益，等等。从此信可知，曾国藩并不知道广东书局的存在及其刻书情况。由于钟谦益与曾国藩关系十分密切，受到曾国藩的赏识提拔。有了曾国藩此信，广东书局绝处逢生，没有另起炉灶，仍然继承了广东书局原有名称、原班人马及大体构架。在钟益钧鼎力支持和积极推动下，广东书局刻书达到高潮，重刊、辑刊了以下几种大部头书籍：《十三经注疏》346 卷、《通志堂解经》1792 卷、《古经解汇函》附《小学汇函》126 卷等。广东书局刻书，以重刊或复刻数量居多，但也有一些自己独立编纂辑刻的书籍，如《古经解汇函》附《小学汇函》。

汇刻宋元以前经学家说经的书，始于康熙年间纳兰性德。纳兰性德笃志于经学、史学，与徐乾学搜集宋元以后诸儒说经之书，刻为《通志堂经解》1800 余集。嘉庆道光年间，浙江嘉兴经学家钱仪吉任教于大梁书院时，因旧籍流传于大梁很少，便出所藏经籍，补刊《通志堂经解》未刊之书，得 41 种，名为《经苑》。《古经解汇函》附《小学汇函》。似仿黄奭《汉学丛书》的体例，在前人基础上，继续汇刻宋元以后经解之书，其中《周易》12 种、《尚书》1 种、《诗》2 种、《春秋》5 种、《论语》2 种，共 23 种，126 卷。同治十二年（1873 年）刻成，版藏于粤秀山菊坡精舍。书中自序云："恭阅《四库全书总目》，自《十三经注疏》上，凡经部著录唐以前之书，尽刻之，唯提要定伪作者不刻，通志堂已刻者不刻，近儒有注释刻入《皇清经解》者不刻。所刻诸书，昔人刊本不一，今择善本，校而刻之。"所收大都是流传较少的书籍，如南朝梁皇侃《论语义疏》、唐李鼎祚《周易集解》等。所附《小学汇函》14 种，也是研究经学必不可少的重要参考书。这是清代广东学者独力编辑的一部经学丛书，在校勘、文字订正方面，"质量上乘"①。

广东书局，方浚颐、钟谦钧等官员都曾大力支持，创建及解决经费问题，功不可没。但无论从何种意义上说，陈澧都是广东书局的实际主持者和组织者，是书局的领袖核心人物，而协助参与书局校勘事务的，都是陈澧的学生、门人及弟子。卷首"在事诸臣职名"中，在各级官员的名字外，真正担任实际工作的总校、分校，署名的有陈澧、桂文灿、谭宗浚、廖廷相、饶珍、陈国修、沈葆和、高学耀等等。以上署名者大都是陈澧的门人弟子，这就充分说明了这点。陈澧对于自己主持广东书局刻书，校勘群籍是十分满意的，他在《与郑小谷书》中说："得意之事，则在刻书。曾文正公（曾国藩）去年致书粤东当道，重刊注疏，（武英殿本）今已刊成。又刊通志堂诸书。劳文毅公督粤时，欲刊唐以前甲部书，今亦陆续付刻，当道属弟司其事，此难得之盛举，故乐此不疲。"②经过鸦片战争、太平天国运动和英法联军战役的多次战火摧残，全国的图书典籍遭到毁灭性破坏，学者士子无书可读。今陈澧能够带领弟子重刊学术经典名著，使之流布海内，嘉惠后学，自然喜形于色。

传统的儒家士人，怎样才能达到治国平天下的夙愿？陈澧选择了学术经世的道路，自己著书立说，扭转乾嘉以来的琐碎空疏的学风，提倡关注民生、揭露官僚腐败，反抗外国侵略，注力刊刻书籍，嘉惠后学。这种新学风，在当时是有积极意义的。

关于"东塾之学"的内涵，陈澧在各个学术领域的成就及作出的贡献，陈垣以研究"东塾之学"为一生职志之一等问题，将另撰文论述。

---

① 李绪柏：《清代岭南大儒陈澧》，132 页。但也有学者认为"入选之书欠精，刻工也太粗糙"。见李学勤、吕文郁主编：《四库大辞典》上册，854 页，长春，吉林大学出版社，1996；吴格、眭骏整理：《续修四库全书总目提要》丛书部，13 页，北京，国家图书馆出版社，2010。

② 陈澧：《东塾集外文》卷五，见《陈澧集》（一），483 页。

# 陈垣先生
## ——中国基督宗教史研究的奠基人

张西平

[摘要]本文对陈垣先生在明清天主教史的成就与贡献进行了系统研究。本文认为，陈垣先生是明清天主教史文献学的开拓者与奠基者，他开启了以中文文献为核心的研究路径，从而扭转了长期以来在这个研究领域以外文文献为主、以国外学者研究为主的格局。他开启了最早的明清之际西学汉籍文献目录编制，开启了最早的明清西学汉籍文献研究的整理。他确立的中国基督宗教史现代学术立场，至今具有指导性意义。

[关键词]陈垣；天主教史；文献学

今年是陈垣先生诞辰 140 周年。他是近代中国基督宗教史研究的开拓者。陈垣先生自幼好学，十三四岁时，就开始读《四库全书提要》，为他以后中国历史的研究打下基础。[①]他最初的现代教育是在美国教会所办的博济医学学校完成的。在此期间他就和教会方面有所联系，担任法国巴黎外

---

作者简介：张西平，北京外国语大学教授，北京语言大学特聘教授，《国际汉学》主编。

① 陈乐素：《陈垣同志的史学研究》，见《求是集》，200～202 页，广州，广东人民出版社，1984；陈乐素：《陈垣》，见陈清泉等编：《中国史学家评传》下册，1224～1270 页，郑州，中州古籍出版社，1985。

方传教会巍畅茂(Antoniu Fourquet , 1872—1952)所主办的《震旦日报》工作，后在北京期间结识马相伯和英敛之，他们将其引入了中国基督宗教史研究。① 纵观陈垣的基督宗教研究，他所用力最大、着墨最多的是关于明清之际的天主教史文献收集与研究。

## 一、陈垣先生是明清之际天主教文献整理的奠基人

陈垣先生对明清天主教文献的整理有着很远的学术眼光。他曾专程到上海看望马相伯，并到徐家汇藏书楼访书，事后说"在徐家汇藏书楼阅书四日，颇有所获。明末清初名著，存者不少，恨无暇暑遍读之也"。

他始终关注这这批文献的收集和整理。1918 年在《重刻铎书序》②中他已经提到庞迪我的《七克》，高一志的《齐家西学》《童幼教育》，艾儒略的《涤罪正规》以及罗雅谷的《哀矜行诠》等书。③ 1919 年在《重刊灵言蠡勺序》中提到，在《守山阁》《指海》丛书和《四库全书》中收有《畸人十篇》《西学凡》《交友论》《天主实义》《辩学遗牍》《七克》，但毕方济的《睡答》与《画答》这两本书仍未见到。

陈垣先生不仅仅是收集文献，而且也对文献有所辨析。如在《重刊辩学遗牍序》中他就认为，书中编的利玛窦复袾宏和尚书并非利玛窦所作，他认为此文"必教中一名士所作"④，显示出他敏锐的眼光和学术功力。⑤ 而

① 刘贤：《陈垣与天主教会》，见李金强、吴梓明、邢福增主编：《自西徂东：基督教来华二百周年论集》，733～753 页，香港，香港基督教文艺出版社，2009。关于陈垣在辅仁大学可参见[荷]柯博识：《私立北京辅仁大学(1925—1950)：理念·历程·教员》，袁小涓译，台北，辅仁大学出版社，2007。

② 《铎书》在 1919 年就先后 4 次再版。关于在 1919 年版《铎书》中陈垣有一句"迩年以来、余笃信敬天爱人之学、以此非不足以救世"这句话的相关考证，参见刘贤：《学术与信仰：宗教史家陈垣研究》，27 页，北京，中国社会科学出版社，2013。

③ 《陈垣学术论文集》第 1 集，58～59 页，北京，中华书局，1980。

④ 陈垣：《重刊辩学遗牍序》，见《陈垣学术论文集》第 1 集，68 页。

⑤ 孙尚杨：《〈辩学遗牍〉考》，见《基督教与明末儒学》，40～55 页，北京，东方出版社，1994。

艾儒略《大西利先生行迹》这篇文献并没有写作时间，陈垣先生根据文中所写的叶向高其谥称为文忠以及李之藻、吴宗达卒日，推断出此文应写于崇祯三年秋冬之间，从而明确了这篇文献的一个重要问题。在读利玛窦《交友论》时，根据王肯堂改校本和利玛窦原本，认为"王所改未必优，利原本未必劣"[1]，指出《四库全书提要》所说《交友论》是士大夫润色，"实不足据"[2]。

在谈到这批文献的整理时，他认为应该继承李之藻的事业，把《天学初函》继续出版下去，在给英敛之的信中说：

> 顷言翻刻旧籍事，与其倩人缮钞，毋宁径将要籍借出影印。假定接续《天学初函》理编为天学二函，三函……分期出版，此事想非难办。细思一过，总胜于钞，钞而又校，校而付排印，又须再校，未免太费力。故拟仿涵芬楼新出《四部丛刊》格式，先将《超性学要》（廿一册）付影印，即名为《天学二函》，并选其他佳作为三函，有余力并覆影初函。如此所费不多，事轻而易举，无缮校之劳，有流通之效，宜若可为也。乞函商相老从速图之。此事倘行之于数年前，今已蔚为大观矣。[3]

他不仅整理和出版了入华传教士的著作，如《辩学遗牍》《灵言蠡勺》《明季之欧化美术及罗马字注音》《利玛窦行迹》等，而且在教外典籍中发现许多重要的文献，他所写下的《从教外典籍见明末清初之天主教》《雍乾间奉天主教之宗室》《泾阳王征传》《休宁金声传》《明末殉国者陈于阶传》《华亭许缵曾传》《汤若望与木陈忞》等一系列论文，不仅在学术上大大加深了天主教入华传教史的研究，也在历史研究和文献研究上开辟了崭新的领域。

为此，他曾肆力搜集有关史料，并计划仿《开元释教录》及《经义考》《小学考》体制而为《乾嘉基督教录》，为中国天主教文献作一次全面的清

---

① 陈垣：《基督教入华史》，见《陈垣学术论文集》第 1 集，86 页。
② 陈垣：《基督教入华史》，见《陈垣学术论文集》第 1 集，86 页。
③ 陈智超编注：《陈垣来往书信集（增订本）》，29 页，北京，生活·读书·新知三联书店，2010。

理，也为《四库全书总目》补缺拾遗。

这一计划最终仅完成了一部分，即附刊在《基督教入华史略》后的《明清间教士译著现存目录》。这个目录虽然限于当时的条件只收集了有关天主教士的教理和宗教史的部分，尚未收集到更多天文、历算、地理、艺术等方面的传教士的重要著述，但在徐宗泽《明清间耶稣会士译著提要》及罗马梵蒂冈教廷及巴黎图书馆公布珍藏目录之前，他的这份目录是当时搜集天主教文献最多的一个目录，其中未刊本较多于已刊，由此可见其搜访之勤。

为收集、调查天主教文献，他遍访国内公私收藏，并远足日本。正是在马、英、陈三人的努力下，民国初年在这批文献的收集和整理、出版上取得了显著的成绩。

在《天学初函》以外，他们发现并开始抄录和整理了《名理探》《圣经直解》《利先生行迹》《天学举要》《真主灵性理证》《灵魂道体说》《铎书》《天教明辨》《正教奉褒》《圣教史略》《寰宇诠》《圣梦歌》《主制群征》《幼童教育》《超性学要》《王觉斯赠汤若望诗翰》《教要序论》《铎书》《代疑论》《天释明辨》《豁疑论》《辟妄》《代疑编》《代疑续编》《答客问》《天教蒙引》《拯世略说》《轻世金书直解》《古新经》《三山论说》《遵主圣范》《康熙朝与罗马使节关系文书影印本》。他对收集明清之际的西学汉籍文献一直十分关注。他的以下研究著作奠定了他的中国基督教史研究奠基人的地位（见表1）。

表1 陈垣有关中国基督教史论著、序跋编年

| 序号 | 书　名 | 备　注 |
|---|---|---|
| 1 | 英敛之《万松野人言善录》跋 | 跋曰：丁巳(1917年)春，为写中国基督教史向野人借书，"野人弗吝也。余极感野人，野人亦喜能有人能读其所藏，并盼他日汇刻诸书，以编纂校雠之任相属，此余订交野人之始也。顾野人惫矣，虽年未满六十，然生平至勤已远不如昔，虽欲复事铅椠，一展卷而目眩矣。《言善录》中将重刊《灵言蠡勺》以响当世，久而未刊者，亦以校雠之未得其人也"。 |

续表

| 序号 | 书　名 | 备　注 |
|---|---|---|
| 2 | 《元也里可温教考》 | 1917年5月完成，出单行本。同年8月增订，于1918年3月、4月、5月刊登在《东方杂志》第15卷第3、4、5号。此后又经1920年、1923年、1934年3次修订，最后定稿，并定题为《元也里可温教考》。 |
| 3 | 《重刊铎书序》 | 写于1918年12月，载于陈氏校刊《铎书》单行本。 |
| 4 | 《休宁金声传》 | 为陈垣所撰"基督教人物四传"之一，成于1918年底。最先发表于1927年1月《青年进步》第99册。 |
| 5 | 《耶稣基督人子释义序》 | 成于1919年4月。 |
| 6 | 《重刊灵言蠡勺序》 | 成于1919年5月，载于陈氏校刊本《灵言蠡勺》。 |
| 7 | 《罪言序》 | 1919年7月，载于《青年进步》第25册《罪言》，金陵神学院教授陈金镛著。 |
| 8 | 《浙西李之藻传》 | 成于1919年7月，载于《辩学遗牍》《大西利先生行迹》《明浙西李之藻传》合订本及1919年10月《青年进步》第26册。 |
| 9 | 《重刊辩学遗牍序》 | 成于1919年8月，发表于1919年11月《青年进步》第27册及有关合订本。 |
| 10 | 《大西利先生行迹识》 | 成于1919年8月，载于有关合订本。 |
| 11 | 《吴渔山与王石谷书跋》 | 成于1919年9月，载于1930年1月《东方杂志》第27卷第2号。 |
| 12 | 《三版主制群征跋》 | 成于1919年10月，载于1919年12月《青年进步》第28册及《主制群征》第3版。 |
| 13 | 《旧约三史异文考》 | 载于《真理周刊》第2、3、4、5期，1923年4月8日、15日、22日、29日。 |
| 14 | 《基督教圣经审定之经过》 | 载于《真理周刊》第6期，1923年5月6日。 |

| 序号 | 书　名 | 备　注 |
|------|--------|--------|
| 15 | 《元基督徒之华学》 | 载于《东方杂志》"二十周年纪念号"下册，第 21 卷第 2 号，1924 年 1 月 25 日。 |
| 16 | 《基督教入华史略》 | 陈垣在华北第 16 次大学夏令会上的讲演稿，何志新记录，载于 1924 年 7 月《真理周刊》第 2 卷第 18 期。 |
| 17 | 《中国基督教史讲义目略》 | 约作于 1924 年，据作者印发的油印稿。 |
| 18 | 《跋天主正道解略碑》 | 撰于 1925 年 6 月，未刊。 |
| 19 | 《再论遵主圣范译本》 | 成于 1925 年 10 月 31 日，载于《语丝》第 53 期，1925 年 11 月 16 日。 |
| 20 | 《跋教王禁约及康熙谕西洋人》 | 成于 1925 年 11 月 18 日，载于《教王禁约及康熙谕西洋人》影印本。 |
| 21 | 《名理探跋》 | 成于 1926 年 6 月，载于公教大学辅仁社据励耘书屋抄本《名理探》之影印本。 |
| 22 | 《名理探影印跋》 | 励耘书屋抄本，公教大学辅仁社影印，1926 年 6 月。 |
| 23 | 《泾阳王征传》 | 载于 1926 年 12 月《文社月刊》第 2 卷第 2 册。按：陈智超在《陈垣学术论文集》第 1 集言，本文最初载于《北平图书馆馆刊》第 8 卷第 6 号（1934 年 11 月、12 月）。在此存疑。 |
| 24 | 英敛之《蹇斋剩墨》跋 | 约撰于 1926—1927 年，刊载未详。 |
| 25 | 《华亭许缵曾传》 | 成于 1927 年 4 月，载于《真光杂志》第 5 卷第 6 号。后又修订。 |
| 26 | 《跋明季之欧化美术及罗马字注音》 | 成于 1927 年 9 月 8 日，载于辅仁大学《明季之欧化美术及罗马字注音》影印本。 |

| 序号 | 书　名 | 备　注 |
|---|---|---|
| 27 | 《基督教入华史》 | 约于1927年的演讲稿。现载于《陈垣学术论文集》第1集，乃陈智超据作者《基督教史目录》（油印本）审订。 |
| 28 | 《挽陈庆年（横山）诗》 | 载于《大公报·文学副刊》第98期，1929年11月25日。诗后有编者识语：按右二诗有关史料，非寻常挽诗。也里可温寺碑见《至顺镇江志》卷九。 |
| 29 | 《吴渔山与王谷画跋》 | 1930年1月发表于《东方杂志》第27卷第2号。 |
| 30 | 《基督教入华史：附明末清初教士译著现存目录》 | 作者在师范大学讲授宗教史时印发之讲义，《青年会季刊》第2卷第2期（1930年6月）曾刊载。 |
| 31 | 《康熙与罗马使节关系文书影印本叙录》 | 成于1931年10月，载于1932年3月故宫博物院此书影印本。 |
| 32 | 《佛教能传布中国的几种原因》 | 1932年在北平辅仁社夏令会的演讲，叶德禄笔记。 |
| 33 | 《雍乾间奉天主教之宗室》 | 载于《辅仁学志》第3卷第2期，1932年7月。 |
| 34 | 《明代开教名贤之一李我存先生传略》 | 载于《我存杂志》第1卷第11期，1933年。 |
| 35 | 《从雍乾间奉天主教之宗室说到石老娘胡同当街庙》 | 作于1933年3月，载于《大公报·文学副刊》第272期，1933年3月20日。 |
| 36 | 《许之渐轶事》 | 原"宁远堂丛录"系列文章之一，本文载于《辅仁美术月刊》第2期，1933年5月。 |
| 37 | 《陈白沙画像与天主教士》 | 原"宁远堂丛录"系列文章之一，本文载于《辅仁美术月刊》第3期，1933年6月。 |
| 38 | 《从教外典籍见明末清初之天主教》 | 载于《北平图书馆馆刊》第3卷第2号，1934年3月。 |

| 序号 | 书　名 | 备　注 |
|---|---|---|
| 39 | 《记许缵曾辑刻跋太上感应篇图说》 | 成于 1936 年 10 月，载于《大公报·文学副刊》，1936 年 11 月 22 日。按：陈智超在《陈垣学术论文集》第 1 集言，"先后发表于《大公报·图书副刊》第 153 期(1936 年 10 月 22 日)及北平图书馆《图书季刊》第 3 卷第 4 期(1936 年 12 月)"。 |
| 40 | 《吴渔山晋铎二百五十年纪念》 | 成于 1936 年 11 月 26 日，载于《辅仁学志》第 5 卷第 1、2 合期，1936 年 12 月。 |
| 41 | 《墨井道人传校释》 | 成于 1936 年 12 月 11 日，载于《东方杂志》第 34 卷第 1 号，1937 年 1 月。 |
| 42 | 《墨井集源流考》 | 成于 1936 年底，载于《益世报·人文周刊》第 1 期，1937 年 1 月 1 日。 |
| 43 | 《墨井书画集录文订误》 | 撰于 1936 年底，载于《大公报·图书副刊》第 164 期，1937 年 1 月 7 日。 |
| 44 | 《吴渔山入京之酬酢》 | 撰于 1937 年复活节后一日，载于天津《益世报·人文周刊》第 13 期，1937 年 4 月 2 日。 |
| 45 | 《吴渔山先生年谱》 | 撰于 1937 年 3 月 29 日，载于《辅仁学志》第 6 卷第 1、2 合期，1937 年 6 月。后经校订，7 月刻本刊行。 |
| 46 | 《清代学者象传之吴渔山》 | 撰于 1937 年 4 月 18 日，载于天津《大公报·图书副刊》第 180 期，1937 年 5 月 6 日。 |
| 47 | 《燕京开教略画象正误》 | 载于《益世报·人文周刊》第 24 期，1937 年 6 月 18 日。 |
| 48 | 《马定先生在内蒙发现之残碑》 | 1938 年在《华裔学志》(英文)第 3 卷第 1 期发表此文，通过鉴定马定发现的残碑照片中"王傅德风堂记"和"耶律公神道碑"，认为后者为也里可温教之重要史料。 |

续表

| 序号 | 书 名 | 备 注 |
|---|---|---|
| 49 | 《汤若望与木陈忞》 | 载于《辅仁学志》第 7 卷第 1、2 合期，1938 年 12 月 22 日。 |
| 50 | 《语录与顺治宫廷》 | 1939 年写成此文，是对《汤若望与木陈忞》一文的补充，以中文纠正《汤若望传》之误。 |
| 51 | 《顺治出家》 | 1940 年 11 月 27 日在辅仁大学演讲的记录稿，载于《辅仁生活》第 11 期，1940 年 12 月 25 日。 |
| 52 | 《明末殉国者陈于阶传》 | 载于《辅仁学志》第 10 卷第 1、2 合期，1941 年 12 月。 |
| 53 | 《国籍司铎之新园地》 | 1942 年 1 月 10 日在辅仁大学司铎书院的演讲，龚士荣笔记。 |
| 54 | 《陈香伯公教论书后》 | 1942 年 6 月在辅仁大学司铎书院的讲话。 |
| 55 | 《马相伯文集序》 | 1947 年方豪辑《马相伯文集》，先生为之作序，序曰："盖先生毕生精研中西学术，兴办高等教育，复躬与逊清及民国两代大政，一身西中国近百年文教至钜。" |
| 56 | 《教诲一楫》 | 作于 1947 年 8 月，作者为传教士工作研究周写的讲稿，因回里奔丧未讲，刊登于《传教之研究》，上智编译馆 1947 年 8 月印行。 |
| 57 | 《吴梅村集通玄老人龙腹竹解题》 | 载于天津《大公报·文史周刊》第 38 期，1947 年 9 月 19 日。 |
| 59 | 《天主教徒英敛之的爱国思想》 | 撰于 1951 年 3 月，刊载不详。 |
| 59 | 《吴渔山生平》 | 此文原名《吴渔山晋铎二百五十年纪念》，载于《辅仁学志》第 5 卷第 1、2 合期（1936 年 12 月），1962 年收入《吴渔山年谱》时改为《吴渔山生平》。 |

续表

| 序号 | 书　名 | 备　注 |
|---|---|---|
| 60 | 《关于徐光启著作中国一个可疑书名》 | 载于《光明日报》，1962年6月2日。 |
| 61 | 《关于徐氏庖言》 | 载于《光明日报》，1962年6月9日。 |
| 62 | 《跋天主正道解略碑》 | 载于《陈垣文集》第2册，371~372页。 |

1943年，叶德禄编辑出版了《民元以来天主教史论丛》，其中收录陈垣的文章有16篇之多，占全书的80%。

## 二、陈垣先生开启了以中文文献研究为主的研究路径

长期以来，中国基督宗教史的研究主要是西方学者为主导，而陈垣立足中文文献研究中国基督教史，从而形成他的重要学术特色。《元也里可温教考》横空出世，是近代以来第一篇关于中国基督教史研究论文。当时伯希和的著作《唐元时代中亚及东亚之基督教》首次在国际学术界指出元代基督教的存在，他认为"这种十三四世纪的东亚基督教，大致可以说不是汉人之基督教，而为阿兰人、突厥人之基督教，或者还有少数真正的蒙古人信仰此教"。伯希和的研究仅在陈垣先生前3年发表，但当时并未译成中文，1934年冯承钧才予以出版。[①]《元也里可温教考》是陈先生宗教史的开篇之作，也是他学术研究生涯的处女作，其成功之处在于对中文文献的使用，如他所说："此编宗旨，固在专以汉文资料证明元代基督教历史

---

① 〔法〕伯希和：《唐元时代中亚及东亚之基督徒》，见冯承钧：《西域南海史地考证译丛》第1卷，67页，北京，商务印书馆，1995。张星烺认为："陈垣先生有《元也里可温教考》一书，至有兴味。所搜材料，远在吾所择录区区数条。世有专考也里可温教者，不可不读陈先生之书也。发明也里可温教为基督教，西人虽于五十年前言之，然陈先生之书，仍不失为近代有价值之历史学研究也。"张星烺：《中西交通史料汇编》第1卷，313页，北京，中华书局，2003。

也。"①他主要用了《元典章》这份文献，在广州时他就读到这份文献，十分感兴趣，认为"假读旬日，恨未能致也"。这本书 600 年来传本极少，《四库全书》既以方言俗语故，摈而不录，陈垣先生认为"《元典章》本当代官书，自世祖至英宗，分吏、户、礼、兵、型、工各门，以类编次，足补元史所未备。乃纪昀则议其兼杂方言俗语，体例瞀乱，屏而不录，魏源则讥其钞集案牍，出于胥吏之手，不经馆阁"②。他反其道而行之，将《元典章》《通制条格》这一类看似杂言俗语的书作为史学研究的重要文献，从而开启历史文献研究的新领域，"受到研究者愈来愈多的重视，不仅为也里可温研究提供了有价值的新资料，而且也为整个元史研究开辟了新的途径"③。

陈垣先生广阅中文文献的能力在《汤若望与木陈忞》研究中表现得最为典型，他充分利用在担任故宫博物院委员会理事的机会，在看到收入《雍正实录》和《清世宗圣训》中的 4 通关于佛教的谕旨后，又多方找到散落在一座寺庙中的木陈忞的《北游集》。加之，此时杨丙辰又将魏特所写的《汤若望传》翻译成中文，从而促成他写下这篇比较宗教学的论文。细读此文可发现他引证文献之广，包括《天童寺志》《玉林年谱》《憨璞语录》《青瑞杂记》《董小宛考》《御制行状》《清太祖实录》《清太宗实录》《待香记略》《御制董后行状》《辩天说》《原道辟邪说》《城南海会寺记》《续指月录》《五灯全书》《苗溪语录》《日知录》《梵纲经》《孟子》《西堂集》《西堂杂俎》在内的各种文献，从正史到儒家著作、佛教典籍、禅学文集、和尚语录、诗文话本等，文献之杂多令人惊叹。为做好这篇文章，他后来又寻到康熙年间的《苗溪语录》、嘉兴藏本《弘觉语录》、嘉兴藏及龙藏本《憨璞语录》，又写了《语录与顺治宫廷》《顺治出家》两篇文章加以补充。

这些研究成果证明了他对中国天主教史文献的开拓并具有的史学之新

---

① 《陈垣学术论文集》第 1 集，18 页。

② 《陈垣学术论文集》第 1 集，55 页。

③ 陈高华：《陈垣与元代基督教史研究》，见龚书铎主编：《励耘学术承习录：纪念陈垣先生诞辰120 周年》，47 页，北京，北京师范大学出版社，2000。

意。从中国天主教研究史来看，甚至从整个中国近代学术史来看，陈垣先生这一研究不仅开启了中国天主教史研究，而且也开创了与国外学者的中国天主教史研究，尤其是在传教学内的研究完全不同的路径方向，即中国天主教史不仅是传教士在华的活动的历史，而且是作为元明清史的历史，作为中华文明对外来文明互动的历史。他的《元也里可温教考》的学术意义在于，正像中华文明对印度佛教的吸收一样，中华文明也与基督教文明有着长期互动的历史。他的这个研究方向直接影响了方豪，并成为当代中国学者所努力的方向。①

## 三、陈垣先生确立中国基督宗教史文献研究的基本原则

### (一)确立了基督宗教入华史研究的现代学术立场

陈垣先生首次确定基督教入华研究的历史分期，从总体上厘清了中国基督宗教发展的历史轨迹。

陈垣先生对基督宗教入华史研究的这一贡献，应该将其放在当时的基督宗教入华研究的学术脉络中加以评价。在陈垣以前，当时在中国出版的天主教入华史主要是西文著作，具有代表性的是高龙鞶（Aug. M. Colombel，S. J.，1833—1905)5 卷本的《江南传教史》②，这是本法文著作，当时并未译成中文出版。在当时，以中文出版的中国天主教史著作只有两本，其中一本是樊国梁（Pierre Marie Alphonse Favier，1837—1905）的《燕京开教略》，1905 年出版。樊国梁是北京主教，法国神父。此书由法文版翻译成

①　近年来西方汉学界在明清之际的中西文化交流史中提出所谓的"汉学转向"，对西方汉学来说，针对以往以传教学为主的研究传统而言是有意义的、值得肯定的，但对中国学术界来说，这种研究并无创新，只不过是继续沿着陈垣开辟的方向在做而已。我们需要继承的是自马相伯、英敛之和陈垣以来的传统，这才是我们的传统，是要时时牢记于心的。

②　[法]高龙鞶：《江南传教史》，周一良译，台北，辅仁大学出版社，2009。

中文，全书 3 篇，上篇是从圣多默到印度传教，唐代景教传入中国，元代方济各会来华，柏朗嘉宾来华，孟高维诺来北京传教。中篇从耶稣会利玛窦入华到耶稣会解散，从晚明到清中后期，遣使会接管北京教区。下篇从乾隆十九年（1754 年）一直到光绪二十六年（1900 年），对晚清教案多有记载，尤其是义和团运动。因为在义和团围攻北堂时，樊国梁就在北堂里面。这本书谈不上使用中文材料，即便是对明清之际耶稣会的记载，也多是引用西文材料。从体例上，这本书是按照历史年代来记述的，虽然书名为"北京史略"，但实际上是一部中国天主教通史。这也是第一部中文本的中国天主教通史。作为传教士，樊国梁的文化立场在书中表现得十分清楚。樊国梁在著作序言中说：

> 宣传正教乃余本职，故于累朝圣教行使止泥之迹搜辑尤详。俾余同志之士来华传教者有所遵循……①

另一本在陈垣前出版的中国天主教史著作是由黄伯禄（1830—1901）所写的《正教奉褒》，该书于 1883 年出版，1894 年在上海慈母堂出版第 2 版。这本书在体例上不是通史或断代史的写法，它关注的是历史事件。它将历史上有关天主教的各种记载，无论是官方文书还是碑刻，无论是中文还是西文，只要关于天主教在华传播的历史事实，均将其整理或者翻译收入其中，文献能收尽收，史料价值较大。这部书是一部历史文献汇编，尚谈不上是一本历史性研究著作，而且其中文献的选择虽然参考价值，但因为是教内出版物，宗教立场鲜明，有些史料也尚待佐证。

第 3、第 4 本是肖静山②写的《圣教史略》和《天主教传行中国考》。《圣教史略》于 1906 年在河间府胜世堂排印，直隶东南主教马遵，以后这本书

---

① ［法］樊国梁：《燕京开教略》，见陈方中主编：《中国天主教史籍备编》，台北，辅仁大学出版社，2003。

② 肖静山，洗名肖若瑟（P. Jos. Siao S J）。

多次再版，有 1913 年、1914 年、1932 年等多个版本。该书 3 卷本从基督教起源说起，第 2 卷分上中下 3 册，从明末利玛窦入华，到 1901 年庚子赔款结束。此书完全是教内出版物，尚谈不上是学术著作，而且在历史编年上中国历史与欧洲历史混编在一起，把中国史纳入到基督教历史之中。此书对基督宗教入华历史没有一个清晰的历史线索。《天主教传行中国考》是由《圣教史略》改编而来，在 1931 年出版，在陈垣研究基督教历史之后，因此这里不作讨论。[①]

这几部作品尽管也有一定的史学价值，尤其是《正教奉褒》，提供了一些基础性史料，但 3 位作者均为教内人士。樊国梁是法国神父，北京主教，其文化立场显然是西方教会立场。书中基本不涉及中文文献。《燕京开教略》的文献价值不大，而且错误较多，陈垣多次纠正其文中问题，例如，1937 年曾写《燕京开教略画象正误》等。肖静山的《圣教史略》内容庞杂，只是在第 2 册涉及基督宗教入华史，但历史线索也杂乱。黄伯禄自幼入教，在教会接受教育，护教立场自然十分明确。值得注意的是黄伯禄是中国神父，自己也勤于写作，《正教奉褒》中提供了一些中文历史文献，在文化倾向上则试图希望通过史料说明中国天主教已经是中国的宗教，而不是洋教。当然这样的文化倾向只是暗含在文献的梳理中，这是《正教奉褒》不同于《燕京开教录》的地方。[②] 但以上几本书都是从护教立场出发，而不

---

① 叶德禄：《〈圣教史略〉与天主教传入中国考》，见陈垣等：《民元以来的天主教史论集》，台北，辅仁大学出版社，1985。

② 黄伯禄名成亿，字志山，号斐默，洗名伯多禄，江苏海门人。幼年私塾就读。清道光二十三年(1843 年)入张朴桥修道院，为首批修生之一。在修院学习中文、拉丁文、哲学、神学等课程共 17 年之久。咸丰十年(1860 年)晋升铎品。黄伯禄一生著作之多，在中国神父中少有。中文著作有《集说诠真》《圣女斐乐默纳传》《函牍举隅》《正教奉褒》《正教奉传》《训真辨妄》《函牍碎锦》《圣母院函稿》《契券汇式》等；法文著作有《置产契据式》《中国婚姻律》《官盐论》《中国行政杂录》《中国地震考》《中西新月对照》《日月蚀考》《清代世系》《中国古代太阳黑点考》《中西历合璧》等，有些收入光启社出版的法文版《汉学丛书》。

是严格的现代学术立场。[①]

陈垣先生[②]从事中国天主教史写作时，基督新教入华已经多年，但在伟烈亚力的《1867 年以前来华传教士列传及著作目录》中，我们可以看到，基督新教的来华传教士很少写关于中国教会历史的著作，他们的出版物，无论是中文还是英文，主要是布道著作，或者是介绍西方宗教文化的书。[③]

陈垣是当时中国学术界第一个开展基督教入华史研究的中国学者，1917—1919 年的 3 年间，他发表的关于基督宗教的论文有 13 篇之多。将陈垣称为中国基督教史研究的开创者，乃至中国宗教史的开创者是当之无愧的。

陈垣最早提出基督教入华分期说。1924 年，在华北第十六次大学夏令会上，他发表了《基督教入华史》的讲演稿，明确提出中国基督教史为 4 个时期：第一个时期是唐朝景教，第二个时期是元朝的也里可温教，第三个时期是明朝的天主教，第四个时期是清朝以后的耶稣教。在当时学术界尚无关于基督教入华史的研究，也没有通史性的著作。当时教会方面关于这个问题有一些书，认为圣多默在汉代以前就来到中国，但陈垣是从一个历史学家的角度来谈这个问题，他对当时唯一用中文出版的《燕京开教略》的历史分期提出批评。所以，陈垣先生"这种分期，四个时期特点明显，明晰地勾画了基督教入华历史的基本轮廓，这对研究基督教史具有十分重要

① 葛兆光认为："(在中国)摆脱护教阐教为中心的信仰主义的宗教史研究，大约是从上个世纪末才逐渐开始的，而真正现代意义的宗教史写作，则要在本世纪才成型。"参见葛兆光：《中国(大陆)宗教史研究的百年回顾》，见《屈服史及其他：六朝隋唐道教的思想史研究》，202～215 页，北京，生活·读书·新知三联书店，2003。

② 关于陈垣是否加入基督教一事，学术研究已经有了结论，参见刘贤：《陈垣基督教信仰考》，载《史学月刊》，2006(10)。

③ [英]伟烈亚力：《1867 年以前来华基督教传教士列传记及著作目录》，倪文君译，桂林，广西师范大学出版社，2011；[美]金多士：《在华传教士出版简史》，王海译，北京，中央编译出版社，2017；苏精：《以铸代刻：十九世纪中文印刷变局》，北京，中华书局，2018；李志刚：《基督教早期在华传教史》，台北，"商务印书馆"，1985；陈建明：《近代基督教在华西地区文字事工研究》，成都，巴蜀书社，2013。

意义，至今仍为学界所认同"①。

陈垣于 1924 年所写的《基督教入华史略》和 1930 年所写的《基督教入华史》，是近代以来中国学术界第一次对基督教入华史作整体研究和概括分析的论文，即便在今天看起来较为简略，但确是中国基督教史研究的开山之作，这两篇文章奠定了他在基督教入华史研究上的地位。

更为重要的是，陈垣是当时中国第一个站在客观的学术立场，开启了宗教学现代学术性研究先河的学者。他不是从护教的立场展开基督教入华史研究，因此，在看待明清之际的西学汉籍文献时，完全是从学术立场出发的。这是他与他以前那些研究中国天主教史著作教士的根本区别。在《燕京开教略》中樊国梁说"后汉马援征交趾时，基督教已入中国"，又有"三国时关云长奉基督教之说"，陈垣认为"此种说法，太无根据，吾人不能相信"。② 即使是在陈垣以后的基督教入华史研究中，也有相当多的是站在宗教立场展开的研究③，而陈垣则是完成了现代宗教学的建立工作。刘贤在其论文中对陈垣这种在历史大变革中所完成的宗教研究的转变给予了很好的分析。她认为陈垣在宗教学上：

> 其开拓意义不仅在于领域的拓荒，更在于研究态度和方法的现代性转变。陈垣宗教研究的现代性体现在对客观性的重视以及对信仰外宗教的平等与尊重。结合中西宗教学术史背景，可以发现陈垣代表着

---

① "陈垣的这种分期法，四个分期特点明显，明晰地勾画了基督教入华的基本轮廓，使人们对基督教入华历史有了明确的概念。"见修彩波：《近代学人与中西交通史研究》，69 页，北京，光明日报出版社，2010；参见张荣芳：《陈垣对外来宗教史研究的贡献述略》，载《中山大学学报（社会科学版）》，2014(2)。

② 《陈垣全集》第 2 册，456 页，合肥，安徽大学出版社，2009。陈垣在《华亭许缵曾传》中指出，《圣教史略》中写徐甘弟达与夫居十四年是错误的，应为卅一年。见《陈垣学术论文集》第 1 集，126 页。在《雍乾间奉天主教之宗室》一文中，指出《圣教史略》说苏努第九子为甘州副都统，是"不知清代官制，雍正年间无甘州副都统之名也"。见《陈垣学术论文集》第 1 集，152 页。

③ 1923 年萧静山神父的《天主教传行中国考》、1938 年徐宗泽神父的《中国天主教史传教概论》、徐宝谦的《基督教与中国文化》等。

中国宗教研究三方面的现代转变：其一，视角上，从教内信徒宣教式的宗教研究转向兼具教外视野的、客观的、为学术而学术的宗教研究；其二，方法上，从护教性的"神学"式宗教研究转向描述性的"史学"式宗教研究；其三，态度上，从区分优劣差等的不平等的宗教研究转向平等的宗教研究。①

黄一农先生认为陈垣在天主教史研究上有扬教心态，这主要是指陈垣在如何看待晚明金声是否有天主教信仰一事的研究上，即他的《休宁金声传》一文。从黄一农的研究分析来看，其研究是基于历史事实的，是合理的。陈垣在金声是否信教问题上的结论应该修正。但如何看待陈垣此次研究之误仍待讨论，陈垣此处之误是学术之误还是因个人信仰的扬教心态而有意为之，这是两种不同性质的研究之误。前者是在学术研究中常有之事，几乎所有学者都无法避免，后学给予纠正是完全正确的；后者涉及其研究者是现代学术立场的客观研究，还是护教立场的主观性研究。

陈垣的《休宁金声传》一文最早发表于 1918 年年底或 1919 年年初，首次公开发表于 1927 年 1 月。他的《华亭许缵曾传》撰成于 1927 年 4 月。陈垣在《休宁金声曾传》中通过具体分析《宝纶堂》这份文献得出许缵曾并非教内所说，纠正了以往教内的流传。显然，这是一个站在现代学术立场上分析得出的结论。两篇文章的发表时间相差只有 3 个月，一个人的研究立场在 3 个月内突然就从护教的研究立场转变为客观学术的研究立场，这是不可能的。应该承认，陈垣在《休宁金声曾传》中的失误是学术之误，而非护教立场的扬教心态所造成的错误。从《元也里可温教考》一文开始，陈垣已经同樊国梁所代表的那种宣教式的宗教研究有了根本性的区别，中国的宗

① 刘贤：《陈垣与 20 世纪上半期中国宗教研究的现代转变》，载《中国人民大学学报》，2014(3)。

教研究由他开始转变为客观的、为学术而学术的宗教研究。①

在《元也里可温教考》后，他又写了《开封一赐乐业教考》《火祆教入中国考》《摩尼教入中国考》这几篇被学术界称为"古教四考"的论文，之后又写了关于伊斯兰教、佛教、道教等的著作，受到学术界的高度评价。对基督教入华史文献的收集与整理是由这种研究的基本学术立场所决定的，"可以毫不夸大地说，陈垣先生是 20 世纪我国宗教史研究的奠基人。他在这方面的许多论著，迄今仍是这门学科研究者必读的著作，具有指导意义"②，确立了基督宗教入华史研究的现代学术立场，成为我们展开中国天主教史文献研究的出发点。

## (二)开启中国天主教史目录学研究

1919 年，陈垣在《万松野人〈言善录〉跋》中说："丁巳（1917 年）春，居京师，发愿著《中国基督教史》，于是搜求明季基督教遗籍益亟，更拟仿朱彝尊《经义考》、谢启昆《小学考》之例，为《乾隆基督教录》，以补《四库总目》之阙。"③整理出一份明清之际中国天主教史的文献目录一直是陈垣的学术理想之一。

1942 年 1 月 10 日，他在辅仁大学司铎书院发表了《国籍司铎之新园

---

① 刘贤：《学术与信仰：宗教史家陈垣研究》，168～169 页；陈方中：《陈垣的中国天主教史研究》，见陈垣研究室主编：《陈垣先生的史学研究与教育事业：纪念陈垣先生诞辰 130 周年》，74 页，北京，北京师范大学出版社，2010。但同时，黄一农所提出的问题是非常重要的，陈垣先生跟随马相伯、英敛之进入天主教史研究领域，当时中国教会的管理权正经历着从外国人手中转为中国本土神父手中的历史过程。这是马相伯、英敛之扬教心态的背景。而从 20 世纪 80 年代开始的中国基督教研究经历了从"帝国主义侵略"研究模式转变为客观的学术研究模式，不过在整个转变中，另一种倾向也时有发生。一些学者发现来华传教士和教会在中国近代化历史进程中的正面作用时，忽略了其负面作用；一些学者发现像雷鸣远这样爱中国的传教士时，忽略了在护教条约下的西方传教活动的整体性问题。这是一个如何评价西方国家进行殖民活动后，所引起的被殖民国家的变化与发展的大问题。这是近代中国历史研究中所面临的重大问题，黄一农质疑的价值在于，唤起我们注意中国天主教史研究中的这个重大问题。

② 周少川：《与时共奋：陈垣对 20 世纪中国史学的贡献与影响》，载《史学史研究》，2019(2)。

③ 《陈垣全集》第 2 册，404 页。

地》演讲。在演讲中，陈垣通过比较天主教与佛教、道教，认为"公教汉文译著过少，而留存教外著作中之史料尤少"，"普通书目，不载公教书；普通论文索引，不载公教杂志论文"。但佛教文献已经进入中国历史研究之中，文献都有记载，也有专题的目录，例如《隋志》的四部之外，附有道经、佛经，而且有目录。为此他很感叹地说："佛教有《开元释教录》一书。卅年前，余发愿撰《乾隆基督教录》，曾与英敛之先生借阅公教诸书，终因材料太少，久未著成。"①

由此，他1927年在《基督教入华史》一文后做出了一份明清之际来华传教士的著作目录。这个目录在中国天主教史文献学上具有重要的学术意义，特抄录如下（见表2、表3及附录）：

## 明末清初教士译著现存目录②

只录说教之部，其天文历算地理艺术之部从略。

### 表2 （一）现有刊本通行者

| 序号 | 书　名 | 作者 | 时间 | 地　点 |
|------|--------|------|------|--------|
| 1 | 《天主实义》 | 利玛窦 | 万历三一 | 津沪港蜀 |
| 2 | 《畸人十篇》 | 利玛窦 | 万历三六 | 港蜀沪 |
| 3 | 《辩学遗牍》 | 利玛窦 | 万历三八 | 京 |
| 4 | 《受难始末》 | 庞迪我 | 万历四二 | |
| 5 | 《辟释氏诸妄》 | 徐光启 | 万历 | 港蜀沪 |
| 6 | 《天主圣教约言》 | 苏如望 | 万历 | 蜀沪 |
| 7 | 《代疑篇》 | 杨廷筠 | 天启元 | 港沪 |

---

① 《陈垣全集》第2册，633页。

② 陈垣在师范大学讲授宗教史时印发之讲义，《青年会季刊》第2卷第2期（1930年6月）曾登载。见《陈垣学术论文集》第1集，106～116页。

续表

| 序号 | 书 名 | 作 者 | 时 间 | 地 点 |
|---|---|---|---|---|
| 8 | 《性学粗述》 | 艾儒略 | 天启四 | 沪 |
| 9 | 《灵言蠡勺》 | 毕方济 | 天启四 | 闽蜀港沪 |
| 10 | 《三山论学记》 | 艾儒略 | 天启七 | |
| 11 | 《涤罪正规》 | 艾儒略 | 天启 | 沪港 |
| 12 | 《弥撒祭义》 | 艾儒略 | 天启 | 沪港 |
| 13 | 《万物真原》 | 艾儒略 | 崇祯元 | 闽津京港鄂蜀 |
| 14 | 《万有真原》 | 艾儒略 | 崇祯元 | 闽 |
| 15 | 《圣体要理》 | 艾儒略 | 崇祯三 | 沪 |
| 16 | 《圣母行实》 | 高一志 | 崇祯四 | 港蜀沪 |
| 17 | 《圣记百言》 | 罗雅谷 | 崇祯五 | 沪 |
| 18 | 《哀矜行诠》 | 罗雅谷 | 崇祯六 | 沪 |
| 19 | 《主制君征》 | 汤若望 | 崇祯一一 | |
| 20 | 《口铎日钞》 | 李九标 | 崇祯一四 | 沪 |
| 21 | 《天主降生言行纪略》 | 艾儒略 | 崇祯一五 | 港津沪 |
| 22 | 《圣经直解》 | 阳玛诺 | 崇祯一五 | 港沪 |
| 23 | 《钦主孝亲礼义》 | 阳玛诺 | 崇祯一五 | |
| 24 | 《十诫直诠》 | 阳玛诺 | 崇祯一五 | 沪 |
| 25 | 《七克》 | 徐光启 | 崇祯一六 | 沪港 |
| 26 | 《景教碑颂正诠》 | 阳玛诺 | 崇祯一七 | 沪 |
| 27 | 《答客问》 | 朱宗元 | 崇祯 | 港京沪 |
| 28 | 《拯世略说》 | 朱宗元 | 崇祯 | 京沪 |
| 29 | 《轻世经书》 | 阳玛诺 | 崇祯 | 沪 |
| 30 | 《轻世经书直解》 | 朱宗元 | 崇祯 | 京 |
| 31 | 《天主教四字经》 | 艾儒略 | 崇祯 | 港京闽沪 |
| 32 | 《天主圣教百问答》 | 柏应理 | 崇祯 | 沪 |
| 33 | 《教要解略》 | 高一志 | 崇祯 | 沪 |

续表

| 序号 | 书 名 | 作 者 | 时 间 | 地 点 |
|---|---|---|---|---|
| 34 | 《天主降生引义》 | 艾儒略 | 崇祯 | 蜀沪 |
| 35 | 《天阶》 | 潘国光 | 顺治七 | 沪 |
| 36 | 《提正编》 | 贾宜睦 | 顺治一六 | 沪 |
| 37 | 《天神会课》 | 潘国光 | 顺治一八 | 沪 |
| 38 | 《十诫劝论圣迹》 | 潘国光 | 顺治 | 沪 |
| 39 | 《不得已辩》 | 利类思 | 康熙四 | 沪 |
| 40 | 《教要序论》 | 南怀仁 | 康熙九 | 闽津京港鄂蜀 |
| 41 | 《善恶报略说》 | 南怀仁 | 康熙九 | 沪 |
| 42 | 《真福直指》 | 陆安德 | 康熙九 | 沪 |
| 43 | 《永福天衢》 | 利安定 | 康熙一三 | 沪 |
| 44 | 《四末真论》 | 高一志 | 康熙一四 | 沪 |
| 45 | 《圣教要理选集》 | 陆安德 | 康熙一五 | 沪 |
| 46 | 《圣教明征》 | 万济国 | 康熙一六 | 港 |
| 47 | 《初会问答》 | 石铎琭 | 康熙一九 | 闽京蜀港鄂 |
| 48 | 《人罪至重》 | 卫方济 | 康熙三七 | 沪 |
| 49 | 《默想神功》 | 石铎琭 | 康熙三九 | 京港闽 |
| 50 | 《逆耳忠言》 | 殷弘绪 | 康熙三九 | 沪 |
| 51 | 《四终略意》 | 白多玛 | 康熙四四 | 沪港 |
| 52 | 《醒世迷编》 | 郁 苏 | 康熙五三 | 沪 |
| 53 | 《圣教浅说》 | | 康熙五四 | 闽京 |
| 54 | 《真道自证》 | 沙守信 | 康熙五七 | 闽津京港蜀沪 |
| 55 | 《哀矜炼室说》 | 石铎琭 | 康熙 | 沪 |
| 56 | 《主经体味》 | 殷弘绪 | 康熙 | 沪 |
| 57 | 《济美编》 | 巴多明 | 康熙 | 沪 |
| 58 | 《训慰神编》 | 殷弘绪 | 康熙 | 沪 |
| 59 | 《圣教总牍撮要》 | 万济国 | 康熙 | 闽 |

续表

| 序号 | 书 名 | 作者 | 时 间 | 地 点 |
|---|---|---|---|---|
| 60 | 《德行谱》 | 巴多明 | 雍正四 | 沪 |
| 61 | 《圣教切要》 | 白多玛 | 雍正一二 | 港京闽沪 |
| 62 | 《崇修精蕴》 | 林安多 | 乾隆三 | 沪港 |
| 63 | 《圣年广益》 | 冯秉正 | 乾隆三 | 渝 |
| 64 | 《盛世刍荛》 | 冯秉正 | 乾隆五 | 闽津京港鄂蜀 |
| 65 | 《圣经广益》 | 冯秉正 | 乾隆五 | 沪港津京 |
| 66 | 《性理真诠》 | 孙 璋 | 乾隆一八 | 沪 |
| 67 | 《性理真诠提要》 | 孙 璋 | 乾隆一八 | 沪 |
| 68 | 《易简祷艺》 | 沈若瑟 | 乾隆二三 | 沪 |
| 69 | 《照永神镜》 | 林德瑶 | 乾隆三四 | 京 |
| 70 | 《家学浅论》 | | 乾隆四五 | 京港 |
| 71 | 《善生福终正路》 | 陆安德 | 乾隆五九 | 港津 |
| 72 | 《婚配训言》 | | 乾隆 | 京 |

### 表3 （二）现无刊本通行者

| 序号 | 书 名 | 作 者 | 时 间 |
|---|---|---|---|
| 1 | 《交友论》 | 利玛窦著 | 万历二十七年 |
| 2 | 《二十五言》 | 利玛窦著 | |
| 3 | 《西学凡》 | 艾儒略著 | 崇祯 |
| 4 | 《代疑续编》（抄本） | 杨廷筠 | |
| 5 | 《天主圣教小引》 | 范中述，庞天寿校梓 | 崇祯六年 |
| 6 | 《励修一鉴》 | 李九功撰 | 崇祯己卯 |
| 7 | 《天学传概》（抄） | 在钦命传教约述中<br>壬辰进士福建黄鸣乔撰 | 崇祯十二年 |
| 8 | 《超性学要》 | 利类思著<br>全部共二十一本 | 顺治甲午版 |

续表

| 序号 | 书　名 | 作　者 | 时　间 |
|---|---|---|---|
| 9 | 《亿说》 | 耶稣会陆修士思默著 | 康熙丁卯版 |
| 10 | 《永暂定衡》（抄） | 石铎琭著 | 康熙三十五年 |
| 11 | 《天学本义》（抄） | 有韩菼序 | 康熙四十二年 |
| 12 | 《天儒同异考》（抄） | 张星曜撰　集经书典故以证公教之合儒道 | 康熙乙未 |
| 13 | 《宗元直指》（抄） | 叶宗贤著　内释圣教要理末解十诫缺第十诫 | 康熙癸巳 |
| 14 | 《徐启元先生行实》（抄） | 陆丕诚著 | 康熙四十年 |
| 15 | 《崇正必辨》（抄） | 何世贞撰，吴渔山阅 | 康熙壬子版 |
| 16 | 《御览西方要纪》（刻版） | 利类思、安文思、南怀仁三人同上 | 康熙八年 |
| 17 | 《息妄类言》（抄） | 方埌纂上下二卷 | 乾隆三十一年 |
| 18 | 《归真集》（抄） | 教友徐依纳爵辑撰辟异端之书也 | 乾隆十二年 |
| 19 | 《御史黄恩彤奏请删禁天主教之条文》 | | 道光二十八年 |
| 20 | 《易经本旨》 | 以易经通于教理解说 | |
| 21 | 《格致奥略》 | 罗明尧著 | |
| 22 | 《辨学》（抄） | 静乐居士撰 | |
| 23 | 《天释明辨》（抄） | 杨廷筠著 | |
| 24 | 《照迷镜》（抄） | 孟儒望著 | |
| 25 | 《诠真指妄》（抄） | 无名氏　辨道劝世书 | |
| 26 | 《真福训诠》（抄） | 汤若望撰　残字不少 | |
| 27 | 《譬学警语》（抄） | 高一志撰，古绛段衮参阅寓意颇有味趣 | |

续表

| 序号 | 书　名 | 作　者 | 时　间 |
|------|--------|--------|--------|
| 28 | 《钦命传教约述》（抄） | 无名氏编辑　内有论旨及士大夫褒奖之文 | |
| 29 | 《瞻礼日铎》（抄，上下二本） | 道理颇佳抄版似古 | |
| 30 | 《东国教友上教皇书》（抄） | 高丽国教友奏明教友致命被难情形，此书颇实贵 | |
| 31 | 《性理参证》（抄） | 无名氏辨道论说 | |
| 32 | 《主教缘起》 | 汤若望著 | |
| 33 | 《庞迪我熊三拔具揭》（抄） | | |
| 34 | 《代疑论》 | 阳玛诺译 | |
| 35 | 《毕方济奏折》（抄） | | |
| 36 | 《天学杂选》（抄） | 内选公教论十七篇 | |
| 37 | 《指迷小引》（抄） | 教友施鉴仪撰 | |
| 38 | 《物元实证》（抄） | 利类思著 | |
| 39 | 《身心四要》 | 周志撰 | |
| 40 | 《寰宇始末》（抄） | 高一志撰上下 | |
| 41 | 《道学家传》 | | |
| 42 | 《经书精蕴》（抄） | 以经书典故引证教理 | |
| 43 | 《上古真传》（抄） | 无名氏　小说体共二卷古史 | |
| 44 | 《天学略义》（抄） | 孟儒望著，赓序 | |
| 45 | 《则圣十篇》（抄） | 高一志撰，孙元化序 | |
| 46 | 《天主精义》（抄） | 沙宗彦撰　与琐言分类同本一卷 | |
| 47 | 《补儒文告》 | 耶稣会士著　五卷 | |
| 48 | 《求说》 | 罗雅各著 | |

| 序号 | 书　名 | 作　者 | 时　间 |
|---|---|---|---|
| 49 | 《天主圣教豁疑论》 | 朱宗元述 | |
| 50 | 《祭祖答问》 | 教友徐慕义著 | |
| 51 | 《正学镠石》(抄) | 方济各会利安当述 | |
| 52 | 《天主圣教实录》 | 罗明坚述 | 万历甲申版 |
| 53 | 《齐旨》(抄) | 利玛窦撰 | |
| 54 | 《妄占辨》 | 南怀仁著　驳杨光先之妄占 | |
| 55 | 《西学答问》(抄) | 艾儒略述 | 第一次版崇祯十年，第二次重印崇祯十五年，此为雍正六年抄本 |
| 56 | 《性学醒迷》(抄，上下二卷) | | |
| 57 | 《圣洗规仪》 | 穆迪我撰，毕嘉、潘国良阅订 | 康熙己巳 |
| 58 | 《英居凶恶劝》 | 殷弘绪继宗著，戴进贤鉴定 | |
| 59 | 《圣若撒法始末述略》 | 龙华民译，张赓订 | |
| 60 | 《人类真安》 | 欧加略撰，漳州严谟序 | 千七百年 |
| 61 | 《圣教撮要》 | | 康熙丙戌 |
| 62 | 《十慰》 | 高一志撰 | |
| 63 | 《庞子遗诠》(四卷) | 庞迪我著 | |
| 64 | 《圣水纪言》 | 杨廷筠撰，孙学诗述，张文焘校 | |
| 65 | 《鸮鸾说》 | 正教奉传福建宁县告示 | 崇祯十四年六月 |
| 66 | 《用夏解》 | | |
| 67 | 《圣母堂记》(抄) | 汤若望 | |
| 68 | 《西学十诫注解》 | 杨廷筠　杨公行实 | |
| 69 | 《广放生说》 | 杨廷筠　代疑篇十八页 | |
| 70 | 《或问》 | 代疑篇十八页 | |

续表

| 序号 | 书 名 | 作 者 | 时 间 |
|---|---|---|---|
| 71 | 《弥撒解》 | 代疑篇二十九页 | |
| 72 | 《同文纪》 | 代疑篇三十四页 | |
| 73 | 《古今敬天鉴》（抄） | | |
| 74 | 《圣人行实》（七卷） | 高一志撰 崇祯间 宗徒列传序 | |
| 75 | 《艇灯闲论》 | 郁苏 醒世迷编刘序 | 康熙五十三年前 |
| 76 | 《悔罪要指》 | 圣体要理 | |
| 77 | 《改过良规》 | 圣体要理 | |
| 78 | 《神慰奇编》 | 言善录 | |
| 79 | 《告解原义》（一卷） | 南怀仁 | |
| 80 | 《圣体答疑》 | 南怀仁 | |

附　录

| 序号 | 书 名 | 作 者 | 时 间 | 地 点 |
|---|---|---|---|---|
| 1 | 《徐文定公集》 | 徐光启 | 宣统元 | 京 |
| 2 | 《墨井集》 | 吴历 | 康熙 | 沪 |
| 3 | 《圣教史略》 | 萧若瑟 | 光绪卅一 | 津 |
| 4 | 《正教奉褒》 | 黄伯禄 | 光绪九 | 沪 |
| 5 | 《万松野人言善录》 | 英华 | 民国四 | |

　　这个目录直到今天仍有重要的学术价值。"现有刊本通行者"记录的均为当时陈垣过眼的书目，尽管笔者在欧洲各国寻找明清中西文化交流史文献，但陈垣先生在几十年前所列出的一些书目，我们至今仍未找到，例如朱宗元《轻世金书直解》、沈若瑟《易简祷艺》、林德瑶《照永神镜》。尚无作者的文献有：《圣教浅说》《家学浅论》《婚配训言》。

　　"现无刊本通行者"记录的是陈垣所知但并未见过的书目。在这个目录中，也提供了一些至今尚未见到的重要文献。

教士的著述有：耶稣会士陆思默《亿说》、叶宗贤《宗元直指》、陆丕诚《徐启元先生行实》、方坝《息妄类言》、教友徐依纳爵《归真集》、欧加略《人类真安》。

信徒的著述有：福建黄鸣乔《天学传概》、教友施鉴仪《指迷小引》、周志《身心四要》、沈宗彦《天主精义》、教友徐慕义《祭祖答问》、郁苏《艇灯闲论》、言善录《神慰奇编》。

尚无作者的文献有：《易经本旨》《诠真指妄》《钦命传教约述》《瞻礼日铎》《性学醒迷》《性理参证》《用夏解》《天学杂谈》《经书精蕴》。

国外的文献有：高丽国教友奏明教友致命被难《东国教友上教皇书》。

官方的文献有：《御史黄恩彤奏请删禁天主教之条文》。

陈垣列出这些文献，体现了他阅读之广，同时这个目录也是他对继续收集这批明清之际西学汉籍文献的期望，希望学术界加以收集。应该说，陈垣先生所提出的像《开元释教录》那样，整理出一个中国基督教史文献目录，至今仍是中国学术界尚未完成的任务。

### (三)开拓出教外文献研究的新领域

明清之际的天主教文献主要是传教士所写的汉文西书，在中国的官方文献、民间文献中也记载了大量关于天主教史的内容。陈垣先生是最早关注这批文献，并给予专门研究的学者。他在《从教外典籍见明末清初之天主教》一文中逐一列出从教外文献展开对天主教史研究的价值，所列理由，条条可立，皆有事例可证。其一，教外典籍可补教史之不足，教内文献重传教士及其著作，而教外典籍则有中国修士之事迹，例如钟鸣仁、钟鸣礼兄弟。而在故宫文献查到的《雍正十年广东省城天主堂调查表》，至今仍有重要的学术价值。[①] 其二，可正教史之偶误，例证之一，就是他读到许缵

---

① 参见张先青、赵蕊娟：《中国地方志：基督教史料辑要》，上海，东方出版中心，2010；刘志庆：《中国天主教教区沿革史》，北京，中国社会科学出版社，2017。

曾的《宝纶堂》原稿，知其纳妾，并非信教，而柏应理的《许太夫人传》说其是教徒，显然不实。其三，可与教史相参证。在教内文献不著真名，只有洗名，例如清简亲王德沛，就是教内文献中的宗室若瑟。其四，可见疑忌者之心理。通过研读梅文鼎、全祖望的诗句，可以看出明清间文人对天主教的猜疑之心。陈垣在此文中从他在故宫懋勤殿发现的宫中的多份新的文献，从《南宫署牍》、清军机处档案、奉教文人的教外文集等多种教外文献，来证明明清间天主教史的各个历史事实。

通过这篇文章，陈垣指出了开展明清间教会史研究，中西文化交流的文献收集的重要领域在教外的汉文文献之中。他在 1918 年所写的《浙西李之藻传》是我国近代以来第一篇天主教人物研究，也是充分利用教外汉文资料的典范之作。这篇传记不仅叙述介绍了李之藻的主要作品，而且作为一篇历史人物传记，也提供了很多历史细节。如李之藻重病时利玛窦亲自护理，李之藻痊愈后感到生命再生，遂加入天主教；利玛窦去世后，他和庞迪我一起办理利玛窦的丧事，返家后用自己家中的房子向传教士提供场地，使天主教在浙江开教；杨廷筠弃妾入教；徐光启、李之藻上奏疏请澳门葡萄牙炮队来京等。这些历史事实为方豪的《李之藻研究》提供了基本的线索。[①]

陈垣所开辟的这个学术方向至今仍待学术界努力。[②]

总之，清末民初以来，陈垣先生是明清之际天主教文献整理的奠基之人，他所开启的以中文文献研究为主的研究路径，所确立的中国基督宗教史文献研究的基本原则，至今启迪着当代学界。[③]

陈垣先生以上的研究说明，中国基督宗教史研究起家于中文文献，并

---

① 方豪：《李之藻研究》，北京，海豚出版社，2016；李之藻撰、郑诚辑校：《李之藻集》，北京，中华书局，2018。

② 孙邦华：《身等国宝　志存辅仁：辅仁大学校长陈垣》，济南，山东教育出版社，2004。

③ 如黄一农的《两头蛇：明末清初的第一代天主教徒》，汤开建编著的《利玛窦明清中文文献资料汇释》。张先青、肖清河等一批学者正沿着这个方向，作出了中国学者的重要贡献。

且在中国学术从传统到现代的转变历程中成为新的学术典范。在中国近代历史的研究中，中国基督宗教史并不是作为"西学"①，而是作为中国史的一部分展开的。陈垣研究起步于中国基督宗教史，他不仅开拓出中国基督宗教史研究史研究这个新的领域，而且使宗教史研究、基督宗教史研究成为新史学发展的重要方向。正是在这个意义上，陈寅恪说：

> 中国史学，莫盛于宋，而宋代史家之著述，于宗教往往疏略，此不独由于意执之偏弊，亦其知见狭隘有以致之。元明及清，治史学者之学识，更不逮宋，故严格言之，中国乙部之中，几无完整之宗教史，然其有之，实近新会援庵先生之著述始。②

---

① 李天纲说："中国基督宗教史研究的进步，一定要突破一个瓶颈，这就是把'西学'变成'中学'，把'教会史'的研究融合到近二十年复兴的'中国文化史'学术大背景里来。"其实从陈垣开始，中国基督宗教史研究就是"中学"而不是"西学"。那些所谓的"主流学者"是对中国近代新史学缺乏了解。当然，中国学术界要走向世界学术舞台，就要中西兼通，既要熟悉西方文献，又要熟悉中文文献，不然我们面对的那些做中国基督宗教史研究的汉学家时，就会永远跟在他们的后面。金国平、李麌学为代表的中国基督宗教史研究者已经崛起，这一代学者将会继承陈垣先生的传统，并弥补外文水平不足的问题。

② 陈寅恪：《陈垣明季滇黔佛教考序》，见《金明馆从稿二编》，20 页，上海，上海古籍出版社，1990。

# 陈垣先生谈读书和研究方法

邱瑞中

[摘要]陈垣在1961年5月27日，给北师大历史系毕业生讲《谈谈我的一些读书经验》；9月27日，他写了5页总结自己读书研究方法的《提纲》。二者都从总结个人经验出发。从内容看，《讲话》简而《提纲》繁。比较之，《讲话》适应听众，省略很多内容，包括不合时宜的如宗教等，也有不可能面面俱到的如年代学、基础知识、个人研究的几个方向等等。从而印证了《提纲》的真实性和对研究他的读书治学方法的重要性。

[关键词]陈垣；读书；研究；提纲；讲话

## 一、提纲

2013年，我看到了陈垣先生关于总结自己读书和研究方法的手写提纲，是用钢笔竖写在粗糙的400字红格纸上。我仔细辨认，确定是陈老手迹。稿纸第1页上方有："1961.9.27"，第4页背面有铅笔字："继续弘扬教育光荣传统……（正文抄完）"。可见这第4页是当时的末页，时间在国庆节前，某小学请陈校长代写标语口号，对方拟定了口号，电话打到励耘书屋，援老顺手记录在这页纸的背面。

---

作者简介：邱瑞中，内蒙古师范大学图书馆研究馆员。

我先把陈援老写的提纲抄录如下（原文竖写）。

1961.9.27

真正做研究工作要研究目录学、版本学、校勘学。

欧阳修——三多：看多、做多、商量多；

三上：马上、枕上、厕上；

"吾平生作文章，多在三上"。

夏商周、春秋、战国、秦汉魏晋南北朝、隋唐五代、宋元明清。

学习历史，掌握时间观念是十分重要的

读史不仅要有时间观念，还要有空间观念，具备一定的地理知识。

洪武（太祖）—建文（惠）—永乐（成）—洪熙（仁）—宣德（宣）—正统（英）—景泰（景）—天顺（英）—成化（宪）—弘治（孝）—正德（武）—嘉靖（世）—隆庆（穆）—万历（神）—光宗—天启（熹）—崇祯（毅）—弘光（福王）—隆武（唐王）—永历（永明王）。

顺治（18）—康熙（61）—雍正（13）—乾隆（60）—嘉庆（25）—道光（30）—咸丰（11）—同治（13）—光绪（34）—宣统（3）。

学目录学，可以知道读书的门径，了解何书好，应读什么书，怎样去读。

为了占有材料，应研究目录（版本和校勘），其本身不是目的，它是为一定的科学研究服务的。

刻苦学习，没有捷径，没有坦途。

又专又博，既作专题研究，又要扩大视野。

原始材料，第一手材料。

了解前人研究成果。可以摘要，摘出主要内容。

多读、多看、多做。

眼到、口到、心到、笔到。

做笔记，也是治学的重要工作之一。

读书心得，学习体会。

章学诚《章氏遗书》说："读书不及时做笔记，犹如雨落大海，不留踪迹。""札记之功必不可少，如不札记，则无穷妙绪，如雨落大海矣。"

勤笔免思。

帮助我们积累资料，以补记忆之不足，而且可以帮助我们记录思想活动、研究成果。

一要勤——坚持不懈、日积月累。

二要精——拣取精华的部分，不能一味抄书。

三要理——记笔记要经常编辑整理。

不要贪多图快（多），要打好基础。

白先生说：读书要以精读为主，博览为辅。可以少一点，精一点。把博览当作一种休息。

搜集史料，研究史料的方法？就是要多读书。

做一个优良教良（师），就非进行科学研究不可，科研是提高教学质量的主要手段。但教师的科学研究，主要是为教学服务。


工具书见 4 册（页）。

许多历史都要结合地理条件才能讲得明白。

《读史方舆纪要》清顾祖禹。

朱士嘉——《中国地方志综录》，7413 种。

《中国丛书综录》——41 个图书馆藏书

第一册 59 年 12 月出版，总目分类目录，共 38891 种单书。

第二册 61 年 7 月出版，子目分类目录。

第三册尚未出版，子目书名索引。

某种丛书中收有什么书，

什么书在何种丛书中有。

要调查研究，要情况明。没有调查就没有发言权，教学和科研必须从实际出发。

晚唐诗人李贺、宋初诗人梅圣俞的"诗袋"的故事。

李贺骑驴，背一破行囊，遇有所得，即投书囊中，他廿七岁就死了，却留下了二百多首好诗。

梅圣俞，不论吃饭、睡觉，总不忘写诗，有时出去游玩，也带一个袋子，记上一句，就丢在诗袋里。

《十七史商榷》廿二：过去有位做学问的人，金修撰榜说："不通《汉书·艺文志》，不可以读天下书。艺文志者，学问之眉目，著述之门户也。"

资料不够，言之无物，缺乏说服力。

搜集资料，是教学和科研的不可缺少的环节，要亲自动手，要能够熟悉自己所需要的资料线索。

"粒米集成箩，滴水汇成河"。

清学者阮元："世人每矜一目十行之才，余哂之，一夫必十目一行，始是真能读书也。"

《贩书偶记》，未收入丛书中的单刻古籍，清朝的收入一万种。

《四库总目》，经分 10 类，史 15 类，子 14 类，集 5 类，总 44 类。类下再分属，共 60 属。

基本功　从头读书，即注意目录学、四库。

读书要能发现问题。木陈。解决问题。

是研究佛教史、基督教史。原来也记顺治、各人记各人的，一看能对得起。结合分析，恰好解决了。

积累

这是小问题

运用这些资料

也解决了清朝初年政治制度问题、宫廷生活问题、宗教斗争问题、宗教关系问题。

顺治出家问题，几年来传说纷纭。

利用他们的矛盾，以解决彼此问题。

以上前4页。

佛教与理学的关系。

《开元释教录》即可说是唐藏目录。自宋起有较完整的藏经，一切经即是。这与刻板也有关。我据藏经音义，知道。

藏经雕版，似在儒藏之前。

道藏宋才有。现道藏为明本的，即正统藏。

藏经之刊行

宋辽金都刻大藏经

以上第5页。佛教与理学的关系，似为后补，横书。前4页，竖书。第4页背面有铅笔字。

继续弘扬教育光荣传统　○○○附小△△年校庆

辛勤培养祖国有用人材

庆祝○○年为祖国培养有用人材

继续弘扬教育光荣传统

庆祝　教育

为祖国培养人材

## 二、谈话

同年 5 月 27 日，陈援老曾给北京师范大学历史系毕业生作《谈谈我的一些读书经验》[①]的讲话，此文最早载于《中国青年》1961 年第 16 期，8 月出版。这是当时的谈话记录。前者简称《谈话》，后者简称《提纲》。对比这两个文件，《谈话》适应听众的特点和当时的形势。它仅仅是《提纲》的一部分。反过来，《谈话》证明了《提纲》的真实性。

我曾经把《提纲》文本和原件照片发给某刊，希望以"陈垣遗稿"发表。我当时没有能力研究它，只想早日公布，请专家研究。但是未能发表。7年过去，适逢陈垣先生诞辰 140 周年纪念，现把《提纲》公布于世。

我先从《谈话》说起。陈垣说："只谈有关读书的问题。""先谈我个人的读书经验。"这是《谈话》的主旨。其个人的读书经验分为 4 个方面：

（一）12 岁以前，跟老师读私塾。

（二）主动阅读。13 岁先后发现《书目答问》和《四库全书总目》。

自学。一面教书，一面读书。他当过小学老师，也当过合办的医学专科学校老师。这期间他已经明确读书方向，即研究历史学。陈垣学过西医，办过报纸（撰写疫病史），但读书从未间断，《总目》读过好几遍。

（三）1912—1922 年，从 32 岁开始，读了 10 年文津阁《四库全书》。

（四）"非科班"。"我读书是自己摸索出来的，没有得到老师的指导"。

经验一，目录入手，了解各书的大概情况，大概知道就行——不求甚解。

经验二，读通一批书，就是专精，就是深入细微"要求甚解"。举例，

---

① 《陈垣全集》第 22 册，739～745 页，合肥，安徽大学出版社，2009；陈乐素、陈智超编校：《陈垣史学论著选》，640～645 页，上海，上海人民出版社，1981。这篇引文，以后不再出注。

《论语》13700 字，《孟子》35400 字，都不如一张报纸字多。[1] 博与约的关系——辩证的统一。

结论：毕业后，自修时，用功于《书目》和《四库》。为什么要读此二书？懂目录学。

结尾，强调打基础。

强调读书：勤——脑、手、笔。

多——想、翻、写。

"多动笔可以免得忘记"——勤笔免思。

> 遇见有心得或查找到什么资料时，就写下来，多动笔可以免得忘记，时间长了，就可以积累不少东西，有时把零碎心得和感想联系起来，就逐渐形成对某一问题的较系统的看法。收集的资料，到用的时候，就可以左右逢源，非常方便。

> (大学)毕业只是在学校学习阶段的结束，更长期的新的学习阶段，还是刚刚开始。

陈垣用自己的读书经历给毕业生谈"读书"。为什么要给毕业的大学生谈"读书"呢？大学毕业了，还要读书吗？他是指导这些学生做学问，他说："不要以为学问高不可攀，望而生畏。"他又说："学习是不能间断的，更是不能停止的……不要以为自己是北京师范大学毕业就看不起人；不要以为自己已经大学毕业，学习得就已经够了。毕业只是在学校学习阶段的结束，更长期的新的学习阶段，还是刚刚开始。"

所以，陈垣给毕业生的谈话，与其说是送他们走上教师工作岗位，毋

---

[1] 陈老把十三经都统计了数字。见邱瑞中编：《刘乃和百年诞辰纪念专辑》上册，379 页，桂林，广西师范大学出版社，2018。

宁说是告诉他们在毕业后怎样进入新的学习阶段。他用自身说法开导毕业生：我是一面教书一面读书。中间有几年学过西医，办过报纸。但学习从未间断。他进入北京后（此前他是光华医学院的解剖学教师），开始了 10 年研读承德避暑山庄文津阁《四库全书》之功夫。陈垣说，他的历史知识是"爱好"，是自学，没有老师。

他是怎样自学成功的呢？这就回到本文强调的那个问题：13 岁读《书目答问》，以后又找到了《四库全书总目》。他在广州，感觉到书目所指引的书，很多找不到。在北京，用 10 年工夫，研读了文津阁本《四库全书》。关于怎样利用目录阅读古籍，陈垣在讲话中说得很清楚：哪些需要精读，哪些属于浏览，哪些只要了解写什么就可以了。

陈垣先生鼓励毕业生在工作岗位上继续读书，讲了梁灏 82 岁中状元的典故，总结了这次讲话的宗旨："我已八十二岁……你们连二十八岁还不到……要趁着年富力强的时候，刻苦钻研，努力读书，时不待人，到了八十二岁再学，总是太晚了……抓紧时机。机不可失，时不待人。"《谈话》在《中国青年》发表以后，有老师提出不同意见。信转到励耘书屋，陈垣和刘乃和仔细研究，以刘乃和名义著《关于梁灏的传说和事实》，发表于《北京师范大学学报》1961 年第 4 期。此文写了 4 稿，篇名是陈垣在送稿前最后改定。

## 三、比较

陈垣先生写的《提纲》和同年 5 月 27 日《谈话》之间是什么关系呢？看得出来《谈话》只是《提纲》的一部分。严格讲，《谈话》集中讲了目录学与读书治学的关系，陈垣用自己的亲身经历作示范。当然在不同程度，也涉及了《提纲》中的某些部分。如"多读、多看、多做"，"眼到、口到、心到、笔到"，"勤笔、免思"，"基本功"。陈垣用拳术、武术、戏剧科班先练基本功作比喻，讲读书更需如此。《谈话》说到读书人怎样练好基本功，非常详细，亦是重点部分，兹不赘述。

《谈话》不曾涉及的内容太多了。《提纲》是陈垣治学方法的总结，无论从治学"路子"还是治学"范围"，都是如此。有些是他独特的领域。如年代学、史讳学、校勘学、宗教学，以及"内典"的利用等等。《谈话》不曾涉及版本学、校勘学。它们是研究历史的基础，不懂版本学、校勘学就不懂得辨别资料之真伪。陈垣在 30 年代提出一世资料和二世资料的说法。对那些辗转出现的二世资料，必须找一世资料代替之，否则须要说明之。目前国内教学和研究，很少注意到这个问题。

陈垣治学，注意年代问题，因为涉及宗教，故必须掌握三历的关系。阳历—基督教，阴历—伊斯兰教，阴阳历—儒家文化圈（以中国为核心）。为了研究基督教入中国历史，研究元朝西域人"华化"，他亲手编制《中西回史日历》，又应学术界的急迫需要，他先出版了简编——《二十史朔闰表》。我问过刘乃和先生："陈老是自己作的这部《中西回史日历》吗？"她说："是。""没有助手吗？"她说："没有。"2017 年夏，我在一处亲见了陈垣先生编制这部书的手稿，他是用一页细格纸设计出包括两年在内的西历年表，用铅笔竖道划分出每一天，并把中历标志出来，当然关于历法，他是请教过专家的。[①] 陈垣自序说："海通而后，市上有所谓中西月份牌；汉回错杂之区，又有所谓西域斋期单，固中西回日表也。然皆一年一易，旋即废弃，无裨于考史。今此编不啻二千年之中西月份牌，而一千三百五十年之西域斋期单也。兹事甚细，智者不为，然不为终不能得其用。余之不惮烦，亦期为考史之助云耳，岂敢言历哉！"[②] 此书只印了 2000 册。陈垣自己常用的，是 20 年代的白纸《二十史朔闰表》，经 40 多年翻阅，前后页已残缺卷曲。书页中有毛笔、钢笔、铅笔手迹，每一条，都标志着他曾经做过的研究。末 100 年间，兼记录他家人的生辰。陈垣在历史年代学的贡献至

---

① 见邱瑞中编：《刘乃和百年诞辰纪念专辑》下册，475～487 页。尤其注意 483、484、485 页，陈垣一天一天地填写年表中的阿拉伯数字。

② 陈垣：《中西回史日历·序》，3 页，北京，中华书局，1962。

今无人超越，而这门课程，目前恐怕罕有院系能专门开授。

陈垣主张研究历史要通中国古今之演进。对明清两代，更应该贯通帝系和历年。他强调古今史地学，要求学生逐渐建立起时间和地域的概念。这是能够把零散资料，贯串起来的两个重要途径。1978 年，刘乃和先生在北师大、北大历史系给学生讲"中国历史基础知识"课[①]，深受这篇《提纲》的影响。邓广铭先生知道这门课的价值。刘先生发给学生的参考材料，都与此提纲相符合。以后国内很多大学和学术机构接连不断地邀请她。

陈垣史学研究最突出的特点是资料丰富。他的名作《元也里可温教考》曾经引起日本学界的震惊。陈垣提倡"竭泽而渔"。怎样"竭泽"？就是一要多读，二要利用工具书查，三要笔勤。他在《提纲》中大量讲到"勤"，从不同角度说"勤"。"卷首"的"三多三上"，中间的"四到"（眼到、口到、心到、手到），以及"勤笔免思"，再到提倡"一要勤……二要精……三要理"，都是具体讲竭泽而渔。目录书自不必说，"引得"亦早已问世，就连刚出版 2 册的《中国丛书综录》，他也拿来讲检索途径。

让国内外学术界赞叹陈垣在中国史学界地位的是《元西域人华化考》。这部书所利用之文献，令中外学界震惊：一个非科班出身的广东人，其史料根柢的坚实，和史识之卓荦。

贯穿《提纲》和《谈话》的主线是用功勤。他从头到尾举古人的范例，就是"勤奋"和"努力"。从欧阳修的"三多、三上"，到章学诚做笔记引申出"勤笔勉思"，到唐李贺、宋梅圣俞的诗"囊"诗"袋"，他反复讲大量收集资料。陈垣就是这样做的。他从 20 世纪 30 年代开始收集两《五代史》资料，一直到 1963 年接受点校两《五代史》任务，中间从未间断。他抄录的资料，编纂的索引，是这两史的数倍，直到晚年，仍有线索记录在纸上和小本上。他的一生，就是"眼勤、笔勤"的一生。刘乃和先生尽自己的力量，"片纸不丢"地保存了陈垣手迹。我们今天还可以看到不少。可惜有很多损

---

① 参见讲义手稿和参考资料。见邱瑞中编：《刘乃和百年诞辰纪念专辑》下册，652～672 页。

失了。陈垣读书，发现问题，随手记在长纸条上，掖在书的相关页面。条子下方记材料出处。他去世后，励耘书屋（兴化寺街 5 号，今名兴华胡同 13 号）被搬空。刘乃和看着空空荡荡的庭院，捡起散落的断片和小条，坐在台阶上放声痛哭。

《提纲》还有两个部分需要说明。一是"工具书，见 4 页"。

清顾祖禹著《读史方舆纪要》，陈垣说"许多历史都要结合地理条件才能讲得明白"。他同时介绍了近人朱士嘉的《中国地方志综录》，该书收书 7413 种。依据"地近则事详"的习惯，找资料、考据问题，必须学会用地方志（近几十年编地方志，体例不同以前）。他尤其提出《中国丛书综录》，收了 41 个图书馆所藏共 38891 种单行出版古籍。古人编书刻书不容易，大部头的文集，一劳永逸；但单行刻本不易保存，明清以来有大量丛书出版，按照一定主题，合刻单行本，是为丛书。给丛书做目录，再说明藏处，做子目分类和子目索引，再补上民国书商孙殿起卖书所记之未入丛书的单行刻本《贩书偶记》。中国古籍目录，在陈垣生活的年代，包括了大部分外典。

二是佛藏和道藏，佛藏又被释家称作"内典"。陈垣的第一部成名作，就是研究唐代以后基督教入中国的历史，这部书出版后，他多次作补充和修订。陈垣虽在早期学医，但是，他心中的"史学"研究情结，亦在早期萌发。从博济西医学院（美国人办）到光华医学院（陈垣等人办）学习毕业后，他留校讲解剖课，办医学杂志。当时北方出现疫情，他在报刊上谈历史上的疫情，正与史学相联系。解剖学也被陈垣用在了史料研究上。史料的分类和归纳，是《元也里可温教考》《元西域人华化考》和《通鉴胡注表微》三大巨著的共同特点，也是他史学研究的三个阶段之代表作。我曾对刘乃和先生说："陈老不是科班出身。"她惊愕。我说："他学的是西医，不是历史。"刘先生点头。我又说："他把西方解剖学运用到治中国史的方法上。如四肢、脾脏等，归类放置，则问题的头绪就明白地凸现出来。"刘先生表示同意！

## 四、范例

最后谈一个很重要的问题，即宗教，尤其是佛教问题。陈垣在《谈话》中未涉及。《提纲》将它放到压轴处，是表示强调，他利用佛教资料，解决了民国初沸沸扬扬的顺治朝大案。陈垣对该系列之研究，表达了非常满意的心情。

陈垣关注基督教，而对佛教下的功夫最大，作了一部《中国佛教史籍概论》。在 20 世纪 40 年代中后期，他给北平高校历史系讲目录学课，上半年讲《史学名著评论》，下半年讲《佛教史籍》。[①] 他提出"藏经雕版，似在儒藏之前"这个结论，在印刷史的研究领域，我还未曾见到这种说法。我们通常说的"藏经"，指北宋初的"开宝藏""契丹藏"和"高丽藏"是其源流。通常的意见是，五代时，冯道开始了九经的刊版。陈垣也一直在寻找五代刻本的页子。当然，在 700 年，唐法藏就已经刻印了《无垢净光大陀罗尼经》，晚唐又有咸通九年王玠为二亲开雕印刷的带插画的佛经，曾藏于敦煌。但那只是单部佛经的卷子，不能证明是"藏"。所以陈垣先生这句话，给版本学、印刷史学研究提出了新问题。

《提纲》和《谈话》是怎样形成的呢？当然是先有《谈话》后有《提纲》，各自的时间标志得明明白白。先说《谈话》的记录稿，那一定是刘先生速记整理，经过陈垣审定的。当时的学生记录不下来，而刘先生有速记的习惯。早期的刘乃和日记，多是领导讲话记录稿，这讲话总要有纲。陈垣讲话生动活泼，吸引力特别强，这是张守常先生亲口所讲。陈垣讲《历史要籍评论》，只用纲目，再拿上进度表，如某月日，北大讲到某处、辅仁某处、师大某处。到课堂上，信手拈来。纲目在手，举例或侧重，视学生能力，

---

① 张守常：《回忆听援庵先生讲课》，见《纪念陈垣校长诞生 110 周年学术论文集》，北京，北京师范大学出版社，1990。

随时变化地讲下去。陈垣的讲课纲目和各学校进度表，略如 16 开侧面对折的夹宣纸条，携带方便，两三个课时可讲一页的三分之一或略多。因此他开的"中国历史要籍评论"，每年各校讲的进度不完全一样。我见过 1935 年某学生记录稿①，也见过余逊记录稿（柴德赓藏）、来新夏记录稿②、刘乃和记录稿③，都不完全一样，各有侧重。我觉得《提纲》应该是刘乃和先生《集腋集》中摘选而成的。刘乃和的《学习陈援庵老师的刻苦治学精神》和《学而不厌，诲人不倦——向陈垣老师学习》，都写于 20 世纪 80 年代初，都是谈陈垣读书、研究的文章。"1953 年，他（陈垣）第一次住院……他就一段一段和我谈他读书和写文章的乐趣，或议论书籍的优劣，对古代史家的评议等，谈起这些，他总是津津有味，尤其说到做学问的得失，说起来更是不知疲倦。白天听完，晚间我便记下来。""以后几年，其他工作多，开会多，谈学术的内容较少。到 1961 年后，才又多了些。""就在他'勤笔免思'的教导下，记录了不少东西，多少年来，积累了六大厚本，内容包括他自学过程、查书办法、治史心得、史籍优劣、写著的甘苦、思想的收获、做学问的得失……为我在每本上都题上书签'集腋集'，副标题是《励耘书屋问学记》……可惜它们在那十年中丧失了。"④《提纲》应该是从《集腋集》中摘出者。

刘先生说"1961 年后，才又多了些"，是不是从准备给历史系毕业生讲话而开始的呢？《提纲》结尾处说"读书要能发现问题。木陈。解决问题"，又说"是研究佛教史、基督教史。原来也记顺治、各人记各人的，一看能对得起。结合分析，恰好解决了"，这是谈使用"内典"的提纲。用自己研究的佛教题目作范例，具体讲体会，可以独立成篇。在 1961 年，这部分内容似不合时宜。这是典型范例，是对上述总结的"补证"，所以不讲也属

---

① 邱瑞中编：《刘乃和百年诞辰纪念专辑》上册，169~186 页。
② 陈智超编：《中国史学名著评论》，北京，商务印书馆，2016。
③ 邱瑞中编：《刘乃和百年诞辰纪念专辑》上册，187~232 页。
④ 见刘乃和：《励耘承学录》，78~80 页，北京，北京师范大学出版社，1992。

正常。讲了，会占用很多时间，故陈垣把它放在了《提纲》最后。

"木陈"在文中又作"木陈忞"，是明末清初浙东和尚。围绕着"木陈忞"，陈垣先生在抗战时期身处沦陷之北平，利用"内典"写出一系列战斗文章，同时"也解决了清朝初年政治制度问题、宫廷生活问题、宗教斗争问题、宗教关系问题"。这些文章包括：

> 《汤若望与木陈忞》 1939 年 1 月
> 《语录与顺治宫廷》 1939 年 6 月
> 《顺治皇帝出家》 1940 年 11 月

以上论文。

> 《明季滇黔佛教考》 1940 年 3 月
> 《清初僧诤记》 1941 年
> 《中国佛教史籍概论》 1942 年 9 月

以上专著。

"木陈忞"在陈垣的行文中，或称"木陈"，或只用一个"忞"字。言及汤若望，二字则用"若望"，一字则曰"汤"。在《清初僧诤记》小引，作者引钱大昕《潜研堂金石跋尾》八，"杨岐山《禅师广公碑跋》云：广公者，乘广也。古人称僧曰某公，皆以名下一字。故支道林曰林公，佛图澄曰澄公。宋元人称僧，或名字兼举，若洪觉范、妙高峰之类，亦取下一字，今世知之者鲜矣。"

陈垣先生在《提纲》中列"木陈"二字，概源出于此。陈垣的史学研究博大精深，今人很难探其涯涘。援老自己写下总结一生读书研究的提纲，为当代学术界一件大幸事。我不揣浅陋，略述心得体会，是为了相传中华学术之薪火。

1980年，在纪念陈垣诞辰100周年时，陈乐素总结其父亲的一生，说："年轻的时候，他就爱读四史，注意研究目录学，阅读《四库全书总目提要》。他研究历史是从目录学，掌握目录学知识开始的。……二十七八岁的时候，因为父亲（按：指陈垣的父亲）苦于膀胱结石病……决心学习西医，……而医学中的解剖学和诊断学对他的研究历史又有很大的启发。""他定居北京以后……着重阅读《四库全书》中那些外间罕见的书。他充分利用图书馆……并通过各种途径多方面辛勤搜集……积存了大量的历史资料，特别是宗教史料。""陈垣同志以研究宗教史著名，也以研究元史著名。""他说：'论文必须有新发见或新解释。'"①陈乐素也是历史学家，他的评价准确而精练。

---

① 陈乐素、陈智超编校：《陈垣史学论著选·序》，1～5页。

# 陈垣先生批注本的价值

诸伟奇

[摘要]援庵先生一生读书无数，对一些重要典籍如耶律楚材的《西游录》、顾亭林的《日知录》、吴历的《墨井集》、全祖望的《鲒埼亭集》、赵翼的《廿二史札记》及梁启超的《中国历史研究法》等还进行了批校注释。这些批注本或校勘文字，指瑕正误；或注释要点，深化论题；或校注结合，考史发微，皆紧扣内容，详略得当，且能考订史实，揭示原文意旨，一些注文知识容量大，充分体现了一代史学大家的校证功力和卓越见解。

[关键词]陈垣；批注本；价值

援庵先生一生读书不倦，并且常作批注。这些批注的对象，都是他认为有阅读价值或研究价值的书籍。这些批注，有的只是作为提示用的，如在二十四史纪、传的书眉上标出的人名、时间等；有的是读书心得、评论，以为教学与研究作准备，如对梁启超的《中国历史研究法》的批注；有的是对他觉得重要典籍的批阅，计划就这些典籍作进一步的校订、注释、研究，如对全祖望的《鲒埼亭集》、赵翼的《廿二史札记》、吴历的《墨井集》及元耶律楚材的《西游录》、祥迈的《至元辨伪录》，还有从《困学纪闻》中辑出的《困学碎金》和单独成书的《日知录校注》等书的批注。援老夙膺"考据

---

作者简介：诸伟奇，安徽大学方以智研究中心教授、安徽省文史馆馆员、安徽省朱子研究会会长。

二宁"(王应麟号深宁，顾炎武字宁人)，故专志批校其书。对批注诸书中凡其感兴趣的内容或觉得有问题的地方，皆标志出来，或校勘文字，或注释要点，或指瑕正误，或发挥己意。这些批注，多为援庵先生随读随记，一般都很简短，绝无赘述，但正是这些精要之论，体现了援庵先生历史考据学的独到特点和卓越见解，合其历史考据方面的诸多成就，充分体现了他博大精深的治史风范和通史致用的史家精神。

以下就援庵先生对《中国历史研究法》《墨井集》《鲒埼亭集》的先后批注，对其批注本的价值作一些归纳和分析。

## 一、原书价值及批注所据版本

1. 《中国历史研究法》(以下简称《研究法》)，是梁启超 1921 年秋在天津南开大学所发表的演讲，后收入《饮冰室文集》。全书 6 章，分别为《史之意义及其范围》《过去之中国史学界》《史之改造》《说史料》《史料之搜集与鉴别》《史迹之论次》，卷首为梁氏自序。1926 年至次年 5 月，梁氏又作了《中国历史研究法补编》。梁启超对东西方史学颇多涉猎，于中国史书的过去与现状更多研究，《研究法》及补编正是他多年研究历史的治学积累，是一部影响很大的史学理论和方法论专书。援庵先生系据《研究法》商务印书馆 1922 年初版批注，未及《补编》。

2. 《墨井集》，清初画家吴历撰。吴历(1632—1718)，又名子历，字渔山，所居有言子(即子游)墨井，遂号墨井道人，常熟人。工画，重意趣，心思独运，气韵厚重沉郁，不求形似，间有参用西洋法，迥异俗流，与"四王"(王时敏、王鉴、王原祁、王翚)及恽格称"清初六大家"。[①] 当时的画坛名家方亨咸曾誉其画："大江南北，太仓两王先生而外，则首屈渔山矣。虽未得纵观其所为，即此帧体备诸家，妙兼六法，胸开天地，气盖

---

① 赵尔巽等：《清史稿》卷五百零四《艺术三·吴历传》，13905 页，北京，中华书局，1977。

古今，真杰作也。"①后信天主教，并担任教会司铎。撰有《墨井集》（李杕辑）、《三巴集》、《三余集》等。

援庵先生非常关注明清之际史事和人物，他的《日知录校注》《鲒埼亭集批注》《墨井集》《明季滇黔佛教考》《清初僧诤记》等都是这方面的内容。他对吴历的重视，不仅因其画艺杰出，更是"慕其为人"，认为他是"能接受西洋文明之先觉"；②又因其"生性孤介，声气不甚广"，"事迹不易考"，③故而着力收集当时所能得的资料，于 1936 年前后对《墨井集》进行批注。批注本以李杕辑、宣统元年（1909 年）上海土山湾印书馆排印本为底本，以清康熙末陆道淮编刊本《墨井诗钞》及有关诗文集为校本。援庵先生又于 1937 年撰写了《吴渔山先生年谱》，之后又写了《墨井集源流考》《墨井道人传校释》《墨井书画集录文订误》等文。

3.《鲒埼亭集》，全祖望撰。全祖望（1705—1755），字绍衣，号谢山，清代浙东学派代表人物，杰出的史学家和文学家，素以气节自励，有故国情怀，尤悉南明史事。著述宏富，达 30 余种，存世的有 20 余种，其中最主要的就是这部《鲒埼亭集》；而《鲒埼亭集》中最精彩最体现全氏心血的，则是编入《鲒埼亭集外编》的那些表彰明季节义及沧桑之际佚闻轶事的文章。援庵先生治史之暇，尤其在北平沦陷的日子里，他最喜读顾炎武《日知录》和全祖望《鲒埼亭集》。1943 年起，他以《鲒埼亭集》作为"史源学实习"课教材。在此前后，他在《鲒埼亭集》中作了大量批注，并写了多篇范文。原批作《鲒埼集考释》，后因分量太大稽时过长而未果。④批注所用底本为《四部丛刊》本（影印姚江借树山房刻本），卷首收《卷首批注》《全氏世谱》《全谢山年谱》，其下依次收《鲒埼亭集前集》38 卷、《经史问答》10 卷、《鲒埼亭集外编》50 卷、《鲒埼亭集诗集》10 卷。全文作了断句。

---

① 陈垣：《吴渔山年谱》，见《陈垣全集》第 7 册，359 页，合肥，安徽大学出版社，2009。

② 陈垣：《吴渔山年谱》，见《陈垣全集》第 7 册，385 页。

③ 陈垣：《吴渔山年谱》，见《陈垣全集》第 7 册，341 页。

④ 陈智超：《鲒埼亭集批注》按语，见《陈垣全集》第 20 册，1378 页。

## 二、校勘文字，指瑕正误

作为校勘学大家，校勘是援庵先生批注本中不可缺少的一部分。他不仅校订版本与文字的异同，更多的是出示证据，判别是非，并指出这些异同的优长与不足。如《鲒埼亭集·陈忠肃公祠堂碑铭》"陈文介公之子，于忠肃同难，见《宋史》"下，援庵先生批注曰："'之子'二字应删。陈文介公禾，《宋史》三六三。瓘子正汇，见《瓘传》。此因《禾传》而误。"①又如《墨井集·墨井道人传》"渔山清洁自好，于世俗多不屑意……学琴于陈高士砥阮，皆得其指授矣"，"渔山度可以奉高堂，即不轻出"下，援庵先生批注曰："陆本'清洁'作'洁清'，'高堂'作'堂上'。《朴村集》本'砥'作'岷'，其人名岷，字山民；'阮'作'既'。属下为句，谓'既皆得其指授矣'。陆本'既'误作'阮'，李本因之，属上为句。故李撰墨井行状亦作陈高士砥阮，此大误也。"②再如《鲒埼亭集·江浙两大狱记》"明相国乌程朱文恪公尝著《明史》"下，援庵先生批注曰："'文恪'为'文肃'之误，下同。文肃，朱国祯，万历十七年进士，《明史》二四〇。文恪是朱国祚，秀水人，《明史》二四〇，竹垞之祖也。"③

援庵先生批注诸条，往往汇校勘、注释于一炉，注从校出，校、注相互印证，考订确凿无疑。如《墨井集·墨井题跋》"村农望雨，几及两旬……予耄年物外，道修素守，乐闻天下雨泽"下，援庵先生批注曰："《农村喜雨图》书画卷见《虚斋名画录》五，题'闰七月三日书'。'村农'作'农村'，'泽'作'顺'，又多一'者'字，余皆同。康卅、卅八、四九均闰七月。陆刻本'泽'作墨丁，《昭代》本'雨泽'作'雨声'。"④又如《鲒埼亭集·两

---

① 陈垣：《鲒埼亭集批注》前集卷二十三，见《陈垣全集》第19册，312页。
② 陈垣：《墨井集批注》卷一，见《陈垣全集》第22册，202页。
③ 陈垣：《鲒埼亭集批注》外编卷二十二，见《陈垣全集》第20册，864页。
④ 陈垣：《墨井集批注》卷四，见《陈垣全集》第22册，309页。

汉节仪传题词》"然后次之以避莽死节之李业、谯玄、王嘉、王皓"下，援庵先生批注曰："'节'一本作'述'，是。死述者，因避莽而死于公孙述也。"①再如《鲒埼亭集·石坡书院记》"方石坡之官平江也，朱侍郎任知府事，征输盐课，急迫牵连，拘系甚繁……论者以为石坡不愧其师，而侍郎有惭其父"下，援庵先生批注："'朱任'为'朱在'之误，熹子，故下云'有惭其父'，附《宋史》四二九《熹传》。《四朝闻见录》乙集《洛学》条，言朱在趋媚时好。"②

援庵先生于原文校读极为精细，像《鲒埼亭集》目录上他一一标明所涉人物的原名，书中凡引文，必明其起讫。如原文引疏文，先生于疏文完结处必注曰"疏止"；对所引之文属两疏者，必于另一疏起始处注曰"疏二"。

援庵先生在批注全祖望《鲒埼亭集》中，有不少地方考证并补出了原文中的缺字，这些缺字在版刻中是作为空围（□）处理的，粗略统计达 30 多处。因全祖望集中所反映出的亡明情怀，故屡屡触犯清廷文禁，援庵先生校补出的空围中，有"明""明史""夷夏"等干犯之词，也有像"北人""复兴""虏""逆"之类不联系上下语境都不明白因何而禁的字眼，更多的是"钱谦益""屈大均"等禁忌人物的姓名、字号、代称，如"谦益""牧斋""虞山"等，其中涉及钱谦益的即达 10 余次。

书中最能显示批注者功力也最具学术价值的，是援庵先生通过精审的考证对原书中错误的订正。这类例子除上文所述外，尚有不少。如李杕《吴渔山先生行状》说吴历（号渔山）"生于明崇祯四年辛未"，援庵先生考曰："应作生于崇祯五年壬申，西历一千六百三十二年。渔山与王翚同庚，沈德潜撰王翚墓志云崇祯壬申生。《历代画史汇传》亦云吴历崇祯壬申生。据墓碑则辛未误。"③又如全祖望《陈忠肃公祠堂碑铭》记道："忠肃则以《尊尧》之作为党魁，而其妹婿西山先生李深亦豫焉。"援庵先生批注曰："应云

---

① 陈垣：《鲒埼亭集批注》前集卷三十一，见《陈垣全集》第 19 册，420 页。
② 陈垣：《鲒埼亭集批注》外编卷十六，见《陈垣全集》第 20 册，753 页。
③ 陈垣：《吴渔山先生行状》，见《陈垣全集》第 22 册，199～200 页。

'其姊婿朝散郎李深亦豫焉'。《朱文公集》九十有《西山先生李郁墓表》，龟山门人，《学案》廿五，深之子也。深见《学案》十九，《宋史翼》五有传。此误以子之号称其父。"①此后，援庵先生还写了《书鲒埼亭集陈忠肃词堂碑后》一文。他对梁启超《中国历史研究法》所述内容批评更多，如在该书第五章《史料之搜集与鉴别》中，梁说玄奘："吾已知奘之出游，为冒禁越境；然冒禁何以能无阻？"援庵先生批注曰："一阻于凉州，再阻于瓜州，三阻于第一烽，四阻于第四烽，何云无阻？传称为李大亮逼还京，是有阻。"②批注本中还多次指出梁氏"以错误为伪"，伪、误不分，强调"错误与伪性质不同"。③

## 三、注释要点，发挥己意

作为批注本，书中注释的内容几乎占了一半。这些注释，在内容上，或校文字，或考史实，或明意旨，或补缺失；在方法上，或先校后释，或合纠误于注释之中；在特点上，皆紧扣内容，详略得当，一些注释比较详尽，知识容量颇大，其中对于一些史事的注释，不啻一篇考证短文。如《鲒埼亭集·提督贵州学政翰林院编修九沙万公神道碑铭》"公剑负侍于席末"下，援庵先生批注曰："负，谓致儿背上；剑，谓挟于胁下，如带剑也。见《曲礼上》。今作'剑负'，明剑亦动词，不作名词用也。参廿四卷《宁波府儒学进士题名碑》。"④又如《鲒埼亭集·不波航记》"适辑《湖上聚书》，为践此诺，百年而后，更不须张孟兼辈之考索也"下，援庵先生批注曰："张孟兼，名丁，以字行。《明史》二八五《文苑传》附《赵埙传》。有《白石山房逸稿》二卷，《四库·别集类》廿二。曾预修《元史》。《宋逸民录》八

---

① 陈垣：《鲒埼亭集批注》前集卷二十三，见《陈垣全集》第19册，312页。
② 陈垣：《中国历史研究法批注》，见《陈垣全集》第22册，159页。
③ 陈垣：《中国历史研究法批注》，见《陈垣全集》第22册，168页。
④ 陈垣：《鲒埼亭集批注》前集卷十六，见《陈垣全集》第19册，188页。

有孟兼撰《唐钰传》。《逊志斋集》廿一有《张孟兼传》。《宋学士集》九有《张兼字辞》。孟兼曾注《西台恸哭记》，黄梨洲复注之，以为孟兼所考'甲乙若丙'之人，都无确据也。"①再如《鲒埼亭集·答诸生问南雷学术帖子》"苟起先生而问之，亦必不以吾言为谬"下，援庵先生批注曰："严修能谓梨洲晚年颓唐潦倒，至海宁有公愤文字以相痛诋。又集中如鲁栗，降贼而回籍者；魏学濂，降贼不得志而自缢者：皆竭力谀墓，复委蛇时责，以为此固出于不得已。"②

　　对原文中有一些不为世人所知或为原作者有所忌讳的内容，援庵先生皆着意注出，指出文字背后的意思，为读者提供了重要资讯。如清董秉纯编《全谢山年谱》述及全祖望于雍正十年赴北京参试，"而时相之门虽屡招之，不赴，卒以此深嫉之，至于放黜"。援庵先生在"时相"下注曰："张廷玉。"③从而揭示了全氏后来受张廷玉排斥的原因。又如《鲒埼亭集·亭林先生神道表》："(亭林先生)仆婿复投里豪，以千金贿太守，求杀先生。"援庵先生在"里豪"下注曰："里豪谓叶嵋初。归玄恭有书与叶，诋之甚力，见《望云楼帖》。"④从而将顾炎武遭受迫害的情况揭示得更为清楚。再如在《鲒埼旁集·族祖苇翁先生墓志》"谢昌元"名下，援庵先生注曰："昌元，宋人降元者，见延祐《四明志》五卷廿九页，借指三宾。"⑤同样，在其后的《华氏忠烈会状》中"夫己氏欲杀之而不克"的"己氏"下，援庵先生也注曰："谢三宾。"⑥从而指明被影射的人物正是那个助纣为虐的降臣谢三宾。

　　在对梁启超《中国历史研究法》的批注中，援庵先生结合中西史学理论和方法，指出了梁著中的错误和不足，显示了卓越的史学见解。针对梁著所云："今之旧史，实以年代记及人物传之两种原素糅合而成。然衡以严

---

① 陈垣：《鲒埼亭集批注》外编卷二十，见《陈垣全集》第 20 册，833 页。

② 陈垣：《鲒埼亭集批注》外编卷四十四，见《陈垣全集》第 20 册，1128 页。

③ 陈垣：《全谢山年谱批注》，见《陈垣全集》第 19 册，15 页。

④ 陈垣：《鲒埼亭集批注》前集卷十二，见《陈垣全集》第 19 册，134 页。

⑤ 陈垣：《鲒埼亭集批注》外编卷八，见《陈垣全集》第 19 册，612 页。

⑥ 陈垣：《鲒埼亭集批注》外编卷十，见《陈垣全集》第 19 册，638 页。

格的理论，则此两种者实应别为两小专科，曰'年代学'，曰'人谱学'——即'人名辞典学'，而皆可谓在史学范围以外。"援庵先生批曰："年代学，言年代，不及事，本纪则志在叙事，与年代学绝不同。"①厘清了梁著的论说混乱。针对梁著所云："不能谓近代之史便多史料，不能谓愈近代之史料即愈近真。"援庵先生批曰："近代史研究愈难，非杂采各国对远东之史料不能成中国史。宋、元等史亦然，宋之于辽、金，元之于波斯、土耳其、阿拉伯等。"②在梁氏所云"现存之实迹及口碑"下，援庵先生批曰："现存实迹及口碑，亦多不可靠。如一事发生，各报记载不一，一比勘便知。所贵乎史识、史裁者此也。别择史料真伪最难。如十七年十一月华威银行已倒闭，而十二月华威兑现之广告犹登。夏间已改北平，而各处之信纸信笺犹多用'北京'。"③针对梁著所言"举凡以文字形诸纪录者，盖无一而不可于此中得史料也"，援庵先生批曰："文学中所用词句，不尽足据。如短檠、箪食、临池等等，皆不过表意而已，未必真用短檠而不用电灯也。又如汗牛，极言其多，不能证明今日犹用牛车载书也。"④

笔者寡陋，对学术界关于援庵先生批注本成就的研究（除《日知录》外）所知甚少，故不避浅拙，作了以上简略的梳理和分析，请大家批评。

---

① 陈垣：《中国历史研究法批注》，见《陈垣全集》第22册，142页。
② 陈垣：《中国历史研究法批注》，见《陈垣全集》第22册，146页。
③ 陈垣：《中国历史研究法批注》，见《陈垣全集》第22册，147页。
④ 陈垣：《中国历史研究法批注》，见《陈垣全集》第22册，148页。

# 试论陈援庵先生的学术精神

牛润珍

[摘要]陈垣先生是一位具有时代典型与代表性的学者，我们不仅要继承他的史学遗产，还要继承他的精神遗产。其学术精神源自崖山忠烈故事及新会家乡文化传统，又经中华民族优秀传统文化、近代科学和马列主义理论之滋养，形成完美而成熟的援庵学术精神。援庵学术精神包括5个方面的内涵：第一，自由、平等与民主的近代精神；第二，实事求是的科学精神；第三，爱国主义与民族精神；第四，对中华传统文化的坚定自信与传统士人精神；第五，现实关怀的人文精神。援庵学术精神具有重要的当代价值，其一生追求，契合今天的社会主义核心价值观。他学养纯厚，善于在逆境中坚守中华民族传统文化，发掘传统文化的价值，并在继承中创新，为我们今天的"文化自信"树立了一个典型和榜样。我们应当学习陈垣先生自强不息的精神，发挥其学术精神的当代价值，践行社会主义核心价值观，坚定文化自信，复兴中华民族。

[关键词]陈垣；学术精神；当代价值

---

基金项目：本文为北京市社科基金一般项目"抗战时期留平史家群体研究"（批准号：146SB016）阶段性成果。

作者简介：牛润珍，北京师范大学历史学院、史学理论与史学史研究中心教授；中国人民大学历史学院教授。

陈垣（字援庵，以下称字）先生是一位具有时代典型与代表性的学者，学术界对其学术成果亦暨史学遗产多有总结，而对其学术精神亦暨精神遗产注意不够。发掘其学术成果背后之精神，考察其学术精神之渊源、形成、内涵及其当代价值，不仅对于"援庵学"研究至为关键，同时对于当代学术研究与文化建设也有重大意义。本文尝试就此作一系统论述与探讨，以期抛砖引玉之效。

## 一、思想进路

崖山在援庵幼时心灵内埋下了爱国主义的种子，新会乡土文化与中国传统文化的沃土为这粒种子提供了无限的生机，经中学西学、马列主义、毛泽东思想等优秀学说、思想、理论的滋养，终于成长为理论常青、精神苍劲之参天大树。1950 年援庵先生 70 岁，曾总结自己学术思想之进路。曰："九一八之前，为同学讲嘉定钱氏之学；九一八以后，世变日亟，乃改顾氏《日知录》，注意事功，以为经世之学在是矣。北京沦陷后，北方士气萎靡，乃讲全谢山之学以振之。谢山排斥降人，激发故国思想。所有《辑覆》《佛考》《诤记》《道考》《表微》等，皆此时作品，以为报国之道止此矣。所著已刊者数十万言，言道、言僧、言史、言考据，皆托词，其实斥汉奸、斥日寇、责当政耳。解放以后，得学毛泽东思想，始幡然误前者之非，一切须从头学起。年力就衰，时感不及，为可恨耳。"①九一八事变之前，援庵之学求实求精，为实事求是之学；九一八事变之后，援庵之学重精神重实用，为抗敌爱国之学；1947 年、1948 年陷入迷惘、徘徊；1949年以后，其学术求新，得学毛泽东思想，以马克思主义史学为归宿。"他自述治学进程是'钱、顾、全、毛'，表明他由钱大昕的考据之学，经由顾炎武的经世致用和全祖望的故国文献之学，终于找到了毛泽东思想。他去

---

① 刘乃和等：《纪念陈垣校长诞辰一百周年》，引援庵先生致信启骃函，见《陈垣校长诞生百年纪念文集》，北京，北京师范大学，1980。

世后，邵循正先生挽词，说：'稽古到高年，终随革命崇今用；校雠捐故技，不为钱嘉作殿军。'这都描画出当年援庵先生不断要求进步的心情。尽管因年事已高，不能再像过去那样进行大量的研究工作，但在思想上这种深刻的变化，已为后来的学者指出史学工作必须遵循的更广阔的道路。"①治学进程的变化取决于思想意识对选题方向的把控，选题方向往往由时代命题决定，时代命题决定研究选题，研究选题随时代命题变化而变化，所以援庵先生的学术道路才有"钱、顾、全、毛"之进程。然这一进程是反映了援庵先生自 1928—1959 年②的学术思想变化，而不是其全部的学术人生历程。援老长孙陈智超也曾总结其祖父思想变化，说："援老在他漫长的九十二年的生涯中，思想上经历了三次大的飞跃：第一次是在本世纪（20世纪）初，他从一个追求功名、参加科举的青年到投身于反帝反封建的民主革命；第二次是在抗日战争期间，他的爱国主义思想升华到了一个新的高度；第三次是在解放以后，他由一个爱国主义者逐步转变为一个共产主义者。"③从援庵先生的思想历程上讲，他由科考转向反清，是其反封思想的实践与行动，为其思想进步的第一阶段。清朝灭亡后，他的思想又趋向自由、平等与民主。北洋政府尔虞我诈的政治破灭了他的理想，于是弃政求学。他的学术研究并非纯学术，也没有远离政治。即使撰作《二十史朔闰表》《中西回史日历》这样的年代学专著，亦隐含有其政治用意。这两部撰成于 1925 年，正值北洋政府腐朽统治，他将这两部年代历表的下限断在 1940 年，曾预料民国气数不会超过 100 年。从 1917 年到 1931 年，援庵先生撰"古教四考"、《元西域人华化考》《史讳举例》《校勘学释例》等论著，处处彰显的都是自由、民主与科学的精神，著述求严谨、缜密，实事求是，由宗教史研究论述信仰自由、宗教平等的道理，由年代学、史讳学、校勘学的研究求科学，以学术、科学救国、兴国，这一时期应该是他的学

---

① 白寿彝：《要继承这份遗产——纪念陈援庵先生诞生一百周年》，见陈智超编：《励耘书屋问学记：史学家陈垣的治学》，6 页，北京，生活·读书·新知三联书店，1982。

② 1959 年援庵先生加入中国共产党，此可视为其完成思想转变的标志。

③ 陈智超编注：《陈垣来往书信集·前言》，上海，上海古籍出版社，1990。

术思想与精神不断进步、升华的第二阶段。1931年九一八事变以后，至1946年《通鉴胡注表微》成书，是援庵先生学术思想发展的第三阶段。中华民族濒临于亡国灭种的境地，抗战救亡、保国保种成为当务之急。援庵先生身处沦陷区，切身感受到亡国奴的悲惨，于是转变学术方向，紧扣时代主题，开辟抗战史学，经过艰苦环境的磨砺，其爱国主义思想得到进一步升华，表现为新民族主义思想与精神。① 这一时期，援庵先生的学术思想日臻完善、成熟，也最能见其精神的重要时期，这为其以后接受马克思主义奠定了基础与前提。1947—1948年抗战救亡的任务结束了，然国民党的统治把社会引向了一个乱世，饥饿、内战又将国民推入水深火热之中。援庵先生目睹现实，内心充满对国民政府的失望和沮丧，但又找不到解决现实问题的思路，学术研究选题方向似有迷失，因此在研究领域未能开辟"新战线"，这两年应该说是他学术研究的低谷。1949年初，北平解放，历史时代的新旧转变激发了其学术思想革故鼎新，新时代新气象使他重新燃起了对美好社会主义社会的向往，阅读《毛泽东选集》《社会发展史》《家庭、私有制和国家的起源》《国家与革命》《西行漫记》等新书，参加西南地区土地改革，深入贫困地区，了解社会底层民众生活。马克思主义理论学习和社会实践活动改变了他的人生观、历史观，"思想剧变"。其人生、学术、思想、精神又得到进一步升华：首先是重新确立了人生目标，追随中国共产党，并于1959年加入中国共产党，成为中国共产党党员，如此大的变化，表明援庵先生一生追求进步并以人生实践践行其不断升华的人生观。②

---

① 参见拙稿《从新史学到新民族主义史学——略论宋学影响下的民国史学主流》，载《史学史研究》，2013(2)。

② 参见刘贤：《学术与信仰——宗教史学家陈垣研究》第一章第一节之考证，20~24页，北京，中国社会科学出版社，2013。1971年6月21日援庵先生逝世。"家属遵照遗嘱，将积存稿费四万元全部交作党费，珍藏的四万余册图书及千余件文物，全部捐献给国家。"（见《陈垣全集》第23册附陈垣简谱，941页，合肥，安徽大学出版社，2009)据邱瑞中主编：《刘乃和百年诞辰纪念专辑》下册(559页，桂林，广西师范大学出版社，2018)，援庵先生藏字画、文物1153件，现由首都博物馆收藏，图书捐藏中国国家图书馆。《励耘书屋丛刻》木板766块，原藏中国国家图书馆，1980年重新刷印200部，转藏北京师范大学。援庵先生勤劳一生，尽报社会。

再者，其历史观的变化也十分明显，具体表现为：能够自觉地运用社会发展规律考察历史；充分认识到人民大众的历史作用；将"实事求是"升华为科学原则；提出学术研究要以人民需要为目标；用马克思主义观点评史论史，等等。[①]纵观援庵先生人生历程，其学术思想前后凡四变：早年由科考、学医转而参与民主革命，是为一变，时间约在 1897—1912 年；1913年任众议员议员，参政议政，至 1922 年辞去教育部次长职务，弃政从学，考证古教、元西域人"华化"，制历表，总结史讳学、校勘学，是为第二变；1931 年九一八事变以后，坚持抗战史学，撰"宗教三书"、《通鉴胡注表微》等，是为第三变；1949 年以后，接受马克思主义，其学术由新民族主义史学转变为马克思主义史学，是为第四变。前后四变，第一次转变为其学术思想形成的前提，第二次转变是其学术思想形成、发展的关键，他的学术思想通过第三次转变形成完善的体系和成熟的理论，思想升华幅度最大者为第四次转变。然而他年事已高，未能取得相应的重大成果。研究成果虽有限，但其一生追求进步的精神影响广大而深远，堪称新中国学术界一面旗帜。

## 二、援庵先生学术精神的内涵

援庵先生学术进路的变化总是由其思想为先导，一生所历四变都是在其思想理念的指导下完成的，而其思想的进步又导源于时代的变化。他一生经历晚清、北洋政府、国民政府、日伪统治、解放战争、新中国成立以后等不同历史时期，清朝专制激发了他的"反清"思想；北洋政府黑暗统治扼制了他的平等、自由与民主的主张，于是试图从宗教史中总结平等、自由的基本学理；宗教史研究引领他进入国际汉学界，国际汉学界对中国学界的藐视，刺激了他的自尊心，发誓要把世界汉学中心夺回北京，在学术

---

[①]　参见拙稿《陈垣由传统考据学到马克思主义史学的转变》，载《历史教学（高校版）》，2007(5)。

上追求"动国际而垂久远"的成果。① 1937 年七七事变爆发，民族危机日益严重，救亡保种成为中华民族首要任务，于是开辟抗战史学，坚守辅仁，培育人才，等待光复时机。北平解放之初，即转变立场，投身新中国建设。思想随时代而变，研究方向围绕时代命题适时调整，而其学术背后的民族与传统精神却能一以贯之。其学术精神、理念与思想内涵可归纳为以下 5 个方面。

第一，自由、平等与民主的近代精神。援庵先生少幼生活在广州，得"新学"风气之先，早受"自由、平等与民主"思想之熏染。清光绪二十七年（1901 年），他参加秀才考试，于府试策论中曾表露其自由与民主思想倾向，② 主考官、广州知府施典章在其试卷上批曰："直类孙汶（文）之徒。"③这表明援庵先生的自由、平等与民主思想在这一时期就已经形成了，并在旧式科考中有所发挥。由于他的新思想接近孙中山，时约在 1912 年加入中国同盟会，并担任广东支部评议员。1913 年初，先生当选为中华民国众议院议员，并迁居北京，在以后的政治、社会和学术活动中，先生也始终秉持着"自由、平等与民主"的思想精神。1913 年 4 月民国第一届国会召开，6 月袁世凯颁布《尊孔令》，8 月袁世凯总统府顾问、孔教会总干事陈焕章秉承袁世凯旨意，与严复、梁启超等联名上书参众两院，强定孔教为国教，并载入《宪法》。由此激起政界、学界论辩。援庵先生坚持信仰自由，反对强定一教为国教，遭到孔教徒的攻击。9 月 28 日袁世凯赴孔庙祭孔，晨 6 时半至孔庙，更衣跪拜，7 时余"礼毕回府"。④ 鲁迅这时供职教育部，奉示至孔庙参祭。他在《日记》中写道："晨七时往以视之，则至者近

---

① 伯希和曾称援庵先生是"中国近代之世界学者"（见陈智超编注：《陈垣来往书信集》载尹炎武 1933 年 4 月 27 日致陈援庵函）。1933 年 6 月 24 日援庵先生致函蔡尚思，劝他做"专精"学问，"方足动国际而垂久远"（《陈垣全集》第 23 册，175 页）。其实，这一建议也正是援庵先生践行的学术研究。

② 1901 年 8 月 29 日清廷发布上谕，自明年起，废除乡试、会试中八股程式一律改用策试。策试内容为中国政治史事论，各国政治艺学论。秀才考试亦即童子试，其程式多仿乡试。

③ 参见刘乃和等：《陈垣年谱配图长编》，27 页，沈阳，辽海出版社，2000。

④ 高彦、王琳琳等编著：《新编国子监志》，409 页，北京，中国社会科学出版社，2016。

三四十人，或跪或立，或旁立而笑。钱念敏又从前大声而骂，顷刻间便草率了事，真一笑话。"[1]1916 年由教育部总长代祭礼，教育部为祭孔主要机构。1921 年 12 月至 1922 年 5 月援庵先生出任教育部次长，主持政务，拒绝参加祭孔活动。信仰自由，各宗教一律平等，反对专制，倡导民主，一直是援庵先生从政、治学的一贯主张。其宗教史研究始终贯穿了"自由、平等与民主"思想，并以此思想论证"专制"之无道。他在《通鉴胡注表微·治术篇》中说："国法贵平等，任何人不应享有特权。"[2]"专制之极，使人不敢称其恶，今乃不许称人善，亦岂是非之公耶！"[3]又说："人非好为盗，亦不乐从盗，盗之起多由于不足与不平。"[4]"民有离心，虽用重典，无济于事。故重典非万不得已不可用，即用亦必以哀矜之道出之，可一不可再，安有屡用之而能止乱者乎！"[5]同书《民心篇》说："民心者人民心理之向背也。人民心理之向背，大抵以政治之善恶为依归。"[6]以学论道，展现民主、自由之大道，警告专制离散民心之无道。

第二，实事求是的科学精神。求实求真，实事求是，是援庵先生一生执著的科学精神。这种精神源自他早年的医学训练，习解剖学、细菌学等西医科学。他从光华医学院毕业后，留校讲授人体解剖学和细菌学课程，从外文课本中临摹教学挂图，还"常带着学生到广州郊外乱坟堆中捡拾零散骨骼，把它们洗净、拼排，以为课堂教具"[7]。由挂图与实物帮助学生掌握人体结构。医学让援庵先生领悟到自然科学之精神，孕育了其追求客观、精益求精的学术品格。

1917 年以后，援庵先生转入史学研究，阅读钱嘉诸老之著述，又融贯

---

① 《鲁迅全集·日记》第 1 卷，80 页，北京，人民文学出版社，2006。

② 《陈垣全集》第 21 册，194 页。

③ 《陈垣全集》第 21 册，208 页。

④ 《陈垣全集》第 21 册，209 页。

⑤ 《陈垣全集》第 21 册，213 页。

⑥ 《陈垣全集》第 21 册，321 页。

⑦ 刘乃和等：《陈垣年谱配图长编》，49 页。

清代朴学之方法与精神，学求质朴，识求贯通，为通儒之学。钱大昕曰：
"通儒之学必自实事求是始。"①顾炎武曰："史书之文中有误字，要当旁证
以求其是。"②其开创清代朴学以实事求是为基础，以经世致用为依归。然
在以后的朴学实践中多以实事求是为指针。钱大昕撰《廿二史考异》，"惟
有实事求是，护惜古人之苦心，可与海内共白。"③钱氏为学实事求是，乃
沿承清初诸大儒。王引之撰《钱大昕神道碑铭》，曰："国初诸儒……若昆
山顾氏、宣城梅氏、太原阎氏、婺源江氏、元和惠氏，其学皆实事求是，
先生生于后而集其成。"④实事求是又是钱嘉诸儒治学之科律。汪中"为考古
之学，惟实事求是"⑤。阮元曰："余之说经，推明古训，实事求是而已。"⑥
为学欲实事求是必通贯古今。王鸣盛云："学问之道，当观其会通。知今
不知古，俗儒之陋也；知古不知今，迂儒之癖也。心存稽古，用乃随时，
并行而不相悖，是谓通儒。"⑦通儒不仅通古今，还须通诸艺。钱大昕"于儒
者应有之艺无弗习，无弗精"⑧。阮元论钱大昕，曰："国初以来诸儒或言
道德，或言经术，或言史学，或言文学，或言天学，或言地理，或言文字
音韵，或言金石诗文，专精者固多，兼擅者尚少，惟嘉定钱辛楣先生能兼
其成。"⑨并曰钱大昕"深于道德性情之理，持论必执其中，实事必求其
是"⑩。援庵先生熟读清儒之书，精通清学，深谙其治学方法、学术理念与

---

① 钱大昕：《潜研堂文集》卷二十五《卢氏群书拾补序》，见《清代诗文集汇编》第 364 册，1134
页，上海，上海古籍出版社，2010。

② 顾炎武：《日知录》卷二十七《汉书注》，609 页，上海，上海古籍出版社，2014。

③ 钱大昕：《廿二史考异·序》，1 页，上海，上海古籍出版社，2004。

④ 王引之：《王文简公文集》卷四《詹事府少詹士钱先生神道碑铭》，见《续修四库全书》第 1490
册，398 页，上海，上海古籍出版社，2002。

⑤ 汪中：《述学》卷六《别录·与巡抚毕侍郎书》，123 页，沈阳，辽宁教育出版社，2000。

⑥ 阮元：《揅经室集·自序》，见《清代诗文集汇编》第 477 册，1 页。

⑦ 王鸣盛：《十七史商榷》卷八十二《唐以前音学诸书》，1181 页，上海，上海古籍出版社，
2013。

⑧ 段玉裁：《潜研堂文集·序》，见《清代诗文集汇编》第 364 册，1 页。

⑨ 阮元：《十驾斋养新录·序》，见《十驾斋养新录》，7 页，上海，上海书店，1983。

⑩ 阮元：《十驾斋养新录·序》，见《十驾斋养新录》，7 页。

精神，特别是对钱大昕的学术推崇有加，平生服膺钱氏之学，曾作《佛堂诗》，有"考据共推钱竹老"①。他读《廿二史考异》《十驾斋养新录》等，从中学会了钱大昕利用避讳知识考史的方法，并总结了这门学问，于 1928 年撰成《史讳举例》，纪念钱大昕诞辰 200 周年。其撰《元西域人华化考》，陈寅恪先生为之作序。曰："盖先生之精思博识，吾国学者，自钱晓征以来，未之有也。"②将援庵先生的著作与钱大昕作类比。援庵先生推崇钱大昕，但并不专习钱氏，而是博采清儒众长。他读清人的书，不仅读刊本，更重视清人的手稿。"陈先生搜集了很多清代学者的手稿，其中有王念孙的《广雅疏证》手稿。从这份手稿可以看出王念孙是如何搞学问的：他著《广雅疏证》第一次用的材料往往是对的，但是后来又发现了更新的材料，他并不是把第一次的划掉，而是将后来发现的新材料写在小纸条上贴在上面，再发现再贴，而用到书上去的，就是那最新、最可靠的材料……陈先生是非常钦佩王念孙这种做法的。由于陈先生版本目录学根柢好，可以用这方法，并且用的很好。"③他以目录为治学门径，重视最古的本子，撰文言必成理，事必有据，举证缜密，著述讲究体例，在整个研究与撰著的每个环节上，都要不折不扣地贯彻实事求是的原则。他说："欲实事求是，非考证不可。"④又说："苟欲实事求是，非有精密之中西长历为工具不可。"⑤其历史考证又参用医学方法。1936 年 6 月曾复函三子陈约之，谈及医学对其学术研究的影响。曰："余于医亦然。今不业医，然极得医学之益，非只身体少病而已，近二十年学问，皆用医学方法也。有人谓我懂科学方法，其实我何尝懂科学方法，不过用这些医学方法参用乾嘉诸儒考证方法而已。"⑥综合运用自然科学与人文科学的方法，解剖历史，追求客观真实。

---

① 《陈垣全集》第 22 册，561 页。

② 陈寅恪：《金明馆丛稿二编》，270 页，北京，生活·读书·新知三联书店，2001。

③ 柴德赓：《陈垣先生的学识》，见陈智超编：《励耘书屋问学记：史学家陈垣的治学》，37 页。

④ 《陈垣全集》第 21 册，95 页。

⑤ 陈垣：《中西回史日历·序》，北京，中华书局，1962。

⑥ 《陈垣全集》第 23 册，593～594 页。

援庵先生实事求是的科学精神不仅总括了清代学人求实的人文精神，还融贯了其早年医学训练所感悟的自然科学精神，也是一笔重要的文化遗产。

第三，爱国主义与民族精神。援庵先生一生致力于国家富强、民族独立，始终坚持爱国与民族精神。他早年办报，参与民主革命，通过反帝反封实际行动发扬其爱国精神。民国初期，国家贫弱，正值"中国被人最看不起之时，又值有人主张全盘西化之日"，援庵先生全力撰著《元西域人华化考》，激励国人对中华民族传统文化的自信。[①] 他时时呼吁国人当自强。1935 年华北危机，"北平的空气恶劣的很，'华北国'在酝酿之中，大家都烦闷而不安。"11 月 20 日援庵先生在北大红楼授课，"朝阳门外日本兵打靶的枪声'突突突突突'的直送入北大红楼课堂中来"，学生无心上课，请援庵先生对时局发表看法。"他沉沉的说道：'一个国家是从多方面发展起来的，一个国家的地位是从各方面的成就累积的。北平市商会主席到日本去观光，人家特别派了几位商业上的领袖人物来招待，倾谈之下，我们的商人什么都不明白，连谈话的资格都不够，像这样凭什么去和人竞争？凭什么能使人尊重？我们必须从各方面就着个人所干的，努力和人家比。我们的军人要比人家的军人好，我们的商人要比人家的商人好，我们的学生要比人家的学生好。我们是干史学的，就当处心积虑，在史学上压倒人家。'"[②]人人强国自强，人人努力国家才有强盛的综合国力，外人不敢觊觎，且唯有尊重。援庵先生深悟此理，刻苦、勤奋治学。特别是史在中国而学在海外、文在他邦的现象使他忍无可忍，总是利用学人集会、课堂讲学等各种场合，砥砺学人、同学下苦功研究中国传统历史文化，确立中国的世界汉学中心地位。他常对同学们讲："日本史学家寄来一部新著作来，无异一炮打在我的书桌上，激励着我一定要在历史研究上赶超他们。"[③]在

---

① 陈智超编注：《陈垣来往书信集》，818 页。
② 朱海涛：《北大与北大人——陈垣先生》，载《东方杂志》，第 40 卷，第 7 号，1944。
③ 参见柴德赓：《我的老师——陈垣先生》，见《史学丛考》，436 页，北京，中华书局，1982；刘乃和：《书屋而今号励耘》，见陈智超编：《励耘书屋问学记：史学家陈垣的治学》，152 页。

国家与民族贫弱的时候，援庵先生立足本职，以身作则，将其爱国与民族精神化作学术文化强国之行动。

1931 年九一八事变之后，日本逐步大规模全面侵华，亡国灭种的危险日益严重。这时的援庵先生已经是一位年过半百的老教授，自然无力杀虏疆场。但他早已意识到日本侵华不仅仅在军事，还有文化教育等方面，他们在占领区推行殖民奴化教育，企图通过消灭中国的历史文化而彻底灭亡中国。他在沦陷区主动自觉地开辟学术文化与教育救亡的战场，"提倡有意义的史学"即抗战史学，撰著"宗教三书"，崇尚民族气节、爱国主义精神，论证自古以来汉奸必遭历史唾弃的道理，警示士人与日伪划清界限。他与沈兼士、余嘉锡、高步瀛、英千里、张怀等，相互激励，坚守民族正气，为国育士，保留读书种子，传承中华民族传统文化，留住中华魂，坚信只要历史文化不亡，中国就不会亡。"辅仁师生还组织'炎武社'等秘密抗日团体。"[1]抗战后期，师生又成立了"华北文教协会"，在北平秘密传播世界反法西斯战争及中国抗战进展情况，被敌伪侦探发觉。日本宪兵包围辅仁大学，搜捕师生 30 余人。辅仁大学师生的抗战活动都受到了陈垣校长的支持。1944 年年初，是辅仁大学最艰难的时刻，重庆国民政府派"辅仁校友周国亭冒险突破敌伪防线，进入北平，曾去看望陈垣先生。周见先生处境困厄，考虑到其抗战教育工作已为敌伪所洞悉之后的危险，乃进言先生，可以南归后方，取道河南柘鹿线，愿伴送之。先生曰：'余如南归，辅仁大学数千青年，有何人代余教育之？沦陷区正气有何人能代余支持倡导？且余之图书又不能全部带去，只身南逃，尤属不宜'。"[2]沈兼士、柴德赓秘密南撤。柴德赓辞别援庵先生，临行前夜(1944 年 1 月 30 日，农历甲申正月初五夜)曾作诗文序曰："余立志南行，期在明日。援庵夫子早有同

---

① 刘贤：《学术与信仰——宗教史家陈垣研究》，145 页。

② 刘乃和等：《陈垣年谱配图长编》引 1946 年 12 月 22 日、23 日(开封)《正义报》载周国亭《北平沦陷期间探险记》，484～485 页。

行之约，部署已定，而教务长雷冕等涕泣相留，遂不果行。"①抗战时期，援庵先生在沦陷区坚守辅仁，聚集中华正气，培育抗战建国人才，保国保种，救亡图存，在全民抗战中发挥了特殊作用，成为沦陷区抗敌力量的基础。假设援庵先生逃离北平，撤向西南，意义并不大。援庵先生只有留在沦陷区，守住辅仁，不仅使抗战多一阵地，更重要的是在黑暗中保留了光明的火种，只待时机到来，必为复兴大放光明，历史也证明了这一点。抗战胜利后，大批辅仁毕业生奔赴解放区，以后又成为新中国建设的栋梁。

从清末民初到新中国成立之前，援庵先生目睹国家贫弱、列强欺凌、外族入侵，因而发愤努力拼争，以求民族独立与尊严，数十年的艰苦磨炼，使之爱国主义与民族精神坚定不移。新中国成立后，中国人民站起来了，援庵先生看到了民富国强的希望，于是积极投身新中国建设。

第四，对中华传统文化的坚定自信与传统士人精神。援庵先生由目录入手读书问学，熟悉典籍，博览群书，学养深厚而纯粹。其高深学养不仅源于读书，更源于其学术研究。早年的宗教史研究使他认识到外来宗教只有植根植于中国本土文化，方能有较强生命力。特别是通过对元代民族文化的研究，著成《元西域人华化考》，深刻体悟到中华传统文化的魅力与精神，认识到其陶冶人的心灵，重铸一个民族的精神与灵魂所具有的力量竟如此强大。这部名著不仅改变了学界对元代民族文化成就的看法，还使援庵先生找到了中华民族之所以生生不息的关键，这就是不同民族共同的文化认同。在文化认同的基础上，不同民族成员通过血亲关系构建起来的氏族，不仅是构成中华民族的因子，也是认识中华民族不断发展壮大之关键的关键。因而在《元西域人华化考》成书之后，援庵先生又开始思考氏族学研究，拟撰《汉以来新氏族略》，他认为"汉族"称谓"是绝大的错误。严格的说，只能说中华民族，因为我国没有纯粹的汉族，都是混合民族……单

---

① 刘乃和等：《陈垣年谱配图长编》，485 页。

从姓氏一方面考察，多半都是各族混合的"①。各个民族、氏族相混合融合的纽带即中华民族传统历史文化，这也是各民族、氏族共同的魂。抗战时期，保国保种，关键是保存中华民族文化。援庵先生在前期《华化考》、氏族学研究的基础上，拟撰《伟大之中华民族》，于 1941 年 12 月 8 日列出提纲 42 条，又于 1943 年 5 月 12 日拟出《北朝之华化运动》纲目 9 条，同年 7 月 8 日又有《鲜卑同(华、进)化(易俗)记》提纲 18 条。② 他试图以会通的眼光，系统考察中华民族的演变，论述传统文化在"以夏变夷"中的作用。援庵先生所论述的"以夏变夷"，实际上是以中华民族传统文化为本位的内外双向混合，"外来宗教文化可以融入中华文化，但是不能改变后者；中华文化海纳百川地容纳外来宗教、文化，本身得以丰富，但是本质不变……中华文化是海，海无所不容，故无所不化"③。关键与根本在于弘扬中华民族传统文化。

在数十年的读书与研究过程中，援庵先生本人也被中国传统文化所陶化，养成了对中国传统文化的坚定自信。启功曰之为"对中华民族历史文化的一片丹诚"④。正是由于坚定的自信才有"一片丹诚"。对中华传统文化的坚定自信与"一片丹诚"，造就了援庵先生强大的爱国与民族之心，他学养高深，立场坚定、沉毅，重学术，重气节，既谦虚谨慎又傲骨凛然。1913 年《民谊杂志》第 5 号《耿庐漫笔》曾介绍援庵先生"勤攻经史，刻志苦励，为粤中有名之士……至其在党内，尤其一片挚诚，为同人所钦仰。然生有傲骨，魄力雄厚，是非辨之甚严，非一般所能企也"⑤。抗战时期，援庵先生撰《明季滇黔佛教考》，并赠书沈兼士。沈兼士题诗："吾党陈夫子，书城隐此身。不知老将至，希古意弥真。傲骨撑天地，奇文泣鬼神。一编

---

① 茜频：《学人访问记——历史学家陈垣》，载《世界日报》，1936-01-05。

② 《陈垣全集》第 22 册，122～128 页。

③ 刘贤：《学术与信仰——宗教史家陈垣研究》，138 页。

④ 启功：《夫子循循然善诱人——陈垣先生诞生百年纪念》，见陈智超编：《励耕书屋问学记：史学家陈垣的治学》，57 页。

⑤ 转引自刘乃和等：《陈垣年谱配图长编》，62 页。

庄诵罢，风雨感情亲。"①都论及援庵先生之"傲骨"，而援庵先生对此不以为然。他于1940年6月4日致函长子乐素，说："兼士先生阅《佛教考》赋诗相赠，有'傲骨撑天地，奇文泣鬼神'之句，不知何所见而云然也。"②凡是认识援庵先生的人，无论是前辈、同辈还是晚辈，皆云其谦虚。谦虚与傲骨原本是一对矛盾，却在援庵先生身上形成了一个完美的统一体。正而傲、傲而谦虚恰恰是中国传统士人精神的特征，援庵先生精神亦即传统士人精神。

第五，现实关怀的人文精神。清末民初宗教兴盛，外来宗教"本色化"，或曰"本土""华化"成为宗教学研究的热点。无论"本土化""本色化"还是"华化"，都涉及外来宗教文化与中华传统文化之关系，二者关系之处理有赖于宗教史的研究，即从宗教传播史中总结中外文化交流之成败得失，找出外来宗教"本色化"的路径。在这样的背景下，援庵先生发愿撰《中国基督教史》。自1915年之后，他下功夫调查、阅读文津阁四库全书。《四库》摒斥基督教史籍，他由搜求明季基督教史籍，"更拟仿朱彝尊《经义考》、谢启昆《小学考》之例，为《乾隆基督教录》，以补《四库总目》之阙"③。然并未成功。又因缘于辅仁社课题，撰成《元也里可温教考》，由此开启了他的古教与元史研究，有"古教四考"和《华化考》等。他由宗教史研究得出外来宗教只有融入中国文化，才能"本色化"，并得以生存、传播。教史、元史牵涉中外史料及年代、历法，还有避讳、校勘等学问，于是又撰《二十史朔闰表》《中西回史日历》《史讳举例》《校勘学释例》等书，而这些又都是国际汉学的重要课题，也是学术研究需要解决的问题。这些问题的解决不仅有助于推动学术进步，还有益于改变中国学术研究落后不受外人尊重的现实。

---

① 刘乃和等：《陈垣年谱配图长编》，447页。

② 《陈垣全集》第23册，818页。

③ 陈垣：《万松野人言善录跋》，原载《青年进步》第24册（1919年6月）；又见《陈垣全集》第2册，404页。

七七事变后，北平沦陷，援庵先生十分烦闷、忧虑。1937 年 7 月 22 日接到三子陈约之自广州寄来的航空信，以为家人挂念北平，故由航空快递家书，打开一看，非为北平战事，而是请"家父"荐言去拜见伦明，于是指责儿子"自私自利至此，不觉为之叹息，为之失望"，"蝇蝇为利，小人也"。[①] 广州远隔数千里之外，信息不通畅，约之没有认识到北平紧张局势。生处乱世，援庵先生平时复函家人总是宽慰。他如此指责家人，很罕见，由此也能看出援庵先生在北平沦陷后内心的焦虑。面对亡国灭种的危险，他该怎么办呢？援庵先生只能从自己的本职专业做起，开辟抗战史学的道路，于是有"宗教三书"等著作，陈古证今，表达其爱中华、外夷狄、斥日寇、责降臣、表遗民之思想。他在抗战期间的所有著述与教学均紧扣救亡图存之时代命题。新中国成立后，他尝试用社会发展规律考察历史演变，然年事已高，力所未逮。援庵先生学术研究的选题取向总是随时代而变，即根据时代命题确定研究课题，为现实提供历史镜鉴，这正是他学术上现实关怀的精神，也是中国传统的人文精神。

## 三、援庵学术精神的当代价值

援庵先生离开我们已经近半个世纪，他的学术成果受到重视，并得到相应的总结和继承，而学界对其精神遗产的总结与继承还未受到足够的重视。研究援庵先生的学术精神，不仅要弄清楚其渊源与内涵，更重要的是还要发掘其当代价值。

党的十八大之后确立了社会主义核心价值观，并将之归纳为：富强、民主、文明、和谐、自由、平等、公正、法治、爱国、敬业、诚信、友善，12 词 24 字。这 24 字凝聚了中外优秀文明成果，如果将援庵先生一生事业与精神与这 24 字相对照，这也恰恰是他勤奋一生所追求的目标与宗

---

① 1937 年 7 月 22 日《家书》批复，见《陈垣全集》第 23 册，733、734 页。

旨，亦即他自己的人生观与价值观。为了实现他的人生目标与价值观，他始终如一，一生孜孜不倦，立足本职本专业，脚踏实地，全身心投入，笔耕不辍，从不空言，也绝无大话高论。总是从具体问题的研究做起，通过严密考证，辨明史实，由史实揭明一条道理，汇总在一起，又从各个方面释证自强、爱国、民主、自由、科学报国、学术文化与民族复兴等大道理。其整理古籍，考证古教，研究基督、佛、道、伊斯兰等宗教史，开拓元史研究，奠定近代意义的校勘学、史讳学、年代学等，为中国历史文献学学科建立基础；撰著《通鉴胡注表微》，通过自己一生的学术总结，将其抗战史学升华为爱国主义和新民族主义史学，都贯穿了他的人生观与价值观。亦即以其人生观、价值观为核心，根据时代需要，从学术、思想、文化与社会现实中选取问题，通过考据与专业研究，解答、解释或解决问题，揭明事理，启示人们去思考、体悟事理背后的大道理。他以问题为导向，进行问题研究，而问题的选取多在宗教史、元史和历史文献学范围内。研究领域明确，问题的选取与研究亦易具体。问题具体，在史料搜集上才有可能做到"竭泽而渔"，他在"竭泽而渔"搜集材料时，又发现了"泽"与外部水源之间的相互关系，牵连钩考，因缘而知之。① 若遇外文资料，自修外语识读，又请教伯希和、鲍润生、陈寅恪等专家。在解决某一研究问题的同时，又发现并思考另外一个研究问题。因此他的问题研究总是一个接一个，一环扣一环。当我们阅读援庵先生某一部著作时，印象最深刻的是他善于做专而深的研究。如果把他某一时期的著述全部阅读，综合观察其学术研究，可以发现其撰述背后均有深意，而且围绕着一个大道理从各方面去考证、研究。如抗战时期他撰著的"宗教三书"，《明季滇黔佛教考》旨在表彰明末遗民之民族气节；《南宋初河北新道教考》著述义旨虽与《佛教考》同，然全真末流腐化，与新朝同流合污，深遭援庵先生之厌恶；

① 参见刘家和：《培基固本，精益求精——学习陈援庵先生史学遗产的点滴体会》，载《史学史研究》，2018(1)。

《清初僧诤记》揭示僧人攀附新朝作恶，借佛门败类痛斥日伪汉奸欺压国民。"三书"都围绕着一个主题即爱国。

而且"三书"所论滇黔、河北与东南，甚与抗战时期地域政治态势相契合。"明季中原沦陷，滇黔犹保冠带之俗，避地者乐于去邠居歧。"①"滇黔实当日之畿辅，而神州正朔之所在也，故值艰危扰攘之际，以边徼一隅之地，犹略能萃集禹域文化之精英者。"②七七事变后，平津沦陷，国民政府、企业、学校和文化机构撤向西南大后方，大批学者也随学校机关迁往西南。"华北沦陷八载，人才消散，奎璧所聚，乃在西南。"③因此，西南研究也成为抗战时期一个学术热点，并形成显学"西南学"。④ 援庵先生身在北平，翘首西南。他说："时余方困故都，系念西南诸友，尝撰《明季滇黔佛教考》以寄意。"⑤因此他通过各种途径联系西南诸友，特意请陈寅恪先生为《佛教考》作序。寅恪先生在序中说："先生讲学著书于东北风尘之际，寅恪入城乞食于西南天地之间，南北相望，幸俱未树新义，以负如来。"⑥二人相互激励，共同守望中华民族历史传统，颇有闻鸡起舞、枕戈待旦之气概。援庵先生借着《佛教考》寄托爱国心志，不仅与大后方"西南学"研究互为声气，还使其在沦陷区开辟的抗战史学与大后方的民族史学连成一气。

平津沦陷，华北也随之陷落，一些亲日派及北洋余孽投靠日寇，当了汉奸。还有一些读书人困于生活所迫，落水到日伪机关学校做事。援庵先生有感于时事，撰《南宋初河北新道教考》，写金元事而冠名"南宋初"，"系于南宋初，何也？曰三教祖皆生于北宋，而创教于宋南渡后，义不仕

---

① 陈垣：《明季滇黔佛教考》卷目识语(1940 年 3 月)，见《明季滇黔佛教考》上，234 页，石家庄，河北教育出版社，2000。

② 陈寅恪：《陈垣明季滇黔佛教考序》，见《金明馆丛稿二编》，272 页。

③ 1945 年 12 月 1 日陈垣致方豪函，见《陈垣全集》第 23 册，95 页。

④ 参见王传：《民国时期广东学人与中国西南研究》，上海，上海古籍出版社，2018。

⑤ 刘贤：《学术与信仰——宗教史家陈垣研究》第 148 页引陈序、方豪编：《马相伯先生文集》，北京，上智编译馆，1947。

⑥ 陈寅恪：《陈垣明季滇黔佛教考序》，见《金明馆丛稿二编》，273 页。

金，系之以宋，从其志也。"①三教祖借传教保存历史文化，宋亡实不亡，"夷狄而中国则中国之"，日本虽占领华北，但并不能改变华北固属于中国的历史与事实。援庵先生身处沦陷区，切身感受到保河北保华北，首先要保存中国的传统历史文化，只要传统历史文化不亡，华北名亡而实不亡，必有光复之机，此书不啻在表彰宋末遗民读书不仕，更重要的是在于激扬沦陷区民族士气。他"常谆谆告诫同学：虽暂据沦陷区，切要抓紧时间读书，学科学技术，以积蓄精力，不读书则中国尽成无文化之人，这正是敌人所求之不得的"②。身处逆境，当读书"忍修"，不可事敌而失操守。

同样，援庵先生撰《清初僧诤记》，欲在揭露汉奸的奴性。他说："一九四一年，日军既占据平津，汉奸们得意洋洋，有结队渡海朝拜，归以为荣，夸耀于乡党邻里者。时余方阅诸家语录，有感而为是编。"③其实，北平汉奸与东南汪伪汉奸都有同样的本性，借日伪势力以逞私欲，戕害同胞国人。"宗教三书"所论，地域不同，所述内容各有重点，然都围绕着一个共同的爱国主义主旨进行研究，所考证的问题均牵涉抗战时期西南、华北、东南各地域现实，"三书"合观便能看出援庵先生对整个抗战形势的认识，以及他对战争发展趋势和未来的思考。具体问题研究皆维系于时代大问题的考虑，从历史中找出活的现实灵魂，此皆由其人生观、价值观使然。也正是由于他的人生观、价值观，使他在新中国成立后，年逾古稀，又以饱满热情投身国家建设。

援庵先生勤奋一生，刘家和先生将之归结为"自强不息"。他说："'自强不息'，是中国人精神文化的精华，这见于《周易·乾卦·象辞》：'天行健，君子以自强不息。'《老子》第33章：'知人者智，自知者明，胜人者有力，自胜者强。'又《老子》第71章：'知不知上，不知知病。夫唯病病，是以不病。圣人不病，以其病病，是以不病。'真自强者，必先自知。自知而

---

①　陈垣：《南宋初河北新道教考卷目跋》(1941年7月)，见《明季滇黔佛教考》上，568页。

②　刘乃和：《试论陈垣同志的史学研究》，见《纪念陈垣诞辰百周年史学论文集》，北京，北京师范大学出版社，1981。

③　陈垣：《清初僧诤记》1962年重印后记，见《明季滇黔佛教考》上，563页。

后始能自省，自省而后能自胜，自胜而后能自强……援庵先生身体力行的就是这样的学者精神。"①援庵先生一生从自我做起，自强不息，始终怀抱一颗赤诚爱国之心，通过学术研究，追求富强、民主、文明、自由、平等、公正、法治之国家与社会，而且以公正、文明求和谐，勤恳敬业，修身治学，教书育人，事事以诚信、友善立身。这既是传统士人的精神，又是他践行自己人生观、价值观的表现，很值得我们学习，我们应当像他那样践行社会主义核心价值观。

习近平总书记提出道路、理论、制度、文化"四个自信"，文化自信，是更基础、更广泛、更深厚的自信，文化自信是道路自信、理论自信和制度自信的内在要求和必然结果。陈援庵先生学术精神的当代价值还表现在为我们的"文化自信"树立了一个典型和榜样。我们的"文化自信"应当像他那样，无论国运逆顺，无论环境多么险恶，都要坚信中华民族数千年传统文化，从中寻求出路与精神。

援庵先生为什么能对中华民族传统文化坚定自信？首先是他深厚而纯粹的学养，这是他自信的基础。他自幼熟读《书目答问》《四库全书总目提要》，熟悉典籍，读书广博，经、史、子、集，中书西书，中学西学无不涉及。其治史学，且通经学、小学，通读十三经，精熟四书五经，背诵《左传》全书。②他平生推崇钱大昕的学问，曾撰《佛堂诗》云："考据共推钱竹老，法书独爱米南宫。"③其撰《史讳举例》，征引、检核钱氏之书，发现也有误。他说："以钱氏之精，尚有错简、脱落、谬误甚多，用其他人的引文，就更应亲自动手，勤查勤找了，这是省事不得的。"④于是时时警示自己，对学术始终抱有一颗敬畏之心，养成笃实、谦逊之学风。读书多而且笃实谦逊，学养纯粹，则能做到"文化自信"。能读书而不谦虚则易自

① 刘家和：《培基固本，精益求精——学习陈援庵先生史学遗产的点滴体会》，载《史学史研究》，2018(1)。

② 据刘乃和先生讲，援庵先生诵《左传》，能倒背如流，撰文引《左传》，不用查核原书。

③ 《陈垣全集》第 22 册，561 页。

④ 刘乃和：《书屋而今号励耘》，见陈智超编：《励耘书屋问学记：史学家陈垣的治学》，143 页。

狂，不读书而又不谦虚则狂妄无知。文化自信须有文化修养。其次是中华民族传统文化价值的发现与发掘。援庵先生通过自己的研究，发现中华传统文化具有很大的包容性和很强的吸收与凝聚力，以及自我更新的能力。这样的认识使援庵先生坚定了对中华民族传统文化的自信。最后，在继承与创新中坚定文化自信。这也是援庵学术突出的特点。他撰《通鉴胡注表微》，发掘传统的"春秋大义"，辨明是非，阐述爱国主义道理。《通鉴》晋永和二年，记会稽王昱与殷浩书曰："即时之废兴，则家国不异。"胡三省注曰："言国兴则家亦与之俱兴，国废则家亦与之俱废也。"援庵先生引《史记·仲尼弟子列传》进一步发挥说："夫子谓门弟子曰：'夫鲁坟墓所处，父母之国。国危如此，二三子何为莫出！'人与国同休戚，夫子之训也。"①阐明个人、家、国共兴亡、同休戚的道理。《通鉴胡注表微·生死篇》又说："父母不欲其子就死地，私情也；为国而至于死，公谊也。公谊所在，私情不得而挠之。"②同书《伦纪篇》曰："君臣、父子、朋友，均为伦纪之一。必不得已而去，于斯三者何先？为国，则不能顾及亲与友矣。"③在继承传统史学"褒贬"大义的基础上构建爱国主义史学理论，彰显出其文化自信。所以说援庵先生"文化自信"极具典型，可作当代样板。

党的十八大以后，中国社会的发展进入一个新时代，我们处在这样的新时代，应当学习陈援庵先生终生"自强不息"的精神，发挥其学术精神的当代价值，践行社会主义核心价值观，坚定文化自信，为中华民族伟大复兴作出新贡献。

---

① 《陈垣全集》第 21 册，62 页。

② 《陈垣全集》第 21 册，358 页。

③ 《陈垣全集》第 21 册，237 页。

# 规模与路径：
# 陈垣《中国史学名著评论》研读

邱居里

[**摘要**]"中国史学名著评论"，是 20 世纪 20 年代末至 40 年代后期陈援庵先生在北京多所高校开设的课程。这门课程在 1949 年以后演变为"历史要籍介绍"，成为大学历史系的必修课，却已无法恢复课程的原有规模与风貌。本文通过对援庵讲稿以及余氏与来新夏两部听讲笔记的比较研读，从史学名著的宏大规模、余氏抄本笔记的启示、课程创设的目录学路径、名著的著录和阐释四方面，探讨"名著评论"课程的内容、方法和特色，以传承援庵先生的史学遗产。

[**关键词**]陈垣；中国史学名著评论；援庵讲稿；余氏抄本笔记；来新夏笔记

20 世纪 20 年代末至 40 年代后期，陈援庵先生先后在燕京大学、北平师范大学、辅仁大学、北京大学开设"中国史学名著评论"课程①。相关的

---

作者简介：邱居里，北京师范大学历史学院副教授。

① 援庵先生 1935 年在北平师范大学历史系讲授此课，课名为"中国史书批评"。见邱瑞中编：《刘乃和百年诞辰纪念专辑》上册，171 页，桂林，广西师范大学出版社，2018。又，陈智超在《百世师表》中谓："援庵先生 1936 年在辅仁大学女院讲授本课时曾改名'史籍解题'。"见陈垣著、陈智超编：《中国史学名著评论》，158 页，北京，商务印书馆，2014。

课程资料，由先生哲孙智超先生编辑成《中国史学名著评论》一书，于2014年由商务印书馆出版，内容包括援庵先生20世纪30年代及1946年年初的课程说明两份，20年代末编写的讲稿，1943—1944学年在辅仁大学讲授该课的教学日记及札记，以及同年来新夏先生的听讲笔记。而援庵先生的讲稿，无疑是了解这门课程最重要的文献。

1929—1930学年，援庵先生在燕京大学和北平师范大学两校分别讲授"中国史学名著评论"，选修课程的学生有燕大历史系冯家昇、朱士嘉、邓嗣禹、赵丰田等13人，北师大史学系柴德赓、王兰荫、雷震、李焕绂等，讲稿即是援庵先生当时为课程编写的教材。[①] 在《中国史学名著评论》中，这份讲稿由两部分组成：其一，援庵先生手书原稿，写在燕京大学的"点名成绩记录簿"上，共两本，毛笔竖行，也有少量钢笔笔迹，随着课程的进展，还有一些补充的讲稿，写在单页上；[②] 其二，智超先生整理稿，基本依据援庵手稿和补充单页，也有整理者自己的补充和调整。[③] 二者同刊，方便读者对照研读，这是智超先生的卓识。

## 一、史学名著的宏大规模

研读援庵先生讲稿，首先令人惊叹的是其囊括史学名著的数量。讲稿共选录中国历代史学名著249种，包括史部书籍188种，经部书籍4种，子部书籍57种。入选的名著虽以史部典籍为主，却不局限于史部，而是兼及经、子两部中与史学密切相关的著述，[④] 堪称收罗广泛，规模宏大，

---

① 讲稿封面背后，有援庵手书批语，记录1930年6月25日师大史学系此课学生考试情况，说明讲稿最迟编写于1929年秋季课程开始之前。参见援庵手稿《图版》，见陈垣著、陈智超编：《中国史学名著评论》，174页。

② 援庵手稿《图版》，见陈垣著、陈智超编：《中国史学名著评论》，173～233页。补充的单页则无图版。

③ 陈垣：《中国史学名著评论讲稿》，见陈垣著、陈智超编：《中国史学名著评论》，2～57页。

④ 援庵讲稿未涉及集部典籍。陆贽《陆宣公奏议》虽旧题《翰苑集》，《四库全书》收入集部别集类，但《书目答问》已改隶史部诏令奏议类，援庵讲稿亦入诏令奏议类。参见援庵手稿《图版》及《中国史学名著评论讲稿》，见陈垣著、陈智超编：《中国史学名著评论》，200、30页。

充分展现了援庵先生史学视野的广阔。

既然 249 种典籍统属史学名著，所以，讲稿不宜再作史、经、子部的区分，需要打破四部界限，将全部典籍分类归属。原史部书分隶正史等 12 类，原子部书分隶儒家等 5 类，经部仅选录 4 类书各 1 种，故手稿未加分类，整理稿附在史评类之后(详见表1)。① 不过，在援庵手稿中，正史、编年、纪事本末、政书、史评等 5 类未标注类名，说明在备课伊始，分类讲述的思想尚不够明晰，只是根据《四库提要》等目录书逐一择取名著，还有待进一步的融会贯通。但在别史之后，手稿基本都加注了类名。而且在课程中，援庵先生也是明确地分类讲授，余氏抄本笔记与来新夏笔记均可证明。所以，整理稿对缺失的 5 个类名根据《四库提要》作了统一增补，是符合援庵先生本意的。

表 1　援庵讲稿选录史学名著分类表②

| 史部 188 种 | | | | | 经部 4 种 | | 子部 57 种 | |
|---|---|---|---|---|---|---|---|---|
| 正史 | 24 | 传记 | 14 | | 书 | 1 | 儒家 | 7 |
| 编年 | 8 | 史钞 | 7 | | 礼 | 1 | 医家 | 1 |
| 纪事本末 | 10 | 诏令奏议 | 15 | | 春秋 | 1 | 天文算法 | 1 |
| 政书 | 17 | 地理 | 35 | | 四书 | 1 | 艺术 | 3 |
| 别史 | 7 | 目录 | 19 | | | | 杂家 | 45 |
| 载记 | 13 | 史评 | 19 | | | | | |

还应说明，这份名著分类表在历年讲授时仍有所增删。据余氏抄本笔记，援庵先生在该学年课程中，即增补史学名著《新旧唐书合钞》《朝鲜实

---

① 援庵手稿史部书与经部书之间，留有多行空白，整理稿将经部 4 种书直截连接于史部史评类之后，似欠妥当。参见援庵手稿《图版》及《中国史学名著评论讲稿》，见陈垣著、陈智超编：《中国史学名著评论》，213、42～43 页。

② 以整理稿与手稿相校，前者多出《明会要》《日下旧闻考》2 种，可能是整理者据单页的补充讲稿增补；而阙略《资治通鉴补》《东观汉纪》《吴越春秋》《越绝书》《华阳国志》《续碑传集》《宋元学案》《明儒学案》《南北史捃华》《包孝肃奏议》《皇朝经世文编》等 11 种。分类表系综合手稿和整理稿二者进行统计。

录》等 33 种。① 1943—1944 学年，援庵先生在辅仁大学历史学系课程中，亦增补名著 2 种，即编年类的王益之《西汉年纪》、政书类的李心传《建炎以来朝野杂记》。② 这样，史学名著的数量已增至 284 种。可知，讲稿所列名著并非固定不变，而是根据课程情况随时进行调整。

值得注意的是，援庵先生非常重视史书之间的相互联系，在讲述史学名著的同时，还经常连带说明后世与之相关的参考要籍。这方面的介绍以正史为主，在二十四史中，除南北八书外的 15 部正史，讲稿即列举了相关要籍 62 种。③ 如《三国志》，有"宋萧常、元郝经《续后汉书》"及钱大昭《续汉书辨疑》等 3 书。④《元史》更列举《元史备忘录》至《新元史》等相关史籍 14 种之多。⑤ 正史外的名著，亦附讲相关书籍 13 种。如汪琬《东都事略跋》，附讲于《东都事略》之后；⑥ 杨守敬《水经注删要》，附讲于《水经注》之后。⑦ 这些参考文献，有的本身也是援庵先生选录的史学名著。如附讲于《建炎以来系年要录》的李心传《建炎以来朝野杂记》，是政书类补充的史学名著；⑧ 附讲于《辽史》的郑麟趾《高丽史》，是载记类收录的史学名著等。⑨ 这些名著都由于作者或内容的关联，而作为参考文献附讲于相关名著之后，说明援庵先生十分重视史籍之间有机联系。不过，更大量的是没有列入名著的史籍，尤其是清朝或近代的史书，由于记载的内容相关而附录于名著之后。因此，援庵讲稿实际涉及的史著，应在 340 种以上。

---

① 详见下文"二、余氏抄本笔记的启示"。

② 《来新夏听讲笔记》，见陈垣著、陈智超编：《中国史学名著评论》，144、147 页。

③ 这里所举参考要籍，不包含史书的注释之作。

④ 萧常、郝经两部《续后汉书》，是将蜀汉视为东汉之续朝，实为三国史。手稿此条眉批原在《三国志》之上，整理稿移置《后汉书》下，实误。参见援庵手稿《图版》及《中国史学名著评论讲稿》，见陈垣著、陈智超编：《中国史学名著评论》，175、3 页。

⑤ 参见援庵手稿《图版》及《中国史学名著评论讲稿》，见陈垣著、陈智超编：《中国史学名著评论》，187～188、15～16 页。

⑥ 陈垣：《中国史学名著评论讲稿》，见陈垣著、陈智超编：《中国史学名著评论》，25 页。

⑦ 陈垣：《中国史学名著评论讲稿》，见陈垣著、陈智超编：《中国史学名著评论》，33 页。

⑧ 《来新夏听讲笔记》，见陈垣著、陈智超编：《中国史学名著评论》，147 页。

⑨ 陈垣：《中国史学名著评论讲稿》，见陈垣著、陈智超编：《中国史学名著评论》，27 页。

透过涵盖广泛、种类繁多的史学名著，我们可以知晓，援庵先生"中国史学名著评论"课程设置的初衷，并不仅仅是介绍一些经典的史著，而是引导学生对中国历代史籍进行一次全面的探索：史书如何起源、发展和演变，史著有哪些类型，各类史书的体裁如何，史料来源如何，其内容和用途何在，哪些是史学的名著，以及史部以外典籍中具有史学价值的著述，等等，意在完整把握中国历史著作之全貌，并在此基础上深入领会史学名著的意涵。

## 二、余氏抄本笔记的启示

研读援庵讲稿，不可避免会产生疑问：这份涵盖 21 类、多达 249 种名著的讲稿，显然不是一学年课程所能完成的内容。即如 1935 学年度，援庵先生在北平师范大学讲授"中国史书批评"课程，所讲只是《史记》至《元史》的正史 23 种。[①] 又如 1943—1944 学年度辅仁大学的"中国史学名著评论"课程，始于《史记》止于《建炎以来朝野杂记》，讲授 4 类名著 32 种：其中正史类 24 种、编年类 6 种，至于纪事本末类选讲的杨仲良《续资治通鉴长编纪事本末》，是因内容相关而附讲于李焘《续资治通鉴长编》；会要类增补的李心传《建炎以来朝野杂记》，则是因作者相同而附讲于《建炎以来系年要录》：所以该学年课程，实际上仅仍主要涵盖正史和编年两类。[②] 那么，援庵先生是如何教授这门类别众多、名著丰富的课程，来实现课程规划的最初设想？对于这个问题，一部新发现的听讲笔记抄本提供了重要启示。

---

① 援庵师大授课笔记由刘乃和先生收藏，封面题"史学名著评论上"，"一九三五年度在师范大学历史系讲，某同学纪录笔记"，经过整理誊录。该学年授课内容，据笔记次页之目录。笔记前四史部分影印图版，见《刘乃和百年诞辰纪念专辑》上册，169～186 页。

② 《来新夏听讲笔记》，见陈垣著、陈智超编：《中国史学名著评论》，63～148 页。

2015 年，柴念东先生在柴德赓旧藏线装古籍中发现抄本一册，[①] 封面题签"中国史学名著评论""陈援庵先生讲述"，是启功先生的手泽，内容是"名著评论"课程听讲笔记的抄录稿，全文近 5 万字。这份笔记是援庵先生何时在何校授课的记录，抄本未加说明。曹永年、柴念东二先生根据笔记中的线索考证，授课时间当在 1933—1936 年之间。[②] 今据笔记云："《（永乐）大典》本尚存傅增湘氏……李宗侗氏……合之而成八本之完璧《水经注》也。待将来涵芬楼影印后，当能解决此谜也。"[③] 涵芬楼《续古逸丛书》影印本《水经注》出版于 1935 年，可补充证明授课时间在 35 年之前。笔记的听课记录者不知姓名、年级、学校、身份，由抄本目录的阙略淆乱，以及笔记中的颇多讹误，可以推测这位记录者当年的水平有限。不过，抄本的主人却是可以确知的。因为抄本使用的是余嘉锡先生书斋的特制线装本，每页的边框左下均印有"武陵余氏读已见书斋抄本"的蓝色隶书。余嘉锡先生是援庵先生辅仁大学的同事与好友，其子余逊 1926 年考入北京大学历史系，曾修习援庵先生课程，1930 年毕业，留校任教。抗日战争期间，转任教辅仁大学，与柴德赓、启功、周祖谟并称"陈门四翰林"。抄本应是余逊先生借他人听课笔记，请人抄录成册。余氏抄本笔记后转赠柴德赓先生，由柴先生长期收藏使用，故抄本第 5 页右下角钤有"青峰藏书"朱文印。抄本内有朱笔和墨笔两色校勘，厘定目录，调整错简，校订文字讹误，并在页眉记录了校勘者的若干心得。[④]

认真研读余氏抄本笔记，可体会援庵先生此学年课程的 3 个特点：

① 柴德赓旧藏线装古籍，由南京大学周国伟老师的亲属捐赠，今藏苏州大学博物馆。

② 详见曹永年、柴念东：《柴青峰藏陈援庵〈中国史学名著评论〉讲授记录稿跋》，见柴念东编：《青峰学志——柴德赓先生 110 周年诞辰纪念文集》，32 页，北京，商务印书馆，2019。

③ 《陈援庵先生讲授中国史学名著评论》，影印武陵余氏读已见书斋抄本，178 页。

④ 曹永年、柴念东：《柴青峰藏陈援庵〈中国史学名著评论〉讲授记录稿跋》，见柴念东编：《青峰学志——柴德赓先生 110 周年诞辰纪念文集》，31~47 页。

## （一）讲授的名著与其他笔记几乎完全不同（详见表 2）

表 2　援庵讲稿与各笔记史学名著对比表

| 援庵讲稿<br>21 类 249 种 | 余氏抄本笔记<br>11 类 133 种附 11 种 | 师大学生笔记<br>1 类 23 种 | 来新夏笔记<br>4 类 32 种 |
|---|---|---|---|
| 正史 24 种 | 正史类 1 种 | 正史 23 种 | 正史 24 种 |
| 编年 8 种 | 编年类 4 种附 8 种 | | 编年 6 种 |
| 纪事本末 10 种 | 纪事本末类 10 种 | | 纪事本末 1 种 |
| 政书 17 种 | 类书类 17 种附 2 种 | | 会要 1 种 |
| 别史 7 种 | 别史类 7 种 | | |
| 载记 13 种 | 载记类 12 种 | | |
| 传记 14 种 | 传记类 35 种 | | |
| 史钞 7 种 | 史钞类 6 种 | | |
| 诏令奏议 15 种 | 诏令奏议类 13 种 | | |
| 地理 35 种 | 地理类 23 种附 1 种 | | |
| 目录 19 种 | 目录类 5 种 | | |
| 史评 19 种 | | | |
| 经书 4 类 4 种 | | | |
| 儒家 7 种 | | | |
| 医家 1 种 | | | |
| 天文算法 1 种 | | | |
| 艺术 3 种 | | | |
| 杂家 45 种 | | | |

援庵先生授课，素有同一门课程在不同学年讲授不同内容的传统。如"史源学实习"，援庵就曾分别以赵翼《廿二史札记》、顾炎武《日知录》和全祖望《鲒埼亭集》3 书作为教材，在不同的学年讲述不一样的内容。由对比表可知，援庵"中国史学名著评论"课程也同样如此。师大学生笔记只讲正史，来新夏笔记也是以正史、编年为主，兼及纪事本末、政书的个别名

著，而余氏抄本笔记正史类仅有《史记》1 书，编年类也只选讲《资治通鉴》等 4 种，显然有意回避以往课程主要内容的正史及编年，从而腾出时间广泛涉猎纪事本末、政书、别史、载记、传记、史钞、诏令奏议、地理、目录等其他类名著，凡 11 类 133 种，并附带介绍 11 书，涵盖种类之广，名著之众，为其他笔记所未有。这样，如果合余氏抄本及来新夏两部笔记，两个学年援庵先生就讲述了自正史至目录(前半部分)160 余种名著。当然，3 本笔记所涉及的名著，还只限于原史部的 11 类著述，讲稿所余史部目录(后半部分)、史评及经部、子部的近 100 种名著，援庵先生是否会在其他学年讲授，限于资料，目前无法知晓。不过借由余氏抄本笔记可知，讲稿收录的 21 类 249 种名著，确确实实是援庵先生为"名著评论"课程准备的教材，从而引导学生广泛全面地掌握中国史学之全貌。

(二)名著的增省调整更为灵活

一方面，部分讲稿已列入的名著，余氏抄本笔记未见讲述。如正史类《史记》以外的二十三史，编年类《汉纪》《后汉纪》《通鉴纲目》，纪事本末类《绎史》，别史类《东观汉纪》，载记类《吴越春秋》《越绝书》《华阳国志》，史钞类《十七史详节》《史纂左编》《史书纂略》《史纬》《廿一史约编》，诏令奏议类《包孝肃奏议》《皇朝经世文编》，地理类《三辅黄图》《禁扁》《延祐四明志》《武功县志》《朝邑县志》《泉州府志》《日下旧闻》《日下旧闻考》《历代帝王宅京记》《历代河防统纂》《小方壶斋舆地丛钞》《诸蕃志》《岭外代答》等 51 种名著，均在课程中省略不讲，而以正史、地理类尤多。另一方面，部分讲稿未列的著作，在余氏抄本笔记中增补为名著，如纪事本末类《西夏纪事本末》《三藩纪事本末》、别史类《新旧唐书合钞》，载记类《南唐书补注》《朝鲜实录》，传记类《碑传集补》《文献征存录》《清史列传》《清儒学案》，史钞类《两汉博闻》《通鉴类纂》《南史识小录》《北史识小录》，地理类《嘉定赤城志》，目录类《旧唐书·经籍志》《新唐书·艺文志》等 16 种，皆是笔记新补入的名著。特别是在传记类新增加了年谱部分，综述北宋至清年谱的产生与发展，概要说明《杜工部年谱》等 13 种年谱，并重点讲说《昌黎先生年谱》《白香山年谱》《全唐诗人年表》《元遗山年谱》等 4 种模范年谱。这是讲稿中完全没有的新内容，也由此开启了柴德赓先生在《史籍举要》中讲授年谱的先河。

此外，余氏抄本笔记在讲解名著的同时，还往往附带介绍与之相关的著述。《资治通鉴》后，除必然附讲《通鉴考异》与《目录》外，还介绍了明严衍《资治通鉴补》；《续资治通鉴长编》后，介绍杨仲良《皇宋通鉴长编纪事本末》、清黄以周《续资治通鉴长编拾遗》；《建炎以来系年要录》后，介绍作者李心传的《建炎以来朝野杂记》《旧闻正误》和《道命录》等 3 书。其中《通鉴补》与《皇宋通鉴长编》是讲稿已经列入纪事本末类的名著，《旧闻正误》是史评类名著，援庵先生移至内容或作者相关的名著之后讲述。其他 3 种，则是原未列入讲稿的著作，援庵先生特别在相关名著中加以介绍。又如吴士鉴《晋书斠注》，讲稿原附在《晋书》中，因本学期未讲《晋书》，故移至《晋会要》后附讲。而王象之《明朝舆地碑记目》，则据讲稿附讲于《舆地纪胜》之中。尤其在讲《宋会要》时，专门介绍明官修《永乐大典》这部按韵编纂的大型类书，分析其由类书变为丛书的性质转化，并细致统计了清修《四库全书》，从《大典》中辑录的各部佚书的数量。由此可知，援庵先生授课时并非完全依遵讲稿，而是不断调整与完善，以适应课程的需要。

### (三)援庵学术特色在授课中更为突出

援庵先生先后研究过也里可温教、一赐乐业教、火祆教、摩尼教、基督教、天主教、道教、佛教等多种宗教，是首屈一指的宗教史专家，因而对记载宗教资料的史著非常注意。讲稿地理类，即选录了《佛国记》《大唐西域记》《往五天竺国传》等 11 种与宗教有关的地理书，[①] 余氏抄本笔记又增补《嘉定赤城志》，凡 12 种，已占地理类名著的三分之一。而援庵先生

---

① 陈垣：《中国史学名著讲稿》，见陈垣著、陈智超编：《中国史学名著评论》，32～36 页。

授课时，又特意略去《三辅黄图》《延祐四明志》《日下旧闻考》等 13 种地理类名著未讲，却集中介绍与宗教相关的著述，而且逐一点明这些文献在宗教史料方面的重要性：如《长安志》有景教寺院的记载，《嘉定赤城志》有摩尼教资料，《至顺镇江志》《西湖游览志》含基督教传入镇江的详细记载，以及天主教资料，《洛阳伽蓝记》《佛国记》《大唐西域记》、陈诚《使西域记》多佛教资料，《长春真人西游记》是道教祖师丘处机西行拜谒成吉思汗的记录，耶律楚材《西游记》则载佛道相争资料，刘郁《西使记》亦含宗教材料等。① 显然，有关宗教的记载，是援庵先生选择上述地理名著并重点讲授的主要原因。又如援庵先生指出：黄宗羲《明儒学案》"取材于私家文集与语录中"，"不重事迹，而只重其人之学术主张与其思想也"，"为中国学术思想之代表（作）"。"此书之作法，尽取法于佛教禅宗中之传灯录派，在文学中为创体，而在佛宗中为模仿也"。② 若非援庵是佛教典籍专家，是不可能如此明确地提出《学案》体裁源自佛典。这些都突出显示了援庵先生宗教史专家的学术特色。

## 三、课程创设的目录学路径

目录学是援庵先生入学的门径，也是从事学术研究的重要工具和手段。柴德赓先生明确指出：

> 目录学是搞学问的门径，是掌握书目、书的内容、版本以及相关书目的一门学问。……清代学者……搞目录学，讲书的源流和版本多，对书的内容及如何利用这本书就讲得很少，而且他们是专讲目录之学，并非把它作为基础来搞学问。陈先生搞目录学，就是把它作为

---

① 《陈援庵先生讲授中国史学名著评论》，187～199 页。
② 《陈援庵先生讲授中国史学名著评论》，135～138 页。

工具，作为手段，通过它掌握材料，做科学研究。[1]

"中国史学名著评论"作为一门专门评介史学文献的课程，目录之学更是援庵先生课程创设的必由路径，主要体现在以下 4 个方面。

### (一)名著采择依据重要的目录著作

史学名著的采择，绝大多数源自重要的目录著作。若对援庵讲稿选录与两部笔记增选的 284 种名著详加分析，可见以下 4 种来源。

1. 源自《四库全书总目提要》者 190 种，其中讲稿 184 种，笔记增补 6 种，占全部名著的三分之二，基本是清《四库全书》编纂之前的历代典籍，包括《史记》《资治通鉴》《宋史纪事本末》《文献通考》《元朝名臣事略》《唐大诏令集》《元和郡县志》《郡斋读书志》《史通通释》等各类史书 139 种，《尚书古文疏证》《春秋大事表》等经书 2 种，《盐铁论》《黄氏日钞》《容斋随笔》等子书 49 种。

2. 取自阮元《四库未收书提要》者 4 种，皆出于讲稿，即《皇朝(宋)通鉴长编纪事本末》及《舆地纪胜》《至顺镇江志》《长春真人西游记》等地理书。

3. 选自张之洞《书目答问》与范希曾《补正》者 50 种，其中讲稿 44 种，笔记增补 6 种，占全部名著的六分之一以上，以清人著作为主，达 41 种，如严衍《资治通鉴补》、邵远平《元史类编》、贺长龄《皇朝经世文编》、顾祖禹《读史方舆纪要》、阮元《畴人传》等。其中又以载记、传记、史评、杂家类居多，如传记有钱仪吉《碑传集》、缪荃孙《续碑传集》、钱林《文献征存录》、李元度《国朝先正事略》、李桓《国朝耆献类征初编》、全祖望《宋元学案》等，史评有章学诚《文史通义》与《校雠通义》、王鸣盛《十七史商榷》、钱大昕《廿二史考异》《三史拾遗》与《诸史拾遗》、赵翼《廿二史札记》等，杂

---

[1]　柴德赓：《陈垣先生的学识》，见陈智超编：《励耘书屋问学记：史学家陈垣的治学》，26 页，北京，生活·读书·新知三联书店，1982。

家有钱大昕《十驾斋养新录》与《余录》、孙志祖《读书脞录》与《续编》、赵翼《陔余丛考》、俞正燮《癸巳类稿》《癸巳存稿》等。也有民国出版的史著，如中华书局排印的《清史列传》。有些典籍虽为前代编著，如宋代编纂的《宋会要》，汉代官修的《东观汉纪》，但原书早已散佚，讲稿收录的是清人从《永乐大典》中辑录的辑佚本；又如《丹铅杂录》，虽是明杨慎所著，讲稿著录的也是清人新编的 10 卷本。

4. 其他来源者 40 种，其中讲稿 17 种，增补 23 种，约占全部名著的七分之一，亦以清代著述为多，如龙文彬《明会要》、钱谦益《皇明开国功臣事略》《国初群雄事略》、张之洞《书目答问》、毛奇龄《四书改错》及清代官修之《十朝圣训》等。也有民国史著，如清史稿馆新编修的《清史稿列传》、徐世昌幕府编纂尚未刊刻的《清儒列传》、汪兆镛《晋会要》。前代则多为佛教典籍，如梁僧祐《出三藏记集》、唐道宣《大唐内典录》、释圆照《贞元新定释教目录》等。此外还有北京图书馆藏朝鲜影印本《李朝实录》，燕京大学排印本闵尔昌《碑传集补》，而整个年谱部分，包括《昌黎先生年谱》等四种模范年谱，则是根据北平图书馆《读书月刊》第 3 卷 1～5 号梁廷灿《年谱考略》一文，[①] 很好地说明了援庵先生在选录史学名著时参考的广博。

可知，援庵先生对史学名著的择取，基本依据《四库提要》，至于清以后的典籍，则主要参考《书目答问》及《补正》，同时，也非常关注当时各图书馆、大学、出版机构的藏书、印书情况，以及期刊的相关论文。

## (二)名著分类对目录文献的参考与调整

史学名著的分类，援庵先生往往参考重要的目录文献，并根据名著的编纂体例及内容作出适宜调整。

首先，援庵讲稿的类目基本依据《四库提要》。若以两者相校，则在

---

① 《陈援庵先生述讲中国史学名著评论》，143 页。

《四库》史部 15 类书中，选录了 12 类，仅舍弃杂史、时令和职官 3 类；经部 10 类书中，选录了书、礼、春秋、四书 4 类；子部 14 类书中，选录了儒家、医家、天文算法、艺术，杂家等 5 类，而以杂家为主。讲稿的类名也全部依据《提要》，只有政书 1 类，类名较为含糊。手稿原未标示类名。[①]余氏抄本笔记亦未出现类名，仅在该类所讲的第一书《西汉会要》之上，有朱笔眉批"类书类（制度史）"，并不是援庵讲授时的原名。[②] 来新夏笔记的类目则是"会要"。[③] 但是援庵讲稿在该类第一部名著杜佑《通典》之下指出："《崇文总目》《书录解题》入类书，《通考》入故事，《宋志》入类事，《提要》特入政书。"[④]而余氏抄本笔记在《唐会要》下更详加说明："《崇文总目》《郡斋读书志》将《唐会要》入类书类，《书录解题》入类书之典故门，《通考》之《经籍考》入故事类，《宋志·艺文志》入类事类，《四库》入政书类。"援庵先生又追溯类书地位从帝政时代"甚要"到清朝"格低"的发展，进一步指出："《唐会要》虽为类书，但全为记载典章制度者，故逐渐高之，由类书而典故、故事、类事至政书类矣。"[⑤]可见援庵先生赞成《四库》的类名。因而，智超先生整理本补充类名为"政书"，符合援庵先生的原意。

其次，史学名著的分类，主要遵从《四库提要》与《书目答问》《补正》，约占全部名著的七分之六，但也有 37 种根据名著的具体情况作出调整，这又分两种情况：

1. 《四库提要》与《书目答问》类别矛盾，援庵根据名著情况，或从《四库》，或依《答问》。如李心传《建炎以来朝野杂记》，《答问》入史部杂史类，

---

① 援庵手稿《图版》，见陈垣著、陈智超编：《中国史学名著评论》，193 页。

② 《陈援庵先生述中国史学名著评论》，45 页。余氏抄本笔记这部分内容较为混乱，先讲《西汉会要》《东汉会要》，继述《通典》《通志》《文献通考》等九通，然后又接讲《唐会要》《五代会要》等书。是援庵授课原本如此，还是抄本笔记有错简，尚不清楚，也无法确知分类名是讲述时即阙如，还是因错简而佚失。

③ 《来新夏听讲笔记》，见陈垣著、陈智超编：《中国史学名著评论》，147 页。

④ 陈垣：《中国史学名著讲稿》，见陈垣著、陈智超编：《中国史学名著评论》，21 页。

⑤ 《陈援庵先生述中国史学名著评论》，58~59 页。

来新夏笔记从《四库》，入政书，且云："其书专记典章制度，分十三门，颇便当。"①黄宗羲《明儒学案》，《答问》入子部儒家类，手稿及余氏抄本笔记从《四库》，入传记。黄宗羲、全祖望《宋元学案》，《四库》未著录，《答问》入子部儒家类，手稿及余氏抄本笔记亦从《明儒学案》，入传记。② 沈名荪、朱昆田《南史识小录》《北史识小录》，《答问》入正史类，讲稿亦附录于正史类《南史》《北史》之后，余氏抄本笔记从《四库》，列为史钞类名著。③ 法显《佛国记》、玄奘《大唐西域记》，《答问》在子部释道家，讲稿及余氏抄本笔记从《四库》，入地理类。④ 郑麟趾《高丽史》，《四库》仅著录存目 2 卷，入史部载记类，《答问》载 140 卷，在史部地理类，讲稿及余氏抄本笔记虽著录全书，却仍归载记。⑤ 这是依从《四库》的例子。又如朱熹《通鉴纲目》，《四库》因"有御批，列史评类"，讲稿从《答问》，改属编年。⑥ 郑樵《通志》、清修《续通志》，"《四库》入别史"，讲稿及余氏抄本笔记据《答问》，改隶政书。⑦ 陆贽《陆宣公奏议》，虽旧题《翰苑集》，《提要》入集部别集类，但《答问》已改隶史部诏令奏议类，援庵讲稿及余氏抄本笔记亦从之。⑧ 这是依从《答问》的例子。

2. 更多的情况是，援庵先生根据名著的编纂体例及内容作出恰当的

---

① 《来新夏听讲笔记》，见陈垣著、陈智超编：《中国史学名著评论》，147 页。

② 援庵手稿《图版》，见陈垣著、陈智超编：《中国史学名著评论》，199 页；《陈援庵先生讲述中国史学名著评论》，135、137 页。

③ 陈垣：《中国史学名著评论讲稿》，见陈垣著、陈智超编：《中国史学名著评论》，11 页；《陈援庵先生讲述中国史学名著评论》，146 页。

④ 陈垣：《中国史学名著评论讲稿》，见陈垣著、陈智超编：《中国史学名著评论》，35 页；《陈援庵先生讲述中国史学名著评论》，190~192 页。

⑤ 陈垣：《中国史学名著评论讲稿》，见陈垣著、陈智超编：《中国史学名著评论》，27 页；《陈援庵先生讲述中国史学名著评论》，115 页。

⑥ 陈垣：《中国史学名著评论讲稿》，见陈垣著、陈智超编：《中国史学名著评论》，18 页。

⑦ 陈垣：《中国史学名著评论讲稿》，见陈垣著、陈智超编：《中国史学名著评论》，22、23 页；《陈援庵先生讲述中国史学名著评论》，49、56 页。

⑧ 陈垣：《中国史学名著评论讲稿》，见陈垣著、陈智超编：《中国史学名著评论》，30 页；《陈援庵先生讲述中国史学名著评论》，153 页。

调整。如沈炳震《新旧唐书合钞》，《答问》归正史类，讲稿亦附录于正史类《旧唐书》《新唐书》之后，余氏抄本笔记列为别史类名著。①《舆地碑记目》，《四库》入史部目录类，《答问》入史部金石类，余氏抄本笔记属地理，则是因为《碑目记》是从《纪胜》的碑记这一子目中辑录而出，故附讲于《舆地纪胜》之后。② 耶律楚材《西游录》，《书目答问补正》在史部杂史类，刘郁《西使记》，《四库》入史部传记类，《补正》亦在史部杂史类，讲稿及余氏抄本笔记皆改属地理。③ 倪思《班马异同》、刘辰翁《班马异同评》、许相卿《史汉方驾》、吴缜《新唐书纠谬》《五代史记纂误》5 书，《四库》《答问》皆隶史部正史类，④ 讲稿改属史评。⑤ 王鸣盛《十七史商榷》、钱大昕《廿二史考异》《三史拾遗》《诸史拾遗》、赵翼《廿二史札记》诸书，《答问》原隶史部正史类，讲稿亦改属史评。⑥ 杨慎《丹铅杂录》、钱大昕《十驾斋养新录》《余录》、孙志祖《读书脞录》《续编》、赵翼《陔余丛考》、俞正燮《癸巳类稿》《癸巳存稿》等书，《答问》皆归子部儒家类，讲稿改入杂家。⑦

当然，在名著类别调整中，援庵先生也出现游移的情况。如徐梦莘《三朝北盟会编》，《四库》《答问》隶纪事本末类，讲稿则云："旧隶纪事本末，实应隶编年。"实际讲授时，却仍归属纪事本末类，仅说明"此书为编年体"，"《四库全书》置于纪事本末类"，⑧ 而没有解释原因。这是由于《会编》的编纂方法是"年经月纬，案日胪载"的编年体，却由于"凡宋金通和用

① 陈垣：《中国史学名著评论讲稿》，见陈垣著、陈智超编：《中国史学名著评论》，12 页；《陈援庵先生讲述中国史学名著评论》，93 页。

② 《陈援庵先生讲述中国史学名著评论》，167 页。

③ 陈垣：《中国史学名著评论讲稿》，见陈垣著、陈智超编：《中国史学名著评论》，35 页；《陈援庵先生讲述中国史学名著评论》，194、196 页。

④ 许相卿《史汉方驾》，《答问》属集部诗文评类，见张之洞、范希曾：《书目答问补正》，320 页，上海，上海古籍出版社，1983。

⑤ 陈垣：《中国史学名著评论讲稿》，见陈垣著、陈智超编：《中国史学名著评论》，40、41 页。

⑥ 陈垣：《中国史学名著评论讲稿》，见陈垣著、陈智超编：《中国史学名著评论》，41、42 页。

⑦ 陈垣：《中国史学名著评论讲稿》，见陈垣著、陈智超编：《中国史学名著评论》，52～55 页。

⑧ 陈垣：《中国史学名著评论讲稿》，见陈垣著、陈智超编：《中国史学名著评论》，19 页；《陈援庵先生讲述中国史学名著评论》，43～44 页。

兵之事，悉为诠次本末"，① 又具有纪事本末的史书性质，所以援庵讲稿和授课出现差异。至于严衍《资治通鉴补》，《答问》归编年类，援庵手稿入纪事本末，但实际授课时，仍是附讲于编年类《资治通鉴》之后，② 则是出于课程的需要，将内容相关的史籍集中在一起讲述。

以上只是同部书籍不同分类间的调整，还有跨部之间的调整。如谢启昆《小学考》、全祖望《读易别录》，《四库》未著录，《答问》分隶经部的小学类和易类，讲稿改属目录类。③ 这是由经部改入史部。顾祖禹《读史方舆纪要》，"《四库》未收，《书目答问》入兵家"，讲稿改属地理类。④ 慧超《往五天竺国传》，《答问》属子部释道家，讲稿及余氏抄本笔记亦改属地理类。⑤ 智昇《开元释教录》，《四库》《答问》同在子部释家类，讲稿改隶目录类。⑥ 这是由子部改入史部。上述这些，都是援庵先生根据各书的具体情况及名著评论的课程需要所进行的调整，是十分合理的。名著分类的调整，在同部之间，多半是基于史学名著结构设置的需要，或原属类别的不合理；而跨部调整，则是要将这些原来隶属经部、子部的典籍，融入史学名著的范畴。

## (三)名著择取注重目录类典籍

在史学名著的选取中，援庵先生非常注重目录类典籍。援庵讲稿中目录类名著选择较多，从《汉书·艺文志》到《贞元新定释教目录》，凡 19

① 《三朝北盟会编提要》，见永瑢等：《四库全书总目》卷四九史部纪事本末类，438 页，北京，中华书局，1987。

② 援庵手稿《图版》、《来新夏听讲笔记》，见陈垣著、陈智超编：《中国史学名著评论》，193、145 页；《陈援庵先生讲授中国史学名著评论》，21、24～27 页。

③ 陈垣：《中国史学名著评论讲稿》，见陈垣著、陈智超编：《中国史学名著评论》，38 页。

④ 陈垣：《中国史学名著评论讲稿》，见陈垣著、陈智超编：《中国史学名著评论》，32 页。

⑤ 陈垣：《中国史学名著评论讲稿》，见陈垣著、陈智超编：《中国史学名著评论》，35 页；《陈援庵先生讲授中国史学名著评论》，192 页。

⑥ 陈垣：《中国史学名著评论讲稿》，见陈垣著、陈智超编：《中国史学名著评论》，39 页。

种；① 余氏抄本笔记虽因时届学年末，只介绍了目录类的《汉志》《隋志》和《七录》3 书，却又增讲了两唐志，② 使目录类名著达到 21 种。其中《汉书》《隋书》《旧唐书》《新唐书》《通志》《文献通考》等书，已经选为正史、政书类名著，讲稿和笔记又特地将《汉书·艺文志》《隋书·经籍志》《旧唐书·经籍志》《新唐书·艺文志》《通志·艺文略·校雠略》《通考·经籍考》从各书中抽出，专门列入目录类名著，说明作者非常了解史志及政书目录在目录学上不可或缺的地位。《七录》《郡斋读书志》《直斋书录解题》《国史经籍志》的入选，体现作者对主要的私家目录的看重。《四库全书总目提要》《四库全书简明目录》及《书目答问》的选录，展示作者对清代最重要的官修和私家目录的重视。《经义考》《小学考》《读易别录》及《出三藏记集》《大唐内典录》《开元释教录》《贞元新定释教目录》等列入名著，又代表作者对经学和佛教专科目录的关注。而姚际恒《古今伪书考》的入选，表现作者对这部专门辨正书籍真伪的著作的理解。这些都很好证实了目录学作为入学的门径和研究的基础，在援庵学术中的特殊地位。

## （四）名著著录讲解对目录文献的借鉴与辨正

史学名著的著录和讲解，往往借鉴主要的目录文献，并随时辨正其中的谬误。

援庵先生在著录和讲授史学名著时，参考目录书尤多，有《汉志》至《明史·艺文志》等史志目录，《通志·艺文略》《文献通考·经籍考》等政书目录，《崇文总目》《中兴馆阁书目》《四库全书总目提要》《四库全书简明目录》等官修目录，《七录序》《郡斋读书志》《直斋书录解题》《千顷堂书目》《四库全书未收书目提要》《书目答问》《邵亭知见传本书目》等私家目录。其中《汉志》《隋志》《旧唐志》《新唐志》《宋志》《通考·经籍考》《崇文总目》《郡斋

① 陈垣：《中国史学名著评论讲稿》，见陈垣著、陈智超编：《中国史学名著评论》，36～40 页。
② 《陈援庵先生讲授中国史学名著评论》，201～205 页。

读书志》《直斋书录解题》使用较多，而参考最多者，无疑是《四库提要》这部清代大型丛书的解题式目录。如援庵讲稿及来新夏笔记均引《提要》，为魏收《魏书》的"秽史"说辩诬。① 讲稿据《提要》，指出《南史》《文学传》不始于刘宋、《孝义传》收录列女及不设《文苑传》《列女传》等 4 点失当。② 讲稿概括《提要》，"谓《旧（唐）书》前二百年有法，长庆以后九十年杂乱，有重出之文，有重出之人"③。讲稿还据《提要》云，丘光庭《兼明书》"为唐人考证书中可与《匡谬正俗》齐驱，而以《苏氏演义》、李氏（涪）《刊误》、李氏（匡义）《资暇集》三书为其次"④，封演《封氏闻见记》，"与《资暇集》《刊误》可以相比"⑤，《曲洧旧闻》"深有补于史事，惟所言间及诗话、诗文评及考证，不可入之史，故入之杂家"⑥等。援庵讲授《水经注》，更据《提要》详细说明该书的流传原委，原书 40 卷，北宋时已残佚为 35 卷，后人改刻又将残本重新厘定为 40 卷，并补充介绍清代全祖望、赵一清、戴震 3 种校本相袭的学术争辩。⑦ 即便援庵不直接注明《提要》处，亦多加参证。

　　尽管在备课和讲授中，援庵先生随时参考《四库提要》等书目，却绝不盲从轻信，凡是遇到《提要》有问题之处，必加以质疑辨正。如指出《隋书·经籍志》不出于魏征，而是书成众手，因成书时魏征已卒 13 年；⑧ 辨析《洛阳伽蓝记》作者姓名，应从《史通》为羊衔之，而非《隋志》《四库》著录的杨衔之；⑨ 还指出《通鉴问疑提要》言司马光 3 位助手的分工"盖误也"。⑩

---

① 陈垣：《中国史学名著评论讲稿》《来新夏听讲笔记》，见陈垣著、陈智超编：《中国史学名著评论》，6、98 页。

② 陈垣：《中国史学名著评论讲稿》，见陈垣著、陈智超编：《中国史学名著评论》，9 页。

③ 陈垣：《中国史学名著评论讲稿》，见陈垣著、陈智超编：《中国史学名著评论》，11 页。

④ 陈垣：《中国史学名著评论讲稿》，见陈垣著、陈智超编：《中国史学名著评论》，47 页。

⑤ 陈垣：《中国史学名著评论讲稿》，见陈垣著、陈智超编：《中国史学名著评论》，55 页。

⑥ 陈垣：《中国史学名著评论讲稿》，见陈垣著、陈智超编：《中国史学名著评论》，56 页。

⑦ 《陈援庵先生讲授中国史学名著评论》，174～178 页。

⑧ 《来新夏听讲笔记》，见陈垣著、陈智超编：《中国史学名著评论》，107 页。

⑨ 《陈援庵先生讲授中国史学名著评论》，181 页。

⑩ 《来新夏听讲笔记》，见陈垣著、陈智超编：《中国史学名著评论》，145 页。

这是援庵先生纠正《提要》著录名著作者之误。又如讲稿提出《太平寰宇记》缺失 8 卷，实存 192 卷，而非《提要》所云的 193 卷，授课时进一步补充杨守敬从日本官库中抄回 5 卷半，今仅缺两卷半的信息；① 讲稿云《日下旧闻考》实 160 卷，"《提要》作百二十卷，误"②，等等。这是援庵先生考订《提要》著录名著卷帙之失。再如讲稿言"《唐才子传》十卷，《四库》本八卷，《佚存丛书》足本"，余氏抄本笔记则详细说明《四库》为《永乐大典》辑佚本，只收录 287 人，《佚存丛书》所收是日本发现之全书，记载 397 人。③ 这是援庵先生辨析《提要》著录名著版本之阙。援庵讲课云："《四库》以为《舆地碑记目》即《舆地纪胜》内的碑记之四卷，实误，不知《碑记目》乃由《纪胜》二百卷内抽抄而来。"因为《纪胜》体例，是"每府、州、军、监，分十二子目"，而"碑记"即是其中第 10 个子目。④《开元释教录》讲稿曰："《四库提要》谓《经义考》体例'多与此符，或为规仿，或为暗合，均未可定'云。然《经义考》实仿《出三藏记集》，非仿《释教录》。"⑤这是援庵先生辨正《提要》著录名著体例之疏。对于明朝屠乔孙、项琳之所辑北魏崔鸿的百卷本《十六国春秋》，援庵先生讲课时全文引录了《四库提要》，并对《四库》的"伪书"说进行辩解："清代有所谓辑佚之学者。屠、项二氏即作此辑佚之工作，由各书中引用此原书之篇句，辑出而成一百卷。陈垣氏以为，此书谓之乱则可，倘谓为伪则过非也。此书病在辑出此书而不注出处，惟对原句稍加剪裁而已。《四库》故曰：'然其文皆联缀古书，非由杜撰。'"援庵又对《四库》斥该书为伪书之 3 点理由逐一辩驳，以说明其书虽"非原书，但其

---

① 陈垣：《中国史学名著评论讲稿》，见陈垣著、陈智超编：《中国史学名著评论》，31 页；《陈援庵先生讲授中国史学名著评论》，162～163 页。

② 陈垣：《中国史学名著评论讲稿》，见陈垣著、陈智超编：《中国史学名著评论》，33 页。

③ 陈垣：《中国史学名著评论讲稿》，见陈垣著、陈智超编：《中国史学名著评论》，27 页；《陈援庵先生讲授中国史学名著评论》，127 页。

④ 陈垣：《中国史学名著评论讲稿》，见陈垣著、陈智超编：《中国史学名著评论》，31 页；《陈援庵先生讲授中国史学名著评论》，167～168 页。

⑤ 陈垣：《中国史学名著评论讲稿》，见陈垣著、陈智超编：《中国史学名著评论》，40 页。

所据皆本原料，故当未发现原书之前，此书亦暂可引用参阅，自不成问题矣"①。这是援庵先生辩白《提要》伪书说之非。对于沈炳震《新旧唐书合抄》，援庵诧异"《四库》于《新》《旧唐书》之考证多引用沈君语"，却"未著录亦未存目"该书，"未悉何故？"②援庵先生敏锐地指出："《四库》著录之书均言其甚佳，未著录者而存目均贬之。"而《元史类编》"《四库》未著录亦未存目"，原因却是荒谬的："以多外国地名须改，故不著录；以其书佳无法贬之，故亦不存目。"③这是援庵先生关注名著与参考要籍在《四库》中的收录情况。援庵讲稿和笔记还特别揭露《四库》编修中任意删改文献对文化的破坏作用。如指明："《契丹国志》《四库》书不可靠，最好为明、宋版，因清将内容删改。"④《大金国志》"《四库》著录，惟清时删改甚多耳，当以明本为佳。"⑤尤其是"乾隆敕编"之《明臣奏议》："此书材料不可靠。此乃欲暴露明之暴政，搜集明末诸臣互相攻击暴露弊政之奏议编成，使人读之不复有思明反清之思想。此法最为毒辣。此书乃皇子选材，又注此书不得不删改者，则又露此为伪作，而非书录奏议之真目。"⑥援庵还在讲稿中和授课时特意说明，《四库》编纂时，对书籍"有所谓销毁（为反对清朝者）、抽毁（即内中有一二篇不利于清者）、扣除（即乾隆五十年时，将已载入《四库》而查得仍有反对者，扣除之）。"并举李清为例，其著述《南北史合注》《南唐书合订》等四种原本已经被《四库》著录，后因查出"其《诸史异同》云顺治、崇祯

① 《陈援庵先生讲授中国史学名著评论》，98～100页。

② 《陈援庵先生讲授中国史学名著评论》，94～95页。

③ 《陈援庵先生讲授中国史学名著评论》，92～93页。

④ 陈垣：《中国史学名著评论讲稿》，见陈垣著、陈智超编：《中国史学名著评论》，25页；《陈援庵先生讲授中国史学名著评论》，87页。

⑤ 《陈援庵先生讲授中国史学名著评论》，89页。

⑥ 陈垣：《中国史学名著评论讲稿》，见陈垣著、陈智超编：《中国史学名著评论》，30页；《陈援庵先生讲授中国史学名著评论》，159页。

有四同，于是扣除其所有书"，而补之以李锴《尚史》、潘永因《宋稗类钞》等。① 进一步暴露清统治者的文化专制政策。

援庵先生对《四库提要》既参考又辨疑的学术态度，与余嘉锡先生《四库提要辨证》的思想颇有相通之处。季豫先生著《辨证》始于 1931 年，与援庵先生"名著评论"课程在时间上正相始终。季豫先生考证《东都事略》的作者名王称而非王偁，即引用了援庵先生所举的《学海类编》本《西夏事略》《张邦昌事略》与宋蜀刻《二百家名贤文粹》的题名为证。而援庵先生在课程中，着重辨析《东都事略》的作者姓名，指出"《四库提要》谓《学海类编》改王偁为王称，为愈伪愈拙"，"诚非是也"，② 亦与季豫先生《东都事略辨证》相同。③ 可见对《四库提要》的辨疑，是两位先生学术交流的重要方面。

透过名著的择取、名著的分类、注重目录类名著以及对《四库提要》的参考与辨正 4 方面，充分证实了目录之学在援庵先生"中国史学名著评论"课程中的奠基作用。

## 四、名著的著录与阐释

"中国史学名著评论"授课时，援庵先生每每会指出课程的要点，作为总纲概括课程的主要内容。目前公布的课程说明有以下 3 份。

其一，"取历代史学名著，说明著者之生平，本书之体例，以及史料来源，编纂方法，板本异同，等等，俾学者读书、引书时得一明了向导。"④（约作于 1929—1930 年）

其二，"评论史书之数点：（一）史料之来源，（二）编纂之方法，（三）

---

① 《来新夏听讲笔记》，见陈垣著、陈智超编：《中国史学名著评论》，114 页；《陈援庵先生讲授中国史学名著评论》，95～96 页。

② 《陈援庵先生讲授中国史学名著评论》，80～81 页。

③ 余嘉锡：《四库提要辨证》上册，229～231 页，昆明，云南人民出版社，2004。

④ 陈垣：《中国史学名著评论课程说明》，见陈垣著、陈智超编：《中国史学名著评论》，1 页。

参考要籍，(四)版本之讲求，(五)本书之用途，(六)阅读之方法。"①(约作于 1933—1934 年)

其三，"取史学上有名之著作，而加以批评。每书举作者之略历，史料之来源，编纂之体制，板本之异同，以及后人对此书之批评等等，以为学者读史之先导。"②(1946 年 1 月)

3 份说明文字虽有小异，内容大致相同，昭示自 20 世纪 20 年代末课程初设，至 40 年代后期，援庵先生"名著评论"的课程要点，始终没有大的变化。除书名、卷帙等名著的基本信息外，课程要点主要包括：作者生平、史料来源、编纂方法、版本异同、参考要籍、后人批评、书籍用途、阅读方法诸项，目的在为学者指导读史之门径。

根据上述课程要点，援庵讲稿对每部史学名著，都有或长或短的一段提纲式著录，类似一篇简明的提要。授课时，即根据讲稿补充完善，详细展开。不过，亦非每书各项内容皆面面俱到，而是根据名著情况或详或略各有侧重。其中二十四史及《汉纪》《后汉纪》《资治通鉴》等重要史著，授课时均按课程要点与名著特点添加小标题，以便更有条理地细致讲解。③ 其他名著，虽不列小标题，但也依据名著的重要性，或详加解说，或简略介绍，但讲述之中亦遵循课程重点。本文以下根据课程要点，逐项探讨，以展示援庵先生对史学名著的著录与阐释。

(一)书名与卷帙

书名与卷帙是书籍的基本信息，虽然援庵先生未列为课程要点，却也是史学名著著录和讨论的第一项内容。

书名的疑问不多，但援庵先生注意到书名的历史演变。如《史记》：

---

① 《陈援庵先生讲述中国史学名著评论》，5 页。

② 陈垣：《中国史学名著评论课程说明》，见陈垣著、陈智超编：《中国史学名著评论》，1 页。

③ 参见《陈援庵先生讲授中国史学名著评论》，9～18 页；《来新夏听讲笔记》，见陈垣著、陈智超编：《中国史学名著评论》，64～165 页。

"《汉志》称为《太史公》百三十篇，史公《自序》亦只称《太史公书》，《隋志》始称《史记》。"① 讲课时更进一步展开讨论，"廿四史中有九种非本来名目者"，即《史记》《前汉书》（本名《汉书》）、《南齐书》（本名《齐书》）、《北齐书》（本名《齐书》）、《魏书》（本名《后魏书》）、《旧唐书》（本名《唐书》）、《新唐书》（本名《唐书》）、《旧五代史》（本名《五代史》）、《新五代史》（本名《五代史记》），② 提醒学者对书名演变的关注。对书名的含义，援庵先生有时也稍作解读。如马端临《文献通考》："此何以名？盖彼以为述唐以前据之书本者谓之文，唐宋以来据之诸臣之奏议、诸儒之议论者谓之献，且此乃串通历代而至嘉定以前，是故名也。"③ 又如徐梦莘《三朝北盟会编》："三朝者，即指北宋之徽、钦二宗及南宋之高宗而言也。北盟者，即北宋末及南宋初与金人之交涉。此书为第一部外交史。"④ 至于王鸣盛《十七史商榷》，"加《旧唐》《旧五代》，实十九史"⑤；钱大昕《廿二史考异》，"不计《旧五代》及《明》，故曰廿二史"⑥；赵翼《廿二史札记》，"不计《旧唐》《旧五代》，故曰廿二史"⑦。都是寥寥数语，点明了书名的内涵。

卷帙的著录，首先是篇卷情况，如《国朝耆献类征初编》"七百二十卷，又妇女十二卷，共七百三十二卷"⑧，《廿一史约编》"无卷数，自上古至明，计一百三十九篇"⑨。其次是卷帙的阙佚，如《太平寰宇记》"二百卷，欠卷百十三至百十九，但卷四亦缺，实存一百九十二卷。《总目提要》作存一百

---

① 陈垣：《中国史学名著评论课程说明》，见陈垣著、陈智超编：《中国史学名著评论》，2 页。
② 《来新夏听讲笔记》，见陈垣著、陈智超编：《中国史学名著评论》，64 页。
③ 《陈援庵先生讲授中国史学名著评论》，53 页。
④ 《陈援庵先生讲授中国史学名著评论》，43 页。
⑤ 陈垣：《中国史学名著评论讲稿》，见陈垣著、陈智超编：《中国史学名著评论》，41 页。
⑥ 陈垣：《中国史学名著评论讲稿》，见陈垣著、陈智超编：《中国史学名著评论》，41 页。
⑦ 陈垣：《中国史学名著评论讲稿》，见陈垣著、陈智超编：《中国史学名著评论》，42 页。
⑧ 陈垣：《中国史学名著评论讲稿》，见陈垣著、陈智超编：《中国史学名著评论》，28 页。
⑨ 陈垣：《中国史学名著评论讲稿》，见陈垣著、陈智超编：《中国史学名著评论》，29 页。

九十三卷，误"。其后杨守敬从日本"补录五卷半，故现仅缺二卷半"。①
《唐大诏令集》"一百三十卷，缺二十三卷②。《古文尚书疏证》，"八卷，卷
三全阙"③。至于《续资治通鉴长编》，"北宋凡一百六十八年事，陈氏(《直
斋书录解题》)及《宋志》作一百六十八卷，盖以一年为一卷。此书只有写
本，清初传本得一百七十五卷。此(五百二十卷)系从《永乐大典》录出，唯
缺徽、钦二纪，哲宗以上皆存"，"其实卷数多寡，实不足定"。④ 不仅介绍
了原本、清初传世本及《永乐大典》辑佚本卷数多寡的由来，还进一步说明
辑佚本缺失的内容。再次是否全本：如《高丽史》"一百三十九卷，《四库》
载记存目二卷"，"此为残本"。⑤《郡斋读书志》"衢州本二十卷，全；袁州
本四卷，《后志》二卷，不全"⑥。援庵先生还进一步批评了随意改动卷帙的
荒谬。如《元和郡县图志》原书 40 卷，"今缺六卷，即缺十九、二十、二
三、二四、三五、三六等六卷，然五卷、十八卷、二十五卷亦残缺不全"。
"今之《四库》本仍为四十卷，乃将三十四卷分成四十卷，卷数虽全，而实
缺六卷也。此法甚坏，盖引用时卷数即生问题"。⑦ 与此同误的还有《水经
注》，原书 40 卷，至北宋《崇文总目》著录为 35 卷，已缺 5 卷，后人改刻，
又将 35 卷分为 40 卷，"此假数，不足信"⑧。

无论是解说书名、关注书名的演变，还是考订卷帙的全佚离合，都是
征实之学，以提供史学名著的准确信息。

---

① 陈垣：《中国史学名著评论讲稿》，见陈垣著、陈智超编：《中国史学名著评论》，31 页；《陈
援庵先生讲授中国史学名著评论》，163 页。

② 陈垣：《中国史学名著评论讲稿》，见陈垣著、陈智超编：《中国史学名著评论》，29 页；《陈
援庵先生讲授中国史学名著评论》，149 页。

③ 陈垣：《中国史学名著评论讲稿》，见陈垣著、陈智超编：《中国史学名著评论》，42 页。

④ 陈垣：《中国史学名著评论讲稿》；《来新夏听讲笔记》，见陈垣著、陈智超编：《中国史学名著
评论》，18、146 页。

⑤ 陈垣：《中国史学名著评论讲稿》，见陈垣著、陈智超编：《中国史学名著评论》，27 页；《陈
援庵先生讲授中国史学名著评论》，117 页。

⑥ 陈垣：《中国史学名著评论讲稿》，见陈垣著、陈智超编：《中国史学名著评论》，37 页。

⑦ 《陈援庵先生讲授中国史学名著评论》，160 页。

⑧ 《陈援庵先生讲授中国史学名著评论》，174 页。

### （二）作者生平

援庵先生对作者的著录比较细致，并说明作者的多方面情况。例如作者的姓名及避讳情况：《资暇集》作者李匡乂，"或作匡义，或作匡文，或作正文，或作济翁。宋太祖名匡胤，宋太宗名光义，因避讳一人数名"①。又如作者的籍贯：《西使记》作者刘郁，《四库》著录为真定人，援庵先生据王恽《秋涧集·刘氏墓志铭》考证，刘郁实为山西浑源人，是《归潜志》作者刘祁之弟。② 再如同书的多位作者及其分工：《后汉书》，纪、传作者范晔，"志三十卷，晋司马彪撰，梁刘昭注"③。《宋书》，"宋徐爰旧本，齐沈约续成"④。《隋书》"纪传，唐魏征等撰；志，长孙无忌等撰"，"一书分属作者，始于《隋书》"。⑤《新唐书》，"欧（阳修）主纪、志，宋（祁）主传"⑥。《资治通鉴》，考证司马光三位助手的分工是：刘攽两汉，刘恕三国、南北朝、五代，范祖禹唐。⑦《通鉴纲目》，"凡例一卷，朱子手定，其纲依凡例而修，其目则赵师渊所纂"⑧。援庵先生还以存疑的态度处理作者有疑问的情况：《宋史纪事本末》26 卷的作者，《四库》著录陈邦瞻，"而《明史·艺文志》及明末之《千顷堂书目》作者为冯琦，盖此书为冯氏起首而陈氏成之也"，但是"《明史·艺文志》称此书为二十八卷，故陈、冯二氏究否为一书待考"。⑨

作者的身份、经历甚至宗教信仰，对名著的内容、著述立场及价值都

---

① 陈垣《中国史学名著评论讲稿》，见陈垣著、陈智超编：《中国史学名著评论》，47 页。

② 《陈援庵先生讲授中国史学名著评论》，197 页。

③ 陈垣：《中国史学名著评论讲稿》；《来新夏听讲笔记》，见陈垣著、陈智超编：《中国史学名著评论》，3、79 页。

④ 陈垣：《中国史学名著评论讲稿》；《来新夏听讲笔记》，见陈垣著、陈智超编：《中国史学名著评论》，4、89 页。

⑤ 《来新夏听讲笔记》，见陈垣著、陈智超编：《中国史学名著评论》，106、114 页。

⑥ 陈垣：《中国史学名著评论讲稿》；《来新夏听讲笔记》，见陈垣著、陈智超编：《中国史学名著评论》，11、114 页。

⑦ 《来新夏听讲笔记》，见陈垣著、陈智超编：《中国史学名著评论》，144 页。

⑧ 陈垣：《中国史学名著评论讲稿》，见陈垣著、陈智超编：《中国史学名著评论》，18 页。

⑨ 《陈援庵先生讲述中国史学名著评论》，40 页。

有重要影响，因而援庵先生对作者的这方面情况也非常关注。如《契丹国志》作者叶隆礼是南宋人，奉敕撰作，这是因外国人身份影响史著价值的情况。《唐才子传》的作者辛文房是元西域人，"此书文章极好……真是难得。辛文房又能作诗，有《披沙集》。此书乃以人为主，而以诗话体裁为之，其取材且旁及各家文集，可谓为一部唐代文学史，其批评各家颇为得当"①。辛作为西域人，却能写出很好的唐代诗话。援庵先生《元西域人华化考·文学篇》即专门探讨了辛文房的诗作与《唐才子集》。这是以作者的身份与史著的价值，证明元代西域人的接受汉文化程度之高。《西游记》作者耶律楚材为元太祖之中书令，全真教真人丘处机到西域面见成吉思汗时，"楚材随军，故亦得见面，并各以诗赠之。俟自西域返，二人感情渐恶。盖丘真人为道教，势力颇大，且其弟子毁谤佛教，甚至强占佛寺为己有，种种不法，令人侧目。而楚材信佛教，为北京砖塔寺之主持万松老人之弟子，是因信仰之不同异端生焉。楚材此书多攻击道教之语"②。这是因作者的宗教信仰而影响著述的立场与内容。《曲洧旧闻》作者朱弁："为朱子(熹)从父，建炎中使金，被留十七年而归。所记皆北宋事，盖作于被留之时。于安石变法及蔡京用事分朋角立之故，言之尤详。《四库》谓其深有补于史事。"③这是由作者经历说明著述的内容与重点。又如陈善《扪虱新话》："是书考论经史诗文，兼及杂事，其宗旨在佛氏，而党附王安石。于宋人诋欧阳修、杨时，而诋三苏为尤甚；于古人诋孟子、韩愈。"④这是由史籍内容指出作者的著述立场。这些提点，对于读者了解史著的价值极有助益。

---

① 《陈援庵先生讲述中国史学名著评论》，127 页。

② 《陈援庵先生讲述中国史学名著评论》，194 页。

③ 陈垣：《中国史学名著评论讲稿》，见陈垣著、陈智超编：《中国史学名著评论》，56 页。

④ 陈垣：《中国史学名著评论讲稿》，见陈垣著、陈智超编：《中国史学名著评论》，57 页。

### (三)史料来源

援庵先生指出:"史异于文,史必有根据。"①因此,他非常注重名著的史料来源,尤其授课时,除《陈书》《宋史》外,二十四史及《资治通鉴》等皆设专题讲述史源,并在历年授课过程中不断补充完善。如《史记》,讲稿举经典与档案两条史源,余氏抄本笔记又增加传说口述,至来新夏笔记则分经典(六经、《国语》《国策》《楚汉春秋》、诸子、骚赋等)、见闻、档案(如诏令、法典、记功册等)、游历4项,"汉前史多据经典,汉时史多凭见闻、档案、游历",并逐项举例详细讲解《史记》的史料来源。②《汉书》,在汉武帝以前是"采《史记》,有增无删",武帝以后则是根据班固父亲班彪《史记后传》、各家续《史记》、各家著述。③《晋书》"旧史有十八家",但以"臧荣绪《晋书》为主","因十七家或东晋或西晋,独臧书为合东、西晋而成者"。"十八家外,又采小说、杂史、文集材料,可谓丰富"。④至于《资治通鉴》,于"正史之外,引书三百二十二种","而于此诸家中,为今日所不见到者已大半矣"。⑤

正史外的名著虽不设专题,也常讨论史源问题。如李心传《建炎以来系年要录》,"以国史、日历为纲,而参以稗官野史、家乘志状、案牍奏议、百司题名,无不采其异同,以待后来论定"。"一事而说异者,经考订后采一说法,复以他说加注文中"。"此书重要之点,为其史料多为元代修《宋史》所不知者,故可与《宋史》相平,在未发现新出土之史料时,此当为

---

① 《来新夏听讲笔记》,见陈垣著、陈智超编:《中国史学名著评论》,65页。

② 陈垣:《中国史学名著评论讲稿》;《来新夏听讲笔记》,见陈垣著、陈智超编:《中国史学名著评论》,2、65页;《陈援庵先生讲授中国史学名著评论》,9页。

③ 《来新夏听讲笔记》,见陈垣著、陈智超编:《中国史学名著评论》,73页。

④ 陈垣:《中国史学名著评论讲稿》;《来新夏听讲笔记》,见陈垣著、陈智超编:《中国史学名著评论》,4、87页。

⑤ 陈垣:《中国史学名著评论讲稿》;《来新夏听讲笔记》,见陈垣著、陈智超编:《中国史学名著评论》,17、144页;《陈援庵先生讲授中国史学名著评论》,18页。

第一等材料"。① 叶隆礼《契丹国志》，"采集《通鉴》及李（焘）《长编》、欧（阳修）《（旧五代）史》《松漠纪闻》等书而成"。"叶君奉敕而作《契丹国志》，其特别材料取之于宋与辽往来之公文中。此书除本纪十二、列传七，余即档案也。其运用材料均不剪裁，而只整个装入，故至今尚可见其原料之本来面目"。② 这些名著，都由史源而论及史料采录的方法及价值。

援庵先生讲述史源，还连带分析史源带来的弊端。如沈约《宋书》主要根据徐爰所修国史，然"既为国史，忌讳太多，有二重忌讳"：一是"晋与宋禅让，为宋讳，因系据宋国史"；二是"宋齐禅让，又为齐讳，盖书成于齐"，③ 直接指明国史的讳饰问题。对参考文献不足的史著，援庵亦提出质疑。如北周"宇文之事多见王劭《齐志》及《隋书》留存之书，以其多不雅，（令狐）德棻故不见采，故自遗漏"，因而"《周书》史料不充足"。④ 同样，"《隋书》史料亦缺乏"⑤。又批评吴任臣《十国春秋》："徐铉《骑省集》三十卷，其前二十卷皆南唐时作，吴未见，为王西庄（王鸣盛《十七史商榷》）所讥。"⑥援庵还有意指出书籍的内容雷同，以提醒读者注意。如后唐马缟《中华古今注》凡分 190 门，"与崔氏书（后晋崔豹《古今注》）所分八门名异而文相同者，十之八九"。至于唐苏鹗《苏氏演义》，"与崔氏、马氏书相同十之五六，不知谁抄谁"。⑦

### （四）编纂方法

援庵先生于史学名著的编纂，首先关注史书体裁的开创。自司马迁

---

① 陈垣：《中国史学名著评论讲稿》，见陈垣著、陈智超编：《中国史学名著评论》，18 页；《陈援庵先生讲授中国史学名著评论》，31 页。

② 陈垣：《中国史学名著评论讲稿》，见陈垣著、陈智超编：《中国史学名著评论》，25 页；见陈垣著、陈智超编：《中国史学名著评论》，84 页。

③ 《来新夏听讲笔记》，见陈垣著、陈智超编：《中国史学名著评论》，90 页。

④ 《来新夏听讲笔记》，见陈垣著、陈智超编：《中国史学名著评论》，104 页。

⑤ 《来新夏听讲笔记》，见陈垣著、陈智超编：《中国史学名著评论》，107 页。

⑥ 陈垣：《中国史学名著评论讲稿》，见陈垣著、陈智超编：《中国史学名著评论》，27 页。

⑦ 陈垣：《中国史学名著评论讲稿》，见陈垣著、陈智超编：《中国史学名著评论》，46 页。

《史记》始，纪传体即成为中国最基本的史书体裁，《隋书·经籍志》专列"正史"类，位居史部典籍之首。援庵先生授课时，沿用"正史"这一类目，指出：正史"名始见于梁处士阮孝绪之《七录》。《四库提要》史部第一，开始即是正史。《提要》谓正史之名见于《隋志》，然不如谓为始自《七录》矣。史在昔不能独立分之。《汉志》无史类，附之于春秋家，《史记》入之，称'《太史公》百三十篇'。晋时分为经、子、史、集。至《隋志》始改为经、史、子、集。正史云者，不论其为官书或私书，一般学者承认之史也"①。这段解说有 3 层含义：其一，正史之名始于阮孝绪《七录》，而非《隋志》；其二，史书由附于春秋家到独立成部且位居第二的发展；其三，正史名称的意涵。

对于正史内的多种体例，援庵先生条分缕析地作了细致讲解。如司马迁为《史记》设置的 5 种体例：本纪是编年记载帝王的历史，"为撰著历史最早体裁，来源当甚早"，"非创于司马氏"；"表，根据（周世）谱牒而来，纵横互用为表，有年表、月表、世表，以表置史书内，太史公始"；"书，后代史籍称志，为《史记》创笔，今所谓类别史"；"世家，虽编年而以国别，先此已有，今所谓国别史"；"列传，亦为创体，亦可谓人别史"，"以前虽有传之名，而用以记一人事实者，则迁始也"。"以上五体，后世（正史）皆沿用之，如书之改志（《汉书》以后），世家之改载记（《晋书》），皆名异而实同"。② 其中世家（载记）仅《晋书》《新五代史》有，表、志或有或无，纪、传二体则各部正史必有，故又称纪传体。援庵先生的解说，详细介绍了 5 种体例的沿袭或创设，各体在纪传体史书中的不同功用，也说明了各体在后世的发展变化。到班固《汉书》，"编纂之体例大体与《史记》无异，只少一世家，其最大改变为变通史为断代史"③。其后正史多继《汉书》断代

---

① 《来新夏听讲笔记》，见陈垣著、陈智超编：《中国史学名著评论》，63～64 页。

② 《来新夏听讲笔记》，见陈垣著、陈智超编：《中国史学名著评论》，67～68 页；《陈援庵先生讲授中国史学名著评论》，12 页。

③ 《来新夏听讲笔记》，见陈垣著、陈智超编：《中国史学名著评论》，75 页。

为史，仅《南史》《北史》《旧五代史》《新五代史》上承《史记》为通史。援庵先生还注意到一些正史内体例的特殊性。如沈约《宋书》本是断代为史，但"宋志三十卷，皆上述魏、晋"，而不止记载刘宋一朝，原因是"魏本无志，臧荣绪《晋书》与徐（爰）、沈（约）同在齐时，或未见"，"《宋书》列传不载晋末群雄，为有断限，然志则继司马彪志，载三国两晋"。① 至于《隋书》，"志三十卷，本称《五代史志》，别本单行。五代者，梁、陈、北齐、周、隋也。当时修五代史，《隋书》最末，故志附于《隋书》，非专属隋也"②。这都是补前代正史无志的阙失。

对于其他史书体裁的继承或开创，援庵先生也多有注意。如荀悦《汉纪》："专以《汉书》为根据，缩百二十卷为三十卷，遂成不刊之作。《史通》称为班荀二体。此依《左传》体，《通鉴》全采此。""书学《左传》，以编年为体，以表、志、传之事纳入本纪中，省览极便，无一事互见异同之弊。然言论文章，典章制度，势不能尽载，体例如此，固无奈何。"③既指出《汉纪》对编年史的继承与影响，也总结了编年体史书的便利与欠缺。至于《通鉴》，"凡一千三百六十二年，由战国至五代。十七史至宋而备，而编年之史，只有荀、袁（宏《后汉纪》）"。不过，两《汉纪》"其体虽为编年，而不若通史也"，④ 进一步指出两《汉纪》与《通鉴》的差别，强调《通鉴》作为编年体通史的重要地位。

纪事本末是继纪传、编年之后又一种重要的史书体裁。关于纪事本末体的起源，援庵先生提出：《通鉴纪事本末》"为纪事本末体之第一书。袁氏（枢）以司马氏书太繁，人多苦之，遂创此体"。其编纂方法是："以（《通

---

① 陈垣：《中国史学名著评论讲稿》；《来新夏听讲笔记》，见陈垣著、陈智超编：《中国史学名著评论》，5、91 页。

② 陈垣：《中国史学名著评论讲稿》，见陈垣著、陈智超编：《中国史学名著评论》，8 页。

③ 陈垣：《中国史学名著评论讲稿》；《来新夏听讲笔记》，见陈垣著、陈智超编：《中国史学名著评论》，17、142 页。

④ 陈垣：《中国史学名著评论讲稿》，见陈垣著、陈智超编：《中国史学名著评论》，17 页；《陈援庵先生讲述中国史学名著评论》，17 页。

鉴》)一千三百余年之事，以二百三十九事归纳之，作法甚艰。"纪事本末体史书的优长是："检每事之始末则甚便，细因此书之目录，则可知中国历史之概要焉。"但援庵先生又特意提醒读者："此书因据《通鉴》，故为二等材料，""观之虽便，然吾人治史者不可引用此书。"①

对于其他史书体裁，援庵先生也多关注其起源、作法、特点与价值。如："言各代典制者，当推正史之志书，然多为断代。将历年典制通而述之者，则自《通典》起。亦即将正史之志书伸长打通而言之，至杜佑本人止"，"《通典》作法，除正史之志书外，尚集当时各家文集、奏议中之材料，亦甚多。且其书所引之材料，原书有许多现已亡佚，故此书之价值亦即在此"，② 是讨论政书的起源、作法与价值。"别史者，别于正史而言，即深于正史一等，或谓副史，然其材料或有超出正史者"③，是指出别史类目的意涵及其价值。载记"出于《晋书》之末"④，是单纯交代载记的起始。传记是"以人为单位者为记，然《四库》中则颇纷乱"⑤，其中"年谱起于北宋，首创者为北宋元祐党之吕大防。吕君有《杜工部年谱》《韩吏部文公集年谱》。其作年谱之起意，在其读书方便而作也。吕后继作者多"⑥，是介绍传记体裁的特点和年谱出现的因缘。史钞"早已有之，但史钞之名，实自《宋史·艺文志》始。用途：一、便省览与记忆；二、可为类书，为作文之料资也。做史钞应分三步骤：一、见材料之有关者抄之；二、将已抄者约略归类以备运用；三、又可分二层：A. 就所有材料分类组而成文，即以材为主，自无成见；B. 以自己之主意利用驱遣所得之材料而为文。普通做史钞者做到第一层之工作，较佳者做到第二步，如至第三层，则为著

---

① 陈垣：《中国史学名著评论讲稿》，见陈垣著、陈智超编：《中国史学名著评论》，19 页；《陈援庵先生讲述中国史学名著评论》，37 页。

② 《陈援庵先生讲述中国史学名著评论》，46～47 页。

③ 《陈援庵先生讲述中国史学名著评论》，77 页。

④ 《陈援庵先生讲述中国史学名著评论》，96 页。

⑤ 《陈援庵先生讲述中国史学名著评论》，123 页。

⑥ 《陈援庵先生讲述中国史学名著评论》，139 页。

作而非史钞矣"①，不仅追述史钞体裁的缘起和用途，还进而分析史钞的作法及其与著作的区别。"《新唐·艺文志》起居注类始有诏令一门"；"《陆宣公奏议》为奏议类之最古者"，"此书之所以通行也，不在其内容之恳切，或有涉及诗词，而在其文体，为论事之骈文体"；"诏令奏议等为便于阅读，乃用骈体文，乃例行文章"②，是说明诏令奏议专书的出现及在史志目录中著录的起始，进而剖析此类史书的文体特色与流行缘由。《元和郡县图志》"为唐地理图志书之留今者最早本，今代地方志体例多仿此书"③，是揭示地方志的开端。《汉书·艺文志》"为今最要之目录学书，内容包括甚广，叙论最佳"；"刘向之《别录》者，即读一书作一批评也。刘歆以其父之《别录》分为七类，是为《七略》"；"刘向之《别录》及刘歆之《七略》皆不可见"，"《汉志》即一概以《七略》作成"④，是解说目录学著作的缘起。

援庵先生还特别重视史书内部的门类设置。如《通典》《通志》二十略、《文献通考》等政书，⑤《舆地纪胜》、至顺《镇江志》《日下旧闻》《水经注》《历代河防统纂》《西湖游览志》《长安志》等地理书，⑥《汉志》《隋志》《七录》《开元释教录》等目录书，⑦《辨惑编》《辨惑续编》等儒家书，⑧《佩文斋书画谱》等艺术书，⑨讲稿都详细记录其门、略、目、类的区分，尤其是杂家类书籍，《古今注》《中华古今注》《近事会元》《能改斋漫录》《瓮牖闲评》《朝野类要》《困学纪闻》《丹铅总录》《少室山房笔丛》《日知录》《潜丘札记》《十驾斋养

---

① 《陈援庵先生讲述中国史学名著评论》，144～145 页。

② 陈垣：《中国史学名著评论讲稿》，见陈垣著、陈智超编：《中国史学名著评论》，29 页；《陈援庵先生讲述中国史学名著评论》，153～154 页。

③ 《陈援庵先生讲述中国史学名著评论》，160 页。

④ 《陈援庵先生讲述中国史学名著评论》，201～202 页。

⑤ 陈垣：《中国史学名著评论讲稿》，见陈垣著、陈智超编：《中国史学名著评论》，21～22 页。

⑥ 陈垣：《中国史学名著评论讲稿》，见陈垣著、陈智超编：《中国史学名著评论》，31～34 页。

⑦ 陈垣：《中国史学名著评论讲稿》，见陈垣著、陈智超编：《中国史学名著评论》，36～39 页。

⑧ 陈垣：《中国史学名著评论讲稿》，见陈垣著、陈智超编：《中国史学名著评论》，44 页。

⑨ 陈垣：《中国史学名著评论讲稿》，见陈垣著、陈智超编：《中国史学名著评论》，45 页。

新录》《陔余丛考》《风俗通义》《梦溪笔谈》等 15 种著述，[1] 讲稿皆详载其类目区分，以供参考。

### (五)版本异同

援庵先生一向注重版本，他指出："史学界于版本之学，初不甚注意，近十余年来学者颇注意及之。"[2] 所以，从史学名著的第一部《史记》开始，援庵即有意介绍版本之学。"版本分三大类"：一是古本，即作者创作的原本；二是校本，又分"以古本与现本校其不同"的对校本和"经学家详考校"的精校本；三是注本，即"读时较便"的注释本。"《史记》之古本"，最早是"竹简隶书本"；其次是"卷纸本，三国以后方有"；然后是"本子本，宋以后有"。《史记》的注本，则是援庵先生讲述的重点："今之通行本为三家注本：裴骃《集解》、司马贞《索隐》、张守节《正义》。"又分为各家单行之"单注本"和"将三家注散入每句下"的"三注本"，"始于明之监本"，"可免人互对之苦"。[3] 援庵先生又着重推荐了日本泷川龟太郎的《史记会注考证》，"此书系汇三家注，而以其后著述加以考证"，并归纳了该书的 3 条特点。[4]

除《史记》外，援庵先生还着重介绍了《汉书》《后汉书》《三国志》《晋书》《新五代史》5 部有注正史的注本。如《汉书》推介了唐颜师古的集注本和清王先谦的《汉书补注》，"王氏取师古以后注《汉书》者四十家而成"，却"时有脱落，可利用而不可引用"。[5]《后汉书》情况较为特殊，"《后汉书》之本纪、列传，为(范晔著)唐章怀太子(李)贤注，志为(司马彪撰)刘昭补注"。同样，《后汉书》也有王先谦《后汉书集解》，"采清各家注"，如陈景云、王

---

① 陈垣：《中国史学名著评论讲稿》，见陈垣著、陈智超编：《中国史学名著评论》，46～56 页。

② 《陈援庵先生讲述中国史学名著评论》，14 页。

③ 《来新夏听讲笔记》，见陈垣著、陈智超编：《中国史学名著评论》，69～70 页；《陈援庵先生讲述中国史学名著评论》，15 页。

④ 《来新夏听讲笔记》，见陈垣著、陈智超编：《中国史学名著评论》，70 页。

⑤ 《来新夏听讲笔记》，见陈垣著、陈智超编：《中国史学名著评论》，75 页。

鸣盛、钱大昕、钱大昭、赵翼、洪亮吉、沈钦韩等。①《三国志》有裴松之
注，特点是"多注本事"，"所用书达百五十种"，此外"引群经、诸子解释
训诂者，亦不下数十种"。裴注体例4条："条其异同，正其谬误，疏其详
略，补其阙漏。"其价值在于："陈寿时代距三国过近，故史料困难，至宋
史料已集，裴氏利用方便，故一注而定。辑佚家亦重之，因其所引之书十
之八九已佚也。"至于杭世骏《三国志补注》，则"因时代过远，除逸闻外，
未见价值"。②对于《晋书》，援庵先生重点讲述民国吴士鉴《晋书斠注》，
"引清人书一百四十一种"，有捃逸、考异、正误、广证等10例，"此书注
法极巧，以类书有关《晋书》者、各家校勘草记等列入。古人作注，多自内
出，（读书遇不明处，向外搜集解释。）此则自外来。（不顾本书，而搜集他
书之有关于《晋书》者，依其类、年列入本书。）为读《晋书》之良助也"。③
《新五代史》，则主要讲述彭元瑞、刘凤诰《五代史记补注》，"此书甚好"，
"学《三国》裴松之法，注欧存薛"，"照原卷，中分子卷"，但将"薛《史》十
志附于卷外，如《后汉书补注》。欧《史》无者，或以事比，或以人品比，附
于注后"。《补注》"引用书有二百七十余种，以宋人书为断，元明以后书不
采，法至善也"。同时也指出该书的问题："其优点在不变原书，其弊则
在：一、眉目不清，不引卷数；二、除《旧史》辑本外，无新奇材料，价值
远不如裴注《三国》。"④至于没有注本的正史，援庵先生则多指出其版本的
问题。如："《辽史》自始无善祖本，因此明监、清殿均不佳。最坏者为乾
隆改译本，时代所关也。"⑤批判清修《四库》时，改译少数族人名、地名等

① 《来新夏听讲笔记》，见陈垣著、陈智超编：《中国史学名著评论》，3、79、82页。
② 陈垣：《中国史学名著评论讲稿》；《来新夏听讲笔记》，见陈垣著、陈智超编：《中国史学名著
评论》，3、85～86页。
③ 陈垣：《中国史学名著评论讲稿》；《来新夏听讲笔记》，见陈垣著、陈智超编：《中国史学名著
评论》，4、89页。
④ 陈垣：《中国史学名著评论讲稿》；《来新夏听讲笔记》，见陈垣著、陈智超编：《中国史学名著
评论》，13、121～122页。
⑤ 《来新夏听讲笔记》，见陈垣著、陈智超编：《中国史学名著评论》，129页。

的错误做法。又如"《元史》殿本不能用",因有重出、错简、漏行、行款混乱等问题。①

对于一些较为稀见的史籍,援庵讲稿和授课时往往会特意介绍版本。如杨仲良《皇朝(宋)通鉴长编纪事本末》,"《四库》不存,仅传抄本",讲稿选自阮元《四库全书未收书提要》,故特著录"广雅局本",② 以便于查找。又如宋赵汝愚《国朝名臣奏议》150 卷,"此书现甚艰得,自元迄明、清无刻本,只宋本。现北平图书馆藏有六部,然最多者仅百三十八卷。……《四库》著录此书",为浙江巡抚采进本。③ 明杨士奇等《历代名臣奏议》350 卷,"永乐官刊,传本稀少","此书甚难得,北平图书馆有一部","张溥有删节本三百二十卷,极有用"。④ 释圆照《贞元新定释教目录》,"中国未有传本,民国二年频迦精舍始从日本翻印出来,又十余年,商务翻印《续藏》,中国始有第二部"⑤。由于是国内失传从日本回归的珍稀典籍,讲稿特意注明版本。地理书,讲稿著录王锡祺《小方壶斋舆地丛钞》《补编》《再补编》1436 种,有"光绪间排印本"⑥。然而《丛钞》尽管收录广博,却也失收了一些重要史籍。如《佛国记》《大唐西域记》《往五天竺国传》《诸蕃志》《岭外代答》《长春真人西游记》《西游录》《西使记》《岛夷志略》《使西域记》《瀛涯胜览》《星槎胜览》《海国闻见录》等 13 种地理书,即是《丛钞》未收而讲稿特加选录的,因此全部著录版本。如慧超《往五天竺国传》,有"《敦煌遗书》本,《大日本佛教全书》本,藤田丰八笺释"⑦。费信《星槎胜览》,"《四库》存目不载,《学海类编》本"⑧。杂家书,亦多注明版本。讲稿选录杂家名著 45

---

① 《来新夏听讲笔记》,见陈垣著、陈智超编:《中国史学名著评论》,133 页。

② 陈垣:《中国史学名著评论讲稿》,见陈垣著、陈智超编:《中国史学名著评论》,19 页。

③ 《陈援庵先生讲述中国史学名著评论》,157 页。

④ 陈垣:《中国史学名著评论讲稿》,见陈垣著、陈智超编:《中国史学名著评论》,30 页;《陈援庵先生讲述中国史学名著评论》,158 页。

⑤ 陈垣:《中国史学名著评论讲稿》,见陈垣著、陈智超编:《中国史学名著评论》,40 页

⑥ 陈垣:《中国史学名著评论讲稿》,见陈垣著、陈智超编:《中国史学名著评论》,35 页。

⑦ 陈垣:《中国史学名著评论讲稿》,见陈垣著、陈智超编:《中国史学名著评论》,35 页。

⑧ 陈垣:《中国史学名著评论讲稿》,见陈垣著、陈智超编:《中国史学名著评论》,36 页。

种，除《十驾斋养新录》《读书脞录》《陔余丛考》《论衡》4 种外，其余 41 种都注明版本，有的还著录多种版本，以方便对这些不甚知名书籍的利用。如李匡乂《资暇集》，"《墨海》本，《学海类编》本"。李涪《刊误》，"《百川》本，《学津》本"。丘光庭《兼明书》，"《宝颜堂秘籍》本"。①

在版本之中，援庵先生非常重视《永乐大典》辑佚本。如薛居正《旧五代史》，自欧阳修《五代史记》刊行后即逐渐湮没，至清修《四库全书》，方由邵晋涵自《永乐大典》中辑出，然"割裂淆乱，已非居正等篇第之旧"②。故《旧五代史》的版本"乃《永乐大典》辑本，其卷数虽同原书，然多系勉强凑合"。援庵进而辨正曰："近传有金泰和本薛《史》出见，颇不可信。因泰和七年诏学官只用欧《史》（见《章宗本纪》），岂有刊薛《史》理？或系《新史》未定。"③又如《宋会要》，"现今之《宋会要》系徐松由《永乐大典》辑出"，"未刻，传抄本，曾藏王秉恩氏、刘承幹氏"，"现存北平图书馆"。④ 此外，名著中的《西汉年纪》《续资治通鉴长编》《建炎以来系年要录》《东观汉纪》《岭外代答》《直斋书录解题》《五代史记纂误》《旧闻证误》《苏氏演义》《瓮牖闲评》《云谷杂记》《石林燕语》等书，皆为四库馆臣辑自《大典》，故讲稿特地一一注明"《永乐大典》本"。由于对《大典》辑本的关注，援庵先生讲述《宋会要》时，特地介绍了《永乐大典》这部"明初最大之类书"：《大典》"以韵分类，初其项目极细，后帝促之大急，因即以全书装入，遂失类书之本性，故为《永乐大典》之病焉。然正因其装整部书入《永乐大典》，故因之明初之书籍今不可见者，我侪又可于《永乐大典》中得见之。故其由类书而变为丛书，正其佳点也。……乾隆三十八年，想由《永乐大典》专辑明初存而现亡之书，作一《四库全书》之大本营。故《四库》馆开后，分班专辑佚书，计辑

---

① 陈垣：《中国史学名著评论讲稿》，见陈垣著、陈智超编：《中国史学名著评论》，47 页。

② 《旧五代史提要》，见永瑢等：《四库全书总目》卷四六史部正史类，411 页。

③ 陈垣：《中国史学名著评论讲稿》；《来新夏听讲笔记》，见陈垣著、陈智超编：《中国史学名著评论》，12、119 页。

④ 陈垣：《中国史学名著评论讲稿》，见陈垣著、陈智超编：《中国史学名著评论》，24 页；《陈援庵先生讲述中国史学名著评论》，61、64 页。

《四库》著录书三百八十五种，入《四库》存目者共一百二十八种"，凡 513 种。① 正是由于编纂时的匆促，不及细致分类，而将整部书编入，使《永乐大典》的性质由类书变为丛书，反而成为四库馆臣辑录亡佚书之宝库。

援庵先生还非常注重版本之完整性与可靠性。如"《曾文正公奏议》三十六卷，李鸿章等编，在《曾文正公全集》内。又有十卷本，乃曾弟子薛福成所编"，"《书目答问》薛氏刊本不全"，② 明确指出《书目答问》著录的 10 卷本《奏议》内容不全，应该选用 36 卷的《全集》本。③ 又如《元和郡县志》，"聚珍本，《岱南阁》本，所阙六卷佚文附"，"今之《畿辅丛书》之《元和志》版本较佳。盖丛书之印《元和志》也，由周梦棠引用孙星衍之岱南阁本校订，又有张驹贤考证，故引用时以此本为佳"。④ 由于《畿辅丛书》本既附录所缺六卷之佚文，又有校订与考证，故为最佳版本。姚宽《西溪丛语》，讲稿著录"《津逮》本，《学津》本，《稗海》本"3 个版本，然"《稗海》本不全"，"《津逮》本多讹，不如《学津》本"。⑤ 沈括《梦溪笔谈》，"《津逮》本无《补》《续》，《稗海》本有《补》无《续》，《学津》本有《补》有《续》，四册"，最为完备。⑥ 杨衒之《洛阳伽蓝记》，"此书版本甚多，现存者约十二三种。道光时浙江吴若准有校本，颇著名，将《伽蓝记》每段分其纲目，纲为顶格，目为低格，颇便阅读，末附集证（即校勘记）"。⑦ 吴本既纲目明晰，又有校勘，故为最佳版本。至于阎若璩《潜丘札记》，"《四库》据吴玉搢重刊本"，另有"乾（隆）十（年）阎氏家刻本"，实为"原本"，然而"《四库》以吴本著录而原

---

① 《陈援庵先生讲述中国史学名著评论》，65～67 页。

② 《陈援庵先生讲述中国史学名著评论》，155 页；陈垣：《中国史学名著评论讲稿》，见陈垣著、陈智超编：《中国史学名著评论》，30 页。

③ 参见［清］张之洞、范希曾：《书目答问补正》卷二史部诏令奏议弟九，139 页。

④ 陈垣：《中国史学名著评论讲稿》，见陈垣著、陈智超编：《中国史学名著评论》，30 页；《陈援庵先生讲授中国史学名著评论》，161 页。

⑤ 陈垣：《中国史学名著评论讲稿》，见陈垣著、陈智超编：《中国史学名著评论》，49 页。

⑥ 陈垣：《中国史学名著评论讲稿》，见陈垣著、陈智超编：《中国史学名著评论》，56 页。

⑦ 陈垣：《中国史学名著评论讲稿》，见陈垣著、陈智超编：《中国史学名著评论》，34 页；《陈援庵先生讲授中国史学名著评论》，183 页。

本附存目，以其杂乱无章，徒欲一字不遗也"。① 阎氏原本因混乱不堪，为《四库全书》弃去不取，改收录整理后的吴氏重刊本。朱翌《猗觉寮杂记》，"上卷皆考证古今诗事，如诗话之类，下卷皆论文论史以及杂说。《知不足斋》本，取下卷六十八则并入上卷，以匀卷帙，遂失类聚之意"②。批评《知不足斋》本擅自改易卷帙内容，有违作者以类分卷的本意。

### （六）参考要籍

名著的参考要籍，主要是指与名著内容相关或作者相同的书籍。至于《通鉴考异》《通鉴目录》等，是司马光编撰《资治通鉴》的副产品，3 书同时成书进呈，密不可分，故援庵先生附录于《通鉴》之下介绍；而名著的注释，援庵先生已列入版本项加以说明，在此均不属于参考要籍。

援庵先生重视史书之间的相互联系，在阐述史学名著时，往往附带介绍相关的参考要籍。要籍的推介以正史为主，仅《史记》至《明史》（南北八书除外）的 15 部正史，援庵先生即列举了参考要籍 62 种。如《新》《旧五代史》，附带介绍吴缜《五代史记纂误》、吴兰庭《五代史记纂误补》、吴光耀《续补》、周寿昌《补续》、杨陆荣《志疑》、王禹偁《五代史阙文》、陶岳《五代史补》等 7 书。③《宋史》，则有柯维骐《宋史新编》、王维俭《宋史记》、陆心源《宋史翼》、沈世泊《宋史就正编》、王洙《宋史质》、厉鹗《宋诗纪事》、钱士昇《南宋书》等 7 书。④ 而尤以《元史》为最，列举至 14 种之多，计有王光鲁《元史备忘录》《辽金元三史国语解》、倪灿《补辽金元三史艺文志》、金门诏《补辽金元三史艺文志》、钱大昕《补元史艺文志》《元史氏族志》、汪辉祖《元史本证》《辽金元三史同名录》、邵远平《元史类编》、魏源《元史新

---

① 陈垣：《中国史学名著评论讲稿》，见陈垣著、陈智超编：《中国史学名著评论》，53 页。

② 陈垣：《中国史学名著评论讲稿》，见陈垣著、陈智超编：《中国史学名著评论》，48 页。

③ 陈垣：《中国史学名著评论讲稿》；《来新夏听讲笔记》，见陈垣著、陈智超编：《中国史学名著评论》，12～13、121 页。

④ 陈垣：《中国史学名著评论讲稿》；《来新夏听讲笔记》，见陈垣著、陈智超编：《中国史学名著评论》，13～14、125 页。

编》、洪钧《元史译文证补》、曾廉《元书》、屠寄《蒙兀儿史记》、柯绍忞《新元史》等。① 正史之外的名著，亦附讲相关书籍 13 种。如《资治通鉴》后，附讲严衍《资治通鉴补》。② 朱熹《通鉴纲目》后，列举金履祥《前编》、商辂《续编》、陈景云《纲目订误》、李述来《读通鉴纲目条记》等 4 种书。③ 李焘《续资治通鉴长编》之后，附讲杨仲良《皇宋通鉴长编纪事本末》、黄以周《续资治通鉴长编拾遗》。④《三国会要》《东都事略》《水经注》等名著，也各介绍相关著述 1 种。以上都是因书籍内容相关附讲参考要籍。此外，李心传《建炎以来系年要录》之后，附讲李氏《建炎以来朝野杂记》《旧闻证误》《道命录》等 3 书，⑤ 则是因作者相同而附讲该作者的其他著述。

　　上述参考文献，有的本身即是援庵先生选录的史学名著。如《通鉴》附录的《资治通鉴补》，⑥《续资治通鉴长编》附录的《皇宋通鉴长编纪事本末》，同时也是纪事本末类收录的史学名著；⑦《建炎以来系年要录》附录的《建炎以来朝野杂记》，是政书类补充的史学名著；⑧《元史》附录的邵远平《元史类编》，是别史类收录的史学名著；⑨《辽史》附录的郑麟趾《高丽史》，是载记类收录的史学名著；⑩《史记》《汉书》附录的倪思《班马异同》、刘辰翁《班马异同评》、许相卿《史汉方驾》，《新》《旧唐书》附录的吕夏卿《唐书直笔》、吴缜《新唐书纠谬》，《新》《旧五代史》附录的《五代史记纂误》等，《建炎以来系年要录》附录的《旧闻证误》，是史评类收录的史学名著。⑪ 这些名著都

---

① 陈垣：《中国史学名著评论讲稿》；《来新夏听讲笔记》，见陈垣著、陈智超编：《中国史学名著评论》，15～16、135～138 页。

② 《陈援庵先生讲述中国史学名著评论》，21～27 页。

③ 陈垣：《中国史学名著评论讲稿》，见陈垣著、陈智超编：《中国史学名著评论》，18 页。

④ 《陈援庵先生讲述中国史学名著评论》，27～30 页。

⑤ 《陈援庵先生讲述中国史学名著评论》，31～37 页。

⑥ 援庵手稿《图版》，见陈垣著、陈智超编：《中国史学名著评论》，193 页。

⑦ 陈垣：《中国史学名著评论讲稿》，见陈垣著、陈智超编：《中国史学名著评论》，19 页。

⑧ 《来新夏听讲笔记》，见陈垣著、陈智超编：《中国史学名著评论》，147 页。

⑨ 陈垣：《中国史学名著评论讲稿》，见陈垣著、陈智超编：《中国史学名著评论》，26 页。

⑩ 陈垣：《中国史学名著评论讲稿》，见陈垣著、陈智超编：《中国史学名著评论》，27 页。

⑪ 陈垣：《中国史学名著评论讲稿》，见陈垣著、陈智超编：《中国史学名著评论》，40～41 页。

由于内容或作者的联系，而作为参考文献附讲于相关名著之后，说明史学名著虽然根据史书体裁分类著录，然而授课时，援庵先生会根据史籍之间的有机关系，而进行相应的调整。

### (七)后人批评

援庵先生非常重视后人对前世史著的批评。二十四史中，《史记》《汉书》《魏书》《梁书》《南史》《北史》《旧唐书》《新唐书》《旧五代史》《新五代史》《宋史》《辽史》《金史》《元史》《明史》等15部正史均设专题讨论后人批评，《汉纪》《资治通鉴》等编年史也是如此，其他各史虽不列专题，但也往往涉及。

援庵先生于后人批评，唐以前诸史较多参考刘知几《史通》。如隋朝史学家王劭，著编年体史书《齐志》记载北齐历史，为李百药《北齐书》所本。王劭为白话文家，"喜以俗语入史，大为《隋书》所攻，以为文辞鄙野，为有识所嗤"。援庵先生据刘知几在《史通》的《言语篇》《杂说篇》等称许王劭，并引《叙事篇》为劭辩诬："裴子野《宋略》、王劭《齐志》，此二家者，并长于叙事，无愧古人。而世人议者皆雷同，誉裴而共诋王氏。夫江左事雅，裴笔所以专工；中原迹秽，王文由其屡鄙。且几原(子野字)务饰虚辞，君懋(劭字)志存实录，此美恶所以为异也。"①援庵先生又指出，《周书》文字有两重修饰：一是文字尚古，"故文诰一仿《尚书》，此史料本身第一重修饰也"；而史官"牛弘、令狐德棻纠宋孝王《关东风俗传》、王劭《齐志》之失，偏重修饰，此史官行文第二重修饰"。"遂使周氏一代之史，多非实录者焉"。援庵引"《史通·言语篇》谓'世之议者，咸以北朝众作，周史为工，盖赏其记言之体多同于古故也。夫以枉饰虚言，都捐事实'，岂得为良云云。盖《周书》有盛名，故子玄(刘知几)独诋之"。又据《杂说下》分析："周、齐二国，俱出阴山，必言类互乡，则宇文尤甚。而牛弘、王劭并掌

---

① 《来新夏听讲笔记》，见陈垣著、陈智超编：《中国史学名著评论》，102页。

策书，其载齐言也，则浅俗如彼；其载在周言也，则文雅若此。夫如是，何哉？非两邦有夷夏之殊，由二史有虚实之异故也。"①根据《史通》清楚地辨明了因为文字尚古导致的《周书》失实问题。

史籍的后人批评，援庵先生在借鉴《四库提要》外（已见上文），还非常重视清人的研究成果。如王鸣盛《十七史商榷》、钱大昕《廿二史考异》《十驾斋养新录》、赵翼《廿二史札记》等，皆多所征引。譬如《后汉书》作者范晔的谋反问题，援庵举《十七史商榷》卷六一《南史·范晔传》和陈澧《东塾集·申范》两篇为范晔申冤，说明范氏并非谋反，只是因为他辅佐的彭城王义康在争国中失败，遂以附逆被杀。② 李延寿《南史》《北史》，援庵先生列举五家互相抵牾的意见反复诘辩：援庵先引《新唐书·李延寿传》，极奖延寿，称"其书颇有条理，删落酿词，过本书远甚。时人见其年少位下，不甚称其书"。然而王鸣盛《十七史商榷》极诋之："略云其为史只有两法，一为删削，一为迁移，学识浅陋，才短，位又甚卑，著述传世千余年，实为幸运。"又批评《南》《北史》多以子孙附传。拆八史为一史，以家族为主，仿于《魏书》"。赵翼《廿二史札记》"亦谓为不便，因每阅一卷，即当检阅数朝之事云"。赵翼对《北史》各传改编亦不满，"《廿二史札记》'《北史》改编各传'条可参看"。但是孙志祖《读书脞录续编》却截然相反："独称其书家传，使读者便于寻检，王西庄诋之为非。"钱大昕《潜研堂集》卷十二亦赞成孙氏意见："延寿既合四代为一书，若更有区别，必补叙家世，词益繁费，愚以为甚得《史记》合传之意，未可轻议其失。"援庵先生显然赞成孙、钱之意见，进一步点出："屈贾、曹荆，《史记》合传之法，正断代史与通史之不同也。"《南》《北史》作为南北朝的通史，与断代为史的南北八书不同，自然是用家族合传更为合理。至于《廿二史札记》批评"《南》《北史》两国交兵不详载"，援庵先生开解为："盖避免冲突，藏拙之道也。"最后的结论是

----

① 陈垣：《中国史学名著评论讲稿》；《来新夏听讲笔记》，见陈垣著、陈智超编：《中国史学名著评论》，8、105 页。

② 《来新夏听讲笔记》，见陈垣著、陈智超编：《中国史学名著评论》，82～83 页。

"阅八书必须兼读《南》《北史》"，① 充分肯定了二史与八书不可偏废的史学价值。对于《金史》《宋史》等人物名氏不合，以及记载两国交涉事互相矛盾的问题，援庵先生赞同《廿二史札记》的建议，应该作《三史同名录》和《宋金史互证》来解决。② 至于清修《明史》，援庵指出："钱竹汀先生《考异》无批评，以本朝书也。"赵翼《廿二史札记》目录，"周延儒之入奸臣传"条下略"不当"，"刘基廖永忠等传"条下略"歧异"，"乔允升刘之凤二传"条下略"重复"，是"标题含蓄有意，所谓微词讥讽也"。《明史》并非没有问题，只因为是清代官修，故钱大昕不加批评，而赵翼微辞讥讽。援庵先生又引魏源《古微堂集》，批评《明史》："《食货》《兵政》诸志，随文抄录，全不贯穿，或一事有前无后，或一事有后无前，其疏略更非列传之比。"③此外，对乐史《太平寰宇记》，援庵先生举出钱大昕和朱彝尊互相矛盾的两种意见提供参考："竹汀先生极称是书，称为宋代舆记之巨擘，而朱竹垞则贬之，以为不如《九域志》《舆地广记》之简而有要，盖稽之国史，多有不合，取诸稗官小说者居多。竹汀先生谓其所采皆信而有征云。"④又赞誉王象之《舆地纪胜》云："竹汀求之四十年始得见，见《养新录》。史志于南渡事迹多阙，此所载宝庆以前沿革极详赡，竹汀盛称之。"⑤再如谢启昆《小学考》，"分训诂、文字、声韵、音义四类，收罗极富，钱竹汀序盛称之"⑥。这些都是引用钱大昕对诸书的评价。

　　援庵先生于后人批评，还考察到文集、语类。如引金王若虚《滹南遗

---

　　① 陈垣：《中国史学名著评论讲稿》；《来新夏听讲笔记》，见陈垣著、陈智超编：《中国史学名著评论》，10、112～113 页。

　　② 《来新夏听讲笔记》，见陈垣著、陈智超编：《中国史学名著评论》，131 页。

　　③ 陈垣：《中国史学名著评论讲稿》；《来新夏听讲笔记》，见陈垣著、陈智超编：《中国史学名著评论》，17、141 页。

　　④ 陈垣：《中国史学名著评论讲稿》，见陈垣著、陈智超编：《中国史学名著评论》，31 页。

　　⑤ 陈垣：《中国史学名著评论讲稿》，见陈垣著、陈智超编：《中国史学名著评论》，31 页。

　　⑥ 陈垣：《中国史学名著评论讲稿》，见陈垣著、陈智超编：《中国史学名著评论》，38 页。

老集·史记辨惑》，批评《史记》有采摭之误、取舍不当等十类隙漏。① 甚至注意到朱熹《朱子语类》："《容斋随笔》考核经史，厘定典故，旁及诗词文翰、数术医卜之类，为南宋说部之冠，《朱子语类》极称之。"②"《（国朝）诸臣奏议》，分君道、帝系、天道、百官、儒学、礼乐、刑赏、财赋、兵制、方域、边防、总议十二门，子目百十四。朱子以为不如分人编好，见《语类》。"③

同时，援庵先生对后人的批评也多有驳正。如《晋书·张辅传》认为，司马迁"叙三千年事唯五十万言"，而班固"叙二百年事乃八十万言"，是固不如迁也。援庵批驳曰："此论甚谬。盖史非若文章之仅求其简洁明白不繁冗则已，而须注重史料之多寡以定，史料多尽可书，史料寡不得强造，则惟付之阙如而已。"④又如班固《汉书》断代为史，极为郑樵《通志》所疵："《总序》中訾固甚力，以为应续《史记》而叙，不应重起而抄《史记》之前半。郑云：'迁之于固，犹龙之于猪'。"援庵指出，郑樵作《通志》，自然是站在通史的立场上批评断代史，这是"立论不同所由致耳"。⑤ 再如刘知几《史通·正史篇》批评《魏书》云：魏收"诏齐氏，于魏氏多不平。既党北朝，又厚诬江左"，"世薄其书，号为秽史"。"援庵先生以为《史通》未免偏见"，于是引《四库提要》之说，为《魏书》洗刷："李延寿修《北史》，多见馆中坠简。参核异同，每以（魏）收书为据。其为《收传·论》云：'勒成魏籍，婉而有章，繁而不芜，志存实录'，必有所见云。今魏澹等各书（澹作《魏书》）皆亡，惟收书具在，岂恩怨并尽，而后是非乃明欤？"⑥明官修《元史》，

---

① 《来新夏听讲笔记》，见陈垣著、陈智超编：《中国史学名著评论》，68页；《陈援庵先生讲述中国史学名著评论》，13页。

② 陈垣：《中国史学名著评论讲稿》，见陈垣著、陈智超编：《中国史学名著评论》，49页。

③ 陈垣：《中国史学名著评论讲稿》，见陈垣著、陈智超编：《中国史学名著评论》，30页；《陈援庵先生讲述中国史学名著评论》，157页。

④ 《来新夏听讲笔记》，见陈垣著、陈智超编：《中国史学名著评论》，75页。

⑤ 《来新夏听讲笔记》，见陈垣著、陈智超编：《中国史学名著评论》，76页。

⑥ 陈垣：《中国史学名著评论讲稿》；《来新夏听讲笔记》，见陈垣著、陈智超编：《中国史学名著评论》，6、98页。

"初出即不能满人意。顾炎武《日知录》卷二六、朱彝尊《曝书亭集》卷三二、钱大昕《元史考异》卷九、赵翼《廿二史札记》卷二九均有批评"。援庵先生归纳诸家之说为四点，并逐一为之开解："一、重复，有十八人之多，非尽相同，有小出入，可以互相对勘，于《元史》不佳，于后人可多得史料。二、疏舛，小错误，各史均然，又何独《元史》哉。三、因仍史牍之文，颇可保存元代古文之程式。四、名氏不划一，以翻译之故，待后人补救。"① 又如援庵云："《札记》言《（宋史）新编》未及梓行，（王）维俭书（《宋史记》）沉于水，皆不确。"②《元史》"卷一四六耶律楚材起皆汉人、南人，以前种人。赵（翼）谓两次进呈故乱其次，非也"③。都是对赵翼《廿二史札记》的订正。

### (八)书籍用途

援庵先生十分重视书籍的用途，他根据诸史的用途和价值，将名著分成材料书、工具书、模型书等3类。

材料书，是指该书记载第一手资料，具有很好的史料价值，研究历史时可以作为史源直接征引。史学名著中，大部分属于材料书，如二十四史、《资治通鉴》等，多是第一手资料，可以直接引用从事历史研究。在众多的材料书中，援庵先生极为称许宋王溥《唐会要》。他首先指出："会要之名传存于今者，当自《唐会要》始，唐前虽有而今亡。此为极重要之材料书，作法同百科词典，立门目后寻材料，如类书。"接着分析："《唐会要》之价值何以甚大，盖现在所见之《唐会要》，即宋王溥据自唐时之二会要增加而成。《新唐书·艺文志》有《会要》四十卷，现亡，而现《唐会要》之自唐高宗至德宗者即其本。崔铉亦有《续会要》四十卷，为自肃宗至宣宗。此为

---

① 《来新夏听讲笔记》，见陈垣著、陈智超编：《中国史学名著评论》，135 页。

② 陈垣：《中国史学名著评论讲稿》；《来新夏听讲笔记》，见陈垣著、陈智超编：《中国史学名著评论》，14、125 页。

③ 陈垣：《中国史学名著评论讲稿》，见陈垣著、陈智超编：《中国史学名著评论》，15 页。

无上之材料，因唐人所做，唐时之史料也。而王溥即以此二书之八十卷，续自宣宗后至唐末，共为一百卷。此书虽成于宋人王君之手，但彼皆据之当时人之史料，况《唐书》复成于后者哉。是故唐天宝以前，《通典》可据；《通典》以后，则以《唐会要》为最佳之材料中工具书。《唐会要》当时固仅备检查，目录即有五百一十四条之多，用之甚便。唯因其所引书亡，故此乃变而为材料书，大有取唐实录之地位而代之之势。"①《唐会要》史料多据唐实录，本为第二手资料之工具书，但是由于唐实录除《顺宗实录》外全部亡佚，且《旧唐书》《新唐书》修纂反在《唐会要》之后，所以反而取代唐实录而成为重要的材料书。王溥的《五代实录》，也由于同样原因而升格为材料书。又如李焘《续资治通鉴长编》，今存虽为《永乐大典》辑佚本，然"其材料为以政府之档案及宋各朝之实录为基础，参以宋人各家之书，事同而材异者，亦作考异附于本条之下，诸说共陈，后以自见作断语。此书其材料因在《宋史》之外，故吾人用宋史之材料时，当以《续资治通鉴长编》为佳"，所以该书属于材料书。② 再如谷应泰《明史纪事本末》："此书共八十件事，每事为卷，与《通鉴纪事本末》等作法不同。因其成书在《明史》之前，故价值大，可引用之。此书每事末附一论，用骈体文书成。材料据明之私史《国榷》(谈迁)、《石匮藏书》(张岱)，但多数系据明之实录。在未印《明实录》之前，此甚要。"③故亦属于材料书。徐梦莘《三朝北盟会编》："自政和七年起至高宗绍兴三十二年，共计四十六年，专述与金交涉事。此书引用书有二百余种之多，现存者仅数种，故此书价值甚大。此书为编年体，凡引用之材料皆注明出处，未知者而加考证者，附某年之末，不知年代无类可归者，另作杂录记于书末。事同而说异者，其异说并存。此书少论语，但当时他人对事之评语则俱引之。"④这也是关于宋金关系最重要的材料书。

---

① 《陈援庵先生讲述中国史学名著评论》，57～60 页。

② 《陈援庵先生讲述中国史学名著评论》，27～28 页。

③ 《陈援庵先生讲述中国史学名著评论》，41～42 页。

④ 《陈援庵先生讲述中国史学名著评论》，43～44 页。

援庵先生对杜佑《通典》评价甚高："此书为材料书，为唐史书最佳者，盖《新》《旧唐书》成于后者也。《通典》作法，除正史之志书外，尚集当时各家文集、奏议中之材料亦甚多，且其原书所引之材料，原书有许多现已亡佚，故此书之价值亦即在此。""吾人仅知其节目，当利用时即可寻而用之。《通典》一书不注出处，为其病焉。但因其本书资格已足，亦可作为根据。此书非世家绝不可作，盖非洞悉历代之典章制度，不可为也。"①至于马端临《文献通考》，"此书分二十四门……前半本于《通典》。《通典》为容纳各学说而成之，熔铸各家之言于一书；《通考》为排列详细目条而成之。《通考》于不妥之史事多加考证，而低一格附于此事之后，且参以他人对某事之按语，检查较《通典》为便当。此书中唐以后者，其力量与正史同，因成于《宋史》之前"，所以"亦为材料书"。② 朱熹等《名臣言行录》："此书可视作模范传记作品。其取材于当时之记传、各家文集、行状、墓志等，分类而录之，并注其出处。读此书，可得见其作法。""此书之价值高于《宋史》，盖元人修《宋史》以前也。又《宋史》只笼统一传，而《名臣言行录》则注明出处，亦较确切而有根据也。"③此外，如杜大珪《名臣碑传琬琰集》、辛文房《唐才子传》、苏天爵《元朝名臣事略》、钱谦益《皇明开国功臣事略》《开国群雄事略》，"以上各书，皆可谓之为材料书"④。

在奏议类中，赵汝愚《国朝诸臣奏议》是"以类为主，总诸臣之奏议而成。赵书以研究事故，分十二类：一、君道；二、帝系；三、天道；四、百官；五、儒学；六、礼乐；七、赏刑；八、财赋；九、兵制；十、方域；十一、边防；十二、总议。某人之奏议俱注其人之生年月、当时居何官。赵在国史馆多年，乃由档案选出此百五十卷，分类编纂，整个北宋之史料，政治等始末一览无余，比《宋史》著作为早"。因而，"此书可为材料

---

① 《陈援庵先生讲述中国史学名著评论》，46～48 页。
② 《陈援庵先生讲述中国史学名著评论》，53～54 页。
③ 《陈援庵先生讲述中国史学名著评论》，123～125 页。
④ 《陈援庵先生讲述中国史学名著评论》，125～129 页。

书，不易得，比《宋会要》有价值"。① 又如李鸿章等编《曾文正公奏议》，
"此为史料书，太平天国关系者甚多。关于洪、杨本身之史料：一、洪、
杨本身之布告；二、私家记载；三、外国人之史料记载；四、清官府之记
（曾公奏议即属此类）。奏议为当时之材料，较后来记载甚要。凡治一代，
或某一地方，或一种制度，或一专案，最好能得当时之奏议。《曾文正公
奏议》因与史料有关，又为古文家桐城派之人物，而其为文非一般桐派之
淡泊所及，故享名尤甚。此实治太平天国者之最佳史料"②。

工具书，是指该书材料抄自他书，非第一手资料，在研究中不能直接
引用；但是编纂有法，有利于阅读或检索史料，故有作为工具的价值。如
汉荀悦《汉纪》："史料以《汉书》为本，无新史料可言，然以此书校《汉书》，
则颇有用。""书学《左传》，以编年为体，以表、志、传之事纳入本纪中，
省览极便，无一事互见异同之弊。""《史通》甚推崇此书。实则此书为一工
具书。"③《汉纪》无新史料，非材料书，但因便于省览，故为工具书。同样
是断代纪事本末，明陈邦瞻《宋史纪事本末》却与《明史纪事本末》不同：
"此书甚善，较《通鉴纪事本末》尤难。因《通鉴纪事本末》仅就《通鉴》原书
抄寻其首尾而已，而《宋史》为正史，本纪有之，列传、志书亦有之，且
《宋史》在正史为最大，故求每事之始末，非阅毕每事所有关之列传、本
纪、志书等不可得其概略，然犹恐遗漏也。"尽管《宋史纪事本末》编纂难度
很大，"为明第一流书"，"治宋史者观此书甚便，但引用时仍以《宋史》为
准"，④ 所以《宋史纪事本末》仍属工具书，非材料书。杨仲良《皇宋通鉴长
编纪事本末》亦是如此："将李焘之书，以事为主，按年月以《通鉴长编》之
原文述之。""李焘书为原料，但此书观之较便，可用为工具，盖多《宋史》

① 《陈援庵先生讲述中国史学名著评论》，157～158 页。
② 《陈援庵先生讲述中国史学名著评论》，155～157 页。
③ 《来新夏听讲笔记》，见陈垣著、陈智超编：《中国史学名著评论》，142～143 页。
④ 《陈援庵先生讲述中国史学名著评论》，39～40 页。

以外史料也。"① 又如同为会要体裁，清杨晨《三国会要》却不同于《唐会要》。该书编纂亦甚得援庵先生称赞："门类分十五门，与《东》《西汉会要》同。引书有一百五十五种（《三国志》与《注》在外）。此书之材料皆加考证，清代对于三国典制考证之成绩，尤尽量利用，故此书材料佳。此书之特长，《两汉书》皆有志，故徐天麟伸长其书则甚易，而《三国志》则无志书，其关于典制须别求之，此《三国会要》之所作也。"尽管有上述长处，但是"因其材料与《三国志》材料同"，所以"此书为工具书"。② 同样情况的还有宋徐天麟《两汉会要》，也因无新史料，只是阅读方便，而属于工具书。再如明钱士升《南宋书》，其"材料多出自《宋史》，删繁就简而成之，法学《南》《北史》"，"简略而无增加，唯文佳而便检查耳"。《南宋书》材料出自《宋史》，但简略而便于检查，所以也是"工具书"。③ 宋沈枢《通鉴总类》，"此书昔日甚负盛名，以类为主，其分类法按《册府元龟》分之，共二百七十一门。此书甚便检查，可做类书读之"④，亦属于工具书。清沈炳震《新旧唐书合钞》，虽然编法不佳，为援庵先生批评，但"其佳点为可以得见《新书》所增加之新材料，故只可以为工具书"⑤。

模型书，是指材料抄自他书，非第一手资料；辑录材料又不注明出处，无法作为工具书；但是其编纂范式，是后世同类书的模型。如林虙、楼昉《两汉诏令》："此书名气甚大。然汉与宋相距千年，其材料究各出于何篇，则未注明，唯仅将《汉书》诏令之成文者，抄集成之而已。非材料书，然亦非工具书，仅可曰模型书。此体亦自宋人始。严可均作《全上古三代秦汉六朝文》，法虽同，且逐条注明出处，较《两汉诏令》为佳。"⑥《两

① 《陈援庵先生讲述中国史学名著评论》，28～29 页。

② 《陈援庵先生讲述中国史学名著评论》，71～72 页。

③ 《陈援庵先生讲述中国史学名著评论》，81～82 页。

④ 《陈援庵先生讲述中国史学名著评论》，145～146 页。

⑤ 《陈援庵先生讲述中国史学名著评论》，94 页。

⑥ 《陈援庵先生讲述中国史学名著评论》，147～148 页。

汉诏令》"取材全在三史(《史记》《汉书》《后汉书》)"①,非第一手资料,故非材料书;又不注明出处,无法作工具书;只能是模型书。至于严可均《全上古三代秦汉六朝文》,编纂方法与《两汉诏令》相同,但因注明出处,可以用作工具书,所以较前者为佳。同属诏令集,宋敏求《唐大诏令集》则不同:"材料亦自两《唐书》抄来,唯据《新书》者少而《旧书》者多俱全。"然而"此书除此材料外,又将当时实录之诏令抄加甚多,但唐实录现多亡,故此书亦有价值。"而且"《新唐书》因不悦骈体文,故关于此体诏令多不用,不得不用者则为散文,故欲睹当时诏令之真目,不得不读此书"。所以,"此乃材料书,而非模型书"。②《唐大诏令集》大量采集了唐实录中的诏令,而唐实录后世基本亡佚,何况《唐大诏令集》保存了唐代诏令骈体文的原貌,所以不同于《两汉诏令》,属于有史料价值的材料书。

当然,史著中也有全无价值者,如清代编纂之续三通与清三通:"续三通为全抄自旧史,清三通又有尤有价值之当代专书,如《大清律例》《大清会典》等可全代之,故六通无甚价值。"③又如李清《南北史合注》被扣除后,因"卷数大致相同"而补入《四库全书》的李锴《尚史》:"其材料完全用马骕《绎史》为底而加以剪裁,即将纪事本末体改为纪传体而已,用集句之法,并各条而列之,注明出处,多为《绎史》上所引用者,故此书无甚佳点,以其材料无可取,作工具书亦不足用也。"④至于沈名荪、朱昆田同编之《南史识小录》与《北史识小录》:"此书无甚用,皆因朱彝尊情面之关系而入《四库》也。作法同《两汉博闻》,惟《两汉博闻》以特别名词为主,此书则以句之华丽者为主,提抄之集成此书,为《四库》之最坏者。"⑤

---

① 陈垣:《中国史学名著评论讲稿》,见陈垣著、陈智超编:《中国史学名著评论》,29页。

② 《陈援庵先生讲述中国史学名著评论》,148~149页。

③ 《陈援庵先生讲述中国史学名著评论》,57页。

④ 《陈援庵先生讲述中国史学名著评论》,95~96页。

⑤ 《陈援庵先生讲述中国史学名著评论》,146页。

## (九)阅读方法

在讲述史学名著时顺带介绍读书方法，这也是援庵先生课程的一个特色，以指导学生更好地阅读理解名著。对司马光《稽古录》，援庵先生首先指出该书"亦为温公作《通鉴》之副产品也"。它与《通鉴目录》的区别，是"《目录》仅有事目而不贯穿，而《稽古录》则自上古至温公本身，即北宋英宗四年，全仿《史记》之方法，其用处即为《通鉴》之简本。《通鉴目录》仅供检查，但此则可供阅读。吾人考察《通鉴》时用《考异》，温习时用《通鉴目录》，简读时用《稽古录》"①。用援庵先生的方法阅读，则《通鉴目录》《考异》《稽古录》3书就可以各尽其用，成为《通鉴》的辅助读物。又如郦道元《水经注》，"乃古今名著，价值同《史记》《国策》"，"内容兼文学、考证之长，当精读之"。"《水经注》颇多引用南朝人之著作……引用至博而文章优美，颇为一贯，使人读之不觉其为引用他人之语也"。援庵先生提倡的"读《水经注》之法：《水经注》名为讲水，实则材料甚多。吾等可先读一次，而再分类读之。新会陈氏读此书之分类法：地名、人名、第宅、祠庙、冢墓、书目、碑目、故事、歌谣、怪异、动物、植物"②。即先通读一过，体会其文学之美与考证之精，然后再分类仔细阅读，兼收其资料丰富的类书之效。再如明严衍《资治通鉴补》，"即补《通鉴》之不足，着手于《通鉴》史料来源之考求也。但其所研究而行补述者，仅限于十七史，于十七史以外之《通鉴》史料，则未考及，亦美中不足也。虽然未至于尽善，但吾人因之可知温公剪裁史料之方法。换言之，即可观《通鉴》之原稿，其功亦大矣"。"所补者因仅据十七史，固为遗憾，但吾人可于此失败之中另获意外之收获。盖可于《通鉴补》知何者为《通鉴》采自正史之材料，非为正史之所有者，则多为温公可见而现亡之史书记载，因温公书系据二三百余种书而

---

① 《陈援庵先生讲述中国史学名著评论》，23~24页。

② 《陈援庵先生讲述中国史学名著评论》，172、180页。

成"。① 这是援庵先生启发学生阅读《通鉴补》的要点，即通过《通鉴》与十七史的比较，考察司马光剪裁史料之方法，并利用《通鉴补》之不足，查找《通鉴》于正史之外的其他记载。

指点名著的阅读方法还只是奠基，援庵先生又更进一步，引导学生探索研究方式和著作之法。援庵云：吴士鉴"《晋书斠注》之作法，与日人之《史记会注考证》同，即集所有历代关于《晋书》之材料而成书……此用归纳法编成。作书有二法：即归纳法与演绎法是也。例之如下：一、演绎的：从《晋书》第一卷读起，遇疑问时则自己去考证而探求之，或再寻他人对此问题研究之成绩，故成书时必久而工作甚累，笨法也。二、归纳法：可以不看《晋书》，先找前人关于《晋书》之材料，而逐条记于《晋书》原处。此法易，收效大，然他人知者则我知；他人不知者则我亦未可作对也"②。援庵以《晋书斠注》为例，说明归纳法在校注史籍中更优于演绎法，但也同时提醒此法存在的弊端。

援庵先生总结史著的编纂方法，指出："作书之法有下列四种：一、《绎史》派与《日下旧闻》派，即凡引用之材料，逐条列下，如物理作用。"《绎史》之法是："引书不相连属，皆注出处，异说并注于每条下，篇末间有论断。"③"二、国史儒林派，即创自阮文达公，即不用噫④而采用各家之成句而成书，句句注出处，盖为避免一切之请托与恶感也。"其弊病在"惟亦太过，如某某字、某某地人也亦注出处，史家不应如是。""三、《畴人传》派（阮元），引用材料未逐句注明，而每传末注明其引用之书目。""四、《十国春秋》派"，"虽自云句句皆有所据，但彼俱未注出处，仅于书首列引用书目，此大病也。既未逐条注明，而每卷之后亦无引用书名，故虽云引数百种，究未可靠也。"因此"此派已成过去，未可采用"。援庵认为："此

---

① 《陈援庵先生讲述中国史学名著评论》，21～27 页。

② 《陈援庵先生讲述中国史学名著评论》，75～76 页。

③ 陈垣：《中国史学名著评论讲稿》，见陈垣著、陈智超编：《中国史学名著评论》，20 页。

④ "噫"字似误，疑当作"己意"。

上四种，以一、三派为佳，第二派太碎，第四派根本未可存在。"①在一、三两派中，援庵先生更看重第一派的作书之法。他分析苏天爵《元朝名臣事略》："此书之价值在《元史》之上，其作法仿朱子《名臣言行录》，其取材亦以人为主，其人之事，或在别传，或在墓志，或在碑，总为之组合焉。但此书除注出处外，并于其冲突处加以考证，附于本书之中，用李焘（《续资治通鉴长编》）之法，非司马光（《通鉴》）之法也。此法成为现在做学问唯一方法。（阮元）《畴人传》之方法亦佳，但尚不如此法方便也。（陈校长现又发明一种新方法，不久即可出版矣。）"②援庵又云："钱氏（谦益）可谓为清代学问之开山祖。钱氏兼用苏天爵与李焘之体裁，其《开国群雄事略》乃以人为主，而以编年体作之者，较苏氏（天爵）更进步，不过尚不如陈校长之法。"③

值得注意的是，这里两次提到陈校长即将出版的著作，是指 1934 年冬刊版印刷的《元西域人华化考》。④ 这是援庵先生在考察借鉴中国传统史书编纂方法的基础上，吸收西方现代史著的精华，而完成的系统研究历史的新著作。这部大著以科学的方法，先在绪论划定元代西域人这个研究范围，界定"华化"这一概念，其次分儒学、佛老、文学、美术、礼俗、女学等 6 篇，根据材料逐人考察西域人来华的多方面情况，然后以结论概括元西域人生活全貌，并编纂《元西域人华文著述表》佐证之，最后附录该书的征引书目达 211 种。诚如陈寅恪先生在重刻序中所言："近二十年来，国人内感民族文化之衰颓，外受世界思潮之激荡，其论史之作渐能脱出清代经师之旧染，有以合于今日史学之真谛，而新会陈援庵先生之书，尤为中

---

① 《陈援庵先生讲述中国史学名著评论》，112～113 页。

② 《陈援庵先生讲述中国史学名著评论》，128 页。

③ 《陈援庵先生讲述中国史学名著评论》，129 页。

④ 陈垣著《元西域人华化考》前 4 卷，1923 年 12 月发表于北京大学《国学季刊》第 1 卷第 4 号；后 4 卷，1927 年 12 月发表于燕京大学《燕京学报》第 2 期。1934 年冬，始将全书刻版合刊，作为《励耘书屋丛刻》第 1 集第 1 种重新出版。

外学人所推服，盖先生之精思博识，吾国学者自钱晓征（大昕）以来未之有也。"①援庵先生在提点学生阅读名著的基础上，进一步总结中国传统史书的编纂方法，并以其融合西方史学的科学的新史著，向学生展示了历史研究著作的新范式。

通过上述课程要点，援庵先生赋予"名著评论"课程丰富的内容和独特的风格，完满地实现了课程的设想。当然，随着不同学年讲授的名著类别不一，课程要点关注的重点也有所调整。如来新夏笔记以介绍正史为主，故课程要点更注重参考要籍和后人批评，毕竟后世对正史的研究和批评是最多的；而余氏抄本笔记主要讲述编年、纪事本末、政书、别史、载记、传记、史钞、诏令奏议、地理、目录等 10 类史著，所以课程要点也更重视书籍用途和阅读方法。

"中国史学名著评论"课程，以其种类繁多的名著和参考要籍而令人惊叹；余氏抄本和来新夏两部听讲笔记，启示我们援庵先生是如何教授这门规模宏大的课程。名著的遴选、分类及对《四库提要》的参考与辨正，体现了目录学在课程创设中的重要作用；而围绕课程要点为中心的著录与讲授，为史学名著注入了丰富的内涵与鲜明的特色，也展现了援庵先生独特的学术风貌。白寿彝先生指出："援庵先生从事教育工作七十余年，是我国著名的教育家。他在教学上严肃认真，循循善诱，善于启迪学生以治学门径，鼓励他们在扎实的根柢上用功夫。""接受援庵先生留下的这份遗产，对于改善我国目前史学界状况，特别是改善高等学校历史教学的状况，是有现实意义的。"②欣逢援庵先生诞辰 140 周年庆典，认真研读"中国史学名著评论"课程的相关文献，以有助于我们更好地继承先生的史学遗产。

---

① 陈寅恪：《重刻〈元西域人华化考〉序》，见陈垣：《元西域人华化考》，139～140 页，上海，上海古籍出版社，2008。

② 白寿彝：《要继承这份遗产——纪念陈援庵先生诞生一百周年》，见陈智超编：《励耘书屋问学记：史学家陈垣的治学》，1、6 页。

# 再读《元西域人华化考》

## ——兼谈对当代丝路文化交流研究的启示

周少川

[摘要]陈垣发表于1923年的《元西域人华化考》，是用现代科学方法开展丝路文化研究的首创著作，也是一部由多种译本、广受中外学者称道的史学名著。该书广征博引、以丰富翔实的史料为基础、以严谨缜密的历史考证开路，深刻论述了元代西部边疆少数民族以及原址中亚、西亚、东欧等国人士接受中华文化、融入中土社会的历史事实。该书从元西域人"华化"的角度，表彰中华文化在儒学、宗教、文学艺术、礼俗等方面的无穷魅力，以海纳百川之喻，赞颂中华文明对外来百俗巨大的包容力量。陈垣在书中不仅彰显中华文化的影响力，也充分阐述了元西域人"华化"之后，在儒学、文学、美术、书法、建筑等方面为中华历史文化发展作出的突出成就。《元西域人华化考》严谨的考证、论述和开阔的民族文化史观，至今仍对中外交通史和丝路文化研究有重要的借鉴意义。

[关键词]陈垣；《元西域人华化考》；中华文化；民族文化史观

《元西域人华化考》是陈垣史学的代表作。陈垣先生在中国史学近代化的进程中，吸收西方近代科学的成果，对我国传统史学进行总结和改造，

---

作者简介：周少川，北京师范大学历史学院教授。

以论证缜密、建树体例、融会贯通的新史学考证独树一帜，撰写了《元也里可温教考》《元西域人华化考》《校勘学释例》《史讳举例》《明季滇黔佛教考》《中国佛教史籍概论》《通鉴胡注表微》等 20 种专著和 200 余篇论文，在宗教史、历史文献学、元史、中外交通史等领域，开创性地推动了中国史学的发展。其中的《元西域人华化考》是现代中国元史和中西交通史研究的开创性史著，也是运用现代史学的科学方法开展丝路文化研究的首创著作。近 10 年来，我国"一带一路"的建设理念和构想在不断实践中转化为现实，也推动了中外交通史和丝路文化的研究。重读陈垣先生的《元西域人华化考》，进一步感觉到其丰富内容和重要思想，对现当代丝绸之路历史文化的研究，以及"一带一路"的文化建设有重要的借鉴和启示意义。

## 一、撰著流传与内容特色

《元西域人华化考》写成于 1923 年，全书分 8 卷，从儒学、宗教、文学、美术、礼俗等方面，广泛论述了元代西部边疆少数民族以及远至中亚、西亚、东欧等国民族接受中华文化的历史事实。1923 年该书分两部分在北京大学的《国学季刊》和燕京大学的《燕京学报》先后发表；1934 年始将全书木刻出版，作为《励耘书屋丛刻》的第一种；1966 年美国哥伦比亚大学教授 L. Carrington Goodrich 和钱星海将此书译为英文，在洛杉矶出版；1989 年英文版在德国再版；1996 年河北教育出版社出版的《中国现代学术经典·陈垣卷》收入此书；2000 年上海古籍出版社出版了单行本。

《元西域人华化考》甫经问世，它的学术成就很快引起国内外学术界的重视，从而奠定了陈垣作为国际学者的地位。首先，它以资料丰富翔实而著称，全书征引各类文献 212 种[1]，所用材料以金石录和诗文集为主，其中元、明人文集约 100 种。除一般史家常用的正史、方志、杂记、随笔之

---

① 陈垣：《元西域人华化考》附录《征引书目》，142～144 页，上海，上海古籍出版社，2000。

外，更广搜书目、韵书、方外书、法书、画谱等许多为他人未见或习见而未能运用的资源，大大扩充了史料范围。许冠三在评述此书的特点时，认为"仅就资料的丰富而言，已属前无古人"，在中国史学界，史学考证材料"如此繁富而多样，仅有晚年的陈寅恪和顾颉刚差堪匹敌"。① 为了保证史学考证缜密服人，陈垣在运用同一种材料时还注意到不同版本的差异，如卷五考余阙华化，所见《青阳集》即有元刊5卷本、6卷本，明刊9卷本和《四库全书》6卷本等4种。② 卷三考丁鹤年学佛事迹，所据丁鹤年集有艺海珠尘本《丁孝子诗集》和琳琅秘室本《丁鹤年集》，取材以琳琅秘室本为主，艺海珠尘本补充，曰："《鹤年集》两本互有详略，今独取琳琅本者，以其独标《方外》一集，足明鹤年学佛之说不诬而已。"③这种多聚异本、搜罗无遗的做法，反映了陈垣收集材料"竭泽而渔"，鉴别运用材料详审精确的一贯作风。

陈垣的史著，多以精密无误的史学考证独擅胜场，《元西域人华化考》全面体现了他在这方面的史学功力。书中为了论证元西部边疆和以西广大地区各民族华化的史实，考证人物达168人，计《儒学篇》30人，《佛老篇》8人，《文学篇》51人，《美术篇》32人，《礼俗篇》41人，《女学篇》6人，除去各篇互见者，共132人。每人皆考其族源、事迹，列举事例不计其数，原原本本、翔实赅博，其严谨的史学考证方法为后人提供了可贵的示范。如卷二考高昌偰氏一门九进士，即历数偰家四代人物，爬梳正史、方志、文集、书目等多种材料，然后详列九进士图表，标注登第先后及科举年代，以证摩尼教世家偰氏一门儒学之深厚。④ 又如卷四论丁鹤年为汉学诗人一节，考《丁鹤年集》中《梦得先妣墓》、悼从兄马元德诗、《挽卫知事胡公鼎》等三诗的写作时间或作于明洪武十二年或作于此后，又揭示集中明

① 许冠三：《新史学九十年》上册，115页，香港，香港中文大学出版社，1986。
② 陈垣：《元西域人华化考》，76~77页。
③ 陈垣：《元西域人华化考》，48页。
④ 陈垣：《元西域人华化考》，34~35页。

刻敬称的格式，合为四证。定 4 卷本《丁鹤年集》为明刻，纠正了清代著名版本目录学家黄丕烈、顾广圻等错将此书认为元刻之误。[①] 其中委曲求证，明辨审断，令人叹服。故陈寅恪为此书作序时，高度评价了陈垣在此书中的考证功力，认为"我国学者自钱晓征以来未之有也"[②]。

《元西域人华化考》最受国内外学者称道者，还在于摆脱了清人琐碎考证的窠臼，代之以科学系统的体例，因考证而贯通史实，综合分析，得出新解。此书高明之处是先在绪论中界定了元西域的范围，说明元西域与汉西域大不相同，汉以后西域的范围已推至葱岭以西的广大地区，元代西域所指领域更为广阔，是"历西北三藩所封地，以达于东欧"[③]。因此西域人不仅指元边疆少数民族，而且包括了中亚、西亚乃至欧洲的外国人，于是西域人"华化"也就有了中华文化向世界传播的意义。绪论分析了"华化"的含义，即"华化"不能简单等同于"汉化"，华化是指对当时业已形成的中华文化的认同；又以介绍元以前西域人"华化"的事实为研究的前提，从而明确规定了全书研究的对象、范围和目的。日本著名汉学家桑原骘藏在为此书所写的书评中指出，观其绪论，"可证明著者之研究为科学的"，"可见著者研究方法之周到也"，他以为这种科学的方法和体例是向来中国学者所不经见的。桑原骘藏还盛赞此书从 6 个方面对元西域人"华化"的论证系统周密，他特地抄录了全书目录，并强调说："观以上目录，则可知著者之论文，对于元西域人华化之问题，为如何彻底之研究考核矣。"[④]

---

① 陈垣：《元西域人华化考》，70～72 页。

② 陈寅恪：《陈垣元西域人华化考序》，见《金明馆丛稿二编》，239 页，上海，上海古籍出版社，1982。

③ 陈垣：《元西域人华化考》，1 页。

④ ［日］桑原骘藏：《读陈垣氏之〈元西域人华化考〉》，见陈垣：《元西域人华化考》，147 页；原文载《史林》（日文），第 9 卷，第 4 号，1924。

## 二、表彰中华文化的巨大魅力

通过边疆少数民族和一批外国士人接受汉文化的事实，表彰中华文化的巨大魅力，是《元西域人华化考》的重要思想内容。这些思想内容的出现自然是和陈垣所处的时代和此书的写作背景密切相关的。20 世纪初叶，中国社会积贫积弱，陈垣是怀着救国的满腔热情从广东北上京师的，虽然当时北洋军阀政治的腐败和无能使他大失所望，但他依然对中华文化的强大力量与民族的复兴满怀希望。五四运动以后，中国的新文化运动和思想启蒙运动声势浩大、影响深远，但在波澜壮阔的思想文化运动中，一些启蒙思想家却走上形式主义的道路。他们把东西文化截然对立起来，有的人错误地认为一切西方文化都是进步的，一切中国文化都是落后的，他们声称"极端的崇外，未尝不可"[①]。发展到后来，甚至得出"非彻底和全盘西化，不足以自存"[②]的结论。陈垣不能苟同这种对民族文化的虚无主义态度，因此他在史学著作中以实事求是的态度和确凿的史实，表彰中华民族文化巨大的生命力和影响力，用以批驳那些民族文化虚无的论调。1923 年发表的《元西域人华化考》，就是这样一部著名的著作。许多年以后，他在回忆这部著作的写作背景时说："此书著书于中国最被人看不起之时，又值有人主张全盘西化之日，故其言如此。"[③]

《元西域人华化考》从研究中外文化交通的角度，阐述在元朝多民族统一国家兴盛的形势下，大批过去被隔绝的大食、波斯、印度、叙利亚等外国人和中国西部少数民族，来到中国，进入中原，接触中华文化，深受感染的事实。通过这些事实的揭示，达到表彰中华历史文化的目的。书中从

---

① 傅斯年：《通信》，载《新潮》，第 1 卷，第 3 期，1919。
② 陈序经：《东西文化观》，178 页，广州岭南大学，1937。
③ 陈智超编注：《陈垣来往书信集（增订本）》，912 页，北京，生活·读书·新知三联书店，2010。

几个方面阐述了中华文化巨大的感召力。

一是儒学的感召力。陈垣说："儒学为中国特有产物，言华化者应首言儒学。"①他从"西域人之儒学""基督教世家之儒学""佛教世家之儒学""摩尼教世家之儒学"等几个方面，考察了马祖常、赡思等外国人或西部少数民族人物共 30 名，论述他们入华以后接受儒学甚至世代为儒的事迹，说明中国儒学巨大的影响力。他在论述畏吾尔人阿鲁浑萨理以佛教世家传人而习儒的事迹时指出：

> 元时佛教世家，无过阿鲁浑萨理。三世精佛学，父为释教总统，身受业于国师八思巴。以此世袭信仰，其思想宜不易动摇也，而抑知事实上不然，特患其不通中国之文，不读中国之书耳，苟习其文，读其书，鲜有不爱慕华风者。②

言简意赅，表现了他对中华民族悠久历史文化无比的自信心和自豪感。

二是宗教的感召力。中国的宗教对于外来人物也有巨大的感染力，这不仅包括中国本土生长的道教，也包括已经中国化的佛教。陈垣对于中国化佛教的影响，有严格而科学的界定，他认为，凡由汉译经论或晋唐以来中国佛教著述而入佛教者，皆应谓之"华化"。③《元西域人华化考》的《佛老篇》论外国和西部少数民族崇信佛老者共 8 人，其中有由基督教世家而入道的马节、赵世延；有由伊斯兰教世家而入佛的丁鹤年。他记丁鹤年开始习佛不过因"避祸不得已之苦衷，暂行遁迹空门而已"，"然始而避地，继而参禅，终而高蹈，濡染既深，讵无所获"④，最终修行有得。这也足以证

---

① 陈垣：《元西域人华化考》，8 页。
② 陈垣：《元西域人华化考》，28 页。
③ 陈垣：《元西域人华化考》，36 页。
④ 陈垣：《元西域人华化考》，50 页。

明中国宗教潜移默化的力量。

三是文学艺术的感召力。中国文学源远流长，富有内容美和形式美的统一，它是外来人士学习中华文化最先接触的领域，故常常以强大的魅力吸引他们浸淫其中。《元西域人华化考·文学篇》记载的文学人物最多，他们不仅倾倒于中国文学，而且为诗、为曲、为文，在中国文学史上留下许多动人的篇章，"此西域人所以在元朝文学界中占有重要地位也"①。中国艺术对外来人士的影响，包括书法、中国画和建筑。陈垣指出："书法在中国为艺术之一，以其为象形文字，而又有篆、隶、楷、草各体之不同，数千年来，遂蔚为艺术史上一大观。"元代外国人和进入中原的少数民族中有不少人精通书法，这样的造诣实属难能可贵，因为"在拼音文字种族中，求能执笔为中国书，以极不易得，况云工乎！故非浸润于中国文字经若干时，实无由言中国书法也"②。在论及外国人受中国建筑学影响的事例中，他特标举也黑迭儿建造元大都宫殿的贡献，也黑迭儿为阿拉伯建筑师，却能以中国营造法建大都宫阙，其原因固然有元朝统治者的要求，也由于也黑迭儿对中国建筑术的钦服和感悟，陈垣说："元人自审除武力外，文明程度不及汉人，故不惜舍庐帐而用宫阙。也黑迭儿深知其意，故采用中国制度，而行以威加海内之规模。"③

四是礼俗的感召力。陈垣认为，元代外人来华，"一二传即沾被华风"而习华俗，因而可以说"元时西域人模仿中国习俗，应有尽有"④。如用汉语为姓名，沿用中国的丧葬习俗、祠祭习俗，甚至连居处别业的布置、室名斋号的命取，也皆因爱慕华风而例行华俗。有鉴于百方异俗，"一旦入住华地，亦改从华俗"的大量例证，他不无感慨地说："其旧俗譬之江河，

---

① 陈垣：《元西域人华化考》，83 页。

② 陈垣：《元西域人华化考》，84 页。

③ 陈垣：《元西域人华化考》，100 页。

④ 陈垣：《元西域人华化考》，113 页。

中国文明则海也，海无所不容，故无所不化。"①他以海纳百川之喻，深情赞颂了中华文明对外来百俗巨大的包容。"中国文明则海也"，是陈垣对中华历史文化无穷魅力的高度概括。

在通过考证而贯通史实、作出分析后，陈垣还在卷八特立《结论》，对元代中华文化的广泛影响作出综合解释。他批评以往因种族偏见而轻视元代文化的看法，指出相比元代文化的昌盛和巨大的影响力，"则汉、唐、清之盛，岂过元时"②。这在当时多数人以为元朝只有武功、缺少文化的学术界，无疑是一个崭新的观点。因此陈寅恪评价此书"分析与综合二者极具功力"，认为陈垣的史学已摆脱清人为考据而考据的旧习，"合于近日史学之真谛"，"先生是书之所发明，必可示以准绳，匡其趋向，然则是书之重刊流布，关系吾国之学术风气转移者至大，岂仅局于元代西域人华化一事而已哉"③。

## 三、揭示多民族共建中华历史文化的史实

几千年来，中华大地上先后生息和居住过许多民族，一些民族消失了，另一些民族又勃然兴起。伴随着中国历史上各民族的起源与发展，以及统一、分立、再统一的反复交替，古代各民族之间的文化交流和相互借鉴，促成了中国各民族共同的进步，各民族共同建设了中华历史。陈垣敏锐地观察到这一点，他在《元西域人华化考》中，一方面彰显了中华文化巨大的影响力，另一方面也充分论述了我国历史上的少数民族和外来民族在华化之后，为中华历史文化发展所作出的突出成就。

陈垣在书中梳理了元西域人融入中土社会的过程，指出有元一代，西域各族大批东来，在内地定居生活后，不可避免地要接触汉文化。"其初

---

① 陈垣：《元西域人华化考》，121 页。
② 陈垣：《元西域人华化考》，133 页。
③ 陈寅恪：《陈垣元西域人华化考序》，见《金明馆丛稿二编》，239 页。

皆军人，宇内即平，武力无所用，而炫于中国之文物，视为乐土，不肯思归，则惟有读书入仕之一途而已。"①西域人来内地的第一代、第二代多以武功取得高官厚禄，但随着战争的结束，其中一些人物而更多的是他们的后代遂多敦诗书而悦礼乐，甚至通过科举而取得功名，于是不少西域人在文学、艺术、哲学、史学等方面取得了很高造诣，为中土地社会发展作出他们的贡献。由此可见，"华化"是一种双向互动的历史现象。

该书从儒学、文学、美术、书法、建筑等各方面考察了元代进入中国的色目人逐渐融入华夏文化的情况及取得的成绩。首列儒学篇 20 余人，陈垣以为："儒学为中国特有产物，言华化者应首言儒学。元初不重儒术，故南宋人有九儒十丐之谣，然其后能知尊孔子，用儒生，卒以文致太平，西域诸儒，实与有力。"②充分肯定了西域诸儒对元代尊儒治国及对儒学发展所作的贡献。《文学篇》列西域之文学家 53 人，说明他们的华化及其在元代文学领域中的地位和成就。其中诗家 29 人、文家 8 人、曲家 16 人。书中引元人戴良在《丁鹤年集》序文中所列贯云石、马祖常、萨都剌等 12 人，以为他们皆居西北之远国，去中国不知其几千万里，而其为诗乃有中国古作者之遗风。可见西域诸人之诗歌成就，当世即为汉人文学家所称道。陈垣以为"此十二人者，其诗名高下不同，而其可与中国作者抗衡则一也"③。《文学篇》又论元代西域人华化之后，在散文写作上的成就，指出："至正间，诏修辽金宋三史，西域人预纂修之役者，《辽史》有廉惠山海牙，《金史》有沙剌班、伯颜师圣，《宋史》有斡玉伦徒、泰不华、余阙，皆一时之隽。"又引清人王士禛在《居易录》卷二里的评论曰："元代文章极盛，色目人著名者尤多。"④在分析元西域曲家的元曲写作之后，陈垣特别指出在元曲名家之中，"西域人特多，此西域人所以在元朝文学界中占有

① 陈垣：《元西域人华化考》，17 页。
② 陈垣：《元西域人华化考》，8 页。
③ 陈垣：《元西域人华化考》，57 页。
④ 陈垣：《元西域人华化考》，75 页。

重要地位也"①，充分肯定了西域文学家推动元代文学繁荣的贡献。《美术篇》列书家 35 人、画家 5 人、建筑家 1 人。入华西域人善中国书法者甚多，其中最著名者为巙巙，当时与赵孟頫齐名，号称北巙南赵。北巙能取得如此大的书法成就，则来自勤学苦练，陈垣专门引用史料，盛赞其书法用力至深、用工至勤。书中曰：

> 《山居新话》《辍耕录》十五均载有巙巙与客问答一则，云："江浙平章子山公，书法妙一时，自松雪翁之后便及之。尝问客：有人一日能写几字？客曰：闻赵学士言，一日可写万字。公曰：余一日写三万字，未尝以力倦而辍笔。"其精力如此，实为可惊，不知今日青年闻之作何感想也。②

元时西域画家高克恭亦有大名，是能与赵孟頫抗衡者。陈垣以为："元朝书画，推赵独步，然与赵颉颃者，书画皆西域人，亦足见元西域人天资学力，不让汉人也。"③西域人之中国建筑家，有也黑迭儿，元时大都都城及宫殿即为其所建造。陈垣以此为"极伟大而为吾人所未经注意者"，"今人游北京者，见城郭宫阙之美，犹辄惊其巨丽，而孰知筚路蓝缕以启之者，乃出于大食国人也"。正因为元大都的建设，奠定了北京成为明清古都宏伟壮丽的基础，所以陈垣认为"（吾人）既知为也黑迭儿所为，今日不能不以此光荣还诸劳力劳心之原主"。④ 赞誉之情，溢于言表。书中还根据《元史·世祖本纪》有关中统四年三月，"庚子，亦黑迭儿丁请修琼华岛，不从"、至元元年二月，"壬子，修琼华岛"的记载，⑤ 指出："亦黑迭儿丁即

---

① 陈垣：《元西域人华化考》，83 页。
② 陈垣：《元西域人华化考》，89 页。
③ 陈垣：《元西域人华化考》，93 页。
④ 以上均引自陈垣：《元西域人华化考》，98～100 页。
⑤ 《元史》卷五《世祖本纪》，91、96 页，北京，中华书局，1976。

也黑迭儿……琼花岛即今北海。当未修筑宫城之先，也黑迭儿曾请修北海。"又结合《元典章》的史料，论证也黑迭儿参与了至元年间北海的建造，[1] 揭示了也黑迭儿在北京建筑中的又一功劳。后来，陈垣在为《北京历史风土丛书》作序时，又再次申述其突出贡献。[2] 总之，陈垣在《元西域人华化考》中，既论述了西域人华化的历史事实，又记载了许多少数民族学者在华化之后，为中华历史文化发展所作出的突出贡献。在他对这些少数民族学者的赞赏中，充分表达了多民族共建中华历史文明的思想观点。

## 四、余论

随着 2013 年中国提出共建"一带一路"的新理念，一个有利于国际合作、推动和谐世界发展的美好愿景正在逐步实现。"一带一路"建设不仅仅是经济互惠合作，也必然承载着丰富的文化内涵，推动人文交流和文明互鉴向着更深层次发展。陈垣的《元西域人华化考》从一个侧面，展现了丝路文化中生动的人文场景和历史画面，其深刻的论述和开阔的民族文化史观，至今仍在不断发展的文化交流与研究高潮中，对丝路文化交流与研究有着积极启示意义。

首先，陈垣的书中展现了元朝面向世界、敞开胸怀的开放局面，说明只有开放才有交流，才能达到政治、经济、文化互惠互利的目的。因此，要坚持改革开放，要抓住"一带一路"的契机，坚定文化自信，推动中华文化不断走向世界，促进中华文化的发展和繁荣。

其次，陈垣的书中介绍了许多丝路学者在中华文化潜移默化的影响下，接受中华文化、融入中华文化的过程。历史证明，文明互鉴是感召，是和风细雨的浸润，是自觉自愿地接受。因此，我们要以更为生动的方式

---

[1] 陈垣：《元西域人华化考》，101 页。

[2] 陈垣：《瞿宣颖北京历史风土丛书序》，见《陈垣全集》第 7 册，863 页，合肥，安徽大学出版社，2009。

讲好中国故事。《元西域人华化考》也提供了文化交流中双方更容易感兴趣的结合点，比如文学、艺术、儒教，甚至是宗教，等等，在这些领域更可能在一些共性感受中，得到不同文明的互鉴和交流。

最后，陈垣的书中记载了在"华化"的过程中，其实也有互化，有不少外来学者在文学、艺术、建筑上以他们特有的方式，对中华历史文化的贡献。中华文化历来有海纳百川的胸怀，也正是在不断吸收外来文化的过程中发展繁荣的。因此，在合作和交往中，应该更好地欣赏别国的文化和传统，肯定他们对世界文明发展作出的贡献，充分发挥对话在双边或多边交往中的作用，从而达成更多的合作共识。以上这些，都是《元西域人华化考》在丝路文化交流研究，在"一带一路"建设的文化交流研究中，值得借鉴和助益之处。

# 从《华裔学志》的题名
# 看陈垣先生的治学格局与旨趣

张国刚

之所以选这个题目，是因为我当年写《德国的汉学研究》的时候注意到《华裔学志》这个杂志。当时我还在德国，我也去过那个杂志的所在地，叫圣奥古斯汀，在波恩附近。我今天不完全谈陈垣先生本人。我们每十年开一次会，对陈垣先生的学术成就有很多研究。我今天想重点通过这个题目，讲讲陈垣跟陈寅恪"二陈"。我想陈垣先生有一个很重要的特点，就是他跟政治的关系，他的处理方式其实是符合中国古代的君子人格的。大家都赞扬陈寅恪。在很多年以前，至少十几年前吧，中国社会科学院举办学部论坛，第一次论坛就请我去讲陈寅恪。我记得当时林甘泉先生，还有张海鹏先生等学部委员都参加了，后来他们两人说我讲得很不错。那次讲陈寅恪我是花了一些功夫的，也写了篇文章，但今天关于陈垣先生的这个发言只是零星断想，谈谈他的治学与时代风潮的关系，以及学术风潮与政治风潮。

《华裔学志》杂志是 1934 年在北平（其实就在北师大，即原来的辅仁大学）创办的，它的拉丁文名字叫 *Monumenta Serica*。Seres 是"丝"的意思，

---

作者简介：张国刚，清华大学历史系教授。

Serica 其实就是"中国"的意思。至于 Monumenta，我不懂拉丁文，就请教了我在德国的朋友和我们学校的一个同事，得知这个词是"史料"的意思。所以 Monumenta Serica 就是"中国史料"的意思。它还有个英文名字，叫 Journal of Oriental Studies of the Catholic University of Peking，是辅仁大学的东方研究杂志。所以这个杂志有三个名字："华裔学志""中国史料""东方研究"。《中国史料》有点像唐长孺先生主办的《魏晋南北朝隋唐史资料》杂志，其实就是研究论文。在这几个名字里面，要属"华裔学志"这个中文名字最能反应这份杂志的特点，拉丁文和英文的名字都不足以或不能完全反映它的特点，因为要说"东方研究"，那阿拉伯也在东方。《华裔学志》的首任主编是鲍润生，他当时也是辅仁大学的教授，在杂志创办的第二年就去世了。后来主要的主持人是德国人福克斯（Walter Fuchs）、傅吾康（Wolfgang Franke）等，因为资助者是德国的教会。《华裔学志》在创刊的时候请陈垣先生题了字，我们知道在 20 世纪 20 年代辅仁大学成立的时候陈垣先生就是校长。后来陈垣先生他们也办了一个杂志，这个杂志后来停了，就转成了《华裔学志》，我的印象是这样。

什么是"华"和"裔"呢？有人说"裔者，裔远之邦"，我忘了是谁这么解释的，其实这是不对的。"华"者中华，"裔"者四裔、边裔。《左传·文公十八年》说："舜臣尧，宾于四门，流四凶族混敦、穷奇、梼杌、饕餮，投诸四裔，以御魑魅"，"四裔"就是边裔，周边的那些部族。《华裔学志》这本杂志恰恰就是研究中国周边部族，尤其是满、蒙古、藏的。这是欧洲汉学最典型的特点，特别是在柏林和巴黎。当年的陈寅恪，后来的季羡林，乃至再后来的周一良到西方去学的就是这个。中国古代周边部族与佛教文化、印度有交流往来。从印度河到不列颠岛之间的整个欧亚大陆西部地区文化，其实都是印欧民族的迁徙塑造的。19 世纪一个叫琼斯（W. Jones）的英国学者在加尔各答的一个东方学会上发表论文，说印度的巴利文、梵文其实跟英文、德文、法文是同一语系的，这样一来历史比较语言学便应运而生。而研究印度历史又必须研究中国的材料，因为很多关于印度的历史都记载于来中国求法的高僧传中，特别是后来在敦煌吐鲁番文书里发现了很多古文献，因此中国的学问一下子就在整个西方学术体系里成为显学。因为印度跟欧洲是同一语系，当时印度又是英国的殖民地，所以研究印度对欧洲来说具有现实性，也跟他们本土的主流文化有关。中国不光是汉族，还包括周边的满、蒙古、藏等等，所以这是当时的主流。《华裔学志》的内容正好符合当时西方这个主流，特别是柏林、巴黎的风气。

为什么请陈垣先生题字呢？刚才陈先生和好多先生都讲了，因为陈先生是研究中国基督教史的开山人。早在 1917 年，他就发表了《元也里可温教考》，这是具有开创性质的研究，引起了大家的注意。陈垣先生的哲嗣陈乐素先生就在一篇文章里讲，说《元也里可温教考》在西方传教士中很受重视。后来陈垣先生还有关于开封一赐乐业教、火祆教、摩尼教的研究，合称"古教四考"。这样陈垣先生就成了宗教学专家，请这样一位专家来题写《华裔学志》当然非常合适，而不是因为他的身份是校长。

"古教四考"奠定了陈垣先生的学术声望，这个时候陈寅恪还没什么成果，当时只有一篇《与妹书》。他当清华国学院导师的时候，梁启超说他的一张纸片都比我的学问强，梁启超当时能跟曹校长说这个话，主要因为陈寅恪确实有学问，当时也不看发表。你看我们现在学科评估，要破"四唯"，一个"唯"就是"唯论文"，还有一个就是"唯学历"，陈寅恪也没什么学历。我去看过陈寅恪的材料，在档案里面他写自己是上海的 Gymnasium 毕业的。Gymnasium 就是德国的文科中学、文科高中，毕业之后就可以上大学，如果不是 Gymnasium 毕业就不能上大学，只能上学院、专门学校。这个时候陈垣已经名满天下了，而且陈垣先生的这些研究使中国学术界一下子跟国际汉学界接轨了，可以进行平等的对话了。王国维当然是可以跟国际学者对话的，但他主要还是做中国的学问，陈垣先生的学问则是以中文资料研究外国人感兴趣的学问，就是"裔"，就是这些从外国传来的宗教的历史。这时陈寅恪先生还在念书，他之所以能跟国际学术接轨，是因为他是留学回来的。除了"古教四考"，陈垣先生后来还继续有宗教史方面的著作，一直到抗战期间的一些关于佛教的著作。有意思的是，陈垣先生的很多著作，包括《元西域人华化考》，都是请陈寅恪先生为他写的序。我查了一下，在陈垣先生的书信集里，他们俩来回通信有 21 封，一直到 20 世纪 40 年代，后来就没有了。有的通信很简单，就是陈寅恪给陈垣写信推荐学生找工作，有的是找适当的高中，有的是到辅仁大学任教；陈寅恪在信里保证说，如果这个人不行的话，他来负责任。

就在《华裔学志》创办的那一年，陈垣先生在《辅仁》杂志发表了《三点看法》，这三点看法实际上是被《华裔学志》践行了的，即运用西方最新的研究方法系统整理中国的史料；通过翻译工具书、参考书来推动中、西学的研究工作；借助发表汉学研究领域的最新成果，促进国际学术合作。陈垣先生没有留过学，年轻时参加的是科举考试。陈寅恪到处留学，先在日本，再在美国，后来在德国，他自己说他的德语最好，英语次之，因为他在德国时间最长。但是陈垣的学术眼光一点也不亚于那个时代的留学者，他高屋建瓴，目标很高。他说："现在中外学者谈汉学，不是说巴黎如何，就是说日本如何，没有提中国的，我们应该把汉学中心夺回中国、夺回北京。"他的话恰恰就像是留学过英国和德国的傅斯年在创办"中央研究院历史语言研究所"时发表的宣言。但是傅斯年主要做学术组织工作，用写作这样的实际行动来夺回汉学中心的是陈垣。虽然陈垣一直在做官，但他同时一直在写作，就像刚才陈其泰先生讲的，他"勤于写作"，我觉得总结得非常好。当时的国际汉学界最时兴"华裔"的研究。Herbert Franke 有本书叫 *Sinologie an deutschen Universitäten*，就是《德国大学的汉学》，出版于 20 世纪 60 年代，在第 13 页有这样一句话，他说："第一次世界大战以后，汉学研究和教育条件相当好，吐鲁番考古队出土文书的发现进一步给东亚学研究以有力推动，柏林民族博物馆组织多次考察旅行到中国，获得许多手稿、印本残片，他们对于以中亚语言和汉学为基础的中亚历史的研究具有决定性的促进作用。"最后一句话其实就是在说"华"和"裔"的研究。辅仁大学成立之前西方的汉学机构和学者，从最早法兰西学院的雷慕沙（Jean

Pierre Abel Rémusat）、马礼逊（Robert Morrison），伦敦大学的理雅各（James Legge）、威妥玛（Thomas Francis Wade），到福兰阁（Otto Franke）、高延(J. J. M. de Groot)、孔拉迪(August Conrady，或者翻译为孔好古)、卫礼贤(Richard Wilhelm)。除了孔拉迪和卫礼贤，前面几位其实都是外交官，有的是传教士，像高延在荷属东印度群岛工作了很多年。原本在中国的传统学问中，史学跟语言是不放在一起研究的，语言算小学，像《尔雅》这些都是归为经学范畴，不在史学范畴里。到这时史学和语言发生联系了，历史比较语言学成为国际显学，像"中央研究院"就建立了"历史语言研究所"。在印欧语系、历史比较语言学这些概念出来以后，印度来华求法高僧传就非常重要，周一良先生在哈佛大学的博士论文就是研究三篇来华高僧传。可以说，当时最聪明的人都选择学习"华"和"裔"的学问。

在汉学中心柏林，研究"华裔"的"裔"是主体课程。我曾经调查过陈寅恪的学习情况，他的档案里一门课的成绩都没有，但他留下了几十份笔记，这些笔记季羡林先生介绍过，就是陈寅恪先生留学时上课的听课笔记或者阅读笔记。我根据笔记里面记录的课程线索，去找当时柏林各个教学机构开设的课表，比如柏林大学、柏林民俗博物馆，都开设哪些课供学生选修。这些课表记载着哪一年开设什么课，什么时候，在哪个教室，几点钟，再根据笔记一对就知道陈寅恪当时选了哪些课。可以说，陈寅恪先生当时在外国是在学习"裔"的学问，可是另一位陈先生，即陈垣先生在国内则是在研究"裔"的学问。我们作个比较，三联书店出版的《陈寅恪集》13 种 14 册，其中他最有名的著作其实是《唐代政治史述论稿》和《隋唐制度渊源略论稿》，而不是他在欧洲学的那些，后来作的《柳如是别传》，那离得更远。陈垣先生不一样，他以自己的研究实践真正跻身国际学术界，是真正的预流者。他的著作也不止这些，还有很多关于史料学、目录学、校勘学等各方面的著作，范围很广，但是就从当时以研究"华裔"为主流的国际汉学界来看，陈垣先生是预流者，而且卓有成就。在陈垣先生已经写了很多著作的时候，陈寅恪先生在《学衡》发表了《与妹书》，他说"我之久在外国"，好多好书没钱买，现在想得一笔巨款购书，购了就回国了。因为虽然他 1925 年才到清华国学院任教，但当时他已经得到清华的职位了。当时陈寅恪发表的就只有这封信，以前都没有论文，梁启超说就他一封信就不知道顶我多少著作，就是指的这封信。这封信在后面讲了他"所注意的"两件事，一是"历史，唐史，西夏"，这里的"西夏"可能错了，应该是"西藏"；二是"佛教"。这里西藏、佛教这些其实都是"华裔"的"裔"，当然也离不开"华"，而这些都是《华裔学志》涉及的范围。所以陈垣先生不但是为《华裔学志》题字，而且他确实是做这个学问的。

考古学家李济先生有回忆说："那时华北的学术界的确是很活跃的，不但是纯粹的近代科学，如生物学、地质学、医学等均有积极的研究工作表现，受人重视。"我们看，湘雅医学院的汤飞凡，搞地质的李四光，都是可以和欧美学者一争长短的。那么在人文领域里呢，其实就是跟"华"有关的"裔"的学问。这个学问中国人在史料方面是有独特优势的，当时最聪明的人都支持去学这个学问。最典型的就是陈寅恪，季羡林也是，当然时间上就晚一点，季羡林的老师就是陈寅恪在柏林的同班同学瓦尔特施密特教授；到周一良已经是余脉了。总而言之，陈垣先生是中国培养的学人，但是有广阔的学术视野，有与国际学术界对话的学术格局和能力。陈垣、陈寅恪各有优长，但就柏林和巴黎汉学的特点来说，陈垣更符合，而陈寅恪则没有收获他所期待的果实。

# 陈垣先生与《元典章》整理

张　帆

陈垣先生的学术成就是多方面的。在元史领域，他有很多著作，例如对沈刻《元典章》的校勘，以及在此基础上写成的《校勘学释例》，在学术界有非常广泛的影响。我自己参加了点校《元典章》的工作，这个点校本在2011年出版。回顾一下历代学者对《元典章》这部书整理和利用的历史，可以看到陈垣先生当年的校勘工作在其中占有很重要的位置。

《元典章》这部书是我们进行元史研究第二重要的汉文史料，地位仅次于《元史》。但这部书杂乱无章，不好整理，过去一直没有全文点校本。一直到近10年，具体是2011年和2014年，先后出版了两个全文点校本。前者由社科院陈高华先生领衔，我参加点校的就是这个点校本；后者是洪金富先生独力点校的。这两个本子出来以后，填补了我国元史学界和古代法制史学界资料整理上的空白。长期以来古籍整理成果丰富，重要的书能整理的都整理了，但《元典章》不太好整理，所以点校本出得晚了一点。

《元典章》60卷，另附《新集》，收录了大量元朝的法律文书，时间覆盖元朝前中期。我们在点校时对具体条目进行了统计，一共有2637条文书，还有表格或图表53幅，体量称不上特别大，不过就传世元代文献来说已算是鸿篇巨制了。这部书在清朝不受重视。《四库全书》将其列入存目，理

---

作者简介：张帆，北京大学历史学系教授。

由是它编得乱七八糟，还夹杂很多"方言俗语"。但现在来看，这些缺点都是比较次要的，它的具体内容才是我们主要的关注对象。《元典章》的价值，我们在点校本前言里总结了 4 个方面。首先，它基本属于第一手资料，较多地保留了元朝公文的原貌。当然也不是完全保留，可以说是基本保留。其次，书中大量反映了社会基层情况，这些内容是传统史书诸如正史之类很少关注的。再次，书中通常能够标明所选公文的传递运行流程，从哪个机构发出，下一步到哪个机构如何处理，这个运行过程对于我们研究元代的政治制度，尤其是行政运作情况很有帮助。最后，书中使用了很多俗语、俗字，对于研究近古汉语汉字的发展变化很有价值。所以，这部书现在是很受重视的。

《元典章》受到关注始于 20 世纪初。当时藏书家董康从日本带回来一部《元典章》抄本，清朝的"修订法律馆"在 1908 年把它刊印了，由著名法学家沈家本撰写跋文，这个本子因而被称为沈刻本。说到董康带回来的抄本，早先也是从中国传过去的，源于浙江丁氏的八千卷楼藏书。而且，清朝藏书家收藏或见到的《元典章》，其实都是抄本。这些抄本抄来抄去，出现了很多错误，到沈刻本刊印，可能又增加了一些错误。沈刻本印出来以后，学者就比较容易见到《元典章》这部书，沈刻本印得也很漂亮（这一点陈垣先生专门提到过）。但是，它的错误太多了。因为经过辗转抄写，到最后刻版印刷，大概每个层次都搞错一些地方，可以说不是错误百出，而是错误万出。错误这么多，很影响书的使用。

到了 1925 年，有人在故宫里面发现了一套《元典章》元刻本，是元朝刊印的，内容当然就比沈刻本可靠多了。随后，陈垣先生因为工作的关系，能够见到这套元刻本，就用它来校勘沈刻本，出版了一部《沈刻〈元典章〉校补》。元刻本一直放在故宫，后来被带到台湾，直到 1976 年才在台湾正式影印出版。因此在 20 世纪中间的几十年里，学者要使用《元典章》，只能用沈刻本，再配上陈垣先生的《校补》。不参照《校补》，沈刻本几乎没法用。有一种观点认为，陈垣先生当时既然见到了元刻本，就应该想办法推动这个元刻本出版，这样的话就省事了，何必拿元刻本再校一遍沈刻本呢？但是以当时的情况来看，这不太可能做到。现在影印古籍相对容易，古籍出版事业十分繁荣，可民国时期没有现在的条件，很少影印大部头的古书，何况《元典章》不是什么经典名著，是一个市场很小的书，影印出版一定大大赔钱。如果排印，不仅成本同样高，而且可能又出现错误。所以在当时的情况下，对照不易见到的元刻本，把沈刻本的错误一条一条指出来加以订正，已经是最好的办法了。经过这样的处理，大家就可以比较放心地使用沈刻本。总之，陈垣先生的《校补》，对 20 世纪中期《元典章》能够为学术界使用，贡献是巨大的。

通过《沈刻〈元典章〉校补》，我们知道《元典章》沈刻本错误多得实在惊人。一共发现了 12000 多条错误，而《元典章》全书充其量也超不过 100 万字，平均每 80 多个字就有一个错误，出错率是非常高了。不仅错误多，出错的原因或类型也是五花八门，所以陈垣先生随后又写了一部《〈元典章〉校补释例》，对《元典章》沈刻本的错误进行归类分析。这部书后来再版，改名《校勘学释例》，意思就是说，虽然书里归纳的错误类型都出自《元典章》沈刻本，但如果其他古书里面有错误，其性质也基本不出《元典章》沈刻本这些错误之外。用陈垣先生的话说，校勘学怎么讲呢？拿这个《元典章》沈刻本做材料最合适了，里面有各种各样的错误，几乎覆盖了古籍当中所有的错误类型。通过校勘《元典章》沈刻本，可以"得一代语言特例，并古籍窜乱通弊"，得出的结论或经验能够指导其他古书的校勘工作。

撰写《校勘学释例》这样的书，能够充分体现陈垣先生治学的特长，就是他特别善于对某领域的复杂问题或线索进行归纳，把它条理化。书中总结的"校法四例"尤其有名，即对校、本校、他校、理校四种校勘方法。这是非常经典的总结，受到高度评价，可以说古籍校勘工作基本上就是上面四种方法，再怎么发展也很难超出这个范围。

对于《元典章》整理来说，陈垣先生的贡献主要有两方面。一是他用元刻本校沈刻本，在当时的条件下已经是能够做到的最好的工作方案了，为

20 世纪中期学术界使用《元典章》提供了极大的便利。比方说 20 世纪 70 年代初，内蒙古大学的学者点校"二十四史"中的《元史》，很多地方用《元典章》来校勘《元史》，用的就是沈刻本加《校补》。二是他对《元典章》沈刻本错误类型的归纳，特别是总结出"校法四例"，对整理《元典章》元刻本也有指导作用。

陈垣先生在《沈刻〈元典章〉校补》开篇的"缘起"中说："故宫一部校毕，继而以诸本互校，知元本误处，经诸家校改，时有异同。"说明他已经发现《元典章》元刻本里也有错误。实际上，《元典章》元刻本里面错误也相当多，虽然不像沈刻本那样 80 多个字一个错误，但起码也是三四百字一个错误。这些错误产生的原因和沈刻本不太一样，其中有些比较容易发现，沈刻本或《元典章》其他抄本已将它们改正。陈垣先生校勘时，遇到有些地方沈刻本是对的，元刻本是错的，这种情况他就不再回改了。但是还有些地方，他拿不准沈刻本和元刻本到底哪个对，说"间有不能决者，则姑仍其旧"，就是以元刻本为准。陈垣先生当时撰写这本《校补》花了大约半年时间，先请助手帮他查找元刻本、沈刻本异同，汇编起来由他最后审定，再进一步归纳成《释例》。时间有限，他不可能就那些拿不准的地方再作深入研究。所以，尽管陈垣先生已经发现元刻本的一些错误，但是没有办法一一具体处理，只能做到沈刻本改正的不再回改。对于元刻本错误的全面校勘，是我们最近才完成的。

《元典章》元刻本错误的产生原因，和沈刻本不太一样。沈刻本的错误，主要是因为后面的朝代抄写（或翻刻）以前朝代的书，对以前朝代的东西不了解，想当然地把一些字词认错了，或者改错了。元刻本的错误，则是因为元代书坊赶工，不免粗制滥造、偷工减料，从抄到刻都很不认真，错的、漏的、颠倒的、串行的，常常出现。作为元代的刻本，它不存在不了解元代情况的问题，出错就是因为不认真。陈垣先生通过校勘沈刻本总结了"校法四例"，实际上他在具体校勘时用的主要是对校法，就是对照其他版本发现并改正错误，其他 3 种校勘方法只是浅尝辄止，并没有充分使用。而对于元刻本的校勘来说，对校法倒没有很大施展余地，更多的是使用了后3种校法。

比方说本校法，我们用得就非常多。因为《元典章》收的都是公文，但编纂时没有很认真地进行筛选或者规划，经常是一件公文在书里有两处收录，比如吏部收了一次，礼部又收了一次，这两处就可以互校。有时候在某处收录整条公文，在另一处又收录了这条公文的一个片段，也可以互校。还有时候是某处收录A公文，另一处所收B公文里面转引了A公文的一部分内容，这也可以互校。还有，目录和正文标题有时就不一样，表格和正文有时也不一样，甚至同一条文书上下文的重复内容也有出入，这些都可以进行本校。我觉得我们的整理本，还有洪金富老师的整理本，一大优点就是本校比较到位。在我们以前，日本学者整理过《元典章》元刻本的某些局部，比如刑部、兵部，但因为只整理局部，本校就无法很周全，因为这个局部的某条文书可能在全书其他部分还有，整理者不一定能注意到。还有他校法、理校法，用得也很多，时间关系就不再举例了。完全可以说，我们对《元典章》元刻本的校勘是按照陈垣先生"校法四例"的指导来做的。

另外，我个人觉得，如果我们再有时间的话，对《元典章》元刻本的错误类型进行一些归纳和分析，可能会为《校勘学释例》增补一些更典型的例证，说不定还可以总结出若干新的古籍错误类型。这只是一个设想，要看将来是不是有条件去做。

# 陈垣先生与早期故宫博物院

## 章宏伟

[摘要]1924年北京政变，驱逐溥仪出宫。陈垣敏锐地认识到此事件的特殊意义，积极投身到新成立的办理清室善后委员会的工作中去，从加派为善后会委员到代理委员长，主持故宫物品点查，在养心殿发现康有为等密谋复辟函件，在社会上产生较大影响。陈垣参与创办故宫博物院，为首任图书馆馆长、临时理事会理事，他充分利用自己的关系，争取国务院集灵囿储藏的清军机处档案移交故宫博物院，扩充了故宫文献馆的档案收藏。"三一八"惨案后，陈垣作为清室善后委员会旧委员代表，参与维持院务。

[关键词]陈垣；清室善后委员会；故宫博物院；军机处档案；故宫保管委员会

陈垣是学术大家，也是社会活动家，政治敏锐，行政能力出色。1924年，陈垣44岁，正是年富力强的年纪。其时，他已离开教育部次长任，在北京大学研究所国学门任教。10月，冯玉祥驱逐溥仪出宫。陈垣敏锐地认识到此事件的特殊意义，积极投身到新成立的办理清室善后委员会的工

作者简介：章宏伟，故宫博物院故宫学研究所研究员。

作中去，参与创办了故宫博物院，与早期的故宫博物院结下了不解之缘。本文研究的时段为1924—1926年，此时期之后陈垣与故宫博物院的关系，当另文研究。

# 一、清室善后委员会代理委员长

## (一)从加派为善后会委员到代理委员长

1924年10月22日夜，冯玉祥部突然倒戈，从滦平前线秘密班师回京，发动震惊中外的"北京政变"。24日，直系军阀政府被推翻，曹锟被囚，吴佩孚的势力被逐出北京。北京政变成功后，冯玉祥将军被推为国民军总司令，并成立了中华民国临时执政府，由国民军支持的黄郛担任临时执政府代总理，摄行总统职务。

根据《清室优待条件》，退位后的溥仪依然住在紫禁城保和殿后的"后廷"里，享有"大清皇帝"尊号，沿用宣统年号，享受中华民国对待外国君主之礼遇，有一批遗老旧臣顶戴补服跪拜称臣。溥仪在此接受了很好的满汉文教育，还聘请英人庄士敦做他的英文教师，生活奢华，享受着各种高科技：电灯电话、摄影网球、风琴自行车……溥仪在此从一个儿童成长为青年，并且对西方世界充满了向往。冯玉祥认为，1917年张勋复辟，破坏共和，捣乱虽在张逆，祸根实在清廷。不取消清室优待条件，不把逊帝请出宫，今后难免有人再搞复辟，今后共和政体势难安宁。因此，冯玉祥提出驱逐逊帝溥仪出故宫。

溥仪出宫当天，摄政内阁开会，专门溥仪出宫后的善后问题。

11月7日，发布《大总统令》：

修正清室优待条件业经公布施行，着国务院组织善后委员会，会同清室近支人员协同清理公产私产，昭示大公。所有接收各公产，暂责成该委员会妥慎保管。俟全部结束，即将宫禁一律开放，备充国立图书馆、博物馆等项之用，藉彰文化，而垂永远。此令。

中华民国十三年十一月七日[①]

同时，政府与清室代表就分别公私、组织委员会紧锣密鼓地进行着会商。11 月 14 日，第 3104 号《政府公报》发布《办理清室善后委员会组织条例》。对于善后会委员的人数，"政府原来拟定的是委员长一人，委员四人，再由清室派两人。后来清室一定要派四人，政府也允许了，但同时也加派鹿、张二人参加会议，成为七与四之比，清室又认为不平等，更要加派一人"[②]。据后来媒体报道："又双方委员人数，规定十五人除已派十一人外，兹悉清室加派罗振玉，民国加派蔡元培、陈垣、葛某三人。蔡未回国，当派人代表也。"[③]最后清室要加派罗振玉，而民国政府加派了蔡元培、陈垣、葛文浚 3 人。

11 月 19 日，北京 8 所高等学校的代表召开联席会议，赞成组织善后委员会，并希望成立一完全美满之图书馆、博物馆，由国家直接管理，并邀集各机关参加监视，期在公开保存，俾垂永远。摄政内阁教育总长易培基谈话，表示了顺应民意的态度：余意拟成立一国立图书馆和国立博物馆以保管之，地址即设在清宫中，唯组织须极完善，办法需极严密，以防古物意外损失。[④] 11 月 20 日，清室善后委员会筹备就绪，宣告成立，李煜瀛就委员长职。国务总理聘请李石曾为委员会委员长，聘任汪兆铭（由易培基代）、蔡元培（由蒋梦麟代）、鹿钟麟、张璧、范源濂、俞同奎、陈垣、

---

① 《大总统发布清室宫禁充作博物馆令》(1924 年 11 月 7 日)，中国第二历史档案馆编：《中华民国史档案资料汇编（第 3 辑）：文化》，292～293 页，南京，凤凰出版社，1991。

② 吴瀛：《故宫尘梦录》，12 页，北京，紫禁城出版社，2005。

③ 《清宫查封近闻》，载《申报》，1924-11-26。

④ 茂清：《故宫博物院开院前后》，载《文史精华》，2004(11)。

沈兼士、葛文浚、绍英、载润、耆龄、宝熙、罗振玉等 14 人为委员，后 5 人为清室方面指定。另聘监察员 6 人，除以京师警察厅、高等检察厅、北京教育会为法定监察员外，由会特聘吴敬恒、张继、庄蕴宽 3 人为监察员。①《陈垣年谱配图长编》记此日"陈垣被聘为常务委员"，不知有什么依据？

溥仪出宫以后，清室遗老旧臣一直鼓噪不休，妄图恢复旧的"清室优待条件"，使溥仪重入故宫。1924 年 11 月 28 日，溥仪之"内务府"致函北京临时政府内务部，声明"所有摄阁任意修正之五条件，清室依照法理不能认为有效"，并否认清室善后委员会。同日，溥仪致函各国公使求援，并对《顺天时报》记者发表谈话称："此次国民军之行动，以假冒国民之巡警团体，武力强迫余之签字，余决不如外间所传之欣然快诺。"②

陈垣从清室善后委员会时起，就是故宫的核心人物。李煜瀛在 1924 年 12 月 3 日就函请陈代理清室善后委员会常务委员之职，"弟因事到津，且近来时常离京，会务不宜延搁。弟所担任之清室善后委员会常务委员之职，乞公代理，积极进行为感"③。同月又委托陈主持清室善后委员会工作："敬启者，窃煜瀛承乏本会会长，照章应兼常务委员，惟本会会务繁重，一人实难兼顾。敬请先生担任本会会长所应兼任之常务委员一席，以便办理一切。煜瀛其他事务亦甚繁颐，如值出京之时，所有本会会长职务，亦请先生随时代理，以免有误要公，是为至感。"④1925 年 1 月，李煜瀛来函二，请陈垣主持清室善后委员会会务。其一，"弟因事出京，请假三日（星日、星五、星六），请先生偏劳，主持一切为感"。其二，"弟因病仍须请假数日，仍祈费神主持会务为感"⑤。陈垣长于事务处理，又得李煜

① 杨恺龄：《民国李石曾先生煜瀛年谱》，台北，"商务印书馆"，1980。

② 韩信夫、姜克夫主编：《中华民国史大事记》第 3 卷，2095 页，北京，中华书局，2011。

③ 陈智超编注：《陈垣来往书信集》，218 页，上海，上海古籍出版社，1990。

④ 刘乃和等：《陈垣年谱配图长编》，163、164 页，沈阳，辽海出版社，2000。

⑤ 陈智超编注：《陈垣来往书信集》，248 页。

瀛信任，在故宫博物院创建时期出力颇多，有"事务长"之称，地位重要。单士元回忆："委员会事自委托陈师后。李煜瀛先生出京出国之事不断，委员长一衔挂名而已，从此故宫一切方针大计，陈师实总其成。溥仪被迫出宫后，当日清室皇族清朝遗老以及虽在民国身为巨宦，而心仍眷恋前朝人，联合一起，日谋扼杀清室善后委员会和筹办博物院事。如何保护这具有完成辛亥革命未竟之业的大事。陈师首当其冲。"①

1924 年 12 月 6 日，丁惟汾、邵元冲、张继、戴季陶、李石曾、孙科、马伯援、焦易堂、王用宾、王法勤等 11 人在天津张园举行会议，讨论北京政局诸问题，主张清室问题应依照摄政府所定修正优待条件由清室善后委员会继续办理。②

### (二)清宫物品点查

12 月 20 日，李石曾召开善后委员会第一次会议，通过《点查清宫物件规则》18 条③，从登记、编号到物品挪动，建立了严格的监督机制和责任制。规定在室内工作时，不得吸烟(《规则》第 12 条)；要求点查工作以不离开物品原摆设之地为原则，如必不得已，须挪动位置者，点查完毕后即须归还原处，无论如何，不得移至所在室之门外(《规则》第 8 条)；要求每种物品上均须粘贴委员会特制之标签，登记物品之名称及件数，凡贵重物品并须详记其特异处，于必要时或用摄影术，或用显微镜观察法，或其他观察法，以防抵换(《规则》第 7 条)；等等。点查规则相当地周到、严格，从制度上对参与清查文物的工作人员作出了规范，即使有人想偷盗也不可能，使得故宫文物在点查时得到了较好的保护。严格的制度也防止了宫外

---

① 单士元：《回忆陈援庵老师》，见《纪念陈垣校长诞生 110 周年学术论文集》，北京，北京师范大学出版社，1990。

② 韩信夫、姜克夫主编：《中华民国史大事记》第 3 卷，2103 页。

③ 《清室物件将开始点查》，载《申报》，1924-12-13(5)。

人员染指故宫文物，冯玉祥的士兵，哪怕是高级军官也不准入宫。<sup>①</sup> 会议决定 23 日起点查清宫物品。

22 日下午，清室善后委员会在神武门召开点查预备会，会前收到国务院内务部转来的一道公函："奉执政谕，据报清室善后委员会于本月二十三日点查清宫物件，现清室善后之事，政府正在筹议办法，该委员会未便遽行点查，着内务部暨警卫司令部即行查止。"<sup>②</sup>对这种无理的要求，委员们群情激愤，李石曾强烈反对，主张"反抗执政府此种违反民意不合手续之命令"，并让人起草信函，答复内务部，转达执政府，表示点查工作"万难中止"<sup>③</sup>。

23 日上午，担任点查清宫物品任务的人准时到神武门内集合，然因警察未到，不合《点查清宫物件规则》规定，未实行点查。24 日上午，点查工作正式从乾清宫、坤宁宫开始。虽然清室代表无人到会，但善后委员会还是立即着手点查宫内物品。其他宫殿的点查工作也随着开始了。

这里想强调一点，说"段祺瑞与清室的遗老遗少们沆瀣一气，采取种种卑劣手段阻挠点查工作的进行"<sup>④</sup>是没有事实依据的。过去学界对段祺瑞"再造共和"予以否定，认为"三造共和"不过是段祺瑞的自我吹嘘与标榜，是他"在清末民初为个人的权势和独裁而采取的政治手段，毫无真正拥护共和可言"<sup>⑤</sup>，这种评价显然是不公允的。段祺瑞在辛亥革命、"洪宪帝制"

---

① 薛立敦：《马玉祥的一生》，丘权政、陈昌光、符致兴译，184 页，杭州，浙江人民出版社，1988。

② 杨恺龄：《民国李石曾先生煜瀛年谱》，45 页。其他几乎所有相关论著都是如此记述的，如："22 日，清室向段祺瑞呈诉，谓摄政内阁欺侮清室，欲将宫中所藏古物归作民国所有，请设法援助，并请日使芳泽向段说项。段遂令内务部、警卫司令部查止。"见韩信夫、姜克夫主编《中华民国大事记》第 3 卷，2116 页。从时间上来看，1924 年 11 月 20 日，段祺瑞通电定于 24 日就临时执政；22 日，段祺瑞由天津入京；23 日，黄郛摄政内阁通电 24 日总辞职；24 日，段祺瑞在京就职。此时正是两政权交替期。

③ 《点查清物件之波折》，载《申报》，1924-12-31(7)。

④ 宁加：《记故宫博物院奠基人易培基》，载《文物天地》，1986(1)。

⑤ 李开弟：《段祺瑞"三造共和"述评——兼与单宝同志商榷》，载《安徽史学》，1986(1)；徐卫东：《段祺瑞"三造共和"之真象》，载《复旦学报》，1987(2)。

和"张勋复辟"这 3 个与"共和制"命运攸关的重要事件中，能够在关键时刻主张共和、反对帝制，在当时发挥了积极的作用，产生了深远的影响。[①]驱逐溥仪出宫后，段祺瑞指责冯玉祥以"横暴手段"修正"优待条件"是不正当的行为，称"皇室优待条件，乃于列国环视之下所缔结者，近冯氏对于毫无抵抗能力之宣统，竟以横暴手段强迫改正，余实难以同意"[②]。段氏又在接见清室代表载洵时表示"办理清室出宫事件，类于孩提之胡闹"[③]，并派代表向清室致歉。但这并不能说就是段祺瑞要向他的旧主子示好，当时自由知识分子的代表胡适在 11 月 5 日致函外交总长王正廷，认为"堂堂的民国，欺人之弱，乘人之丧，以强暴行之，这正是民国史上的一件最不名誉的事"。胡适发出此信后，还亲赴醇亲王府向溥仪表示慰问，声称"这在欧美国家看来，全是东方的野蛮"。胡适"并不主张王室的存在，也并不赞成复辟的活动"，强调"一个民国的条件多着呢！英国不废王室而不害其为民国，法国容忍王党而不害其为民国"，即使"皇帝的名号取消了，中华民国也未必就可算完全成立"。[④] 当时与胡适论辩的李书华、李宗侗也承认，"我们知道你是个'并不主张王室的存在，也并不赞成复辟活动'的人"，那么，对段祺瑞也不能用他对待驱逐溥仪出宫的态度来加以指责。12 月 24 日，中华民国临时政府在北京成立，段祺瑞就任"临时执政"。当天，"国务会议议决办法五条：一、原有之委员仍旧。二、各部长官每日须有一二人前往察看。三、各部遴派重要员司四人会同点查；但每日非有二人到会不可。四、清查应需之经费由财政部指拨。五、清查章程有应酌改者，会

---

① 单宝：《段祺瑞"三造共和"平议》，载《安徽史学》，1984(5)；丁贤俊：《论段祺瑞三定共和》，载《历史档案》，1988(3)。

② 《段合肥对清室事件之愤慨》，见龙子仲等编：《中华民国史史料外编》第 2 册，258 页，桂林，广西师范大学出版社，1997。

③ 《清室善后事宜停顿》，见龙子仲等编：《中华民国史史料外编》第 2 册，272 页。

④ 《胡适致李宗侗、李书华(稿)》，见中国社会科学院近代史研究所中华民国史组编：《胡适来往书信选》上册，277 页，北京，中华书局，1979。并请参阅杨天石：《溥仪出宫、胡适抗议及其辩论》，见《哲士与文人》，北京，中国人民大学出版社，2007；范泽刚：《冯玉祥驱逐溥仪出宫事件之社会反响——兼论社会各派对民主共和的认识》，硕士学位论文，辽宁师范大学，2007。

商委员会酌改"。① 这是清室善后委员会在其组织者摄政内阁下台后得以合法存在的法律依据，也是"故宫"日后能够名正言顺在历史上存在的最关键的一个环节。

清室善后委员会点检清宫物品的工作有条不紊地进行，工作的主力有两支，一为各部院所派的助理员，二是北京大学师生。② 陈垣为清室善后委员会代理委员长，应该是当时点查工作的总负责人。他本人参加点查的次数并不多，据《故宫物品点查报告》1～390 页，19 行；2～464 页，13 行；3～416 页，5 行；4～422 页，10 行；4～429 页，8 行；6～422 页，21 行；6～427 页，2 行、3 行；6～428 页，16 行；8～452 页，14 行，陈垣参加点查的时间是：14-02-24，14-01-09，14-03-26，14-04-16，14-04-17，14-07-10，14-06-26，14-06-27，14-08-29，15-06-15。

由《陈垣年谱配图长编》引用的以下 3 通函件，也可见陈垣在清室善后委员会中担负的责任。固然有联系人与陈垣的私谊存在，但言说之事，恰是因为陈垣在其中负主要责任。

6 月 20 日，吴承仕来函，告知太极殿、长春宫等处有盗窃痕迹及相关问题。函云："昨在清宫点查休息室，闻刘含章君宣言，前在太极殿、长春宫等处发现被盗之迹，靴痕手印，了了分明，法当请地方司法官厅，侦查检举。如官厅认为所遗罪迹无保存之必要时，始能开始点查。今案既未破，而太极、长春诸处，均已点查，则委员会之处置，实为不当云云。弟等以刘君所述，甚有理致。故昨日下午同人一律不到第一组执行职务，以避嫌疑，并致函李委员长（李煜瀛）诘问其开点太极、长春之故。其函弟亦署名，明日当可发送矣。弟于此事前无所知，果如刘君所言，则委员会至少亦当负过失之责。刘君又言，足印似为皮鞋形，其端纤云云，言外尤有

---

① 吴景洲：《故宫盗宝案真相》，30～31 页，北京，文史资料出版社，1983。
② 黄卉：《北京大学与清宫物品点查》，载《辽宁大学学报》，2012(4)。

深意。不审二兄①深知开点之始末否？弟昨在场亲见亲闻，故以奉告。"②

6 月 22 日，复叶恭绰函，解释故宫参观券价格及书画陈列事宜。函云："承示敬悉，参观故宫券费一元，寒士辄叹不能普及。此次藉援照沪案减价外，并陈列书画，所以广招徕，亦以示普及也。唯事起急遽，装置器具，尚未做齐，故是简率。又书画本以斋宫所藏为富，因开封手续繁难，故只将懋勤殿、永和宫二处所藏零件便于取携者提出，未暇严加甄别，东山、南楼并得入选亦此故也。承示云云极感。此后再有陈列，当悉加以罩护，以称尊属。至昨日所陈懋勤殿二十轴，原藏该殿厨房南间，倘我公见之，必更感喟。"③

9 月，吴承仕来函，不满军人干预点查员工作。函云："今日检得载洧日记及溥仪日记数册，皆属秘要之件。欲提出而军人不许，望即提出为要。又吾辈点查员，是否应受军人指挥？彼辈常沮挠检查员行事，亦乞注意。"④

(三)点查中的发现

1925 年 7 月 31 日，吴承仕所在的点查组在养心殿发现康有为、升允、金梁、江亢虎等密谋复辟的函件。吴承仕第一时间(8 月 1 日)将此情况报告陈垣："昨检阅养心殿，发见康有为、升允、金梁、江亢虎等阴谋复辟函件数事。其事皆在癸、甲之际。可知溥仪自复辟失败以后，了无悔祸之意。此次驱逐出宫，待遇已为宽大，而论者颇多误会，如胡适之辈，且表同情于废帝，尤足淆乱观听。事后复有自命遗老如刘若曾之流，呈请执政，为之缓颊，是是非非终未大白于天下也。意谓上述文件，应在报端公布，使民众周知。既足以闭执谗人之口，即将来处分故宫旧物，亦足使清

---

① 二兄，指沈兼士、陈垣。此信是写给二人的。
② 陈智超编注：《陈垣来往书信集》，155 页。
③ 陈智超编注：《陈垣来往书信集》，142 页。
④ 陈智超编注：《陈垣来往书信集》，156 页。

室遗孽，不得妄有主张。务清极力主持，随时发表，于事至为有益。"①之所以报告陈垣，固然有私谊的因素，吴承仕是经陈垣介绍，到故宫任点查员的，②更因为陈垣是清室善后委员会的实际主持者。

8月7日，《申报》发表文章《清室善后委员会发表复辟文件》：

▲反对警厅保管清室各产之阁议

▲发表清室背叛民国密谋之宣言

昨日（四日）清室善后委员会开委员监察员联席会议。到会者易培基（汪精卫代表），顾孟余（教育会会长），袁同礼（黄郛代表），褚民谊（吴敬恒代表），史之照（于右任代表），任四瀛（警卫司令鹿钟麟代表），王法勤（张继代表），沈兼士，马裕藻（蔡元培代表），俞同奎，李煜瀛，胡若愚，徐谦，陈垣，张璧十二人。首由委员长宣布开会并报告数月以来进行会务，略分三项：（一）点查经过情形，（二）筹备图画博物馆情形，（三）接收保管各田园房产情形。继又报告本日有应讨论之重要事项。即星期六阁议通过例案，内有临时法制院呈核京师警察厅保管清室内务府及奉宸苑各产条例议决照办一则。此事就手续言之，显系违背委员会条例。就事实言之，各方对政府机关于官产向多变卖、拆毁情事，不能得人民信用，故政府之命令似难遵从，应请到会诸君讨论并议决办法。继由常务委员陈垣报告前日点查员在宫中发见去岁种种秘密奏折文件，事关复辟密谋，由此证之对于清室之处置不为太过，且于巩固国本感为必要，由此亦可证明此次阁议及数月以来政府对于委员会态度之不当。继由委员徐谦、监察员顾孟余相继发言。皆谓此乃有关国本之重大问题，故委员会不仅应与政府争权限，而应说明革命时期内之事业及政府处临时执政之地位绝无变更及推倒

---

① 陈智超编注：《陈垣来往书信集》，155、156页。

② 陈智超编注：《陈垣来往书信集》，151页；刘乃和等：《陈垣年谱配图长编》，173页。

革命事业之权，并当将此大义宣告全国。委员沈兼士、马裕藻、俞同奎、陈垣、胡若愚等均表同意，主张从速发表宣言。沈兼士并主张同时反对阁议。委员张璧提议将宣言电达或函达与此次反正有关之各军领袖。李委员长提议办法，谓应一面发表宣言，一面致函政府反对阁议，经全体议决照办，并推定宣言及公函起草员。又决定将新发见之秘密文件附同宣言发表。秘密文件最重要者，为内务大臣金梁及康有为等复辟密谋，如若何以清室财产为筹款之方法，若何准备人材，若何交接军事权要及客卿，等等，尤足令人注意者。为此等阴谋即在去年夏秋间，与处置清室时期相距不远也。

清室善后委员会七月三十一日下午第一组点查养心殿，点至吕字五六五号时发现密秘文件多件。内中有康有为、江亢虎、金梁等亲笔函折及升允、陈夔龙等奏折，皆系去年旧历正月至五月时事。其中有密谋复辟之种种计划。若何游说军阀，若何招揽人才，若何联络外国，若何筹集款项，若何避人耳目，皆有详密之进行与计算。可见其谋叛民国之心，尚无一日或止也。当由组长司法部员吴承仕提有委员室拍照传写，预备公布：（一）《康有为述游说经过函》："献岁发春，伏维万福。去夏梁格庄欲望颜色，乃不可得。劳思不任，承赐玉照，如常相见。经年奔走，至除夕乃归。幸所至游说，皆能见听。亦由各方厌乱，人有同心。此行陕、鄂、湘、江皆得同意，即未至之安徽、江西，亦已托人密商，亦得同情。黔刘在沪时，往来至洽，亦无异言。滇唐向多往来，今惟歌舞自乐，则亦可传檄定。惟有浙不归款，为此区区，不足计也。洛忠于孟德，然闻已重病，若一有它，则传电可以旋转。（鄂萧云，一电可来。二月十八其生日，或一赏之）。今年为中元甲子，又立春为元日，三者合符，千年未有。此盖圣上德符，天佑中兴，非关人力，更非奔走之所能为也。各事已累令善伯面告。顷承书告善伯者，过承存问，勤奉奖许，爱挚逾常。何敢当，何敢当。顷游西湖，稍为偃息，望以所历代奏，先慰圣怀。附呈汉瓦二、唐太宗昭陵砖一，素游所得，聊供清玩。伏希察存，敬颂春祺，并问讲安。书不宣意。志道先生执事康有为谨启。正月十二日。"又诗一首《甲子元旦作呈正》："华嵩归来已除夕，六十七翁垂古稀。淑气雨熏花竹醉，岁朝烟拥柏松飞。中元甲子天心复，外史庚申国事非。更喜立春正元日，相逢吉语在璇玑。"有为印。(二)《金梁条陈三事折》："镶红旗蒙古副都统臣金梁跪奏：为恭陈管见，仰祈圣鉴事。窃臣上年既奉特召，复蒙传旨慰勉。圣德谦冲，莫名钦感。臣十数年来艰难奔走，不求人知。今天语垂询，至再至三。臣何人斯，承此恩宠，敢不竭诚尽力，效其千虑一得之愚，以报知遇。臣意今日要事，以密图恢复为第一。恢复大计，旋乾转坤，经纬万端，当先保护宫廷，以固根本。其次清理财产，以维财政。盖必有以自养，然后有以自保，然后可密图恢复。三者相连，本为一事，不能分也。今请次第陈之：一曰筹清理。清理办法，当分地产、宝物二类。一清地产，从北京及东三省入手。北京如内务府之官地、官房，西山之园地，二陵之余地、林地。东三省如奉天之盐滩、鱼泡、果园、三陵庄地，内务府庄地，官山林地，吉林、黑龙江之贡品各产地，旺清英樗林汤原鹏棚地。其中包有煤、铁、宝石等矿。但得其一，已足富国。是皆皇室财产，得人而理，皆可收回。或派专员放地招垦，或设公司合资兴业，酌看情形，随时拟办。宣统初年，臣在奉天总办旗务，曾请督臣奏明清理，连同旗地查放租照。即照费一项，已及百万元。其后丈放庄地，收价尤非少数。不早自办，遂为人夺。及今已迟，讵容更缓？一清宝物，各殿所藏，分别清检，佳者永保，次者变价，既免零星典售之损，亦杜盗窃散失之虞。筹有巨款，预算用途，或存内库，或兴实业，当谋持久，勿任消耗。前数年臣曾拟有清理办法，时方有事，蒙边不遑，兼顾嗣闻特旨檄员办理，迄未着手，若再迟延后，将无及。此清理财产之大略也。一曰重保护。保护办法，当分售殿、古物二类。一保古物，拟将宝物清理后，即请设皇室博览馆，移置尊藏，任人观览，并约东西各国博物馆，偕赠古物，联络办理。中外一家，古物公有，自可绝人干涉。一保旧殿，拟即设博览馆于三殿，收回自办。三殿今成古迹，合保存古物、古迹为一事，名正言顺，谁得觊觎？且此事既与友邦联络合办，遇有缓急，互相援助，即内廷安危亦未尝为可倚以为重。宣统二年臣请查盛京大内尊藏宝物，即拟设博览馆，呈由臣奏请宋允，后竟为人运京，不克保守。前专可鉴，何堪再挟？近三年前，臣复瓶设馆之议，时与东西博古专家往还讨论，皆极赞许，并允助成。尤应提前速办，此保护宫廷之大略也。一曰图恢复。恢复办法，务从慎密，当内自振奋而外自韬晦，求贤才、收人心、联友邦，以不动声色为主。求贤才在勤延揽，则守旧、维新不妨并用。收人心在广宣传，则国闻、外论皆宜注意。联友邦在通情谊，则赠聘酬答不必避嫌。至于恢复大计，心腹之臣运筹于内，忠贞之士效命于外，成则国家蒙其利，不成则一二人任其害。机事唯密，不能尽言。臣十三年来，主忧臣辱，无日不在颠沛之中，奔走南北，结合满蒙，时复有所规尽。近以人心气运渐见转机，尽人事以待天命。拨乱反正但能得人，大有可望。此密图恢复之大略也。以上三条，仅陈大略。今欲着手，当先设二处。清理财产则设督办处，北京、东省分派专员。古物博览则设筹备处，检物立馆，亦派专员。同时并举，克期责效。半年巳可，期月有成。内务府事有专责，实总其成。对内对外，明定职守，分负责任。当用勇于任事，劳怨不辞之员，提纲挈领，督饬办理。并照前军机处办法，左右要臣，日备召集，以免阻隔而利施行。尤有要者事，必出以镇静，不可稍露声色。务使他人观之，仅视为清财产、查古物，化国为家，已无远志。及是闲暇，庶可徐图恢复。臣与边疆时时接洽其事，实非无望。所谓固根本，维财政能自养自保，而后可密图恢复者，此也所有恭陈管见，各节是否可行，伏乞皇上圣鉴训示。谨奏。宣统十六年正月日。"

东方社五日北京电，云："传闻曩日清室善后委员会检查官城之际，在养心殿溥仪寝室中搜出关于复辟之重要文书甚多。始知为康有为、金梁等复辟与此事有关系。且孙宝琦、萧耀南及社会党之江某及其余多数新人物等亦皆卷入漩涡。以是一般人士咸非常注目。

关于复辟事件，据与溥仪昵近者言，康有为、金梁等提出复辟意见书，事诚有之。但此不过个人之意见，若直以此为复辟运动，则似乎不当。就于移管清室财产之举而言，政府因见执善后委员会之牛耳之国民军一派，有借口保管之美名暗行盗窃之虞，故令警察厅保管之，则系事实。彼等谓将以清室之财产供复辟之经费，但实际财产为数甚微，不足以充经费。不过国民军及国民党分子所组成之善后委员会对于财产之移管大不满意，故捏造种种之无根流言耳。"

五日天津电，云："与溥仪昵近者完全否认复辟之谋。其辞曰：清室并未正式与康有为、金梁及社会党江某等人物有文书相往返之事。所谓复辟阴谋等，在今日无异以鬼面吓人，非清室所知也。此种事实不过警察厅与盗窃清室财产之善后委员会欲有所为而捏造耳云云。"①

8月13日，《申报》发表文章《清委会又将发表复辟文件》：

民众新闻社云：关于此次清室复辟秘谋，各种奏稿已发表多件，均志前报。兹悉清室善后委员会顷又议决：（一）将所搜得复辟之各项奏折函件随后逐件发表，但当予以限制，凡在三年前无关去岁复辟阴谋者暂予收藏，以及叩谢天恩等项，因其太多而又无关紧要，亦均予搁置。（二）将关于复辟重要案卷有名奏折等项用玻璃框架一一配合陈列于清宫南书房，藉资众人游觉。（三）刻正将此类奏折次第拍照并与书局接洽，以珂罗版印成册，本从廉售出，永垂不朽。此外宣言一唇原推徐季龙、顾孟余二人起草，旋因徐赴张家口，顾抱微恙，现又改

---

① 《清室善后委员会发表复辟文件》，载《申报》，1925-08-07。

推陈垣、周俊甫等起草。"①

## 二、参与创立故宫博物院

### (一)参与创立故宫博物院

清宫物品点查在 1924 年 12 月 24 日以后的将近 10 个月中已做大量工作。在清宫物品点查过程中，李石曾等人考虑到故宫"关于历史文化者甚巨"，只有把这项"革命事业"渐进为"社会事业"，方不致"受政潮之波动"②的影响。1925 年 9 月 29 日，李石曾召集清室善后委员会会议，讨论并通过了《故宫博物院临时组织大纲》及《故宫博物院临时董事会章程》《故宫博物院临时理事会章程》，决定尽快成立故宫博物院，不许溥仪复宫，保护国宝安全；规定博物院设古物、图书二馆，采取董事会监督制和理事会管理制，并对董事会、理事会的职权与义务作出了详细的规定。③ 因博物院的院址在故宫，保藏的又是故宫的文物，议定院名为"故宫博物院"。经郑重遴选，讨论聘定了第一届董事及理事名单。严修、卢永祥、蔡元培、熊希龄、张学良、张璧、庄蕴宽、鹿钟麟、许世英、梁士诒、薛笃弼、黄郛、范源濂、胡若愚、吴敬恒、李祖绅、李仲三、汪大燮、王正廷、于右任、李煜瀛等 21 人为董事，都是政界、军界、学术界的名流，在社会上有着显赫的地位和影响力，有的人（如严修）虽被推为董事，但本人并没有接受④，这可能是临时董事会没有召开，没有推举董事长的一个原因。李煜瀛、黄郛、鹿钟麟、易培基、陈垣、张继、马衡、沈兼士、袁同礼等 9

① 《清委会又将发表复辟文件》，载《申报》，1925-08-13。
② 《清室善后委员会宣言》，载《申报》，1925-08-17(6)。
③ 《清室善后委员会议事录》(1925 年 9 月 29 日)，故宫博物院档案，jfqggdatsl00003。《清室善后委员会重要会议》，载《申报》，1925-10-02。
④ 严仁曾增编：《严修年谱》，462 页，济南，齐鲁书社，1990。

人为理事①，公推李煜瀛为理事长，主持院务。李煜瀛、黄郛、鹿钟麟 3 人显然是据第 3 条聘请的。《故宫博物院临时理事会章程》："第三条　除上条当然理事外，其余理事，由筹备主任就清室善后委员会委员中聘请之。"只是黄郛并不是清室善后委员会委员，估计大家认为，清室善后委员会是在黄郛担任摄政内阁总理任上成立的，聘请他为故宫博物院理事，虽然与《章程》不符，但大家都不会提异议，因而才有了与《章程》的矛盾，大家也都视而不见。议定在具有特殊纪念意义的 10 月 10 日下午举行故宫博物院开院典礼。

现在学界普遍认为，善后会组织成立故宫博物院是遵行了黄郛摄政内阁于 1924 年 11 月 7 日下达的命令，因为李煜瀛在开院典礼上就是这么说的。但要知道，黄郛摄政内阁早在 1924 年 11 月 24 日就已解散，如果做事都能执行前任政府命令，还用换政府吗？即便"萧规曹随"，执行的也是曹的政策。因此，故宫博物院的成立绝对不能说是执行 1924 年 11 月 7 日"大总统令"中的设计，故宫博物院的成立是"冯玉祥、黄郛摄政内阁驱逐溥仪出宫"这个因结的果，但其之所以在 1925 年得以成立，则离不开段祺瑞执政府的支持。

以往研究故宫博物院史的论著，都强调故宫博物院成立的非政府性。确实，现在还没有发现足以证明是北洋政府成立故宫博物院的相关档案文献，但笔者在研读相关文献时，越来越倾向于故宫博物院的成立是政府行为。吴瀛说："执政府会同清室善后委员会拟订了开幕典礼主席团名单，黄郛执政将亲自出席，公推德高望重的长者庄蕴宽担任主席，并请李煜瀛（石曾）专题发言，介绍故宫。"②吴瀛是故宫博物院成立的亲历者，他当时是北洋政府内务部警政司第三科科长，主要职责是对废帝溥仪与"清宫"事物进行监管。从他的回忆录可以看到，1924 年、1925 年有关故宫的事宜，

---

① 《民国李石曾先生煜瀛年谱》第 49 页，《一代振奇人——李石曾传》第 183 页，均漏缺理事陈垣。

② 吴瀛：《故宫尘梦录》，89 页，北京，紫禁城出版社，2005。

在政府层面，他是具体办事者。吴瀛是有史家做派的人，他的记述应该是可信的。我们可以这么理解：善后会就是政府成立的，虽然不占编制，但是由政府任命、经内阁商定而成，且政府负责相关经费，自然属于政府行为。同时，善后会照章行事，还得到了政府的积极支持与配合。段祺瑞不仅批准了善后会点查清宫物品，成立故宫博物院实际上也是在他的批准和支持下实现的。不然，就不会有"'执政府会同清室善后委员会拟订了开幕典礼主席团名单'，并确定开院典礼相关议程"的说法。

故宫博物院的成立是中国博物馆事业走上正轨的开端。马衡曾谈及故宫博物院成立的重要性："吾国博物馆事业，方在萌芽时代。民国以前，无所谓博物馆。自民国二年政府将奉天、热河两行宫古物移运北京，陈列于武英、文华二殿，设古物陈列所，始具博物馆之雏形。此外，大规模之博物馆尚无闻焉。有之，自故宫博物院始。"[①]故宫博物院在中国近代文化舞台充当着一个主要角色，在中国近代化全过程中占据重要地位，是不容忽视的重要组成部分。故宫博物院的成立构建了中国现代博物馆的雏形，展示了中国博物馆未来的图景，开辟了中国博物馆事业的新纪元。它虽然不是中国历史上首创的博物馆，但确立了建设现代博物馆的基本原则，制定了博物馆的体制，颁布了第一部《组织大纲》。这些较为集中地反映了善后会在驱逐溥仪出宫后，为奠定现代博物馆基础所做的努力。故宫博物院的成立是 20 世纪中国博物馆事业发展的里程碑，对中国现代博物馆建设事业有着深远的意义。博物馆事业的出现与发展，是时代进步的表现，博物馆是建设现代中国的一个重要发展方面。1925 年故宫博物院成立时，就仿效西方的管理方法，将故宫博物院法人化。故宫工作规程正规化、现代化，建立董事会、理事会这样现代的组织机构和形式，是这一时期社会向现代化迈进的模范。

---

① 这段文字应该出自马衡，因为无论是大陆还是台湾的征引者都指明出自马衡，但遗憾的是笔者遍寻原始出处，迄今未找见。转引自那志良：《故宫四十年》，18 页，台北，"商务印书馆"，1980。

### (二)故宫博物院图书馆首任馆长

《故宫博物院历程》、故宫博物院官网上的"院史编年"和《故宫博物院八十年》说(1925年故宫博物院成立时)庄蕴宽兼图书馆馆长，显然是不对的。据《故宫博物院临时理事会章程》，理事会作为决策中心执行全院事务，分馆务、总务两种。馆务由古物馆、图书馆处理，总务设总务处处理。"第二条 本理事会所属古物馆、图书馆，各设馆长一人、副馆长二人，馆长、副馆长为当然理事。"临时理事会的9位理事李煜瀛、黄郛、鹿钟麟、易培基、陈垣、张继、马衡、沈兼士、袁同礼，后6位显然就是古物、图书二馆的馆长、副馆长。庄蕴宽不是临时理事会理事，因而不可能是故宫博物院图书馆馆长。现能查到1926年8月21日《申报》的报道文字："至故宫博物院之由来，则清室善后委员会所递嬗。该院分两部，一古物馆，馆长易培基，副以高(马)衡；一图书馆，馆长陈垣，副以沈兼士。"[①]而且，建院以来就是图书馆副馆长的袁同礼，在1930年写的《北平故宫博物院图书馆概况》中说，故宫博物院图书馆首任馆长为陈垣。[②] 这个问题应该已经解决了。但故宫官网上这条内容又是从何处来的呢？有待在院史档案中继续查考。

### (三)学者本色

1925年1月，继续清点故宫文物。刘乃和记述："陈垣所特别注意的是文献、图书，因有些书是宫外无从见到的。他带着北大学生清点了文渊阁《四库全书》，久久伫立在早已闻名的文渊阁上。过去他只知道《四库》七阁是按天一阁的样式建造，是上一下六的楼阁，但总想不出六间屋是怎样安排。他想中国建筑习惯，一排屋都是奇数，大门的中间正屋，不知分六

---

① 《北京通信(所谓故宫博物院暂行保管问题)》，载《申报》，1926-08-21。

② 袁同礼：《北平故宫博物院图书馆概况》，载《图书馆学季刊》，第4卷，第2期，1930。

间是如何开正门，哪间房有楼梯。当他第一次登上文渊阁，才恍然大悟，六间的最右一间是一窄屋，凑足六间之数，即在此处设楼梯。后来他常常说起此事，以说明不经实地调查，有些事就不能了然。

"他在广州时，就曾向往着能看一看《四库全书》，他当时认为自己是一普通青年，又远在广州，恐怕今生不易看到此书。1913 年他来到北京，1915 年承德避暑山庄的文津阁书运到北京，放在大方家胡同京师图书馆。于是他每天去图书馆阅读、研究，断断续续读了十年，对《四库全书》作了全面了解，写了多种著作。在善委会时期，又在宫里亲眼看到了文渊阁书，并能亲登文渊阁，这是他当时极为欣喜的事情。后来他画了《文渊阁书排架图》，将义渊阁书排列的函、架次序，按原来排放位置，画为图式，对全书的排架情况，颇便观览。"①

1925 年 4 月 17 日，在故宫斋宫发现元刻本《元典章》。自述云："清室善后委员会在斋宫发见元刻本《元典章》，有汲古主人毛晋私印，即《四库提要》所谓内府藏本是也。"②

4 月 28 日，带领助手清点故宫摛藻堂，发现尘封多年的《四库全书荟要》，特意留影纪念。

刘乃和记述："更使他异常高兴的事，是他在摛藻堂发现了《四库全书荟要》。那天，他们点查到紫禁城御花园琼苑东门内摛藻堂的时候，打开殿门，只见屋内连楹充栋，百架横陈，架前堆叠杂书，满屋尘封土覆，看来已多年无人进入。

"他们打扫清理，搬移杂书，发现满架排列的是一部《四库全书荟要》，他惊喜非常。粗略统计，有一万多册。次日，特在摛藻堂门前拍照留念，以表示对此事的欣喜之情，留为纪念。照片上，手中拿的就是点查登记册，衣襟上带的是善委会委员进行工作时的绸签标志。照片下的字为陈老

---

① 刘乃和：《励耘承学录》，107～108 页。

② 陈垣：《沈刻元典章校补缘起》，国立北京大学研究所国学门 1931 年 2 月刊行。

亲笔，书的册数是未经点查时粗略估计的数字。

"《四库全书荟要》与《四库全书》同时编成的。编《四库全书》时，乾隆帝已六十三岁，他恐怕《四库》编成时间太久，自己年事已高，生前不见得能看到，所以又命四库馆臣选择全书的菁华，缮写为《四库荟要》，其编写形式与《四库全书》全同。共收书173种，11151册，分装于二千函中，另外一函为总目。书皮颜色也按《四库全书》，经绿色，史红色，子白色，集灰色，总目香色。《荟要》共抄两部，一部放在圆明园味腴书屋，一部即放在紫禁城内摛藻堂。今圆明园的一部已焚毁，摛藻堂这一部成为世间仅存。

"在点查武英殿刻书处时，又在其中发现了自《四库全书》中撤出准备销毁的书，有李清《诸史同异录》、周亮工《读画录》等的残本，都是很难看到的书。"①

陈垣充分利用他的声誉和影响积极为故宫文献馆扩充档案史料奔走。"辛亥革命后，北洋政府袁世凯曾将清王朝军机处档案，从清故宫中迁至旧国务院，在集灵囿楼上储藏，尘封鼠啮十余年。"②1926年1月初陈垣以故宫博物院名义致公函给国务总理许世英，要求国务院将前清军机处档案收归故宫博物院，在不到1000字的信中，陈垣纵论古今，有理有据，充分阐述了保护档案史料的积极意义。函云：

> 径启者：本院组织，内分古物、图书二馆，图书馆内又分图书、文献二部。文献部所藏，悉为有清一代史料。除实录、起居注等已纂有成书，尚堪检阅外，余如朱批谕旨、留中奏折等，皆散帙零编，搜讨不便，加以年代久远，尘封积寸、狼藉异常，非予清厘，恐终废弃。曩者内阁大库旧档，当局曾以贱值出售纸商，麻袋八千，易钞半

① 刘乃和：《励耘承学录》，107～108页。
② 单士元：《回忆陈援庵老师》，见刘乃和主编：《陈垣校长诞生百年纪念文集》，823页，北京，北京师范大学出版社，1980。

数，不俟秦火，已沦劫灰。兹幸本院成立，关于有清一代史料，保存编纂，职有专责。拟利用此等史料，编纂《清通鉴长编》及《清通鉴纪事本末》，以与清史相辅而行，用垂不朽。唯院中所藏史料，尚虞不足。查清旧军机处档案，现存集灵囿。自雍正以来，二百年间，军事机密，胥具于是。今境迁事过，无所忌讳，是宜公表于世，以资考证。且此项文件，与宫中所藏档案，关系至密，往往一档分载两处，或两种记载相互发明，合之两美，离之两伤，亦宜汇聚一处，加以整理。考历代官私书目，史料传者，大抵编勒成书，方能流布。其以散帙传者，未之前闻。即已有成书，如唐二十二朝实录之见于晁、陈二家书目，如《元丰广案》百卷、《嘉祐御史台记》五十卷、《国朝会要总类》五百八十八卷，至明朝亦已不传。元代史料之见于明初《文渊阁书目》，如《经世大典》七百八十一册、《太常集礼稿》百册、《大元通制》四十五册，至清初亦以不传。以此类推，清代遗文，失今不图，后将何及！查德、法等国所有各机关过时档案，均移存文献馆，以为编纂国史之用。本院现为保存有清一代文物典章起见，用特函请贵院，将旧存军机处档案移存故宫博物院文献部，以便从事整理。一面分类陈列，并可勒成专书，一举两得，岂不较胜于束之高阁，徒供蠹鱼，终归湮没也。又集灵囿图书室所藏书籍，内多有关清代掌故，兹拟照松坡图书馆前例，请将该项书籍同时拨归本院图书馆，俾供众览，并作编纂参考之用。贵总理阐扬文化，素具热心，故宫博物院之成，亦丞蒙赞助，倘清代史料，得藉此编制成巨帙，传示将来，岂惟本院之幸，实国家之盛业也。特此函乞准予施行，实纫公谊。此上国务总理。①

陈垣这封言辞恳切的公函，对于军机处档案移交故宫博物院起了重要作用。单士元回忆此事说："到一九二七（按：应为六）年，其时北洋政府

---

① 陈智超编注：《陈垣来往书信集》，255～256 页。

总理为许世英，是援师的旧识。商之于许，要求将军机处档案和杨守敬观海堂藏书，一并移交故宫博物院。已得同意，但须有一公函。给旧国务院的公函，当时说是由援师来起草。我虽未亲阅援师手书，但从文字观之，非有学识者不能写出那样文字。当日援师命我还有其他一二人，至集灵囿交给负责管理此项档案和图书的朱师辙先生。……朱先生接到公函，朗诵一通，拍案称许。军机处档就是在这时又回故宫，庋藏于故宫所属大高玄殿中，这批档案才得保存下来，它现在已是中国第一历史档案馆最重要的历史档案。"①

## 三、"三一八"惨案后的院务实际负责人

### (一) 旧委员会的代表

1926年3月18日，北京群众2000余人，徐谦主席，顾孟余演说，在天安门集会抗议，会后游行，到铁狮子胡同段祺瑞执政府国务院门前请愿，要求政府拒绝八国通牒。段祺瑞政府血腥镇压请愿群众，造成"三一八"惨案，学生在执政府门口被卫队枪杀47人，伤132人，引起了学界大愤、社会不平。段政府商议处理办法，均觉此事倘非有一卸责方法，则死伤如是之多，责任所在，无以自明，遂决定将历次在天安门以"群众领袖"自命之徐谦、李大钊、李煜瀛、易培基、顾兆熊等明令通缉，此事便算有了归结："政府认徐谦、李大钊、李石曾、易培基、顾孟余五名，为国务院前大惨剧之首谋者，已于十九日下逮捕令，其内容略谓：'徐谦等五名，藉名共产学说，屡酿事端。此次徐谦以共产党执行委员之名义，散布宣传传单，率暴徒数百名袭国务院，灌火油，投炸弹，用棍棒殴打军警。军警出于正当防卫，其结果致双方皆有死伤。如此行为，几无国法，深堪痛恨。今已暴露该暴徒等曾潜赴谷地，屡谋不轨，国家之秩序，将濒于危

---

① 单士元：《回忆陈援庵老师》，见刘乃和主编：《陈垣校长诞生百年纪念文集》，823页。

机。除京师令军警尽力防范外，着各地方长官一律严重取缔，以灭祸根。徐谦等五名不问在北京内外，概行逮捕，依法处罚。'……命通缉徐谦等。"①故宫博物院的李、易两位都被迫逃跑，避难俄使馆。李后来避居东交民巷的六国饭店②，易也避居东交民巷③。故宫博物院的院务陷入无人负责的状态。

3 月 29 日，故宫博物院董事会与理事会举行联席会议，推举董事卢永祥、庄蕴宽、陈垣三人维持现状。④ 卢永祥是皖系军阀，曾任浙江督军、苏皖宣抚使，段祺瑞曾电促卢永祥来京面商入阁，但卢坚请不就陆军总长职。他是故宫博物院临时董事会董事，这次推举他出面维持故宫院务，是考虑他与段祺瑞有私谊，有利于维持故宫博物院的事业；庄蕴宽曾任北京国民政府都肃政史、审计院长，以反对袁世凯复辟扬名，所以庄蕴宽被公推为特殊时期的维持员有着特殊的意义。但故宫博物院毕竟是政府的事业，在非常时期推选的负责人还要考虑到段祺瑞政府的认可，在当时情况下，卢、庄是大家都能接受的人物。文献中一直未见有卢永祥在故宫博物院的活动，具体情况不清楚。因而当时维持院务的应该是庄蕴宽、陈垣二人，分别代表新、旧委员会。

3 月，月底冯玉祥国民军与直奉联军作战失利，即将退出北京，决定由执政府内务部卫队接替国民军驻防故宫。理事会决定派庄蕴宽和陈垣为代表，办理驻防交接手续。

4 月 4 日，奉军轰炸北京，在故宫南三所掷炸弹一枚。事后陈垣写一题记，刻在现场拾到的一枚铜螺盖上："丙寅寒食，有飞机掷炸弹于故宫

---

① 《北京军警枪杀请愿团之大惨剧》，载《申报》，1926-03-20。

② 杨恺龄：《民国李石曾先生煜瀛年谱》，51 页。

③ 《申报》1926 年 4 月 3 日《易培基昨晨返沪》："中国新闻社云：前教育总长易培基偕蔡元培氏赴杭游历。兹悉易氏已于昨晨返沪。"则易在 3 月底就应离京南下。但《申报》1926 年 11 月 22 日报道："前任教育总长易培基氏于三一八惨案发生后被段政府通缉，避居东交民巷数月。现应国民政府之召，于上月杪先由寓所移居德国医院，后移居某使馆，本月一日乘汽车潜行至津，由津搭轮赴沪。日前乘大通轮到汉，寓交通旅馆一百三十号。昨有人访易于寓所，易称……"11 月 16 日有类似报道。应以后者为是。

④ 载《申报》，1926-04-02。

南三所前，余与庄思缄、沈兼士、俞星枢、李玄伯、马叔平、胡文玉、吴稼农、吴景洲、李春圃诸君往观，拾铜螺盖、铁碎片各一，翌日植柏于其处。新会陈垣记。"①

4月5日，"北京今日故宫博物院西北军撤退，交保安队接管。委员会推卢永祥委员长、庄蕴宽副。"②卢永祥其时在天津③，这在民国前期，好多政治人物都寓居天津，并不影响到北京来做事。但卢以"病体未痊，势难担任"推辞了维持员之职（何时推辞现还未考得），卢永祥也从未到故宫露过脸，实际上故宫博物院院务由庄蕴宽一人主持。1926年8月21日《申报》的文字是符合实际情况的："及今年三一八案起，李煜瀛、易培基通缉，该会、该院领袖去三之二，乃公推庄蕴宽为保管员，经段政府认可，而撤去原任守护之国民军，改用内务部古物陈列所之警卫。"④庄蕴宽出面维持故宫博物院院务从4月初到7月底，在这短短的4个月时间里，不少困难接踵而至。

也是在4月5日，故宫博物院举行了新维持员与旧董事会、理事会办理交接手续的会议，"由委员会召集各委员、监察员、各部院助理员及顾问开会，是日钟麟派主任参谋陈继淹代表到会，正式交代。会议时，除前述各委员等外，来宾并有各部署长官及各界名流、新闻记者，计共三百人左右"。参加者主要有4方面的人：一、新推维持员庄蕴宽；二、旧委员会代表陈垣；三、旧守卫方面出席的是鹿钟麟的代表参谋陈继淹；四、新守卫方面接任守卫责任的，是内务部警卫队并且掺入一部分古物陈列所警卫队合组的守卫队，同时还有全体故宫博物院的工作人员暨法庭方面的监察人员、各部总长。这一天，鹿钟麟所辖驻守故宫的部队交卸撤退守卫之责，撤出北京。鹿钟麟总司令虽然没有亲自莅会，但给北京各部院、各省

---

① 刘乃和：《励耘承学录》，114页。
② 载《申报》，1926-04-08。
③ 《京城之炸弹恐慌》，载《申报》，1926-04-06。
④ 《北京通信(所谓故宫博物院暂行保管问题)》，载《申报》，1926-08-21。

区军民长官、各法团、各报馆及全国同胞发出了一个通电，详述"民国十三年十月二十三日起，钟麟以警卫京畿之职务，选派队伍，会同保安队及驻守警察，三方共同负守卫宫门稽查出入之责（其时钟麟未兼任警察总监）。与宫内古物，无直接关联，至十五年四月五日交代之日止，分任守卫者，计一年又六个月"，这期间他因"忝居京畿警卫之职，协同守护"，以及"脱卸守卫之责"之时，"窃喜乘此得以证明一切古物之丝毫无缺，尤为明告内外清白交代之适当时机"。[①] 文字冗长，由此也可见鹿钟麟是一位周到详密的军人，以及他很洁身自好，注重这一行动。

《故宫博物院暂行保管办法》通过的时机并不好。当时逊清遗老一面以清室内务府的名义上书国务院，一面由康有为致函吴佩孚，公然提出"应请恢复优待条件，并迎逊帝回宫"的要求，希望借助吴佩孚之力，推翻冯玉祥对逊清室所采取的措施，后因报纸揭露了清室遗老的活动，并有各方面人士，包括章太炎和一些国会议员纷纷谴责。而且"暂行"二字颇引起许多疑窦，有谓暂行保管即寓有仍将还诸清室之意，于是颇有人主张保管则可，归还则不可；院内可以改组，国有必须坚持。而持论之较激者，则谓如果交还，依清室之往事，或押诸银行，或曰赏溥杰，或被遗老中之师傅亲贵久假不归，或且将上述三事之证据及一切有复辟嫌疑之档案由彼等消灭之，均为可虑。对 21 人之中有亲贵遗老亦颇有訾议。总而言之，有故宫古物归还溥仪的担心，也有前任管理者的不舍。

4 月 23 日，直奉联军部队包围紫禁城，进入神武门，检查宫殿。经陈垣等故宫博物院同人紧急交涉后。事态稍有缓解。

(二)办理移交的主张

段祺瑞于 4 月 20 日下野，出逃天津，由国务院国务总理胡惟德摄行临时执政职务。5 月 13 日，得到吴佩孚支持的颜惠庆组成新内阁，维持到

---

① 吴景洲：《故宫五年记》，65～66 页，上海，上海书店出版社，2000。

6月，就因为张作霖的不满而垮台。

6月22日，以吴佩孚为后台的杜锡珪组阁。杜锡珪的上台，让逊清遗老以为有机可乘，一面以清室内务府名义上书国务院，一面由康有为函电吴佩孚，公然提出"应请恢复优待条件，并迎逊帝回宫"的要求，请求恢复1924年修改优待条件以前状态，将故宫交还溥仪。吴佩孚复电康有为，"如果推翻，物议必多，只好听其自然"，没有上当。报纸揭露了清室遗老的这些活动，也大量发表了各方面人士，包括章太炎和一些国会议员纷起谴责的消息。7月16日，杜锡珪内阁内务部议定：溥仪已永废帝位，优待由政府以赈济方式拨款；拒绝发还皇室财产，唯赠予不含历史性之一小部分公产；允许溥仪岁时以平民礼仪祭扫其祖先陵寝。至此，有关迎溥仪还宫，恢复清室优待条件的种种活动才有所收敛。[①]

"清室善后委员会，自委员长李石曾因政变离京后，即无形停顿。政府方面前此有由内务部专管之议，嗣因窒碍之处尚多，未克实现。惟该会所管理之故宫博物院，关系重要，若任其长此停顿，将来不免有陷于不可收拾之境"，杜锡珪在8月10日的国务会议上提出讨论。[②] 8月14日，杜锡珪内阁正式通过改组故宫博物院，决定结束故宫博物院维持员的工作，成立故宫保管委员会，通过《故宫博物院暂行保管办法》6条：

一、为暂行保管故宫博物院起见，设故宫博物院保管委员会。

一、保管委员会设委员二十一人，由国务院聘任，管理本会事务。

一、保管委员会设委员长、副委员长各一人，由委员互选之。

---

① 《申报》于1926年7月19—26日有连续报道，如：《北京通信：清室要求恢复民十三之旧观》（7月19日）、《吴佩孚对交还故宫之谈》（7月20日）、《内务部决拒绝溥仪要求 反对恢复十三年原状》（7月21日）、《北京通信：溥仪复宫运动之急进》（7月24日）、《章太炎反对还溥仪故宫与吴佩孚往来电》（7月24日）、《北京通信：已告段落之溥仪复宫运动》（7月26日）。

② 《院部筹备接收故宫博物院》，载《申报》，1926-08-15。

一、保管委员会设干事二十四人，承委员长之命执行本会事务。

前项干事除由国务院及外交部、内务部、财政部、陆军部、海军部、司法部、教育部、农商部、交通部各派一人充任外，其余各员由委员长得委员会之同意遴选充任。

一、保管委员会得设办事员若干人。

一、保管委员会办事规则，由委员会自定之。[①]

同时由国务院函聘赵尔巽、王士珍、汪大燮、颜惠庆、孙宝琦、王宠惠、庄蕴宽、范源廉、载洵、梁启超、李兆珍、宝熙、刘若曾、李家驹、汤尔和、田应璜、马君武、江瀚、孟广焘、高金钊、梁士诒等 21 人为管理故宫博物院委员。[②] 设干事若干人，由院部分别派充，以下再设办事员若干人。[③]

8 月 18 日，教育部部务会议通过："故宫永定为国产，防止移转、变卖、抵押，及藉名整理迁出宫外，或隐射借款等事，以息谣诼而明正义"。"因今日总长未出席，容与总长商决"，"函请国务院查照办理"。[④]

8 月 21 日下午，"故宫保管委员会"在中南海居仁堂开第一次大会，除赵尔巽、载洵、颜惠庆、王宠惠、汪大燮、孙宝琦、李兆珍、汤尔和、宝熙、刘若曾、江瀚、田应璜、孟广焘、高金钊等 14 人外，国务总理杜锡珪、外交总长蔡廷干、内务总长张国淦、财政总长顾维钧、陆军次长金绍曾(因蒋雁行赴长辛店)、教育总长任可澄、农商次长王湘、司法总长罗文干、交通总长张志潭、卫戍司令王怀庆等亦皆被邀列席，会议规格之高，

---

① 载《政府公报》第 3716 期，1926-08-16。

② 《十四日之阁议》《故宫保管委员会办法》，载《申报》，1926-08-15；《清室委员会改组 十四日阁议已通过办法及委员》，载《申报》，1926-08-18。《故宫博物院暂行保管办法》，载《政府公报》第 3716 期，1926-08-16。

③ 《十四日之阁议》《故宫保管委员会办法》，载《申报》，1926-08-15；《清室委员会改组 十四日阁议已通过办法及委员》，载《申报》，1926-08-18。

④ 《教部主张故宫定为国产》，载《申报》，1926-08-22。

实属少见，足见其事之郑重。下午 2 时，由杜锡珪宣布开会旨趣，并请各委员即日选举正副委员长，以便进行会务。结果：赵尔巽当选为委员长，孙宝琦当选为副委员长。<sup>①</sup>"故宫保管委员会"是政府组织的故宫博物院管理机构，而且如同当时盛行的民主选举，当场唱票，根据得票多少当场宣布结果。无论是选举者与被选举者，都有着一种要保护好故宫物品的责任。"故宫保管委员会"之所以选举赵、孙二人为正副委员长，社会声望、活动能力固然是重要原因，年长也应该是一个重要因素，像赵尔巽已经是一位 83 岁的老人了。赵尔巽在京师临时治安会中的作用和表现也赢得了大家的尊重。庄蕴宽因不久前血压高中风不良于行，他向报界公开发表启事，一则对自己主事期间"社会监视之严，同人扶助之切，此蕴宽所应为故宫博物院永永致其感谢者也"，二则政府成立故宫保管委员会，使得自己"仔肩既卸，借得养疴，其为忻忭，尤难言喻"。<sup>②</sup>

23 日下午 2 时，清室善后委员会在大高殿开全体职员大会，庄蕴宽因病未到，由陈垣担任主席，商量对策，议决："政府一定要接收，我们亦不反对，须附有条件数项：(一)要求政府下命令，声明负保障故宫一切官产之全责，不能任意抵押，不能归还溥仪。(二)慎重移交，组织移交委员会。(三)清宫前所发现溥仪一切复辟文件，接收者不能私自毁灭，故宫博物院仍当保存。"此外该会职员同时并组织一监督故宫博物院同志会，当时推定李宗侗、汤铁樵、马衡为该会组织大纲之起草员。<sup>③</sup>

现有的有关故宫博物院的相关叙述都刻意强调赵尔巽、孙宝琦的清室遗老、旧臣身份，并且说"在当时溥仪还宫声浪尚未完全平息的情况下，不能不引起故宫博物院全体同人的警惕和对故宫博物院前途的担忧"。

① 《赵尔选(巽)当选保管故宫委员长》，载《申报》，1926-08-25。

② 吴瀛：《故宫尘梦录》，105～106 页。

③ 《清委会对移交故宫之意见：提出附带条件 3 项，并组织监督故宫博物院同志会》，载《申报》，1926-08-27。《陈垣年谱配图长编》记述赵尔巽故宫保管委员会事项的时间全部错位 1 个月，当是引述的原来各文沿用了吴瀛的错误。

赵、孙二人及"故宫保管委员会"之所以受到抵制,实是因为清室的还宫声浪余波所及。故宫博物院从成立起历经了许多转折,除了这一次,点交并不是必需的手续。这次实在是有特殊的原因。赵尔巽只能慨叹命运不济了。

8 月 27 日,为接收故宫博物院事,国务院致函清室善后委员会(副)委员长庄蕴宽,陈述政府苦衷:"敬启者,前者以中枢政务接续之际,故宫博物院承执事及院内职员竭力管理,公义之心,国人所同钦佩。近以政躬违和,恐该院事务殷繁,重劳擘画,且以事关重要,理宜慎重,故本月阁议,有组织故宫博物院保管委员会之议决。该会事务完全公开,职责惟在保管,并无其他意味。此本院所可为执事及爱护清宫博物院诸君子所敢掬诚相告者也。至该委员会委员,均系当代名流海内耆宿,赵、孙两委员长尤属物望咸孚,对于故宫事务悉按原定章程办理,惟原章程之有未妥者,当亟图修正耳。其原有院职员,闻平日办事极尽勤奋,尚望执事曲为喻解,勿生误会。当仍本其旧有之精神,共策进行。至接事日期,祈径与赵、孙两委员长接洽可也。此致庄思缄先生。国务院启。"①

29 日下午,马衡与吴瀛同到大院胡同见庄先生商谈交接问题。庄蕴宽与吴瀛拟订《组织移交委员会及其章则》,主体意思是要一一清点,方才可以明责任,为将来监督张本。②

9 月 2 日,赵尔巽、孙宝琦率随员到故宫博物院就职。当时的报纸《申报》都报道是庄蕴宽 9 月 1 日下午电话通知清室善后委员主要职员,赵、孙明日下午 3 时到院就委员长职,请届时悬挂国旗表示欢迎。③ 但后来吴瀛的史著文字却说:"八月二日④,赵次珊、孙慕韩二老,欲至故宫参观,事前曾告之舅氏。舅氏允之,以电嘱余及叔平往招待。余以事辞,叔平亦

---

① 《故宫博物院问题》,载《申报》,1926-08-28。
② 吴瀛:《故宫尘梦录》,106 页。
③ 《京政府有将武装接收故宫说》,载《申报》,1926-09-09。
④ 原文如此,在关于故宫保管委员会的相关记述中,时间全部上移 1 个月。

然，乃听其自往，由庶务预备照料。下午有人来报，谓赵、孙二老之往故宫，乃接事而非参观，故到时率同多人，已执行委员长职权。""闻事先赵曾询庄，对院中职员应如何称呼？庄答该院系委员性质，一律平行。故二人是日到院，态度极为和蔼。赵孙就职毕，即向各处参观一过，意欲陈垣即办交代。陈谓院中物品至为繁琐，仓猝不能检清，如须交代，非组交代委员会不能当此重任。赵孙见陈多困难，亦未相强，但已十分不高兴矣。"①如果说在当时有清室妄图复宫的企图，因而为了保证故宫博物院的存在，旧管理者坚持点交，在情理之中。但显然当时院方对媒体通报的是与吴瀛后来记述的一样："次日阅报，始知委员会只承认赵、孙二日到院，为参观，而非就职。"②如此报道的显然是北京的报纸，笔者还未找到。

赵、孙两人"即发请柬四张，邀陈垣、马衡、袁同礼、吴景洲四人于三日晚在清史馆便饭，藉商交代事宜。届时只陈垣一人代表前往。席间赵、孙说许多客气话，意在敦促赶快交代。陈垣谓该会四人对于清宫物品曾费多少气力，为国家保存故物计，应郑重将事，势须组织交代委员会，以明责任，否则无人敢负此责。赵、孙见如是困难，且共请四人只来一人，极为不欢，遂无结果而散"③。吴瀛说赵孙出面在清史馆设宴，招待善后会代表陈垣、江瀚、俞同奎、吴瀛，商谈新旧任交接手续，④ 陈垣以善后会代委员长身份，提出8月23日善后会议决的交接手续3条。新保管委员会着眼于立即接管故宫，当即表示反对，主张一切从简办理。先接管，不必办点交。陈垣郑重重申："必须组织点交、接收两个委员会，我们方才可以点交。""总之，必须点完一处，移交一处；未点以前，用旧封；点完，交新会换封、负责。"对于旷日持久、费事费时的疑虑，陈垣针锋相对地回驳："本院同人认为，点交为最重要关节，如此才可清手续、明责任。

---

① 《京政府有将武装接收故宫说》，载《申报》，1926-09-09。
② 《京政府有将武装接收故宫说》，载《申报》，1926-09-09。
③ 《京政府有将武装接收故宫说》，载《申报》，1926-09-09。
④ 吴瀛：《故宫尘梦录》，107 页。

如果保管会不同意点交，就该登报声明，自愿承担一切责任。此后故宫文物、图书、珍宝、陈设，如有损失，概与旧人无干！"云云，是符合当时情势的。

面对这种情况，"先是赵孙曾以委员长名义请各委员及院部派员在神武门内开会，临时见陈垣态度如是，遂改发通知移在清史馆。闻大部份委员及院部派员出席，讨论结果，决定至必要时以武装接收"①。

唯赵尔巽、孙宝琦两委员长，因陈垣传达的态度，颇为消极，9 月 6 日乃以头绪繁多、责任非轻为理由，致函国务院辞职："敬启者：八月十七日接奉钧院公函，聘任为故宫博物院保管委员会委员。受聘以来，瞬逾两旬，与各委员讨论数次，并推尔巽为委员长、宝琦为副委员长，迭与分委员会诸人商洽一切。本应次第筹划办理，惟念兹事体大，头绪繁多，断非羸躯所能胜任，若有贻误，责任非轻，不得不知难而退，为此合词陈明辞职，应请钧院另行聘任二人补充，俾改选正副委员长，共策进行，以免延误。不胜企祷之至。此致国务院。赵尔巽孙宝琦同启。"②赵尔巽毕竟年纪很大了，一位 80 多岁的老人，实在经不起折腾了，在接管遇阻的情况下，只能采取知难而退、偃旗息鼓的态度。因而，这届"故宫保管委员会"虽然是政府任命的，但却没有收到应有的作用，有始无终，不了了之。9 月 7 日国务会议，就保管故宫委员长赵尔巽副委员长孙宝琦辞职，议决复函慰留。③

9 月 8 日下午 4 时，故宫同人在神武门开点交委员成立会，江瀚年高德劭，"公推江瀚主席，议决故宫博物院因政府业经另组保管委员会预备接收，原有院中物品异常重要，旧日院中人员，如各部原派助理员，及所聘各界顾问，及本院职员等，均主张非组织点交委员会专办点交，不足以

---

① 《京政府有将武装接收故宫说》，载《申报》，1926-09-09。
② 《赵孙辞保管故宫委员长》，载《申报》，1926-09-10。
③ 《七日之国务会议》，载《申报》，1926-09-11。

照慎而清手续"①。

9月9日早8时，京畿宪兵司令部以清宫交接问题，传询前委员会事务长陈垣。②8月8日上午，宪兵司令部派人将正在故宫工作的陈垣逮捕，经多方营救，于下午释放，送回西安门大街寓所软禁起来。当时报纸报道："宪兵司令王琦，则以委员会拒绝接收之故，遂令武装宪兵传拘陈垣问话，陈即据词答复，王无以难，乃送至回家，犹命便衣侦两人，监其出入。"③

那志良记述："那些攀龙附凤的人，大失所望，把这次未能接收的原因，都归诸陈先生(陈垣)的坚持清点。八月八日的清晨，陈先生被宪兵司令部逮捕了。陈先生到了宪兵司令部，便问何事被捕？司令部的人也只能说是奉命办理，究竟所为何事，也莫名其妙。到大家把他营救出来的时候，他不肯离去，一定要问明白，究竟何事被捕？事后宪兵司令王琦还对人说：陈某太可恶，放了他还不肯走，一定要问为什么捕他。"④

刘乃和记述："宪兵司令部派两个宪兵将陈垣送回西安门大街他的寓所，将他软禁起来，不许外出，两个宪兵住在他家外院监视行动。在软禁的几个月中，陈垣泰然自若，仍然手不释卷，日夜治学。他的著作《中西回史日历》一书，就是在这几个月最后完成的。几年后，其中一位高姓宪兵失业，去找陈老，刚好辅仁大学总务处用人，还把他安置在学校工作。"⑤

8月 陈垣作诗两首，以记录这段时间主持故宫工作的遭遇。诗云：

① 《故宫博物院组织点交委员会》，载《申报》，1926-09-12。

② 《申报》1926年9月10日《陈垣因故宫事被传》："昨故宫委员会事务长陈垣被宪兵司令部传询，经梁士诒方面斡旋，由孙宝琦、庄蕴宽保释。闻系清宫交代问题，陈云并无不交代情形，正在办交代手续。"《汉文京津泰晤士报》1926年9月21日："宪兵司令王琦，则以委员会拒绝接收之故，遂令武装宪兵传拘陈垣问话，陈即据词答复，王无以难，乃送至回家，犹命便衣侦两人，监其出入。"

③ 载《汉文京津泰晤士报》，1926-09-21。

④ 那志良：《忆吾师援庵先生》，见陈智超编：《励耘书屋问学记：史学家陈垣的治学(增订本)》，79页，北京，生活·读书·新知三联书店，2006。

⑤ 刘乃和：《励耘承学录》，111页。

满城标榜倒陈垣，

五十年来此纪元。

受宠竟居贤者后，

鳜生也把姓名传。


不聋不痴不作师，

古语翻新意更奇。

一处欢迎一打倒，

同门桃李各分枝。①


刘乃和记述："陈垣在故宫工作时，主持正义，担当风险，坚持斗争。……故宫的对立者们当时提出'打倒陈垣'的口号，到处张贴，以制造舆论，一时咒骂陈垣之声不绝。他曾气愤地写过两首绝句，记下他当时的感想和不平。"②

此后，国务院秘书长孙润宇多次催促庄蕴宽交接，庄蕴宽经与匿居东交民巷的李煜瀛、易培基往返商量后，定于 18 日下午开会办理，但双方到的人都不多，赵尔巽等始终未再出面，交接工作于是拖了下来。③ 这样地相持着到了 10 月 1 日，杜锡珪内阁解体，以赵尔巽、孙宝琦为首的故宫保管委员会也随之消失。

赵尔巽为委员长的"故宫保管委员会"，虽然在故宫历史上没有发挥应有的作用，但毕竟是故宫博物院历史中曾经的一段，我们探讨当时的前因后果和史实本原，对正确认识故宫博物院的历程来说是必需的。历史曾经有这么一页。

《陈垣年谱配图长编》1926 年 9 月 28 日：

---

① 刘乃和等：《陈垣年谱配图长编》，213 页。

② 刘乃和：《励耘承学录》，117 页。

③ 吴瀛：《故宫尘梦录》，108 页。李煜瀛、易培基早已离京，吴瀛的记述不实。

李煜瀛来函，告知已同奉军方面接触，仍请陈垣去故宫办公，主持日常工作。函云："昨晚胡君来谈，略谓：

（一）毅军改奉军，故宫奉军负全责，张汉卿（张学良）君已特嘱注意。

（二）大高殿驻军觅得居所即迁。

（三）内部主持最要。请陈先生继续维持，照常前往办公，必无妨碍及任何危险。

以上意嘱为代达左右。言甚诚恳，叶君同任维持，伊亦赞成，并将为劝驾（弟劝胡维持。伊允从旁帮忙，谓不在事中，尤为方便。亦是诚意）。先生前往照常办公，亦是一法。……

又胡君说，张、韩二君均赞成点交办法。胡君曾访赵次珊（赵尔巽）君，胡、赵且稍有争执，因胡赞成先生之办法也云云。"①

1926 年 9 月 17 日，广州政府委李煜瀛为西北军政治总主任。② 李煜瀛自然已经在广州，如果还躲在北京东交民巷，就不会有委任之举。10 月 3 日，"蒋介石同志江电复恳切陈词，谆谆以责任道义为言，并请张静江、李石曾二同志前往劝驾速返，共肩艰巨等语"③。可以肯定李煜瀛在 10 月 3 日之前已经抵达广州。10 月 15 日，李石曾在广州参加国民党中央联席会议，10 月 18 日，由联会派何香凝、彭泽民、张曙时、简琴石 4 代表，会同蒋介石代表张静江、李石曾，克日起程。④

可以肯定，这封信所系时间有问题，李煜瀛已经不在北京，也不可能在广州给陈垣写这封信。吴瀛说到 12 月了，李煜瀛还在东交民巷匿居，

---

① 刘乃和等：《陈垣年谱配图长编》，214 页，所引信函见陈智超编：《陈垣来往书信集》，249 页。

② 载《申报》，1926-09-19。

③ 《广州党联会之第五六日》，载《申报》，1926-10-29。

④ 《民党议决请汪精卫销假　推派代表劝汪回粤》，载《申报》，1926-10-20；《申报》，1926-10-23。

大家以为理所当然。吴瀛对于"故宫保管委员会"时期的叙述，无论是时间、人物、事件、评价，都明显有别于其他时期，错误百出，使得我们不能不怀疑是他刻意为之。因来不及细考，就以提出问题待考作为本文的结束吧。

# 陈垣与中西交通史学科的建立

孙邦华

[摘要]学科（Discipline）包含知识体系、学科组织、学科文化3个层面，现代大学与学科之间具有不可分割的依存关系。一个学科要正式建立，必须进入大学，在大学里面要设立专门的课程，必须产生标志性的学术成果，必须形成一支教学和研究紧密结合的学术共同体。陈垣是中西交通史这一学科的重要创始人和主要代表。由陈垣担任校长的辅仁大学于1930年率先在全国开设"中西交通史"课程，随后逐渐开设包括本科和研究生教育两个阶段的中西交通史课程群。20世纪30至50年代，形成了以陈垣为核心、以辅仁大学为主要阵地的中西交通史学术共同体，产生了一大批代表性学术成果。这一学科具有内容宏富并注重众多学科之间的交叉、视野宽广、教学与研究紧密结合并注重学科基础的建设等特点。

[关键词]陈垣；张星烺；方豪；中西交通史；学科史

我接触陈垣先生研究是在20年前，当时是把他作为辅仁大学的校长进行研究。因为我开始是研究辅仁大学，后来研究辅仁大学的校长，这样就进入陈垣研究这个领域。前几年时也转向别的研究，没想到时间已经过了20年了。纪念陈垣先生诞辰130周年的会议我也参加了，现在是140周

---

作者简介：孙邦华，北京师范大学教育学部教授。

年，没想到时间过得这么快，我很荣幸参加此次会议。现在我结合自己的研究来讲讲这个题目。

对中西交通史这个领域从学术角度进行研究的很多，但把它作为一个学科来谈的还比较少，现在我们能见到的有一两篇文章，但把这个学科的建立和陈垣先生直接联系的研究目前还没有。这里所说的学科是什么意思呢？我们一般说一个学科要包含 3 个层次：第一是知识体系方面，第二是学科组织，包括学科的制度、学科的规矩等等，第三个层面是学科的文化。一个学科的建立，有一些很重要的影响因素，其中最主要的标志，我的理解有 3 个方面。第一，学科与大学之间存在着必然的联系，在大学里面最重要的就是我们今天都知道的学科评估，这二者之间就是大学与学科之间的联系，一个学科要正式建立，必须进入大学，在大学里面要设立专门的课程。第二，必须产生标志性的学术成果。第三，要形成一支教学和研究紧密结合的学科团队、学科组织，并且进行学术讨论，简而言之，要形成学术共同体。在 1974 年的时候，中西交通史研究的大家方豪发表了一篇《六十年来之中西交通史》，提到了在他那个时候能够发现的从事这一学科研究的有代表性的中国学人。他列举了 42 人，在这 42 人当中有相当一部分人都与陈垣先生密不可分，陈垣是中西交通史这一学科的重要创始人和主要代表。这一学科里最主要的代表人物，除了陈垣之外，像张星烺、方豪、姚从吾，他们与陈垣之间的关系都非同寻常，并且他们都曾经在由陈垣担任校长的辅仁大学登上讲坛。

我现在具体讲讲这 3 个方面。第一，关于中西交通史的大学课程，这个以辅仁大学为代表。辅仁大学里中西交通史的课程包括本科阶段和研究生阶段，据我查阅到的辅仁大学的档案，在本科阶段开设这门课程，现在明确知道的，是 1930 年张星烺开设的"中西交通史"，当时是作为史学系四年级学生的选修课。这是"中西交通史"首次出现在中国大学的课堂上。张星烺在 1927 年被陈垣聘为辅仁大学史学系的讲师，这一年也正好是辅仁大学第一次招生，那一年是 3 个系，其中就有史学系。他在 1929 年升为教授，并且担任史学系的主任，直到 1951 年病逝为止，一直在辅仁大学史学系开设中西交通史相关的课程。在辅仁大学本科阶段开设的"中西交通史"课程群有"中西交通史""欧化东渐史""南洋史地""南亚史""中国外交史""中国佛教史籍概论""中国宗教史""西北史地""中亚细亚民族史"（这里的"中央"我怀疑写错了，应该是"中亚"），还有"中国近代西北史""匈奴史"等，开课人有陈垣、张星烺、方豪、张鸿翔、韩儒林、姚从吾等。研究生阶段开设的相关课程有"南洋史地""中国佛教史籍概论""印度、印度支那及南洋民族研究""公教史"，开课人有陈垣、张星烺、方豪和当时辅仁大学天主教方面的外籍教授雷冕（Rudolph Rahmann），这个人担任过辅仁大学的校长；还有蔡思客（Walter Zeisberger）。这是两个外籍人士。在抗日战争时期，国民政府教育部颁布大学课程标准的时候，"中西交通史"被正式定为部颁大学科目。辅仁大学开设的"中西交通史"相关的课程一般都是选修课，1930 年最开始开设时是四年级选修，到后来是二、三、四年级都可以任选。除了辅仁大学之外，浙江大学和北京大学也先后开设有本科阶段的"中西交通史"，浙江大学是方豪任教，开设得比较晚，1941 年开设。北京大学开课的是中西交通史研究方面的另外一位重要代表——向达先生。

第二，关于中西交通史学术共同体和标志性学术成果。在陈垣校长的组织之下，辅仁大学建立了学术研究、图书出版、学术刊物的编辑出版，包括中文刊物《辅仁学志》、西文刊物《华裔学志》，并且依托校外其他出版社或学术刊物，比如商务印书馆的《东方杂志》、北京大学《国学季刊》等刊物和当时其他出版物，建立了校内校外相结合的学术交流讨论与学术发表制度，并且沟通了中国学界与欧洲乃至日本汉学界之间的学术交流，形成了中西文化交流史、中西交通史学术共同体，极大地促进了一批又一批高水平学术成果的产生。这一学术共同体中主要的学术成员有陈垣、张星烺、向达、方豪、姚从吾、岑仲勉、冯承钧、洪业、罗香林、白寿彝、朱谦之等等，这些是中国的主要学者，还有外籍学者鲍润生（F. X. Biallas）、福克司(Walter Fuchs)、雷冕等，都先后在大学任教或者是从事学术研究。这些学术共同体的主要成员中，陈垣与张星烺、方豪、岑仲勉、姚从吾、向达、冯承钧，方豪与向达、张维华、白寿彝、郑鹤声、罗香林、李俨等人之间的学术交流和互动非常多，相互影响，特别是陈垣、张星烺对方豪等的影响，使他们也成了这一学科的中坚力量。标志性学术成果方面，陈垣先生在学术研究方面我们都知道主要有"宗教四书"，像《元也里可温教考》，这是他的第一部专论，还有《元西域人华化考》，这是陈垣先生潜心学术研究的代表作，也是 20 世纪 20 年代中西交通史研究的代表作。张星烺有《中西交通史料汇编》1 到 6 册，辅仁大学 1930 年出版，当时人说这是张星烺先生在陈垣先生帮助之下积 10 年之功编制而成的一部鸿篇巨制。向达有《中西交通史》，1930 年出版，方豪有《中国天主教史论丛》《中外文化交通史》和《中西交通史》，其中方豪 1953 年在台湾出版的《中西交通史》是 20 世纪上半叶中国学界中西交通史研究之集大成的学术著作，代表了该学科的最高学术成就。

第三，陈垣先生开创的中西交通史学科的特点。这里面"中西"是什么意思，"交通"是什么意思，都反映了学科的特点。我想首先一个特点就是内容宏富，众多学科之间的交叉。方豪在写《中西交通史》的时候谈到过这点，他说包括的内容非常广泛，张维华和于化民在总结这一学科所涉及的相关学科时也作了一个分析，总体来说这一学科涉及的知识领域非常广泛，可以说凡是文化，人所创造的大的文化，在中西交通史中基本上都涉及了。形下之器——自然科学，和形上之器——社会科学、人文科学，在这个学科的知识体系中涉及各个学科的理论、知识和方法。其次，视野宽广。陈垣先生主张学术研究是专而深，反对泛泛的研究，唯其如此，做出来的研究才能成为"动国际而垂久远"的学术成果。但陈垣先生的"专"是建立在"通"的基础之上的，正如刚才所说中西交通史研究涉及的领域非常广，知识宏富，视野宽广，但是个人的研究一定是要做得专而深。这一学科里的重要代表人物每个人也都有自己的学术特色，陈垣先生在这里的特色是专，张星烺、方豪是通专平衡。这一学科当时主要的研究方法就是陈垣先生所提倡的以考据学为主。再次，教学与研究紧密结合，注重学科基础的支持。辅仁大学、北京大学，乃至后来的西南联大、浙江大学在本科或者是研究生教育中形成"中西交通史"的课程群，把知识传授与学术研究紧密结合起来，先有学术积累研究，再有教学，也就是知识传播，凡是有教学，必先有研究，学术研究引领和推动知识传播，学术研究成果转化为知识的传授。中西交通史这一学科很注重文献学的基础支持，张星烺的《中西交通史料汇编》以及陈垣先生文献学方面的著作，比如《中西回史日历》《二十史朔闰表》《明末清初教士译著现存目录》，整理《敦煌劫余录》，影印《康熙与罗马使节关系文书》以及明末清初来华天主教耶稣会士有关文献，都是强调学科的基础支持。最后，中西贯通，扎根民族文化。张维华和于化民在 20 世纪 80 年代所写的那篇总结中西交通史研究的文章中说，中西交通史前期研究存在的缺陷之一就是"不能正确理解民族文化与外来文化的相互关系"，在研究中"没有理直气壮地宣扬中华民族优秀文化对世界文明的巨大贡献"。也许个别学者可能有这样的问题，但是陈垣先生他个人以及他所影响的中西交通研究共同体中最核心的成员都是既关注中西，又突出强调民族文化的，我看到周少川教授发表的相关论文对陈垣先生强调民族文化特色的方面有很好的研究，可以很好地回答这个问题，也就是说，张维华先生的这个总结可能并不适用于陈垣先生。总之，陈垣在中西交通史这一学科建立当中起到了核心或者说关键性的作用，今天我们，尤其是北京师范大学的学者对陈垣先生的最好纪念，就是继承和发扬陈垣先生在包括中西交通史在内的众多史学领域中开拓出的学术成就，为中国的学术研究和人才培养不断作出更多贡献。

# 著名的教育家、史学大师
## ——陈垣先生诞辰 140 周年纪念

邓瑞全

陈垣先生出生于 1880 年 11 月 12 日，是 20 世纪我国著名的教育家、史学大师和社会活动家。1951 年 11 月 1 日，毛泽东在怀仁堂举行国宴时与陈垣同席，对他人介绍说："这是陈垣先生，读书很多，是我们国家的国宝。"

陈垣先生在学术上的贡献早有定评，他为我们留下许多不朽著作，如《元也里可温教考》《元西域人华化考》《校勘学释例》《南宋初河北新道教考》《明季滇黔佛教考》《史讳举例》《通鉴胡注表微》等，不仅在当时成为史学界的示范性著作，引领学术前沿，奠定了中国宗教史、元史、历史文献学、中西交通史等学科领域的研究基础，就是在 21 世纪的今天，仍然具有强大的学术生命力，堪称是一笔珍贵的文化遗产，非常值得我们继承和学习。

陈垣先生取得巨大成就的原因是多方面的，但有两条是必须要提出来的：一是对民族和祖国传统文化的热爱，贯穿了他一生的学术研究活动；二是求实与创新的科学研究精神，使他在总结和改造我国传统史学方法的

---

作者简介：邓瑞全，北京师范大学历史学院教授。

基础上，运用近代科学研究方法，促进了中国史学近代化的进程。他开创很多新的研究课题和研究领域，令人耳目一新，受到海内外学者普遍称誉，不愧为一代史学大师。

陈垣先生还是一位著名的教育家和社会活动家。他早年投身反清民主运动，曾经为推翻帝制奔走呼号。20 世纪 20 年代至 40 年代，陈垣先生曾经出任教育界和文化界一系列重要职务，如教育部次长、京师图书馆馆长、故宫图书馆馆长、辅仁大学校长、北平师范大学史学系主任、燕京大学国学研究所所长等职务，并长期在北京大学、燕京大学、北京师范大学、辅仁大学等著名高等学府执鞭任教，德艺双馨，桃李满天下。中华人民共和国成立后，任北京师范大学校长、科学院哲学社会科学学部委员、历史研究所第二所所长，是第一、二、三届全国人民代表大会常务委员会委员，在我国学术界、文化界、教育界享有崇高的地位。

在办学思想上，陈垣先生虽然没有像北京大学校长蔡元培那样具体提出"兼容并包"的办学口号，但他的办学实践与此完全相通。在学校管理、教师选聘以及学术活动中，从不因循守旧，没有门户之见，唯才是举，唯才是用，这是非常难得的。高水平的师资队伍对于办好学校、提高教学质量至关重要，陈垣先生深知这一点，因此他对教师的选聘极为重视，常常亲自把关。他不仅注意网罗学术名流，而且十分注意发现人才，培养人才，其中最为人们津津乐道的是发现和培养启功先生。启功先生在回忆文章中有详细记述。

陈垣先生是一个坚定的爱国者，具有强烈的民族责任感，无论是任辅仁大学校长还是任北京师范大学校长，他反复强调和一贯坚持对学生进行爱国主义教育。可以说，爱国主义是陈垣先生教育思想和教育实践的最重要的组成部分，他把爱国看得至高无上，只要爱国，其他都可以从权。如对一个人来说，即使有很多缺点，"苟不戕贼祖国，君子所不弃也"（《通鉴胡注表微·边事篇》）；再如关于历史史实，认为"史贵求真，然有时不必过泥，凡事足以伤民族之感情，失国家之体统者，不载不失为真也"（同上）。由此可以看出陈垣先生强烈的感情色彩。1950 年，政府就辅仁大学的教育主权与教会有激烈交锋，陈垣先生毫不犹豫地站在政府一边，坚决支持政府收回教育主权。

陈垣先生没有专门学习过教育理论、教育心理学和教学教法，也没有发表过这方面的著述，但他在长期教学实践中总结归纳出的经验、原则和方法，同现代教学理论是非常一致的，这是他留下的一笔宝贵财富，值得我们好好研究和继承。陈垣先生任北京师范大学校长时，已届 70 岁高龄，但他不顾年迈体衰，积极投身到国家建设和教育工作之中，为师范教育和为北京师范大学的发展尽心竭力。他经常和青年学生谈心，让他们树立教师光荣的思想，并鼓励广大青年投身到教师队伍中来。

# 柴德赓的两篇"陈垣学"研究文献

柴念东　赵宇翔

[摘要]本文介绍两篇柴德赓的文献：一篇为 1948 年所整理《陈垣已刊论文（分类）目录》，另一篇为 1960 年所作《诗赞陈垣》。本文通过对这两篇新文献的解读，介绍柴德赓对于"陈垣学"研究所做的早期工作。

[关键词]柴德赓；陈垣学；目录；诗歌

1929 年 7 月 7 日，柴德赓于杭州一中毕业，北上求学，本拟投考清华大学。他到达北平后大病，耽误了清华的考试时间，成为陈寅恪先生门生的愿望落空。失之东隅，收之桑榆。幸好当年北平师范大学招考在后，于是他转而投奔了另一个"陈门"——陈垣（字援庵）先生。8 月 16 日《大公报》刊"师大新生揭晓"，史学系一年级录取 6 名，题名中有柴德赓，他遂有幸正式成为陈援庵先生门下弟子。柴德赓追随陈援庵先生自 1929 年 9 月始，至 1970 年 1 月去世，整整 40 年之久。1969 年底，他在生命的最后一刻，回首程门立雪 40 年，曾写下："地转天旋四十载，瓣香终不负此生。"他应该算是陈门弟子中追随时间最长的一个，无论是处顺境还是逆境，一生志向从未改变。

本文介绍近年发现的柴德赓两篇关于陈垣学研究文献：一是 1948 年

---

作者简介：柴念东，苏州大学柴德赓研究所研究员；赵宇翔，兰州大学历史学博士。

他收集整理的《陈垣已刊论文著作（分类）目录》（以下简称《目录》）；① 二是 1960 年他所写赞颂陈援庵先生的诗歌（以下简称《诗赞》）。②

## 一、陈垣已刊论文（分类）目录

柴德赓的遗稿中有一份《目录》，方格稿纸，纸质为褐色再生纸（此种纸张在 20 世纪 60 年代初资源匮乏时很普遍），从字迹辨认为其子柴邦衡整理过录。这份《目录》在以前数次挑选柴德赓遗稿时，未引起重视，后经核实内容，查对笔迹，判定为 1948 年所作。

下面介绍一下此份《目录》抄稿的诞生经过。

1961 年 11 月华东师范大学林举岱、吴泽一行到访苏州，与江苏师范学院历史系进行教学交流。在此次交流中，吴泽特别谈到中国史学会交予任务，由华东师大组织编写"中国近现代史学史"，拟定在现代学史中"抗战时期北方史学家"着重介绍陈援庵先生，并请柴德赓参与其中，并邀请至华东师大作"关于陈垣抗战史学之贡献"的报告。③

查阅 1961 年 12 月 25 日柴德赓日记：

> 上午四年级补课，二年级亦补两节，讲完《隋书》，甚疲乏。下午院务委员会，五时散。……刘荣芳来，吴江澄为予抄援师著作目录。华东师大来长途电话，约予一月九、十号或十六、七号前去讲学，予择定十六、七两日，复之。改定《民国通俗演义》校记。读《道教考》。

刘荣芳和吴江澄二人当时为江苏师院历史系资料员，刘在历史系资料室管

---

① 未发表，现存 1961 年抄件（捐赠给北京师范大学图书馆收藏）。

② 写于柴德赓 1960 年日记中。

③ 报告录音后被整理成文，题为《陈垣先生的学识》，刊载于陈智超编：《励耘书屋问学记：史学家陈垣的治学》，北京，生活·读书·新知三联书店，1982。

理教材，吴主要负责抄录教材，刻写蜡版。由此可见，当时《目录》稿是由吴江澄抄录；而现在留存的是柴邦衡抄本，可见此稿曾由多人抄写，足见柴德赓对此《目录》的重视。

1962年1月3日，柴德赓日记云："写定援师论著选辑目录，即将寄上海（吴泽）。"可以看到，此份《目录》经过柴德赓认真校对，如果没有丢失，吴泽处应还存有一份。

《目录》全文如下（见表1）：

### 表1　陈援庵先生著作分类目录——据1948年定本抄

#### 陈垣已刊论文目录·1948年12月（整理）

| 序号 | 论文书目名称 | 刊载处① | 年代 |
|---|---|---|---|
| 1 | 《元也里可温教考》 | 《东方杂志》 | 1918 * |
| 2 | 《开封一赐乐业教考》 | 《东方杂志》 | 1920 * |
| 3 | 《火祆教入中国考》 | 《国学季刊》 | 1923 * |
| 4 | 《摩尼教入中国考》 | 《国学季刊》 | 1923 * |
| 5 | 《回回教入中国史略》 | 《东方杂志》 | 1928 |
| 6 | 《元基督教徒之华学》（名称不同） | 《东方杂志》 | 1924 * |
| 7 | 《耶律楚材父子信仰之异趣》 | 《燕京学报》 | 1929 |
| 8 | 《耶律楚材之生卒年》 | 《燕京学报》 | 1930 |
| 9 | 《南宋初河北新道教考》 | 《辅仁大学丛书》 | 1941 |
| 10 | 《记大同武州山石窟（考）》 | 《东方杂志》 | 1919 * |
| 11 | 《书内学院新校慈恩传后》 | 《东方杂志》 | 1924 * |
| 12 | 《大唐西域记撰人辩机》 | 《历史语言研究所集刊》 | 1930 |
| 13 | 《敦煌劫余录》14卷 | 《历史语言研究所专刊》 | 1931 |
| 14 | 《汤若望与木陈忞》 | 《辅仁学志》 | 1938 |
| 15 | 《语录与顺治宫廷》 | 《辅仁学志》 | 1939 |
| 16 | 《明季滇黔佛教考》6卷 | 《辅仁学志丛书》 | 1940 |

---

① 年刊原来分篇在报上发表。

| 序号 | 论文书目名称 | 刊载处 | 年代 |
|---|---|---|---|
| 17 | 《浙西李之藻传》 | 《国学》 | 1919 * |
| 18 | 《休宁金声传》 | 《青年进步》 | 1919 * |
| 19 | 《华亭许缵曾传》 | 《真光杂志》 | 1919 * |
| 20 | 《泾阳王征传》 | 《北京图书馆馆刊》 | 1934 |
| 21 | 《明末殉国者陈于阶传》 | 《辅仁学志》 | 1941 |
| 22 | 《雍乾间奉天主教之宗室》 | 《辅仁学志》 | 1932 |
| 23 | 《从教外典籍见明末清初之天主教》 | 《北京图书馆馆刊》 | 1934 |
| 24 | 《燕京开教略画象正误》 | 《天津益世报·人文周刊》 | 1937 |
| 25 | 《记许缵曾辑刻太上感应篇图说》 | 《图书季刊》 | 1936 |
| 26 | 《吴渔山晋铎二百五十年纪念》 | 《辅仁学志》 | 1936 |
| 27 | 《墨井道人传校释》 | 《东方杂志》 | 1937 |
| 28 | 《墨井集源流考》 | 《天津益世报·人文周刊》 | 1937 |
| 29 | 《吴渔山入京之酬酢》 | 《天津益世报·人文周刊》 | 1937 |
| 30 | 《清代学者象传之吴渔山》 | 《天津大公报·图书副刊》 | 1937 |
| 31 | 《墨井书画集录文订误》 | 《天津大公报·图书副刊》 | 1937 |
| 32 | 《书十七史商榷第一条后》 | 《天津大公报·图书副刊》 | 1946 |
| 33 | 《书十七史商榷齐高帝纪增添皆非条后》 | 《天津大公报·文史周刊》 | 1946 |
| 34 | 《廿二史札记·汉王父母妻子条书后》 | 《天津益世报·人文周刊》 | 1947 |
| 35 | 《书全谢山先侍郎府君生辰记后》 | 《辅仁学志》 | 1942 |
| 36 | 《全谢山联姻春氏》 | 《天津大公报·文史周刊》 | 1946 |
| 37 | 《书全谢山通鉴分修诸子考后》 | 《天津大公报·文史周刊》 | 1947 |
| 38 | 《书全谢山论汉豫章太守贾萌事后》 | 《天津大公报·文史周刊》 | 1947 |
| 39 | 《书全谢山与杭堇浦论金史第四帖子后》 | 《天津益世报·人文周刊》 | 1948 |
| 40 | 《日知录引唐割属东川六州制考》 | 《天津益世报·人文周刊》 | 1948 |
| 41 | 《日知录八停年格条注引辛琇考》 | 《天津益世报·人文周刊》 | 1947 |
| 42 | 《日知录九部刺史条唐置采访使原委》 | 《天津益世报·人文周刊》 | 1947 |

续表

| 序号 | 论文书目名称》 | 刊载处 | 年代 |
|---|---|---|---|
| 43 | 《汪容甫述学年月日多误》 | 《天津益世报·人文周刊》 | 1947 |
| 44 | 《吴梅村集通玄老人龙腹竹解题》 | 《天津大公报·文史周刊》 | 1947 |
| 45 | 《二十史朔闰表》1卷 | 北京大学研究所国学门 | 1925* |
| 46 | 《中西回史日历》20卷 | 北京大学研究所国学门 | 1926* |
| 47 | 《中国史料的整理》 | 《史学年报》 | 1929 |
| 48 | 《书于文襄论四库全书手札后》 | 《北平图书馆馆刊》 | 1932 |
| 49 | 《元秘史译音用字考》 | 《史学年报》 | 1934 |
| 50 | 《记吕晚村子孙》 | 《故宫文献特刊》 | 1936 |
| 51 | 《四库提要中之周亮工》 | 《故宫文献特刊》 | 1936 |
| 52 | 《艺风年谱与书目答问》 | 《图书季刊》 | 1936 |
| 53 | 《切韵与鲜卑》 | 《图书季刊》 | 1936 |
| 54 | 《北宋校刊南北八史诸臣考》 | 《辅仁学志》 | 1943 |
| 55 | 《黄东发之卒年》 | 《辅仁学志》 | 1943 |
| 56 | 《李志常之卒年》 | 《辅仁学志》 | 1943 |
| 57 | 《通鉴胡注表微》前10卷 | 《辅仁学志》 | 1945 |
| | 《通鉴胡注表微》后10卷 | 《辅仁学志》 | 1946 |
| 58 | 《书通鉴外纪温公序后》 | 《北平经世日报·读书周刊》 | 1946 |
| 以下8种汇订为《励耘书屋丛刻》 | | | |
| 59 | 《元西域人华化考》前4卷 | 《国学季刊》 | 1927 |
| | 《元西域人华化考》后4卷 | 《燕京学报》 | 1927 |
| 60 | 《元典章校补》10卷 | 北京大学研究所国学门 | 1931 |
| 61 | 《元典章校补释例》又名《校勘学释例》6卷 | 历史语言研究所 | 1933 |
| 62 | 《史讳举例》8卷 | 《燕京学报》 | 1928 |

| 序号 | 论文书目名称》 | 《刊载处 | 年代 |
|---|---|---|---|
| 63 | 《旧五代史辑本发覆》3 卷 | 《辅仁大学丛书》 | 1937 |
| 64 | 《吴渔山先生年谱》 | 《辅仁学志》 | 1937 |
| 65 | 《释氏疑年录》12 卷 | 《辅仁大学丛书》 | 1939 |
| 66 | 《清初僧诤记》 | 《辅仁学志》 | 1940 |
| 以下各种为《中国佛教史籍概论》散篇 | | | |
| 67 | 《历代三宝记论略》 | 《天津大公报·文史周刊》 | 1946 |
| 68 | 《开元释教录论略》 | 《天津大公报·文史周刊》 | 1942 |
| 69 | 《高僧传论略》 | 《天津大公报·文史周刊》 | 1947 |
| 70 | 《宋高僧传论略》 | 《天津大公报·文史周刊》 | 1947 |
| 71 | 《弘明集论略》 | 《天津大公报·文史周刊》 | 1947 |
| 72 | 《广弘明集论略》 | 《天津大公报·文史周刊》 | 1947 |
| 73 | 《论法苑珠林》 | 《天津益世报·人文周刊》 | 1947 |
| 74 | 《玄应慧苑两音义合论》 | 《北平经世日报·读书周刊》 | 1947 |
| 75 | 《慧琳希麟两音义合论》 | 《北平经世日报·读书周刊》 | 1947 |
| 76 | 《题辅行记》 | 《北平经世日报·读书周刊》 | 1947 |
| 77 | 《论景德传灯录》 | 《天津益世报·人文周刊》 | 1947 |
| 78 | 《论五灯会元》 | 《天津益世报·人文周刊》 | 1947 |
| 79 | 《记赵城本宝林传》 | 《天津大公报·文史周刊》 | 1947 |
| 80 | 《记北山录》 | 《北平经世日报·读书周刊》 | 1947 |
| 81 | 《论传法正宗记》 | 《北平经世日报·读书周刊》 | 1947 |
| 82 | 《释门正统佛祖统纪合论》 | 《天津益世报·人文周刊》 | 1947 |
| 83 | 《论罗湖野录》 | 《天津益世报·人文周刊》 | 1947 |
| 84 | 《论释氏稽古略》 | 《天津益世报·人文周刊》 | 1947 |
| 85 | 《记吴都法乘》 | 《天津益世报·人文周刊》 | 1947 |
| 86 | 《记南宋元明僧宝传》 | 《天津益世报·人文周刊》 | 1947 |

表中 67～86 共 20 篇已经列入《中国佛教史籍概论》，当时有非正式出版的单行本①。

取 1980 年刘乃和《陈垣同志已刊论著目录系年》②（以下简称《系年》）以 1948 年底以前部分对照，《系年》包含 1948 年的文章共有 154 篇，多于《目录》68 篇（有部分收入规则不同）。《系年》收录的原则是"已刊"和"论著"，包括题跋、诗歌、信札等，是"能收尽收"（后 3 项不作对比）。《系年》比《目录》全面而完整，《目录》中所阙论文如下（见表 2）：

**表 2 《目录》阙目表**

| 系年序号 | 目录所阙载文章（以《全集》核对文章名） | 卷数③ | 页数 |
| --- | --- | --- | --- |
| 16 | 《文津阁四库全书册数页数表》 | 7 | 494 |
| 19 | 《摩尼教残经一、二》 | 2 | 186 |
| 22 | 《基督教入华史略》 | 2 | 466 |
| 27 | 《再论遵主圣范译本》 | 2 | 493 |
| 29 | 《奴才》 | 7 | 495 |
| 30 | 《武科》 | 7 | 499 |
| 31 | 《胡中藻诗案》 | 7 | 703 |
| 37 | 《回回教入中国的源流》 | 2 | 838 |
| 39 | 《十四世纪南俄人之汉文学》 | | |
| 48 | 《明末清初教士译著现存目录》 | 2 | 479 |
| 51 | 《日本文学博士那珂通世传序》 | 7 | 864 |
| 53 | 《元典章校补缘起》 | 10 | 1 |
| 55 | 《康熙与罗马使节关系文书影印本叙录》 | 2 | 512 |
| 56 | 《佛教能传布中国的原因》 | 2 | 738 |

---

① 见 1947 年 9 月 9 日陈乐素致柴德赓函，柴念东编注：《柴德赓来往书信集》，142 页，北京，商务印书馆，2018。

② 刘乃和：《陈垣同志已刊论著目录系年》，见陈智超编：《励耘书屋问学记：史学家陈垣的治学》，177～208 页（仅 1948 年底以前部分）。

③ 此处指文章所在《陈垣全集》卷数，页数为所在卷之页数。

| 系年序号 | 目录所阙载文章（以《全集》核对文章名） | 卷数 | 页数 |
|---|---|---|---|
| 58 | 《从雍乾间奉天主教之宋室说到石老娘胡同当街庙》 | 2 | 561 |
| 59 | 《关于四十二章经考》 | 2 | 749 |
| 60 | 《查嗣庭轶事》 | 7 | 711 |
| 61 | 《许之渐轶事》 | 7 | 564 |
| 62 | 《何焯轶事》 | 7 | 713 |
| 63 | 《陈白沙画像与天主教士》 | 2 | 566 |
| 64 | 《年羹尧轶事》 | 7 | 714 |
| 65 | 《钱名世轶事》 | 7 | 715 |
| 66 | 《方孝标方苞轶事》 | 7 | 717 |
| 67 | 《中兴馆阁书目辑序考》 | 7 | 527 |
| 69 | 《景印四库全书未刊草目签注》 | 7 | 513 |
| 70 | 《明代开教名贤之一李我存传略》 | | |
| 78 | 《记徐松遣戍事》 | 7 | 727 |
| 92 | 《马定先生在内蒙发见之残碑》 | 2 | 621 |
| 98 | 《顺治皇帝出家》 | 2 | 806 |
| 101 | 《官书与私书》 | 7 | 465 |
| 105 | 《国籍司铎之新园地》 | 2 | 632 |
| 113 | 《治史遗简及晋长沙王乂卒年考》 | 7 | 560 |
| 114 | 《郤克跛考》（未刊出处） | 7 | 626 |
| 116 | 《广韵声系序》 | 7 | 866 |
| 127 | 《续高僧传论》 | 17 | 523 |
| 143 | 《论释氏稽古》 | 17 | 642 |
| 148 | 《宋元僧史三种述评》 | | |
| 151 | 《隋书百官志后周禄秩解》 | | |
| 152 | 《杨贵妃入道之年》 | 7 | 570 |
| 154 | 《汉魏南北朝隋唐译经数目表》 | | |

《目录》编选时间为 1948 年 12 月，柴德赓作《目录》是一个尝试，当时规则是"已刊""论文""著作"，这是基于"陈垣学"视角下对陈援庵先生著述的首次整理，也为后学研究开辟了新路。虽然在编排上尚欠考究，阙漏也在所难免，表 2 显示遗漏了 40 条，但依然不减其学术价值。

回看《系年》阙《目录》篇目有 2 条(见表 3)：

表 3 《系年》阙目表

| 系年序号 | 目录所阙载文章(以《全集》核对文章名) | 卷数 | 页数 |
|---|---|---|---|
| 75 | 《慧琳希麟两音义合论》 | 17 | 576 |
| 81 | 《论传法正宗记》 | 17 | 605 |

《目录》编写成于 1948 年底，应该注意到这个时间节点，正是解放军围城之际，城外已经炮声隆隆，城里还在照常从事学术研究。鼎革之后，轰轰烈烈的运动不断，《目录》整理之事，一搁置就是 13 年，直到吴泽受命撰写近现代史学史，柴德赓才重启此事。

《目录》列出的已刊文章只有 86 篇，显然大大少于当时陈援庵先生已经发表的著作数目，但是这个数目是经过陈老认可的。我们可以从两个地方得到验证。

其一，《陈垣全集》提到：

> 在这三十年中我发表的论文，大约有八十六种，其中的七十四种都是到辅仁以后作的，这并不是夸耀，是说明我在辅仁主要工作就是读书。[1]

《目录》年代栏[∗]所统计的到辅仁大学前的文章数目计 12 种，正相吻合。

其二，1952 年 2 月 21 日柴德赓笔记：

---

[1] 《陈垣全集》第 22 册，613 页，合肥，安徽大学出版社，2009。

……我的 86 种著作，有 80 种是在辅仁做的。①

其中有 80 这个数字，非记录时的笔误，后来又再次核对《目录》，经查点，确认为 74 种。

从上可以看出，《目录》整理出来后，陈援庵先生已经过目，只是后来情势变化，整理著作编年之事遂尔搁置。

1980 年是陈垣先生诞辰 100 周年，刘乃和开始梳理"陈垣学"，于是有更全面的《系年》问世，告慰了老校长在天之灵；但山河易改，相去已是 30 年。1990 年，《纪念陈垣校长诞生 110 周年学术论文集》收录了王明泽《陈垣事迹著作编年》（由刘乃和指导），将陈援庵先生的著作收集向编年整理提高一步。2000 年，刘乃和、周少川、王明泽和邓瑞全编著的《陈垣年谱配图长编》出版，又将陈援庵先生的编年整理提升到新的高度。

2009 年陈智超主编《陈垣全集》出版，此次全面收录了陈援庵先生的史学论著、年表、论文、书文稿、杂著、批注、教材、讲话文稿、诗稿、书信和专题资料等，为系统研究陈援庵的学术提供了极大的便利。

柴德赓的《目录》是开垦拓荒，刘乃和的《系年》是培育生长，而陈智超的《全集》是丰收满仓，从这里可以看出"陈垣学"的发展脉络。

## 二、以诗歌赞陈援庵先生学术生平的《诗赞》

在整理柴德赓日记时，发现 1960 年 1 月 20 日的笔记本上有诗歌一首。该诗并没有写就，还在斟酌措辞之中，我们经过内容的辨认，判定为柴德赓对陈援庵先生的学术、生平所写的诗赞，所以暂拟诗题为《诗赞》。

1959 年，即新中国成立 10 周年时陈援庵先生入党，满足了他加入中国共产党的迫切愿望。柴德赓得此喜讯，以诗歌形式表达心情，遂于 1960

① 见《柴德赓日记》（待出版）。

年1月在笔记本上草拟诗歌一首。诗歌分3部分：第一部分是对陈援庵先生学术评述；第二部分是回望30年与援师之交往；第三部分是祝寿，未完成。

1959年9月，江苏师范学院党委关于"柴德赓鉴定"的报告中有结论："柴在学术方面资历较长，并有一定的水平，在旧知识界中仍有一定联系和影响，故现有职务，可不予变动。"有此鉴定，这年12月柴德赓当选江苏省政协常委，政治上又迈进一步。联想到老师入党，自己也小有进步，心情舒畅，翌年正值援师80寿辰，于是构思以诗祝寿，这也是柴德赓写《诗赞》的初衷。

真积力久者，夙昔称二陈。有清三百年，经史乃东主。
钱赵当感此，议论徒纷纭。室远人则迩，同德思古人。
黄顾何巍巍，谢山亦铮铮。晚岁探鉴注，身之固晶莹。
南宋三教主，其始皆遗民。后先圣一揆，傲霜殄黄茸。

我昔辞夫子，挥涕出旧京。剑阁风雨夜，支柱怀艰辛。
竭来十五载，天地见清明。吴门秋月彻，清光照北辰。
博施尧犹病，济众舜未能。神州六亿五，公社力万钧。
朔从解放来，渐觉议理真。炎暑入西蜀，阶级辨淄渑。

翻身歌祖国，先路启等伦。温良恭俭让，得之以其诚。
三学推祭汤，德高望盍尊。主非一时出，志与□□□。
得天寿而乐，味道腴以淳。会当泽流长，岂独在晚晴。
春风兼化雨，左卷操遐龄。□□□□□，□□□□□。

第三部分尚有不得意之处，还在斟酌，但后来事务繁忙，竟未完成。在此，我们就《诗赞》作一个粗陋的解读。虽然诗无达诂，但不妨强作解人，希望能深入肌理，探索柴德赓何以未能完稿的内心世界。释读如次：

> 真积力久者，夙昔称二陈。

"真积力久"语出《荀子·劝学篇》："真积力久则入。学至乎没而后止也。"这里指沉潜学术、学力深厚、能深入学术堂奥的学者。民国史学界公认的有大成就的学者"二陈"，即陈垣、陈寅恪二先生。1969 年 10 月陈寅恪去世后，蒋天枢曾写信给刘乃和，谈道："当前国内真正研究历史可成为史学专家或史学泰斗，实仅有陈援老及陈寅恪两人。"①可见二陈门人对此也是有高度认同感的。

> 有清三百年，经重史乃轻。

明末学术风气有一转变，这已是学界通识。柴德赓谓："明朝的学风到了万历以后，有显著的改变，这是往好的变，往求实学的路上走，也是一种物极必反自然的演变。"②清初学者振于明末心学空疏之弊，继承了顾炎武、黄宗羲等人的思想，转向经世之学，而考据学作为经学之基础，乃成为有清一代学术的主流，史学则相形见绌，这是陈寅恪对宋、清学术特点的判断，他在《陈垣先生元西域人华化考序》一文中谓："有清一代经学号称极盛，而史学则远不逮宋人。"③关于清人"重经轻史"，柴德赓在《王西庄与钱竹汀》一文中也谈过：

> 钱赵当感此，议论徒纷纷。

---

① 邱瑞中：《刘乃和与蒋天枢》，载《中国典籍与文化》，第 76 期，2011。
② 柴德赓：《清代学术史讲义》，26 页，北京，商务印书馆，2013。
③ 陈寅恪：《重刻元西域人华化考序》，见陈垣：《元西域人华化考》，1934 年冬励耘书屋锓版。

钱大昕、赵翼是清代成就最为斐然的史学家之一（再加上王鸣盛，柴德赓称之为"乾隆三大史家"），其史学代表作分别是《廿二史考异》《廿二史札记》《十七史商榷》。其实，重经轻史并非清代一朝如此，其学术风气可以上溯到宋朝，赵翼在《廿二史札记小引》中说：

> 闲居无事，翻书度日，而资性粗钝，不能研究经学。惟历代史书，事显而义浅，便于浏览，爰取为日课。①

"资性粗钝，不能研究经学"可以视作自嘲，也可以视作对"重经轻史""经史对立"风气的批判。钱大昕在给赵翼《廿二史札记》所写的序言中把这句话解释成赵翼的"撝谦"：

> 乃读其自序，有质钝不能研经、唯诸史事显而义浅、爰取为日课之语，其撝谦自下如此。

然后话锋一转，钱氏便剖析了经史对立学风产生之始末，并抨击说：

> 嗣是，道学诸儒，讲求心性，恧门弟子之泛滥无所归也，则有诃读史为玩物丧志者，又有谓读史令人心粗者。此特有为言之，而空疏浅薄者托以借口，由是说经者日多，治史者日少。②

钱大昕认为，重经轻史的学术风气是从王安石开始。王安石出于政治的原因打击史学，此风还没来得及扭转，而后道学兴盛，又从心性角度贬斥史学，在此合力之下，遂使"重经轻史"浸渐而成为学术界的风气。陈寅恪先

---

① 赵翼：《廿二史札记小引》，见《廿二史札记》，清光绪甲午中春广雅书局刻本。
② 钱大昕：《廿二史札记序》，见赵翼：《廿二史札记》，清光绪甲午中春广雅书局刻本。

生认为清代史学反不如宋代的原因也可以从这里寻找。

柴德赓特意指出"有清三百年"的这一风气是有深意的，老师援庵先生一生致力于史学，承接的就是钱、赵这一脉的思想，对"重经轻史"这一学风有拨乱反正之意：

> 室远人则迩，同德思古人。

"室远"的典故出自《论语·子罕篇》：

> 子曰："可与共学，未可与适道；可与适道，未可与立；可与立，未可与权。""唐棣之华，偏其反而。岂不尔思？室是远而。"子曰："未之思也，夫何远之有？"
>
> 《正义》曰："此章论权道也。""子曰：可与共学，未可与适道"者……言人虽可与共学，所学或得异端，未必能之正道，故未可与也。"可与适道，未可与立"者，言人虽能之道，未必能有所立，故未可与也。"可与立，未可与权"者，言人虽能有所立，未必能随时变通权量其轻重之极也。①

这里提出了与人交往的 3 个原则：一是能一起学习正道，二是学了正道要能有所立，三是不但要有所立，在运用正道时还要能随时变通、权衡轻重。这种交往可以指朋友之间、师徒之间，也应该包括与古人的神交。我们反复思考柴德赓这两句诗，为什么要引《论语》"室远"的典故呢？经对"正道""权道"之疏解，恍然得出其解，虽未必合于柴的初衷，但仍然表出如下："正道"是否指经史同尊、不分轩轾的状态？"权道"是否指重经轻史、陋史荣经的状态？陈援庵先生上与钱、赵等古人相契，可谓"同德"，

---

① 《论语注疏》，何晏注、邢昺疏，137～138 页，北京，北京大学出版社，2000。

他们想恢复史学的崇高地位，是否就是"能思其反"？"室远人自迩"，则指陈援庵先生任重道远、"仁以为己任"的担当意识。这种解释与上面肯定陈援庵先生学术地位的诗句可以呼应。

其实，"同德"何尝不能理解为陈、柴师徒的默契？柴德赓与老师既可谓之"共学"，又能"适道"，至于"权道"，在他们的人生履历中更是极其一致的。儒家伦理的"忠"的对象遂从一朝一姓升华为华夏国家，这是"权道"。陈、柴师徒一生都在"正道"与"权道"之间衡量。这种解释与下面的诗句关系密切。

> 黄顾何巍巍，谢山亦铮铮。晚岁探鉴注，身之固晶莹。
> 南宋三教主，其始皆遗民。后先圣一揆，傲霜殡黄苇。

以上四联既点出了陈援庵先生的史学成就，更指出了陈援庵先生治史的一贯精神。对于顾炎武，陈援庵先生在治学上更受其影响，并有《日知录校注》传世，柴德赓之案头卷就是《日知录集释》，他去世以后夫人陈璧子捐赠 5000 余册书，唯此书留作纪念。"谢山亦铮铮"中的全祖望（号谢山），史学造诣甚深，著有《鲒埼亭集》传世。陈援庵先生对之颇为推崇，并著有《鲒埼亭集批注》，而柴德赓也有名山之作《〈鲒埼亭集〉谢三宾考》，可谓老师的"共学"了。"晚岁探鉴注，身之固晶莹"一句指的是《通鉴胡注表微》。柴曾写过《〈通鉴胡注表微〉浅论》，介绍云：

> 《胡注》成于至元二十二年(1285 年)乙酉为临安沦陷后八年，《表微》成于民国三十四年，为北平沦陷后八年，前后两乙酉，相去六百六十年，似属偶合，实在这也是先生作书的本意。①

---

① 柴德赓：《〈通鉴胡注表微〉浅论》，见《史学丛考(增订本)》，497 页，北京，商务印书馆，2017。

陈援庵先生是激于民族义愤的"正道"把治学目标转向《资治通鉴》胡三省（字身之）的注，其时陈老年逾花甲，故而称"晚岁探鉴注"。《通鉴胡注表微》是陈垣史学方法与思想融萃于一炉的巨作，柴德赓也说："《胡注表微》这部书，在考证的工夫上看，陈先生自然当行出色，在解释历史的一点上看，陈先生确有独到的见解。陈先生是思想、学问、生活打成一片的人，不是徒发空论的。"①

"南宋三教主，其始皆遗民"一句指陈援庵先生《南宋初河北新道教考》一书。"三教主"指全真道教祖王重阳、大道教教祖刘德仁、太一教教祖萧抱珍，3 人生活在两宋嬗替之际的金国，因此都算是北宋的遗民。关于此书创作的缘起，柴德赓说：

> 抗战爆发后，陈先生身处沦陷区，就想到这样一个问题："我们生活在异族统治下，思想很苦闷，简直活不下去。那宋亡于金人后，淮水以北的人民是如何生活的？他们的思想又是如何？"过去这段历史很少有人注意，因为这时陈先生也处在沦陷区，不由想到此事，于是他根据收集到的材料，对这段历史进行了研究。他发现南宋北方有四种道教：一是江西龙虎山的正一教，这是张天师传下来的老牌道教。另外，在三个地区产生了三种新道教——全真教、大道教、太一教，这都是在北宋末、南宋初先后形成的。原来北宋的一班读书人不愿做金人的官，便出外讲学，以此反抗金人，由于亡国时间长，后来便逐渐形成了上述三种新道教。②

陈援庵先生既服膺主张民族大义的"正道"，那么在日军的铁蹄之下肯定是不会做日本人的官了。陈、柴师徒曾相约一起南下，后被教务长雷冕

---

① 柴德赓：《〈通鉴胡注表微〉浅论》，见《史学丛考（增订本）》，498 页。
② 柴德赓：《陈垣先生的学识》，见《史学丛考（增订本）》，528 页。

得知，雷氏以辅仁之前途相劝，故柴去陈留。陈老先生所以能留在沦陷区而不屈膝于日本，想必是受到北宋遗民的启迪：一心讲学，以此反抗日本侵略。所以柴德赓赞誉老师："后先圣一揆，傲霜殪黄芎。"陈老先生与北宋遗民（三教主）、明遗民（顾黄王）都为了民族家国而汲汲于治学兴教，后先一揆，辉映青史。

> 我昔辞夫子，挥涕出旧京。剑阁风雨夜，支柱怀艰辛。
> 竭来十五载，天地见清明。吴门秋月彻，清光照北辰。

以上写陈援庵先生的史学成就与地位，自此段开始写柴德赓与陈援庵先生的关系，柴、陈曾有过 3 次重要的辞别。1933 年夏，柴从北师大毕业，因《何梅协定》，华北告急，柴德赓离开北平，到安庆一中教书。同年 12 月写过一封感情至深的信给陈老，不忘教诲，时刻想回归师门深造。1944 年 1 月，两人相约南渡避寇，而陈老未能成行。1955 年 9 月，柴德赓被调到江苏师范学院任教。根据"竭来十五载"与写诗时间推算，应指 1944 年那次离别。柴德赓辗转流离到了重庆白沙，任教于国立女子师范学院，所以有"剑阁风雨夜，支柱怀艰辛"之句。柴德赓曾回忆过那段经历，大有国破家亡之痛，只想西遁成为逸民。"竭来十五载，天地见清明"一句可解为指当时的政治形势。1960 年 2 月，柴德赓写了《我的老师——陈垣先生》（以下简称《老师》），结尾写道：

> 我要永远向老师学习，做他的小学生，踏着他所走的道路前进。在党的领导与关怀下，我更要信心百倍地加强自我改造，努力学习，认真劳动，积极工作，做一个又红又专的工人阶级知识分子，争取加入中国共产党。①

---

① 柴德赓：《我的老师陈垣先生》，见《史学丛考（增订本）》，541 页。

柴德赓的文章写好以后，寄兴化寺。2 月 24 日刘乃和复信，对全文提出多条修改意见。从回信可以看到《老师》一文是为陈老 80 寿辰专刊[①]而备。专刊后未出，20 年后的 1980 年《老师》一文才正式在《文献》期刊上发表。当然，这也是第一篇系统介绍陈垣学的文章。由此看来，"天地见清明"指的是陈垣校长光荣入党了。老师的入党令柴德赓羡慕不已，同时也给他带来了一线光明，事实上，柴德赓曾于 1956 年递交过入党申请书。[②] 1959 年年底，柴德赓在江苏省政协二届一次会议上，他当选了常委，这一段时期他的心情是舒畅的。下面"吴门秋月彻，清光照北辰"一句，也是心情舒畅的表现，身在吴门，他既替老师入党而欢喜，同时又把老师视作"北辰"，是自己下一步学习的榜样。但说到底，这个"北辰"还应该是"党"。"清光照北辰"是否可以理解成"一颗红心献给党"的委婉表达呢？

> 博施尧犹病，济众舜未能。神州六亿五，公社力万钧。
>
> 朔从解放来，渐觉议理真。炎暑入西蜀，阶级辨淄渑。

前二联背景是江西余江县消灭了血吸虫，从原诗中，"我们可以认识到诗人关心千百万群众生活，看到千百万群众从旧社会遗留下来的苦难里获得新生"[③]。

"朔从解放来，渐觉议理真"一句说的是陈援庵先生的政治变化与进步。"1949 年后，他(陈援庵)亲眼看到解放军的进城，共产党干部的朴素，毛主席思想的正确，自己也逐渐地进步起来。"[④]按陈援庵先生自己的总结，一生学术经过钱大昕、顾炎武、全祖望到毛泽东 4 个阶段。"炎暑入西蜀，阶级辨淄渑"，这两句笔画较草，识读不易，但大概可以理解。"炎暑入西

---

① 柴念东编：《柴德赓来往书信集》，260 页。

② 参见柴德赓档案资料。

③ 周振甫：《毛主席诗词浅释》，127 页，上海，上海文艺出版社，1961。

④ 柴德赓：《陈垣先生的学识》，见《史学丛考(增订本)》，532 页。

蜀"说的是 1951 年陈援庵参加西南土地工作团一事，在临行前的答词中陈说："我看见我们学校的教授参加土改回来后都进步了，觉得自己老不进步，所以我要求到实际工作中去学习。"①陈氏参加土改时已是 71 岁高龄，柴德赓回忆此事显然也是在歌颂老师不断追求进步的精神。"淄渑"一典出自《旧唐书·马怀素传》："或古书近出，前志阙而未编；或近人相传，浮辞鄙而犹记。若无编录，难辨淄渑。""辨淄渑"即分辨清楚。歌颂党之后再歌颂老师，其背后折射的正是柴德赓追求进步与入党的强烈渴望。

> 翻身歌祖国，先路启等伦。温良恭俭让，得之以其诚。
> 三学推祭汤，德高望盍尊。主非一时出，志与□□□。

这一段应该是写陈援庵先生能够入党的原因。"翻身歌祖国，先路启等伦"一句应指"直到北平解放前夕，他（陈垣先生）坚决拒绝乘坐国民政府接他南下的飞机，决定留下来迎接解放"②。1949 年 1 月 31 日，解放军和平进入北平，柴德赓、刘乃和陪陈援庵先生步行至西直门大街，以普通市民身份欢迎解放军，拥护新政权。之后不久，5 月 11 日他在《人民日报》发表了《给胡适之的一封公开信》，宣布与胡适划清界限。陈援庵先生的确算得上"先路启等伦"。"温良恭俭让，得之以其诚"，当然，陈援庵先生之所以能入党，除了他较高的政治觉悟之外，还有其谦逊的人格与诚实的品格。柴德赓多次提到陈援庵先生的谦虚态度，这种态度既体现在治学上，也体现在为人处事上，无论何时何地，适度的"谦虚"都应该倾向于是一种美德。除了谦虚，还有"诚"，"陈先生年轻的时候就参加革命，为追求真理而斗争，但都很有限。在抗战时期，也只是追求孔夫子、孟夫子他们的所谓真理，但就是这么一点，他就能置生死于度外。所以在 1949 年后，一旦知

---

① 刘乃和等：《陈垣年谱配图长编》，589 页，沈阳，辽海出版社，2000。
② 柴德赓：《我的老师——陈垣先生》，见《史学丛考（增订本）》，540 页。

道了马列主义确实是真理，他便再也没有怀疑、犹豫过，而是全力以赴去追求这个真理。"①1950 年柴德赓在辅仁大学开设"新民主主义"课，其中有一章是"新民主主义文化"。他写道："我们从前不认识社会性质，不认得革命的本质，我们糊涂了，错误了。现在既然发现了马列主义的革命普遍真理，毛泽东思想的具体实践。我们醒悟了，闻道了。"②"三学推祭汤，德高望盍尊"一句似指陈援庵先生在学术界德高望重的地位。下面一句未写完，识读也不准确，含义模糊。总之，有了以上这些原因，"终于在他七十九岁那年光荣地加入了中国共产党"③。柴德赓认为，陈援庵先生享有入党的荣耀是当之无愧的！

"志与□□□"一句没写完，这说明了本段的难写，以柴德赓的才力，肯定不是遣词造句的问题。通过检索柴德赓的文章，我们看到他在 1960年 2 月写有《老师》一文，该文系统地对陈垣学术与地位作了评介，从时间先后上我们也许可以作一个大胆的推测，柴德赓后来改变了想法，他大概觉得还是写成可以发表的文章才更正式、更具学术价值，更凸显对老师的敬重。

得天寿而乐，味道脁以淳。会当泽流长，岂独在晚晴。
春风兼化雨，左券操遐龄。□□□□□，□□□□□。

最后这几联是本诗的第三部分，是对陈援庵先生的歌颂与祝福，说他修养高深，教书育人，将来一定会更享高寿。"左券"即指有把握。

这首《诗赞》既没有写完，也就没有寄出。正像柴德赓祝福的一样，陈援庵先生活到更高寿，而柴德赓先一步撒手人寰。陈、柴师徒情深，在 20世纪学术史上堪称楷模，留下一段可堪传颂的佳话。

---

① 柴德赓：《我的老师——陈垣先生》，见《史学丛考（增订本）》，533 页。
② 柴德赓手稿：《新民主主义文化》，待发表。
③ 柴德赓：《我的老师——陈垣先生》，见《史学丛考（增订本）》，533 页。

柴德赓的学术生命和个人生活与陈援庵先生紧密联系在一起。1962 年柴德赓受命参加全国高校文科教材审核并在北京大学讲学一年，期间正值陈老患病住在北京医院。柴德赓从北大畅春园至崇文门(乘 32 路汽车到动物园换乘 3 路电车)来回要 4 小时，下午到医院，晚上回去开夜车补上当天的工作，最多一周跑过 4 趟。11 月 19 日当陈老病重时，他写信给陈璧子：

> 四时翦老和我一同去医院，我那时还不能去看老师，天天去，他要急的。但我不去，如何过得。你能否即来，根据情况决定吧。我又怕你累不得，伤心不得，万一不幸。①

后陈璧子赶至北京，参与照看，并在兴化寺住了两个多月，至少对老师在精神上是极大的安慰。

《诗赞》虽然没有写完，但其中有两点是真实不虚的。一是柴德赓对陈援庵先生抱有深深的敬仰与热爱，他始终把陈援庵先生当作老师，当作父亲，自 1930 年始，践行了 40 年。二是柴德赓对陈垣学术成就与学术地位的判断。结合柴德赓所写的几篇对陈垣学术的介绍文章，可知此诗具有浓浓的"陈垣学"的自觉意识。他是把陈老当作顾、黄、王与钱、全、赵的继承者与发扬者来看的，这一学术谱系的定位是很清晰、很确凿的，放之今日也是经得起学界评述的。

通过对以上两篇新出文献的粗浅解读，希望能勾勒出柴德赓对"陈垣学"所做的披荆斩棘之功。柴德赓作为"陈门"的大弟子，本应成为结集"经藏"的"迦叶"，可惜天不假年，没能承担起整理、光大师说的重任，但是他浓浓的学术传承的自觉意识跃然纸上，至今熠熠生辉。

文章已经写完，邱瑞中提供了新的文献资料，柴德赓在人生最后岁

---

① 柴念东编：《柴德赓来往书信集》，43 页。

月，于 1968 年和 1969 年分别写过小诗一首，抄录于此，作为此文的结尾：

精力坚强过伏生，东家无愧郑康成。

荷锄弟子云天远，霜落吴江喜晚晴。

此去年十月吾师诞辰，受业在吴江同里所作诗。因循未寄，兹特录奉，并乞恕罪。

红旗高举敌人惊，人寿又逢五谷登。

地转天旋四十载，瓣香终不负平生。

今年正处于战备之际，回首立雪程门忽及四十载，中怀感奋，非小诗所能达，聊布寸心，遥申颛祷云尔。

受业柴德赓敬呈。

# 北京历史记忆中的陈垣

刘宗永

[摘要]本文从北京方志文献记录的角度全面考察著名学者、教育家陈垣先生在北京志书的基本情况，以期从一个独特角度考察陈垣在北京历史中的地位。同时，考察其在北京的8处住所及其主要活动，从微观历史的角度考察陈垣作为著名学者、教育家对北京历史记忆的独特贡献。

[关键词]北京历史；陈垣

> 吾党陈夫子，书城隐此身。
> 不知老将至，希古欲弥珍。
> 傲骨撑天地，奇文泣鬼神。
> 一编藏颂鼎，风雨感情深。

上面这首诗是著名学者沈兼士先生歌颂陈垣先生的诗作。作为著名爱国学者、教育家，陈垣先生经常利用毕业这一重要时机用题词的形式寄语即将离校的青年才俊。

1938年毕业生题词："毋事浮嚣，失礼于人，毋徒顾目前，毋见利忘义，永保汝令名。"

---

作者简介：刘宗永，北京市方志馆馆长。

1940 年毕业生题词:"子张问行,子曰:'言忠信,行笃敬,虽州里行乎哉!'今诸君毕业远行,谨书此为赠。"

1941 年毕业生题词:"品行第一(人之生也直,罔之生也幸而免),身体第二(父母唯其疾之忧),学问第三(不患无位,患所以立)。近来同学颇知问学,是好现象,但每轻重倒置,故以此告之。"

启功在 1980 年的《夫子循循然善诱人——陈垣先生诞生百年纪念》中写道:

> 一九六三年,我有一篇发表过的旧论文,由于读者反映较好,修改补充后,将由出版单位作专书出版,去请陈老师题签。老师非常高兴,问我:"你曾有专书出版过吗?"我说:"这是第一本。"又问了这册的一些方面后,忽然问我:"你今年多大岁数了?"我说:"五十一岁。"老师即历数戴东原只五十四岁,全谢山五十岁,然后说:"你好好努力啊!"我突然听到这几句上言不搭下语而又比拟不恰的话,立刻懵住了,稍微一想,几乎掉下泪来。老人这时竟像一个小孩,看到自己浇过水的一棵小草,结了籽粒,便喊人来看,说要结桃李了。现在又过了十七年,我学无寸进,辜负了老师夸张性的鼓励![1]

## 一、新编首轮《北京志》里记载陈垣的情况

陈垣先生是我国现代著名的历史学家、教育家,长期担任私立辅仁大学、北京师范大学校长,长期生活在北京城。从 1958 年开始,历时 48 载,共计 172 部的新编首轮《北京志》是如何记载陈垣的?本文试图从地方志的角度考察北京历史记忆中的陈垣。

在全部 172 部《北京志》里搜索,可以看到如下 20 种志书里记载了陈

---

[1] 启功:《夫子循循然善诱人——陈垣先生诞生百年纪念》,见陈智超编:《励耘书屋问学记:史学家陈垣的治学》,108~109 页,北京,生活·读书·新知三联书店,1982。

垣先生：《大事记》《西城区志》《海淀区志》《东城区志》《石景山区志》《故宫志》《图书馆志》《档案志》《民政志》《人民代表大会志》《文物志》《出版志》《博物馆志》《期刊志》《对外经贸志》《北京宗教志》《著述志》《中央机构志》《共产党志》《北京胡同志》。共计出现了 63 次（见表 1）。

表 1 "陈垣"一词在《北京志》各分志和区志中的出现情况

| 志书名 | 出现的次数 | 备　注 |
|---|---|---|
| 1《人民代表大会志》 | 10 | |
| 2《故宫志》 | 9 | 索引 1 次 |
| 3《出版志》 | 8 | 索引 1 次 |
| 4《宗教志》 | 8 | |
| 5《西城区志》 | 4 | 实为 3 处 |
| 6《图书馆志》 | 4 | 包括索引 1 次，实记述 3 处 |
| 7《中央机构志》 | 3 | |
| 8《期刊志》 | 2 | |
| 9《档案志》 | 2 | |
| 10《东城区志》 | 2 | |
| 11《著述志》 | 2 | |
| 12《民政志》 | 1 | |
| 13《海淀区志》 | 1 | |
| 14《文物志》 | 1 | |
| 15《石景山区志》 | 1 | |
| 16《博物馆志》 | 1 | |
| 17《对外经贸志》 | 1 | |
| 18《共产党志》 | 1 | |
| 19《大事记》 | 1 | |
| 20《人物志》 | 1 | |
| 共计：20 | 63 | |

在《北京志》里，"陈垣"出现次数最多的是《人民代表大会志》，这个可能有点出乎一般人的意料。其实这正从一个角度证明了陈垣先生是新中国新政权建设的积极参与者。陈垣先生在 1949 年 8 月任首届北平市各界代表会议代表，至 1954 年 8 月任北京市第四届各界人民代表会议代表。

市各界代表会议代表（1949 年 8—11 月）332 名，其他各界代表 95 名、爱国民主人士 39 名。

市第二届各界人民代表会议代表（1949 年 11 月—1951 年 2 月）425 名。

市第三届各界人民代表会议代表（1951 年 2 月—1952 年 8 月）519 名，专科以上学校教职员工学生代表 45 名。

市第四届各界人民代表会议代表（1952 年 8 月—1954 年 8 月）555 名，专科以上学校教职员工学生代表 45 名。

第三届各界人民代表会议第一次会议政府工作报告审查委员会名单 23 人。

第四届各界人民代表会议第一次会议政府工作报告审查委员会名单 19 人。

第四届各界人民代表会议第二次会议主席团名单 69 人。

第四届各界人民代表会议第四次会议主席团名单 68 人。

市第二届各界人民代表会议协商委员会由 45 人组成。

市第四届各界人民代表会议协商委员会由 69 人组成。

陈垣先生不仅是全国人大代表、北京市人大代表，还是北京市政协副主席，这是他作为北京师范大学教授、校长的政治活动兼职。

陈垣先生还是一位博物馆专家或者说收藏家。《北京志·博物馆志·馆藏文物精品》："清朝皇帝溥仪的《退位诏书》，1912 年 2 月 12 日，纸质，毛笔书写。纵 21.5 厘米、横 53 厘米。武昌起义后，清政府起用袁世凯镇压革命。袁世凯在帝国主义的支持下逼迫革命党人妥协，最终双方达成了革命党人同意让出政府，袁世凯则宣布同意'共和'并逼清帝退位的协议。在袁世凯的逼宫下，1912 年 2 月 12 日，清帝宣布接受优待条件颁发了退位诏书。中国两千多年的封建帝制宣告结束。退位诏书由张謇拟稿，经南京临时参议院付由袁世凯转交清廷公布。此《退位诏书》由北京师范大学校长陈垣购得。1975 年，北京师范大学拨交中国革命博物馆。"

陈垣对故宫的贡献巨大。"清室善后委员会（1924 年 11 月 20 日—1926 年 4 月 5 日）。委员长：李煜瀛。14 委员：陈垣为委员。

"故宫博物院临时理事会章程，本理事会执行全院事务，以理事 9 人组成之。第一任理事是李煜瀛、黄郛、鹿钟麟、易培基、陈垣、张继、马衡、沈兼士、袁同礼。李煜瀛被推举为理事长。

"点查清宫物品。1924 年 12 月 20 日召开第一次委员会。这时由于政局发生变化，在 11 月 10 日，张作霖调军入关。这次会议议决 3 点，制定《点查清宫物件规则》18 条，从登记、编号，到物件挪动都作了严密规定。定于 12 月 22 日下午在神武门城楼上召开点查预备会。23 日正式开始点查清宫物品。李煜瀛以善后会委员长名义宣布他签发的一封信。信中说：委员长所兼任的常务委员，请陈垣代理。委员长不在故宫时，由陈垣代理委员长职务。"

1926 年 7 月 14 日，内阁决定结束故宫博物院维持员的工作，成立故宫保管委员会，聘委员 21 人，设干事及办事员若干人。原任董事中只保留了汪大燮、庄蕴宽两人。故宫保管委员会于 7 月 27 日在中南海居仁堂开会宣告成立推举赵尔巽、孙宝琦为正副委员长。7 月 23 日下午，全体善后会委员开会商量对策，决定在交接时坚持 3 条原则：一是请政府明确宣布三件事：故宫不发还溥仪，不变卖故宫，不毁灭故宫。二是由院组织移交委员会，由保管会组织接收委员会逐项点交、接收以清手续。三是发起监督同志会办理交接监督事宜。8 月 2 日，赵尔巽、孙宝琦率随员到故宫博物院就职。第二天下午，两人出面在清史馆设宴招待善后会代表陈垣、江瀚、吴瀛和俞同奎，商谈交接手续。宴会后，陈垣以善后会代委员长身份提出 7 月 23 日善后会议决的交接手续 3 条。新保管委员当即反对，提出一切从简，先接管，不必办点交。陈垣重申善后会主张，说："万万不可。必须点完一处，移交一处，再由新会加封加锁，即由新会负责。未点以前，所有各处旧封条一律不动，仍由旧会负责。"新会人员说："这一来岂不要旷日持久，费事费时。"陈垣反驳说："本院同人认为点交为最重要关节，如此才可清手续、明责任。如果保管会不同意点交，就该登报声明自愿承担一切责任。此后故宫文物、图书、珍宝、陈设如有损失，概与旧人无干。"由于陈垣坚持点交，赵、孙两人十分恼火。第二天去见代总理杜锡珪，想得到杜的支持，不料杜认为理应分设移交、接收两委员会，才有利于交接。赵、孙此举未达到目的，愤而辞职。赵、孙二人虽辞职，依附于赵、孙的人却迁怒于陈垣。他们暗地里通过军阀张宗昌，指使宪兵司令王琦在 8 月 8 日清晨派宪兵逮捕了陈垣，意在报复，也想通过压力迫使庄蕴宽尽快办理移交。陈垣被捕后，拘留于宪兵司令部，经庄蕴宽设法营救，当天中午被释放；但陈垣不肯离开，要宪兵司令说清为什么要逮捕他。释放以后，又被软禁在西安门大街家中。两名宪兵住进他家，监视他将近一个月之久。陈垣被软禁期间，国务院秘书长孙润宁多次催促庄蕴宽交接，由于庄蕴宽坚持点交，赵尔巽等始终未曾出面，交接工作遂拖了下来。直到 9 月 22 日杜锡珪辞职，内阁解体，以赵尔巽、孙宝琦为首的故宫保管委员会也随之消失。

"到 1926 年 12 月 1 日，又发生了宪兵司令王琦奉张宗昌之命，派副官率宪兵到大院胡同围困庄蕴宽住宅，欲加逮捕的事件。这是赵尔巽任故宫保管委员会委员长接管故宫博物院，陈垣坚持点交被软禁之后，庄蕴宽又坚持点交，对此耿耿于怀。赵尔巽在张宗昌家谈起了对庄蕴宽的不满，于是张宗昌命王琦逮捕庄蕴宽。王琦的副官围困庄宅到深夜一点，京畿卫戍司令于珍和警察总监陈兴亚奉顾维钧和张作霖之命前来解围，带走王琦的副官，这件事才了结。维持会发起人在 12 月 9 日，再次在欧美同学会集会，通过暂行简章，推选江瀚为会长，庄蕴宽、王宠惠为副会长，继续主持故宫博物院院务。正、副会长于 12 月 17 日到院就职，指定王式通、陈兴亚、吴瀛、李宗侗、马衡、陈垣等 15 人为常务委员。

"1928 年 10 月国民政府任命故宫博物院理事 27 人。复由理事会推举理事 10 人：陈垣为理事。"以上为《北京志·博物馆志》之记载。

其他各分志记载的陈垣事迹，主要是记载其学术成就。

《宗教志·佛教·文化艺术·佛学著述》："北京佛教历史上重要佛学

著述依朝代次序有：民国陈垣著《释氏疑年录》《中国佛教史籍概论》《清初僧诤记》《明季滇黔佛教考》等。"《道教·著作综录》："北京学术界对道教文化的关注，开始于新中国成立前北京几所高等学府的学者对道教的初步研究。北平师范大学教授陈垣等。他们着重在道教经典、人物和思想上作了研究。……陈垣著《记许缵曾辑刻太上感应篇图说》《李志常之卒年》。……这一时期，北京一些高等院校的哲学与宗教学系教授对道教亦展开广泛而深入的研究，如北京师范大学历史系陈垣教授出版《南宋初河北新道教考》等。"《南宋初河北新道教考》四卷，陈垣著，1941 年辅仁大学排印。《李志常之卒年》，陈垣著，《辅仁学志》1943 年 12 月第 12 卷第 1~2 期。"

《期刊志》："《历史研究》，双月刊，创刊时，由历史研究编辑委员会编辑，中国科学院出版，后改由中国社会科学院主办。陈垣、陈寅恪、夏鼐、嵇文甫、汤用彤、刘大年、翦伯赞等国内著名史学家组成。"

《东城区志》："北平地区组织文物维持会，陈垣等负责。"

《著述志》："《北京抗日群英谱》，吴家林主编，北京出版社 1995 年 7 月出版。该书共收入了吉鸿昌、佟麟阁、赵登禹、包森、白乙化、杨秀峰、陈垣、齐白石、梅兰芳等 30 余位抗日英雄、模范和著名人士、群体，记述其在抗日战争时期的业绩。"《元典章》，原名《大元圣政国朝典章》，元官修，清末沈家本有刊本。中华书局 1957 年重印出版。该书正集共 60 卷，分诏令、圣政、朝纲、台纲、吏部、户部、礼部、兵部、刑部、工部 10 门，下分 373 类，每类又各分条格。记元世祖即位（1260 年）至元仁宗延祐七年（1320 年）间的典章制度。另附新集，不分卷，续记至元英宗至治二年（1322 年）。后有陈垣著《沈刻〈元典章〉校补》10 卷和《元典章校补释例》6 卷。"


## 二、陈垣北京寓所变迁初探

清光绪二十三年（1897 年），陈垣以监生资格到北京参加顺天府乡试，

因文章不合八股程式，落榜而归。这是 17 岁的陈垣初次到京城。从 1913
年来京工作定居至 1971 年去世，陈垣在北京生活了 58 年，他一直租赁房
子，这 58 年中，他一共换过 8 处住所（见表 2），平均 7 年多搬一次家，这
也反映了那个兵荒马乱的动荡的时代。其中最短的住了仅 10 个月。

第一所为宣武门内象来街（1913—1921 年），居住 8 年；第二所为西安
门大街（1921—1927 年），居住 6 年；第三所为翊教寺（今育教胡同）
（1927—1930 年），居住 3 年；第四所为丰盛胡同（1930—1932 年），居住 2
年；第五所为米粮库（1932—1937 年 7 月），居住 5 年；与胡适做了多年邻
居。抗战爆发后，第六所为南官坊口（1937 年 7 月—1938 年），居住 1 年 2
个月；第七所为李广桥西街（今名柳荫街）（1938—1939 年），居住 10 个月。

第八所为陈垣故居，是他北京居住时间最长的院落，个人名下房产。
在北京市西城区兴华胡同 13 号（原为兴化寺街 5 号），是一座典型的老北
京的四合院。1939 年 7 月 16 日入住，从此才安定下来，整整住了 32 年，
直到去世，是他一生住得最长的地方。他在这里度过了生命最后三分之一
的时光。兴华胡同位于德胜门内大街南部路东，离什刹海很近。胡同名字
因为历史上的兴化寺而得名。

以上这 8 处地点，见证了陈垣先生的生活和工作，留下了陈垣先生的
丰富情感和记忆，也是陈氏后人的重要寄托。这 8 处地名，也因为陈垣先
生或长或短地住过而具有了丰富的历史记忆。

表 2　陈垣北京寓所和故居变迁情况

| 序号 | 位　置 | 时　间 | 主要活动和成果 |
|---|---|---|---|
| 1 | 宣武门内象来街 | 1913—1921 年 | 1913 年 3 月，在国会会堂附象来街赁屋，定居北京。<br>1917 年春，因搜集和研究明末清初基督教史籍结识英敛之，发表处女作《元也里可温教考》。此文得自辅仁社课题，马相伯序、英敛之跋。 |

续表

| 序号 | 位　置 | 时　间 | 主要活动和成果 |
|---|---|---|---|
| 1 | 宣武门内象来街 | 1913—1921 年 | 1918 年开始，美国长老会在交道口 129 号开展传教工作。除举办查经班、平民夜校、英文班、国语讲习所外，还举行宗教、学术、时事演讲会，讲员有冯玉祥、王正廷、胡适、陶孟和、陈垣、周作人、司徒雷登、福开森等学者名家。<br>1920 年，创办北京孤儿工读园和北京平民中学。请英敛之为书斋励耘书屋题写匾额。<br>1921 年，创建北京平民中学（今北京第四十一中学）。 |
| 2 | 西安门大街路南 | 1921—1927 年 | 1921 年 12 月，出任教育部次长，兼京师图书馆馆长。<br>1922 年，历史博物馆留存的部分内阁大库档案计 62 箱又 1502 麻袋。经教育部次长陈垣的积极支持和北京大学校长蔡元培的努力奔走，国民政府批准北京大学研究国学门加以整理。这些档案大部分于 1953 年由故宫博物院档案馆接收剩余的少部分档案仍由历史博物馆保存。新中国建立后这部分档案保存在中国历史博物馆。<br>1922 年 5 月，辞去教育部次长。任北京大学研究所国学门导师。 |

| 序号 | 位 置 | 时 间 | 主要活动和成果 |
|---|---|---|---|
| 2 | 西安门大街路南 | 1921—1927 年 | 1923 年 9 月 30 日，北大研究所国学门师生在城南龙树寺抱冰堂举行首届恳亲会。先生言："我们应当把汉学中心夺回中国，夺回北京。"<br>1923 年 10 月 9 日，完成《元西域人华化考》8 卷 29 章，由北京大学《国学季刊》和燕京大学《燕京学报》刊行。<br>同年，完成《二十史朔闰表》。<br>1924 年 12 月，受清室善后委员会李煜瀛委员长委托代理委员长职务。<br>1925 年 9 月 29 日，办理清室善后委员会制订通过《故宫博物院临时组织大纲》，设临时董事会。李煜瀛为董事兼理事长，易培基任古物馆馆长，陈垣任图书馆馆长。馆址设在外西路的寿安宫。<br>陈垣曾师从英敛之。陈的第一篇史学论文《元也里可温教考》得到他的赞赏，帮助刊印传世。<br>1926 年 1 月，英敛之去世，辅仁社的校务由陈垣继任负责，并积极筹划建立大学事务。根据当时教育部《私立学校条例》，新的大学定名为辅仁大学，奥图尔任校长，陈垣任副校长。1927 年 6 月，学校报呈教育部批准立案试办。辅仁大学正式成立，美国本笃会教士奥图尔任校长、陈垣任副校长。<br>1926 年 8 月，故宫博物院同人开会应对赵、孙之议，陈垣被捕。 |

续表

| 序号 | 位　置 | 时　间 | 主要活动和成果 |
|---|---|---|---|
| 3 | 西四翊教寺（今育教胡同） | 1927—1930 年 | 1927 年，致许世英公函，将清军机处档案和杨守敬观海堂藏书移交故宫。<br>1928 年，任燕京大学国学研究所所长、"中央研究院历史语言研究所"特约研究员。<br>1929 年，任北平师范大学史学系主任、教授，北平图书馆委员会委员长。<br>1929 年 6 月，任辅仁大学校长，奥图尔改任校务长。<br>1929 年冬，宗教、学术、时事演讲会又在鼓楼西重新开始，继续请吴雷川、赵紫宸、李荣芳、刘廷芳、许地山、陈垣等人为讲员。<br>著《史讳举例》，由北平燕京大学燕京学报编辑会于 1928 年刊行。该校出版的书籍有《辅仁学志》《华裔学志》《名理探》《逻辑学》《明季之欧化美术及罗马字注音》《中西交通史料汇编》《旧五代史辑本发覆》《吴渔山先生年谱》等。《辅仁学志》编辑委员会委员长由辅仁大学校长陈垣担任。1929 年 6 月迁往北平北海公园内。该所主要出版著作有刘复、李家瑞著《宋元以来俗字谱》、陈垣编《敦煌劫余录》。 |
| 4 | 西城丰盛胡同 | 1930—1932 年 8 月 | 1930 年，任北大名誉教授。1931 年，任哈佛燕京学社研究员。 |

续表

| 序号 | 位　置 | 时　间 | 主要活动和成果 |
|---|---|---|---|
| 5 | 地安门内米粮库 | 1932 年 8 月—1937 年 7 月 | 1932 年,陈垣在北平辅仁社夏令营的讲稿《佛教能传布中国的原因》(叶德禄记录)刊行。<br>1932 年 8 月 21 日,迁居米粮库 1 号。<br>1933 年,为故宫购入两江总督端方电报档案(包括苏报案档)。<br>1933 年,在东四牌楼清真寺礼拜殿南侧兴建一幢二层小楼,并于同年月成立福德图书馆筹备委员会。学术界知名人士徐炳昶、顾颉刚、冯友兰、蔡元培、姚从吾、李书华、陈垣、李麟玉、孙曜等人为筹备委员。<br>1935 年,当选"中央研究院"评议员。<br>1936 年,辅仁大学购恭王府为女校舍,请单士元撰《恭王府沿革考》,为改稿。 |
| 6 | 恭王府东侧南官坊口 20 号 | 1937 年 7 月—1938 年,14 个月 | 日本侵占北平后,陈垣坚持反日爱国。日伪让陈垣出任"东亚文化协议会"副会长,月薪几千元。陈垣回答说:"不用说几千元,就是几万元我也不干。"陈垣一直拒绝在日伪机构中任职。<br>1938 年 5 月 19 日,辅仁大学校长陈垣拒绝日伪当局要学校悬挂日伪旗及所谓"庆祝"徐州被日本侵占的命令。辅仁大学就是不挂日本国旗不让学生参加"庆祝"游行。日伪人员质问陈垣,陈垣说:"自己国土丧失,只感到悲痛,要我们'庆祝',办不到!" |

续表

| 序号 | 位　置 | 时　间 | 主要活动和成果 |
|---|---|---|---|
| 7 | 李广桥西街（今柳荫街） | 1938—1939年，10个月 | 利用每年出版的年刊，在"校长题词"中传达告诫和期望，劝同学不要和社会上的败类交友，要洁身自好，劝同学不要失足，不要顾眼前利益为敌人出力，要有远大眼光，待国家胜利，告诫同学虽身陷敌区，但做人要正直，要政治上不从敌，爱祖国，这一点做不到，有身体、学问何用？在犬兽横行社会，要慎交游图振作以待来年。 |
| 8 | 西城区厂桥兴化寺街5号（兴华胡同13号） | 1939年7月—1971年 | 著《明季滇黔佛教考》，由北京辅仁大学于1940年8月刊行。<br>北平和平解放前，国民党当局3次派人接他去南京。第三次是1949年1月9日，次日《世界日报》报道陈垣已乘机去南京，其实陈垣仍在北平。<br>各校地下党组织通过进步教授给尚对时局抱观望态度的教授和讲师做工作。选派学习成绩好，教授熟悉或信任的党员、盟员学生登门拜访师长，宣传解放战争的形势和中国共产党的政策，希望这些知名学者和教授能够留下来，投身新中国的教育事业。经过北平地下党深入细致的工作，北平艺术专科学校校长、著名画家徐悲鸿，辅仁大学校长、著名历史学家陈垣，燕京大学校长陆志韦等决心留下。<br>1949年1月31日北平和平解放，陈垣在学生陪伴下步行到西直门站在便道上欢迎中国人民解放军入城。 |

| 序号 | 位　置 | 时　间 | 主要活动和成果 |
|------|--------|--------|----------------|
| 8 | 西城区厂桥兴化寺街5 号（兴华胡同 13 号） | 1939 年 7 月—1971 年 | 至 1952 年，任辅仁大学校长。<br>1952—1971 年，任北京师范大学校长。1952 年院系调整，辅仁大学的哲学、经济、社会系和西语系部分师生分别并入北京大学、中国人民大学、中央财经学院、北京外语学院，其他均并入北京师范大学。<br>1959 年 4 月 18 日，在第二届全国人大第一次会议作题为《希望大批优秀青年投到教育战线上来》的大会发言。<br>1961 年 9 月 7 日，参观北京工读学校。<br>1960 年起，在香港《大公报·艺林周刊》发表《书大德南海志残本后》《谈北京双塔寺海云碑》等文章。<br>1962 年 3 月，参观广济寺舍利阁所藏佛牙，撰成《法献佛牙隐现记》。<br>北京寺庙停灵和举办丧事的约有 30 余家，其中最著名者为嘉兴寺，是北京寺庙丧事活动最多的地方，平均每天均有三五家办事。此处曾举办过摄政王载沣、画家齐白石、辅仁大学校长陈垣、京剧名演员梅兰芳等的丧事。<br>1958 年，革命公墓骨灰堂开始接收骨灰安放。有李四光、竺可桢、陈垣、吴有训、马寅初、茅以升等著名科学家。<br>根据陈垣遗嘱，其藏书 5 万余册捐献给国家。 |

陈垣先生作为著名的历史学家、教育家，桃李满天下，具有广泛的社会知名度，以其丰富的政治活动、社会活动、学术成果丰富了北京历史记忆，为后人留下了一笔宝贵的文化遗产。

# 20 世纪初陈垣的
# 古文献学成就及其时代意义

吴　漫　谭媛媛

[摘要]20 世纪前期是中国传统学术向近代的过渡阶段，加之殷墟甲骨、汉晋木简、敦煌文书、明清内阁大库档案等新材料的发掘使用，旧学与西学相互涤荡，以及时代的变迁，学术研究亦呈现新趋势、新转折和新面貌。陈垣积极回应时代需求，总结旧学、结合西学，批判创新，与社会思潮相互成就，其间他创立史源学，开创宗教史研究，进一步推进目录学、年代学、史讳学和校勘学研究的科学化、系统化和条理化，为近代古文献学发展提供了科学范式，并以严谨缜密的考证和类例方法建立了现代意义上的古文献学学科基础。

[关键词]20 世纪初；陈垣；古文献学成就；时代意义

陈垣先生(1880—1971)是我国著名的教育家、史学家，他的教育成就和史学成就备受世人称道。前贤对此进行了多方面探讨，主要呈现出以下研究特色：一是陈垣作为一代史学宗师，总结其在史源学、目录学、校勘学、宗教史等各方面的成就。代表性成果如吴怀祺的《陈垣先生在历史文

---

作者简介：吴漫，郑州大学文学院教授；谭媛媛，郑州大学文学院古典文献学专业硕士研究生。

献学上的贡献》①、许殿才的《陈垣在近代史学领域的开拓》②等，讨论了陈垣在中国近现代文献学、史学建设等方面的贡献。二是陈垣史学思想的内涵、民族史学特点。代表性成果如周少川先生的《陈垣的民族史观》，系统论述了陈垣学术研究中的民族情感及其民族史研究特点；③ 牛润珍的《民国史学与宋学——以陈垣先生为例》以陈垣学术思想中清学与宋学的阶段性转变为角度，重新梳理了陈垣著史思想的转折。④ 三是陈垣学术长编、相关史料汇编成果，如陈垣门生弟子及后人编写陈垣年谱、将陈垣生前来往书信和杂文等进行整理，⑤ 为相关学术研究提供了系统和丰赡的史料支撑。2011年以来，以牛润珍的《刘乃和先生与"陈学"的创建及发展》、周少川的《与时共奋：陈垣对20世纪中国史学的贡献与影响》⑥为代表，推进了"时代命题与陈垣先生学术贡献"的研究思考。综上，关于陈垣把握时代脉搏和需求，以批判创新的精神积极进行学术的创新性发展等方向还存在很大的研究空间，本文拟以其在古文献学领域的成就为切入点进行探讨。

## 一、陈垣生平

陈垣，广东新会人，字援庵，别号援庵居士，又名援国，出身于药商家庭。幼时随父亲至广州，入私塾接受《大学》《中庸》《孟子》等儒家十三经的教育。1897年，即18岁那年，入京参加"光绪帝三旬万寿恩科"乡试，未中，之后舍八股以经世致用。1905年，在孙中山民主革命推动下，与潘

---

① 吴怀祺：《陈垣先生在历史文献学上的贡献》，载《史学史研究》，1984(1)。

② 许殿才：《陈垣在近代史学领域的开拓》，载《史学集刊》，2004(2)。

③ 周少川：《陈垣的民族史观》，载《河南师范大学学报(社会科学版)》，2017(5)。

④ 牛润珍：《民国史学与宋学——以陈垣先生为例》，载《四川师范大学学报(社会科学版)》，2013(1)。

⑤ 按：如刘乃和等著《陈垣年谱配图长编》(2000年)，陈智超主编《陈垣全集》(2007年)、编注《陈垣来往书信集(增订本)》(2010年)等。

⑥ 周少川：《与时共奋：陈垣对20世纪中国史学的贡献与影响》，载《史学史研究》，2019(2)。

达微、高剑父等几位友人创办《时事画报》。1911 年又兼任《震旦日报》编辑，撰写时论文章，以此为反帝反清的武器。1912 年任北洋政府众议院议员，1921 年任教育部次长，代理部务。1922 年任北京大学研究所国学门导师，此后历任京师图书馆馆长、燕京大学国学研究所所长、"中央研究院历史语言研究所"研究员、"中央研究院"院士等职。新中国成立后，任北京师范大学校长、中国科学院历史研究所所长兼哲学社会科学学部委员等职，是第一、二、三届全国人民代表大会常务委员会委员。

陈垣学术中严谨求实的精神与他早年学医、教医和从医的经历有必然的关系。受世业中药的家庭影响，1907 年陈垣考入美国教会创办的博济医学院，学西医。次年，因博济医学院歧视中国师生，愤而与友人创办光华医学堂，转入光华读书，并任该校理事，同时在《医学卫生报》等刊物发表文章，普及医学史和医药卫生知识。光华医学堂毕业后，留校任教，讲人体解剖学和生理学等课。这些经历为后来的学术研究打下了严谨的科学基础。

陈垣早年希望撰写一部中国的基督教史，从而与北京公教大学附属辅仁社的创办人英敛之(1867—1926)有了往来。1926 年英敛之辞世，临终前将辅仁社交托于陈垣。1927 年辅仁社更名辅仁大学，陈垣任校长，直至1952 年。在陈垣的管理下，辅仁大学发展成京师著名学府。七七事变爆发后，北平成为沦陷区，一些高校相继转移，辅仁大学在沦陷区孑然屹立，陈垣也仍旧坚守在大学讲坛，讲述顾炎武《日知录》、全祖望《鲒埼亭集》，以浓郁的民族情结激发学生的爱国热情。

陈垣是一位大教育家，素养丰赡，终生教书育人，桃李天下，培养了如刘乃和、柴德赓、牟润孙、启功、周祖谟、史念海、蔡尚思、史树青、来新夏等诸多著名学者。他与门生弟子进行学术间的交流，让学生直接参与校注整理等工作，创建了年代学、史源学、避讳学等新学科，为古文献学学科的建立和迅速发展奠定了重要基础。陈垣担任辅仁大学校长时，亲自选文、编写、核校，编纂《大一国文读本》一书。陈垣在谕子书信中提到对国文学习的要求："能执笔达心所欲言，用虚字不误。"①即令行文富有文学表意的气势，同时又要兼顾语言的真实严谨性。陈智超在《〈大一国文读本〉导言》中说："他所选的课文，都是既有高超的写作技巧，又有丰富思想内容的散文，是中国文化经典的一部分。学生通过教师讲授、自己朗读、背诵，沉浸其中，对他一生的积极影响是巨大的，而青年是祖国的未来。"②《大一国文读本》编排以选文的方式展现了陈垣在教育教学过程中所思考的"教给谁""为何教"和"如何教"的教育教学思想和原则。

　　陈垣谕子说："无友不可以成学。"③在与友人的交往中，他认识到各自的长短，彼此取长补短，互相切磋。陈垣和陈寅恪、胡适私谊很好。1930年，陈寅恪写成《吐蕃彝泰赞普名号年代考》后送陈垣阅正，陈垣指出首段误检年表，存有讹误，之后陈寅恪仔细检阅，发现确实如此，并作出及时改正。陈垣的 3 部著作《元西域人华化考》（1923 年）、《敦煌劫余录》（1925年）、《明季滇黔佛教考》（1940 年）均由陈寅恪作序。陈寅恪说："盖先生之精思博识，吾国学者，自钱晓征以来，未之有也。"④据陈垣后人陈智超回忆，1940 年陈垣撰成《明季滇黔佛教考》后写信对长子陈乐素说："此书舍陈公外，无合适作序之人也。"⑤陈智超说："祖父写书请什么人写序言最合适，都是考虑再三的。他有三部著作都是请寅恪先生写序，就是说给祖父的书写序最多的是寅恪先生，而寅恪先生给别人写序写得最多的也是陈垣先生。"⑥

　　1923 年，胡适在北大《国学季刊》发表《发刊宣言》，提出"用历史的眼光来扩大史学研究的范围"⑦。同年，陈垣在《国学季刊》上相继发表《火祆

---

①　陈垣：《大一国文读本》，7 页，北京，商务印书馆，2016。

②　陈垣：《大一国文读本》，7 页。

③　陈垣：《陈垣致陈乐素（1939 年）》，见叶帆：《中华书信语辞典》，1209 页，武汉，武汉出版社，2012。

④　陈寅恪：《金明馆丛稿二编》，239 页，上海，上海古籍出版社，1980。

⑤　陈智超编注：《陈垣来往书信集》，859 页，上海，上海古籍出版社，1990。

⑥　陈智超：《陈垣与陈寅恪（上）》，载《北京师范大学校报》04 版，2013-07-10。

⑦　胡适：《〈国学季刊〉发刊宣言》，载《国学季刊》，1923（1）。

教入中国考》《摩尼教入中国考》《摩尼教残经》《元西域人华化考》，以实际行动在学术研究中开辟新领域，实践新方法。此后陈垣、胡适两人的交往逐渐密切，以书信为主探讨学问。《陈垣来往书信集》中所收胡适来信 36 通，其交往之频繁由此可见一斑。① 胡适说："南方史学勤苦而太信古，北方史学能疑古而学问太简陋，将来中国的新史学须有北方的疑古精神和南方的勤学工夫"，"能够融南北之长而去其短者，首推王国维与陈垣。"② 1933 年尹炎武致陈垣信函谓："邂近季刚、逖先，偶谈及当世史学钜子，近百年来横绝一世者，实为足下一人，闻者无异辞。"③同年，法国学者伯希和来到中国，与陈垣建立了直接的学术往来。伯希和对陈垣的道德学问极为推崇，在离开中国前对胡适等前来送行的人说："中国近代之世界学者，惟王国维及陈先生两人。不幸国维死矣，鲁殿灵光，长受士人之爱护者，独吾陈君也。"④伯希和将自己所著《伯希和敦煌石窟图录》《伯希和敦煌石窟笔记》等寄赠给陈垣，以示尊重和信赖。此外，陈垣与傅斯年、岑仲勉、桑原骘藏、富士川等诸多学者之间的学术往来，以及陈垣与其门生弟子之间的学术交流谱写了中国近现代学术史上的华丽篇章，⑤ 展示了其作为教育家、学问家、为人师、为人友的磊落风采。

日本学者桑原骘藏评价说："陈垣氏为现在中国史学者中，尤为有价值之学者也。中国虽有如柯劭忞之老大家，及许多之史学者，然能如陈垣氏之足惹吾人注意者，殆未之见也。"⑥学者陈高华评价说："可以毫不夸大地说，陈垣先生是 20 世纪我国宗教史研究的奠基人。他在这方面的论著，

---

① 陈智超编注：《陈垣来往书信集（增订本）》，北京，生活·读书·新知三联书店，2010。

② 曹伯言整理：《胡适日记全集》第 4 册，731 页，香港，联经出版事业股份有限公司，2004。

③ 陈智超编注：《陈垣来往书信集》，99 页。

④ 陈智超：《古今中西之间——陈垣与 20 世纪中国史学》，载《燕京学报》，2010(1)。

⑤ 按：参阅张荣芳：《陈垣与岑仲勉——以两人来往书信为中心》[载《船山学刊》，2017(1)]、竺沙雅章、冯锦荣：《陈垣与桑原骘藏》[载《历史研究》，1991(3)]、陈智超编注：《陈垣来往书信集（增订本）》等。

⑥ [日]桑原骘藏：《读陈垣氏之〈元西域人华化考〉》，见陈垣：《元西域人华化考》附录，145 页，上海，上海古籍出版社，2000。

迄今仍是这门学科研究者必读的著作，具有指导意义。"①白寿彝说："援庵先生的史学，以历史考据方面最有成就"，"援庵先生的考据工作，是从学习钱大昕入手，但他的成就远远超过钱大昕和乾嘉年间的考据家"。② 许冠三评价陈垣的文体自成一格："论朴实，极类顾炎武；论简赅，直逼王国维；论明白通晓，可敌胡适之。"③1951 年 11 月，毛主席在怀仁堂向别人介绍说："这是陈垣，读书很多，是我们国家的国宝。"作为"国宝"的陈垣先生堪称一代史学宗师，在学术研究方面作出了大量奠基性、总结性、创新性的成绩，极大地推动了近代古文献学、史学学科的发展。

## 二、陈垣的古文献学成就

白寿彝认为陈垣"以数十年的工作成绩，为中国史学留下了丰富的遗产"，"对中国历史文献学的研究建立了一定的基础"，"对历史文献学的建基工作，包含目录学、年代学、史讳学、校勘学等几个方面"。④ 从"广义的史学，即文献学"⑤的理解出发，兹将陈垣在史源学、宗教学、目录学、年代学、史讳学、校勘学等领域的突出成就与时代意义结合，梳理阐释如下。

---

① 陈高华：《陈垣与元代基督教史研究》，见龚书铎主编：《励耘学术承习录：纪念陈垣先生诞辰 120 周年》，43 页，北京，北京师范大学出版社，2000。

② 白寿彝：《要继承这份遗产——纪念陈援庵先生诞生一百周年》，见陈智超编：《励耘书屋问学记：史学家陈垣的治学（增订本）》，109 页，北京，生活·读书·新知三联书店，2006。

③ 许冠三：《新史学九十年》，122 页，长沙，岳麓书社，2003。

④ 白寿彝：《要继承这份遗产——纪念陈援庵先生诞生一百周年》，见陈智超编：《励耘书屋问学记：史学家陈垣的治学（增订本）》，106 页。

⑤ 按：20 世纪初梁启超在《中国近三百年学术史》中首次提出"文献学"，后进一步阐释"明清之交各大师，大率都重视史学——或广义的史学，即文献学。"（梁启超：《中国近三百年学术史》，105 页，北京，东方出版社，1996）

## （一）史源学成就

陈垣说："考寻史源，有二句金言：毋信人之言，人实诳汝。"[①]指出在文献阅读与研究中，要实事求是，敢于质疑。陈垣继承了历代史家重视史源考证的精神，进一步开创史源学研究，成为 20 世纪初古文献学研究的一大创新，为古文献学研究开创了可以系统遵循的法式。

陈垣重视史料的来源和考证，然而"空言不能举例，讲授不便，贵乎实习"[②]，由此专门在高校开设"史源学实习"课程，以史学名著作为选定教材，主要选择了顾炎武《日知录》、赵翼《廿二史札记》、王鸣盛《十七史商榷》等，对这些著作抄录、句读、考释，让学生考辨这些著作引用史实所易出现的错误，从而树立不盲信、不崇古的态度。在学生进行古文献考释之前，陈垣往往自己先写一篇示范文章，对相关史料进行考证，"指出前人史学著作的疏谬及造成疏谬的原因，用实例告诉学生在掌握和运用史料中应使用的方法及注意的问题"[③]。由于史源学需要追本溯源、综合运用版本、目录、校勘等方法进行系统考证，学生在了解到前人著述的疏谬及其原因的同时，逐步培养了古文献学辨伪的精神，提升了鉴别史料、应用史料的本领，在史料搜集、甄别、编次等方面得到了系统训练，树立起独立思考和严谨求实的治学态度。

史源学作为一门专门学科，由陈垣开创，是其在古文献学领域研究和实践教学之基础上的系统总结，其目的是要指引治学者全面把握第一手材料，求真务实，消除空疏学风，为学术研究培养人才。

---

① 陈垣：《史源学实习课程说明》，见《陈垣全集》第 22 册，432 页，合肥，安徽大学出版社，2009。

② 陈智超：《陈垣史源学杂文·前言》，2 页，北京，人民出版社，1980。

③ 陈智超：《陈垣史源学杂文·前言》，3 页，北京，人民出版社，1980。

### （二）宗教史成就

陈垣是中国宗教史研究的开拓者。许冠三认为："援庵生平著作确是始终以宗教史为主，实无可置疑。"①陈寅恪在为陈垣《明季滇黔佛教考》所作的序中说："中国乙部之中，几无完善之宗教史，然其有之，实自近岁新会陈援庵先生之著述始。"②黎志添在2003年出版的新著自序中称："五四以来，能够长期及有系统地进行宗教史研究的中国学者中，以陈垣的成就和贡献最大。"③陈智超说："陈垣研究宗教史，是把宗教作为一种历史现象、社会现象，着重研究它的流传以及与政治、文化、经济的关系，而不研究他的教义。"④

宗教在我国有长久的历史，宗教典籍和研究宗教的著作也有很多，但是把宗教纳入历史研究的范围并系统整理宗教的历史活动，则自陈垣始。陈垣认为："中国佛教史籍恒与列朝史事有关，不参稽而旁考之，则每有窒碍难通之史迹。"⑤1941年，他撰成《中国佛教史籍概论》，收佛教典籍35种，将六朝以来的佛教史籍以成书年代为序，对书名、作者、卷数、版本、内容体例、史料价值等进行了分析。陈垣以宗教为题材进行宗教史的研究，涉及基督教、佛教、道教、伊斯兰教等多种，且利用了大量笔记文集、地方志、碑文等史料，极大丰富了宗教史研究的内容，撰写出《元也里可温教考》《基督教史目录》《开封一赐乐业教考》《火袄教入中国考》《摩尼教入中国考》《元西域人华化考》《元基督教徒之华学》《回回教入中国史略》《明季滇黔佛教考》《南宋初河北新道教考》《中国佛教史籍概论》等多部论

①　许冠三：《新史学九十年》，123页。

②　陈寅恪：《陈垣明季滇黔佛教考序》，见《金明馆丛稿二编》，272页，北京，生活·读书·新知三联书店，2001。

③　黎志添：《宗教研究与诠释学——宗教学建立的思考》，18页，香港，香港中文大学出版社，2003。

④　陈智超：《史学家陈垣传略》，载《晋阳学刊》，1980(2)。

⑤　陈垣：《中国佛教史籍概论》，1页，上海，上海书店出版社，2005。

著。其中,《元西域人华化考》是"他个人自认最满意的杰作,同时也是新史学摸索前进中罕见的佳构"①。

在宗教史研究上,陈垣明确其著述目的,例如在《元也里可温教考》一书中提到:"此书之目的,在专以汉文史料,证明元代基督教之情形。"②他的宗教研究论著大多以"入华""华化"为题,探讨中外文化的交通,阐发外来宗教对中国本土文化的影响,表明以中华文化为中心的立场,为中国史学的民族化、世界化作出了巨大贡献。陈垣对宗教史的研究,始终保持客观、存疑的态度,这种态度与他重考据的学风分割不开。陈垣认为教外典籍"可补教史之不足","可正教史之偶误","可与教史相参证","可见疑忌者之心理",③ 指出教外的典籍文献可用来与教内文献互相校对、相互参证,订正讹误、补充史实;对于各种宗教,陈垣始终秉持平等和尊重的原则,反对各宗教之间相互抵牾,反对传统儒家对外来宗教的偏见。

陈垣宗教史研究扩大史料的运用范围,改变传统宗教史的研究方法和态度,对现代意义上的宗教学术研究具有开创之功,其民族化的宗教史观更是学术研究和社会现实的紧密结合,经世致用意义尤为显著。

### (三)目录学成就

陈垣以目录学为治史的门径,早年精研《书目答问》《四库全书总目》,认为张之洞《书目答问》中"列举很多书名,下面注着这书有多少卷,是谁所作,什么刻本好。我一看,觉得这是个门路,就渐渐学会按着目录买自己需要的书看"④。陈垣对目录学的继承发展集中体现在他对《四库全书》、佛教典籍和敦煌文献的目录编制上。他根据赵怀玉《〈四库全书〉简明目录》

---

① 许冠三:《新史学九十年》,122 页。

② 陈垣:《元也里可温教考》,见《陈垣学术论文集》第 1 集,2 页,北京,中华书局,1980。

③ 陈垣:《从教外典籍见明末清初之天主教》,见《陈垣学术论文集》第 1 集,192 页。

④ 陈垣:《谈谈我的一些读书经验》,见陈智超编:《励耘书屋问学记:史学家陈垣的治学(增订本)》,2 页。

对文津阁《四库全书》进行核查，初步校出有书无目、有目无书、书名不符、卷数不合等状况，并全面认识了《四库全书》征书、编撰、篡改、销毁等情况，撰写《文津阁四库全书册数页数表》《四库全书考异》《四库全书篡修始末》《四库书名录》《四库撰人录》等 5 部著作，在实践中推进了目录学的完善和发展。

1930 年陈垣将北平图书馆所藏 8000 余轴残卷敦煌写本进行整理，"分部别居，稽核同异，编为目录"①，名为《敦煌劫余录》，凡 14 卷。他结合中国传统目录学，"略仿赵明诚《金石录》前十卷体式，每轴著其原号、起止、纸数、行数及内容"②，并结合近代西方索引的编纂方法和体例，按佛经种类编次。胡适、陈寅恪对此书评价颇高，"诚治敦煌学者，不可缺之工具也"③；"其考订之详，检查之便利，已远在巴黎、伦敦诸目之上"④，认为此书是敦煌学者研究不可缺少的工具书，其考订之详、检阅之便，为海内外敦煌目录学中最佳。

陈垣的目录学研究能够与考证、校勘、辨伪以及史学、地理学等不同的方法和学科紧密结合，综合考察。他在《余嘉锡论学杂著序》中说，研究目录学"并不仅仅限于鉴别版本，校雠文字，而是由提要上溯目录学的源流，旁及校勘学的方法，并且能研究、探讨学术发展的过程，熟悉历代官制、地理、史学"⑤。这给目录学研究开辟了广阔的道路。他还主张将传统目录学的编制方法与近代索引编制方法相结合，在《中国史料整理的方法》中，提出对古文献编制索引、篇目以及专题资料汇编等编制方法和要求，⑥成为今天索引编制工作的指导原则。

---

① 陈寅恪：《金明馆丛稿二编》，236 页。

② 陈垣：《〈敦煌劫余录〉序》，见《陈垣学术论文集》第 1 集，475 页。

③ 陈寅恪：《陈垣敦煌劫余录序》，见《金明馆丛稿二编》，237 页。

④ 胡适：《〈敦煌石室写经题记〉与〈敦煌杂录〉序》，见《胡适文集》，518 页，北京，北京大学出版社，1998。

⑤ 陈垣：《余嘉锡论学杂著·序》，1 页，北京，中华书局，2007。

⑥ 陈垣：《中国史料整理的方法》，见《陈垣全集》第 7 册，461 页。

(四)年代学成就

陈垣通过编制换算历表，丰富发展了年代学。19 世纪以来，随着中西交通史、边疆史、伊斯兰教史的研究，伊斯兰历与西历被广泛传入我国。史学研究中，中历、伊斯兰历、西历的年代换算和统一问题日益突出。陈垣在撰写《元也里可温教考》的时候，参考洪均《元史译文证补》，因该书多用西历或伊斯兰历纪事，使他开始注意中外纪年的问题，编制 3 历换算的历表。陈垣以顾栋高、刘羲叟等人的年代学著作为参考，考订 2000 年来中历的朔闰，撰成《二十史朔闰表》(1926 年)，如此中历每月的初一与西历或伊斯兰历相对应的日期即可按表查明；又根据西历 4 年 1 闰的特点，以西历为基准，将考订的中历的朔闰和伊斯兰历的月首填入，撰成《中西回史日历》20 卷，使 3 历中的任何一天均可按列表查出相应的日期。

陈垣对年代学的开创性工作，为史学考证提供科学支撑。中西历法计算方法不同，二者一年间少者相差 10 余日，多者相差 50 余日。伊斯兰历不置闰月，因此过三十二三年就与中西历差一年，积 100 年即与中西历差 3 年。陈垣始把伊斯兰历与中西历的换算体例固定下来，使这 3 种历法的换算极为简便，为中外史料的运用与相互比较提供了极大的便利。陈庆年盛赞："展读一过，曾叹为史界未有之作。"[1]胡适说："此书在史学上的用处，凡做过精密的考证的人皆能明了"，"给世界治史学的人作一种极有用的工具"。[2] 陈垣先生继承前贤关于历史年代的考证成果，结合近代西方天文历算知识，考订史实和年代，编制历表，为史学研究提供了便捷。

(五)史讳学成就

避讳是我国古代社会特有的现象，在典籍中有突出的反映。不同朝代

---

① 陈智超编注：《陈垣来往书信集》，32 页。
② 胡适：《介绍几部新出的史学书》，载《现代评论》，第 4 卷，第 91 期，1926。

所讳不同，避讳方法不同，导致典籍书写情况变得复杂，甚至前代典籍被篡改的情况也层出不穷，使不得其法的人难窥原貌。对此，陈垣认为："流弊足以淆乱古书，然反而利用之，则可以解释古文书之凝滞，辨别古文书之真伪及时代，识者便焉。盖讳字各朝不同，不啻为时代之标志，前乎此或后乎此，均不能有是。"①读史不懂避讳，是很困难的，但若相反的具有这方面的素养，不但对古籍中的人名、地名、官名等可推其源，还可以利用避讳进行文献辨伪和史料考证。陈垣研究前人著作和有关避讳的记载，举例归纳，探求规律，撰成《史讳举例》(1928年)、《通鉴胡注表微·避讳篇》(1945年)等书。

陈垣说："避讳为民国以前吾国特有之体制，故史书上之记载，有待于以避讳解释者甚众，不讲避讳学，不足以读中国之史也，吾昔撰《史讳举例》问世，职为是焉。"②其撰述目的在于总结避讳史，揭示历朝避讳的路径。《史讳举例》共8卷、6万余言，所论"以史为主，体裁略仿俞氏《古书疑义举例》"，全书内容编排为："第一避讳所用之方法；第二避讳之种类；第三避讳改事实；第四因避讳而生之讹异；第五避讳学应注意之事项；第六不讲避讳学之贻误；第七避讳学之利用；第八历朝讳例。"③《史讳举例》对我国避讳知识作了系统总结，为人们在读书治学的道路上提供了指引，"使考史者多一门路、一钥匙也"④。

陈垣在广泛搜集和整理古文献的基础上，首次将历史上的避讳问题作了详尽、切实和系统的分析与总结，提出避讳学方法论，使避讳学研究规律化、系统化和科学化，史讳学成为史学研究中一门必不可少的工具之学，《史讳举例》被称为"校读古书、研究古史的必备参考读物"⑤。胡适专

---

① 陈垣：《史讳举例·序》，2页，北京，中华书局，2012。
② 陈垣：《通鉴胡注表微·避讳篇》，80页，北京，中华书局，1962。
③ 陈垣：《史讳举例·序》，3页。
④ 陈垣：《史讳举例·序》，3页。
⑤ 许殿才：《陈垣在近代史学领域的开拓》，载《史学集刊》，2004(2)。

门为此书撰写评论："陈先生此书，一面是结避讳制度的总账，一面又是把避讳学做成史学的新工具。它的重要贡献，是我十分了解的，十分钦佩的。"①

### (六)校勘学成就

陈垣重视并精于校勘，他认为："校勘为读史先务，日读误书而不知，未为善学也。"②他校勘的目的也不局限于几部著作的成果，而是要找出从个体到一般，从具体类例分析到普遍归纳的校勘理论和方法。

陈垣在校勘《元典章》时，用 5 种本子同沈刻本《元典章》对勘，发现沈刻本讹误、衍脱、颠倒、妄改之处多达 1.2 万余条，他从中挑选出十分之一具有代表性的内容，分为 50 类，加以解释说明，指出错误的原因和依据，撰成《元典章校补释例》6 卷(1934 年)，后改名为《校勘学释例》。陈垣总结了校勘古籍的通例与系统的校勘方法，提出"校勘四法"，即对校、本校、他校、理校。他指出："对校法，以同书之祖本或别本对读，遇不同之处，则注于其旁。刘向《别录》所谓'一人持本，一人读书，若怨家相对者'，即此法也，此法最简便，最稳当，纯属机械法……凡校一书，必须先用对校法。"③又言："本校法者，以本书前后互证，而抉摘其异同，则知其中之谬误。吴缜之《新唐书纠谬》、汪辉祖之《元史本证》，即用此法。此法于未得祖本或别本以前，最宜用之。"④又言："他校法者，以他法校本书。凡其书有采自前人者，可以前人之书校之；有为后人所引用者，可以后人之书校之；其史料有为同时之书所并载者，可以同时之书校之。此等校法，范围较广，用力较劳，而有时非此不能证明其讹误。"⑤在说明理校

---

① 胡适：《胡适书评序跋集》，348 页，长沙，岳麓书社，1987。

② 陈垣：《通鉴胡注表微》，37 页。

③ 陈垣：《校勘学释例》，144 页，北京，中华书局，1959。

④ 陈垣：《校勘学释例》，145 页。

⑤ 陈垣：《校勘学释例》，146~147 页。

法时，陈垣指出："遇无古本可据，或数本互异，而无所适从之时，则须用此法。此法须通识为之，否则卤莽灭裂，以不误为误，而纠纷愈甚矣。故最高妙者此法，最危险者亦此法。"①对校是校版本，本校校异同，他校校真伪，理校定是非，在具体的工作中综合灵活运用。许冠三评论此四法："既是总结前贤心血结晶的承先之作，也是旁通西方近代文献鉴定学的启后之作。"②此后这四法被学界公认为校勘古籍应当遵循的科学原则。

陈垣还将校勘方法与历史考证密切结合。以校勘实践为基础，用近代科学方法，将传统校勘的诸多方法、原则从理论与实践相结合的层面作了深入、系统的说明，从而为校勘学的建立与发展作出重要的贡献，并为后来学者从事校勘工作提供理论指导，其所总结出的校勘原则至今仍然奉为圭臬。胡适为《校勘学释例》作序曰："陈援庵先生校《元典章》的工作，可以说是中国校勘学的第一伟大工作，也可以说是中国校勘学的第一次走上科学的路。"③

陈垣治史善于用民族和世界的眼光，不囿于己见，充分发掘利用各种材料的学术价值，考据精密。其治学，善于将学问与社会密切结合，关注社会转型和思想转变，调整治学方法。因此他总结建立的史源学、年代学、史讳学等学科以及总结的校勘四法等，在古文献学研究方面极具开创意义和时代价值，并将古文献学引入了新的发展阶段；他还以严谨缜密的考证和类例方法，坚实了历史研究的基础，其"竭泽而渔"的治学特点也给后来治学者提供了启示，在宗教史、元史、中西交通史等史学研究领域开辟了新路径。

---

① 陈垣：《校勘学释例》，144～148 页。

② 许冠三：《新史学九十年》，116 页。

③ 胡适：《〈元典章校补释例〉序》，黄人望等：《史学研究法未刊讲义四种》附录六，李孝迁编校，374 页，上海，上海古籍出版社，2018。

## 三、时代意义

学术思想与社会发展联系紧密，学术思潮是学者和社会变革、社会需求之间发生的碰撞。中国史学在 20 世纪初处于传统史学向现代史学转变的阶段，期间有进化史观的引进、唯物史观的学习和运用，以及理性精神的张扬。先是严复翻译英国生物学家赫胥黎的《天演论》，信奉达尔文进化论和斯宾塞的普遍进化论原理，对封建传统较为稳定的史学观念以及治乱循环的理念无疑是极大的挑战，后有梁启超举起史界革命的大旗，发表《新史学》，呼吁"史界革命不起，则吾国遂不可救，悠悠万事，惟此为大"①，以西方进化论为指导，掀起新史学思潮。加之日本和欧美的著名学者浮田和民、鲁滨孙、巴克尔等人的代表作翻译出版引入国内，国外学者来华、留学生归国，学术界充斥着中外不同的思想理念，一大批走在时代前沿的学者试图借用西方史学研究经验改造中国旧思想、旧学术。而此时陈垣"土法为本，洋法为鉴"②的治学特色和实践成就体现出其在历史转折时期对于传统学术的思考以及在崇洋浪潮中的守正出新。

### (一)"土法为本，洋法为鉴"

19 世纪末 20 世纪初，殷墟甲骨、汉晋木简、敦煌文书、明清内阁大库档案等大批材料陆续面世，这是过去任何时代不能相比的。王国维说："吾辈生于今日，幸于纸上之材料外，更得地下之新材料。由此种材料，我辈固得据以补正纸上之材料，亦得证明古书之某部分全为实录，即百家不雅训之言，亦不无表示一面之事实。此二重证据法，惟在今日始得为之。"③出土文献和新档案的整理利用，成为当时学术界的标志性事件；由

---

① 梁启超：《新史学》，见《饮冰室合集·文集之九》，10 页，北京，中华书局，1989。
② 许冠三：《新史学九十年》，118 页。
③ 王国维：《古史新证》，2～3 页，北京，清华大学出版社，1994。

此也出现了一些新的史学理论，如胡适提出"大胆的假设，小心的求证"①，崇尚赫胥黎的"拿证据来"和杜威的"实验主义"；顾颉刚提出"层累地造成中国古史"，②用"历史演进的方法"③考订史实的真伪。

对此新情况，陈垣说："一个民族的消亡，从民族文化开始。没听说，民族文化不消亡，民族可以消亡的。我们要做的是，在这个关键时刻，保住我们中华民族的文化，把这个继承下去。"④陈垣驳斥那些过度夸大赞扬西方文化思想的民族虚无主义论者，主张建立本土化、民族化的史学，在推动传统史学的近代化进程中切实地投入了实际行动。

首先，陈垣批判继承了传统史家的校勘、避讳、考证等方法，自觉遵循传统考据学实事求是、多闻阙疑的治学原则，尤其推崇赵翼、钱大昕、顾炎武、王鸣盛等人。对清人取得的避讳学成就，他说："清朝史学家如顾氏《日知录》、钱氏《养新录》、赵氏《陔余丛考》、王氏《十七史商榷》、王氏《金石萃编》等，对于避讳，亦皆有特别著录之条。钱氏《廿二史考异》中，以避讳解释疑难者尤多，徒因散在诸书，未能为有系统之董理。"⑤陈垣对这些学者的治学方法不是一味推崇，而是客观严谨的批判，他从史源学角度指出"错误以《札记》为最多，《鲒埼》次之，《日知》最少。"⑥陈垣以中国传统史学为基点，对传入中国的西方学术及理念有选择地取用，结合近代西方科学方法，在目录、校勘、避讳等方面纠改传统学术的弊病，使之趋于科学化、系统化、条理化，创立史源学，为系统整理古籍史料提供了科学的方法论，建立了现代意义上的古文献学学科基础。

---

①　胡适：《清代学者的治学方法》，见《胡适全集》第1卷，363页，合肥，安徽教育出版社，2007。

②　顾颉刚：《与钱玄同先生论古史书》，见《古史辨》，60页，上海，上海古籍出版社，1982。

③　胡适：《古史讨论后的读后感》，见《胡适经典论丛·胡适论治学》，132页，合肥，安徽教育出版社，2006。

④　刘宜庆：《浪淘尽：百年中国的名师高徒》，142页，北京，华文出版社，2010。

⑤　陈垣：《史讳举例·序》，1～2页。

⑥　陈智超编注：《陈垣来往书信集》，695页。

其次，陈垣最早认识到了敦煌文书、明清档案文献的重要价值，直接参与敦煌文书的整理工作，为国家图书馆所藏敦煌写本著录编目，对国内余存敦煌文献收集整理，撰成《敦煌劫余录》，拉开了国内敦煌学研究的序幕。陈垣设法将内阁大库和军机处明清档案文献接收、收购，入馆保存，提出"整理档案八法"①，即结合了西方科学的索引编目思想，为指导此后的实践提供了重要遵循，居功甚伟。陈垣在《中国史料整理的方法》引言中提及整理史料的原因时，强调说："我们现在因为交通便利东西文化接触的结果，就要把范围扩大到全世界去；这么一来，我们若是不想法子先把中国的史料整理起来，就不免要兴庄子的'吾生也有涯，而知也无涯，以有涯随无涯殆已'之叹了。"②我国古代浩如烟海的典籍资料，若不整理，只能束之高阁，若能以系统、有效的方法整理出来，那将对读书治学提供了极好的便利。陈垣搜集发掘传统文献中的方志、碑刻、佛道经藏等其他学者未曾注意的材料作为文献资料，扩展史料的采择范围，竭泽而渔。他还继承发扬清代优良的学术传统，"有第一手材料，决不用第二手材料"③；为保证史料的学术价值，进一步开创了探求史料来源，辨别史料优劣的史源学，所取得的成绩在学术界产生了很大的影响。

最后，陈垣以传统考据学为基础，借鉴西方史学研究方法。陈垣在决心将"新汉学"中心"夺回中国，夺回北京"④的同时，并没有妨碍他以西学为鉴。牟润孙在《从〈通鉴胡注表微〉论援庵先师的史学》一文中明确指出："陈先生极注意研究史学的方法，他能读日文书，通过日本人的翻译，他

---

① 陈垣：《中国史料整理的方法》，见《陈垣全集》第 7 册，461 页。

② 陈垣：《中国史料整理的方法》，见《陈垣全集》第 7 册，1 页。

③ 柴德赓：《陈垣先生的学识》，见陈智超编：《励耘书屋问学记：史学家陈垣的治学》，37 页，北京，生活·读书·新知三联书店，1982。

④ 郑天挺：《回忆陈援庵先生四事》，见《陈垣校长诞生百年纪念文集》，12 页，北京，北京师范大学出版社，1980。

读了西洋人的史学方法论。"①日本学者桑原骘藏揭示陈垣的治学特色和学术路径，道出一是以中国和外国的关系为研究对象，二是具有科学的研究方法。②陈垣开辟宗教史研究，以"古教四考"为代表，致力于外教入华的历史探讨，在伯希和、王国维之后，撰成《摩尼教入中国考》，"亦可能是源于伯文的启发"③。陈寅恪在重刻《元西域人华化考》序文中肯定说："近二十年来，国人内感民族文化之衰颓，外感世界思潮之激荡，其论史之作，渐能脱除清代经师之旧染，有以合于今日史学之真谛，而新会陈援庵先生之书尤为中外学人所推服。"④对西学的有机借鉴，并使中西学术有机融合，成为陈垣留给后世的成功治学经验。

## (二)"提倡有意义之史学"

陈垣推崇乾嘉朴学，注重考据，九一八事变后，更加重视史学的经世功用，推崇顾炎武、全祖望，彰显出其显著的民族史学风格。他说："至于史学，此间风气亦变。从前专重考证，服膺嘉定钱氏；事变后颇趋重实用，推尊昆山顾氏；近又进一步，颇提倡有意义之史学。故前两年讲《日知录》，今年讲《鲒埼亭集》，亦欲以正人心，端士习，不徒为精密之考证而已。"⑤陈垣于抗战期间编著6书，自言："所有《辑覆》《佛考》《净记》《道考》《表微》等，皆此时作品，以为报国之道止此矣……言道、言僧、言史、言考据，皆托词，其实斥汉奸、斥日寇、责当政耳。"⑥陈垣以著述为途径，痛批社会现状，激励人们的抗争意志，并在高校课堂讲述历史上的忠臣义

---

① 牟润孙：《从〈通鉴胡注表微〉论援庵先师的史学》，见陈智超编：《励耘书屋问学记：史学家陈垣的治学》，67页。

② ［日］竺沙雅章：《陈垣与桑原骘藏》，载《历史研究》，1991(3)。

③ 按：许冠三《新史学九十年》第4章《陈垣：土法为本洋法为鉴》脚注中，指出"伯希和曾以大量文字论及景教、摩尼教和祆教入中国事，述摩尼教史料尤详"，121页。

④ 陈寅恪：《金明馆丛稿二编》，239页。

⑤ 陈智超编注：《陈垣来往书信集》，302页。

⑥ 陈智超编注：《陈垣来往书信集》，216页。

士，彰显民族气节和爱国志气。在陈垣所著书中，刘乃和认为，《通鉴胡注表微》为其师"著作里最有代表性的一部"，是"呕心沥血之作"。[①]

新中国成立后确立了马克思主义唯物史观的指导地位，史学家开始自觉运用马克思主义进行历史研究，陈垣的史学思想也于此时发生转变。他积极学习马列主义、毛泽东思想，并参与历史学科建设和历史重大问题的讨论，进一步深入认识到学术与政治的联系及历史研究为社会服务，为人民服务的主旨。陈垣逝后，邵循正先生对其评价曰："稽古到高年，终随革命崇今用；校雠捐故技，不为乾嘉作殿军。"[②]这不仅总结了陈垣一生的学术研究，而且揭示了其与时俱进、经世致用的学术精神与坚持。

## 四、结语

陈垣为中国古文献学开辟新领域的底蕴来自两个方面：一是对中国民族史学的热爱，二是对西方近代科学精神的汲取。"旧学商量加邃密，新知培养转深沉"[③]，陈垣以丰厚的传统学术为奠基，善于总结并使之系统化、条理化；结合对新史料的搜集、考证和利用，发凡起例，在史源学、史讳学、敦煌学、四库学、宗教史、明清史等方面均作出了创新性的贡献，为古文献学发展提供了科学范式，并以严谨缜密的考证和类例方法建立了现代意义上的古文献学学科基础。

---

① 刘乃和：《励耘承学录》，346 页，北京，北京师范大学出版社，1992。
② 《邵循正历史论文集·代序》，6 页，北京，北京大学出版社，1985。
③ 朱熹：《鹅湖寺和陆子寿》，见查慎行《初白庵诗评》卷中《朱紫阳》，北京，中华书局，2017。

# 浅谈陈垣老对赵光贤先生的治学影响

黄国辉

[摘要]作为陈垣先生的研究生，赵光贤先生虽然后来转攻先秦史，并卓有建树，成为该领域的学术名家，但他始终不忘陈垣先生对他的指导和教诲。陈垣先生对赵光贤先生的治学影响主要体现在怀疑的治学精神、实事求是的治学原则和严谨专精的历史考证3个方面。

[关键词]陈垣；赵光贤；怀疑精神；实事求是；考证

陈垣先生是我国现代著名的历史学家，在宗教史、元史、中西交通史、目录、校勘、避讳、历法等众多领域成就斐然，享誉世界。先生的学术作品充实而有光辉，备受学界推崇，影响深远，促进中国史学研究迈入新境界。陈垣先生还是我国著名的教育家，他长期担任北京大学、燕京大学、辅仁大学、北平师范大学教授。1929—1952年担任辅仁大学的校长，1952—1971年担任北京师范大学校长，培养了大批杰出人才，如姚从吾、郑天挺、方国瑜、蔡尚思、邓广铭、柴德赓、白寿彝、牟润孙、赵光贤、陈述、启功、史念海、周祖谟、刘乃和、史树青等。本文在此仅就陈垣先生对赵光贤先生的治学影响进行粗略的考察，不当之处，祈请方家指正。

赵光贤先生受陈垣先生的学术感召，于1938年考入辅仁大学，在史

---

作者简介：黄国辉，北京师范大学历史学院教授。

学研究所跟随陈垣先生攻读明清史。赵光贤先生是陈垣先生的入室弟子，他在陈垣先生指导下完成研究生毕业论文，此后又留校任教。留校伊始，赵先生接替荷兰人胡鲁士教授西洋上古史和世界史。1947 年，长期讲授先秦史的张星烺先生忽然中风瘫痪，陈垣先生遂命他代为教授先秦史，赵光贤先生从此开启了先秦史研究的学术历程。[①] 虽然赵先生最终没能实现自己专攻明清史的夙愿，但众所周知，他在转攻先秦史后依然取得了众多精品学术成果，并最终成为先秦史研究的学术名家，而这与陈垣先生对他的治学影响是分不开的。陈垣先生对赵光贤先生的治学影响主要有以下几个方面：

一是怀疑的精神。陈垣先生的名言是"毋信人之言，人实诳汝"[②]。这是提倡人们在学习历史时，要对前人研究时刻抱有警惕之心，敢于怀疑，并追寻史源，考正讹误。赵光贤先生曾在回忆读书生涯时谈及当年陈垣先生在辅仁大学给本科生和研究生分别开设了"史源学实习"和"清代史学考证法"，目的就是要训练学生们的怀疑精神和史料考证的能力，他自己从中受益匪浅。[③] 这种怀疑的精神后来也一直贯穿在他的研究生涯中。他曾指出："一切历史工作者必须训练自己看问题具有怀疑精神，去掉保守思想。"[④]

二是实事求是的原则。陈垣先生的考证学始终坚持实事求是的原则，这是乾嘉学派中戴段二王所一直强调的治学原则，也为赵光贤先生所传承。赵先生曾谈到他把从陈老那里学来的治学方法运用于上古史的研究上，其中陈老反复强调既不轻信也不妄疑的实事求是的原则是他在学习中一直牢记的。他举到，顾颉刚虽然彻底破除了对儒家经典的迷信，但在研

---

① 赵光贤：《八十述学》，载《文献》，1991(1)。

② 陈垣：《史源学实习课程说明》，见《陈垣全集》第 22 册，432 页，合肥，安徽大学出版社，2009。

③ 赵光贤：《八十述学》，载《文献》，1991(1)。

④ 赵光贤：《我是怎样向援庵师学习的》，见《亡尤室文存》，545 页，北京，北京师范大学出版社，2001。

究中受到康有为《新学伪经考》《孔子改制考》的影响，存在疑古过当的情况。[①] 赵先生认为自己之所以对顾颉刚受康氏的影响持否定态度，就是与陈老的影响有很大的关系。所以，赵先生虽然对崔述、顾颉刚等先生的学术研究非常推崇，但他却始终不认为自己就是疑古派的。因此，在古史的研究上，赵先生坚持《荀子·非十二子》里"信信，信也。疑疑，亦信也"。这是一种实事求是的科学态度了。

三是史料研究与历史考证的方法。赵光贤先生认为，在辅仁大学就读期间，他从陈垣先生那里学到的一个重要东西即是历史研究的方法。如何进行搜集、鉴别、分等，使用材料，如何使用传统史料进行考证工作，等等。[②] 后来赵先生把自己跟随陈垣先生学习历史研究的这些心得体会进行了总结，形成了《中国历史研究法》一书。书中的主体内容就是第三章"论史料"和第四章"论考证"。"论史料"一章讨论了史料的分类、价值、搜集、鉴别、解释、使用问题，辨伪的发展和方法问题等。"论考证"一章则讨论了考证工作的步骤，如何进行考证以及进行历史考证需要注意的问题等。[③] 赵先生在书中多处举到陈垣先生的研究成果，并将它们作为学习历史考证经典案例。而赵先生自己一生文章的精华也都是体现在他对具体历史问题的精微考证中，切实解决了中国古代历史研究中的许多难题，[④] 是对陈垣先生考证之学的实践和发展。

上述 3 点可以视为是陈垣老对赵光贤先生治学的主要影响。赵先生晚年曾总结其治学历程认为，自己从陈老那里所学到的最主要的治学精神就是，信不可以苟信，疑不可以苟疑。疑信皆有据，而据必充分而切实。要把这种精神落实到实处，还必须有具体的方法，那就是史料研究和历史考

① 赵光贤：《我的自述》，见《亡尤室文存》，4 页。
② 赵光贤：《我的自述》，见《亡尤室文存》，4 页。
③ 赵光贤：《中国历史研究法》，北京，中国青年出版社，1988。
④ 详见赵光贤先生的《周代社会辨析》《古史考辨》《亡尤室文存》等著作。

证的方法。① 赵先生通过陈垣先生开设的"清代史学考证"等史源学课程，接受了严格的史料学训练，学会了科学的考证方法。为了让后学更好地了解陈垣先生的治学精神和治学方法，使陈垣先生开创的史源学能够薪火相传，1991 年，赵光贤先生以老师为典范，选取《资治通鉴》为教材，为历史系学生开设了史源学课程。② 时至今日，两代学人之间的学术传承依然泽被着我们这些后学。

---

① 赵光贤：《我的自述》，见《亡尤室文存》，16 页。
② 赵光贤：《陈援庵师轶事》，见《亡尤室文存》，562 页。

# 陈垣古籍整理与文献学
# 理论研究的新设想

毛瑞方

[**摘要**]系统、深入研究陈垣先生的古籍整理及历史文献学理论及其特色、成就与影响具有重要的学术和现实意义：既有助于深化陈垣史学成就的研究，又可为构建有中国特色的文献学理论体系作有益探索，还可为当代古籍整理研究工作提供更有力的理论指导，并助力学风优化。几代学人已经基本完成了陈垣先生文献学成就基本内容的梳理工作，相关研究成果主要是陈垣史学成就总论类成果和陈垣文献学专题研究成果，后者具体包括陈垣的古籍整理、陈垣的文献学成就总论和陈垣文献学专学理论研究3类。在此基础之上，提出陈垣古籍整理与文献学理论研究新设想，从陈垣古籍整理实践与文献观的形成、文献学理论体系的创建及建设特色、陈垣文献学理论与方法的当代传承和陈垣古籍整理与文献学理论的成就与影响几个方面系统开展研究，可成为下一个阶段开展陈垣史学研究的一个重要方向。

[**关键词**]陈垣；古籍整理；文献学理论

---

作者简介：毛瑞方，北京师范大学历史学院副教授。

陈垣先生（1880—1971）是北京师范大学的老校长，是著名的历史学家、教育家，声誉闻名海内外。毛泽东主席称其为"国宝"；史学界尊称其为"南北二陈"之一；严耕望称其与钱穆、吕思勉和陈寅恪为"现代四大史学家"；欧洲著名汉学家伯希和称其为世界学者，说过"中国近代之世界学者，唯王国维与陈先生两人"。胡适、傅斯年、日本桑原骘藏等学者也对陈垣先生的史学研究多加称赞。

陈垣先生处于中国学术近代化的关键时期，他以巨大的爱国热忱和对中国优秀传统文化的热爱与尊重投身中国古代文化典籍的整理与研究，拓宽中国古文献学的研究范围，开创多领域交叉研究的新方法，将史学研究与文献学思想紧密结合，产出丰硕的研究成果，成就突出，影响深远，值得进一步深入研究和创造性传承。

## 一、陈垣古籍整理与文献学理论研究的意义

系统、深入研究陈垣先生的古籍整理及历史文献学理论及其特色、成就与影响具有重要的学术和现实意义。

第一，有助于深化陈垣史学成就研究。史学家陈垣先生的史学研究与文献和文献学是密不可分、融为一体的。他的史学经典成果也都离不开文献学的研究。他的古籍整理和经典史学成果无不清晰地反映了他独具特色的文献观。要充分考察和评价陈垣先生的史学成就、创造性传承其优秀史学遗产，更好地建设有中国特色的中国古文献学学科体系和理论体系、推动我国古籍整理事业继续取得巨大成就，亟须从文献学的角度自觉、系统、深入地再认识陈垣史学贡献，深入分析并全面总结其文献学理论体系，深化陈垣研究。

第二，走在文献学理论研究前沿，为构建有中国特色的文献学理论体系作有益探索。历史文献学不是一个新学科，陈垣史学研究也不是一个新选题，但是，陈垣先生的古籍整理和历史文献学理论体系特色及其成就的

系统研究却是一个崭新的课题。随着文献学理论研究进入一个崭新的阶段，陈垣先生的文献学理论系统及其特色和价值便亟须我们把它总结好、传承好，这对于建设有中国特色的历史文献学理论体系和学科体系具有十分重要的意义。

第三，可为当代古籍整理研究工作提供更有力的理论指导。时代飞速发展，科学技术也日新月异。当代学人面对新时代的机遇与挑战，需要自觉思考并创新性继承和发展重要的学术遗产，正如新时代我们一方面看到我国古籍整理事业取得了重大成就，另一方面我们也应该更加清醒地意识到同时存在的问题和面临的挑战。中国传统考据学在20世纪逐步转型为古文献学这一现代学科是时代的选择，也必然要求当代学者顺应时代发展，在新时代条件下升级革新甚至转变相关问题意识。例如，传统的考据方法如今已升级为"E考据"，但当代学人在坐拥庞大的古籍资源数据库、具备古人不可想象的碾压式优势的同时，更应该切实正确认识和利用"E文献"以及"E考据"的研究方法，发扬其优势、规避其不足。而欲将极易取得但又令人不安的新载体老文献用作可靠史料开展史学研究，非经陈垣先生史源学式的考辨而不可得。

第四，助力学风优化。学风浮躁是日新月异的当代快节奏生活特点在学术领域的折射。在当代古籍整理工作中，对版本源流摸索不清、随意选本，标点稍有难度的句子随手乱点，导致碎文破句充斥卷内的现象不绝人眼；许多人对史料断章取义、不注明出处甚至伪造材料。陈垣的根柢之学——古籍整理与历史文献学研究需要交叉而规范地运用文字、音韵、训诂、目录、版本、校勘、辨伪、注释等多方面的专业基础知识和能力，开展本选题的研究可为世人、学界呈现老辈学者严谨、踏实的优良学术品质，同时对于培养研究者甘于寂寞、持之以恒、严谨认真、脚踏实地的良好研究心态与品质不无裨益。

陈垣先生的古籍整理和文献学理论研究的意义重大，价值突出。然而，近数十年却出现了一种怪现象，即一方面公认陈垣先生根柢之学的特色和价值，另一方面似乎又选择性地忽略其宝贵的治学精神与理论方法。此二者之间的鸿沟，当然应与新时代泥沙俱下的客观情况有一定关系，从而导致许多相关认识和观念更新不及时，误读和偏见与日俱增；但更主要的原因，恐怕是看似为众多学者所景仰的陈垣文献学研究工作实际上还是被主观严重忽视，或是被浮躁学风裹挟而行，难以深入挖掘与系统呈现。如果这种做法不能及时扭转，那么在新时代条件下创造性传承陈垣先生的根柢之学、改变其逐渐沦为空口号的险境便无从谈起。

## 二、陈垣古籍整理与文献学理论研究的现状

自刘乃和先生对陈垣史学研究成就的梳理和研究开始，至今已数十年。可以说，几代学人已经基本完成了对陈垣先生文献学成就基本内容的梳理工作。总体而言，已有的陈垣文献学研究有些是陈垣史学成就总论类成果的组成部分，如《陈垣学术思想评传》《陈垣与 20 世纪中国新考据学》《陈垣晚年史学及学术思想的升华》《与时共奋：陈垣对 20 世纪中国史学的贡献与影响》等。而陈垣文献学专题研究则主要包括陈垣的古籍整理、陈垣的文献学成就总论和陈垣文献学专学理论研究 3 类。

在陈垣的古籍整理研究方面，1998 年邓瑞全发表《陈垣与古籍整理》，介绍和总结了陈垣先生"坚持古籍整理的正确态度""总结古籍整理的科学方法"和"古籍整理的丰硕成果"，目光独到，是比较系统的专题研究之作。另有其他学者研究论文《浅论陈垣古籍鉴定的成果、方法和理念》《陈垣关于历史工具书的设想与实践》《陈垣及其文献整理方法研究》《陈垣与故宫博物院文献馆》《陈垣明清档案编纂思想简论》《陈垣对保护整理明清档案的贡献》《陈援庵先生与古籍档案整理》《陈垣先生与明清档案文献整理》等。

陈垣的文献学成就总论类论文大多不出对陈垣在目录、校勘、年代、史讳等专学方面的代表性成果进行梳理和整体呈现的模式，如《陈垣与中国历史文献学研究》《陈垣先生在历史文献学上的贡献》《陈垣先生图书馆学

文献学成就综述》《陈垣文献学思想述论》《试论陈垣对历史文献学的建基性贡献》《陈垣在文献学领域中的卓越贡献》《陈垣先生历史文献学成就述要》《陈垣对古典文献学的贡献》《陈垣文献学思想述评》《试论陈垣对中国历史文献学的贡献》等。《陈垣文献学成就研究：以四库学为中心》（2016 年）一文以四库学为中心总结陈垣文献学成就，在第一章简述了陈垣先生在目录、校勘、年代、史讳四门专学中的成就基础上，利用随《陈垣四库学论著》出版首刊的新材料深入挖掘了陈垣的四库学思想。

而在陈垣文献学专学理论研究方面，《陈垣的史源学理论与实践》（2016 年）是史源学研究的专著成果，另有相关论文《陈垣的"史源学"与"新史学"》《一门不该消失的学科——论陈垣先生创建的史源学》《从史源学看加强历史文献学基本功训练的重要性——也谈历史文献学研究生的教学》《陈垣"史源学实习"教学的魅力与启示》等。目录学方面，有《陈垣目录学思想初探》《陈垣对中国传统目录学的继承和发展》《陈垣目录学思想论纲》《论陈垣对中国目录学的贡献》等。版本学方面专论成果仅有《陈垣先生的版本学》一文。校勘学方面则有《"校勘"界定新说》《陈垣"四校法"疏解》《陈垣的校勘方法》《也说陈垣的校勘方法——与白兆麟先生商榷》《陈垣先生对校勘学的贡献》《陈垣校勘方法论》《浅谈〈校勘学释例〉》《陈垣校勘学成就述要》《以〈校勘学释例〉窥陈垣之校勘学思想》《民国校勘学理论与方法的嬗变》《试比较陈垣〈校勘学释例〉与保罗·马斯〈校勘学〉》等研究论文。史讳学方面有《陈垣的〈史讳举例〉》《陈垣的避讳学研究——论〈史讳举例〉的历史文献学价值》《因其例得其正——论陈垣〈史讳举例〉的学术地位》《陈垣〈史讳举例〉的思想、结构和方法论意义》等。在年代学方面，《陈垣对历史年代学的贡献》一文认为，中、西、伊斯兰历三者之间的关系如何，应如何准确快速地加以换算，成为包括历史文献学家在内的学者所共同关心和必须解决的重要问题。有鉴于此，陈垣致力于中外纪年问题的研究。他在前人所获得成果的基础上，丰富和发展了年代学这一古老又新兴的学科，创立了历史年代学。注释学方面有《国图所藏五部陈垣批注史籍》《国图所存陈垣藏书中的批校题赠本》两文。另有个别专著或专题研究论文如《试论陈垣历史编纂学思想》《陈垣与〈四库全书〉》《陈垣〈日知录〉校注的特色》《〈中国佛教史籍概论〉史学价值三题》等。吴怀祺先生的《类例与通识：文献学的方法与思维》则是理论总结价值十分突出的关于文献学类例方法与思维的专论，堪称陈垣文献学理论研究的不刊之作。

另外，日本学者桑原骘藏曾撰写书评《读陈垣氏之〈元西域人华化考〉》。后来，陈垣先生的《元西域人华化考》又被译为英文并收入《华裔学志》，于 1966 年在德国出版，受到国际学者关注。美国著名汉学家牟复礼（Frederick Mote）为其写了书评，第二年发表在《亚洲研究杂志》（*Journal of Asian Studies*）上。

综上脉络可见，以往对陈垣文献学的研究已具备良好的成果积累。遗憾的是，以往研究多是对具体某一文献学问题或成就的研究且相对分散，其中一些理论问题研究深度亦有待加强。学界应在全面系统勾勒陈垣先生历史文献学遗产的基础上，进一步深入系统地揭示陈垣先生的古籍整理和历史文献学理论成就，并在此基础上自觉认知当代对陈垣根柢之学创造性传承的重要性和必要性，以及如何在新时代条件下良好传承这一学术的问题。

## 三、陈垣古籍整理与文献学理论研究的新设想

如何深度挖掘和总结陈垣文献学研究中重要内容、研究主旨、思想理论和研究方法，以及如何在新时代条件下创新性传承陈垣文献学遗产，是系统、深入研究陈垣古籍整理和文献学理论成就的两个重点问题。以陈垣先生古籍整理实践与理论，陈垣历史文献学理论及其特色、成就和影响，以及新时代条件下创造性传承陈垣根柢之学的自觉思考和理论总结为目标，现提出陈垣古籍整理与文献学理论研究新设想的研究框架设计如下：

引言：陈垣先生古籍整理与历史文献学理论研究的紧迫性和重要意义

第一章　陈垣古籍整理实践与文献观的形成

　　（一）接触古籍书目，自学成才精通文献门径

　　（二）回应时代需要，响应号召重视整理国故

　　（三）开展学术研究，竭泽而渔善于考证史料

第二章　陈垣文献学理论体系的创建

　　（一）版本目录学

　　（二）考证校勘学

　　（三）年代史讳学

　　（四）辑佚注释学

　　（五）档案藏书学

第三章　陈垣文献学理论建设的特色

　　（一）由传统考据学到现当代文献学

　　（二）古籍整理与文献研究互为表里

　　（三）类例总结与综合运用相得益彰

　　（四）实事求是与经世致用并行不悖

第四章　陈垣文献学理论与方法的当代传承

　　（一）史源学课，亲身示范乐于授人以渔

　　（二）根柢之学，落地生根迎接时代挑战

第五章　陈垣古籍整理与文献学理论的成就与影响

附录一　陈垣历史文献学理论论集

附录二　陈垣古籍整理与历史文献学理论研究文集

　　尝试探索古文献学理论体系的面貌，全面勾勒陈垣文献学理论的内容、特色、价值和影响，为中国历史文献学现代学科建设和当代创新发展提供理论指导，综合陈垣文献学论著、陈垣文献学论著研究成果，以及着

重发掘相关历史档案，以此 3 个主要部分的史料为基础展开陈垣古籍整理与文献学理论研究，或将是亟须后辈学者们探索的重要选题。

但是，陈垣先生的论著及其相关研究成果数量十分庞大，十分具有挑战性。陈垣先生是史学泰斗，他泛览群籍，勤于治学，一生撰写了 16 部专著和近 200 篇论文，总计 260 余万言；而陈垣及其学术成果之研究成果更多。因此，需要学者投入很多精力，踏实研读史料，下大功夫进行理论分析与总结。另外，对陈垣先生的历史文献学理论的深度挖掘并进行深刻揭示对史学理论素养和科研能力要求较高，要出精品研究成果更加不易。

陈垣先生学术的传承是代代学人的一份使命，我辈当更砥砺前行。

# 陈垣整理西学类典籍考论

谢　辉

[摘要]陈垣在民国时期，共整理出版《铎书》《灵言蠡勺》《辩学遗牍》《大西利先生行迹》《主制群征》《名理探》等西学类典籍6部。前5部完成于1918至1919年，皆为铅字排印。《名理探》出版于1926年，为影印本。其底本来源有二：一是来自英华自藏的《天学初函》等，二是马相伯抄自徐家汇藏书楼。陈垣整理本在选目方面，侧重选择传本稀少、价值较高的品种。校勘方面，在缺乏校本的情况下，仍通过其他校勘方法，校正了底本中的诸多错误。有失校漏校之处，常在印样或再版中加以补正。但受时代影响，也存在着妄改问题。此外，陈垣在整理西学汉籍的过程中，还经常伴随着对相关典籍的加工和研究，包括对典籍划分章节、增补材料，以及对相关史实加以考证。作为民国时期西学汉籍整理工作的开创者之一，陈垣校本选目既精，质量又佳，在当时广受好评，至今仍具有不可忽视的价值。

[关键词]陈垣；西学汉籍；天主教

陈垣先生为民国时期较早关注西学类典籍，并开展整理工作的学者之一。其整理的西学类典籍，选目既精，质量又佳，在当时广受好评。当今

作者简介：谢辉，北京外国语大学国际中国文化研究院副研究员。

学界在言及陈垣先生的基督教史与中西文化交流史研究时，亦多有论述。较具代表性者，如张荣芳的《陈垣对外来宗教史研究的贡献述略》[《中山大学学报(社会科学版)》，2014(2)]在论及陈垣对外来宗教史籍整理的贡献时，特设"对基督教史籍的整理与校订"一节，述其校刊《铎书》等书的情况。其余如金文淑的《论陈垣的宗教史研究》(博士学位论文，中国人民大学，2011)，周靖维的《陈垣对基督教文献的整理和研究》(硕士学位论文，北京师范大学，2015)等，也均有所论及。但对于其整理的西学类典籍所据之底本，印行之版次，各版之间及与底本之差异，则讨论尚显不足。本文即对以上诸问题进行探讨，并在此基础上，略析其价值与影响。

## 一、陈垣整理出版的 6 种西学类典籍

### (一)《铎书》1 卷

本书为陈垣最早整理出版的西学类典籍。据学者研究，其整理的过程大致为：1917 年 10 月 21 日，陈垣前往上海，准备出访日本，期间探访马相伯并于徐家汇藏书楼访书 4 日，得见《铎书》，欲录副而未果。1918 年秋，马相伯以抄本寄京。12 月陈垣校勘完毕并撰序。1919 年 2 月，《重刊铎书序》发表于《青年进步》，同年春《铎书》初版印行。[①] 其得以印行，与山西驻京代表李庆芳关系密切。李氏序文称"新会陈援庵君以霖所著《铎书》写本见示"[②]，陈序亦谓李氏"为言于山西省长阎百川(即阎锡山)先生。适先生以事晋京，闻李君言，欣然属即重刊"。其书出版后颇受欢迎，一年之内，即已重版 4 次。陈垣在第 4 版序言末尾的识语中说：

---

① 李凌翰：《韩霖铎书与中西证道》，31～32 页，博士学位论文，香港中文大学，2005。

② 孙尚扬等：《铎书校注》，53 页，北京，华夏出版社，2008。

是书初次活版，晋人贻我数百本，顷刻散尽，本年六月遂重付活版。同时友人慕君再版于溧阳，今天津友人又属重印，此其第四版矣。①

此 4 版的情况如下。

第 1 版，据李凌翰博士论文所附书影及著录，该本封面签题"铎书，明韩霖著，民国八年春出版"，卷前有 1918 年 12 月陈垣《重刊铎书序》、1919 年元旦李庆芳《重刊铎书序》、佚名（当为李建泰）、李政修《铎书序》，原订阅校刻人题名，韩霖《铎书大意》。卷端题"古绛韩霖撰"，半页 12 行 31 字。有行格及句读。

第 2 版，国家图书馆藏（馆藏号 133685）。该本封面签题"铎书，明韩霖撰，民国八年夏出版"，卷前序文、卷端所题等与前本皆同，而行款变为 12 行 35 字。自《铎书大意》开始连续计页，共 48 页。卷端钤"陈垣同志遗书"印。末有《正误表》长幅拉页一张。此本从形制上来看，显然是根据第 1 版重排，当即第 4 版识语中所说"友人慕君再版于溧阳"者。慕君即慕学勋，李凌翰已指出。②

第 3 版，国家图书馆藏（馆藏号 57380）。该本封面签题"明韩霖撰，铎书，新会陈氏校刊"。卷前亦有陈垣等 4 篇序文、校刻人题名与《铎书大意》，皆分别单独计页。陈垣序后多出一段按语：

是书初次活版，晋人贻我数百本，顷刻散尽，远近索者犹纷至，愧无以应。顷晋人亦拟谋再版，此殆极佳现象。前此国人方沉湎不返，非烦热即颓惫。近见士夫相语，辄互问吾人毕世营营胡为者，似渐有觉悟之意。是书言人对于社会当尽之本分，借题发挥，清凉剂亦

---

① 陈垣：《重刊铎书序》，见《陈垣全集》第 2 册，396 页，合肥，安徽大学出版社，2009。
② 慕氏生平参见李国庆：《慕学勋与"慕氏藏书"初探》，见《2016 年中文古籍整理与版本目录学国际学术研讨会论文集》，174～197 页，桂林，广西师范大学出版社，2018。

兴奋剂也。用重付活版，读者幸勿以其论题庸熟，而忽略其论文中之精义焉可。原刻眉端标题之外，本尚有评语，词旨警策，疑亦李建泰所为，前次未经刊入，今特移置行间。其原刻标题则范以复圈，以存古本。一九一九年六月，陈垣再识。①

由此可知，此本即第 4 版识语中所谓"本年六月遂重付活版"者。与前两版比较，此本有比较明显的不同。其添入了原书中的眉批，又将卷端题名"古绛韩霖撰"下，添入"兄云景伯、弟霞九光全订，男无敩、无期全阅"。此订阅人题名，在明刻本中本为校刻人题名页末的牌记，前两版附于校刻人题名之前，而此版则改置卷端。行款改为 13 字 33 行，正文共 44 页，卷末有勘误表 9 条。国图藏本书签尚钤"冯西满"印，陈垣序文首页墨笔题"西满仁兄大人惠存，弟锐良赠"。"锐良"应即英锐良，为英华家族成员。"冯西满"为何人不详，"西满"为教名，应是天主教徒。此外国图藏57298 号（常济安捐赠）、16401 号等，亦均是此本。马相伯约在 1919 年致信陈垣，提出对"第 2 板"的 5 条勘误意见，②所指当即是此本。

第 4 版，国家图书馆藏（馆藏号 57094）。该本封面题签、卷前序文、版式行款等，与第 3 版皆同。而陈垣序末按语有删改，自"远近索者犹纷至"至"而忽略其论文中之精义焉可"一段，改为"本年六月遂重付活版。同时友人慕君再版于溧阳，今天津友人又属重印，此其第四版矣"。卷前无校刻人题名页，卷末有勘误表 6 条，卷端钤"陈垣同志遗书"印。李凌翰推测，重印此本的"天津友人"，或是张纯一。③

本书之底本，陈垣序文已经明言是马相伯抄自徐家汇之本，李凌翰进一步考证出，马相伯所据以抄录的，即是今《徐家汇藏书楼明清天主教文

---

① 参见孙尚扬等：《铎书校注》，51～52 页。该书所收陈垣序文，乃录自北京大学图书馆藏铅印本，实即第 3 版。

② 马相伯：《致陈垣》，见《马相伯集》，377～378 页，上海，复旦大学出版社，1996。

③ 李凌翰：《韩霖铎书与中西证道》，34 页。

献》影印的明刻清修本，其说可信。李氏已举出徐家汇藏本有 3 处天头批注刻印模糊之处，陈垣校本第 4 版均未收录，[①] 实际尚不止此。如《教训子孙》篇，"子孙长，则重婚姻，别男女"云云一段，徐家汇藏本天头印有模糊不清的 6 字批语，核之梵蒂冈藏本（馆藏号 Borg. cin. 364.10），当为"婚姻男女补天"[②]，后页梵蒂冈本天头尚有"妇有别一伦"6 字，徐家汇藏本不可见。此因徐家汇本与梵蒂冈本同版，而印较晚。此 2 条批语，陈垣校本之 3、4 版均无，益可见其源出于徐家汇藏本之实。

### （二）《灵言蠡勺》2 卷

本书约整理完成于 1919 年 5 月，据马相伯云"陈援庵君前既一再考订也里可温，今春又重刊《铎书》，夏又重刊《灵言》"[③]，可知其为继《铎书》之后，陈垣的第 2 部西学类典籍整理著作。该本封面签题"灵言蠡勺，新会陈氏校刊"，卷前依次有四库提要一页，陈垣《重刊灵言蠡勺序》一页（末题"一九一九年五月新会陈垣序"），马相伯《重刊灵言蠡勺序》一页（末题"民国八年相伯马良，时年八十"），毕方济《灵言蠡勺引》（末题"天启甲子七月，泰西后学毕方济谨书"），及《灵言蠡勺目录》。卷端题"泰西毕方济口授，吴淞徐光启笔录"。半叶 13 行 33 字，全书共 26 页。

据陈垣序文谓"余从万松野人假得钞本，酷爱之，即欲重刊，近复得崇祯间慎修堂重刻《天学初函》本，因属樊君守执细为比勘"[④]，可知其源出于英华藏抄本。按 1916 年 1 月 12 日《大公报》连载《万松野人言善录》谓"又有明季所译的《灵言蠡勺》一书……故此野人也要把此书重刊，以饷我同胞"，可见英华至少在此时已得此书，并有整理的打算。马相伯曾与英华

①　李凌翰：《韩霖铎书与中西证道》，31 页。

②　韩霖：《铎书》，见钟鸣旦等编《徐家汇藏书楼明清天主教文献》第 2 册，741 页，台北，方济出版社，1996。

③　马相伯：《重刊灵言蠡勺序》，见《马相伯集》，351 页。

④　陈垣：《重刊灵言蠡勺序》，见《陈垣全集》第 2 册，409 页。

共同对此本进行校勘，故在序言中说："《灵言》底本，良与万松野人尝与从事校正。"[1]但因"校雠之未得其人"[2]，久而未刊。陈垣复用"崇祯间慎修堂重刻《天学初函》本"校阅。按：今所见《天学初函》本《灵言蠡勺》，卷端题"慎修堂重刻"，此外梵蒂冈图书馆还藏有一种版本（馆藏号 RACCOLTA GENERALE-ORIENTE-Ⅲ 223.10），其版式行款、卷端所题等，皆与《天学初函》本同。但《天学初函》本版心下方多以小字题本页字数，而梵蒂冈藏本则无，字体亦略显生硬，似是翻刻，内容则基本一致。陈垣先生所据以对校者，大约即为此两本中的一种。从文字上来看，其最终校定之本，也属《天学初函》本一系。

### (三)《辩学遗牍》1 卷

本书约成于 1919 年 8 月。此前英敛之在 1915 年 11 月 26 日至 1916 年 1 月 25 日，将此书连载于《大公报》，本年又托陈垣订正，[3] 与《大西利先生行迹》《明浙西李之藻传》合刊。此本卷前有陈垣《重刊辩学遗牍序》一页（末题"一九一九年八月新会陈垣序"），马相伯《重刊辩学遗牍跋》（末题"一千九百十五年十二月相伯马良题于北京培根学校"）一页，马序乃《大公报》本原有者，后附四库提要则为新增。卷末有李之藻、杨廷筠《原跋》2 篇，又识语 3 篇。首篇"《天学初函》自明季李太仆之藻汇刊以来"云云，乃是《大公报》于 1915 年 11 月 24、25 日，为即将刊出的《辩学遗牍》所作"本报附刊名著广告"，而略加改易。第 2 篇乃英华于 1915 年圣诞节所作，为《大公报》本所原有。第 3 篇谓"丁巳之春"云云，丁巳为 1917 年，乃后来补入。半页 13 行 33 字，正文、跋文及识语页码连排，共 15 页。据该本卷末所附识语首篇，谓英华觅得《天学初函》全帙，先将《辩学遗牍》一种排印，而陈校本又从《大公报》本出，可知属于《天学初函》本一系。

---

① 马相伯：《重刊灵言蠡勺序》，见《马相伯集》，351 页。
② 陈垣：《万松野人言善录跋》，见《陈垣全集》第 2 册，404 页。
③ 参见陈垣：《重刊辩学遗牍序》，见《陈垣全集》第 2 册，410 页。

### (四)《大西利先生行迹》1 卷

本书成书时间约与前书相同。此前《大公报》继《辩学遗牍》刊毕之后，于 1916 年 1 月 27 日至 3 月 23 日，续刊此书，题"大西利先生玛窦传"，陈垣应亦是在该本基础上加以修订。陈校本行款同前书，卷端题"西极耶稣会士艾儒略述"，卷末有陈垣识语（题"一九一九年八月新会陈垣校毕附识"），又有 1916 年马相伯《书利先生行迹后》，乃《大公报》本所原有者。全书正文与识语、书后连续计页，共 10 页。《大公报》本原附有万历二十八年利玛窦奏疏、《大京兆王公庆①麟利子玛窦碑记》，以及《职方外纪》卷五《海道》部分，陈校本皆未收。

据马相伯所述，《大公报》本乃"从上海徐家汇藏书楼，邮借所藏抄本。抄手甚劣而多误，亟与友人英敛之共读共校，亟付手民"②，可知从徐家汇藏抄本出。今藏台湾辅仁大学的徐家汇旧藏中，有 3 部《大西利先生行迹》抄本，③ 马氏所据者盖即其中之一。本书刻本传世者，仅梵蒂冈图书馆藏明末清初福建刻本 1 种（馆藏号 Borgia Cinese 350.3），而抄本极多，且互有异同。向达先生在 1947 年，出版《合校本大西西泰利先生行迹》，以梵蒂冈藏福建刻本为底本，以英国牛津大学图书馆、法国国家图书馆、北堂图书馆、献县天主堂所藏 5 个抄本及陈垣校印本为校本。据向达研究，牛津藏本乃伟烈亚力旧藏，大约为同治间上海姚老楞佐所抄，该本"与陈援庵先生所校印本大同，陈本出于徐家汇藏书楼所藏旧抄本，姚氏为上海人，则或亦出自徐汇本也"④。

---

① 原文如此，当为"应"字之误。

② 马相伯：《书利先生行迹后》，见《马相伯集》，223 页。

③ Adrian Dudink, "The Zikawei Collection in the Jesuit Theologate Library at Fujen University (Taiwan)：Background and Draft Catalogue," *Sino-Western Cultural Relation Journal*, 18（1996），p. 4.

④ 向达：《合校本大西西泰利先生行迹序》，见艾儒略：《合校本大西西泰利先生行迹》，2 页，北京，上智编译馆，1947。

### (五)《主制群征》2 卷

本书约成于 1919 年 10 月。1915 年 6 月至 8 月，英华将此书连载于《大公报》，是为第 1 版。连载完毕之后，随即出版单行本，并在《大公报》上登出广告谓："用中国毛边纸印刷，装钉雅洁，每本收回工料大洋二角，购十本以上者九折，百本以上者八折。"单行本封面由张謇署签①，题"降生后一千九百十五年八月，天津大公报馆重印"②，是为第 2 版。陈垣校本为第 3 版。该本封面签题"汤若望撰，主制群征，赠言附"。卷前有马良《重刊主制群征序》（题"乙卯四月马良序于京师培根学校，时年七十有六"），英华《重刊主制群征序》（题"降生后一千九百十五年八月"），皆为第二版所有者。继为上下 2 卷目录，上卷 10 篇，下卷 15 篇。卷端题"远西汤若望著"，卷末题"耶稣会中同学龙华民、高一志、罗雅谷共订"。后附《赠言》，分文与诗。末为陈垣《三版主制群征跋》（题"一九一九年十月新会陈垣跋"）。行款与《辩学遗牍》等同。

据《大公报》1915 年 6 月 12 日所载尚文《拟重刊主制群征序》，谓英华得此书，什袭而珍藏者 30 余年，可知《大公报》本当是用英华自藏本付刊。此书目前所知的版本有 2 种：一为明末刻本，卷前有明崇祯九年（1636 年）李祖白行书《主制群征跋》、汤若望《主制群征小引》；二为清康熙间翻刻本，"玄"字阙笔，无李祖白《跋》与汤若望《小引》。前本较为罕见，目前仅知梵蒂冈图书馆有藏（馆藏号 BORGIA CINESE 370.4），后一本则流传稍广。《大公报》本亦无李氏、汤氏序跋，推测应是出于翻刻本，陈校本亦属此系。

---

① 1916 年 2 月 21 日，英华于《大公报》发表《奉答通州先生二律有序》，提及张謇题签事，谓："《主制群征》奥博宏赡，为我国绝无仅有之作。前重刊藉重题签，以广其传。"

② ［德］汤若望：《主制群征》，见《续修四库全书》子部第 1296 册，551 页，上海，上海古籍出版社，2002。

### (六)《名理探》前编《五公称》5 卷

本书约成于 1926 年。1917 年，陈垣自英华处得一本，而英氏又得自马相伯。章士钊、胡适分别从陈垣藏本录副。1923 年，富阳人赵彬(字恂如)为陈垣重抄一部。1925 年，章士钊任国立编译馆总裁，曾托刘奇(字子行)借陈垣原本覆校一遍，欲付刊而未果。1926 年，吴宓在陈垣处见此书，建议刊行，遂以赵彬抄本付辅仁社影印数百部。[①] 今见国家图书馆藏本(馆藏号 15597)，1 函 3 册。封面题"名理探前编五卷，明西洋傅汎际、仁和李之藻同译"，背面题"民国十五年六月，北京公教大学辅仁社用新会陈氏精抄本影印"。卷前有《名理探目录》，末云"第二三四五端之论待后刻"，并题"同会费奇规、曾德昭、费乐德订，值会阳玛诺允"。卷端题"远西耶稣会士傅泛际译义，西湖存园寄叟李之藻达辞"。卷末附《李之藻传》(前有 1919 年马良《李之藻传序》)及陈垣《跋》(题"丙寅夏五陈垣跋")。半页 12 行 23 字。

据后出的 1931 年排印本谓"徐汇书楼旧藏抄本，首端五卷，民国十五年，陈援庵先生转抄"[②]，可知陈垣自英敛之处所得者，乃出自徐家汇藏抄本。方豪谓"清末，马相伯先生、英敛之先生皆从上海徐家汇藏书楼抄得一部，一九一七年，陈援庵先生又从英先生处借抄一部"[③]，说得更加清楚。该本今仍藏徐家汇。[④] 按：此书大约初刻于明崇祯末年，仅刻第一部分，即《五公称》5 卷。李天经于崇祯九年(1636 年)在北京见此书 5 卷，李次彪谓崇祯十年冬，傅汎际入都，出示刻本 5 卷，[⑤] 大约均是此初刻本，今法国国家图书馆有藏(馆藏号 Chinois 3413)。大约在李次彪作序的崇祯

---

① 陈垣：《名理探跋》，见《陈垣全集》第 2 册，502 页。

② ［葡］傅汎际译义、李之藻达辞：《名理探》卷末《校刊识言》，上海，徐汇光启社，1931。

③ 方豪：《李之藻研究》，173 页，北京，海豚出版社，2016。

④ Adrian Dudink，"The Chinese Christian Texts in the Zikawei Collection in Shanghai：a Preliminary and Partial List,"*Sino Western Cultural Relations Journal*，33(2011)，p. 7.

⑤ 徐宗泽：《明清间耶稣会士译著提要》，144～146 页，上海，上海书店，2010。

十二年(1639 年)之后，傅氏又刻《十伦》5 卷，并将已刻好的《五公称》部分修版，于版心的"名理探"3 字下加入"五称"2 字，增入李天经、李次彪序文，合并印行，今梵蒂冈图书馆有藏(馆藏号 RACCOLTA GENERALE ORIENTE Ⅲ 231. 1-9)。陈垣影印本无二李序文，似源于初印本。

## 二、陈垣整理西学典籍的特色

陈垣先生整理的 6 部西学类典籍的情况，已见上文所述。与同时期的同类作品相比，陈垣整理本有以下几点值得注意的特色。

首先，在选目方面，侧重选择传本稀少、价值较高的品种。早在陈垣年轻时，阅读《四库全书总目》，即已知有明末西方传教士所著西学类典籍，但"《四库》概屏不录，仅存其目，且深诋之，久欲一睹原书，粤中苦无传本也"①，已经意识到其流传不广的问题。故 1917 年，陈垣居于北京时，即着手开展对此类典籍的搜集。一方面，英华处藏此类书甚多，陈垣尽借而读之。另一方面，陈垣还曾赴上海与日本访书，在徐家汇阅书四日，感慨于"明末清初名著，存者不少，惜无暇旹遍读之"②，在东京又得《破邪集》。此外，陈垣在阅读西学类典籍时，对其中援引的其他西学书籍，也多加以标识记录，作为访求的线索。如其记《铎书》中引有庞迪我《七克》、艾儒略《涤罪正规》、罗雅谷《哀矜行诠》。③又如国家图书馆藏清道光二十七年刻本《不得已辩》(馆藏号 133784)，乃陈垣旧藏。书中凡遇书名如"天主实义""万物真原"等，皆用墨笔标出。通过以上途径，陈垣访求到了大量西学类典籍，今国家图书馆藏陈垣捐赠的 1911 年前出版的中文公教类书籍，即多达 140 多种，④ 可见其收藏之富。

---

① 陈垣：《万松野人言善录跋》，见《陈垣全集》第 2 册，404 页。

② 《陈垣全集》第 23 册，7 页。

③ 陈垣：《重刊铎书序》，见《陈垣全集》第 2 册，395 页。

④ 马琳：《国家图书馆藏中文公教古籍中的陈垣赠书》，载《国际汉学研究通讯》第 15 期，94～106 页，北京，北京大学出版社，2017。

但尽管如此，陈垣却没有不加分别地将西学诸书一概印行，而是从流传情况、学术价值、社会影响等方面，进行仔细衡量，选出最需整理者。其在《重刊灵言蠡勺序》中说：

> 李之藻辑《天学初函》，以此书隶《理编》。其《器编》即《几何原本》等十种，均著录文渊阁，后人分收于《守山阁》《指海》等丛刻中，世间多有传本。《理编》九种，惟《职方外纪》《四库》著录，收于《守山阁》外，《畸人十篇》《天主实义》《辩学遗牍》《七克》等，均见屏于《四库》，然今天主堂尚有刊本；惟《灵言蠡勺》《西学凡》《交友论》《二十五言》等，则绝版久矣。诸编中《灵言蠡勺》说理最精。①

从此段论述中，可以清晰地看出陈垣选择整理品种的标准。其将西学诸书分为"世间有传本""有天主堂刊本""久已绝版"3类，于绝版中又选择"说理最精"者进行整理。其后马相伯致信徐宗泽，就重印《天学初函》事转述陈垣之意见，谓："《初函》器编十种，外间多有传本，刻之无谓。至理编九种，或已重刻，或各堂多有刊者，再刻亦无谓。惟《西学凡》《廿五言》二种不多见。"②亦是此意。陈垣最终整理出版的6部西学类典籍，也大都符合这一标准。如《铎书》当时国内仅有徐家汇藏明刻清修本，《大西利先生行迹》《名理探》仅有抄本。③《主制群征》云用英华藏本，当时国内可能仅徐家汇藏有一部刻本，④ 英华藏本或即从彼出。总的来看，都是比较稀见

---

① 陈垣：《重刊灵言蠡勺序》，见《陈垣全集》第2册，408～409页。

② 马相伯：《致徐宗泽》，见《马相伯集》，507页。

③ 1941年，徐家汇方从范行准处购得《名理探》刻本全帙，陈垣印行时并未得见。参见方豪：《李之藻研究》，171页。

④ Adrian Dudink, "The Zikawei Collection in the Jesuit Theologate Library at Fujen University (Taiwan)：Background and Draft Catalogue," p. 17. 文中提及该本与《天主教东传文献续编》影印梵蒂冈藏清康熙翻刻本同。徐宗泽著《明清间耶稣会士译著提要》据徐家汇藏本著录该书，未提及有序跋，也可证其为翻刻本。

的品种。其后陈垣先生编《明末清初教士译著现存目录》，分为"现有刊本通行者""现无刊本通行者"两类①，也是这种注重稀见本思想的延续。

在确定选目的基础上，陈垣即不遗余力地推进整理工作。在前引《重刊灵言蠡勺序》中，陈垣已经提出，其下一步还拟整理《西学凡》《交友论》《二十五言》等书。广东崇正 2013 年春季拍卖会"史学巨擘·陈垣先生重要著作及稿本"专场，即有此 3 书的校正整理本，且加有诸多批语。这说明陈垣对其的整理并非仅为构想，而已付诸实施。其后陈垣可能发现《交友论》尚有传本，其在《从教外典籍见明末清初的天主教》一文中，即列出教外人翻刻《交友论》的 8 个版本，② 故将其剔除，但仍继续推进其余 2 种的整理。马相伯即谓《西学凡》与《二十五言》"近于别处见有改本，援翁已将改本分上下层排印"③。尽管陈垣整理本最终似未出版，但由此可窥见其对稀见西学类典籍整理的持续关注。此外，在《名理探》的《十伦》部分与《超性学要》的整理出版方面，陈垣也曾致力。1927 年 7 月，在《名理探》前编《五公称》5 卷影印出版之后，陈垣即致信伯希和，询问法国国家图书馆所藏《十伦》部分 5 卷"能用照像法照出否，需费几何"④。其后 1932 年，徐宗泽方托友人从法国复制得《十伦》，并前编合为 10 卷，于 1935 年由商务印书馆编入《万有文库》出版，⑤ 某种程度上来说，其事即发轫于陈垣。又1917 年，陈垣致信英华，提出可以将利类思译《超性学要》影印，接续《天学初函》而为《二函》，⑥ 马相伯致信徐宗泽，也转述了陈垣类似的意见。⑦其后约在 1930 年，北平公教教育联合会与上海土山湾印书馆相继出版铅

---

① 陈垣：《明末清初教士译著现存目录》，见《陈垣全集》第 2 册，479～492 页。

② 陈垣：《从教外典籍见明末清初的天主教》，见《陈垣全集》第 2 册，603 页。

③ 马相伯：《致徐宗泽》，见《马相伯集》，507 页。

④ 《陈垣全集》第 23 册，108 页。

⑤ 徐宗泽：《跋》，[葡]傅汎际译义、李之藻达辞：《名理探》，482～538 页，上海，商务印书馆，1935。

⑥ 《陈垣全集》第 23 册，6 页。

⑦ 马相伯：《致徐宗泽》，见《马相伯集》，507 页。

印本，前者据西湾子天主堂藏本，后者则据徐家汇藏书楼藏本，并经马相伯补校。① 推本而言之，此书之整理出版，也是首倡自陈垣，陈垣且以一部新印本赠予陈寅恪。②《名理探》之《十伦》部分，当时国内未有传本。《超性学要》译自圣多玛斯《神学大全》，时人谓"中古欧洲基督教之教义，实以多玛斯此书为其源泉，利类思译之为汉，可谓探骊得珠……卷帙繁重，传世极罕"③。陈垣推动对其的整理，也正反映出其重视稀见而重要的西学典籍的态度。

其次，在校勘方面，陈垣整理的大部分西学类典籍，多为孤本传世，并无校本可用。仅有《灵言蠡勺》以抄本为底本，以所谓慎修堂翻刻本为校本，大约也是同出一源。故其在大多数情况下，仅能用本校、他校、理校法，解决底本中存在的问题。其底本且多为抄本，又经叠相转抄及他人校改，情况复杂，校勘难度很大。但尽管如此，陈垣仍在如此困难的条件下，力所能及地校正了各书中的若干错误。例如，《铎书》卷首《大意》"草莽之臣，窃比道人之徇焉"④，陈垣校本"道"字作"遒"⑤。前文已引《胤征》"每岁孟春，遒人以木铎徇于道路"云云，恰与此相呼应，所改甚是。除此之外，陈垣对西学类典籍的校勘，还有以下值得注意的两点。

第一，前版失校漏校之处，常在后版中加以补正。例如，《铎书·和睦乡里》"西极文先生论怨雠有别"⑥，陈垣校本第2版同，第1版大约也如此。至第3版，则改"文"为"艾"。此"艾先生"当指意大利传教士艾儒略，底本有误，陈校本起先未能校出，再版时遂予追改。

---

① 张金寿：《论超性学要各版本之同异》，见贾贵荣、耿素丽选编：《善本书题记》，702页，北京，国家图书馆出版社，2000。

② 《陈寅恪集·书信集》，132页，北京，生活·读书·新知三联书店，2015。陈垣亦曾将影印本《名理探》赠送给陈寅恪，见同书127页。

③ 《新书介绍·超性学要》，载《国立北平图书馆馆刊》，1931年第5卷第5号。

④ 韩霖：《铎书》，见钟鸣旦等编：《徐家汇藏书楼明清天主教文献》第2册，637页。

⑤ 此据所见第2版至第4版而言，推测第1版也如此。下"半楚淮阳"条同。

⑥ 韩霖：《铎书》，见钟鸣旦等编：《徐家汇藏书楼明清天主教文献》第2册，703页。

第二，一书印出"校本"或"样本"之后，常在其上加以校改，部分校改的内容改入最终出版的定本。例如，中国国家图书馆藏有陈垣整理本《灵言蠡勺》一部（馆藏号 133792），封面墨笔题"样本"。全书之首为陈垣《重刊灵言蠡勺序》，天头墨笔书："此篇之前，应订四库提要，在第一篇。"此当是陈垣所批。今所见其他陈垣校本《主制群征》，于陈序之前，皆有四库提要一页，当即是陈垣在拿到样本后发觉有缺失，遂予增入。又如中国国家图书馆藏陈垣整理本《主制群征》（133681），封面墨笔题"校本"。卷上第 4 页正面"夫性各有定，天胡独殊"，"天"字墨笔圈出，天头批"地"。卷下第 5 页背面"是虽大主降罚"，"罚"字墨笔圈出，天头改"割"，并有批注曰："《大诰》，天降割于我家。"

需要指出的是，陈垣校本也有错误甚至妄改之处。例如，《铎书·尊敬长上》"昔汉明帝封诸子，裁令半楚、淮阳诸国"[1]，陈垣校本"半"作"吴"。按：此出《后汉书》卷十上《明德马皇后传》，谓汉明帝所封诸子，封地仅为光武帝所封楚王、淮阳王之半。陈本显误，不知是马相伯从徐家汇藏本传抄时致误，还是陈垣误校。此外，有学者曾将徐家汇藏本《铎书》与陈垣校本第三版对校，发现陈校本不同之处多达 118 处，且有相当数量是有意为之的删改。[2] 李凌翰已举出尤为明显的几处，如《孝顺父母》章删去"后详言之"至"此臣子之礼也"300 余字，并将其删削的部分归纳为 3 点，即祭祖等儒家礼仪、报应观、崇奉帝制。[3] 虽然李氏也提出，不排除是马相伯寄来抄本时即已作了删削，但推断起来，更可能是陈垣为之。可为旁证的是，陈垣校本《辩学遗牍》，较《天学初函》本删去"其粗而易见者，则万里之内，三十余国，错壤而居，不一易姓，不一交兵，不一责让，亦千六百年矣"37 字[4]，而作为陈垣校本之底本的《大公报》本，则并无脱漏，

---

① 韩霖：《铎书》，见钟鸣旦等编：《徐家汇藏书楼明清天主教文献》第 2 册，658～659 页。

② 孙尚扬等：《铎书校注》，38 页。

③ 李凌翰：《韩霖铎书与中西证道》，37～38 页。

④ 参见朱维铮：《利玛窦中文著译集》，661 页，上海，复旦大学出版社，2001。

可推知其删削必出陈垣之手。此种删削虽在很大程度上影响了校本的价值，但毕竟与民国初年的时代背景息息相关，可以理解。如不考虑删改的问题，陈校本仍然可称民国时西学典籍中校勘较精审者。

最后，陈垣在整理西学汉籍的过程中，往往还伴随着对相关典籍的加工和研究。具体可分 3 方面。

第一，分章分段，新编目录。例如，《铎书》原本分 6 篇，各篇文意相连，不分段落，而陈垣校本将其"分段别行"①。又如《灵言蠡勺》2 卷，《天学初函》本中原有篇章名，但较为混乱，且层级不明晰。陈校本大约是据卷前毕方济序言"今略说亚尼玛四篇"之文，将其重分为 4 篇，部分篇名如第二篇"论亚尼玛之能"为新增，原有的"论亚尼玛之生能觉能""论亚尼玛之灵能"作为第一、二章分列其下，"论记含者"等 3 节则标以甲、乙、丙，分列第二章下。这就使得全书结构清晰，大大方便了阅读利用。其工作看似简单，但却是建立在对原书内容具有深刻理解的基础上。

第二，增补附录与相关材料。例如，《辩学遗牍》之《大公报》本，原据《天学初函》本排印，卷末仅有李之藻跋，陈垣据闽刻本增杨廷筠跋文一篇，又于《利先生复虞铨部书》后，附录袾宏《云栖遗稿》中《答虞德园铨部》一篇。又如，《主制群征》之《大公报》本，卷末仅附录龚鼎孳、金之俊、魏裔介、王崇简贺文。② 陈垣校本则"末附赠言一帙，则清初诸文士赠若望之作，其诗为前印所未有，新从徐汇书楼钞得者"③，较《大公报》本增出胡世安《贺道翁汤老先生荣荫序》，以及胡世安、薛所蕴等十余人赠汤若望之诗。马相伯于 1919 年致信英华，谓"右十七人诗联，系由刻本抄出"④，大约即指此，则此增补者实为英华托马相伯自徐家汇抄得。

第三，史实考证。例如，陈垣在整理《铎书》时，据《绛州志》考证韩霖

---

① 陈垣：《重刊铎书序》，见《陈垣全集》第 2 册，395 页。
② 参见［德］汤若望：《主制群征》，见《续修四库全书》第 1296 册，583～586 页。
③ 陈垣：《三版主制群征跋》，见《陈垣全集》第 2 册，423 页。
④ 马相伯：《致英华》，见《马相伯集》，367 页。

的生平著作，又考其卷前阙名序文为李建泰作，[①] 此说后经黄一农补充考证，遂成确论；[②] 整理《灵言蠡勺》时，谓"方济事迹，汉籍不概见，《明史·外国传》仅一见其名"[③]，并据教内典籍《圣教奉褒》与《圣教史略》考证毕方济的事迹；整理《辩学遗牍》时，提出《辨竹窗三笔天说》非利玛窦所作，而是"教中一名士所作，而逸其名，时人辗转传抄，因首篇系利复虞书，遂并此篇亦题为利著"[④]。值得注意的是，在部分整理本的再版过程中，陈垣的研究也随之不断深入。如《铎书》之初版至第 3 版序言中，谓李建泰"与韩霖乡榜同岁，历官国子监祭酒"，而第 4 版则在"同岁"后增入"天启五年进士"一句。又广东崇正 2013 年春季拍卖会拍品中，有第 4 版《铎书》一种。封面墨笔题"第四板样本"，并有批注曰："《酌中志余》，霖列名东林党籍。《全毁书目》，《守圉全书》在禁书之列。《东亚之光》，顺治九年所颁之六谕，与明太祖之六谕同。"卷前陈垣序文中"成汤之诰，不见绌于姬周；拿翁之言，岂遂讳于法国"一句，墨笔划去，天头改"顺治九年二月所颁六谕，亦与此同"。可见其持续利用新发现的资料，补充订正自己的研究。

## 结　语

陈垣对西学类典籍的整理工作，集中在 1918—1919 年。其直接原因，是 1917 年，其发愿著《中国基督教史》，在搜集相关资料的过程中结识英华，英华收藏西学诸书甚多，"盼他日汇刻诸书，以编纂校雠之任相属"[⑤]。至于 1920 年，陈垣开始点阅文津阁《四库全书》与敦煌遗书，工作重心发

① 陈垣：《重刊铎书序》，见《陈垣全集》第 2 册，394 页。
② 黄一农：《两头蛇：明末清初的第一代天主教徒》，261～267 页，上海，上海古籍出版社，2015。
③ 陈垣：《重刊灵言蠡勺序》，见《陈垣全集》第 2 册，408 页。
④ 陈垣：《重刊辩学遗牍序》，见《陈垣全集》第 2 册，410 页。
⑤ 陈垣：《万松野人言善录跋》，见《陈垣全集》第 2 册，404 页。

生转移。同时亦深感翻刻旧籍需"钞而又校，校而付排印，又须再校"①，其后的整理遂陷于停滞。除以自藏抄本《名理探》付影印之外，基本再无新的西学典籍整理作品。马相伯等人本来还曾选定过一些稀见的西学典籍，希望陈垣能作整理。其于1919年曾致信英华说："《真福和德理传》，鄂省崇正书院梓……倘得援庵重加考订，亦元末圣教史也，亦欧洲中世史也。"②此外还曾将徐家汇藏抄本《童幼教育》抄寄陈垣，且谓陈垣有"亟欲付刊"③之意。马氏在1919年致信陈垣，谓"得前月十九日书，随即赶抄，一则原本是抄本，借来之物，多不敢改，二则上下卷计八十张"④，所指可能就是此书。但最终也未能整理出版。

从近代西学汉籍的整理历史来看，陈垣无疑是民国时期此项工作的开创者之一。无论是《丛书集成初编》对西学类典籍的收录，还是王重民、向达、阎宗临等学者对海外稀见西学文献的搜集、刊布与汇校，都在陈垣之后。其整理工作尽管在一定程度上，受到个人信仰与社会环境的影响，但总体而言，仍体现出学者严谨的态度，与教会出版机构有着显著的区别。清末民国间，教会所属印书馆如北京北堂印书馆、上海土山湾印书馆、河北献县天主堂印书馆、香港纳匝肋印书馆等，出版了大量的西学典籍，就数量而言，至少在陈垣整理的数十倍以上。但其出版的多为供教徒使用的教理书，如《圣经广益》《圣经直解》《教要序论》等，均一印再印。⑤ 而陈垣则从学者的角度出发，选择传世稀少、价值较高之书进行整理，其整理本虽少而精。如马相伯即称《灵言蠡勺》"校对甚精，竟无讹字"⑥，并请英华多寄数十本。《铎书》整理完成后，一年间即印4版，上海的华人司铎亦有

---

①　《陈垣全集》第23册，6页。

②　马相伯：《致英华》，见《马相伯集》，368页。

③　梅谦立编注：《童幼教育今注》，242页，北京，商务印书馆，2017。

④　马相伯：《致陈垣》，见《马相伯集》，377页。

⑤　马相伯曾劝英贞淑于午日念《圣年广益》及《圣经直解》，又谓"《教要序论》为教友学生最好"，可见其均为当时教会中实用之书。参见《马相伯集》，364、437页。

⑥　马相伯：《致英华》，见《马相伯集》，367页。

索观者。① 《名理探》作为民国间最早印行之本，尽管内容艰深，但仍很受欢迎。马相伯曾谓"援翁代辅仁抄本之《名理探》，早不胫而走，可见华人研古之一斑矣"②。时至今日，在国内外诸多版本均已披露的情况下，陈垣校本仍在西学汉籍的整理与研究中，发挥着重要作用。

---

① 马相伯：《致英华》，见《马相伯集》，368 页。
② 马相伯：《致徐宗泽》，见《马相伯集》，507 页。

# 从《通鉴胡注表微》的修订
# 看陈垣晚年史学思想的转变

张振利

[摘要]1958 年 3 月科学出版社重印的《通鉴胡注表微》对 1945 年、1946 年分两次正式发表在《辅仁学志》的书稿加以修订，除整条删除《边事篇》2 条外，主要有订讹、增新、删旧、修改等形式。尽管陈垣谦称《通鉴胡注表微》是"没有学习过马克思列宁主义时旧作"，但"科学版"的修订则是他经历思想改造，在初步掌握历史唯物主义和辩证唯物主义的基础上，站在无产阶级人民立场上，对旧有立场、观点和方法的自我批判，不断树立正确的历史观、民族观、国家观、文化观、宗教观，充分体现了陈垣晚年史学思想由旧转新的过程，最终实现由爱国史学家向马克思主义史学家转变。

[关键词]《通鉴胡注表微》；修订；史学思想；转变

被陈垣谦称为"学识的记里碑"的《通鉴胡注表微》是一部兼具思想性与方法论价值的史学名著，既是他一生治史成就的标志性总结，也是他治学道路由爱国史学向马克思主义史学升华的成功典范。自该书首次出版 70

---

作者简介：张振利，云南师范大学档案馆校史馆馆员。

多年来，随着研究的不断深入，"表微学"已呼之欲出。① 但是，目前学术界对该书的一些基础性问题，如全书所引胡三省注语的条数、1958 年 3 月科学出版社出版时所作的修订等，仍存在似是而非、语焉不详之处。② 鉴于此，本文遵循陈垣"校书虽小技，可以悟道"③之教，拟在辨析《通鉴胡注表微》版本源流的基础上，通过比对最早发表在《辅仁学志》与正式由科学出版社版的两个版本（以下分别简称"辅仁版""科学版"），钩稽"科学版"所作修订的类型与具体内容，探究陈垣晚年由爱国史学家向马克思主义史学家的转变过程。

## 一、《通鉴胡注表微》版本

《通鉴胡注表微》版本系统并不复杂。目前所见有 7 个版本，可概括为"前三后四"。所谓"前三"，指陈垣生前出版过 3 个版本。一是首次于 1945 年 12 月、1946 年 12 月发表的《辅仁学志》版，二是 1958 年第一次以专著的形式发行的科学出版社版，三是 1962 年的中华书局版。"后四"则是陈垣身后出版的 4 个版本，分别是 1993 年台湾新文丰出版股份有限公司《陈

---

① 据目前掌握的资料，柴德赓、方豪、刘乃和、蔡尚思、牟润孙、郭预衡、陈智超、赵黎、吴怀祺、张习孔、王延武、张全明、曾祥波、周少川等学者都有专文论及《通鉴胡注表微》。在众多有关中国史学史、抗战史学、陈垣研究等研究论著中，也有对《通鉴胡注表微》的介绍，此不赘述。林嵩在《通鉴胡注论纲》一书绪论研究的回顾中列《通鉴胡注表微》与'表微学'"中指出，"在陈垣之后，继续沿用《表微》的方法研读《通鉴》与'胡注'，或者直接把《表微》作为研究对象的学者还有很多。这方面的论文可以说已经连篇累牍。因此有学者认为关于《表微》的研究，已俨然形成一门崭新的'表微学'"，并引 1987 年湖南人民出版社出版的陶懋炳《中国史学史略》为证。参见林嵩：《通鉴胡注论纲》，17 页，上海，上海古籍出版社，2012。

② 如《通鉴胡注论纲》"总计援用'胡注'精语七百五十余条"。见林嵩：《通鉴胡注论纲》，3 页。实际上，这一数字有误。据陈垣在《通鉴胡注表微小引》自称，"辅仁版"作"七百五十条"，"科学版"作"七百数十条"。令人遗憾的是，该书虽非罕见，却鲜见学界有人逐一清点，得出精准统计数字。经笔者统计，"科学版"共 734 条。加上《边事篇》被整条删除的 2 条，"辅仁版"有 736 条。

③ 刘乃和：《重读〈通鉴胡注表微〉札记》，见《励耘承学录》，350 页，北京，北京师范大学出版社，1992。

援庵先生全集》本、1997 年辽宁教育出版社"新世纪万有文库"本、2009 年安徽大学出版社《陈垣全集》本、2011 年商务印书馆"中华现代学术名著丛书"本。其中，"中华现代学术名著丛书"本又于 2017 年 12 月商务印书馆成立 120 周年时出版纪念版。从版本源流的角度说，"辅仁版"是《通鉴胡注表微》的"祖本"。

"中华版"是 20 世纪 60 年代科学出版社与中华书局出版分工调整的产物。[①] 从形式上看，"中华版"沿用了"科学版"的版型。内容上，"中华版"对部分条目作了改动，如《考证篇》"魏邵陵厉公正始八年"条、《伦纪篇》"后晋齐王开运元年"条、《货利篇》"唐德宗贞元十五年"条。甚至还存在标点符号错误，余穗祥 1963 年 9 月 15 日致信陈垣，"顷据粗读一过中，似觉《表微》第 72 页 7 行 5 字下所作引号上端反向"[②]。他所见到版本为"中华版"，"科学版"此处标点不误。[③] 由此可见，"中华版"与"科学版"是独立的两个版本系统，并非陈智超所说的"中华书局版与科学出版社版的区别，只是'内容提要'稍详"[④]。

此后各本都出自"科学版"或"中华版"。2009 年安徽大学出版社《陈垣全集》本、2011 年商务印书馆"中华现代学术名著丛书"本在出版后记中明说所据为"中华版"。[⑤] 为辨析台湾新文丰《陈援庵先生全集》本、"新世纪万

---

① 据刘乃和在《从〈励耘书屋丛刻〉说到中华书局——陈垣生前著作的出版情况》中说："1961 年 6 月中华总编办公室主任、金灿然的秘书俞筱尧同志代表灿然同志来访，并携来科学和中华二出版社公函，说根据上级领导的指示，两个单位在出版分工方面作了调整，陈老已在科学出版社印的五部书，根据新的分工原则，应归中华出版，今后有关重版或修订事宜，都由中华联系。"见刘乃和：《励耘承学录》，138 页。

② 陈智超编注：《陈垣来往书信集（增订本）》，902 页，北京，生活·读书·新知三联书店，2010。

③ 《解释篇·陈宣帝太建七年》伯颜惊叹："江南有这般人，这般话，遂至此。""中华版"恰如余穗祥所说"引号上端反向"，而"科学版"不误，亦参见第 72 页第 7 行 5 字下。

④ 陈智超：《陈垣先生与〈通鉴胡注表微〉》，见陈垣：《通鉴胡注表微》，367 页，北京，商务印书馆，2011。

⑤ 分别参见陈垣：《通鉴胡注表微》，见《陈垣全集》第 21 册，404 页，合肥，安徽大学出版社，2009；陈智超：《陈垣先生与〈通鉴胡注表微〉》，见陈垣：《通鉴胡注表微》，367 页。

有文库"本的版本源流，现将各版本异同列表 1 如下：

表1　各版本异同

| 条　目 | 辅仁版 | 科学版 | 中华版 | 《陈援庵先生》全集本 | 新世纪万有文库本 |
|---|---|---|---|---|---|
| 《考证篇·魏邵陵厉公正始八年》 | 《鲒埼亭集》外编廿八，《读魏志曹爽传》委任何、邓，而又非其才也，遂见覆于司马氏。（192页） | 《鲒埼亭集》外编廿八，《读魏志曹爽传》委任何、邓，而又非其才也，遂见夺于司马氏。（104页） | 《鲒埼亭集》外编廿八，《读魏志曹爽传》委任何、邓，而又非其才也，遂见覆于司马氏。（104页） | 《鲒埼亭集》外编廿八，《读魏志曹爽传》委任何、邓，而又非其才也，遂见夺于司马氏。（2888页） | 《鲒埼亭集》外编廿八，《读魏志曹爽传》委任何、邓，而又非其才也，遂见夺于司马氏。（81页） |
| 《伦纪篇·后晋齐王开运元年》 | 南北朝之乱，多兄弟相残，五代之乱，乃至父子相杀，世道之升降，可于此见之。（48页） | 南北朝之乱，多兄弟相残，五代之乱，乃至子父相杀，世道之升降，可于此见之。（264页） | 南北朝之乱，多兄弟相残，五代之乱，乃至父子相杀，世道之升降，可于此见之。（264页） | 南北朝之乱，多兄弟相残，五代之乱，乃至子父相杀，世道之升降，可于此见之。（3048页） | 南北朝之乱，多兄弟相残，五代之乱，乃至子父相杀，世道之升降，可于此见之。（203页） |
| 《货利篇·贞元十五年》 | 孟叔度少年新贵，轻佻淫纵，已足取死，况又与军士争利乎！（137页） | 孟叔度少年新贵，轻佻淫纵，以足取死，况又与军士争利乎！（390页） | 孟叔度少年新贵，轻佻淫纵，已足取死，况又与军士争利乎！（390页） | 孟叔度少年新贵，轻佻淫纵，以足取死，况又与军士争利乎！（3174页） | 孟叔度少年新贵，轻佻淫纵，以足取死，况又与军士争利乎！（297页） |

　　通过比较文字异同可以看出，《陈援庵先生全集》本、"新世纪万有文库"本源自"科学版"。至于陈先生在与亲友往来函件中提到的付印本、油

印本，属于《辅仁学志》发表前尚未最终定稿的"征求意见稿"，具有极高的版本价值，可惜未能得见。① 刘乃和参与了《辅仁学志》发表时的校对工作，将印刷厂排版完毕退回的一校稿中的第8篇、第9篇，第11至20篇装订成册，陈垣题名《通鉴胡注表微校稿》。上面除"校正的字迹"外，还有陈垣"校改和批写的手迹"，弥足珍贵，但也未能见到。② 至此，《通鉴胡注表微》的版本源流可示意如图1：

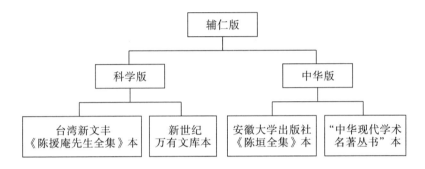

图1　《通鉴胡注表微》的版本源流

## 二、"辅仁版"刊印前的修订

由于没有见到"辅仁版"刊印前的"付印本""油印本"及刘乃和手订的《通鉴胡注表微校稿》，无法得知陈垣征求亲友修改意见后采纳情况，以及对《辅仁学志》一校稿的修改，因此在没有确切版本依据的情况下，"辅仁版"刊印前的修订是指陈垣在《通鉴胡注表微》撰写过程中不断对原定写作计划的调整和修订，重点是篇目名称和条目总量。

第一，篇目名称修订。为清晰展示《通鉴胡注表微》篇目名称的变化轨迹，列表2如下：

---

① 1946年2月23日，他致函方豪，"未定稿不能与外人看，认君非外人也。虽已付印，但未出版，尚可修改。且付印本已有修改与油印本不同者，如有所见，幸不吝指示。"见陈智超编注：《陈垣来往书信集(增订本)》，330页。

② 刘乃和：《重读〈通鉴胡注表微〉札记》，见《励耘承学录》，349页。

**表 2 《通鉴胡注表微》篇目名称变化轨迹**

| 资料来源 | 前篇(论史法) | 后篇(论史事) | 备注 |
|---|---|---|---|
| 1945 年 1 月 31 日致陈乐素函 | 《本朝》《书法》《校雠》《解释》《旧文》《避讳》《考证》《察虚》《纠谬》《评论》《感慨》《劝戒》 | 《君道》《治术》《相业》《臣节》《伦纪》《出处》《兵事》《边情》《民心》《夷夏》《生死》《货利》 | 陈智超编注:《陈垣来往书信集(增订本)》,1132 页,北京,生活·读书·新知三联书店,2010。 |
| 《通鉴胡注表微小引》 | 《本朝》《书法》《校勘》《解释》《避讳》《考证》《察虚》《辩误》《评论》《感慨》《劝戒》 | 《治道》《臣节》《伦纪》《出处》《兵略》《边事》《夷夏》《民心》《释老》《生死》《货利》 | 《文史杂志》,第 5 卷,第 9、10 期,1945。 |
| 辅仁版 | 《本朝》《书法》《校勘》《解释》《避讳》《考证》《辩误》《评论》《感慨》《劝戒》 | 《治术》《臣节》《伦纪》《出处》《边事》《夷夏》《民心》《释老》《生死》《货利》 | 《辅仁杂志》,第 13 卷,第 1、2 期,1945。 |

1945 年 1 月底时,陈垣设计的篇目有 24 篇。半年之后,至 7 月写完《通鉴胡注表微小引》并发表在《文史杂志》上时改为 22 篇。所做的修订有删《旧文》《相业》《君道》,改《校雠》为《校勘》、《纠谬》为《辩误》、《治术》为《治道》、《兵事》为《兵略》、《边情》为《边事》,增《释老》,颠倒原来《民心》《夷夏》的顺序,改为《夷夏》《民心》。1945 年 12 月首次在《辅仁学志》正式发表时,删前篇《察虚》、后篇《兵略》,改《治道》为《治术》,最终定为目前通行的 20 篇。

同时,他阐述了拟立而未设《氏族》篇、删掉《兵略》篇的原因。如《考证篇》"后周世宗显德二年"条:"凡姓氏书溯姓氏之所自出,多不可信,《胡注》恒辨之。《表微》始欲立《氏族篇》,以其辨不胜辨也,故删存一二条以示例。"①《评论篇》"唐文宗太和七年"条:"胡林翼撰《读史兵略》,于《鉴注》之言兵事者,几全部收入,其推重可想。然古今异宜,兵不可以纸上

---

① 陈垣:《通鉴胡注表微》,102 页。

谈也，故《表微》始立《兵事篇》而复删之。"①此处称"兵事"，可见他仍沿用
1945 年 1 月设计的篇目名，而非发表在《文史杂志》上的"兵略"之名。

第二，条目总量的修订。1945 年 1 月 31 日陈垣在致陈乐素函中提到
已搜集材料"一千一百余条"，从中精选并撰写按语，"每篇三十至七十
条"。②1945 年 7 月，发表在《文史杂志》的《通鉴胡注表微小引》说："今特
辑其中精语千数百条"，"十余万言"。③1945 年 12 月发表在《辅仁学志》的
《通鉴胡注表微小引》说："今特辑其精语七百五十条"，"都十八万言"。④
经笔者统计，"辅仁版"共有 736 条，比《通鉴胡注表微小引》所说的 750 条
减少 14 条。估计是被他在付印后正式出版前删掉，正如他致方豪信中所
说："虽已付印，但未出版，尚可修改。"⑤

## 三、"科学版"的修订

对"科学版"的修订，陈垣说："全书除稍删动个别字句外，仍按原稿
不动，以为我学识的记里碑。"⑥陈智超说，"科学版"未收"辅仁版"目录后陈
垣 1945 年冬至日写的一段识语，"又《考证篇》的叙录中，辅仁版作'考证为
史学之门'，科学出版社版改为'考证为史学方法之一'。此外，科学出版社
版还删去《夷夏篇》中两条条文。其余没有改动。辅仁版只有句逗，科学出版
社版改为标点符号，并增补了'征引书目略'及'内容提要'。"⑦实际上，"科学
版"的修订既不像陈垣说的那样轻描淡写，也远比陈智超总结的复杂得多。

① 陈垣：《通鉴胡注表微》，134 页。
② 陈智超编注：《陈垣来往书信集（增订本）》，1131～1132 页。
③ 陈垣：《通鉴胡注表微小引》，载《文史杂志》，第 5 卷，第 9、10 期，1945。
④ 陈垣：《通鉴胡注表微小引》，载《辅仁学志》，第 13 卷，第 1、2 期，1945。
⑤ 陈智超编注：《陈垣来往书信集（增订本）》，330 页。
⑥ 陈垣：《通鉴胡注表微·重印后记》，411 页，北京，科学出版社，1958。
⑦ "科学版"整条删除了《边事篇》"唐太宗贞观十八年"2 条条文，而非《夷夏篇》。参见陈垣：《通
鉴胡注表微》，载《辅仁学志》，第 14 卷，第 1、2 期，1946。陈智超所说，见《陈垣先生与〈通鉴胡注表
微〉》，见陈垣：《通鉴胡注表微》，367 页。

### (一)修订概况

经检对,"科学版"整条删掉"辅仁版"《边事篇》"唐太宗贞观十八年"2条,共 734 条。其中,对格式、内容的修订有 103 条,占全书 14%。此外,还对《校勘篇》《考证篇》《臣节篇》《伦纪篇》《夷夏篇》《民心篇》《释老篇》小序加以修订。现将各篇修订情况列表 3 如下:

**表 3 "科学版"各篇修订情况**

| 篇名 | 条目 | 修订条目 | 篇名 | 条目 | 修订条目 |
|------|------|----------|------|------|----------|
| 《本朝》 | 45 | 7 | 《治术》 | 41 | 6 |
| 《书法》 | 48 | 3 | 《臣节》 | 36 | 3 |
| 《校勘》 | 40 | 1 | 《伦纪》 | 41 | 4 |
| 《解释》 | 39 | 2 | 《出处》 | 24 | 3 |
| 《避讳》 | 41 | 2 | 《边事》 | 37 | 16 |
| 《考证》 | 38 | 4 | 《夷夏》 | 44 | 20 |
| 《辩误》 | 25 | 1 | 《民心》 | 32 | 4 |
| 《评论》 | 39 | 4 | 《释老》 | 25 | 2 |
| 《感慨》 | 39 | 4 | 《生死》 | 24 | 4 |
| 《劝戒》 | 35 | 4 | 《货利》 | 41 | 9 |

从格式上看,"科学版"的修订集中在两个方面。一方面,按照陈垣设计的《通鉴胡注表微》体例,所引《资治通鉴》原文出于同一年份的数条,第一条标注纪年,紧随其后的第二条、第三条则标"又"字。如《夷夏篇》"宋文帝元嘉二十八年"、《货利篇》"后唐明宗天成元年"均有 2 条,"科学版"分别在第二条"(臧)质又与魏众书曰""帝乃出金帛给赐诸军"前加"又"字。①另一方面,"科学版"统一在胡三省注文后标注所引卷次。修订时对"辅仁版"缺少卷次之处加以增补。如《本朝篇》"晋穆帝永和三年"条补"卷九七","晋安帝义熙四年"条补"一一四","梁简文帝大宝元年"2 条补"一六三",

---

① 陈垣:《通鉴胡注表微》,分别参见 319、397 页。

《书法篇》"周威烈王二十三年"条、"周安王五年"条补"卷一"，《夷夏篇》"晋安帝隆安三年"第二条、第三条补"一一一"。①

从内容上看，修订条目不但数量多，而且类型复杂。"科学版"个别条目的修订，绝非"稍删动个别字句"。有的条目属重作，如《释老篇》"唐敬宗宝历二年"条。有的条目则推翻原来的结论，如《臣节篇》"晋简文帝咸安元年"第二条。甚至对同一条内容的修订，不是单一使用增补、删除、改动等方式，而是综合使用两种甚至多种手段。如《夷夏篇》小序的修订就是删、改兼具的典型例证。"科学版"删掉2处，一是"非中国之自大也"，二是"且每显著一次，中国民族即扩张一次。其同化力之强大，不可思议"。改动3处，一为改"根于天性"为"出于自然"，二为改"当中国强盛，天下一家时"为"当国家承平及统一时"，三为改"中国被侵陵"为"当国土被侵陵"（见表4）。

表4 "科学版"《夷夏篇》小序的修订

| 条目 | 辅仁版 | 科学版 |
| --- | --- | --- |
| 《夷夏篇》小序 | 夷夏者，谓夷与夏之观念，在今语为民族意识。《公羊·成十五年传》："《春秋》内其国而外诸夏，内诸夏而外夷狄。"非尊己而卑人也，非中国之自大也。内外亲疏之情，根于天性，不独夏对夷有之，夷对夏亦宜然，是之谓民族意识。当中国强盛，天下一家时，此种意识不显也；中国被侵陵，或分割时，则此种意识特著。且每显著一次，中国民族即扩张一次。其同化力之强大，不可思议。身之生民族意识显著之世，故能了解而发挥之，非其世，读其书，不知其意味之深长也。（《辅仁学志》，第14卷，第1、2期，1946） | 夷夏者，谓夷与夏之观念，在今语为民族意识。《公羊·成十五年传》："《春秋》内其国而外诸夏，内诸夏而外夷狄。"非尊己而卑人也，内外亲疏之情，出于自然，不独夏对夷有之，夷对夏亦宜然，是之谓民族意识。当国家承平及统一时，此种意识不显也；当国土被侵陵，或分割时，则此种意识特著。身之生民族意识显著之世，故能了解而发挥之，非其世，读其书，不知其意味之深长也。（307页） |

① 陈垣：《通鉴胡注表微》，分别参见4、5、9、20～22、316页。

(二)修订的具体情况

具体而言，"科学版"在内容方面的修订大致有 4 种情况。

1. 订讹。修订"辅仁版"的讹误，包括引书卷次、地名、人名以及文字的讹脱。

一是订正引书卷次之讹。《书法篇》"开元九年"条引《容斋随笔》，"辅仁版"作"容斋五笔二"，"科学版"改"容斋五笔六"。[1]

二是订正地名之讹。《避讳篇》"周赧王四年"条以"常山"为例论述因避讳改地名，"辅仁版"作"唐乾元间复为恒山"，"科学版"改"恒山"为"恒州"。[2]

三是订正人名之讹。《评论篇》"宋文帝元嘉二十年"条，陈垣认为胡注"舍功录过、自戮良将"之语有感于四川制置使余玠及湖南制置副使向士璧之死而发。"辅仁版"误"玠"为"价"，形近而讹。[3]

四是订正引文内容之讹。《评论篇》"晋武帝太康元年"条引《孟子·梁惠王下》"贼仁者谓之贼，贼义者谓之残，残贼之人，谓之一夫"。"一夫"即"独夫"，"辅仁版"误作"匹夫"。《治术篇》"唐高祖武德九年"条引《论语·泰伯篇》"人而不仁，疾之已甚，乱也"。"辅仁版"将"人而不仁"误作"仁而不仁"。《夷夏篇》"晋安帝隆安三年"条引《癸辛杂识续集》下"为人告之官，遂罢去"，"辅仁版"误作"为人告之院"。[4]

五是订正内容之讹。《夷夏篇》"陈武帝永定二年"条，"辅仁版"作"通婚而普通，则夷夏不复能辨矣"，"科学版"改"通"为"遍"，亦形近而讹。[5]

六是订正脱字。《夷夏篇》"梁武帝大同三年"条，"至正朔之在江南，

---

[1] 陈垣：《通鉴胡注表微》，30 页。

[2] 陈垣：《通鉴胡注表微》，81 页。

[3] 陈垣：《通鉴胡注表微》，145 页。

[4] 陈垣：《通鉴胡注表微》，分别参见 142、210、316 页。

[5] 陈垣：《通鉴胡注表微》，324 页。

乃当时民族意识所公判"，"辅仁版"脱"时"字，误作"乃当民族意识所公判"。①

2. 增新。增加新的内容，大致有 4 种类型。

一是增加解释性文字，类似随文自注，使文意表述更清楚。如《解释篇》"陈武帝永定二年"条"事见《癸辛杂识别集》上"后补"仁近仇远字，虚谷方回字"。《考证篇》"唐懿宗咸通元年"条末句"张魏公浚，谥忠献，子栻，号南轩，字敬夫，避讳作钦夫。赵忠简鼎。陈君举傅良。《光尧实录》即《高宗实录》"为新增，分别解释了上文出现的人名、书名。②《辩误篇》"唐高宗上元元年"条"顾字双关"后补"作'乃'字讲可，作'顾氏'讲亦可"，解释了"双关"的具体含义。③《评论篇》"梁武帝太清元年"条"高澄以'狗脚朕'为詈，此古语之仅存者"后增"今北俗谓之茧"。④ 这是以今语解释古语的典型。《伦纪篇》"后唐明宗长兴四年"条所增内容解释了"夫己氏"的出处及释义。"所谓夫己氏者，出《左·文十四年传》，犹言'那个人'"。⑤

二是增补书名、卷次、人名、时间等，使文意表达更严谨、准确。《本朝篇》"后周世宗显德六年"第二条"据北平图书馆藏元本残帙"的"元本"后增"《通鉴》"。⑥《劝戒篇》"后周太祖广顺二年"条，改"《南唐书》论曰"为"《南唐书》九论之曰"，增加所引《南唐书》的卷次。⑦《货利篇》"唐僖宗中和四年"条"唐自僖宗乾符以后，王仙芝、黄巢相继动乱，政府威严不复能保护特殊阶级，所谓乱世也"中"所谓乱世也"前增"身之"，将"乱世"判断者由他本人改为胡三省。⑧《夷夏篇》"宋文帝元嘉二十八"第二条"是时中原虽

---

① 陈垣：《通鉴胡注表微》，322 页。

② 陈垣：《通鉴胡注表微》，分别参见 71、113 页。

③ 陈垣：《通鉴胡注表微》，129 页。

④ 陈垣：《通鉴胡注表微》，148 页。

⑤ 陈垣：《通鉴胡注表微》，262 页。

⑥ 陈垣：《通鉴胡注表微》，18 页。

⑦ 陈垣：《通鉴胡注表微》，197 页。

⑧ 陈垣：《通鉴胡注表微》，394 页。

为魏所据，而其民皆曾奉正朔，固不忘中国也"的"正朔"前增"汉晋"。《货利篇》"后晋高祖天福元年"条"阿合马挟宰相权为商贾，网罗天下大利，厚毒黎民，困无所诉"一句前增"元初"。《治术篇》"唐僖宗乾符元年"条，改"则当时必有贻其口实者"为"则当时朝政必有贻人口实者"。①

三是增加"所谓"或"历史上所谓"，转变原来的阶级立场、民族立场。《劝戒篇》"汉景帝后元年"条"身之盖有感于当时所谓'奴告主'之事也"，《劝戒篇》"后汉高祖乾祐元年"第二条"临安既亡之后，所谓士大夫家为奴仆上变"中的"所谓"都是修订时新增，其阶级立场也由维护统治者转向同情受压迫之人。②《解释篇》"汉光武帝建武七年"条"凡易姓之际，新旧势力移转，则平日受压迫之人即思报复，故上变告密之事恒有"。其中，"平日受压迫之人即思报复"一句为修订时新增。③《夷夏篇》"晋元帝建武元年"条"借王命自重，犹言拥护中央，其始叛晋者匈奴羯耳，鲜卑氐羌，犹奉王命，及晋内乱不已，坚凝之力衰，乃各据地自立，而成历史上所谓五胡乱华之局"一句中，"历史上所谓"为修订后新增。④ 由此可见，陈垣的民族立场发生转变，淡化了"五胡乱华"价值评判中的民族感情色彩。

四是增加"谓""更""有时""能"等表示程度、条件的词，使结论更加严密、科学。《出处篇》"汉献帝建安十九年"条，"科学版"于"后之读史者勿泥范晔之笔而疑予之言云云"前增"谓"字。⑤ 变间接引用为直接引用，使严衍《通鉴补》的原文与陈垣的推论更加易于区分，有效避免"予"字产生歧义。《治术篇》"唐僖宗乾符元年"条"人非好为盗，亦不乐从盗，盗之起多由于不足与不平。至于智识分子背朝廷而附之，则朝政之不浃人心更可知矣"中"更"字新增。《民心篇》"宋明帝泰始五年"条"此言民族观念之有时不

---

① 陈垣：《通鉴胡注表微》，分别参见 319、398、217 页。
② 陈垣：《通鉴胡注表微》，分别参见 181、196 页。
③ 陈垣：《通鉴胡注表微》，59 页。
④ 陈垣：《通鉴胡注表微》，308 页。
⑤ 陈垣：《通鉴胡注表微》，273 页。

可恃也。'抚御有方，民安其生'，则忘统治者之为谁氏矣。南北朝能对峙二百余年，亦以其政丑德齐，不足以相胜也"中的"有时""能""亦以其"为修订时新增。①

3. 删旧。删除"辅仁版"中原有的词句。抛开被整条删除的《边事篇》2条不论，大致有3种情况。

一是删汰冗词，使行文简洁明了。如删掉引文句末的"云""云云"。《本朝篇》"汉献帝建安十三年"条引周密《癸辛杂识》别集上，《感慨篇》"唐昭宗天复三年"第二条引《读史管见》廿七，均删引文句末"云"字。②《出处篇》"王莽地皇二年"条引《温公集》七十《龚君宾论》，《生死篇》"宋明帝泰始二年"条引赵绍祖《通鉴注商》，均删引文句末"云云"二字。③

二是删除具有强烈时代感、责当政，及斗争性极强的句子。《治术篇》"陈宣帝太建十三年"条，删"辅仁版"末句"虽然，生活随社会之进步而日高，赋税随国家之需要而日重，此必然之势也。故谋国者以生产为上，绝营私次之，望今后赋税之轻，似不可能也"。④《治术篇》"武后长寿元年"条，删"辅仁版"末句"夫爱惜物类，仁也。仇视人类，妒也。妒心大，仁心小，不足以相胜，遂矛盾至此，惜无人能格其非也"。⑤ 结合《通鉴胡注表微》撰写的时代背景，显然有批评以蒋介石为首的国民政府赋税沉重、横征暴敛、不恤民命之意。时过境迁，则与实际不符。正如他在《边事篇》"陈长城公祯明二年"条所说，"史家记事，只随时代所见之需要以为去取。史识远者，或能预见千百年后之需要而记之，不能巨细毕载也"。⑥《边事篇》"晋元帝大兴元年"条删"终为人禽"4字。⑦ 所谓"人禽"，是以金末"反

① 陈垣：《通鉴胡注表微》，分别参见217、341页。

② 陈垣：《通鉴胡注表微》，分别参见3、174页。

③ 陈垣：《通鉴胡注表微》，分别参见268、370页。

④ 陈垣：《通鉴胡注表微》，载《辅仁学志》，第14卷，第1、2期，1946。"科学版"见206页。

⑤ 陈垣：《通鉴胡注表微》，载《辅仁学志》，第14卷，第1、2期，1946。"科学版"见211页。

⑥ 陈垣：《通鉴胡注表微》，296页。

⑦ 陈垣：《通鉴胡注表微》，载《辅仁学志》，第14卷，第1、2期，1946。"科学版"见291页。

侧于二国之间"的李全、李瓒父子指代抗战期间那些丧失民族立场、投敌叛国之辈,具有强烈的斗争色彩。正如《劝戒篇》"后汉高祖乾祐元年"条所说:"争啖其肉,非果有其事也,史言人之恨之,不比于人类,而以为禽兽耳。千夫所指,不疾而死,引敌人残害宗国者,可为寒心矣。"①

三是删除个人情感强烈、主观色彩浓厚的评论性言论。《伦纪篇》"梁元帝承圣元年"条,删"辅仁版"首句"此纯是感情作用"。《边事篇》"汉高帝七年"条,删"辅仁版"末句"春秋之法,为尊者讳、为亲者讳。子为父隐,为尊者讳也。父为子隐,为亲者讳也,直在其中矣。六经无真字,直即真字也"。② 此外,还删除了对石勒、方腊等历史人物言行评价中主观色彩强烈的言辞。前者见《边事篇》"晋成帝咸和七年"条,删"悍哉"。后者见《治术篇》"唐僖宗乾符元年"条,删"备极楚毒""呜呼,酷哉"。③

4. 改动。在《通鉴胡注表微》的修订中,改动的情况既多且复杂,大致可归纳为 5 种情况。

一是改民国纪年为公元纪年。《通鉴胡注表微小引》落款改"中华民国三十四年"为"一九四五年",《本朝篇》"后晋高祖天福元年"条改"民国三十一年"为"一九三二年"。《避讳篇》"后汉隐帝乾祐三年"条"今民国三十四年"改为"辛亥革命至今三十四年"。④ 推而广之,将作为时间概念的"民国"改为"辛亥革命后"。《感慨篇》"唐宪宗元和四年"条"至辛亥革命后乃一扫而空之"中"辛亥革命后"在"辅仁版"中作"民国"。⑤

二是修改带有封建主义残余、政治色彩浓厚的词语。《劝戒篇》"唐宪宗元和十四年"条"淮西既平,帝浸骄侈,皇甫镈、程异以数进羡余并拜

---

① 陈垣:《通鉴胡注表微》,196 页。

② 陈垣:《通鉴胡注表微》,载《辅仁学志》,第 14 卷,第 1、2 期,1946,分别参见 42、63 页。"科学版"分别参见 256、286 页。

　　陈垣:《通鉴胡注表微》,载《辅仁学志》,第 14 卷,第 1、2 期,1946,分别参见 67、14 页。"科学版"分别参见 291、215 页。

④ 陈垣:《通鉴胡注表微》,分别参见 1、16、96 页。

⑤ 陈垣:《通鉴胡注表微》,170 页。

相，裴度、崔群争之不得，河朔功烈未终，宪宗卒以多欲陷于弑逆，惜哉！"①其中，"帝浸骄侈""宪宗卒以多欲陷于弑逆"中的"帝""宪宗"在"辅仁版"均作"上"。《治术篇》"唐僖宗乾符元年"条改"搢绅之士"为"士人"。《臣节篇》小序，改"君主时代"为"其时"。《臣节篇》"后周世宗显德五年"条，改"曾文正"为"曾国藩"。② 以上修改均是去除封建主义立场词语。至于《夷夏篇》"晋穆帝永和十二年"条改"边区"为"边疆"，则是由于"边区"一词政治色彩浓厚、学术意味不足。③

三是修改原有文字表述，使结论更科学、严谨。《臣节篇》"晋简文帝咸安元年"第二条，陈垣对比胡三省注文与方孝孺《逊志斋集》卷五对东晋尚书左仆射王彪之的评价，总结说："其为论与身之同，盖本之身之也。正学为身之同里后辈，而不甚提及身之。"④此论断在"辅仁版"作"其为论与身之同，然未必本于身之也。正学虽为身之同里后辈，而不甚知有身之"。⑤ 此条改动最大，推翻原来结论，将方孝孺的评论"然未必本于身之"改为"盖本之身之"。删"虽"字，改方孝孺"不甚知有身之"为"不甚提及身之"，结论更严谨。《边事篇》"汉高帝七年"条改"史贵求真，然有时不必过真"为"史贵求真，然有时不必过泥"。⑥ 一字之改，体现了陈垣对史学"求真"与"致用"辩证关系的深刻思考。《边事篇》"陈长城公祯明二年"条改"橐括则可随意整改"为"橐括则可整改文字"。⑦ 删掉"随意"，消除了以剪裁改写为特点的"橐括"法在实际运用中的主观随意性。《民心篇》"陈宣帝太建十二年"条，改"杨坚之篡周，等于王莽之篡汉"中的"等于"为"有类"。⑧ 应

---

① 陈垣：《通鉴胡注表微》，190 页。

② 陈垣：《通鉴胡注表微》，分别参见 216、222、242 页。

③ 陈垣：《通鉴胡注表微》，311 页。

④ 陈垣：《通鉴胡注表微》，229 页。

⑤ 陈垣：《通鉴胡注表微》，载《辅仁学志》，第 14 卷，第 1、2 期，1946。

⑥ 陈垣：《通鉴胡注表微》，286 页。

⑦ 陈垣：《通鉴胡注表微》，296 页。

⑧ 陈垣：《通鉴胡注表微》，344 页。

该说，历史上两次王朝更迭，无论怎样高度相似，都不能断定为"等于"。改为"有类"，既摆脱了王朝循环史观的影响，也放弃了简单类比的史料分析方法，表述更严谨、科学。

四是修改字词以因应改变引书方法、避免重复用词的需要，使行文更流畅通达。陈垣说："史家运用史料，有引用及檃括二法，引用但引原文，檃括则可增改文字。"①《评论篇》"晋穆帝永和八年"条引用《齐东野语》卷十九"嘉定受宝"的记载，改"先是"为"云"。《感慨篇》"唐代宗大历三年"条，改《六典》语见兵部五"为"《六典》语见卷五兵部"。② 两条修订均变"檃括"为"引用"，便于读者分清《齐东野语》《唐六典》引文与《通鉴胡注表微》正文。《出处篇》"王莽地皇二年"条改"今《叠山集》存诗不过数十篇，而龚胜之名叠见"一句中的"叠见"为"屡见"。③ 从字面上看，改"叠见"是避免与《叠山集》一句重复"叠"字，使行文顺畅。

五是修改词句以适应阶级立场、民族立场改变的需要。《出处篇》"唐僖宗广明元年"条，将"辅仁版"末句"陆放翁盖以尹师鲁人格信之，君子善善从长，故身之取以为注，皮日休亦何幸而有此贤子孙哉"改为"然公山之召，可为东周；佛肸之往，无伤坚白，亦不必为日休辨矣"。④ 陈垣此论是针对皮日休曾受黄巢翰林学士一事而发。"辅仁版"关注因后世子孙的功业洗刷祖宗从贼的污点，故感慨"皮日休亦何幸而有此贤子孙哉"。"科学版"则以孔子两次应公山弗扰、佛肸之召譬喻，一则"可为东周"，一则"无伤坚白"，对皮日休出处搁置不论。前后论断的改变，取决于对黄巢起义的不同评判，关键是陈垣阶级立场的转变。《考证篇》"陈宣帝太建十四年"条改"曷足夸乎"为"宁足夸乎"，《夷夏篇》"后汉高祖天福十二年"第二条改

---

① 陈垣：《通鉴胡注表微》，296 页。

② 陈垣：《通鉴胡注表微》，分别参见 143、169 页。

③ 陈垣：《通鉴胡注表微》，268 页。

④ 陈垣：《通鉴胡注表微》，283 页。

"不同族类"为"蔑视之甚"，《民心篇》小序改"有时竟不足恃"为"有时并不足恃"，3 处修改则是由陈垣民族立场改变导致。①

## 四、陈垣晚年史学思想的转变

陈垣对《通鉴胡注表微》的修订，有着深刻的历史背景和现实考量，如《夷夏篇》《边事篇》因牵涉民族关系、边疆治理、周边政治等问题，故修订很多。这些修订内容是探究陈垣晚年史学思想转变的重要材料，可以增加新的思考维度，丰富其史学思想转变的内涵。

### (一)阶级立场的转变

一是在新史学思想的指导下彻底修正没有站稳人民立场前的学术观点。陈垣运用阶级分析法，修正了封建统治者对农民起义的污蔑之称。《民心篇》小序增加"人民心理之向背，大抵以政治之善恶为依归"一句，体现了其人民立场②。《治术篇》"唐僖宗乾符元年"条："人非好为盗，亦不乐从盗，盗之起多由于不足与不平。"③在他看来，中国历史上所谓"盗之起"不外乎生产"不足"与分配"不平"，从经济角度分析了农民起义的原因。他重新评价了南宋末年方腊、范汝为起义。《治术篇》"唐僖宗乾符元年"增加了方腊起义前的动员演说，新增 220 字左右。他对这些"号召之词"的定性，由"辅仁版"的"为后世司民戒"改为"令人兴奋"，足见其立场的转变。④同时，他对"辅仁版"中的"盗""盗贼""反动""动乱"等词加以删改。《边事篇》"梁武帝大同三年"条，"辅仁版"作南宋初福建士人施宜生"误入范汝为党为盗"，"科学版"删"误""为盗"。《边事篇》"唐昭宗乾宁四年"条删"盗亦

---

① 陈垣：《通鉴胡注表微》，分别参见 110、331、332 页。
② 陈垣：《通鉴胡注表微》，332 页。
③ 陈垣：《通鉴胡注表微》，215 页。
④ 陈垣：《通鉴胡注表微》，215 页。

有道也"。《夷夏篇》"后汉高祖天福十二年"条改"此有感于元初盗贼之众也"的"盗贼"为"叛乱"。《民心篇》"晋孝武帝太元十年"条改"南人不服，反动四起"的"反动"为"叛乱"。《货利篇》"唐德宗建中四年"条删"盗贼四起"。《货利篇》"唐僖宗中和四年"条，改"王仙芝、黄巢相继动乱"的"动乱"为"而起"。①

二是深刻认识并巧妙处理维护国家利益与站稳人民立场的辩证统一关系。他既谨慎使用"阶级""革命"等词，又修正国家在边疆治理方面的政治观点。《治术篇》"唐僖宗乾符元年"条、《夷夏篇》"晋怀帝永嘉三年"条，均将"智识阶级""知识阶级"的"阶级"改为"分子"。《民心篇》"晋武帝太康十年"条，改"明此前之革命，胥为内政之争"的"革命"为"易代"。② 可见，在"阶级""革命"等词被时代赋予新的政治内涵背景下，与其因把握不准导致使用不当，不如从维护国家利益的角度弃而不用。同时，《边事篇》"唐德宗建中四年"条，"辅仁版"作"边境之靖扰，盟约之守渝，皆与国内之治乱相消息。我苟有隙可乘，彼必狡焉思逞，更有奸人为之勾结，则边境将无日宁矣。故欲弭边患，当先清内乱"。"科学版"改"彼必狡焉思逞"为"敌必狡焉思逞"，删"故欲弭边患，当先清内乱"。《边事篇》"唐德宗贞元七年"条，将"蛮虽开化稍迟，其性固与人无异，抚之则宁，虐之则乱"中"抚之则宁"改为"安之则宁"。③ 在他看来，边疆靖扰与国内治乱密切相关，而国内治乱的关键在当政者主动实施有效治理，使"有隙可乘"变"无懈可击"，与"欲弭边患，先清内乱"无关。至于由"抚"到"安"的改变，则从侧重当政者采取的手段变为使所谓"开化稍迟"之"蛮"安定的目标导向，充分体现了陈垣坚定不移的人民立场与撰写《通鉴胡注表微》"责当政"的初衷。

---

① 陈垣：《通鉴胡注表微》，分别参见 295、303、330、338、387、394 页。

② 陈垣：《通鉴胡注表微》，分别参见 215、308、336 页。

③ 陈垣：《通鉴胡注表微》，分别参见 299、300 页。

### (二)历史观的转变

一是摒弃封建主义色彩浓厚的"正史"观。《感慨篇》"唐宪宗元和四年"条，"辅仁版"作"正史中立《宦官传》者十史，士大夫所日与争朝衡者，皆此辈也"，"科学版"改"正史"为"廿四史"。[①] 所谓"正史"，无疑是传统正统观念的影响。改为"廿四史"则成为客观描述，没有了封建思想笼罩下的价值评判。

二是破除信奉天命、否定人力的唯心史观。在"辅仁版"中，陈垣的"天命史观"往往以"天性""天生""天道"等出现，"科学版"对此逐一修订。删改"天性"有 2 处。《治术篇》"唐昭宗天复二年"条，改"天性"为"常情"。《夷夏篇》"晋安帝隆安三年"第三条，删"根于天性"。[②] 删改"天生"的也有 2 条。一为《货利篇》"唐僖宗文德元年"条，删"与生俱来，所谓性相近也"。二为《货利篇》"后汉高祖天福十二年"条，"辅仁版"作"然何以不同，则由于修养者半，由于天生者半"，"科学版"将前两句改为"二人盖修养不同耳"，删"由于天生者半"。[③] 删改"天道"的有《货利篇》"后汉高祖乾祐元年"条，将"事之巧有如此者，故曰天道好还"修订为"《册府元龟》四九一采其事入殃报门，足为好货者当头一棒也"。[④] 同时，他还修正了将王朝兴亡归结为天、否定人的主观能动性的观点。《臣节篇》"唐德宗兴元元年"条，"科学版"改"岂知天未弃唐"为"岂意唐竟未亡"。《民心篇》"宋明帝泰始五年"条，删末句"天盖欲使鲜卑民族同化于中华也，奈之何哉"。《夷夏篇》"晋安帝义熙十三年"条，删句末"非人力所能强也"。[⑤]

三是树立"崇尚自然"的朴素唯物史观。《评论篇》"晋元帝太兴四年"

---

① 陈垣：《通鉴胡注表微》，170 页。

② 陈垣：《通鉴胡注表微》，分别参见 218、316 页。

③ 陈垣：《通鉴胡注表微》，分别参见 394、402 页。

④ 陈垣：《通鉴胡注表微》，404 页。

⑤ 陈垣：《通鉴胡注表微》，分别参见 237、341、317 页。

条，胡三省注释："王敦之所忌，周访、祖逖。访卒而逖继之，宜其益无所惮也。然温峤、郗鉴诸人已在，晋朝卒藉之以清大憝。以此知上天生材以应世，世变无穷，而人才亦与之无穷，固非奸雄所能逆睹也。"陈垣说："身之论史，颇信任自然，可于此论见之。"①其实，这一评论也是"夫子自道"，陈垣与胡三省一样，"颇信任自然"。"科学版"《夷夏篇》小序改"内外亲疏之情，根于天性"为"内外亲疏之情，出于自然"。②"自然"是中国传统哲学话语体系中的重要概念，一般释义为不以个人意志为转移的客观规律。毋庸置疑，其中蕴含着朴素唯物史观的合理因素。

### (三)民族观的转变

一是全面总结中国历史上各民族交往交流的经验。一方面，强调各民族和平交往是主流，主合不主分。《考证篇》"后周世宗显德二年"条集："昔之言氏族者利言其别，所以严夷夏之防；今之言氏族者利言其合，然后见中华之广。"③另一方面，强调冲突是支流，归根结底促成更持久、深入地和平与交融。"辅仁版"《边事篇》中被整条删除的"唐太宗贞观十八年"条即为例证。胡三省注释《资治通鉴》卷一百九十七"初，上遣突厥俟利苾可汗北渡（'辅仁版'作'度'）河，薛延陀真珠可汗恐其部落翻动，意甚恶之"说："夷狄畏服大种，其天性也。俟利苾承祖父之余威，依中国之大援，还主部落。薛延陀虽据漠北，突厥之种类，与铁勒诸部旧属突厥，闻俟利苾之来，恐翻而从之，故甚恶焉。"陈垣说："天性者出于自然，非人力所强而致。然夷狄亦有以小陵大者，此出于偶然，不久必终为大种所克服。盖大种自有其力量与度量，天实为之，逆天者多见其不知量也。"④结合《通鉴胡注表微》撰写的时代背景，此条虽讲历史上民族冲突间的"以小

---

① 陈垣：《通鉴胡注表微》，143 页。
② 陈垣：《通鉴胡注表微》，307 页。
③ 陈垣：《通鉴胡注表微》，119 页。
④ 陈垣：《通鉴胡注表微·边事篇》，载《辅仁学志》，第 14 卷，第 1、2 期，1946。

陵大"，却暗指日本帝国主义侵略中国为"逆天"，表达了抗战必胜的强烈信念。因此，此条被删，隐含着历史上"夷夏"话语体系"内外"边界有待廓清的重大理论与现实问题，具有深刻的历史背景和现实考量，值得认真探究。

二是强调增进民族交融，促进民族团结进步。他认为，民族交融的基础是文化认同，而非以"通婚""衣服"为条件的"同化"。《夷夏篇》"陈武帝永定二年"条，将"辅仁版"中"通婚为同化最重要条件"改为"二族通婚融洽最易"，"隋唐以后之鲜卑，悉同化为中国人"改为"隋唐以后之鲜卑，悉成为中国人"。《夷夏篇》"陈宣帝太建十一年"条，"辅仁本"作"衣服亦同化条件之一，北朝至此，遂完全同化于华，故有唐一代，民族意识不显"，"科学版"删首句"衣服亦同化条件之一"，改"同化"为"无异"。① 同时，陈垣对"辅仁版"中的"同化"一词加以删除。《夷夏篇》小序删"且每显著一次，中国民族即扩张一次，其同化力之大，不可思议"一句。《夷夏篇》"晋惠帝永兴元年"条删"其同化尚浅"中的"同化"，改为"为日尚浅"。② 此外，改"同化"为"混同""同""华化"。《夷夏篇》"晋惠帝永兴元年"条，改"同化于我"为"混同于汉"。《夷夏篇》"宋文帝元嘉二十八年"条，改"则同化为中国人矣"为"则同为中国人矣"。《夷夏篇》"梁武帝大同三年"第二条，将"然是种畛域，非俟鲜卑同化后，终不能泯除"中的"同化"改为"华化"。③

三是主张消除民族畛域，铸牢中华民族共同体意识。一方面，陈垣删改了"辅仁版"《通鉴胡注表微》含有"中华"自大的字眼以淡化所谓"五胡"民族自小、自外的民族意识。如《考证篇》"后周世宗显德二年"条，将"今之言氏族者利言其混，然后见中华之大"一句中的"混"改为"合"，"大"改为"广"。《夷夏篇》"宋文帝元嘉二十八年"条删"中国民族老而不枯、日以庞大者此也"中"日以庞大"4字。《边事篇》"唐太宗贞观三年"条，"辅仁版"作

---

① 陈垣：《通鉴胡注表微》，分别参见 324、326 页。

② 陈垣：《通鉴胡注表微》，均参见 307 页。

③ 陈垣：《通鉴胡注表微》，分别参见 307、318、323 页。

"隋唐之交，华人固有入北避乱者，然自五胡乱华以来，北人华化者不可胜计，隋唐混一而后，涵容孕育，又数百年，中华民族遂日以强大，非偶然也"。"科学版"改"中华民族遂日以强大，非偶然也"为"遂与诸华无异矣"。①

另一方面，他大力表彰和称颂以刘渊为代表的匈奴"自居于华"。《夷夏篇》"晋惠帝永兴元年"条，"(刘)渊之兴，国号汉，本欲自居于华，惜乎为日尚浅，未能泯然无间也"，"自居于华"四字，"辅仁版"作"自混于华"。② 主张通过"沾被华风"等方式消除民族畛域，使羯、鲜卑等融入多元一体的中华民族大家庭，真正实现"泯然无间"，从而增强中华民族共同体意识的文化基础。《边事篇》"晋成帝咸和七年"条，"辅仁版"称石勒"盖其沾被华化已久，故昌言攘夺不之讳"，"科学版"改"华化"为"华风"。③

### (四)国家观的转变

一是实现从传统王朝国家、国民党专权独裁向现代主权国家观念的转变。在传统王朝国家观念语境下，"社稷"无疑是国家的常用代名词。以国民党政权推行"一党专政"的独裁统治时，"中央"则成为威权政治的常用语。因此，陈垣对"辅仁版"中的"社稷""中央"加以修订。《感慨篇》"梁武帝太清二年"条，"科学版"改"辅仁版"中"故夫侈言'不伤一兵，不折一矢，而能复社稷'者，皆受人卵翼，暂假空名，使自戕其宗国，亦终必亡而已矣"的"社稷"为"国"；《治术篇》"后唐明宗长兴三年"条，修订"辅仁版"中"苟中央有强有力之政府，则割据一隅者，必不能以自存"的"中央"为"国家"。④ 同时，他将传统王朝国家表述中的"天下一家"改为现代主权国家意义上的"统一"，谨慎使用"中国"一词，体现了他对贯通历史与现实、学术

---

① 陈垣：《通鉴胡注表微》，分别参见 119、318、297 页。

② 陈垣：《通鉴胡注表微》，307 页。

③ 陈垣：《通鉴胡注表微》，291 页。

④ 陈垣：《通鉴胡注表微》，分别参见 168、220 页。

与政治的严谨与慎重。"科学版"改《夷夏篇》小序"中国强盛，天下一家之时"为"国家承平及统一时"、改"中国被侵陵"为"当国土被侵陵"。①

二是厚植爱国主义的家国情怀。《伦纪篇》"汉高后八年"条，"辅仁版"作"君臣、父子、朋友，均为伦纪之一。必不得已而去，于斯三者何先？为国为亲，则不能顾及友矣。伪齐之立，有背君亲而从刘豫者，自诿牵于私谊也，亦终与刘豫偕亡而已矣。""科学版"将"为国为亲，则不能顾及友矣"改为"为国，则不能顾及亲与友矣"，将"有背君亲而从刘豫者"改为"有背祖国而从刘豫者"。② 将"国"单列的同时，改"君亲"为"祖国"，充分体现了其浓郁的爱国主义家国情怀。

三是表彰中国人的优秀品质，增强维护国家统一的信念。《夷夏篇》"晋穆帝永和五年"条，改"明中国人虽和平，然不可陵暴之至于忍无可忍也"中"明中国人虽和平"为"中国人虽爱和平"。《夷夏篇》"晋孝武帝太元七年"条，陈垣引《宋书·氏胡传》杨盛告诫其子杨玄"吾年已老，当为晋臣，汝善事宋帝"之语，评论说："然则盛之心无所分晋宋也，特以其为中华正统所在而已。如必为晋，则裕之篡，盛当兴师讨逆，否亦当抗颜独立，胡为委顺如此，此皆足与苻融之言相印证者，中国人所以有信心恢复中原也。"其中，句末"中国人所以有信心恢复中原也"为修订后新增。③ 在当时抗战早已胜利的背景下，新增此句则表达了中国人坚决维护国家统一的信心与信念。

四是正确处理历史上的中国与邻国的关系。在传统中国周边政治话语体系中，尤其是在当时的"藩属体制"框架下，视周边国家为"诸蕃"、视国际交往为"怀柔远人"的表述司空见惯。陈垣抛弃以大国自居的文化立场，以睦邻友好替代历史上的怀柔之道。《边事篇》"唐高宗调露元年"条，"科学版"改"诸蕃"为"诸国"。《边事篇》"武后万岁通天元年"条，将"皆非大国

---

① 陈垣：《通鉴胡注表微》，307 页。
② 陈垣：《通鉴胡注表微》，243～244 页。
③ 陈垣：《通鉴胡注表微》，分别参见 311、314 页。

怀柔远人之体"改为"皆非和睦远人之道"。[1] "辅仁版"《边事篇》"唐太宗贞观十八年"条被整条删掉就是因涉及唐朝"高丽入中国版图"问题。此条被删,除当时政治背景与现实需要外,其实也符合他"史贵求真,然有时不必过泥"的主张。[2]

### (五)文化观的转变

一是摒弃封建伦理道德,提倡社会主义新道德。《通鉴胡注表微·伦纪篇》集中体现了陈垣传统伦理观。《伦纪篇》小序的修订集中反映了其思想的改变。"伦纪为人类所共有,无间华夷。不过世治则修明,世衰则败坏而已。伦纪之坏,多由感情,感情之伤,多由谗构,谗构之起,多因权利。故感情如薪,权利如火,谗构如风。欲维持所谓伦纪者,非敛感情,远权利,防谗构不可"[3],其中,"欲维持所谓伦纪者"一句,"辅仁版"作"欲维持固有伦纪者"。从"固有"到"所谓"的转变,表明他祛除了思想上的封建伦理道德。

二是摒弃文化自大心态,倡导各民族团结平等。一方面,删除"辅仁版"存在的文化"自大"之词。《夷夏篇》小序删"非中国之自大也",《夷夏篇》"后汉高祖天福十二年"第三条删"可见中国同化力之大,于人何所不容",删句末"夫子言远人不服,则修文德以来之,既来之则安之,此中国所以为大也"。[4] 另一方面,删除有伤民族感情的语句。《边事篇》"汉高帝七年"条:"史贵求真,然有时不必过泥。凡事足以伤民族之感情,失国家之体统者,不载不失为真也。"[5]基于此,《边事篇》"晋武帝太康十年"条删"示四夷以宽大","唐太宗贞观元年"条删"而能用夏变夷"。[6] 他特别修订

---

[1] 陈垣:《通鉴胡注表微》,分别参见 297、298 页。

[2] 陈垣:《通鉴胡注表微》,286 页。

[3] 陈垣:《通鉴胡注表微》,243 页。

[4] 陈垣:《通鉴胡注表微》,分别参见 307、331 页。

[5] 陈垣:《通鉴胡注表微》,286 页。

[6] 陈垣:《通鉴胡注表微》,分别参见 289、297 页。

了"羯人""夷狄""蛮""夷"等词。如《边事篇》"晋成帝咸和七年"条改"史称石勒为羯人"为"史称石勒为羯"。《边事篇》"唐宣宗大中十一年"条改"夷狄安得不窥伺乎"为"敌人安得不窥伺乎"。《边事篇》"唐昭宗乾宁四年"条改"蛮"为"民"。《生死篇》"晋穆帝永和七年"条改"仕于夷者"为"仕于敌者"。《生死篇》"后唐明宗天成元年"条改"明宗虽出夷狄"为"明宗出于异族"。①

三是摒弃男尊女卑的传统观念，倡导男女平等。《边事篇》"后梁均王贞明三年"条，陈垣论述述律后、乃马真后"晚年所遇相同"之后，删除"辅仁版"中"所谓唯家之索也"一句。《货利篇》"后唐庄宗同光二年"第二条，于"身之以'倡婢'斥刘后"之后，改"亦欲为妇女好货者当头一棒耳"为"特欲为妇女好货者警耳"。②

### (六)宗教观的转变

一是认识到封建统治者对宗教的利用、宗教与民族的关系，以及宗教对国家繁荣稳定、长治久安的重要作用。《释老篇》"唐德宗建中四年"条，改"此叹僧徒之为人利用"为"此叹僧徒之受人驱迫"。③ 此前视僧徒为被人利用的工具，修订后则将僧徒列入受封建统治者"驱迫"的奴役对象。《释老篇》小序表彰胡三省"于释老掌故，类能疏通疑滞，间有所讥切，亦只就事论事，无辟异端习气，与胡明仲《读史管见》之攘臂而争者不同，足觇其学养之粹，识量之宏也"④。其实，这一评价也集中阐述了陈垣的宗教观。他将"辅仁版"《通鉴胡注表微·释老篇》小序"吾国号称大国，何所不容"改为"吾国民族不一，信仰各殊"，反映出他放弃了对中国无所不容、动辄称大的传统话语表述方式，深刻认识到宗教与民族的密切联系，以及宗教争端对国家的危害。在他看来，"教争虽微，牵涉民族，则足以动摇国本，

---

① 陈垣：《通鉴胡注表微》，分别参见291、303、303、370、378页。
② 陈垣：《通鉴胡注表微》，分别参见304、396页。
③ 陈垣：《通鉴胡注表微》，359页。
④ 陈垣：《通鉴胡注表微》，349页。

谋国者岂可不顾虑及此"①。

二是充分肯定宗教对文学艺术的积极促进作用。《释老篇》"唐敬宗宝历二年"条，陈垣以兴福寺沙门文溆俗讲之事，阐述了佛教俗讲在中国文学史上的地位与贡献。"辅仁版"作"此俗僧也。《通鉴》罕载僧事，文溆何幸而得留名青史乎"。整条仅短短 21 字，称文溆为"俗僧"。"科学版"则推翻重作，改扩至 150 余字，且对文溆推崇备至。"文溆俗讲最有名，日本僧圆仁《入唐求法巡礼行记》称：'会昌元年正月，敕开俗讲，文溆法师讲《法花经》，城中俗讲计法师为第一'。而赵璘《因话录》则颇诋毁之，谓：'文溆所言，无非淫秽鄙亵之事。'段安节《乐府杂录》则又盛称：'文溆善吟经，能感动里人。'毁誉不同，爱憎各别耳。唐时有曲名'文溆子'，《乐府杂录》以为乐工黄米饭撰，《碧鸡漫志》引《卢氏杂说》则以为唐文宗制，盖乐工奉上命依文溆声调为之，故名。"②

## 五、结语

《通鉴胡注表微》是民国时期陈垣较为得意的著作，但修订后的"科学版"也令他感到不满和遗憾。1946 年 3 月 20 日，他致函陈乐素，兴致勃勃地阐述了新发现的关于"六百六年六六翁"的两个"六六"。"一为身之卒后六十六年国土始复，即洪武元年也；二为身之乙酉成书后六六三百六十年，国土又复沦亡，即崇祯之十七年甲申也。此皆偶合，然其数适为六，则奇也。"③所谓"六百六年"，即陈垣在《通鉴胡注表微小引》所说，胡三省"鉴注"成于"至元二十二年乙酉"，"表微"成于六百六十年后，"亦在乙酉"。时年陈垣虚岁 66，故称"六百六年六六翁"。无论此号为友朋相赠，还是自称，都显示了陈垣对《通鉴胡注表微》的自得之情。

---

① 陈垣：《通鉴胡注表微》，348 页。
② 陈垣：《通鉴胡注表微》，361 页。
③ 陈智超编注：《陈垣来往书信集（增订本）》，1140 页。

1957 年 4 月 15 日，陈垣在"科学版"重印后记中说："这是旧作，是没有学习过马克思列宁主义时旧作，限于当时的思想认识，自然有不少幼稚及迂阔的言论。"①1958 年 3 月 31 日，他致信柴德赓说："《通鉴胡注表微》已重印，略读一过，觉资产阶级气味甚深，时时流露士大夫的臭架子，与无产阶级相距很远，奈何。今寄呈一册，足下能为我仿陆稼书对《战国策》例，著一卷《通鉴胡注表微去毒》否？至所愿也。我想自我批评，因学识、精力来不及，只得借助他山。"②由此可见，他对修订后的"科学版"感到不满，但又力不从心，寄望柴德赓仿陆陇其《战国策去毒》之例撰写《通鉴胡注表微去毒》。柴德赓是能知他"心事"的人，也早在 1947 年就提到"或许将来有人会做一部'表微之表微'"，却最终没有实现他的愿望。③ 令人遗憾的是，作为他得意学生和得力助手的刘乃和也没有完成"《表微》之表微"。④正因其"心事"未能大白于世，才使个别似是而非的批评得以流传。⑤

尽管如此，"科学版"的修订则是他经历思想改造，初步掌握历史唯物主义和辩证唯物主义后，站在无产阶级人民立场上，对旧有立场、观点和方法的自我批判，不断树立正确的历史观、民族观、国家观、文化观、宗教观，充分体现了其史学思想由旧转新的发展历程。至于他自称"没有学习过马克思列宁主义"，则为自谦之词，不能信以为真。修订后的《通鉴胡注表微》既是他认真学习马列主义、积极进行思想改造的初步成果，也是一份以实际行动书写的入党申请书。1959 年 3 月 12 日，陈垣在《人民日

---

① 陈垣：《通鉴胡注表微》，411 页。

② 陈智超编注：《陈垣来往书信集（增订本）》，595 页。

③ 1945 年 12 月 13 日，陈垣致陈乐素函："出处篇亦油印一份，已寄青峰，他能知我心事也。"见陈智超编注：《陈垣来往书信集（增订本）》，1135 页。柴德赓《〈通鉴胡注表微〉浅论》："言外之意，读者慢慢去咀嚼，或许将来有人会做一部'表微之表微'也说不定呢！"见柴德赓：《史学丛考（增订本）》，506 页，北京，商务印书馆，2017。

④ 刘乃和《重读〈通鉴胡注表微〉札记》："《表微》之表微，也因连年其他任务繁重，一时尚未能动手。"见刘乃和：《励耘承学录》，380 页。

⑤ 较有代表性的是杨讷《不可尽信的〈通鉴胡注表微〉》一文，尤其是文末"还可奉为'经典'吗"之问，令人无言以对。该文载《中华文史论丛》，2016(3)。

报》发表《党使我获得新的生命》，以 80 岁（虚岁）高龄光荣加入中国共产党，实现了他长期以来的夙愿。[①] 正如唐长孺诗所说："八十争先树赤帜，频年知己效丹衷。后生翘首齐声贺，岭上花开彻骨红。"[②]

通过《通鉴胡注表微》的修订历程，感悟其穿越时空、历久弥新的经典价值，学习陈垣"我不愿作旧史学界的旗帜，我愿作马克思主义历史科学队伍中的老兵，我不愿作旧史学界的大师，我甘心作新史学界的小学生"[③] 的自我革命的勇气、追求进步的决心，既是对他诞辰 140 周年纪念，也是为建党 100 周年的献礼。

---

[①] 1955 年 11 月 16 日，陈垣致函柴德赓："刘玉素尊人仙洲先生，年六十五，最近光荣加入共产党，闻之羡慕不置，特以奉告"，足见他对 65 岁入党的刘仙洲羡慕不已。见陈智超编注：《陈垣来往书信集（增订本）》，593 页。

[②] 转引自刘乃和：《陈垣校长永远是我们的师表》，见刘乃和：《励耘承学录》，71 页。

[③] 陈垣：《历史科学工作者必须着重进行思想改造》，见《陈垣全集》第 22 册，689 页。

# 陈垣的顺治出家疑案研究

## 项　旋

[摘要]陈垣先生在 1940 年前后相继发表《汤若望与木陈忞》《语录与顺治宫廷》《顺治皇帝出家》等多篇文章，深入讨论顺治出家疑案，并曾在辅仁大学作《顺治皇帝出家》专题演讲，其研究视角、方法和史料运用对于学界厘清顺治出家问题贡献卓著，陈垣先生提出的"释家言有裨史乘"理念和实践，在这一研究问题上彰显无遗。文章集中探讨陈垣先生关注顺治出家的缘起、研究方法及其贡献。

[关键词]陈垣；顺治出家；语录；研究方法

太后下嫁、世祖出家、世宗继位并称为清初三大疑案，"清初三大疑案者，就是世所传清世祖太后下嫁摄政王、清世祖出家与清世宗入承大统三件传说。这三件传说都是不曾得到考实的疑案"①。顺治出家问题就是其中的重要疑案之一。顺治帝是清朝入关以后第一位皇帝，也是清朝历史上第一位冲龄继位的少年天子。顺治之死的记载在《清实录》中非常简略，只提及顺治十八年(1661 年)正月初七日夜子刻上崩于养心殿。当时民间盛传

---

基金项目：本文为北京市社会科学基金青年项目"北京清代行宫文化遗产调查与研究"(20LSC018)阶段性成果。

作者简介：项旋，北京师范大学历史学院讲师。

① 载《图书季刊》，第 1 卷，第 4 期，1934。

顺治皇帝并未因病而逝，而是因董鄂妃病逝悲痛过度，于是舍弃帝位，出家为僧。吴伟业《清凉山赞佛诗》中有"王母携双成，绿盖云中来"，又有"可怜千里草，萎落无颜色"。千里草为董，双成系用汉武内传王母侍女董双成故事。民间遂有顺治因董妃而消极出家的传说。① 自清初至清末顺治出家的故事流传不断，一些野史如《清稗类钞》《清代野史大观》《清史通俗演义》等书都有顺治帝因董妃去世而出家的故事。后康熙帝又频奉母后游五台，遂更有顺治出家五台之说。一些传说甚至添油加醋地说，光绪庚子两宫西狩，途经晋北，地方临时从五台山借来御用器具，据说就是当年顺治皇帝的遗物。但诸家所论，彼此出入很大，长期未曾真正解决。

顺治出家疑案关系清代前期政治甚大，民国初年就引起学界关注和讨论。精研明清史的孟森先生 1934 年自刊出版了《清初三大疑案考实》，此书计收《太后下嫁考实》《世祖出家考实》《世宗入承大统考实》3 篇长文，1935 年《清初三大疑案考实》正式由北京大学出版发行。时人评论"此书之著，释疑甚多"②。孟森在其《清初三大疑案考实》之二《世祖出家事实考》中，据《玉林国师年谱》《王文靖公自撰年谱》《张宸杂记》等大量翔实的史实考证顺治帝并没有出家，而是死于天花。他据王熙《王文清集·自撰年谱》所载，王熙奉召入养心殿，顺治帝特谕："朕患痘势将不起。"王熙是顺治年间进士，后在康熙年间官至保和殿大学士，并奉命专管密本，其记述有一定可靠性。同时他认为从董鄂妃死后火化看，董鄂妃可能是患上了天花，并传染给了顺治。③ 孟森先生此文一经推出，即颇受学界关注，有人在新书介绍中说："这篇考证把这个传说的根据一一推翻，可称为定论。"④ 实际上，孟森先生对于顺治出家的考证仍只是集中在一些关键问题的讨论

① 陈垣：《顺治皇帝出家》，载《辅仁生活》，第 11 期，1940。

② 载《古今》，第 56 期，1944。

③ 孟森：《世祖出家事实考》，见《明清史论著集刊续编》，241 页，北京，中华书局，1986。

④ 载《图书季刊》，第 1 卷，第 4 期，1934。

上，"此案的重要关键在顺治是否真的病死，又生的什么病"①，但顺治出家问题疑点重重，孟森先生对其中一些关节如顺治是否剃发没有作出合理的解释，顺治出家问题仍是一桩有待解决的悬案。1940 年前后陈垣先生相继发表《汤若望与木陈忞》《语录与顺治宫廷》《顺治皇帝出家》等多篇文章，深入讨论顺治出家疑案，并曾在辅仁大学作《顺治皇帝出家》专题演讲，其研究视角、方法和史料运用对于厘清顺治出家问题可谓贡献卓著，以往学界对此着墨不多，本文试作初步考察。

## 一、陈垣《顺治皇帝出家》演讲及其系列考证论文

1940 年 11 月 28 日晚上，时任辅仁大学校长陈垣先生在辅仁大学大礼堂作该学期第 4 次公开演说，主题就是"顺治皇帝出家"。《国民杂志》详细报道了当时演讲的情形：

> 中国名历史学家兼教育界权威者北京辅仁大学校长陈援庵垣博士于去年民国二十九年十一月二十八日下午七时三十分（旧时间）在辅仁大学大礼堂曾向该校男女同学作公开之演说。主题为"顺治皇帝出家"，由此主题由引起"董妃之死与董小宛"及"顺治皇帝火葬"两问题。按陈先生乃今日中国历史学者之耆宿，而对于明清史乘及野史、掌故等尤为独有心得。所以他对于此问题之深思熟虑，畅所欲言，自属当然之事。考证之精审，议论之充当，自不待言矣。②

陈垣先生为这次演讲进行了精心准备，为引起听众注意及增益兴趣，通过"教育幻灯"的新颖形式放映了从故宫博物院商借的相关图片数十帧，

---

① 载《古今》，第 56 期，1944。
② 陈垣：《顺治皇帝出家》，载《国民杂志》，第 2 期，1941。

为演讲生色不少，"颇得在座之听众无限赞赏"①。现场听众"分别据坐听讲，肩摩踵接，拥挤一堂，实乃空前之盛况。陈氏旁征博引，谈笑风生，娓娓讲来，直历一小时又半之久，毫无倦容。台下听众更专心注意，无时或怠"②，可见辅仁大学学生对顺治出家问题兴趣之浓厚。这次演讲亦颇受北平学术界关注，被视为"年来京市珍贵学术演讲之一"。《立言画刊》评论："此次陈垣先生竟于其本校大礼堂演讲其'顺治皇帝出家'一题，却为京市耀一异彩。在其未开始演讲前之半小时，该校大礼堂已拥得水泄不通，照例其楼房中之听座是女上男下，五光十色，济济一堂。"③

陈垣先生演讲一开始就说道："顺治出家问题，系出于一种传说，早为大家所知道的。不过这种传说的由来，实与董妃有关，与帝后火葬问题亦有关。"④演讲的具体内容，据现场听众的速记，可分为 3 部分：第一是谈顺治出家的考证——顺治怎么出的家，怎么削的发，以及其出家的志愿。其次还涉及了"董妃"之来历问题，以及董妃之历史。最后一点是论到顺治的火葬问题。因为顺治之陵墓之空的，里面没有葬得尸骸，只有空罐一只。因此经其考证系属火葬无疑。⑤ 关于顺治帝后的火葬问题，过去尚无人道及，是由陈垣先生首次发现。他同时驳斥有人所谓满洲根本无火葬风俗。实际查《顺治实录》载顺治元年八月以国礼焚化大行皇帝梓宫一条，则清太宗亦曾火化。《汤若望回忆录》亦说多尔衮曾被火化，董妃火化不是问题。演讲最后，陈垣先生的结论是："顺治帝出家的事，在他的心中确曾经想这样作过，而结果却并未实行，全因为木陈知道以后，要将茚溪森烧死。帝为挽救茚溪森，故又允许蓄发。此事发生的时候大约是在顺治十七年董妃死了以后。顺治帝死后，总以火葬之说较为可信。董妃可以断定

---

① 载《立言画刊》，第 115 期，1940。
② 陈垣：《顺治皇帝出家》，载《国民杂志》，第 2 期，1941。
③ 六凤：《顺治皇帝出家》，载《立言画刊》，第 115 期，1940。
④ 陈垣：《顺治皇帝出家》，载《辅仁生活》，第 11 期，1940。
⑤ 载《立言画刊》，第 115 期，1940。

绝非董小宛，而至她的身世，则终究是一个疑案，不敢断言。"①

　　陈垣先生的此次学术演讲由秦粟桥记录，以《顺治皇帝出家》为题刊载于《辅仁生活》1940 年第 11 期②，是一篇全面论述顺治出家问题的专文。实际上，这并非是陈垣先生第一次论及顺治出家问题。目前所见，他第一次集中讨论顺治出家问题，是 1938 年发表的《汤若望与木陈忞》，刊于《辅仁学志》1938 年第 7 卷第 1、2 期③，1939 年又发表了《语录与顺治宫廷》，刊于《辅仁学志》1939 年第 8 卷第 1 期④。两文考证内容，下面作一申说。

　　陈垣先生 1938 年发表了《汤若望与木陈忞》一文。对于撰写这篇文章的缘起，陈垣先生在文章开头即作了交代：他阅读《乾隆东华录》时，发现其载雍正十三年九月初四日谕旨："昔年世祖章皇帝时，木陈忞大有名望，而其所著《北游集》则狂悖乖谬之语甚多，已蒙皇考特降严旨，查出销毁。"⑤经他查证，曾与顺治关系密切的佛教僧人木陈忞在其所著《北游集》中，对顺治其人其事有详细记述，雍正帝认为是家丑，一再严旨销毁，意图讳饰，维护顺治帝"钦文显武、大德弘功"的形象。陈垣先生对于雍正严厉禁毁《北游集》的谕旨，采取了清醒的态度，不盲从档案所载，"不但注意以档证史，亦不忽视以史核档，从而做到史档结合"⑥。他继续追索，在故宫懋勤殿硃改谕旨中发现关于佛教谕旨五通，其中之一恰为雍正禁毁《北游集》谕旨，其后又在平西某寺看到了曾遭禁毁的《北游集》。他撰写的《汤若望与木陈忞》即利用木陈忞《北游集》与德人魏特所撰《汤若望传》对读，发现二者"所言若合符节，即有差异，亦由宗教观念之不同，事实并无二致，然后知雍正谕旨之强辨与矫饰，而世俗所传雍正时各种问题，亦

---

①　陈垣：《顺治皇帝出家》，载《国民杂志》，第 2 期，1941。

②　此文后收录于《陈垣学术论文集》第 1 集，533～541 页，北京，中华书局，1980。

③　此文后收录于《陈垣学术论文集》第 1 集，483～516 页。

④　此文后收录于《陈垣学术论文集》第 1 集，517～532 页。

⑤　陈垣：《汤若望与木陈忞》，载《辅仁学志》，第 7 卷，第 1—2 期，1938。

⑥　韦庆远：《试论陈垣教授对明清历史档案事业的贡献》，见《明清史续析》，19 页，广州，广东人民出版社，2006。

可于此解答"①。他结合清宫档案，驳正雍正禁《北游集》之谕旨，解答了世俗有关董妃身世、宫人殉葬、顺治出家与顺治火化等传说，并将汤若望与木陈忞作了比较研究，阐明清初天主教与佛教势力之消长。② 有学者指出，《汤若望和木陈忞》可说是基督教、佛教和顺治朝政治关系的政治史论，揭示了两种宗教对顺治朝政治的影响及其彼此消长的史实。③ 柴德赓在其《陈垣先生的学识》一文也说："《汤若望与木陈忞》这篇文章，比较容易懂，而且比较有兴趣。汤若望是一个到中国来的天主教传教士，木陈忞是清代国师大和尚。这篇文章实际是讲天主教与佛教的关系，讲清朝宫廷生活，以及顺治皇帝的思想。"④

《汤若望与木陈忞》分为 3 章。第一章《雍正谕旨之驳正》，第二章《世俗传说之解答》，第三章《汤忞二人之比较》。其中第二章分为 4 节，分别为董妃来历问题、宫人殉葬问题、顺治出家问题及顺治火化问题。首先，陈垣先生讨论了董妃来历问题。董妃旧传为秦淮名妓董小宛，他引用孟森先生所著《董小宛考》：董妃为满洲产，董系译自满洲音。董妃为满洲人，内大臣鄂硕女。董本译音，或作栋鄂，或作董鄂。译音本无定字，不足为怪。而董小宛后嫁冒辟疆，死时为顺治八年，年已 28 岁，是年顺治才 14 岁，由此认为董鄂妃与董小宛毫无干涉，民间所说是讹传。⑤ 吴梅村诗文中用"千里草""董双成"来影射，再加上顺治自制董妃行传亦作董氏，所以误传为董小宛。紧接着陈垣先生重点讨论了顺治出家问题，认为"顺治出家之说，不尽无稽，不过出家未遂而已"。据陈垣先生的考证，顺治之知有佛法，始于高僧憨璞聪。⑥ 顺治十年(1653 年)这位高僧被招入宫，他对

---

① 陈垣：《汤若望与木陈忞》，载《辅仁学志》，第 7 卷，第 1—2 期，1938。

② 周霞：《中国近代佛教史学名家评述》，273 页，上海，上海社会科学院出版社，2006。

③ 罗邦柱：《读〈史讳举例〉》，见暨南大学编：《陈垣教授诞生百一十周年纪念文集》，612 页，广州，暨南大学出版社，1994。

④ 柴德赓：《陈垣先生的学识》，见《史学丛考(增订本)》，516 页，北京，商务印书馆，2017。

⑤ 陈垣：《汤若望与木陈忞》，载《辅仁学志》，第 7 卷，第 1 期，1938。

⑥ 陈垣：《汤若望与木陈忞》，载《辅仁学志》，第 7 卷，第 1 期，1938。

佛法的解释，深深触动了顺治。很多人就此以为顺治皇帝出家做了和尚。陈垣先生认为："顺治将头发削去，则为事实。"他为此找到了两则关键性的语录记载。其一为《续指月录》，内载："玉林到京，闻森首座为上净发，即命众聚薪烧森。上闻，遂许蓄发乃止。"据此可认为茚溪为顺治净发，而非顺治自行削发。其二为《玉林语录》。其载："十月十五日到皇城内西苑万善殿，世祖就见丈室，相视而笑。"陈垣先生认为此段记载最可注意者为"相视而笑"四字，说明当时顺治帝"上首已秃也。虽许蓄发，而出家之念未消"，"所谓相视而笑，自然是一个光头皇帝与一个光头和尚的缘故，因为顺治虽允蓄发，此时尚未长起，便觉可笑"。不久顺治帝以痘崩，出家之事遂停。由此，陈先生得出结论："故谓顺治出家未遂则可，谓其无出家之意，无出家之事则不可。"其后讨论了顺治火化问题："顺治虽出家未遂，而崩后实曾施行荼毗。此事前人言者尚少，吾在《五灯全书·茚溪森传》证实之，然龙藏本《茚溪语录》已删去此文矣。"①

1939 年，陈垣先生在《辅仁学志》发表《语录与顺治宫廷》一文，这篇文章与前述《汤若望与木陈忞》一文存在一定的承继关系。如柴德赓先生所说："（《语录与顺治宫廷》）从和尚语录中发现了顺治宫廷中的许多谜，它是上面那篇文章的副产品。"②陈垣先生在文章就开宗明义说："去年余发表《汤若望与木陈忞》论文后，续得康熙本《茚溪语录》，载董后佛事甚详。又得嘉兴藏本《弘觉语录》，附《北游集》，比单行本仅阙挽大行皇帝哀词。又得嘉兴藏及龙藏本《憨璞语录》，与余前所见刻本异。参互考校，足补前文之不足，证前文之不误。"③《语录与顺治宫廷》的突出特色，就是利用以往史家不太关注的《茚溪语录》《弘觉语录》《憨璞语录》对顺治时期宫廷史实作了考证和补充。这篇文章再次聚焦于顺治出家及顺治火化问题，在《汤若望与木陈忞》相关研究基础上，作了进一步的考证，强调"顺治出家为自来

---

①　陈垣：《汤若望与木陈忞》，载《辅仁学志》，第 7 卷，第 1 期，1938。

②　柴德赓：《陈垣先生的学识》，见《史学丛考（增订本）》，516 页。

③　陈垣：《语录与顺治宫廷》，载《辅仁学志》，第 8 卷，第 1 期，1939。

一种传说，彼据《清凉山赞佛诗》等模糊影响之词，谓顺治果已出家者固非，然谓绝无其事者亦未的论"。其证据为：《续指月录·玉林传》注明谓苪溪森为顺治净发，《汤若望回忆录》亦记董妃薨后，顺治把头发削去，说明顺治实曾落发。"至顺治火化，除《五灯全书·苪溪传》曾提及外，尚未见他书记载。此等火化，半信佛教，亦半循塞外风俗，当时不以为讳，故康熙本《苪溪语录》一再提及之。"[①]

## 二、陈垣研究"顺治出家"的方法和特色

民国以来，顺治出家疑案吸引了众多史家的关注，其中以孟森和陈垣先生的研究创获最多，推进最大。平心而论，孟森与陈垣两位史学大家对于顺治出家问题的探究各有贡献，两人的结论均认为顺治未曾出家，不同之处在于，陈垣先生认为其出家未遂，"顺治出家之说，不尽无稽，不过出家未遂而已"，这一结论建立在坚实的证据链条上，客观反映了实情。陈垣先生在《顺治皇帝出家》一文中即特别强调其开展的研究并不在于证明顺治出家传说之伪，而是对此种传说予以充分理解："凡事之传说，不论真伪，必各有原因。"[②]

陈垣先生起意研究顺治帝，应该说与其一贯重视历史人物研究的理念有关。如先生弟子柴德赓所总结的，陈垣的宗教史研究是从天主教（基督教）史发端的，而人物研究是其中的重要内容，从不同角度将其历史形象完整地呈现给世人。[③] 陈垣单篇论述历史人物的作品有《休宁金声传》《浙西李之藻传》《泾阳王征传》《华亭许缵曾传》《明末殉国者陈于阶传》，被称为"天主教人物五传"。其他历史人物的文章还有《鉴真和尚失明事质疑》《杨贵妃人道之年》《秦桧害岳飞辨》《更论宋高宗忌岳飞之原因》《耶律楚材父子

---

① 陈垣：《语录与顺治宫廷》，载《辅仁学志》，第 8 卷，第 1 期，1939。

② 陈垣：《顺治皇帝出家》，载《辅仁生活》，第 11 期，1940。

③ 柴德赓：《陈垣先生的学识》，见《史学丛考（增订本）》，516 页。

信仰之异趣》《耶律楚材之生卒年》《年羹尧轶事》《查嗣庭轶事》《胡中藻诗案》等等。从这个角度上说，陈垣先生相继发表《汤若望与木陈忞》《顺治皇帝出家》等文章亦是其历史人物研究的重要组成部分。陈垣先生研究历史人物尤其注意将治史与现实紧密地结合起来。[①] 他撰写《汤若望与木陈忞》《语录与顺治宫廷》《顺治皇帝出家》可以说意在揭示基督教与佛教对顺治朝政治的影响[②]，有其深远的考虑。

陈垣先生的研究方法最得清儒朴学治史精髓。他推崇清儒朴学主张的"孤证不为定说"，强调在史证上"未有是一事，未见又是一事，不能以未见为未有"。[③] 他考证顺治出家问题，即始终坚持孤证不立的原则，找寻证据上的"兄弟证"，而不是"父子证"。如他发现《续指月录·玉林琇传》有顺治帝蓄发之说："玉林二次到京，闻其徒茆溪森为上剃发，即命众聚薪烧森。上闻，遂许蓄发乃止。"《续指月录》著于康熙十九年，玉林卒未久，著者又与玉林极熟稔，其说应属可信，但陈垣先生认为《玉林语录》未提此事，《茆溪语录》也不见记载，当属可疑，因此《续指月录》所说只能算作孤证。后来他有找到《玉林年谱》所载："十月十五日到皇城内西苑万善殿，世祖就见丈室，相视而笑。"可据此判断顺治帝曾剃发，又多了一个重要佐证。陈垣先生在寻找证据上仍然穷追不舍，续又获得辅仁大学杨丙辰先生所译《汤若望回忆录》："今年暑假，杨丙辰先生示我新译德人魏特著《汤若望传》，凡十四章，四十余万言，余读而善之，中所引《汤若望回忆录》载顺治朝轶事甚夥，足以补国史之缺略，尝与《北游集》对读，所言若合符

---

① 周霞：《中国近代佛教史学名家评述》，273 页，上海，上海社会科学院出版社，2006。

② 柴德赓在《陈垣先生的学识》中说："陈先生研究宗教史是为政治服务的。他著《明季滇黔佛教考》实际上是讲西南明末遗民抗清的历史，《清初僧诤记》是讲清初东南一带抗清的历史，《南宋初河北新道教考》是讲在金人占领下的北方人民如何生活和他们反抗金人的历史。这些书名义上是宗教史著作，讲的内容却都是政治史，他是通过宗教史形式来讲政治史的。"参见柴德赓：《陈垣先生的学识》，见《史学丛考(增订本)》，516 页。

③ 陈垣：《萨都剌的疑年》，见《陈垣史学论著选》，600 页，上海，上海人民出版社，1981。

节，即有差异，亦由宗教观念之不同，事实并无二致。"①《汤若望回忆录》中有关键性记载："此后皇帝便把自己委托于僧徒之手，他亲手把他的头发削去，如果没有他理性深厚的母后和若望加以阻止，一定会当了僧徒的。"陈垣先生大喜过望："《汤若望回忆录》与《续指月录》一对照，则顺治削发之事，完全证实。"在陈先生看来："两家史源，皆如有根据，不是彼此抄袭的，这些证据在身份上是'兄弟证'，而不是'父子证'，其事实自是可靠。"一段公案，由此考定："顺治实曾有意出家，只是出家未遂耳。"当然，对于与顺治出家问题密切相关的董鄂妃来历问题，陈垣先生自承因证据不足，有待证实："凡研究讨论一事，如证据未充分时，决不可妄下断语，如董妃之本夫究竟是否襄王尚待证实。"②这就是陈垣先生实事求是的治史态度。

1940 年陈垣先生在辅仁大学作《顺治皇帝出家》演讲的最后，特别向在座听众说明在研究中"得了三点教训，愿借此一提，供诸位参考"，其中之一便是："读书时遇微细异同之处，虽一字之差，亦不可忽略，如度天子见天子、梓宫与宝宫，非细心不能辨别。"③"一字千金"的事例在陈垣先生考证顺治出家问题上有两次淋漓尽致的呈现，堪称范例。第一个例子，陈垣先生考察康熙本《苊溪语录》卷三罗人琮撰塔铭，发现所载苊溪临终偈中有一度字偈云："慈翁老，六十四年，倔强遭瘟，七颠八倒，开口便骂人，无事寻烦恼，今朝收拾去，妙妙。人人道你大清国里度天子，金銮殿上说禅道，呵呵！总是一场好笑。"陈垣先生对比龙藏本亦附此铭，唯"度"天子作"见"天子。陈垣先生认为"真可谓一字千金矣"。他认为"见"与"度"意义顿殊，"见天子"可有万人，"度天子"只一人，显为有意改易：

　　一个"度"字的差，却关系非轻，"度"字显与剃度有关，实是出家

---

① 陈垣：《汤若望与木陈忞》，载《辅仁学志》，第 7 卷，第 1～2 期，1938。

② 陈垣：《顺治皇帝出家》，载《辅仁生活》，第 11 期，1940。

③ 陈垣：《顺治皇帝出家》，载《辅仁生活》，第 11 期，1940。

问题之一大证据。若是"见"字，那么天子人人可"见"，就无关紧要。这个"度"字是我对读好多遍才发现的。足见读书不可不细心，虽一字不可马虎。版本问题，亦须注意。由以上《续指月录》《玉林年谱》《汤若望回忆录》及《茆溪语录》几个证据，则顺治出家问题可暂告结束。

行文至此，陈垣先生不由感叹："一字之微，关系史实若此，读书能不多聚异本哉。"①

"一字千金"的第二个例子见于陈垣先生考证顺治火化之事。陈垣先生爬梳《康熙实录》，发现顺治崩后百日即顺治十八年四月十七日载："上（按即康熙）诣世祖章皇帝（即顺治）梓宫前，行百日致祭礼。"至期年（康熙元年）正月初七日条下则称："上诣世祖章皇帝宝宫前，行期年致祭礼。"又另条载："康熙二年四月辛酉，奉移世祖章皇帝宝宫往孝陵。"在此看出顺治十八年四月康熙所祭者尚为"梓宫"，而时隔不逾一年的正月，则所祭者已成"宝宫"。这里也是一字之差，但陈垣先生敏锐地指出："梓宫与宝宫自然大有分别。是知宝宫所藏者必非梓宫原来之尸体，而是尸体焚化后之骨灰。所谓宝宫，其实就是一个灰罐，在帝王家则称之为宝宫而已。"②这一细密考证之例，被学界奉为圭臬，屡被提及。如陈垣先生弟子启功对此印象极深：

（陈垣）在考顺治是否真曾出家的问题时，在蒋良骐编的《东华录》中看到顺治卒后若干日内，称灵柩为"梓宫"，从某日以后称灵柩为"宝宫"，再印证其他资料，证明"梓宫"是指木制的棺材，"宝宫"是指"宝瓶"，即是骨灰坛。于是证明顺治是用火葬的。清代"实录"屡经删削修改，蒋良骐在乾隆时所摘录的底本，还是没太删削的本子，还存

---

① 陈垣：《语录与顺治宫廷》，载《辅仁学志》，第 8 卷，第 1 期，1939。
② 陈垣：《顺治皇帝出家》，载《辅仁生活》，第 11 期，1940。

留"宝官"的字样。《实录》是官修的书，可见早期并没讳言火葬。这是从一个"宝"字解决的。①

陈垣先生重视以释家语录考史。刘乃和先生在总结陈垣先生治学方法时，特别提到陈先生重视利用了以前学者所没有引用过僧人语录、道家碑记：

> 他对任何宗教的研究，只着重其传布、发展、衰亡的历史，或某宗教中的某一问题的研究，或者是对其教史的书籍介绍等，不涉及其教义。他写宗教史论文的一个特点，就是利用了以前学者所没有引用过的佛藏里的僧人语录，和道藏里的道家碑记，融贯内外典籍，荟萃成章，为史学研究者打开了佛道丛书里的资料宝库。他的著作，大都引用博广，论断精审，为前人所未为，在不少方面填补了宗教史研究的空白。②

陈垣先生善于利用宗教典籍研究世俗历史，他在《中国佛教史籍概论缘起》中说："中国佛教史籍，恒与列朝史事有关，不参稽而旁考之，则每有窒碍难通之史蹟。此论即将六朝以来史学必需参考之佛教史籍，分类述其大意，以为史学研究之助，非敢言佛教史也。"③在研究佛教史过程中，曾下大功夫把大部头的佛藏浏览阅遍，把藏书中有关佛教史的书籍和僧人语录翻阅几遍，随手摘录积累的材料盈架、盈尺，同时随手记录释典僧传及其他著作所见到的僧家年谱，成为后来撰写佛教史专著的重要参考资料。

在顺治出家疑案考证上，陈垣先生提出的"释家言有裨史乘"理念和实践得到充分呈现。他说："夫语录特释家言耳，史家向不措意，安知其有

---

① 启功：《夫子循循然善诱人——陈垣先生诞生百年纪念》，见《浮光掠影看平生》，22 页，北京，北京联合出版公司，2011。

② 刘乃和：《试论陈垣同志的史学研究》，载《文献》，第 3 辑，1980。

③ 齐世荣：《史料五讲》，23 页，北京，首都师范大学出版社，2014。

禅史乘也。"①《汤若望与木陈忞》一文初次引语录入史，冼玉清在《汤若望与木陈忞》"谨按"中亦特别提及陈垣先生的首倡之功："盖以语录考史，并补史所不及，史家向不措意，陈先生实首倡之也。"②陈垣先生其后又有《语录与顺治宫廷》《顺治皇帝出家》二文发表。《语录与顺治宫廷》在"引言"中云："去年余发表《汤若望与木陈忞》论文后，续得康熙本《苇溪语录》。载董后佛事甚详。又得嘉兴藏本《弘觉语录》。又得嘉兴藏本及龙藏本《憨璞语录》。参互考校，足补前文之不足，证前文之失误。"他利用新获得的《憨璞语录》《苇溪语录》《玉林语录》等语录，考证顺治出家问题，并得出坚实的结论："顺治实曾有意出家，只是出家未遂耳。"刘乃和先生曾回忆："一九三八年，他利用自己掌握的材料，著《汤若望与木陈忞》一文，汤若望是天主教神父，木陈忞是佛教僧人，二人原无联系，故这题目一经刊出，引起学人很大兴趣。同时写成《语录与顺治宫廷》，语录即指他'阅藏'所抄僧人语录。并且考出久有争论的顺治皇帝出家问题，这是他'阅藏'后最初写成的几篇有关佛教史的文章。"③陈垣先生后期出版的经典著作，如《明季滇黔佛教考》《清初僧诤记》，亦引用释家语录尤多，应该说陈垣先生以僧家语录考史、补史的贡献卓著，启发后人。

总之，陈垣先生是顺治出家疑案研究的先行者，他于 1938 年至 1940年相继发表的《汤若望与木陈忞》《语录与顺治宫廷》《顺治皇帝出家》3 篇文章虽然切入角度有所不同，但都设有专门篇章深入讨论顺治出家疑案，形成了一组探讨顺治出家问题的系列论文，论证翔实，结论可靠，"叙事谨严有据，文笔条畅清新，是文史融合的佳作"④，将相关考证不断推向深入，"释家言有裨史乘""虽一字不可马虎"等研究理念和方法值得后世史家加以吸收和借鉴。

---

① 陈垣：《汤若望与木陈忞》，载《辅仁学志》，第 7 卷，第 1 期，1938。
② 《冼玉清文集》，712 页，广州，中山大学出版社，1995。
③ 刘乃和：《试论陈垣同志的史学研究》，载《文献》，第 3 辑，1980。
④ 来新夏：《旅津八十年》，175 页，天津，南开大学出版社，2014。

# 从《二十史朔闰表》谈汉初历法之争

储佩君　孟珂珂

[摘要]陈垣先生在前人工作成果之基础上，重新考订了二十史中的月日，又加入西历和伊斯兰历，编著《二十史朔闰表》。这是史学研究必备的工具书之一，可以用来互推中历、西历和伊斯兰历的年月日，解决了历史文献应用过程中因为历法不统一而产生的诸多问题，并开创了历史年代学。后续甘肃武威磨咀子汉墓竹简、临沂银雀山汉简等材料接连出土，考古学、天文学史等方面的学者参与研究，使得汉初历法问题有了更丰富的研究成果，对《朔闰表》中的汉初历法进行了补正，促进了历史年代学的发展。

[关键词]陈垣；《二十史朔闰表》；银雀山汉简；历法

19 世纪末到 20 世纪初，中国史学研究进入了一个新的阶段，中国史家参照西洋治史方法，同时吸收中国传统史学方法的长处，做了许多开创性的工作。①陈垣先生就是带领中国史学走向世界的先驱者之一，在历史研究领域成就颇丰，他所编纂的《二十史朔闰表》《中西回史日历》等工具书为中西交通史研究作出了巨大的贡献。他之所以要劳心费力得编纂这样一

---

作者简介：储佩君、孟珂珂：北京师范大学历史学院考古专业 2019 级硕士研究生。

①　洪认清：《中国史学思想会通·近代史学思想后卷》，12 页，福州，福建人民出版社，2018。

部年代学工具书，与他的治史态度密不可分。

首先，陈垣先生一贯重视历史工具书的使用和编纂。自 1920 年起，陈垣先生在进行文津阁版《四库全书》整理工作的过程中，先后编写了《四库书目考异》《四库撰人录》《四库书名录》等工具书，先生认为，通过工具书来治学求知，事半功倍，能使学人"以最经济的时间得最多的效能"①。

其次，先生治史，精于考据。陈垣先生的史学研究借鉴了乾嘉学者的精密考证方法，他自述，"重考证，服膺嘉定钱氏"②。与钱大昕一样，他在治史过程中给予年代学问题上足够的关注和重视。赵光贤先生在怀念其师陈援庵的文章中强调过年代的重要性："历史与年代密不可分，如年代现后倒置，或时日错误，则失史实之真。历史如失真，则不成为信史。"③对历史年代的细心考证始终贯穿先生治史之始末。

最后，陈垣先生编著历表是与他的研究方向是分不开的，先生的研究领域包括中西交通史研究、宗教研究和元史研究等，曾先后发表《元也里可温教考》《火祆教入中国考》《摩尼教入中国考》等著作。他的历史研究重视扩充史料范围，善于运用精审的历史考证解决疑难。这些研究需要用到大量的中外资料，然而原始史料中的记载纷乱，使用历表各异，给史学研究造成了极大的不便，需要经过复杂的换算使得年代统一，费时费力还极易出错。他意识到，在进行中西交通史研究时，年代学是一个亟待解决的问题，需要一部工具书来帮助历史工作者解决这些问题。在《中西回史日历·自序》中，先生云："苟欲实事求是，非有精密之中西长历为工具不可。"

陈垣先生先后编纂了《中西回史日历》和《二十史朔闰表》，通过这两部历表，可以准确快捷地进行中历、西历和伊斯兰历的互换，为历史研究者

①　祝注先：《陈垣关于历史工具书的设想与实践》，载《辞书研究》，1990(3)。

②　陈乐素：《陈垣史学论著选·序言》，见《陈垣史学论著选》，2 页，上海，上海人民出版社，1981。

③　赵光贤：《陈援庵师轶事》，载《史学史研究》，1992(3)。

们带来了方便。

## 一、《二十史朔闰表》编著过程

陈垣先生自早年起就重视年代学，1907 年，著《说正朔》一文。自 1922 年起，陈垣先生正式着手进行历史年代学的整理工作。他先制定了《回历岁首表》和《中历西历岁首表》，前者可以通过伊斯兰历岁首求中西历的年月日，后者可以用中历岁首求西历、伊斯兰历的年月日，也可用西历岁首求中历、伊斯兰历的年月日。然而，因中历置闰的问题，仅知道岁首还难以求得岁首以外的月日。为此，他对文献中所记载的中国两千年间的朔闰干支进行了仔细的考证，编为《中回历月表》《中西历月表》。在此成就之上，他又编写了《中西回史日历》和《二十史朔闰表》（为方便叙述，下文称《朔闰表》）两部年代学工具书。《中西回史日历》以西历的表格作为基础可以推算出中历、伊斯兰历的具体日期；《朔闰表》则以中历为基础，可推算西历、伊斯兰历的具体日期。书末还附有魏蜀吴朔闰异同表、陈周隋朔闰异同表和 7 个日曜表。

《朔闰表》的编写是以中历为参照标准的，因此首先需要厘清中国的历表。中国历表十分庞杂，自汉以来，出现了 100 多部历法，所颁行使用的就有 50 多部。陈垣先生首先划定了时间范围，将中历年代定于起自汉高祖元年，即公元前 206 年，止于 1940 年（1962 年修订本增加至 2000 年），历汉至清 20 个朝代，因此取名"二十史"，[①] 将这二十史中所颁布历法的朔日干支加以考订，绘制成表。

在历表考订过程中，陈垣先生参考了大量文献资料，其中主要包括刘羲叟的《长历》、耶律俨的《辽宋闰朔考》、钱侗的《四史朔闰考》和汪曰桢的

---

① 刘乃和：《陈垣同志编著的年代历法工具书》，载《文献》，1979(2)。

《历代长术辑要》等。① 刘羲叟的《长历》原文已经佚失，仅在司马光的《资治通鉴目录》一书中得以部分保存。该历年份起自汉高祖元年（公元前 206年），止于后周世宗显德六年（956 年），前后共 1165 年，历 14 朝，所依据的历法有 20 余部，对其所行用年份和具体历日干支进行复原和考订。② 另一部重要的参考资料是清人汪曰桢的《历代长术辑要》，这部书使用历代所颁行的数十种历法，完整地推算出 2500 年的历谱，而且将正史中不可胜数的历日尽数考订了一遍。这是陈垣先生主要的参考书之一，经黄一农先生的比对，唐代和辽代的朔闰表"与汪书几乎无一不合"③。

陈垣先生在重新考订了二十史中的月日之后，又加入了西历和伊斯兰历：《朔闰表》中自汉平帝元始元年加入西历，唐高祖武德五年起加入伊斯兰历，如此可互推中、西、伊斯兰历年月日。在《朔闰表·例言》中，先生分别梳理了中历、西历和伊斯兰历这 3 种历法的沿革，并指出 3 种历法的不同：中、西、伊斯兰历的纪年、纪月之法各有不同，中国古代纪年大都以干支和年号纪年，难以直接与西历、伊斯兰历的具体年份对应；西历使用的是纯阳历，中西历法虽一年长度大体相同，有 365 天多，但岁首存在差别，一般西历岁首位于中历岁末；伊斯兰历，即阿拉伯史书所用的赫吉拉历，使用的是纯阴历，一年长度 354 天多。伊斯兰历不置闰月，因此每年岁首不定。每积三十二三年，就比中西历多出 1 年，每 100 年比中西历多出 3 年多。如不了解这 3 种历法差异，在史料的运用上必然会出现许多错误。3 种历法置闰规则也有不同：西历闰月与朔日确定；中历的闰月不定，朔日也不定；伊斯兰历单月 30 天，双月 29 天，每隔两三年有 1 闰年，闰月设在十二月，因此具体到每月则还需要逐步考订。

不单要解决历法的不同，在制表的方式上，如何将 3 种历统一起来，令使用者便于查找，陈垣先生也是煞费苦心。因为只有便于查找，才能在

---

① 陈垣：《二十史朔闰表·例言》，见《陈垣史学论著选》，205～209 页。
② 朱盼盼：《刘羲叟研究》，硕士学位论文，河北大学，2018。
③ 郭津嵩：《种艺之事，饱食之资——汪曰桢及其年代学研究》，载《文史知识》，2010(5)。

最大程度上发挥一部工具书的作用。先生最终设计出适用于各种情况、便于使用查找的表格样式：以中历为基础，每页 10 年，分 10 列，每列一年。最前一行是朝代、帝号和年号纪年。每页右下角是伊斯兰历和西历纪年，其数字都是本页 10 年的第一年，知第一年则可知这页其他 9 年的伊斯兰历和西历。最右侧划分 13 格，是中历正月至十二月及闰月，自唐高祖武德五年后增加一格，是为伊斯兰历。中国古代有建亥、建子、建丑、建寅等多种历法，即岁首在十月、十一月、十二月或一月。岁首不同则与西历、伊斯兰历互算产生影响，《朔闰表》也将不同岁首标示了出来。因此，文献记载之某日，通过此表，可以快速查得它处于其他两历的某一日，十分方便。此外，卷末还附日曜表 7，每表 4 年，何年起应用何表，悉以数字记于眉端。

1926 年 4 月，《二十史朔闰表》得以出版，是"北京大学研究所国学门丛书"之一。它是陈垣年代学研究的重要成果，一出版就引起了极大的轰动，成为研究历史非常重要的工具书，[①] 史学界几乎人手一部。《朔闰表》解决了史学界的很多问题，民国时期著名学者陈庆年致函陈垣先生时曾举一事例说明《朔闰表》在历史考据中的重要作用：黄巢攻陷广州的年代，《唐书》本纪和《通鉴》均记载在唐僖宗乾符六年，而《旧唐书·卢携传》和《五代史·南汉世家》则记载为乾符五年。根据阿拉伯人记载，此事发生于伊斯兰历 264 年，此前因无法将伊斯兰历和中历对照，即使有这条记载，却难以为证，直到《二十史朔闰表》考订后，则可知伊斯兰历 264 年为乾符四年八月初三日至五年八月初二日，乃知《旧唐书》和《五代史》更为可信。因此，陈庆年盛赞陈垣先生："即此一端，尊著之有功于考据界，岂不伟哉！"[②]

---

① 刘乃和：《陈垣同志编著的年代历法工具书》，载《文献》，1979(2)。

② 陈智超编注：《陈垣来往书信集（增订本）》，64 页，北京，生活·读书·新知三联书店，2010。

## 二、汉初历法讨论与新材料的出土

《二十史朔闰表》是从公元前 206 年汉高祖元年开始编订的，自然囊括了汉初汉武帝太初改历之前 103 年所行用的历法。然而，这一时期所行历法在学界长期存有争议，争议点主要集中于汉初到底是使用《颛顼历》还是《殷历》。

根据历史文献记载，汉初用《颛顼历》，例如：

> 《史记·历书》："汉兴……是时天下初定，方纲纪大基……故袭秦正朔服色。"《史记·张仓传》：（汉初）"用秦之《颛顼历》。"
>
> 《汉书·律历志》："汉兴……庶事草创，袭秦正朔，以北平侯张苍言，用《颛顼历》，比于六历，疏阔中最为微近。"
>
> 《后汉书·律历志》：（汉初）"承秦用《颛顼》，元用乙卯。"

而问题在于，后人用《颛顼历》推汉初历法却往往与文献所记干支不合，而以《殷历》推之所合者更多，这使得后世历学家对文献所载持有疑虑。

北宋刘羲叟用《颛顼历》推算汉初朔闰不合，他认为"汉初用《殷历》，或云用《颛顼历》，今两存之。汉继秦，以建亥月为正"①。在刘氏表里，同时存在汉初朔闰使用《殷历》和《颛顼历》两种不同的记录。对于这种情况，钱大昕指出"宋崇文院检讨刘羲叟撰长历，推汉初朔闰兼存颛顼、殷二术，则诸唐宋时尤存而今并无之矣"②。也就是说，汉初使用《颛顼历》和《殷历》两种历法的文献记录在唐宋时存在。《梦溪笔谈》卷七《象数》载："自《颛帝

---

① 司马光：《资治通鉴目录》卷三，文渊阁四库全书影印版，第 311 册，384 页。
② 阮沅：《畴人传》卷四九《钱大昕》，646 页，北京，商务印书馆，1955。

历》至今见于世谓之大历者凡二十五家。"胡道静认为这 25 家大历中应包括《殷历》，只是至清代多有散佚。汪曰桢也认为："汉初承秦制，或云用殷术，或云用颛顼术，故刘氏长术两存之，今仍其制。"同时以《殷历》和《颛顼历》进行推算，推算结果为"以史文考之，似殷术为合"。①

陈垣先生在编纂《朔闰表》时，根据对文献所记月朔再次进行考证，"他在《朔闰表·例言》中说："汉未改历前用《殷历》，或云仍秦制用《颛顼历》，故刘氏汪氏两存之。今考纪志多与殷合，故从《殷历》……汉末改历前，仍秦制建亥，以十月为岁首，然不改十月为正月，不改正月为四月也。"②因此，《二十史朔闰表》中的汉初历法摒弃了《颛顼历》，而采用《殷历》。

根据历史文献记录，汉初历法一直未能得到完满解决，而考古出土的历日简牍则为我们提供了新的材料。新中国成立后，考古工作不断发展，陆续有新材料出土，使得古代历法问题有了更丰富的研究成果，促进了历史年代学的发展。汉初历法再一次成为学者们对比讨论的对象。

《颛顼历》和《殷历》同属古六历。古之六历，并同四分，早期推步历法的编制原理基本相同，都为四分历，主要区别在于历元和建正不同，判断早期历法的属性，主要依据历元和建正。③ 历元即历法的起算点，一般认为，《颛顼历》的历元为"乙卯元"，《殷历》的历元为"甲寅元"。从历元起算，按四分历岁实（回归年）365 又 1/4 日、闰法 19 年 7 闰、朔策（朔望月）长度 29 又 499/940 日这几个基本数据进行推步，便可求得每日干支。理论上，也可通过月朔干支来反求历元，即可知当时所行用何种历法。

首先将出土材料与《朔闰表》进行比对的是陈梦家先生。他根据 1959 年甘肃武威磨咀子汉墓出土的竹木简牍，对武威汉简年历表进行了深入系

---

① 郭津嵩：《出土简牍与秦汉历法复原：学术史的检讨》，见《浙江大学艺术与考古研究》第 3 辑，3 页，杭州，浙江大学出版社，2018。

② 陈垣：《〈二十史朔闰表〉例言》，见《陈垣史学论著选》，205～209 页。

③ 武家璧：《简论楚〈颛顼历〉》，载《长江大学学报（社会科学版）》，2019(4)。

统的研究，著《汉代年历表叙》，专门讨论了具有争议的汉初 103 年的历法。他认为，从汉简、汉代文献和汉代实物铭文所综合反映出的结果上看，虽有少量出入，但陈垣先生的《朔闰表》"大致上是符合实际的"。并认为汉简和汉代文献有部分不相合是由于传写、刊印时的讹误，或是当时实际颁布实施用的年历与推算是由天官根据天象临时更订而导致的。①

1972 年山东临沂银雀山汉墓出土了一部《元光元年历谱简》，这是当年发现的最早、最完整的古代历谱，它的出土将汉初历法的讨论推向了高潮。这批历谱简共 32 支，排比简首的数字，可知其干支顺序皆横列。② 其中一支简上有十月至后九月的字样，可知这批简应早于汉武帝太初改历。经与刘羲叟表比对，与元光元年岁首的晦朔大致相合，由此推知这是汉元光元年的历谱。此简自题"七年视日"，这是由于建元六年改元光元年，可能抄此历时尚未公布改元，于是延续前元，写作七年。

这部历表所记录的月朔干支与《通鉴目录》、汪氏表及《朔闰表》同年的朔日干支有着明显的差异。表 1 列出了《朔闰表》与《元光元年历谱简》的月朔干支和大小月比较，可以看到，在包括后九月在内的 13 个朔日干支中，有 10 个干支相同，3 个不同，这是由于在《元光元年历谱》中，十二月和正月为连续大月，造成了正月至六月这 6 个月份的大小月顺序不同。而《朔闰表》中，六月、七月为连续大月，所以自七月至后九月，月朔干支又重新相合。

表 1　《二十史朔闰表》元光元年朔日干支与出土历谱比较

|  | 十月 | 十一 | 十二 | 正月 | 二月 | 三月 |  |
|---|---|---|---|---|---|---|---|
| 陈表干支③ | 己丑 | 己未 | 戊子 | 戊午 | 丁亥 | 丁巳 |  |
| 月长 | 30 日<br>大月 | 29 日<br>小月 | 30 日<br>大月 | 29 日<br>小月 | 30 日<br>大月 | 29 日<br>小月 |  |

---

① 陈梦家：《汉简缀述》，229～234 页，北京，中华书局，1980。
② 罗福颐：《临沂汉简概述》，载《文物》，1974(2)。
③ 陈垣：《二十史朔闰表》，15 页，北京，中华书局，1962。

续表

|  | 十月 | 十一 | 十二 | 正月 | 二月 | 三月 |  |
|---|---|---|---|---|---|---|---|
| 出土历谱干支① | 己丑 | 己未 | 戊子 | 戊午 | 戊子 | 丁巳 |  |
| 月长 | 30 日 大月 | 29 日 小月 | 30 日 大月 | 30 日 大月 | 29 日 小月 | 30 日 大月 |  |
|  | 四月 | 五月 | 六月 | 七月 | 八月 | 九月 | 后九月 |
| 陈表干支 | 丙戌 | 丙辰 | 乙酉 | 乙卯 | 乙酉 | 甲寅 | 甲申 |
| 月长 | 30 日 大月 | 29 日 小月 | 30 日 大月 | 30 日 大月 | 29 日 小月 | 30 日 大月 | 29 日 小月 |
| 出土历谱干支 | 丁亥 | 丙辰 | 丙戌 | 乙卯 | 乙酉 | 甲寅 | 甲申 |
| 月长 | 29 日 小月 | 30 日 大月 | 29 日 小月 | 30 日 大月 | 29 日 小月 | 30 日 大月 |  |

　　这份材料的出土为研究汉初历法提供了十分宝贵的实物证据。学者们纷纷对此进行比较研究，其中最有影响的为陈久金、陈美东、张培瑜和张闻玉等先生。

　　陈久金和陈美东是中国著名天文学史专家。在国务院的指示下，"祖国天文学整理研究小组"成立，任务是对中国古代天文学史进行系统研究，两位先生为研究小组成员。② 对新出土的《元光元年历谱》，他们迅速进行了天文学角度的研究，于 1974 年发表了《临沂出土汉初古历初探》。文中指出，按《颛顼历》上元从正月己巳朔旦立春起算，推元光元年历，则立春和 13 个月的朔干支全部符合，而用《殷历》上元从十一月甲子朔旦冬至起算，则与出土历谱冬至日差一天，十月、十二月、七月和九月的朔干支各差一天。因此认为，汉太初以前所行用的历法为《颛顼历》。③ 文章进一步

　　① 陈久金、陈美东：《临沂出土汉初古历初探》，载《文物》，1974(3)。

　　② 陈美东：《我的学术经历与治学理念》，载《自然科学史研究》，2013(3)。

　　③ 陈久金、陈美东：《临沂出土汉初古历初探》，载《文物》，1974(3)。

推算了汉高祖元年(公元前 206 年)至汉武帝元封六年(公元前 105 年)的朔闰表。对于《颛顼历》朔闰表中朔干支不合的原因，二位先生提出了"借半日法"[①]，即小余增加日法的一半 470 分。在使用了这种调日法后，所推算的日干支与文献、出土资料中的实际朔日干支吻合度极高。

张培瑜先生是中国科学院紫金山天文台的研究员，他系统地整理了太初改历后的历代历法，又通过文献和出土材料，对春秋战国以及秦至汉初的历法进行了深入研究，著有《中国古代历法》(合著)、《三千五百年历日天象》等重要著作。对于汉初历法，他曾发表《汉初历法讨论》，说明元光元年历谱与《颛顼历》和《殷历》均有不合，故他认为古六历上元甲子均由东汉学者推算而得，而并非秦汉时期实际所用。于是他抛开传世历法，直接从出土历书出发，建构了一种新的四分历历法作为汉初历法。[②]

张闻玉先生于 1990 年发表《元光历谱之研究》，再次依据元光元年历书，提出了恢复原汉初历法的新方案。他认为汉初所行用的《颛顼历》实际上是《殷历》的变种，历元为甲寅元，只是岁首不同而已。陈垣先生之所以认为汉初行用《殷历》甲寅元，正因为使用传世《颛顼历》的乙卯元来推算历日，确有不合。张闻玉先生主张汉初历法是以公元前 202 年为甲子蔀蔀首的四分历。[③]

可以看到，自元光元年历谱出土之后，学界开展了关于汉初历法的大讨论。随着此后考古工作的深入，有关纪年、历谱的竹简不断出土，为历法考订提供了新材料。各位先生从出土的历谱材料出发，对汉初历法进行了很多研究，然而，至今依然未能出现一个统一的意见。这是因为，历法考订是一件极其繁难的工作，不仅要求尽可能全面搜集各种文献和遗物中

---

① 陈久金、陈美东：《从元光历谱及马王堆帛书天文资料试探颛顼历问题》，见中国社会科学院考古研究所编：《中国古代天文文物论集》，北京，文物出版社，1989。

② 郭津嵩：《出土简牍与秦汉历法复原：学术史的检讨》，见《浙江大学艺术与考古研究》第 3 辑，9 页。

③ 张闻玉：《元光历谱之研究》，载《学术研究》，1990(5)。

的历日记录，而且复原工作本身就具有不确定性。

## 三、历法复原的不确定性

陈垣先生去世于元光元年历谱出土的前一年，未能见到新材料。在近一百年前，根据当时的资料，陈垣先生考订出的历日表已经尽可能与文献契合。此后，又有诸如周家台简牍、张家山简中的历书不断被公布，为汉初历法的复原提供了更多材料，也同时增加了历法复原的复杂性。新材料不断出土，研究也在不断深入，如今看来，《朔闰表》中将汉初历法考订为《殷历》，的确是有待商榷。但汉初历法的复原工作依然困难重重。

在历法复原中，所需确定者至少有二：一为历元，二为历法行用的时期。对于汉初历法的历元，学界存在不同的看法。一部分学者认为，如文献记载，颛顼用乙卯，殷用甲寅，从历元始推，并在布算时加入了改正值，使之更符合实际天象；另一部分学者则跳出古六历的框架，当时行用的历法与传世古历无关，另有历元，于是完全从出土材料出发，给出一个全新的推算出的新历元。但无论是加入改正值，还是推算新历元，在文献中都很难找到切实的证据给予支撑，只能通过测算，给出一个最优"拟合"值。此外争议点还在于汉初历法的分期，太初改历前是否发生过其他的改历事件？改了几次？有学者认为，在汉高祖五年和文帝后元元年分别发生过改历，如此推断，可使朔日干支更加符合出土资料，可是依然得不到有力的文献支持。这就导致了历学家们各成一派，各自探求新的方法使数据相合而无法提供绝对正确的历谱。

郭津嵩先生将年代学的研究分为两支，一支是理论的年代学，也叫天文或数学的年代学，代表学者有陈美东、陈久金、张培瑜、曲安京等人，他们是专业的天文学研究者，所做的工作基于天文学和数学知识来进行复原。另一支是应用的年代学，也叫作历史的或技术的年代学，[①] 应用年代

---

① 郭津嵩：《种艺之事，饱食之资——汪曰桢及其年代学研究》，载《文史知识》，2010(5)。

学研究历史上曾经有过的纪年，包括推算的不同民族、不同地区纪年纪时方式的差异及其相互关系，最终编定月日干支朔闰表，汪曰桢、陈垣等以《殷历》作为汉初朔闰表的基础，主要是着眼于年代学应用之变，而并不像一些学者所批评的，是对汉初实际所用历法妄下结论。

郭津嵩先生指出，汪曰桢"清理史书月日的最终成果，呈现为详细的文献对比和校正，而朔闰表的推步则只是一个中间步骤，是为了建立一个相对可靠的参考系，故不必求其尽合"[①]。对于陈垣先生也是如此，编著《朔闰表》旨在为史学研究者提供一个历史的参考坐标。他考订西历和伊斯兰历，为治中西交通史奠定了研究基础，这是毋庸置疑的。

历来学者对陈垣先生在年代学上所作的贡献都给予了很高的评价。陈庆年先生评价此书"为史界未有之作"[②]。胡适先生也说过："此书在史学上的用处，凡做过精密的考证的人皆能明了。"[③]徐朔方先生同样肯定了《朔闰表》的成就，认为陈久金、陈美东先生的工作实际上是对本书的补正，直至今日，"《二十史朔闰表》仍然不失为有价值的一本好书"[④]。

日本东洋史学创始人之一的桑原骘藏评价对陈垣先生的研究成果给予了高度评价，他在为《元西域人华化考》撰写的书评中，列举了陈垣研究的两大特色：一是以中国和外国的关系为研究对象，二是具有科学的研究方法。[⑤]《朔闰表》不仅对历史学研究具有深远的意义，也为现代科学工作者进行天象复原工作提供了方便，例如中国科学院国家授时中心的天文学家刘次沅，在对各史天文志和本纪中的天象记录进行校勘时，以《二十史朔

---

① 郭津嵩：《出土简牍与秦汉历法复原：学术史的检讨》，见《浙江大学艺术与考古研究》第3辑，4页。

② 陈智超编注：《陈垣来往书信集（增订本）》，63页。

③ 胡适：《介绍几部新出的史学书》，载《现代评论》，第4卷，第91、92期，1926。

④ 徐朔方：《关于陈垣〈二十史朔闰表〉的评价问题》，载《杭州大学学报》，1989(4)。

⑤ ［日］桑原骘藏：《读陈垣氏之〈元西域人华化考〉》，见《桑原骘藏全集》第2卷，361～369页，东京，岩波书店，1968。

闰表》作为直接比较对象，点校出文献中的历日差异 27 条。①

陈垣先生曾说："这两书可能有错误，我先开个头，将来可在这个基础上改进，总会是后来居上的。"②在他的努力下，"一人劳而万人逸，一时劳而多时逸"③，中国传统的史学研究自此走向了世界，也走上了科学之路，具有划时代的意义。

---

① 刘次沅：《二十四史天象记录与陈垣历表的朔闰差异》，载《时间频率学报》，2012(1)。

② 刘乃和：《陈垣同志编著的年代历法工具书》，载《文献》，1979(2)。

③ 陈垣：《中国史料的整理》，载《史学年报》，1929(1)。

# 屈原尊崇箕子、比干而鄙弃微子考

黄灵庚　李凤立

[摘要]屈原作品中谈及商代贤人，对箕子、比干、梅伯等人赞叹不已，但对于被孔子誉为商代"三仁"之首的微子，却未置一词。本文运用二重证据法，通过梳理传世文献及西周礼器《史墙盘》《痶钟》等铭文所载，来了解微子启的身世、行迹及微氏家族渊源，可知微子与殷为同宗共姓，其去殷归周是背祖叛宗，是以为屈子所鄙。

[关键词]屈原；微子；出土文献

孔子说："殷有三仁焉。"①指身处殷纣末世的微子、箕子、比干三人。在孔子，微子居"三仁"之首，高于箕子、比干，是殷代最伟大的人物。但是，在屈原，于微子未置一词，只褒誉箕子、比干、梅伯等人，且尊之为"圣人"。《天问》："何圣人之一德，卒其异方？梅伯受醢，箕子佯狂。"王逸注："梅伯，纣诸侯也。言梅伯忠直，而数谏纣，纣怒，乃杀之，菹醢其身。箕子见之，则被发佯狂也。"又说："比干何逆，而抑沈之？"王逸注："比干，圣人，纣诸父也。谏纣，纣怒，乃杀之，剖其心也。"②《涉江》："伍子逢殃兮，比干菹醢。"王逸注："比干，纣之诸父也。纣惑妲己，作糟

---

作者简介：黄灵庚，浙江师范大学资深教授；李凤立，浙江师范大学讲师。

① 何晏、邢昺：《论语注疏》卷十八《微子》，2528页，北京，中华书局，1980。

② 王逸：《楚辞章句》卷三《天问》，81、84页，上海，上海古籍出版社，2017。

丘酒池，长夜之饮，断斩朝涉，刳剔孕妇。比干正谏，纣怒曰：'吾闻圣人心有七孔。'于是杀比干，剖其心而观之，故言'菹醢'也。"①这是什么道理？

西周时礼器《史墙盘》《㝬钟》等铭文（1976 年出土于陕西省扶风县），为破解微子启的身世、行迹及微氏家族渊源等提供了坚实有力的新证据。《史墙盘》铭文的作者，自称"史墙"，又称"微史"，微，是氏姓；史，是职官；墙，是名。《㝬钟》的铭文作者，自称"㝬"，或"微伯㝬"（见微伯㝬匕），是和史墙同族，㝬是名，微是氏姓，伯是爵位。《史墙盘》铭文的后半段，颂扬微氏高祖、烈祖、乙祖、亚祖、祖辛、文考乙公等六世功绩，说：

> 青幽高祖，甲微霝（灵）处。雩武王既戋殷，微史剌（烈）祖迺来见武王，武王则令周公舍（捨）圓（宇）于周，卑（俾）处甬。叀（惟）乙且（祖）遘（弼）匹厥辟，远猷腹心，子（兹）厩（纳）眚明。亚祖祖辛，龏毓（育）子孙，䌛（繁）䐯（福）多釐（釐），櫅（齐）角（禄）䚎（炽）光，义（宜）其禋（禋）祀，䲵（猷、胡）犀（迟）文考乙公遽（竞）趚（爽），得屯（纯）无谏，农嗇（穑）戉（越）暦（历），唯辟孝宎友。史墙夙夜不家（坠），其日蔑曆，墙弗敢取（抯、沮），对扬天子不（丕）显休令（命），用乍（作）宝尊彝，剌（烈）祖文考，弋（式）竆（贮）受（授）墙尔（薾）㸐（龤）福，褱（怀）䐯（福）彔（禄）、黄耇、弥生，龕（堪）事厥辟，其万年永宝用。②

铭文首二句"青幽高祖，甲微霝（灵）处"，认定甲微为其氏族的高祖。甲，原释作"在"，据徐中舒先生改。③《天问》："昏微循迹，有狄不宁。"王

① 王逸：《楚辞章句》卷四《九章》，102 页。
② 中国社会科学院考古所编：《殷周金文集成（修订增补本）》第 7 册，5484～5485 页，北京，中华书局，2007。注：部分释文及标点本文加以调整，下同。
③ 徐中舒：《西周墙盘铭文笺释》，载《考古学报》，1978(2)。

国维说："昏微，即上甲微。"[①]其说泰山不易。青，读如《大招》"青色直眉"之"青"，说黑色。[②]《悲回风》"据青冥而摅虹兮"，王逸注："上至玄冥，舒光耀也。"[③]以"青"为"玄"，也解黑。《招魂》"青骊结驷兮"，王逸注："纯黑为骊。"[④]此"青幽"连用，并列同义，犹"昏微遵迹"之"昏"，均属颂美之词。甲骨文商汤以下九世祖有称"青庚"者。青庚，说"昏庚"。十世祖有称"阳甲"者，阳，光明，义与言"昏""青"相反。刘盼遂说："殷人之命名，多取义于十二辰或十日，然亦有取义于时者，自契以下若'昭明'、若'昌若'、若'冥'，皆含朝莫晦明之义。上甲名微，殆亦取于晨光羲微，而又取于日入三商之'昏'以为字欤？"[⑤]其说可信。昏微在成汤之前，兄弟并淫于有易氏女，兄死弟继而"后嗣逢长"，屈原深以为不可解，所以才提出疑问。上甲微确非传说人物，固已为甲骨贞卜之辞所证验。卜辞所载"大合祭"，多从上甲伊始，见其受祀之典，特别隆重，在殷先王中具有很高地位。如："辛巳卜，大，贞㞢自上甲元示三牛，二示二[牛]。"（合集 25025）"癸未王卜，贞酒彡日，自上甲至于多毓衣，亡壱自畎。在四月，隹王二祀。"（合集 37836）"丁酉卜，贞王窋𩰫自上甲至于武乙衣，亡尤。"（合集 35439）"辛亥酒彡……自上甲，在大宗彝。"（合集 34044）至于上甲微有何功德可歌可颂，甲文绝无记载。清华简《保训》，对于甲微的功绩有所披露。《保训》是《尚书》的佚篇，居然以甲微与帝舜并称，"昔𢼸（微）叚（假）中于河，以复（复）有₌易₌（有易，有易）伓（服）氒（厥）皋（罪）。𢼸（微）亡（无）害（害），迺（乃）追（归）中于河。𢼸（微）寺（志）弗忘，逋（传）貽（贻）孙₌（子孙），至于成康（汤），鼎（祇）备（服）不解，甬（用）受大命。"[⑥]其与《汲冢书》"殷上甲微

① 王国维：《古史新证》，见《王国维全集》第 11 册，254 页，杭州，浙江教育出版社，2009。

② 王逸：《楚辞章句》卷十《大招》，229 页。

③ 王逸：《楚辞章句》卷四《九章》，141～142 页。

④ 王逸：《楚辞章句》卷九《招魂》，219～220 页。

⑤ 刘盼遂：《天问校笺》，见黄灵庚主编：《楚辞文献丛刊》第 71 册，154 页，北京，国家图书馆出版社，2014。

⑥ 李学勤主编：《清华大学藏战国竹简》（壹），143 页，上海，中西书局，2011。

假师于河伯，以伐有易，灭之"相同①，殷人将上甲微视如西周的古公亶父、王季之伦，是肇造成汤帝王基业的大功臣，则和屈子辞赋所载、所问，大异其趣了。那么，成汤之后，昏微之子孙还有在者否？太史公说："契为子姓，其后分封，以国为姓，有殷氏、来氏、宋氏、空桐氏、稚氏、北殷氏、目夷氏。"《索隐》曰："《系本》又有时氏、萧氏、黎氏。"②均未见著录微氏，是很值得玩味深思的事情。唯《世本》"殷"有"微氏"一条，说："殷有微子、微仲。微，国名为氏，鲁有微虎。"③微子、微仲是殷末人，而微虎是春秋末的鲁国人。微氏家族，仅此而已，似乎门第衰败得无人可著可录，连老祖宗上甲微也被省去，真是怪事。《世本》，自上甲微至成汤凡五世：即报乙、报丙、报丁（此三人均属兄死弟及，只能算一世），主壬，主癸至天乙成汤，和甲骨卜辞所载完全吻合，所以在殷族世系里，称上甲微为"高祖"。铭文说，昏幽高祖，甲微显圣，开启了微氏家族的辉煌。之后，甲微裔孙以微为氏姓，微也成为殷商诸侯的国名。史墙追述其始祖大德，则称"甲微霝（灵）处"，祖述其家族的显赫渊源关系。

铭文次高祖甲微之后，是颂述其"烈祖"。烈，是光明伟大的意思，也是颂美先祖之词。这个"烈祖"，是史墙的六世祖，其光明伟大于何处？说周武王讨伐殷纣之时，"烈祖"反戈"来见武王"。与《史墙盘》同时出土的《痶钟》，铭文也说："曰古文王，初盠龢于政，上帝降懿德大甹（屏），匍（抚）有四方，匌受万邦。雩武王既弌殷，微史剌（烈）祖来见武王，武王则令周公舍（捨）寓（宇）以五十颂处。"④这个"烈祖"是谁？原来竟是居于"三仁"之首的微子启。《论语·微子篇》："微子去之，箕子为之奴，比干谏而死。"马融注："微、箕，二国名。子，爵也。微子见纣无道，早去之；箕

---

① 王国维：《今本竹书纪年疏证》，见《王国维全集》第5册，222～223页。
② 《史记》卷三《殷本纪》，109～110页，北京，中华书局，1983。
③ 宋衷注、秦嘉谟辑：《世本》，268页，北京，中华书局，2008。
④ 中国社会科学院考古所编：《殷周金文集成（修订增补本）》第1册，297～298页。

子佯狂为奴；比干以谏见杀也。"①微，是封国；子，是爵名；启，是人名。《论语》及马融只说"去之"，没交代微子启离开殷纣后的去向。《左传》《史记》则交代得清清楚楚，说微子启背叛殷纣、投奔西周了。《左传》僖公六年："许僖公见楚子于武城，许男面缚衔璧，大夫衰绖，士舆榇。楚子问诸逢伯，对曰：'昔武王克殷，微子启如是。武王亲释其缚，受其璧而祓之，焚其榇，礼而命之，使复其所。'"②《史记·宋微子世家》也说："周武王伐纣克殷，微子乃持其祭器，造于军门，肉袒面缚，左牵羊，右把茅，膝行而前以告。于是武王乃释微子，复其位如故。"③左氏及《史记》所载，是《史墙盘》《痹钟》铭文"来见武王"最翔实注脚。出土文献与传世文献相互印证，史墙、微伯痹所称的"烈祖"，非微子启则莫属。在西周王朝，微子启称得上是顺从天命、归化圣朝的功臣、贤圣；而在殷商族，微子启则是一个可耻的丧失气节的贰臣，是彻头彻尾的叛逆行为。

殷商灭亡之后，周武王施行仁政，举逸继绝，立殷族之后武庚于殷墟，"尊食宗绪"，奉祀殷族宗庙的香火。及周武王崩，成王继位，周公旦摄政，这个武庚居然联合了周朝管、蔡二家，趁机举兵反叛，企图恢复失去的殷商王朝。周公东征平叛，诛灭了武庚及管、蔡，迁徙殷族"顽民"于洛汭。成王乃改封微子启于宋，作为殷商之后。那么，周朝何为当初未封主动归顺的微子启而立武庚为殷后呢？据说，武庚字禄父，是纣王之子。而从血缘关系看，微子仅是同殷宗族而已，和殷纣王族比较疏远。古代也有以微子启为殷纣的亲属。如，杜预称"纣兄帝乙之元子微子启"④，则以微子启与纣为同母兄弟。又，《吕氏春秋·当务篇》说："纣之同母三人，其长曰微子启，其次曰中衍，其次曰受德。受德，乃纣也，甚少矣。纣母之生微子启与中衍也，尚为妾，已而为妻而生纣。纣之父、纣之母欲置微

---

① 何晏、邢昺：《论语注疏》卷十八《微子》，2528 页。
② 杜预、孔颖达：《春秋左传正义》卷十三《僖公六年》，1798 页之中，北京，中华书局，1980。
③ 《史记》卷三十八《宋微子世家》，1610 页。
④ 杜预：《春秋释例》卷八"宋"条，406 页，北京，商务印书馆，1936。

子启以为太子，太史据法而争之曰：'有妻之子而不可置妾之子。'纣故为后。"①微子启、微中衍和殷纣果为同父母的兄弟，殷纣和微子启同一氏姓，殷纣是否也可以别称"微纣"？这个说法太不靠谱。或者以微子启为纣王的庶兄，如《论语》马融注："微子，纣之庶兄。箕子、比干，纣之诸父也。"②庶，是庶出，庶兄，指庶出的众兄弟，只表示和殷纣同宗共姓，好比屈原与楚怀王，同属帝高阳的裔孙，而其血缘关系远着呢！箕子、比干，称纣的"诸父"，非亲伯叔之类，辈分有可能比殷纣、微子启高，也只是表示其同宗共姓而已。这个说法差近事实。依据周朝宗法制度，传嫡不传庶，当初封武庚而不封微子启为殷后，即以其庶出而非正嫡的缘故。再说，业已变节的微子启也压不住庞大的殷商旧族。历史上之所以出现微子启为殷纣长兄的说法，恐怕是在微氏承接殷宗以后，微氏裔孙为了取得继统合法性而伪造出来的谱系。

微子启本居于微国，是殷商王朝的故封地，原在殷都封畿之内，商家用来回报其先祖昏微的功德而赐予微氏裔孙的采邑。当殷商王朝行将倾覆之际，最需要同姓的微子家族同仇敌忾，共济国难。微子启不顾大局，只图其一己之私，偏偏"去之"而"来见武王"，而"不与纣之难"，举族投奔了周朝，对于殷商王朝来说，所造成的伤害是致命的。正如《荀子》所说"遂乘殷人而诛纣，盖杀者非周人，因殷人也。"杨倞注："非周人杀之，因殷倒戈之势自杀之。"③《天问》说："到（倒）击纣躬，叔旦不嘉。"④这个"不嘉"，恐怕也是指殷族"倒戈"如微子启之类人物。对于这些人，那些日夜不忘复辟的殷族"顽民"们能放过他们吗？微子启这个家族还能在殷都封畿之内的微国继续待下去吗？再说，殷商的世系里保留微氏一支的原籍还有必要吗？或许是出于安全考虑，周武王不能让归顺后的微子家族继续留在原封

---

① 许维遹：《吕氏春秋集释》，252 页，北京，中华书局，2009。
② 何晏、邢昺：《论语注疏》卷十八《微子》，2528 页。
③ 王先谦：《荀子集解》卷四《儒效篇》，136 页，北京，中华书局，1988。
④ 黄灵庚：《楚辞章句疏证（增订本）》，1308～1310 页，上海，上海古籍出版社，2019。

的微国，将他们迁移至相对比较安全的地方，保护起来。孔颖达的《毛诗·振鹭·疏》说："微国本在纣之畿内，既以武庚君于畿内，则微子不得复封于微也。但微子自囚以见武王，武王使复其位，正谓解释其囚，使复臣位，不是复封微国也。"①可是，孔氏始终不明白"微子不得复封于微"的道理。周武王乃令周公在一个名"甬"的地方，安置微子启家族暂且居住下来。甬，《疢钟》又作"颂"，二字通用，当是同一地名。其地望究竟在何处已不可考，最有可能是在西周丰、镐的京畿附近，微氏家族的这批青铜礼器在西周京畿腹地的扶风发现，也不足为怪了。微子启归顺了周朝，为周朝出谋划策，成为周天子腹心大臣，且参与了周公平叛武庚之乱，导致殷族的残余势力被彻底摧毁。天下趋于安定，周成王便选择了微子启作为殷主而改封于宋。微子启于是举族东迁，又成为周天子下属的异姓诸侯国。杜预说："东平寿张县西北有微乡微子冢。"②微子冢墓，在今鲁西南微山湖中的微山，这当然是微氏家族改迁于宋后的事情。

《史墙盘》的铭文对于"烈祖"微子启背祖叛商行为，轻描淡写，用"来见武王"四字敷衍了事，且百般美化之，完全出于"谀祖"，也在情理之中。孔子为什么要推微子启为"三仁"之首？《史记·孔子世家》载，称孔子，"其先宋人也，曰孔防叔"。唐司马贞《索隐》："《家语》：孔子，宋微子之后。"③原来孔氏也是微子启的裔孙，孔子及其门徒将微子启"来周"的亏节行径，美化为早识事机的明智之举，反而以箕子佯狂、比干菹醢为"隘"，是"不识机变"的举动，而黜退其次。《尚书》是经孔子整理过的，《微子篇》说："殷既错天命，微子作诰父师、少师。"《孔传》："父师，太师，三公，箕子也。少师，孤卿，比干。微子以纣拒谏，知其必亡，顺其事而言之。"④微子启在当时似曾规劝箕子、比干二人，"顺其事而言之"，一起叛

① 毛亨传、郑玄笺、孔颖达疏：《毛诗正义》卷十九《振鹭》，594 页，北京，中华书局，1980。
② 杜预：《春秋释例》卷七僖公六年"微"条，256 页。
③ 《史记》卷四十七《孔子世家》，1905～1906 页。
④ 孔安国传、孔颖达疏：《尚书正义》卷十《微子篇》，177 页，北京，中华书局，1980。

商归周。箕子、比干不为所动，以"自靖人自献于先王"回绝了他，未失气节。① 比较三人言论，微子最为不齿。甚矣，儒者之论微子，固非公论矣！宋洪兴祖对于屈原不征引、褒誉微子启也有一番议论，说："士见危致命，况同姓兼恩与义，而可以不死乎！且比干之死，微子之去，皆是也。屈原其不可去乎？有比干以任责，微子去之，可也。楚无人焉，原去则国从而亡。故虽身被放逐，犹徘徊而不忍去。生不得力争而强谏，死犹冀其感发而改行，使百世之下闻其风者，虽流放废斥，犹知爱其君，眷眷而不忘，臣子之义尽矣。"②洪氏以微子之去，是因为当时"有比干之任责"，所以"去之"也可；而屈原之所以不可去楚，是因为楚没有像比干这样的贤人任其责，则只有一死而已。真是苦心诣意，百般替微子回护，寻找其"去之"理由，仍不能令人信服。屈原对于殷代末世的诸贤，除箕子、比干、梅伯等外，特别赞扬伯夷、叔齐兄弟甘为殷商遗民而不肯入周的气节，《橘颂》："行比伯夷，置以为像兮。"王逸注："伯夷，孤竹君之子也。父欲立伯夷，伯夷让弟叔齐，叔齐不肯受，兄弟弃国，俱去首阳山下。周武王伐纣，伯夷、叔齐谏之曰：'父死不葬，谋及干戈，可谓孝乎？以臣弑君，可谓忠乎？'左右欲杀之，太公曰：'不可。'引而去之。遂不食周粟而饿死。屈原亦自以修饰洁白之行，不容于世，将饿馁而终。故曰：以伯夷为法也。"③在屈原，这些忠臣志士在殷国危难关头，视死如归，都表现出了一身堂堂正气，是值得他仿效的榜样人物，人臣都应该像箕子、比干、梅伯、伯夷、叔齐那样，大节不亏，宗国父母邦不可轻去，完全出于对楚国的一片忠忱之情。屈原始终鄙薄微子启，避言之而不肯置一词，正是其高扬爱国主义精神的亮点。

有趣的是，再往后，被封宋公的微子启，于周天子行朝觐礼，路过殷商旧都，见当年巍峨宫阙都已鞠为茅草，不无陵谷变迁之悲，赋诗寄其亡

---

① 孔安国传、孔颖达疏：《尚书正义》卷十《微子篇》，177 页。
② 洪兴祖：《楚辞补注》卷一《离骚》，74 页，上海，上海古籍出版社，2018。
③ 王逸：《楚辞章句》卷四《九章》，134～135 页。

国之思。《尚书大传·微子篇》载："微子将往朝周，过殷之故墟，见麦秀之蔪蔪，曰：'此父母之国，宗庙社稷之所立也。'志动心悲，欲哭，则为朝周俯泣，则妇人推而广之，作雅声。歌曰：'麦秀蔪蔪兮，黍禾晭晭；彼狡童兮，不我好兮。'"①这首《麦秀之歌》是否为微子启所作，至今尚有争议，但是确实表达了微子启的真实心境。微子启既斥纣王为"狡童"，又以"不我好"的缘故，当作背殷投周之举的冠冕堂皇的理由，至死不肯悟其非，果真是所谓凤慧顺变之圣贤否？屈原能忍受且认可这样的行为否？似无须多辨。又，《史墙盘》的铭文颂述烈祖微子以下若乙祖、亚祖、祖辛、文考乙公等，经历了成王、康王、昭王、穆王、恭王数世，或是"弼匹厥辟""远猷腹心"；或是"蘦毓子孙""齐禄炽光"；或是"得纯无谏""唯辟孝友"，思惟不坠家业，死心塌地做了周家顺民，恐怕已经与殷商王族切割得一干二净了，早该将他们从殷商世系图谱中清除出去，不留其痕迹。所以，在传世殷商《世系》里很少能见到有微氏著录，也算是对微氏子孙后裔的一个惩罚。

---

① 伏胜：《尚书大传》卷二《微子》，《四部丛刊初编》影印清刻《左海文集》本。

# 明清山东阳信马氏家族科举人物考

马庆洲

[摘要]山东阳信马氏，系明宣德年间自临朐县朱位村迁居而来。始迁祖马士能为宣德二年状元马愉叔父，历五六代之后，其子孙科第连绵，显于邑中。明代阳信共有进士28人，马氏4人；清代15人，马氏1人。其中马大儒一支，5代人中就有3名进士、3名举人（含1名武举）、2名贡生，前后延续上百年时间，不失为一个值得探究的科第之家。本文以方志为主，对这些科举人物的生平、事迹，作简要考察。

[关键词]山东阳信；临朐；马氏；明代；清代；科举；进士

山东阳信县位于黄河下游，靠近入海口一带。明代，阳信属山东承宣布政使司济南府武定州。清顺治二年(1645年)，武定州升为直隶州；十二年，再升为府，阳信改属武定府。阳信虽地处相对偏远的鲁北，然而明清两朝，尤其是明代，其举业繁荣，人才辈出。县志称"信邑以科目起家者，唐宋金元，纪载犹略。自明初迄今，联翩鹊起，称綦盛矣"①。据《阳信县志》所载统计，明代阳信共有进士28人，这一数字虽说不上华丽，但在科举成绩平平的北方也颇显不俗。

---

作者简介：马庆洲，清华大学出版社编审、北京外国语大学兼职教授。

① 周虔森修，张璵等纂：《阳信县志》卷八《选举志》载马素祺语，清康熙二十一年刻本，国家图书馆藏。以下简称"康熙《阳信县志》"。

明代阳信科举的兴旺，与该县两个科举家族密不可分。有学者认为："科举世家的出现，在很大程度上催生了各州县进士数量的增多……相反，科举世家的衰落，则与该地进士数量的减少息息相关，如民国时期的《阳信县志》记载阳信县明代有进士 28 名，其中马氏和张氏两大家族占据半壁江山，至清代减为 15 名，与该县马氏、张氏等家族的衰落有极大的关系。"①

阳信此支马氏②，系明宣德年间由临朐县朱位村迁入，历五六代而显于邑中，科第绵延，号称"阀阅"。明代阳信的 28 位进士中，马姓有 4 位，为同一家族。其中，马忭一支，在 5 代人前后近 100 年的时间中，就出现了 1 名进士、3 名举人（含 1 名武举）、2 名贡生。与新城王氏、临朐冯氏等明清山东科举大家族相比，阳信马氏还稍显逊色，但是如此成绩，也能算得上是一个科第之家了。

## 一、阳信马氏始迁祖——马士能

阳信马氏始迁祖马士能，字会智，原籍临朐。临朐马氏远绍关中扶风，为东汉伏波将军马援之后。宋末，马近教授青州，遂家临朐朱位里。马氏世代业儒，六传至马愉，宣德二年（1427 年）中一甲一名进士，被时人目为明代北方第一位状元，累官至翰林院侍讲学士、礼部侍郎，卒赠翰林院学士、礼部尚书、资善大夫，赐谥"襄敏"。马愉祖父景信有 3 子，长子贤，生一子愉；次子能；三子肃，生子怡、恪。

---

① 李沈阳：《明清黄河三角洲进士地域分布研究》，载《滨州学院学报》，2010(1)。

② 按：从各版阳信方志的记载看，明清阳信举人、贡生中，还有其他一些马姓人氏，但由于无缘见马氏家谱全貌（笔者仅得见若干散页），无从考证这些人是否为马士能后裔。因此，本文所述仅限于可以确知的马士能后裔，文中所称"马氏"，也相应地仅指这一支系。另外一支可以确定的阳信马氏似为回族，有举人马攀龙（字冲霄，号魏非。嘉靖三十四年举于乡。历官河南陕县教谕、礼部精膳司主事。挂冠归乡，逍遥园林。著有《魏非文集》20 卷）。

马士能迁离临朐的原因，《临朐续志》载："明宣德间，马襄敏大魁天下后，其叔父士能曰：'吾性疏放，不惯杂显宦中作富贵人也。'遂率妻子迁居阳信，亦赵隐君之流也。"[①]表面上看，马士能之所以要离开临朐老家，是因其生性散淡，不愿与富贵人为伍；但分析起来，其避祸的考虑可能更多一些。毕竟，明代株连之祸时有发生，状元前程固然可期，但仕途莫测，谁也无法保证不会发生变故，与其将来遭遇不测身受牵累，还不如未雨绸缪，早早躲远点。

马士能迁居阳信以后，先从小本生意做起，逐渐积累家业，子孙读书有成，在举业上不断有所斩获，进而建立起家族名声，延续至清初。古人笃信积善行德，泽被子孙，无论是国史还是家乘，此类记载屡见不鲜。马士能之子孙，代有功名，也被附会上此类色彩。民国《阳信县志》载其不贪人遗金之事，云"后士能子孙昌盛，科第绵延于信邑，称阀阅焉"[②]。将这种看似平常的事情载入史中，显然是在宣扬因果报应的思想，教化意义不言自明。但是，一个家族要想成为文化世家，又绝非如此简单，这不仅需要数代人的奋斗，也需要时代的机遇。而明清时代，科举几乎成为人才选拔的唯一正途，这为普通人通过读圣贤书而跻身官僚阶层提供了一种可能。

---

① 周钧英修，刘仞千纂：《临朐续志》卷二十二《杂记·轶事》，铅印本国家图书馆藏，1935。

② 朱兰修，劳殿宣纂：《阳信县志》卷五《人物志·清介》，铅印本国家图书馆藏，1926（以下简称"民国《阳信县志》"）。这段传记全文如下：马士能，原籍青州府临朐县。迁居阳信，于城市开设茶馆。暑月，有客跨骏马至馆下，解装取饮。饮讫，跨马径去，遗一皮囊。探之，白锭也。姑收之，冀复相寻。抵暮，未返。士能秘藏于积薪内，用泥封固，人无知者。经年，客复至。行李萧然，入坐而叹。问其故，客垂泪曰："吾青州人，在京师贸易，充铺伙。去岁赴济讨债，得金数百，经此少息，仓卒而去。至暮解装，方惊遗失。窃疑即在君处，未必果落君手。即落君手，安必今世复有还带之裴公耶？遂决意舍去。归语柜主，柜主不信，责令垫偿。薄田数亩，尽行典卖，合家无生理，为之发叹耳。"士能出，急取皮囊，返以示客，曰："曾是原璧否？"客惊喜异常，顿首谢曰："有君如此，谁谓天下无好人也！但此物久非我有，我心既白，君仍取之可也。不然，均分可也。"士能笑曰："若贪之，何献之！天地之间，物各有主，此非吾物也。"客收金而去。后士能子孙昌盛，科第绵延于信邑，称阀阅焉。

## 二、正德六年进士马朝卿

阳信马氏家族中首位进士是马朝卿，为正德六年（1511 年）杨慎榜。据是科《进士登科录》，朝卿曾祖福海、祖马昇①、父聪（字宗俊，成化年间贡生），其弟朝佐。

马朝卿（1474—?），字忠夫（《阳信县志》作忠甫），号南泉。弘治十四年（1501 年）乡试第 26 名。正德六年会试第 120 名，殿试三甲第 18 名，时年 38 岁。授南直隶丹徒知县，历南京户部主事、员外郎、郎中，嘉靖五年（1526 年），升彰德府知府。《彰德府志》载其"南京户部郎中升，五年任。马公莅政，亦宽厚长者，在任颇久"②。《阳信县志》赞其"正直敢言，坐争大礼，夺俸。后任河南彰德府知府，以循吏著名"③。

马朝卿子跻华，字学长，正德十四年（1519 年）己卯科举人，历任兵部武库司郎中。

马跻华子应阳，贡生，任庐州府照磨。

## 三、嘉靖四十四年进士马三乐

据阳信马氏家谱，马士能四子英有两子：马洲、马清。清有子璋，璋有子蕭，蕭有子三乐，三乐有子秉房；洲有子德。此家谱所记，与《嘉靖

---

① 按：笔者所见阳信马氏家谱（散页）载，马士能有 4 子，即麟、昇、斌、英。而据《进士登科录》中马朝卿等所述，麟、昇、斌、英之上，似乎还有一代人。资料所限，一时尚无从考证。马麟，字文瑞，成化四年（1468 年）举人，弘治十一年（1498 年），任真定府通判。升卫辉府同知，"崇祀乡贤"（康熙《阳信县志》卷八《选举志》）。麟之子可久，"字宗易，任南阳府经历"（乾隆《阳信县志》卷六《选举志·监博》）。马士能以下两三代人，资料不足征，故文中不再单独论述。

② 常存仁修，郭朴纂：《彰德府续志》卷之上《官师》，国家图书馆藏明万历九年刻本。

③ 民国《阳信县志》卷五《人物志·宦绩》。

四十四年乙丑科进士履历便览》所载马三乐三代祖先完全相同①，可以互相证实。

马三乐(1536—?)，字克性。嘉靖十五年丙申(1536 年)十月生。嘉靖四十三(1564 年)甲子科举人，次年连捷乙丑科进士，为三甲 197 名。吏部观政，嘉靖四十四年六月，授山西闻喜知县，丁忧归。隆庆四年(1570 年)十一月，复授直隶魏县知县；十二月，迁贵州道监察御史；②隆庆五年三月，实授监察御史。③万历元年(1573 年)三月，巡按云南；二年二月，升河间府知府；三年二月，升陕西苑马寺少卿兼按察司金事。万历五年(1577 年)，致仕归乡。

马三乐为官时间并不太长，然所到之处，多有建树。任闻喜知县，"挺特有定守。尝毁淫祠，或说以祸福，不为动。设法赈饥，加兴学校。邑初逋税甚多，悉劝输如额。上官异之，擢监察御史，巡按滇南，知河间府。祀名宦"④。在御史任上，马三乐积极建言献策，许多建议得到采纳。《明穆宗实录》载，隆庆五年(1571 年)五月，"吏部覆御史马三乐奏请，令两京官员有省亲、送子、迁葬、养病等项，皆由本衙门堂上官勘实代奏，以俟本部题覆，或逾限期，即如法参治。从之"⑤。隆庆五年七月，"癸亥，勒太常寺卿陈庆致仕，以御史马三乐论其衰老故也"⑥。隆庆五年九月，戊辰"诏以故礼部左侍郎薛瑄从祀孔子庙廷。先是六科给事中韩楫等、十三道御史马三乐等，交章请以瑄从祀"⑦。薛瑄获准从祀孔子，是事关礼仪的

① 《嘉靖四十四年乙丑科进士履历便览》载：是科山东 35 人，济南府 13 人；马三乐高祖曾祖清、祖璋、父甯。

② 此据《明穆宗实录》卷五十二，影印国立北平图书馆藏"红格抄本"，1295 页，台北，"中央研究院历史语言研究所"，1962。《嘉靖四十四年乙丑科进士履历便览》作云南道，当误。

③ 《明穆宗实录》卷五十五，1374 页。

④ 李遵唐纂修：《闻喜县志》卷四《宦绩》，国家图书馆藏清乾隆三十年刻本。按：乾隆、民国版《闻喜县志》及《山西通志》，均将马三乐任闻喜知县时间作嘉靖四十二年，误。

⑤ 《明穆宗实录》卷五十七，1406 页。

⑥ 《明穆宗实录》卷五十九，1437 页。

⑦ 《明穆宗实录》卷六十一，1484 页。

大事件,《明通鉴》《明儒言行录》《钦定续文献通考》等均有记载。由此不难看来,马三乐颇有担当,正真敢言。《阳信县志》赞曰:"任贵州道监察御史,风裁凛然,不避权贵,所上疏皆关军国大计。"①其《奏请薛文清从祀孔子庙庭疏》一文,亦收录于县志中。②

马三乐家族中的其他几位成员,《阳信县志》中也有记载。其远房祖辈马德,字宗道,明正德年间贡生,任河间府照磨。③ 其祖父璋,"性放达,淡怀进取。题其室曰'安乐窝',盖有慕于邵尧夫之为人也"④。其父马鼐,"以子三乐贵,赠监察御史"⑤;县城中有为其所立豸史坊⑥。其子马秉房,字星甫,顺治间为贡生。⑦

## 四、万历十七年进士马大儒

马大儒(1561—1610),字汉才,别号心董。万历十三年(1585 年)乙酉,以《诗经》中举,位列第 67 名。⑧ 万历十七年(1589 年)己丑科进士,三甲 75 名。万历十八年,授直隶大名府浚县(今属河南鹤壁市)知县,仅数月,因丁父忧归乡。马大儒在浚县任职虽然时间很短,但他"下车,问民疾苦,去奸猾,开白河,兴水利,数月而浚以大治。丁父艰归,舟行,民夹岸攀送,出三百里"⑨。《浚县志》也称赞其"政尚严明"⑩。

---

① 民国《阳信县志》卷五《人物志·宦绩》。

② 民国《阳信县志》卷七《艺文志上》。

③ 康熙《阳信县志》卷八《选举志·贡士》。

④ 康熙《阳信县志》卷九《人物志·隐逸》。

⑤ 康熙《阳信县志》卷八《选举志·封赠》。

⑥ 康熙《阳信县志》卷二《建置志》。

⑦ 康熙《阳信县志》卷八《选举志·贡士》。按:马秉房推贡生时间,疑有误。

⑧ 据《万历十三年山东乡试录》,是科参试者 2000 余人,录取 75 名。见屈万里主编:《明代登科录汇编》第 20 册,台北,学生书局,1969。

⑨ 民国《阳信县志》卷五《人物志·宦绩》。

⑩ 武穆淳修,熊向阶纂:《浚县志》卷三《循政》,国家图书馆藏明嘉靖六年刻本。

万历二十年(1592 年),马大儒守丧期满,转任直隶曲周知县。期间,他惩治奸猾,关心民间疾苦,深受百姓拥护。《曲周县志》载:"马大儒,山东阳信,进士,万历中任邑令。明敏端介,折狱洞人肺腑,所笞责咸服,不为冤。邑数不登,无所赈,民多流徙。为垦荒地,置义田数顷,收租备赈。又筑闸魏家湾,引水灌溉田,由是旱不为灾。政成,擢吏部。去,民为勒碑,崇祠名宦。"① 马大儒的诸多惠政,赢得了民心,考绩居三辅第一。万历二十五年(1597 年),迁吏部稽勋司主事。去职后,百姓为之建生祠,② 立去思碑。由贾待问执笔的《马公遗爱碑厅记》一文,《阳信县志》《曲周县志》均收录。③

万历三十二年(1604 年)十一月,马大儒由吏部文选司郎中升任太常寺少卿,《明实录》《太常续考》等均有记载。④ 明代,太常寺掌祭祀礼乐之事,太常少卿为正四品职位。未几,马大儒以奉使过里,侍养母亲。母卒,"哀痛逾礼,因成疾,双眸渐昏"⑤。服除,绝意仕途,隐于里。万历三十八年(1610 年)庚戌,马太儒"以目眚误服寒剂,寝疾旬余卒"⑥。刘士骥在

---

① 刘自立等纂:《曲周县志》卷十四《宦绩》,国家图书馆藏清同治八年刻本。

② 《曲周县志》:"马公祠,讳大儒,在东关。"刘自立等纂:《曲周县志》卷九《坛祠·生祠》,国家图书馆藏同治八年刻本。

③ 《马公遗爱碑厅记》,载顺治《曲周县志》卷四;康熙《阳信县志》卷十《文艺志·碑记》,题名改作《马公大儒遗爱碑记》。按:贾待问,字学叔,邢台威县人,隆庆二年进士,历任咸宁知县、怀庆知府,累官湖广布政使、都察院右副都御史。

④ 《明神宗实录》卷四百零三。佚名:《太常续考》卷七,见《文渊阁四库全书》第 599 册,283 页,北京,商务印书馆,1982。

⑤ 刘士骥:《明中宪大夫太常寺少卿心董马公行状》,见《四库全书存目丛书》集部第 182 册《蟋蟀轩草》"利"卷,500 页,济南,齐鲁书社,1997。

⑥ 李呈祥:《内黄知县绳河马赞行状》,见《清代诗文集汇编》第 60 册《东村集》卷九,161~162 页,上海,上海古籍出版社,2010。按:李呈祥,字其旋,一字吉津,号木斋。山东沾化县人。万历四十五年(1617 年)九月生。崇祯十六年进士,选庶吉士。清顺治三年,任国子监祭酒,历詹事府少詹事、翰林院侍讲学士。顺治十年,建言分别满汉文武事,被劾夺官,流徙盛京,谪居奉天 8 年。顺治十七年秋,赦还里居,授徒为生。著有《木斋诗》《东村文集》。康熙二十六年(1687 年)六月卒,祀乡贤。

《行状》中称赞马大儒云："公之宦中外仅八载，而为民兴力剔蠹，为朝廷进贤黜不肖，名实烨然，固其才足办，亦惟是奉公一念夙所自盟耳。"①

马大儒所撰《重修儒学碑记》一文，康熙、乾隆及民国版《阳信县志》均有收录。此外，未见有其他著述。

马大儒之父马忭(？—1590)，字闰京，号小溪，隆庆间监生。"任苏州府照磨。富而好施，常焚贷券数千缗。子孙多贵显，人称为积德之报"②。李呈祥在为马赞所作《内黄知县绳河马公行状》一文，详细记述了马忭一支的传承世系："至士能，徙阳信。五传至思仁；思仁生伯镒，并负隽才；伯镒生小溪公讳忭，繇胄监任苏州府幕，累赠中宪大夫、太常寺少卿，是为公祖；小溪生心董公讳大儒，己丑进士，中宪大夫太常寺少卿，前吏部文选清吏司郎中，祀乡贤，《名宦》各有录，纪其事，是为公父；太常公娶于吴，止生公。"③

马大儒兄弟三人，另两人为翕儒、纯儒。马翕儒，"字子聚。以子贡贵，赠文林郎、河南温县知县"④。马纯儒，"忭之子，字一之。中癸卯武亚元。任金吾将军京营伍军拾营佐"⑤。《咸丰武定府志》载其为都指挥金事⑥。

马忭孙辈中，有两位举人：马贡、马赞。他们品级虽然不高，仅为知州、知县，但一位惠爱子民，治绩突出，百姓怀之，为立生祠；一位赋性洒脱，不为官职所累，飘然归乡隐居，为后人称道。

马贡，翕儒之子，字宾庭，号韦盘。万历二十二年(1594年)甲午科举

<hr>

① 刘士骥：《明中宪大夫太常寺少卿心董马公行状》，见《四库全书存目丛书》集部第 182 册《蟋蟀轩草》"利"卷，501 页。

② 王允深修，沈佐清等纂：《阳信县志》卷六《选举志·监博》，国家图书馆藏清乾隆二十四年刻本。以下简称"乾隆《阳信县志》"。

③ 李呈祥：《内黄知县绳河马赞行状》，见《东村集》，161～163 页。

④ 民国《阳信县志》卷三《选举志·封赠》。

⑤ 民国《阳信县志》卷三《选举志·武科》。

⑥ 李熙龄修，邹恒纂：《咸丰武定府志》卷二十二《选举·武举人》，国家图书馆藏清咸丰九年刻本。

人，"任宜阳、五台、温县三邑知县。升通安知州，改汝州知州"①。马贡在万历三十四年任河南宜阳知县；② 任五台知县事，未详何年；天启年间，任温县知县。《温县志》载："马贡赋性亢直，慷慨好义，法严政简，百姓畏威怀德。改建正南门，并建东西门楼，创建普济桥、南门外堤。今人犹称其有干济云。"③马贡修温县城事，《河南通志》亦有记载。④《阳信县志》据《温县志》而将其事迹载于《宦绩志》中。⑤ 马贡知汝州事，《汝州全志》失记，⑥ 未查到相关记载。

马赞（1585—1645），大儒之子，字幼参，号绳河。万历四十六年（1618 年）戊午科经魁。崇祯七年，授直隶内黄知县，仅 3 天便挂印归里，颇有先祖之遗风。⑦《阳信县志》载，马赞"天资颖秀，好学深思。万历戊午魁荐于乡，授直隶内黄县令。莅任三日，谢病解组。诸上官力为挽留，终不可回。旋里后，怡情松菊，日与二三知友觞咏自得，门外事一切谢绝，恂恂无贵倨状。邑里中有所贷粟镪者，遇岁歉，悉毁其券。论文课艺，名下士，多出其门"⑧。康熙《阳信县志》收录马赞诗《夜起》，⑨ 诗意散淡，与马赞的隐士心态也算相合。

---

① 康熙《阳信县志》卷六《选举志》。《河南通志》卷三十四载，马贡万历三十四年任怀庆府宜阳县知县；天启时，任怀庆府温县知县。《温县志》也记载马贡天启年间任知县（吴国用等纂修：《温县志》，国家图书馆藏清顺治十五年刻本）。

② 谢应起修，刘占卿、龚文明纂：《宜阳县志》卷七《职官》，国家图书馆藏清光绪七年刻本。

③ 王其华修，苗于京纂：《温县志》卷十一《宦绩志》，国家图书馆藏清乾隆二十四年刻本。

④ "温县城，唐武德四年建。明景泰元年，知县虞廷玺修筑，周围五里三十步，高一丈五尺，广一丈，池深一丈，阔一丈二尺。正德五年，知县李镗重修。嘉靖、万历、天启间，知县孟津、王承任、马贡先后重修。崇祯十二年，知县张罴兆增修东南，易以砖。"（《河南通志》卷九《城池》，清道光六年补刻本）。

⑤ 民国《阳信县志》卷三《人物志·宦绩》。

⑥ 白明义修，赵林成纂：《汝州全志》，国家图书馆藏道光二十年刻本。

⑦ 李渼修，黄之徽纂：《内黄县志》卷十《职官》，国家图书馆藏清乾隆四年刻本。

⑧ 乾隆《阳信县志》卷七《人物志·文学》。

⑨ 《夜起》："不独坐慵睡亦慵，起同鹤梦破苔封。霜华渐湿晴为雨，天水交涵影似重。就月径行疑积雪，听涛归坐近寒松。炉香才烬心应寂，林外犹嫌度远钟。"（康熙《阳信县志》卷十《文艺志·诗歌》）

马赞之子马素颙，字奏肤，顺治八年(1651 年)辛卯恩贡，候选通判，[1] 未仕而卒。《阳信县志》称其“色养承志，博雅能文，以孝义称”[2]。康熙《阳信县志》收录有马素颙诗《赠别杨邑侯栖鸾解任》。[3]

马贡之子马素闲，字遵行，号恕庵。邑庠生。“刚直颖慧。工篆隶，善琴棋。凡壶射、蹴鞠诸技，毕臻精妙。奇门六壬、星历医卜，无不通彻。时野服携杖，掉臂行吟，望者拟之王恭鹤氅、苏门鸾啸焉”[4]。其赋性潇洒，亦得家族真传。

马素颙之子马宛縠，字鸠式。顺治十一年(1654 年)甲午恩拔，候选州判，未仕卒。《县志》称其“克遵家训，学问博洽”[5]。康熙《阳信县志》收录马宛縠《马谷道中》和《示友》两首诗。[6]

马贡之孙马先庚(其父不详何人)，字公辛，康熙年间为贡生。[7]

此外，还有一位名马素祺者，其支系不详(与素颙、素闲当为兄弟)。《阳信县志》载：“马素祺，字介祉。岁贡生。赋性潇洒，饶具雅趣，淹贯古今，工诗歌古文词。邑令周虔森重修县志，与霞城、宝田两先生同功焉。”[8]霞城指张瓛，宝田指张矿。马素祺与二张是康熙版《阳信县志》最主要的撰稿人，对保存乡邦文献作出了贡献。

---

① 据民国《阳信县志》卷三《选举志·贡生》。

② 按：马素颙及其子宛縠之传，附于马贡传后。

③ 《赠别杨邑侯栖鸾解任》：“忆昔君来犹恨暮，今朝赋去更愁萦。难忘三载贤良政，况缔百年兄弟情。樽酒曜筵增老病，鹤琴归路引孤清。东山讵许留坚卧，应念苍生再起行。”(康熙《阳信县志》卷十《文艺志·诗歌》)

④ 康熙《阳信县志》卷九《人物志·方技》。

⑤ 康熙《阳信县志》卷九《人物志·文行》。

⑥ 康熙《阳信县志》卷十《文艺志·诗歌》。《马谷道中》：“千林萧寂野云同，瘦蹇冲寒历朔风。山色初青迎远目，塔峰渐小指长空。张公古刹留陈迹，谢氏残城忆旧功。百里荒原悲落日，遥看天际度归鸿。”《示友》：“欹枕寒衾入梦余，庄生既觉又蘧蘧。贫来勘酒倾尊少，病后良朋倒屣疏。鸡骨支床难稳卧，牛衣陨涕漫成嘘。莺花遮莫随春老，惟有书淫债未除。”

⑦ 民国《阳信县志》卷三《选举志·贡生》。

⑧ 乾隆《阳信县志》卷七《文学》。

## 五、万历二十六年进士马性淳

马性淳(1571—1643),字子厚,号愚斋。师闵(字克爱,庠生)之子。万历二十五年(1597 年)丁酉科举人,次年连捷戊戌科进士。授直隶宁津知县,擢兵部武选司主事。迁山西右参议、转左参议。万历四十七年(1619年)五月,升陕西洮岷道副使。《阳信县志》载:"洮岷为西北藩篱,时边事方棘,当事者实欲假手敌人以甘心焉。既至,核饷卒,严斥堠,修器械,每战尝身先士卒。自是洮岷为雄镇。"①《山东通志》亦载:"为诸生时,即廉退谦约,与人无忤。成名后,益自贬损,乡党皆称其名实相称。后令宁津,去家颇近,族里往来不绝,而性淳竭力周旋,不吝不息。及内擢兵部选司,反杜门谢客,虽至戚不通一函,台省咸誉其清正。出守陕西洮岷兵备道,核饷练士,措置咸宜。予告归里,凡亲戚故旧,皆一一慰问,以谢从前间阔,其忠厚待人如此。"②

马性淳生当明末板荡之时,但立身方正,节操卓然。尤其是明清易代之际,他以身殉国,更体现出士人的风骨,令人扼腕。县志载:"崇祯壬午,清兵徇地至阳信城,十二月初三日失守。家人请潜避,不应,整衣冠出。子鸣阶、老仆张汉随行。时明伦堂白刃充庭,徐步至堂中,踞案南向坐,颜色不变。众意为学博,方愕然怪其所为,乃大言:'身受国家恩,备立封疆,今坐视乡国沦亡,不能扶救,尚何忍复求活哉!'大骂死。子与老仆亦遇害。妻商氏,及鸣阶妻李氏,并自缢死。家人从死者三十余口。"③

马性淳之孙汝翼,字公心(乾隆及民国版县志作卫公),康熙年间贡生。

---

① 民国《阳信县志》卷五《人物志·忠义》。
② 岳浚等纂:《山东通志》卷二十八之三《人物志》,国家图书馆藏清乾隆元年刻本。
③ 民国《阳信县志》卷五《人物志·忠义》。

## 六、康熙十八年进士马汝基

马汝基(1633—1705)，字岐肇，一字恭庵，号南台。曾祖师闵，祖性洞(字子静，万历间贡生)①，父鸣轮，性淳侄孙。生于崇祯六年(1633年)生十一月十二日(据《康熙十八年己未科进士履历便览》)。康熙八年(1669年)己酉科第十八名举人。康熙十八年三甲第二十八名进士。康熙二十七年，任福建连城县知县。②乾隆《阳信县志》载："任福建连城县，性孝友，居官清而不扰，建义学，修学宫，禁溺女，历任三载，民俗丕变。去日，百姓遮道攀辕，邑人为立生祠。后归，教授生徒，手不释卷。著有《四书典类讲义》等书。年七十三岁而卒。"③民国《阳信县志》亦载其"自幼规行矩步，动中法则。……著有《四书讲义》《五经讲义》，而尤邃于麟经。易箦时谓诸子曰：'吾一生精力尽在《春秋》，其善藏之。'"④

马汝基之父鸣轮，县志亦有传："马鸣轮，字通甫，邑庠生。论笃厚重，志存践履，布衣疏食，日手一编，淡如也。善饮不乱，酣且益谨。季父参议公性淳，及从兄吏部大儒，从侄大尹公贡、赞等，时为家宴，绅佩联翩，辉映庭阶。温恭恂恂，终日无隋容。所居斋中，惟录古今贤哲格言懿行，鳞次编于四壁。为善最乐，君子不言报应也。庭训诸子，不忝义方。冢嗣汝基，敏而好学，中康熙己未进士，人以为积德余庆焉。"⑤

余论：马士能为躲避高中状元的侄子而远徙他乡，但其子孙却又以读书起家，考出为数可观的进士、举人，因科举而成大族，并进而成为一个

① 按：各版《阳信县志》均记载明万历年间有贡生马性洁，字莹斋，任高唐州训导。性洁可能是性淳之弟、性洞之兄。
② 陈一蓥、王集吾修，邓光瀛等纂：《连城县志》卷十三《职官志》，国家图书馆藏石印本，1938。按：该志将马汝基籍贯误作"长清"。
③ 乾隆《阳信县志》卷七《笃行》。
④ 民国《阳信县志》卷五《人物志·文学》。
⑤ 乾隆《阳信县志》卷七《笃行》。

延续了近 200 年的文化世家。这也足以说明科举在明清社会中的重要性，舍此，无其他进身之途。作为一个科举之家，其形成是数代人共同努力的结果，而其影响却不仅仅止于一家一姓，作为稀有的知识精英，他们对当地教育、文化等各方面，也同样有深远而持久的影响，方志中诸多马姓人氏的事迹，就是一个很有说服力的例证。

# 《四库全书》元人易类著作提要辨正七则

杨新勋

[摘要]《四库全书》收入元人易作相对较全，其中《读易私言》《易本义附录纂疏》《易纂言》《易纂言外翼》《周易衍义》《大易缉说》和《周易本义通释》在书名、卷数及提要内容等方面有不实、差异之处，对其版本也交代不清。通过汇校《四库》所有提要、核实《四库全书》所收书以及查考相关文献，力图考证事实原貌，梳理《四库》提要源流，对提要所载加以澄清，订正各提要存在的主要问题，并对其版本作一梳理。

[关键词]《读易私言》；《易纂言》；《大易缉说》；《周易本义通释》

《四库全书》共收元人易类著作 23 种，虽远少于宋人易类的 56 种，但和明代的 24 种相比，所收元人易作并不为少；尤其是考虑到《四库全书总目》所收元人易作存目仅 4 种（含 1 种馆臣误认为元人的清人董养性之作），相较明人易作存目 155 种，就可见《四库全书》对元人易作是较为重视的。四库馆臣为编纂这些元人易作撰写了系列提要文献，包括分纂稿提要、汇总提要、刊本提要、库本提要及总目提要 5 种类型，是我们认识这些易作的重要凭借；但毋庸讳言，这些提要在书名、卷数、版本、作者及内容等方面存在诸多问题，影响着人们的使用。笔者因从事经部提要的课题工

作者简介：杨新勋，南京师范大学文学院教授。

作，撰成元人易类提要辨正 7 则，企方家垂教。

## 一、许衡《读易私言》

许衡（1209—1281）是元初著名的理学家、教育家，与刘因、吴澄并称"元朝三大理学家"。《读易私言》是其存世的唯一易作，也是其理学思想的集中体现。

本书，《四库全书总目》（以下简称《总目》）书名下标注"两江总督采进本"①。按：《四库馆进呈书籍底簿》（以下简称《底簿》）《各省进呈书目》（以下简称《各省》）和《四库采进书目》（以下简称《采进》）仅《两江第一次书目》著录有《读易私言》一卷，云"元许衡著，一本"，《总目》所注与此合。然文渊阁、文溯阁、文津阁库本《读易私言》卷首提要皆言"此书本在衡《文集》中，元苏天爵《文类》、明刘昌《中州文表》皆载之，国朝曹溶采入《学海类编》。通志堂刊《九经解》，遂从旧本收入"，则此本应为通志堂刊本，只是由两江总督采进而已。今将文渊阁库本与通志堂刊本对校，两本内容几乎完全相同，相似度极高，文渊阁库本确据通志堂刊本誊录。许衡《鲁斋遗书》卷六为《读易私言》，文中有双行注和校记，此本为明郝亚卿、宰廷俊重辑，嘉靖乙酉萧鸣凤重刊，故更"鲁斋全书"之名为"鲁斋遗书"，校记为重刊时所增。苏天爵《元文类》卷四十四、刘昌《中州名贤文表》卷二也为《读易私言》，但卷内均只有双行注文而无校记，当源出《鲁斋全书》。通志堂刊本与文渊阁库本俱无注文和校记，此与曹溶《学海类编》本同，据徐乾学《通志堂经解》总叙知其刊《通志堂经解》时有些书据曹溶藏本刊刻，则通志堂刊本《读易私言》出于曹溶藏本。《读易私言》原注文配合正文而行，不当删，是通志堂刊本、文渊阁库本均不及《鲁斋遗书》或《元文类》《中州名贤文表》所收者。

---

① 永瑢等：《四库全书总目》上册，22 页，北京，中华书局，1965。

诸提要皆言"何焯校正《九经解目录》以为即元李简之书。今考简所撰《学易编》，其书具在，未尝与此书相复，且《永乐大典》所载亦作'许衡'，则非李简书明甚。焯之所校，不知何以云然也"，认为何焯以《读易私言》为李简书。《九经解目录》即《通志堂经解目录》，今传本署翁方纲，书末伍崇曜跋云："右《通志堂经解目录》一卷，国朝翁方纲订……是书原稿，桐川顾修已编入汇刻书目，称纳兰性德校刊，何焯义门评论附。先生称沈椒园尝锓版，即此。……乃先生亦称义门特随手校阅，有所未尽，曾与丁小雅商榷，故并纪其言于卷末，谓至庚戌始取原书审核焉。"[①]沈椒园为沈廷芳，《续修四库全书总目提要》第4册著录何焯编《通志堂经解目录》1卷，即沈廷芳刊本，盖民国时是书尚存，今已不知去向。将陈乃乾《读〈四库全书总目〉条记》所引何焯校《九经解目录》语与翁方纲所订《通志堂经解目录》合勘，基本可知何焯言论针对的是李简《学易记》。何焯指出的是徐乾学所言刘跂《学易记》不实，此书实即李简之书，何氏认为《通志堂经解》据李开先家藏抄本刊刻《学易记》，后徐乾学得伪署刘跂之元刻，虽为书贾伪署并伪造刘跂序文，但自可据之校正李开先家藏本，徐乾学似未采纳何氏建议。可见，确如陈乃乾所言何焯语"与许衡《读易私言》无干"[②]。通志堂刊本将李简《学易记》与许衡《读易私言》先后连刻，《通志堂经解目录》自然二书相连，何焯语本置《学易记》而下，盖有误拆何语移至《读易私言》下者，馆臣遂以致误。如翁方纲《通志堂经解目录》之"《读易私言》一卷"条下引何焯语为"《记》昔未曾刻"，不知所云，令人费解。核翁书前一条为"《学易记》九卷"，其中引何焯语"健翁云'近得刘跂《学易》'，余狂喜叫绝"云云，似有漏略。再对照陈乃乾《读〈四库全书总目〉条记》所引何焯语，不难发现"《记》昔未曾刻"正系于"刘跂《学易》"之下，均为徐乾学语，不但与《读易私言》无干，而且也与何焯无关。盖翁氏以通志堂刊刻《读易私言》后于《学

---

①　伍崇曜：《通志堂经解目录跋》，见翁方纲等：《通志堂经解目录外四种》，台北，新文丰出版公司，1984。

②　《陈乃乾文集》上册，450页，北京，国家图书馆出版社，2009。

易记》，遂移《通志堂经解目录》中何焯语 5 字于《读易私言》条下。可见，至少是翁方纲已弄混了何焯校语所指。虽然未见翁方纲有本书分纂稿，但诸提要此误当与翁氏之误有关，或来源于翁氏佚稿。

## 二、胡一桂《易本义附录纂疏》

胡一桂（1247—?）字庭芳，徽州婺源人。其父胡方平学出沈宝贵、董梦程，为朱熹四传弟子，长于易学。《易本义附录纂疏》以朱熹的《易本义》为宗，是元代易学"纂疏体"的代表。

本书书名，《四库全书初次进呈存目》（以下简称《初目》）、《总目》作"易本义附录纂疏"，[①]《摛藻堂四库全书荟要》（以下简称《荟要提要》）本书前提要、文溯阁库本书前提要（以下简称《文溯阁提要》）、《四库全书简明目录》（以下简称《简目》）作"周易本义附录纂注"，[②] 文渊阁库本书前提要（以下简称《文渊阁提要》）、文津阁库本书前提要（以下简称《文津阁提要》）作"易附录纂注"，[③] 颇不一致。按：崔富章、谢辉均指出荟要本、文渊阁库本出自通志堂刊本。[④] 荟要本卷一、二、五、七、十、十五之末有校记多条，《四库全书考证》卷二亦载《周易附录纂注》校记两条，均言"刊本"讹误和缺漏，所言情况与通志堂刊本合，荟要本、文渊阁库本确据通志堂刊本缮录。通志堂刊本扉页和版心均题"易附录纂注"，书前纳兰成德序作"胡一桂易本义附录纂注启蒙翼传合序"，透露出此书似乎原名"易本义附

---

① 江庆柏等整理：《四库全书初次进呈存目》，13 页，北京，人民文学出版社，2015；永瑢等：《四库全书总目》上册，22 页。

② 江庆柏等整理：《四库全书荟要总目提要》，120 页；金毓黻等编：《文溯阁四库全书提要》，124 页，北京，中华书局，2014；永瑢、纪昀等：《钦定四库全书简明目录》，见《景印文渊阁四库全书》第 6 册，13 页，台北，"商务印书馆"，1986。

③ 胡一桂：《易附录纂注》卷首，见《景印文渊阁四库全书》第 22 册，9 页；《文津阁四库全书提要汇编》第 1 册，64 页，北京，商务印书馆，2014。

④ 崔富章：《四库提要补正》，22 页，杭州，杭州大学出版社，1990；谢辉：《元儒胡一桂两注〈易本义〉考实》，载《周易研究》，2016(3)。

录纂注"。通志堂刊本卷一首叶第一行作"周易上经第一"，第二行为"朱子本义"，第三行为"新安后学胡一桂附录纂注"，后各卷大致类此。第 13 卷首叶第一行作"周易本义五赞第十一"，第二行作"朱子系述"；第 14 卷首叶第一行作"周易本义筮仪第十二"，第二行作"新安后学胡一桂附录纂注"，第 15 卷首叶第一行作"周易本义图录第十三"，第二行为"新安后学胡一桂学"。通志堂刊本经传分数，经 2 卷，传 12 卷，胡氏四图三论为第 15 卷。可见，通志堂刊本卷次、格式与朱熹《周易本义》古本卷次一致，也与保利拍卖会上介绍的元刻本十分接近，只是没有卷首的《卦图》，又将本为附录的胡氏作品单列为第 15 卷，应该说这基本保留了元刻本的格式。此书经文大字，经文下为朱熹《本义》，然后以"附录"领起收录朱熹《文集》《语录》中论《易》语，然后以"纂注"隔开所载诸儒之说，则此书应名为"易本义附录纂注"（丁丙《善本书室藏书志》卷一著录"周易本义附录纂注十五卷"，注"元刊本。汪鱼亭藏书"也证明了这一点），"易附录纂注"当为省称，通志堂刊本遂据以定名。荟要本签题"周易本义附录纂注"，《荟要提要》作"易本义附录纂注"，版心作"易附录纂注"，说明三者一也。文渊阁库本签、版心均题"易附录纂注"，当袭通志堂刊本而来。

需要指出的是，《初目》和《总目》书名作"易本义附录纂疏"，颇耐人寻味。从传世元刻本来看，书名作"易本义附录纂注"，这与其书内所标"附录""纂注"相合。然朱彝尊《经义考》卷四十三著录为"周易附录纂疏"，并引黄虞稷语"取朱子《文集》《语录》之及于《易》者，附于《本义》下，谓之《附录》；取诸儒《易》说之发明《本义》者纂之，谓之《纂疏》"云云，[①] 此语源出黄虞稷《千顷堂书目》卷一"胡一桂周易本义通释附录纂疏十四卷又周易启蒙翼传四卷"条下黄氏所注，朱氏盖据此定胡书为"周易附录纂疏"。又纳兰成德《易本义附录纂注序》称胡氏"疏朱子之言为《易本义附录纂疏》"，此语盖源出明人程敏政《新安文献志》卷七十所收汪师泰撰《胡玉斋传》。事实

---

① 朱彝尊：《经义考》卷四十三，238 页，北京，中华书局，1998。

上，明人所撰的《元史·儒学传》《元史纪事本末》《明一统志》《万姓统谱》、弘治《徽州府志》等皆著录为"易本义附录纂疏"，而非"易本义附录纂注"。可见，黄氏著录并非一时疏忽。作为胡一桂弟子的董真卿，在《周易会通序》中称胡氏"先师凡两著《本义附录纂疏》"，其《凡例》亦称胡书为"先师《纂疏》"，董氏因胡氏书加以增广，命其自著书为"附录纂注"，后易名"周易会通"。可见，"易本义附录纂疏"之名也来源较早，尤其是胡一桂《周易启蒙翼传序》云"愚不量浅陋，复为《本义附录纂疏》以承先志"①，《周易启蒙翼传》成于《易本义附录纂注》"重加增纂之余"，初刊于皇庆二年（1313年），说明先前胡一桂增订《易本义附录纂注》时，已更名为"附录纂疏"了。又今国图藏有元泰定四年刘君佐翠严精舍刻本胡一桂《诗集传附录纂疏》，名与纳兰序所言"《诗传附录纂疏》"略同，亦透露出胡氏已有"纂疏"之名。遗憾的是此名为《易本义附录纂疏》的增订本没有流传下来，我们只能从《周易会通》中窥其仿佛。今存世的是初定本，其书内所纂诸儒《易》说前标"纂注"，与《诗集传附录纂疏》所纂诸儒《诗》说前标"纂疏"明显不同，这是初定本的标志。通志堂刊本虽已看到"易本义附录纂疏"之名，但据书内"纂注"之标未改书名，甚是。《初目》《总目》所定书名当来于《经义考》，所言"取《文集》《语录》之及于《易》者附之，谓之《附录》；取诸儒《易》说之合于《本义》者纂之，谓之《纂疏》"亦袭自朱氏所引黄虞稷语。但《初目》《总目》更改书名与所据底本书名不合，尤与书内"纂注"之标不合，不及《荟要提要》《文渊阁提要》《文溯阁提要》《文津阁提要》所标也，此四提要改引语"谓之《纂疏》"为"谓之《纂注》"可谓因书制宜。

还应指出，《初目》《荟要提要》《文渊阁提要》《文津阁提要》《总目》《简目》皆作"十五卷"，《文溯阁提要》作"十四卷"，由于未核原书，不知是否登录有误。若文溯阁库本亦据通志堂刊本缮录，则自当作"十五卷"。《易本义附录纂注》传本稀少，历来书目多不著录。"十四卷"之说见于黄虞稷

---

① 胡一桂：《双虎先生文集》卷一，清康熙刻本。

《千顷堂书目》。实际上，元刻本卷首《卦图》不数卷（按：朱熹《易本义》卷首九图亦不数卷），之下为《经》2 卷、《传》12 卷，胡氏图论原附《五赞》之后（通志堂刊本卷十五首有胡一桂"不敢列于九图，悉附《五赞》后云"语），这样实为 14 卷，与朱熹《易本义》（《经》2 卷、《传》10 卷，《五赞》《筮仪》列卷末不数）卷次正相对照，黄氏著录有据。朱彝尊《经义考》卷四十三著录为"十五卷"，盖合数卷首《卦图》一卷所致。通志堂刊本，将胡氏图论单列为"第十三"，即卷十五，著实为 15 卷，遂给后人"十五卷"的印象。钱大昕《元史艺文志》卷一虽著录《周易本义附录纂疏》"十五卷"，然有注云"或作十四卷"。丁丙《善本书室藏书志》当据《总目》言此书"十五卷"。

诸提要皆言"陈栎称一桂此书，于杨万里《易传》，无半字及之。今检其所引，栎说信然"，提要所言陈栎语见陈氏《定宇集》卷七《问杨诚斋易传大槩如何》，原文为"至于杨传，双湖无半字及之，可见杨传足以耸动文士之观瞻，而不足以使穷经之士心服也"，[①] 似乎并不专指《易本义附录纂注》。按：胡一桂《周易启蒙翼传·中篇》著录有"杨诚斋易传二十卷"，云"其说本之程氏，而多引史传事证"，并非"无半字及之"。即使是《易本义附录纂注》，其卷二《归妹》上六爻辞"纂注"即引杨万里《易传》言论，胡氏引《左传》僖公十五年晋文公筮嫁伯姬事为说，正沿袭杨氏解《易》之说。可见，虽然胡氏引《诚斋易传》较少，但并非没有，陈栎所言非是，馆臣所言不确。

## 三、吴澄《易纂言》

吴澄（1249—1333）是元朝大儒，经学家、教育家。《易纂言》是吴澄《五经纂言》之一。黄百家曾评价《五经纂言》："有功经术，接武建阳，非

---

① 陈栎：《定宇集》卷七，《景印文渊阁四库全书》第 1205 册，240 页。

北溪诸人所及。"①

　　本书卷数，《初目》《总目》《简目》作"十卷"，《荟要提要》《文渊阁提要》《文溯阁提要》《文津阁提要》作"十二卷"，《摛藻堂四库全书荟要》前面的目录（以下简称《荟要总目》）作"十二卷卷首一卷"，②　并不一致。

　　按：崔富章据《总目》标"内府藏本"和《天禄琳琅书目》前后编不载，推测库本据通志堂本誊录。③　虽然《底簿》《各省》和《采进》之《两江第一次书目》和《总裁王交出书目》均著录有此书，两次武英殿书目并无此书，但《总目》却标注"内府藏本"。《荟要总目》言"依内府所藏通志堂刊本缮录"，今核荟要本经卷一、二，传卷四、六、十之末有校记数条，所言"刊本"情况皆同通志堂本，又通志堂本传卷五、七有两处阙文，荟要本亦阙，是荟要本确据通志堂本缮写。荟要本经、传分数，经 2 卷，传 10 卷，版心均标"易纂言"，版心所标卷数同各卷首叶所标分数之卷数，卷首不数卷，此格式也同通志堂本。通志堂本两处阙文，文渊阁、文津阁库本亦阙，《四库全书考证》卷二著录《易纂言》校记一条，所言讹误亦同通志堂本，是文渊阁、文津阁库本确如崔富章所推测，据通志堂本缮写。文渊阁、文津阁库本均一改通志堂本、荟要本经、传分别计卷之举为经、传合数，故终卷为"卷十二"，可见《文渊阁提要》《文溯阁提要》《文津阁提要》言"十二卷"为据实著录，其确，《初目》《总目》《简目》言"十卷"非是。崔富章认为《总目》"以书末及书口有'第十'字样，遂误作"十卷"。今天，从《初目》已作"十卷"来看，《总目》标"十卷"当承自《初目》。当然《初目》也可能"以书末及书口有'第十'字样"而误作"十卷"。实际上，在《四库》编纂之前，朱彝尊《经义考》卷四二就已著录《易纂言》为"十卷"了，鉴于《四库》编纂与朱彝尊《经义考》的密切关系，《初目》《总目》标"十卷"也可能源于《经义考》。受《总

---

　　①　黄宗羲原著、全祖望补修：《宋元学案》第 4 册，3037 页，北京，中华书局，2007。

　　②　陆费墀：《钦定四库全书荟要总目》卷一，见《景印摛藻堂四库全书荟要》第 1 册，101 页，台北，世界书局，1988。

　　③　崔富章：《四库提要补正》，23～24 页。

目》影响，陆心源《皕宋楼藏书志》、丁丙《善本书室藏书志》皆著录此书为"十卷"。《易纂言》成于元至治二年秋，吴澄自序言经2篇、传10篇，当承朱熹的《易本义》经、传分数，实作12卷，朱睦㮮的《授经图义例》和黄虞稷的《千顷堂书目》著录此书"十二卷"。此书元刻本未见，今存较早的是明万历年间刻本，焦竑序，经2卷，传10卷。徐乾学的《传是楼书目》著录为"十四卷，二本"，通志堂本盖据徐氏藏书刊刻，实12卷。翁方纲的《通志堂经解目录》著录为"十三卷"，盖合数卷首一卷所致，这可能是《荟要总目》言"《易纂言》十二卷卷首一卷"的原因。

本书提要，分纂稿不存，《初目》写成较早，《荟要提要》的撰写可能参考了《初目》，也可能和《初目》均据分纂稿写成，所以有相同的内容；但《荟要提要》变动较大，且评价趋于严苛，透露出此时上层官方对吴澄易学乃至宋学的贬抑。《文溯阁提要》《文津阁提要》内容相同，说明二者依据同一文本抄成，只是校上时间不同而已。从这两种提要内容来看，馆臣对之前提要内容作了较大调整，认识更具体、深入，评价客观，且对此书作了较大的肯定。《文渊阁提要》的校上时间为"乾隆四十六年九月"，早于《文溯阁提要》《文津阁提要》的校上时间，其主体内容与《文溯阁提要》《文津阁提要》基本相同，只是于"惟此书所改则有根据者为多"后插入颇多吴氏据各古本改动经传的例证。《总目》内容几乎全同《文渊阁提要》，仅有个别字词略异。细绎《文渊阁提要》《总目》多出的文字，颇有论证吴氏改动有据的用意，当为后来馆臣增加，则《文渊阁提要》为据《总目》稿本复抄的抽换稿。《文渊阁提要》和《总目》新增例证多达20条，其篇幅几是《文溯阁提要》《文津阁提要》或即提要原稿的2倍，似可见出馆臣在乾隆后期肯定吴澄此书时所受的压力和为之作出的努力。

## 四、吴澄《易纂言外翼》

本书《四库》本为《永乐大典》辑佚本，8卷。对校国图元刊本，主要不同有三：一是《卦变》《变卦》《互卦》3 篇元刊本不阙，内容完具。二是《四库》本有些错乱和残缺。元刊本《卦统》之《经卦十六》部分之后为《先天方图》，有图有解，《四库》本仅存《先天方图》之图，无解，且置于《易原》文末；元刊本《象例》之《卦数之图》的横图、纵图文字与《四库》本相同，但两图却前后颠倒，核其文意，是《四库》本弄反了；元刊本《象例》之"自章玄黄至此象之取于采色方位时日名数者"后，有"乾乾"至"孚者占也非象也然亦是卦名故附于此"一段文字，查《四库》本将这部分置于《辞例》之首，非是；元刊本《占例》之"言"例后尚有"事""功""获""得"等 50 余例，《四库》本皆无之；元刊本《变例》中《变之十八》"礼毕"后有《参伍以变》《错综其数》（均有图有解）及诸家筮法，《四库》本皆无之；元刊本《易原》在驳斥刘牧《易数钩隐图》后为蔡元定语，82 字，《四库》本无之；元刊本《易派》（《四库》本作《易流》）首《邵子皇极经世书》，后为《杨氏太玄》《司马氏潜虚》《蔡氏洪范皇极内篇》，《文渊阁提要》《文溯阁提要》《文津阁提要》《总目》言"《易流》缺半篇"，《四库》本无后 3 篇。三是《四库》本与元刊本有不少异文，如吴澄序和第 12 篇篇名，《四库》本作"易流"，元刊本作"易派"，具体文中《四库》本也有不少文字讹误，元刊本多不误。如此大的差异，说明《四库》本源出的《永乐大典》所据的底本不是元刊本，可能要晚于元刊本。

《文渊阁提要》《文溯阁提要》《文津阁提要》《总目》言"一曰《卦统》，以八经卦之纯体、合体者为经，六十四卦之杂体者为纬，乃上下经篇之所由分"，今核元刊本和文渊阁库本吴澄序作"文王分八卦为上下篇，改易其次。八经卦之纯体、合体者为之经，四十八卦之杂体者为之纬"，《卦统》正列经卦十六，以此统四十八纬卦，则馆臣改"四十八卦"为"六十四卦"非是。

《文渊阁提要》《文溯阁提要》《文津阁提要》《总目》言"八曰《占例》，言元、亨、利、贞、吉、凶、无咎，其义皆本于天道"，今核吴澄序作"圣人画卦以明天道，生蓍以前民用，象爻之辞为占设也，述《占例》第八"。继承朱熹易学重"象"和"占"的特点，"占"也是吴澄易学的重要内容，《占例》

在吴澄此书的篇幅上仅次于《象例》，所言是全面归纳象辞、爻辞中记载的古人所有活动，吴氏将之作了归类，以之为占例。"元、亨、利、贞、吉、凶、无咎"虽亦是占例，但只是占例很少的一部分，吴氏归纳远不止此七类。

《文渊阁提要》《文溯阁提要》《文津阁提要》《总目》言"《易原》疑亦不完"，《简目》言《易原》"亦阙其半"。今对校元刊本发现，四库本《易原》除了缺上文提到的蔡元定语之82字外，并不缺，馆臣所言非是。

## 五、胡震《周易衍义》

元儒胡震曾任将仕郎、南康儒学教授，《周易衍义》为其初撰，其子光大续成之书。

翁方纲分纂稿言此书"七册，无卷数"①，《文渊阁提要》《文溯阁提要》《文津阁提要》《文澜阁提要》《总目》《简目》皆言"十六卷"。胡玉缙认为"十六卷乃《提要》所分"②。按：《底簿》《各省》和《采进》著录《周易衍义》两部，一为《两淮盐政李呈送书目》之《周易衍义》，未分卷，16本；二为《浙江第四次吴玉墀家呈送书目》之《周易衍义》7本，（《采进》据《总目》标为"十六卷"），《浙江采集遗书总录》同。③ 又吴焯《绣谷亭熏习录》言"不分卷帙"④，知《采进》所标《周易衍义》"十六卷"为吴慰祖所增，吴玉墀进献本《周易衍义》不分卷，翁方纲所见即吴氏家藏本。此本罕见清以前文献著录，清初为曹溶收藏，翁方纲札记注此本有曹溶藏书印，⑤ 朱彝尊当于曹氏家中见

---

① 翁方纲等：《四库提要分纂稿》，9页，上海，上海古籍出版社，2006。

② 胡玉缙：《四库全书总目提要补正》，王欣夫补正，51页，上海，上海书店，1998。

③ 沈初等：《浙江采集遗书总录》上册，7页，上海，上海古籍出版社，2010。

④ 吴焯：《绣谷亭熏习录·经部易类》，见张涛主编：《周易文化研究》第6辑，北京，社会科学文献出版社，2014。

⑤ 翁方纲纂、吴格整理：《翁方纲纂四库提要稿》，10页，上海，上海科学技术文献出版社，2005。

此书，故《经义考》亦不载卷数；后此本又被吴焯所有，杭世骏曾获见并撰有《周易衍义跋》。四库开馆，吴玉墀献之于朝，四库抄完后被发还；后此本辗转被阮元收藏，著录于《文选楼藏书记》卷五。惜此后下落不明，不知尚在人间否。此书，明《文渊阁书目》著录有"易胡震衍义，一部，八册"①，似为 8 卷本，后朱睦㮮《授经图》《万卷堂书目》著录为"八卷本"，明末清初黄虞稷《千顷堂书目》亦著录为"八卷本"。稍后或同时倪灿《补辽金元艺文志》著录此书为"十六卷"，之后嵇璜、刘墉等撰《续通志》作"十六卷"，16 卷本似乎由 8 卷本发展而来。四库本之底本不分卷，馆臣将其分为 16 卷。

《文渊阁提要》《文溯阁提要》《文津阁提要》《文澜阁提要》《总目》皆言"书中于《乾》《坤》二卦卦辞下接象传，继以释象之《文言》"，翁方纲分纂稿两"彖"字皆误作"象"字。按：类似李过《西溪易说》，胡震《周易衍义》卷一《乾卦》卦辞下确接彖传，彖传后也确继以《文言》；但此《文言》经胡震调整后，首为释卦辞"元亨利贞"为四德之文，然后才是释彖传之《文言》。馆臣并与《坤卦》言之为"释象之《文言》"，所言不确。又翁方纲分纂稿、《文渊阁提要》《文溯阁提要》《文津阁提要》《文澜阁提要》《总目》言此书"又置《杂卦》于《序卦》之前，序次颇为颠倒"，今文渊阁库本实《杂卦》在《序卦》之后，并不颠倒，只是无他本参考，不知此序是否为馆臣所调整。

## 六、王申子《大易缉说》

王申子字巽卿，仁宗皇庆中被征为南阳书院山长。王申子长于经学，其《大易缉说》在明清颇有影响，许多易作都有征引。

本书书名，《初目》作"大易辑说"，《荟要总目》作"周易辑说"，《荟要提要》《文渊阁提要》《文溯阁提要》《文津阁提要》《总目》《简目》皆作"大易缉

---

① 杨士奇等编：《文渊阁书目》第 1 册，见《丛书集成初编》本，17 页，北京，商务印书馆，1935。

说"，并不相同。按：荟要本、文渊阁库本、文津阁库本作"大易缉说"，则应作"大易缉说"。吴慰祖《四库采进书目》之《两江第一次书目》著录有"《周易辑说》五本"，按："《周易辑说》五本"在《各省》之《江苏省第二次进呈书目》，《采进》著录为"第一次书目"有误①，此即《江苏采辑遗书目录》之《周易辑说》，《荟要总目》之"周易辑说"名与此有关。但是，《江苏采辑遗书目录》此书提要云："此书在徐氏《九经》中，共十卷。"②则江苏进呈本实为徐乾学《通志堂经解》本。通志堂本书名做"大易缉说"，又王申子治《易》重伏羲、文王、周公、孔子、周敦颐等，当以"大易"为名，则《江苏省第二次进呈书目》著录书名有误，《荟要总目》《江苏采辑遗书目录》及《采进》并承此著录。"大易辑说"，《明一统志》卷六十二《名宦传》之王申子传作此书名，后《湖广通志》卷七十三、《续文献通考》卷一百四十三承之。虽然"辑"与"缉"同意，然作为书名，据书前王履序和程文海序以及李琳跋和田泽《续刊始末》来看均题名"大易缉说"，又此书《千顷堂书目》卷一著录为《大易缉说》十卷，朱彝尊所见本也是《大易缉说》，所以应以"缉"字为是。

对于本书，《荟要总目》言"今依内府所藏通志堂刊本缮录恭校"③，《总目》书名下标注"内府藏本"④，今略作说明。荟要本《大易缉说》每卷后均有数量不等的校记，多言"刊本"云云，所言刊本之讹误和脱漏均与通志堂刊本合，是荟要本确据通志堂刊本誊录，只是删去了卷首的纳兰成德序，又据各种文献作了校改。文渊阁库本与荟要本内容基本相同，也是与通志堂刊本相似度极高，但是校改与荟要本不同，荟要本校记指出的"刊本"讹误和脱漏文渊阁库本有的没有改动，有的作了改动，有的地方的改动与荟要本不同，如卷三"三阳亦进进以待阴"，荟要本改"进进"为"不进"，文渊阁库本改"进进"为"递进"，又卷十"丰多故"下，通志堂刊本空一格，荟要本

---

① 按：《四库馆进呈书籍底簿》第 4 册为江苏省第一次、第二次进呈书目，次序已乱。

② 张升辑：《〈四库全书〉提要稿辑存》第 4 册，90 页，北京，北京图书馆出版社，2006。

③ 江庆柏等整理：《四库全书荟要总目提要》，121 页。

④ 永瑢等：《四库全书总目》上册，24 页。

校记指出此空格问题但原文未作增补，文渊阁库本补"也"字。可见，文渊阁库本也是据通志堂刊本誊录，但校改与荟要本不同。

今国图藏有清抄本《大易缉说》，4 册，10 卷，素抄，每卷首叶署"后学临邛王申子著述。后学居延田泽校正"，卷首钤"学部图书之印"满汉文大方印及"秀水朱氏潜采堂图书"之印，知此本即朱彝尊所见之本。朱彝尊《王氏大易缉说跋》云："康熙庚申，借无锡秦氏本录而藏之。"[1]将是本与通志堂刊本、荟要本、文渊阁库本对校发现，除此本书末脱田泽《续刊始末》一页后径接李琳《跋》外，此本文字基本同于通志堂刊本。在荟要本校记指出的"刊本"讹误中，通志堂刊本有 9 处与清抄本相同，有 7 处是荟要本刊刻中新增的讹误，3 处脱漏通志堂刊本均同于清抄本，通志堂刊本卷三"进进"同于清抄本，卷十通志堂刊本空格清抄本作"也"字，又通志堂刊本卷十"谦轻而豫怠也"注"自卑故轻"，清抄本"卑"字作空格。知通志堂刊本与清抄本关系密切，当出清抄本一系。相校清抄本，通志堂刊本新增了不少刊刻错误。荟要本对通志堂刊本错误作了校改，改正了七处明显错误，但遗憾的是荟要本没有参考清抄本，其校改多没有底本依据，反而新增了 7 处臆改，又荟要本据《周易注疏》增补的 3 处脱文不当补，则不及原通志堂刊本为优；这些荟要本误改、误增的地方文渊阁库本均没有变动。可见文渊阁库本与荟要本校改不同，反而与清抄本文字更为接近。

《总目》言是书"其说《易》，则力主数学，而持论与先儒迥异。大旨以《河图》配先天卦，以《洛书》配后天卦，而于陈抟、邵子、程子、朱子之说一概辨其有误"，未免过当。如刘立超《王申子〈大易缉说〉探微》所言，王氏《大易缉说》实沿着程朱理学的理路，结合自身体悟，发展为象数、理气、性命之学。[2]正如《初目》《荟要提要》《文渊阁提要》《文溯阁提要》《文津阁提要》所言其"取十数为《河图》，分纬之以画先天；九数为《洛书》，错综

---

① 朱彝尊：《曝书亭集》卷四十二，清康熙刻本。
② 刘立超：《王申子〈大易缉说〉探微》，硕士学位论文，山东大学，2005。

之以位后天"之论证自蔡元定、朱熹之说而来，《总目》概论未免淆乱。又如《总目》所言此书仅前 2 卷缴绕《图》《书》，后 8 卷"诠解经文，仍以词变、象占、比应、乘承为说，绝不生义于《图》《书》，其言转平正切实，多有发明"，实不能言此书解《易》"力主数学"。

## 七、胡炳文《周易本义通释》

对于本书，《荟要总目》言"依内府所藏通志堂刊本缮录恭校"[①]，《总目》书名下标注"编修励守谦家藏本"[②]。按：《底簿》《各省》和《采进》收录两部《周易本义通释》，一为《两江第一次书目》著录之《周易本义通释》，两本；一为《编修励第一次至六次交出书目》至《周易本义通释》，10 本。《总目》所标与《编修励第一次至六次交出书目》合。虽然《荟要总目》言荟要本依通志堂刊本缮录，但是通志堂刊本与荟要本结构并不相同：一是通志堂刊本《上》《下经》与《十翼》分别计卷，《上》《下经》为 2 卷，《十翼》为 10 卷，而荟要本则《上》《下经》与《十翼》统一计卷，依次为 12 卷，因《上》《下经》篇幅过大荟要本又各分上、下；二是通志堂刊本《十翼》依次为《彖上传》《彖下传》《象上传》《象下传》《系辞上传》《系辞下传》《文言传》《说卦传》《序卦传》《杂卦传》，而荟要本则为《象上传》《象下传》《系辞上传》《系辞下传》《文言传》《说卦传》《序卦传》《杂卦传》《彖上传》《彖下传》，《彖上传》《彖下传》与其他传的顺序恰好颠倒。文渊阁库本的结构与荟要本相同。荟要本卷一上、卷一下、卷二下、卷十二之后有校记若干条，言"刊本"云云，所言情况除最后一条外，其余全部与通志堂刊本相合。今抽校通志堂刊本、荟要本、文渊阁库本《周易上经》卷，发现三者相似度极高，只是荟要本校改处，文渊阁库本多没有改动，而与通志堂刊本相同，只有两处作了校

---

① 江庆柏等整理：《四库全书荟要总目提要》，119 页。

② 永瑢等：《四库全书总目》上册，24 页。

改。可见，荟要本、文渊阁库本确如谢辉所言据通志堂刊本缮录，[1] 又均作了分卷和次序的调整，也作了校改，而且荟要本和文渊阁库本对底本的校改不同。

对于本书的卷数，诸提要均作"十二卷"。虽然荟要本和文渊阁库本均经、传统一计卷为12卷，然荟要本经又各分上下，又《四库全书荟要》全书计卷，则实总计14卷。

本书今存最早的版本为明嘉靖元年重刊本，此本首为潘旦序，次胡炳文序，又胡珙后序，书后附胡珙谢启和邓杞跋，《上经》《下经》2卷，与《十翼》10卷分别计卷，之后为胡珙辑录之《易义》1卷。自潘旦序可见此书《十翼》为胡珙、玠兄弟所辑，又自胡珙谢启跋可见《十翼》自《周易大全》中辑出。对于此书，明清书目多著录为"十二卷"，偶有著录为"十卷"者，如祁承爍《澹生堂藏书目》、朱睦㮮《授经图》及黄虞稷《千顷堂书目》均作"十卷"。颇疑"十卷"之书即"十二卷"者，因《上经》《下经》与《十翼》分数，编目者仅着眼于《十翼》之卷数而未统计前面《经》卷所致。如朱睦㮮《授经图》作"十卷"，但其《万卷堂书目》又作"十二卷"，两书目均只著录一种，疑二者即一书；又如黄虞稷《千顷堂书目》虽然著录为"十卷"，但注云"自《系辞》以下俱佚，取《大全》所辑一桂说补之"，说明黄氏所藏即胡珙兄弟重辑之嘉靖本，书应12卷，是黄氏著录有误。崔富章认为"当由嘉靖刊本卷一、二分上、下，致诸家所载卷数分歧耳"[2]，此说并不正确。

《总目》言"考炳文生于宋理宗淳祐十年，其与澄书时称年七十，则当在延祐七年庚申"。按：延祐七年，胡炳文年71，则炳文年70当为延祐六年，是胡氏撰《与吴澄书》在延祐六年己未。恰在"作序之后三年"。

① 谢辉：《四库本元代易学典籍采〈通志堂经解〉本考论》，见南京大学古典文献研究所编：《古典文献研究》第22辑上卷，249页，南京，凤凰出版社，2020。

② 崔富章：《四库提要补正》，25页。

# 一百年来中国注释学的思想与方法

姜海军

[摘要]100多年来，中国注释学受到西学的影响，开始跳出了传统的框架与思路，注重从不同角度来注解古代经典的字词、章句及内容，并注重考察经典本身所蕴含的新思想、新观念及新哲理。通过这种思路与方法，产生了数量巨大的古书注释学的论著，并形成了具有中国特色的注释学体系与方法论，这种注释学学科体系有别于西方的诠释学，对于中国经典诠释传统及价值的现代转化，有十分重要的意义。

[关键词]注释学；经学；古籍整理；诠释学；近现代学术史

"注释"一词，最早见于南北朝。南朝梁刘勰《文心雕龙·书证》中就说："若夫注释为词，解散论体，杂文虽异，总会是同。"这里的注释，就是解释、注解的意思。可以说，注释学在某种程度上是训诂学之别名，如孔颖达《诗经正义》在疏解《诗经·周南·关雎》中云："诂训传者，注解之别名。"实际上，训诂与注释本身在现代学者看来它们之间有很大的不同。训诂学侧重探究《尔雅》《方言》《广雅》一类的辞书，重在语言文字、语义学等。而注释学则包括解说词语音义、考察词源、注解典故、串讲文意、事实考据以及辑录评语、辅以己见、思想阐发等方面的内容，涉及面非常的

---

作者简介：姜海军，北京师范大学历史学院教授。

广泛。注释学作为学科名称，最早由朱星提出，他在 1973 年写就的《中国注释学概论》一书的初稿中，首次使用了"注释学"一词。后来汪耀楠专门撰写了《注释学》一书，认为"注释学是研究文籍注释的内容和方法，探讨注释文籍的规律的科学"①。汪先生所言的注释学，是将古籍整理与训诂融合为一，对版本、校勘、文字、词汇、翻译、文章、文法等多个问题进行探讨。

现在已经有很多学者对以往包括 20 世纪的古籍注释学作了一定的梳理和总结，② 其实，注释学尽管是全新的学科，但注释的历史源远流长，它在古代主要体现为训诂、注解等形式，体例也是非常多样，如传、解、笺、注、诠、义疏、章句、集解、集注等，其中训诂是古人注释古籍最基本的形式。正是因为如此，很多学者就将训诂学视为注释学，如冯浩菲就认为："作为训诂体式名称而合用的'训诂'一语，意思跟我们现在常说的'注释''注解'相同，因此'训诂学'也可以称作'注释学'或'注解学'，只是为了保持这门学问称名上的传承关系及统一性，才沿用了历代常用的'训诂'这个词语，一般仍称作'训诂学'，不称作'注释学'或'注解学'。"③"训诂学是一门研究训诂的科学。训诂，就是注释的意思，因此训诂学也可以叫作注释学。它以一切现成的训诂书籍为研究对象，其工作性质是抽象的、理论的。通过研究和介绍训诂的体式、方式、方法、理论等，用以指导训诂实践。"④无论如何，训诂虽是注释的基础，但训诂学也只不过是注释学的一部分，而不能够涵盖注释这门学问的全部内容。所以，如果按照

---

① 汪耀楠：《注释学纲要》，8 页，北京，语文出版社，1991。

② 李红霞：《注释学研究的回顾与前瞻》，载《古籍整理研究学刊》，2009(2)；孙钦善：《论中国传统诠释学的继承和发展》，见北京大学中国古文献研究中心编：《北京大学中国古文献研究中心集刊》第 9 辑，25～48 页，北京，北京大学出版社，2010；汪耀楠：《注释学》，北京，外语教学与研究出版社，2010；韩格平：《关于高校中国古籍注释学学科构建的几点思考》，载《古籍整理研究学刊》，1994(6)。

③ 冯浩菲：《中国训诂学》，5 页，济南，山东大学出版社，1995。

④ 冯浩菲：《中国训诂学》，9 页。

现在学者所探讨的注释学的范畴，将会兼涉文字学、音韵学、训诂学、版本学、目录学、校勘学、辨伪学、辑佚学、语义学、历史学、文学、哲学等多个学科，也正是因为如此，我们在探讨 20 世纪中国注释学的同时，就不得不兼及这些学科的发展情况，以期对 20 世纪注释学的发展与思想有更加深刻的理解与认识。

## 一、古籍注释学理念的发轫与发展

民国时期，虽然有很多学者依旧墨守经传注疏之学、考据之学的传统，但随着西方的侵入，西学也大规模在中国传播，传统的经、史、子、集的分科体系受到了极大的冲击，并随机被条块分割为多个部分。经学也失去了作为思想主导的地位，深受经学影响的注释传统，也被西学所冲淡。"真正使古典解释学发生深刻变化的，还是维新变法运动的领袖康有为"①，他不仅改变了乾嘉学者注疏、考据的旧形式，而且还在今文经学的基础上，将西方新理论与《公羊传》《礼记》的"三统""三世""大同""小康"等思想相结合，建构了一套全新系统的维新变法理论。传统注释之学，亦即注重经典训诂、诠释，随之被思想阐发、理论建构所替代。尽管这和宋学有一定的相似性，但在指导思想上却开始西化，而不是宋以后的天理学说。

小学作为古代儒家经典注释的入门与基础，此时也深受西学影响，开始在章太炎、黄侃等人的推动下转变为现代语言文字学。章太炎作为近代著名的经学家、思想家，受到西学的冲击，开始积极借助西方科学理论来探讨传统经学，并对古籍注释学的思想与方法作了全新的思考与整顿。在他的努力下，"小学"摆脱了传统经学的束缚，成为一门独立的语言文字学。另外，章太炎在其《国故论衡》《小学答问》《新方言》《文始》等著述中，

---

① 周光庆：《中国古典解释学导论》，130 页，北京，中华书局，2002。

对传统小学、语言文字学的诸多理论都作了深入研究，为近代以来训诂学、古籍注释学的建构起到了重要的推动作用。

章太炎之后，他的弟子黄侃（1886—1935）更是在其基础之上，撰有《训诂述略》《尔雅略说》《说文略说》《声韵略说》等书籍，对小学、训诂学等理论作了系统研究。在黄侃看来，清代以前有训诂而无训诂学，所以应当建立一门独立的训诂学体系：

> 诂者，故也，即本来之谓。训者，顺也，即引申之谓。训诂者，用语言解释语言之谓。若以此地之语释彼地之语，或以今时之语释昔时之语，虽属训诂之所有事，而非构成之原理。真正之训诂学，即以语言解释语言。初无时地之限域，且论其法式，明其义例，以求语言文字之系统与根源是也。①

黄侃认为，清代以前多有以语言解释语言的训诂经验，但真正的训诂学并没有产生，在他看来训诂学旨在探求语言文字解释的思想与方法，探求语言解释的内在规律，所谓"论其法式，明其义例，以求语言文字之系统与根源是也"。黄侃这种对训诂学的定义，含有语义学加解释学的意味在内，这对于训诂学、语言学、注释学尤其是训诂学的发展颇有贡献。也正是他"构拟了第一部训诂学讲义，并进行独立的专科教学，使清代以前的训诂工作上升为一门有体系的理论学科，从而彻底脱离了经学的附庸地位"②。在章太炎、黄侃的影响下，一大批训诂学论著相继产生，如何仲英《训诂学引论》、胡朴安《中国训诂学史》、张世禄《训诂学与文法学》、齐佩瑢《训诂学概论》、王力《新训诂学》等等。

经过章太炎、黄侃等人的努力，训诂学由此成为一门独立的学科体

---

① 黄焯：《文字声韵训诂笔记》引，上海，上海古籍出版社，1983。
② 王宁主编：《训诂学》，37 页，北京，高等教育出版社，2010。

系。由于训诂学是古籍注释学的重要组成部分，所以它的出现直接促进了古籍注释学的推进。这一点正如20世纪40年代张世禄所言，训诂学有助于古籍注释，但它在某种程度上只不过是解释学的一种或部分：

> 训诂学，通常大都以为是属于字义方面的研究，往往拿它来做字义学别名，以与音韵之学、形体之学对称。实在依据过去中国训诂学的性质看来，与其说是它是字义学，不如说它是解释学；中国训诂学过去并非纯粹属于字义的理论的研究，而是大部分偏于实用的研究。实际上，可以认为是读书识字或辨别词语的一种工具之学。所以，它和"意义学"（Semantics）的性质不同。①

在张世禄看来，章太炎、黄侃等人所言的训诂学，主要是研究字义解释之学，将传统训诂所包含的音韵学、文字学剥离了出来。而传统的注释，包括的面向很多，不仅仅有字义、训诂，还有思想体系等，而训诂学"实际上，可以认为是读书识字或辨别词语的一种工具之学"，亦即它并非现在所言的注释学的全部。尽管如此，现代训诂学的建立有助于语言文字学的发展，更是推动了古籍注释学的向前发展。这一点正如王力所言："按照现代的科学系统来说，训诂学是语文学的一个部门，它是从语言学角度去研究古典文献的。"②陆宗达也说：

> 现在所说的训诂学，是传统语言文字学的一个部门。它是随着与文字学、音韵学以及后来的语法学分工日益清楚，逐渐有了自己固定的研究对象、范围、目的、方法之后而确立的。……照此发展，训诂学便会成为这样一门科学：对象，古代文献语言（即古代书面汉语）的

---

① 张世禄：《训诂学与文法学》，载《学术杂志》，1940(3)。又见《张世禄语言学论文集》，上海，学林出版社，1984。

② 王力：《龙虫并雕斋文集》第1册，328页，北京，中华书局，1980。

词义；材料，古代文献语言及用语言解释语言的注释书、训诂专书；任务，研究古代汉语词的形式（形、音）与内容（义）结合的规律以及词义本身的内在规律；目的，准确探求和诠释古代文献的词义。所以，它实际上就是古汉语词义学。①

总的来看，根据王力、陆宗达等的解释，可以看出训诂学重在探讨古代汉语的词语意思，它的性质是从现代语言学的角度研究古代文献，研究目的在于总结、发现古代解释语言、词语的方式方法及其规律，以期对古文献的字词内涵有更加深刻的理解与认识。或者说是为了"明其义例，以求语言文字之系统与根源"，"准确探求和诠释古代文献的词义"。这些对于古籍注释学来说，具有一定的推动意义，毕竟解释古籍字词是注释学的核心任务。

民国时期，就注释学针对的对象而言，不再像清以前那样注重对传统儒家经典的注释，而是拓展到了史书、诸子、文集、出土文献等多种古籍，在研究方法上也趋于多元。如徐复《后读书杂志》对《史记》《汉书》《老子》《荀子》《楚辞》《文选》等 20 多种古籍中的疑难词语作了精当的校勘与注释。与此同时，学者们多采用比较直白易懂的白话，而不是引经据典、乾嘉考据那种烦琐的注解模式。另外，随着近代出土文献的增多，很多学者开始利用殷墟甲骨文、商周铜器铭文和敦煌文书残卷等出土文献，来辅助对传世文献中的某些字词、语义作出新的解释。如王国维《与友人论诗书中成语书》首次以铜器铭文解释《诗》《书》中的常用词语，于省吾也借助出土文献作《尚书新证》《诗经新证》《楚辞新证》等，补正了前人的很多阙误。总之，民国以来的古籍注释更加多样，脱离了传统以经史为核心的经典注释模式，很多古籍注释开始带有现代学术研究的性质。

随着注释学相关学科的发展以及注释实践的丰富，很多人注重吸收西

---

① 陆宗达、王宁：《训诂方法论》，北京，中国社会科学出版社，1983。

方的语义学、解释学等新思想与新方法，以全新的角度来重新审视传统文献，从而对注释学有了全新的认识。比如就今注、今译的标准来说，民国开始就已经有很多学者对此有一定的认识与理解，比如近代著名翻译家严复在其《天演论》的"译例言"中曾对外文翻译提出了信、达、雅3条标准，严复要求将外文翻译为中文，不仅要忠实原文，遵循作者的本意之外，还要通达、通顺，更要雅。由于这个"雅"要求用典雅秀丽的桐城派古文来翻译，在当时白话文开始流行的时期自然有些显得生涩、深奥，故遭到了梁启超、黄遵宪等人的批驳。尽管如此，严复的这个翻译要求，却成为后来很多古文献注释学者秉承的基本信条，以期重视原文，通顺畅达，还要文采优美。

总体来看，古已有之的古籍注释传统及实践，随着1911年清朝的解体，以及西方分科体系、语言学、语义学等新观念进一步盛行中国之后，中国有关古籍注释的学问进入了一个新的发展阶段。在注释的对象上，人们不再固守儒家经典。在注解的目的上，不再强调"传道明道""经世致用"，而是有了更加宽泛的指向。在注释的形式上，虽然仍以注疏集解的形式出现，但开始突出个人的理解。另外，随着五四运动的推动，白话文占据了文坛的主流，文言文开始退出了历史的舞台，古籍的今注、今译也开始成为一种新的训诂、注释的形式。总之，古籍注释开始了一个新的纪元。

## 二、古籍注释学基本理念的阐发

1949年以后，有关古籍整理与注释的学术活动有条不紊地进行。从20世纪80年代以后，古籍注释学的发展才开始进入了正轨。这一时期，受到国家和社会的重视，越来越多的古籍被整理。不过，"限于传统训诂学的性质，当时还缺乏科学系统的注释理论和方法的指导。工作的开展与学术研究滞后之间的矛盾，必然要求加强对注释的专门研究"①。总之，在 20 世纪 80 年代之后，随着古籍整理与注释实践的兴盛，很多有关古籍注释学的论著也开始大量出现，除了有总结注释的训诂学著述之外，还有专门的"注释学"之类的著作问世。

在 20 世纪 80 年代，一些古文献学与古籍整理类的书籍对注释学作了一定的探讨。如 1982 年由中州书画社出版的张舜徽的《中国文献学》一书，被视为"中国文献学学科建设的奠基之作"②。在这部书中，张舜徽认为"替古书作注解工作，是一件极不容易的事。一方面固然要明于训诂通例，解释得很清楚；另一方面，又必须学问渊博，能够作探本穷源的深入工夫"③。张舜徽还在此书中认为，传统的训诂学其实就是注释学的别名，他说：

> "训诂"二字，可以合起来讲，也可分开来讲。合起来讲，便成为一种注释、翻译古书的工作的代名词。"训"是解说，"诂"是古言。解说古言使人容易通晓，自然不是一件轻松的工作。④

最早的训诂主要是对字词、章句的解释，后来随着范围的扩大，凡是对古书的注释都可以叫作训诂。20 世纪 80 年代中期，黄永年在其《古籍整理概论》一书中认为古籍整理需要的方法、工序一共有 10 项，⑤ 其中他将注释、今译作为重要的组成部分。他认为"做出高水平的注释比自己写书更不容易"，而"今译在某种意义上可说是注释工作的延续"，"其难度则并不亚于作注释"。怎么对一部古文献作新注，黄永年认为需要注意 4 点：一是要

---

① 李红霞：《注释学研究的回顾与前瞻》，载《古籍整理研究学刊》，2009(2)。
② 张舜徽：《中国文献学·导读》，上海，上海古籍出版社，2011。
③ 张舜徽：《中国文献学》，145 页，上海，上海古籍出版社，2005。
④ 张舜徽：《中国文献学》，130 页，武汉，华中师范大学出版社，2004。
⑤ 黄永年：《古籍整理概论》，5 页，上海，上海书店出版社，2001。

选好对象，注意体式；二是对这部书要下功夫，通读、精读多遍，从而实现对这部书的内容、作用有更加深刻的理解；三是要认真汲取前人的成果；四是态度要认真严肃。①20世纪80年代末出版的由杨燕起、高国抗主编的《中国历史文献学》也提到了古籍注释应当注意的几个方面：(1)注释古书，有的解释不应当囿于陈说，而要利用近代学术知识，并善于辨别不同的史料传说。(2)词往往要在句里才能确定它的意义。(3)运用训诂方法解决古籍的难点是注释古籍常用的方法。(4)注释古籍要注意古籍原无标点，注家往往因断句误而造成的注释错误。(5)注释古籍，要注意校勘。(6)在古籍注释中，利用音训是清代学者的一大贡献，但也要注意区别误用音训的情况。②

　　以上古文献学、古籍整理的专家们提到了注释学的核心部分——注释应当注意的事项，这对于古籍注释学的丰富与完善起到了重要的推动作用。与此同时，20世纪80年代及之后，很多学者也开始将注释学作为一个学科进行探讨，如20世纪80年代中期，许嘉璐撰《中学课本文言文注释商榷续——兼论注释学的研究》一文，认为"训诂学不能代替注释学"，倡导建立中国注释学，以便对中国古代注释书的发展史，古代注释家、注释书的研究与评价，注释工作与各个时代政治、文化思想状况的关系，注释书的各种类型等问题展开研究。③除此之外，还有多种论著就"注释学"议题展开讨论。20世纪90年代初，汪耀楠撰写了《注释学纲要》一书，成为古籍注释学史上的标志性著述。正如有学者所分析的：

　　　　古籍整理与注释不仅仅是古语义学的问题，所涉内容要比训诂学

---

　　①　黄永年：《古籍整理概论》，135页。

　　②　杨燕起、高国抗主编：《中国历史文献学（修订本）》，387～391页，北京，北京图书馆出版社，2003。

　　③　许嘉璐：《中学课本文言文注释商榷续——兼论注释学的研究》，载《北京师范大学学报》，1984(3)。

界说和一般训诂学理论著作所讨论的问题宽泛得多，也丰富得多。可以说，《注释学纲要》一书是针对训诂学著作的不足与缺陷而作，是首次将关涉文籍注释整理的诸多问题，如版本、句读、释词、通假、今译、章句结构乃至注释历史等融汇于一体，重新做了理论阐述而形成一门新的理论学科。①

汪耀楠的《注释学纲要》是"针对训诂学著作的不足与缺陷而作"，将注释学作为一门学科，以古籍注释为研究对象，就其所涉及的"版本、句读、释词、通假、今译、章句结构乃至注释历史等融汇于一体，重新做了理论阐释"，从而形成了一门新的理论学科。除此之外，周光庆发表了《中国古典解释学研究刍议》《朱熹经典解释方法论初探》等文章，倡导建立中国自己的古典解释学，认为"中国确有自己的古典解释学。尽管它还没有能够成为一个独立的专门学科，他的理论的阐述还比较零散，方法的运用还隐含在浩瀚的注疏之中，丰硕的成果还未恢复本有的色泽"，但"只要加以科学的整理和总结，它那值得自豪的创造性和创先性，就能在世界学术之林闪现出光彩"。为此，他还提出了发展古典解释学的构想，"在目前情况下，中国古典解释学的研究，似乎应该首先致力于发掘和整理历代有代表性的文化经典解释理论与实践的成果，在比较分析中探寻文化经典解释方法论形成发展的轨迹；然后从古典解释学和哲学解释学的高度，对上述方法论发展演变作出实事求是的分析和评价，并且注意描写它固有的民族特色，进而探讨它在今天的启示意义和发展方向"②。

20 世纪 90 年代，有关注释学的论著越来越多，针对研究的目的、原则、内容、方法等都作了一定的探讨，比如靳极苍于 1991 年撰《应把"注释学"建为一专门学科》，就认为注释学建立的目的，有助于"正确理解咱

---

① 汪耀楠：《注释学·序》，2 页。
② 周广庆：《中国古典解释学研究刍议》，载《华中师范大学学报》，1993(2)。

们古典名作，以使它们能很好地为现代读者、为社会主义新文化建设服务"①。韩格平于 1994 年撰《关于高校中国古籍注释学学科构建的几点思考》，就古籍注释学的学科性质、主要内容、教材编纂、方法论与学科建设原则等问题作了细致梳理。他认为"中国古籍注释学是中国古代文献学的重要的分支学科，是以系统研究注释中国古代典籍（主要是汉文典籍）的一般规律与基本方法的实用性很强的新兴学科"②，并认为注释学与传统的训诂学有所不同，"中国古籍注释学与训诂学有很大的不同：一是研究对象不同，二是研究范围不同，三是社会用途不同"③。对于中国古籍注释学的基本方法，韩格平认为它所涉及的学科知识非常多，如目录学、版本学、校勘学、辑佚学、历史学、哲学、文学、语言学、民俗学等等。

对于注释学的内容、方法及体例等也有学者作了探讨，如董洪利于 1993 年出版（1995 年重印）的《古籍的阐释》一书对古籍注释的内容作了梳理与分析，他认为注释的内容包括：（1）考证和介绍作者的生平、思想、创作意图和书籍写作的历史背景。（2）分析、评价和发挥作品的思想意义。（3）考证、说明、补充历史事实和名物典故。（4）文学艺术作品的赏析与评价。（5）各种资料的补辑与辨析。④ 总体而言，董洪利认为对于古籍注释，除了借助训诂学的原理对字词进行注解之外，还应当借助文史哲等多种学科的知识，来对古籍字词、作者生平事迹、思想体系、古籍中的历史事实、典章制度、缺失的资料等等都要加以分析考察。他认为，即使是词语的解释，也不能仅限于训诂的内容，要结合对文本多方面的理解去解释。如其所言：

由于词语解释具有两重性，即是训诂的一部分，所以它必须遵循

---

① 靳极苍：《应把"注释学"建为一专门学科》，载《晋阳学刊》，1991(5)。
② 韩格平：《关于高校中国古籍注释学学科构建的几点思考》，载《古籍整理研究学刊》，1994(6)。
③ 韩格平：《关于高校中国古籍注释学学科构建的几点思考》，载《古籍整理研究学刊》，1994(6)。
④ 董洪利：《古籍的阐释》，83 页，沈阳，辽宁教育出版社，1995。

传统训诂学解释词义的方法，同时又要具备注释的特点而与训诂有所区别。具体地说，注释对词语的解释必须从全书、全文的整体思想、整体结构以及作品产生的历史背景等问题的理解出发，研究词汇在特定语言环境中的具体意义，既要以基本词义为依据，又要根据上下文的关系来确定词义；既要参考字典辞书的解释，又切忌生搬硬套。[①]

董洪利认为训诂只是对字词的解释，尽管很重要，但并不是注释学的全部，还应当对字词之外的作者意图、古籍本意作深入的发掘与阐发。就此而言，对于古籍注释尽管在本质上与训诂学相关，须以训诂学的传统方法为基础，但同时又必须借助文学、史学、哲学等学科的理论与方法，从多个角度多个方面，对涉及词义之外的内容如作者的生平事迹、思想体系、创作意图、古籍的历史背景、思想内容、历史与现实意义、古籍中的历史事实、典章制度、名物器数、各种资料的补辑、辨析，等等，作深入而系统的分析与总结，只有这样才可以对古籍本身有深入的理解。最后，董洪利还对注释的体式（体例与形式）作了介绍，在他看来，"从注释学的发展趋势看，译注是最有发展前途也最受读者欢迎的注释体式"[②]。

一些学者在与注释学相关的其他学科的研究中，也对古籍注释学作了一定的论述。比如冯浩菲于 1995 年出版的《中国训诂学》一书，尽管此书注重字词训诂的分析，但它对古籍今注、今译也作了大量的研究，也可以将之看成是古籍注释学的重要著作。在冯浩菲看来，古籍注释训诂一定首先要坚持"古为今用"的原则。只有坚持这个原则，才能做到目标对头、方向端正、方法得当、效果显著，多出书、出好书。否则，漏洞百出，坏书、劣书充斥市场，浪费人力、财力，还毒害人民。冯浩菲也强调，这里的"古为今用"的"古"与"用"，都是有选择性的。如其所言：

---

① 董洪利：《古籍的阐释》，33 页。
② 董洪利：《古籍的阐释》，289 页。

　　必须指出，古为今用是一个严肃的学术用语，当我们在训诂学领域使用这个术语时，所说的"古"不是任意的，而是有选择的，质而言之，主要是指代表中华民族优秀文化遗产的那一部分古籍。所说的"用"，也不是任意的，而是有选择的，质而言之，主要是指在我国向现代化迈进的过程中，能够促进物质文明和精神文明建设的那种作用。如果与这样的宗旨相违背，就不是我们所提倡和坚持的古为今用，而是别一种货色，必须加以抵制和反对。[①]

　　冯浩菲认为"古"不是泛指，不是古代的一切，而是那些"代表中华民族优秀文化遗产的那一部分古籍"。而所说的"用"，也是有选择的，就是能够"促进物质文明和精神文明建设的那种作用"。否则，就不是冯浩菲所提倡的"古为今用"。当然，冯浩菲的这种"古""用"有些绝对，毕竟，古籍注释学的对象是针对过去的一切古文献，即使它对当今没有任何价值，但我们也应当注意保存，以备子孙后代发掘、研究。冯浩菲对于如何贯彻"古为今用"，如何进行注释古籍，提高注释的质量，提出了需要注意的五点事项：一是不崇古，不薄今。尊重古人的注释，但一定不要迷信。正确的态度是："训诂中应该实事求是，用历史的观点，科学的态度，批判吸收古注中合理的有用的部分，舍弃其糟粕的部分，也就是既要依靠，又不迷信。"[②]二是不保守，不妄说。他认为既不能过于尊崇旧注，以至于陷入保守；相反，也不能轻诋古人，而主观臆断妄说文本之义。三是要出于公心，破除门户之见。面对学术问题，要摒弃学派之争，追求真理。四是注重事实，相信科学。古书注解，一定要反复考证，实事求是。五是尊重前人成果，注重学术流变。

　　冯浩菲除了从训诂学的角度对古籍注释学作了一定的探讨之外，还在

---

① 冯浩菲：《中国训诂学》，572 页。
② 冯浩菲：《中国训诂学》，573 页。

其《中国古籍整理体式研究》一书中，对注释古籍的注意事项作了进一步的补充，比如要重视标点工作；要做好词义的训释；诠释句意应该紧贴原文，防止节外生枝，任意滋说。冯浩菲所说的这几个方面注意事项，对于古籍注释来说无疑有重要的参考价值。同一时期，黄亚平的《古籍注释学基础》针对前人注释所作的类型归纳，其中对各类旧注注释条例进行总结分析，这对于注释术语的理解与使用具有一定的规范意义。无论是董洪利、冯浩菲，还是黄亚平，他们对于古籍注释学的分析与论证，极大地丰富、完善了古籍注释学学科体系。

除了训诂学的专家探讨注释学之外，另外一些古文献学家也对古籍注释学作了一定的探讨。比如杨燕起、高国抗主编的《中国历史文献学》一书中，对古文献的注释也作了一定的研究。在他们看来，古人在注释古籍方面已经积累了大量的有用成果，这就要求我们不仅要继承前人的成就，还要利用我们所掌握的较先进的语法、训诂、音韵、文字等方面的知识去考证、辨析、补充前人的注释，得出正确的结论。①

另外，古籍注释学离不开正确的文本基础。在古籍注释之前要做好古籍版本的源流、真伪的考校，为古籍注释提供一个正确的文本，否则就会在错误的正文上，为讹谬作注，而贻误后学。因此，古籍注释对古籍版本有很高的要求，正如注释学专家汪耀楠在其《注释学》一书中所指出的，好的注释本应当在版本上具备 4 个条件：第一是足本，亦即没有任何章节、内容的缺漏；第二是精本，亦即抄写或刊刻都没有错误；第三是精校本，亦即古籍在流传过程中尽管出现了错讹、脱漏，但历代学者对之作了细致的校勘工作；第四是好的注释本。古籍注释很多情况下是在已有的整理、注释过的本子上进行的，如果选择好的注释本可以有利于我们充分前人已有的成果，在已有的成果基础上再提高一步。② 总之，注意将校勘、版本、

---

① 杨燕起、高国抗等主编：《中国历史文献学（修订版）》，387～391 页。
② 汪耀楠：《注释学》，80 页。

辨伪等专学与注释学结合起来，是古籍注释学理论的一个重要观点。

总的来看，进入 20 世纪 80 年代以后，注释学的理论探讨进入了一个新的阶段，注释学不但作为一个新的学科被一些学者所关注，而且对注释学的一些问题展开论述，这在某种程度上推动和丰富了注释学理论的发展与体系的建构。尽管如此，到 20 世纪末，古籍注释学学科的建设仍然处于初兴时期，鲜有统一的认知与共识。正如有的学者所总结的："通观古籍注释的研究现状，可以说'古籍注释学'理论体系的建设尚处于起步阶段，参与讨论的人数不多，取得的成绩也不够大，尤其是对古籍注释学科理论模式的研究，如对注释理据、作注手段、学科范围、操作规范、批评标准等问题的探讨，或者尚未触及，或者还没有形成共识。换句话说，目前对古籍注释理论框架的重要性还缺乏足够的认识。这种状况反过来制约着古籍注释工作的顺利实行，连带也给古籍整理事业造成了一定的负面影响。"①

## 三、古籍注释学理论的多元发展

21 世纪以来，古籍注释学被作为一个新兴学科，为越来越多的学者所探讨，很多学者就古籍注释学提出了自己的看法，近 10 年以来，古籍注释更是进入了一个前所未有的繁荣时期，随着训诂学、文字学、文献学等与注释学相关学科的发展，极大地促进了古籍注释的进步，很多学者都为古籍注释的方法、程序、注释的分类、注释的原则等等，提出了自己的新观点与新方法。比如周大璞主编的《训诂学初稿》中就如何给古籍作注就提出了很多看法与观点，其中包括如何借鉴旧注、如何辨明词义、如何保证注释的规范、如何避免以往注释出现的各种问题等等，② 这对于古籍注释

① 黄亚平：《建设古籍注释研究理论框架的重要意义》，载《古籍整理研究学刊》，2002(3)。
② 周大璞主编：《训诂学初稿(第 3 版)》，360～398 页，武汉，武汉大学出版社，2007。

学的丰富与完善起到极大的促进作用。

在讨论古籍注释的方法的同时，很多古文献学家也从自己的学科视野出发，就古籍注释的程序提出了一些建议。他们认为，面对浩如烟海的古籍，应当采取以下几个程序进行注释：首先要选定工作本。这就要依靠目录学、版本学，选择足本、善本或精校本。其次是标点和分段。在工作本选定之后，要通读全文，用红笔或铅笔点出句读，亦即断句。在断句的基础上，反复斟酌，将句读改为新式的标点符号。再次是要注意对文本进行校勘。尽管我们选择的是足本、善本或精校本，但也要进行详细校勘，保证文本的正确。最后，才是进行古籍的注释。这当然是注释古籍的中心环节。① 这种步骤颇值得参考，只是我们应在所选择的工作本上先进行校勘，这样方可以比较顺利的进行断句，这样可能更符合古籍整理的工作程序。由于一些古籍如四书、五经、前四史等，自古以来就有很多古注，对于旧注究竟如何取舍，一些学者提出了自己的看法。如冯浩菲在其《文献学理论研究导论》一书中就认为需要做好两方面的工作：

> 一是按照从古到今的顺序，仔细研读应该研读的全部相关文献，注意比较历代学者所作各种注释的同和异。凡完全相同者可以不论，凡相异者认真做好资料卡片，首先归纳标目，注明属于什么问题；接着摘录注家观点，照抄原文，一字不误；继而详细注明出处和版本。这是基础性工作，必须做好，要求全面、彻底、可靠。二是根据全程研读印象和所做详细卡片资料，分析问题，归纳问题，即对依次记录于同一目标之下的所有不同观点进行仔细分析，确定其同异、是非、取舍；同时进行归纳分类，使各种观点各以类从。对每一个标目之下的观点都按此程序做过来，那么相关文献注释中所存在的各种主要的

---

① 王俊杰主编：《中国古典文献学概论》，272～276 页，济南，齐鲁书社，2006。

前沿性问题也就梳理清楚了。①

冯浩菲认为注释古籍的整个过程需要慎重，一方面要仔细研读与所注释的文本相关的全部文献，比较历代注释的同异，并做资料卡片，分析异同的缘由，并标出详细出处与版本。另一方面还要根据所做的卡片，仔细分析问题，确定同异、是非、取舍，同时以类相从。这样注释的结果，不仅可以清晰历代注释之演变，也可以借此洞悉古籍本身的一些前沿性问题所在。

注释古籍时应当选择何种体例类型，很多学者对此也作了探讨，并对古籍注释的分类提出了自己的看法。如王俊杰在其主编的《中国古典文献学概论》中认为，按照不同的标准，注释可以有不同的种类：其一，从注释内容上着眼，可分为文字类、章句类、义理类和综合类注释；其二，按注释所提供知识的信息量，可划分为简注、详注和纂集三类；其三，按待旧注态度不同，又可分为旧注、补注、辨正（平议）与集注。其四，从注释的接受对象上，还可以把注释分为普及与提高两大类。② 曹林娣在其编纂的《古籍整理概论》中也说：

> 为古籍作新注，首先要审别原书类属，区分读者对象，然后再决定采用哪种注释手段。如果是先秦文学著作，文字艰深，佶屈聱牙，一般读者难以读懂，就可考虑译注体例。如果注本的读者对象为广大中等以上文化水准者，则以普及读物常用的译注、译评等体例较宜；如果注本是供研究者所用的，那就以集注、校注等体式为佳。③

的确，古籍注释需要考虑阅读对象，以此为依据决定文字处理。如先秦古

① 冯浩菲：《文献学理论研究导论》，76 页，济南，山东大学出版社，2009。
② 王俊杰主编：《中国古典文献学概论》，269~272 页。
③ 曹林娣：《古籍整理概论》，191 页，北京，北京大学出版社，2007。

籍就应当用译注的体例，如果普及读物则采用译评的体例，如果注本供研究者使用则以集注、校注等体例为主。

进入 21 世纪之后，随着训诂学、语言学、语义学、文献学等相关学科的发展，以及西方诠释理论在中国学术界的大行其道，这些都极大地促进了古籍注释学的丰富、完善。与此同时，古籍注释学被视为一个相对独立的学科，也日渐得到了越来越多学者的认同，一些学者还在前人的基础上就注释学学科体系的建立发表了很多的论著，以期探讨重建全新的注释学思想体系。比如汪耀楠在其《注释学》一书中，进一步强调并系统阐述了他的古籍注释学思想体系。他认为注释的产生并不等于注释学的产生，作为注释学的成立应当有 5 个标志：能够自觉地运用文字学的原理，辨识字的本义、引申义和假借义；能够明了声音与词义的关系；能够明了古今异言、方俗殊语的语言变化现象；有广泛深入的注释实践，其注释内容涉及文章的各个方面；有阐发注释原理和方法的理论。[①] 汪耀楠认为，按照这 5 个标志来衡量的话，中国在汉代就已经形成了自己的注释学。同时，他强调，之所以要建立注释学，因为相比较而言训诂学有些狭窄，而诠释学无论是适应性还是所涉及的范围都远远超过训诂学，比如注释的范围比训诂广，训诂学一般只是对古籍中的每一句中的各个字词之义加以解释，排除语言文字障碍就行了。而注释则要涉及所注解篇目中的很多方面，比如字词、作者、版本、文义、评价等等。

孙钦善在其《论中国传统诠释学的继承和发展》一文中，对中国已有的诠释学思想与方法作了分析，针对学术界认为中国没有传统的诠释与中国只有经验而没有形成"学"的两种观点作了批判，并提出了自己的看法。他认为：

> 中国不仅有悠久的经典诠释传统，而且诠释方法极为丰富，经过

---

① 汪耀楠：《注释学》，9 页。

不断积累、总结，早已上升为理论阶段，形成自己固有的诠释学。中国历史上虽然没有"诠释学"的名称，但存在"诠释学"的实质，只是名称不叫"诠释学"而已。从解释层面来看，一般可分为三：1. 语文解释，包括字、词和文义的训解串释；2. 文献具体内容（如史实、人物、名物、典制、天文、历法、地理、年代等等有关空间和时间的具体事物）的考释；3. 文献思想内容的诠释。思想内容的诠释是最深的一个层次，中国传统称为义理学，义理学即相当于现时影响中国最深的以海德格尔、伽达默尔为代表的西方哲学诠释学关于文本诠释的理论。我们当今的任务，既不是引进诠释学，也不是创立诠释学，而是继承传统诠释学，以此为基础，并借鉴西方诠释学，进一步发展这一学科。①

在孙钦善看来，中国有悠久的注释学传统，尽管始终没有冠以"注释学"之名，但它不仅具有丰富的注释经验，而且还上升为理论，形成了自己固有的注释学体系。如果从理论结构上来看，也有语言文字解读、具体内容考释和思想义理辨析（或称"义理诠释"）3 个密不可分而又由浅入深的层次。另外，还有一批与注释学相关且发展成熟的学科，如目录、版本、校勘、辨伪、辑佚等都属于古文献的搜集、订讹和甄别的范围。另外，还有孟繁之、曹泳兰《古籍注释中的几个问题》，② 郭英德、于雪棠《中国古典文献学的理论与方法》，其中郭英德《中国古典文献学的理论与方法》系统地就古籍注释学的研究对象、研究方法和研究目的做了分析。在他看来，古籍注释学的内容包括 4 个方面，即古籍注释学理论、古籍注释学史、古籍注释

---

① 孙钦善：《论中国传统诠释学的继承和发展》，见北京大学中国古文献研究中心编：《北京大学中国古文献研究中心集刊》第 9 辑，25 页。

② 孟繁之、［韩］曹泳兰：《古籍注释中的几个问题》，载《古籍整理研究学刊》，2007(1)。

的内容与方法、古籍注释体式。① 这些对于古籍注释学的建立非常有帮助。

总的来看，进入 21 世纪以后，注释学本身作为一个学科已经得到了诸多学者的认同与研究，一些学者更是从理论体系的建构出发，来探究它的目标、意义、内容、方法及其相关的历史等等。注释作为整理古籍的重要工作之一，它的目的在于沟通古今，使今人读古书，如同古人与古人、今人与今人的思想交流，不会发生文字语言隔阂。而注释学的研究，则是整理古籍的注释工作有正确的理论指导，有科学的原理和方法可以遵循。从注释学研究的对象和内容上看，它包括点校、释词、释史实名物各个方面；从注释学的方法论上看，它必须说明怎样确定注释对象，采用怎样的注释方法，怎样通过注释向读者提供理解古籍最重要的、最必需的知识信息。同时，注释学还必须向读者介绍我国古籍注释的优良传统和基本理论，使我们能够充分地吸收前人的研究成果，促进我们的工作。这一切对于古籍整理都至关重要，而注释学的作用和意义在这一方面是尤其明显的。

## 四、中国古籍注释学学科体系的建构

总括百年来几个历史阶段学术界对于古籍注释学学科理论的探讨，可以看出中国古籍注释学的学科体系在几个方面得到逐渐完善的建构。

首先，古籍注释学与中国本土的训诂学，与外国的诠释学、语义学等学科不尽相同，它本身具有鲜明的中国特色，更有着自己一脉相承的发展历史和特点。当然，它的发展与完善以及理论建构，离不开古文献学的基础，更离不开现代语言学、训诂学、诠释学的一些基本理念作为辅助。比如就古文献学来说，注释古籍首先要进行基本的考校工作，毕竟古籍流传

---

① 郭英德、于雪棠编著：《中国古典文献学的理论与方法》，328 页，北京，北京师范大学出版社，2008。

久远，存在着脱、讹、衍、倒等方面的问题，甚至还存有真伪等问题，要恢复原本面目就必须进行校勘。要选择版本、校订异同，对其中的字、词、句的讹脱衍倒，为下一步古籍注释奠定重要的基础。

在古籍注释学之中，训诂扮演着非常重要的角色，只不过古人的训诂学与现在所言注释学还有着很大的不同，古代的训诂学家们更加注重解释古籍中字词的意义。现代训诂学，更是强调对古汉语词义进行系统的研究，分析其发展、变化的规律，研究词与词之间的关系。所以，从研究对象内容上来看，训诂学比较单一。在研究方法上，古代训诂注重从形训、音训、义训 3 个角度出发，亦即通过文字的形体、词语的音韵以及词与词之间的相互关系来探究词义。可以说，训诂、字词的解释是古籍注释学的核心所在，正如注释学家汪耀楠所认为的，"（注）释词语则是注释的核心"①。

作为与注释学最为密切的训诂学，尽管从 20 世纪以来促进了注释学本身的发展以及学科体系的建构，但它们之间还是有很大的分别，比如潘树广等人在其所著的《文献学纲要》一书中就如此说道：

> 注释，就是对文本的主旨、词语、用典、具体内容等方面所做的说明。有人认为，注释就是训诂，这看法是不全面的。诚然，训诂是注释的一项很重要的内容，不懂训诂，就无法注释。但训诂学主要是研究词义和词义系统，而注释涉及的范围则广泛得多。大致可以概括为十个方面，即：解篇题、述作者、释词语、疏章句、明日期、析地名、叙人物、详事由、考典故、评文章。显然，训诂是囊括不了上述内容的。②

① 汪耀楠：《注释学》，131 页。

② 潘树广、黄镇伟、涂小马：《文献学纲要（增订本）》，222 页，桂林，广西师范大学出版社，2005。

潘树广等人认为，训诂是注释的基础，"不懂训诂，就无法注释"，但训诂并不是注释的全部，故注释学相对训诂学而言，它所涉及的范围更加广泛，所以如何给古籍作注并非简单掌握语言文字学所能为。相比较而言，古籍注释不仅要关注古籍中的字词意义，还要分析作者的生平事迹，考证书中的历史事实，介绍所引名物典故，梳理书中的引用书目，分析思想内容、创作目的及其历史意义、现实意义，等等。另外，在研究方法上，古籍注释学会运用到文献学、史学、哲学等多种学科理论，注重综合多元化。至于如何在注释一部古籍时，准确地选择需要进行注释的词语，汪耀楠作了细致的介绍。他认为要考虑 9 点：(1)陈旧的、消失的、新生的；(2)词义演变的(扩大、缩小、转移)；(3)词性改变而词义乃至读音改变的；(4)修辞的比喻、借代用法和因此而产生新义的；(5)有明显时代局限性的；(6)涉及史实人物的；(7)名物字词(亦即植物、文物器皿、天文地理和典章制度的名称等)；(8)虚词；(9)其他(外来词、音译词、各学科的专门术语如佛学、方技等)。① 汪耀楠从注释词语的词义方面，规定了注释的范围，事实上，仅从词义解释的范围来看，也已经超出了训诂学的范围。

其次，既然注释学不等于训诂学，那么如何把握注释的边界呢？正是由于在注释古籍的过程中，语言文字的解读、训诂始终是注释学的重心所在，但它也不是古籍注释学的全部。所以，我们既要遵循基本的训诂学的常识与理论，要简明扼要地疏通古籍中的字词，又要从注释学更大的范围，注解文本中相关的名物典制、历史事实、思想内涵等，但也要谨防在注释过程中结合文史哲相关学科而过度阐发，以致任意滋说、长篇大论。中国古代的儒家经典注释一般有汉学、宋学之分，汉学以郑玄为代表，宋学以朱熹为代表。清人李兆洛曾言：

---

① 汪耀楠：《注释学》，131 页。

治经之途有二：一曰专家，确守一家之法，尺寸不敢违越，唐以前诸儒类然。一曰心得，通之以理，空所依傍，惟求乎己之所安，唐以后诸儒类然。孔子曰："述而不作，信而好古。"专家是也。孟子曰："以意逆志，是谓得之。"心得是也。能守专家者，莫如郑氏康成。而其于经也，泛滥博涉，彼此会通，故能集一代之长。能发心得者，莫如朱子。而其于经也，搜采众说，惟是之从，故能为百世之宗。①

汉学乃训诂之学，注重疏通经典中的字词章句，严守家法、师法，鲜有发挥，汉唐之际的注疏之学基本上都是如此，故"能守专家者，莫如郑氏康成"。宋学注重体认，"以意逆志"，注重探求经典中的思想义理，所以各抒己见，多有不同，故"能发心得者，莫如朱子"。当然，如果汉学过于拘泥，就会流于形式，进而墨守成规。而宋学过于阐发，就会泛滥无涯，偏离主题。不论如何，在古籍的注释上一定要把握好诠释的尺度，而不是随心所欲，更不可以过度阐发，形成了本文与注文分离的现象。这一点朱熹的经学注解理论颇值得采纳，他说：

凡解释文字，不可令注脚成文。成文，则注与经各为一事，人惟看注而忘经。不然，即须各做一番理会，添却一项工夫。窃谓须只似汉儒毛、孔之流，略释训诂名物及文义理致尤难明者。而其易明处，更不须贴句相续，乃为得体。盖如此，则读者看注，即知其非经外之文，却须将注再就经上体味，自然思虑归一，功力不分，而其玩索之味，亦益深长矣。②

在朱熹看来，经书的注解当如同汉儒章句注疏那样，对难以理解的名物训

---

① 李兆洛：《养一斋文集》卷三，清光绪刻本。
② 《朱子文集》卷七十四《记解经》，1331 页，北京，中华书局，1936。

诂、典章制度及意思难明的地方加以注解，对于容易理解的，不需要再加以注解。这样一来，注解简洁明了，既不会喧宾夺主，更不会"令注脚成文。成文，则注与经各为一事"，从而导致了人们只顾着看注释，而忽视了对经文本身的体悟与理解。所以，古籍的注释以简洁明了为基本原则，以期有助于读者体悟文本作者之本意。

另外，在古籍注释的思想体系的把握上，亦即古人常说的"义理"，我们应当继承并发扬传统的"知人论世""以意逆志""我注六经，六经注我"等经典注释学的思想。应当掌握古代文献本义以及利用古代文献以服务于现实社会的两者之间的关系，在这一方面孙钦善的观点颇值得我们借鉴，他说：

> 古人关于"义理"的理解毫无二致，皆知抽象的思想内容。而关于探求义理的义理学却道分两歧，一派认为求义理离不开训诂、考证，必须以其为基础，深入探求思想本意；另一派则认为求义理必须摆脱训诂、考证，求之于心，主观附会，"六经注我，我注六经"。本人认为在古文献学上，前者能求得本意，属于原意诠释的义理学，在古文献学上具有积极意义；后者附会歪曲，属于附会诠释的义理学，在古文献学上无积极意义，但在思想史上有积极意义。两种义理学，在古文献学史上皆不乏其例，而尤以后者为主。[1]

古籍注释之中，对思想义理的分析必不可少，自古以来尤其是汉唐之际的学者经由文献训诂、考证，以探求思想本意。当很多情况下，尤其是自宋代以后，很多学者从主观意识出发，对文本意思进行阐发，以期服务于社会现实。毫无疑问，两者都有积极的意义，前者有助于了解作者与文本本

---

① 孙钦善：《论中国传统诠释学的继承和发展》，见北京大学中国古文献研究中心编：《北京大学中国古文献研究中心集刊》第 9 辑，26 页。

义。后者则有助于发挥古籍的社会价值、思想价值，以便为社会文化服务。当然，我们在文献本义的探求与文献价值的发掘两者之间，一定要保持适当的平衡，否则过度诠释只会造成思想的泛滥，比如历史上的今文经学、谶纬之学、心学等流派多如此。

最后，要处理要注释学与其他学科的关系，构建注释学的学科体系。综括来看，古籍注释学相对于传统的训诂学而言，无论是在所涉学科上，还是所要关注的内容上更加广泛、更加多样，正如许嘉璐所言：

> 注释学与有关学科的关系也应给予充分注意。文字、音韵、训诂、语法、校勘、考据诸学科对注释学的作用是不言而喻的，此外，社会学、民俗学、心理学以及医、法、农、工、天文、地理等学科与注释工作又何尝无涉？传统语言学所研究的内容已分化为许多独立的学科，这标志着学术水平的提高、人类对事物观察认识的日趋细密。但与此同时也容易忽略学科间的联系，这对学术的发展是不利的。注释学恰好是众多学科共同哺育的一门带有边缘性的学科。只有注意到了它的这一特点，才能使它得到顺利而迅速的发展。①

在许嘉璐看来，注释学作为一种"众多学科共同哺育的一门带有边缘性的学科"，就不能不考虑与之相关的多种学科，否则这对于古籍注释学的建立是不利的，也是不完整的。诚然，如今有关注释学学科建设的论证日趋严密，与之相关的各个学科也蓬勃发展，这些对于古籍注释学的建立无疑有重要的推动作用。董洪利曾分析说：

> 注释涉及的范围十分广泛，与古代文化学术有关的学科，诸如校

---

① 许嘉璐：《中学课本文言文注释商榷续——兼论注释学的研究》，载《北京师范大学学报》，1984(3)。

勘学、辨伪学、辑佚学、音韵学、文字学、训诂学以及文学、史学、哲学等等，几乎都与注释有着密切的关系，各学科的理论与方法几乎都能在注释工作中发挥一定的作用。……另一方面，因为注释是以解释语言文字为主的，而解释语言文字主要应遵循训诂学的理论与方法，所以长期以来，人们习惯于用训诂学的理论来知道注释，而忽略了注释中其他内容的理论建设。这种状况很不利于注释发展的需要。①

董洪利分析了注释的特征，并强调了注释工作内容本身的复杂性与方法的多元化，是需要传统的校勘学、辨伪学、辑佚学、音韵学、文字学、训诂学以及史学、文学、哲学等多种学科的配合方能完成。古籍注释学学科的建立离不开对这些学科的关注，当然，这些学科的兴旺繁荣，对古籍注释学的建立而言，也是一种挑战，毕竟它们本身已经拥有了非常丰富而系统的理论与方法，如何整合它们以形成一个系统但有独立性质的古籍注释学也是相当困难的。当然，也并不是将它们兼容并包形成一个大杂烩，正如有的学者所说："就古籍注释的理论模型而言，一方面我们既要弄清楚与相关学科，如校勘、辑佚、版本、目录之间的关联，笼统地说，校勘、辑佚等等虽与注释有紧密的关系，但充其量只是注释的手段和方法，不是注释本身的有机组成部分。另一方面又要清醒地看到各相关学科的独立性，校勘、辑佚等学科各有自己研究的范围，有自己的方法和理论，相对独立。把他们混杂起来，把注释学搞成无所不包的大杂烩，表面上全面丰富，实际上等于取消了注释学的独立性，不利于注释学学科的真正建立。"②在树立中国注释学传统的同时，我们也应当积极汲取西方的诠释学理论以丰富、完善我国的注释学学科体系。比如郭英德在阐述古籍注释学的时候就曾说，"注释的方法则多元、变化，包括训诂学方法、考据学方

---

① 董洪利：《古籍的阐释》，301 页。
② 黄亚平：《建设古籍注释研究理论框架的重要意义》，载《古籍整理研究学刊》，2002(3)。

法、心理学方法、文艺学方法、历史学方法、哲学方法等"①，其中多融有西方的理论与方法。总的来看，构建中国注释学，我们既有丰富的理论与知识经验，更有近二三十年以来学者丰富的研究成果与严谨的探索，这些都为我们建构中国注释学提供了坚实的基础。

## 结　语

20世纪以来，中国的注释学继承并发展了传统注解之学的思想与方法，并将西方的理念融入其中，进一步提升发展了这一学科体系。实际上，中国古籍注释学并不仅仅是一个学科，而是一个兼涉甚广的跨学科体系。如同传统的经学一样，汪耀楠在其《注释学》一书中对中国古代的注释史作了总结，在他看来，"我国注释学的历史几乎和文籍本身的历史一样悠久"。由于中国古代的重要典籍首先是儒家六经等，所以"古代的注释史，就是由注经产生和发展的。注释史在一定程度上说就是经学史"。② 我国的注释学史，首先是经学的发展史，经书以外的文籍注释是在经学注释后发生的。这种情况与西方的解释学一样，西方解释学是基于对《圣经》的理解与诠释的"释义学"（Exegesis）。既然如此，我们再以中国古籍为注释对象的时候，就不能以现代学科的分类体系来审视衡量古代的学科发展。所以，我们说中国古籍注释学是个综合性的学科，而非内容单一的学科。

总的来说，在中国古籍注释学的建构上，我们一方面要从综合的视角出发来审视经、史、子、集各部内容，细致地梳理并总结自古及今古籍注释、训诂的成就与思想；另一方面还要兼顾目录、版本、校勘、辑佚、辨伪、文字、音韵、训诂等传统经验与方法，以及经由后人总结而上升为"学"的理论与思想，最终将这些要素、部分熔铸为一个有机的整体。当然，这并不是要将古籍注释学建构成一个什么都包括的大杂烩，否则就失

① 黄亚平：《建设古籍注释研究理论框架的重要意义》，载《古籍整理研究学刊》，2002(3)。
② 汪耀楠：《注释学》，388页。

去了古籍注释学本身作为一个独立学科的意义。我们是要在树立古籍注释的成绩与经验的同时，注意古籍注释学本身的理论与其他学科理论和方法的交叉融合研究，同时引进西方诠释学的理论成果，来丰富古籍注释学的学科建设。

# 关于中国中原地区的
# 历史地位及汉字起源的两个问题

胡进驻

[摘要]至少自旧石器时代晚期起，西起今陕西关中、东至今河南郑洛地区、北起黄河、南至淮河的中国中原地区，以今豫西的嵩山文化圈为核心，逐渐形成重内在深度思维、不务外在光鲜炫耀、各个方面不走极端而坚持中庸之道、将神权信仰控制在一个适度的水平上、追求天地人神与自然界及各个人群之间的和谐统一的文化特质。自旧石器时代晚期起，直至今天，中国中原地区及其孕育和发展的基本政治礼仪制度、文化思想及安邦定国之策等，始终是中国历史进程的主体内容；包括中国汉字在内的绝大部分文字体系都是在较短时期内诞生的，所谓文字起源必经漫长历程的论点，可能不符合历史事实。中国汉字体系在商代中期前后形成，至晚商甲骨文阶段迅速成熟。

[关键词]中国中原地区；深度思维；中庸之道；中国汉字起源短暂突起说

## 一、关于中国中原地区的历史地位

我们说的中国中原地区主要指西起今陕西关中，东至豫东开封，南至

---

作者简介：胡进驻，北京师范大学历史学院讲师。

淮河，北至黄河的区域。自二里头王国始，历二里岗王国、殷墟晚商王国、西周王国、秦汉帝国，以至唐宋，中国历代王都及帝都与统治的核心区域皆在上述中国中原地区，事实比较清楚，基本没有太大的争议。元明清三个帝国时期，帝都虽然不在中原地区，但它们的基本政治礼仪制度、文化思想及安邦定国之策，都是主要沿袭前述二里头王国以迄唐宋帝国在中原地区所形成、并发展稳固者。学术界目前的争议主要聚焦在二里头王国以前中国中原地区的历史地位问题。

早在20世纪80年代，张光直先生就概括出一个范围很大的中国相互作用圈，[①] 对于探讨中华文明的起源及其早期发展有很重要的学术意义。但张先生的这个理论，似乎认为中国诸地区都对文化的发展及文明的起源起作用，没有突出重点。著名学者苏秉琦先生也在此时间点，依据考古学区系类型理论提出中华文明起源的"满天星斗"说。[②] 但也有学者提出不同意见。例如严文明先生提出"重瓣花朵模式"，重点指出最著名的是第一层次的中原文化区。[③] 赵辉先生两论以中原为中心的历史趋势的形成。[④] 韩建业先生则认为以豫西晋南为核心分布区的庙底沟类型对四面的影响和扩张，形成文化上的早期中国，[⑤] 而且还认为更早的中原地区裴李岗文化的对外扩张和迁徙，促成早期中国文化圈的雏形。[⑥]

二里头王国以前的中原地区在中华文明起源及其早期发展中的地位到底如何，我们的理解是这样：包括中国中原地区在内的各个地区的新石器时代中晚期及诸古国文明都对中华文明的起源及其早期发展作出或大或

---

① 张光直：《中国考古学论文集》，151～189页，北京，生活·读书·新知三联书店，1999。

② 苏秉琦：《中国文明起源新探》，101～127页，北京，生活·读书·新知三联书店，1999。

③ 严文明：《史前考古论集》，14～16页，北京，科学出版社，1998。

④ 赵辉：《以中原为中心的历史趋势的形成》，载《文物》，2000(1)；赵辉：《中国的史前基础——再论以中原为中心的历史趋势》，载《文物》，2006(8)。

⑤ 韩建业：《早期中国：中国文化圈的形成和发展》，79～91页，上海，上海古籍出版社，2015。

⑥ 韩建业：《裴李岗文化的迁徙影响与早期中国文化圈的雏形》，载《中原文物》，2009(2)。

小、或早或晚、或强或弱、或久或暂的不同的贡献，但以舞阳贾湖文化及仰韶文化庙底沟类型为代表的中原地区早期文化的一些特质（比如重深度思维而不喜外在炫耀、各个方面不走极端而坚持中庸之道、将神权信仰控制在一个适度的水平上、追求天地人神与自然界的和谐统一等比较突出，其他诸如阴阳太极八卦的理念与龟卜等技术细节也很特别）不仅被后来的商周文明及更晚的中国文明所继承，而且这些内容在世界诸文明内容中，是比较独特的。相比较而言，中国中原地区以外东西南北各处的早期文化及早期古国文明皆以巫术及神权信仰为要务，而这些在世界早期文明的内容中是普遍都有的，没有特色。

中国中原地区的这些特质可能从旧石器时代晚期开始就逐渐形成，原因就在于其地处东西南北之中的空间位置优势，可以非常便利的接纳来自于四面八方的人群与各种新鲜的文化因素。周昆叔先生提出著名的"嵩山文化圈"理论，[①] 认为地处中原核心地带的嵩山区域具有优越的自然环境资源与区位优势，成为中华文明的核心区域，并指出早在旧石器中期嵩山地区古文化就有南北文化交融与过渡特点。李占杨先生认为旧石器时代人类文化的迁徙主要是由高纬度向低纬度、新石器时代早期文化的迁徙主要由低纬度向高纬度进行，[②] 而中原地区"天下之中"的空间优势，让其成为旧石器时代以来古人群"南来北往、东来西去"核心地带。张弛先生也认为地处中原腹地的贾湖一期文化遗存应当是南方人群向淮汉和黄河中游地区扩张的结果。[③]

中原地区的神权信仰始终不太发达，而周边地区的巫术及神权信仰则普遍地一直非常兴盛。中原地区自仰韶时代晚期至河南龙山文化时期，古文化发展确实进入一个相对微暗的阶段。尤其是与红山古国、凌家滩古国、良渚古国、石峁古国及陶寺准王国等相比较，中原地区发展的相对滞

---

① 周昆叔等：《论嵩山文化圈》，载《中原文物》，2005(1)。

② 李占杨、许萍：《史前文化迁徙的环境思考》，载《华夏考古》，2010(3)。

③ 张弛：《论贾湖一期文化遗存》，载《文物》，2011(3)。

后还是比较明显的。其中的原因可能是综合多样的，但神权信仰的不发达可能是一个重要原因。因为人们的世俗需要一般是相对温和的，只有非理性的神权信仰才会最大程度的激发人们的创造力。比如前述诸古国的各类大型人工礼仪建筑、精致的玉礼器系统与大型的丧葬设施等都是神权信仰繁盛的结果。中原地区比较重视世俗事务、神权适度的情况使其文明起源进展比较缓慢，要经历比较漫长的酋邦或所谓军事民主制的阶段，但与中原渐进式的发展不同，以石峁古国为代表的北方地区从长期滞后的简单的氏族——部落社会到复杂的大型国家政体的出现，其间的过渡形态似乎非常短暂，经历了一种近乎"跳跃式"的发展。① 这其中强劲的神权信仰"功不可没"。在中原相对落后的这一时期，周边地区神权古国此起彼伏，将各种文明礼仪制度发展的越来越精致。中原二里头王国及其以后的宗庙制度、都邑规划制度、礼器及其承载的礼仪制度、高等级贵族丧葬制度、祖先崇拜制度、祭天礼地制度及职官体系等借鉴或直接来源于周边地区神权古国。由此可以说，二里头以前的周边地区神权古国为中原地区王国文明的崛起奉献精致的制度。但周边地区早期巫术和神权古文化及后来兴起的神权古国不论有多大的贡献，都不能改变自旧石器时代以来中国中原地区逐渐形成的最内核的特质，而这些特质一直传承到今天。

## 二、关于汉字起源的问题

关于汉字的起源，学术界主要有两种看法：一种是漫长起源说，另一种是较为短暂突起说。持漫长起源说者认为，早期汉字体系是在甚至可以长达几千年的漫长历程中逐步形成的，有一个漫长的只可部分记录语言的原始文字阶段。持较为短暂突起说者认为，文字是一种比较特别的事物，

---

① 戴向明：《中国史前社会的阶段性变化及早期国家的形成》，载《考古学报》，2020(3)。

不太可能是漫长起源而成，而只能在较短的时间内较为迅速地形成。漫长的时间内，每隔较长时间创制若干个字符，而且还是散布于不同的地域且属于语言互异的不同族群或古文化，显然不太可能是同一个文字体系的诞生过程。文字是符号，但符号不一定是文字。漫长起源说所依据的一些早期符号，虽然可以表达一定的含义，但随意性较强、识读性差、很难记录语言，可能不是文字。中国晚商甲骨金文所属的文字体系可能在商代中期前后逐步形成，然后在商代晚期迅速成熟。西亚两河流域的楔形文字最早主要用于商贸活动的记录，但迅速进展到可以书写大段神话文献的水平；尼罗河最早的象形文字出现于前王朝的王墓中，属于标明部分随葬品来源和产地的简单标签文字，但迅速上升到可以书写大段金字塔文献的高度。中国商代中期的小双桥朱书文字出现在王室祭祀用陶大口缸的口沿部位，目前发现个体很少、只有比较简单的词组、尚未发现成句现象，但晚商甲骨卜辞文字则比较成熟、复杂，说明其进展速度也是很快的。

目前来看，商代中期前后是汉字比较有可能的诞生期。而商代早期可能是汉字起源的最上限，再早的可能性不太大。晚商甲骨金文描摹的事物基本上都是商代中晚期的。汉字的起源和发达的神权信仰密切相关。商人浓烈的神权信仰传统使其成为早期中国最早使用文字的人群。前述中原地区二里头王国及其以前的人群，神权信仰程度都比较低，也使商代以前中原地区诞生文字的可能性降低。

表达顺序和数字的符号体系，在商代之前应该有，这些符号也在文字体系诞生后被吸纳进来，但它们的出现不能被视作文字体系的诞生，因为仅有顺序或数字符号，无法记录语言、描绘事务和记载人类的各种社会活动。

通过礼官父传子的世袭的形式，早期国家的制度在无文字的情况下是可以比较准确地沿袭和执行的。

鉴于晚商至西周时期文字的神圣性和"高贵性"，其可能仅在较小人口规模的高级贵族内传播和使用，或许没有战国秦汉时期那样大量出现的书写有文字的竹木简牍。

如果汉字的起源确是在商代晚期，则所有关于商代晚期以前历史的传世文献内容，都可能是周人的追述，其准确性如何，一定要慎重考虑。

# 《农桑辑要》引《齐民要术》来源考

葛小寒

[摘要]《齐民要术》有无元代刊本，目前尚有疑问。但是元人确实曾利用某种版本的《齐民要术》完成了《农桑辑要》的纂修。根据上海图书馆藏元刻《农桑辑要》卷五所引《齐民要术》的情况来看，元代中央政府所藏《齐民要术》当是来自北宋崇文院刻本系统，甚至有可能是北宋崇文院刻本的原本，而并非更接近其时代的南宋龙舒本《齐民要术》，更不可能引用某种别本《齐民要术》。

[关键词]《齐民要术》；《农桑辑要》；来源考证

一

《齐民要术》10 卷，北魏贾思勰所撰。《四库全书简明目录》称其为"农家诸书，无更能出其上者"[①]，由此可见该书之于文献学、古农学之价值。然是书向无善本，且"文词古奥"(四库馆臣语)，清人读之已多不便，遑论今人。所赖西北农学院(今西北农林科技大学)石声汉教授与中国农业遗产

---

作者简介：葛小寒，北京师范大学历史学院讲师。

①　永瑢等：《四库全书简明目录》卷十《农家类》，375 页，上海，上海古籍出版社，1985。

研究室缪启愉教授各出校释，是书始有善本可观也。① 尝考石、缪二人并栾调甫、天野元之助、肖克之等诸先生论著，可知《齐民要术》版本自北宋天圣年间镂版以来分为三大系统②：第一，北宋崇文院刻本系统（即天圣本），原刻国内早已无存，目前日本高山寺尚藏有该本的卷五、八与杂说、卷一之残页，同时，日本还藏有北宋刻本系统的抄本，即所谓"金泽文库旧抄卷子本"，该本较之原刻，尚存 9 卷（缺卷三），且此种抄本已是根据另一仁安抄本转录，故而时有错脱；第二，南宋张辚刻本系统（即龙舒本），该本原刻已经完全佚失，现存《四库丛刊》影印的"江宁邓氏群碧楼藏明抄本南宋本"可观其大概，另有所谓"校宋本"多种，即以某种《齐民要术》为底本，利用南宋本进行校对，此种"校宋本"清人颇多转录，俱详缪启愉论述，不赘；第三，明代马纪刻本系统（即湖湘本），该本为时任湖广巡按御史马纪（字直卿）所刻，据其所言为"获古善本"，但是学界一般认为马氏所刻及其底本并非"善本"，其中错脱、倒页比比皆是，但是影响确实最大，后世明清诸种刻本皆以此为底本刊刻而成。

如上版本梳理，可大体明晰《齐民要术》在宋以降流传之脉络，其中颇为清晰的线索有二：第一，《齐民要术》在两宋基本沿着"北宋崇文院刻本→南宋张辚刻本"的传承进行流转，据南宋本所存葛佑之序云："盖此书，乃天圣中，崇文院校本；非朝廷要人不可得。使君得之，刊于州治，

---

① 《齐民要术》的校勘整理始于 1955 年农业部召开的"整理祖国农学遗产座谈会"，当时决定该书"由南京农学院万国鼎教授和西北农学院石声汉教授合作；分别校释后，相互校审；然后整理，作出一个比较上易读易懂的注释本。"因此，石声汉先生在 1957—1958 年率先出版了 4 册本的《齐民要术今释》，该书又在 2009 年再版。1965 年，南京农学院中国农业遗产研究室的缪启愉先生又撰成《齐民要术校释》，1982 年正式出版，随后缪先生又对这一初版进行了修订，1998 年完成了第 2 版的《齐民要术校释》。以上石、缪二人校勘各有特色，并为目前《齐民要术》校勘中的善本。具体参考如下，贾思勰：《齐民要术今释》，石声汉校释，北京，中华书局，2009；贾思勰：《齐民要术校释（第 2 版）》，缪启愉校释，北京，中国农业出版社，1998。

② 石、缪二人的讨论详见上引两种校勘本，其余学者的研究略举如下。栾调甫：《齐民要术考证》，47～65 页，台北，文史哲出版社，1994；［日］天野元之助：《中国古农书考》，彭世奖、林广信译，28～42 页，北京，农业出版社，1992；肖克之：《〈齐民要术〉的版本》，载《文献》，1997（3）；等等。

欲使天下之人，皆知务农重谷之道；使君之用心可知矣。"①第二，《齐民要术》在明中期马纪刊刻后，后世诸本无论校正与否，皆在此本的基础上刊刻而成，肖克之曾总结道："《要术》历清后各种版本大多依湖湘本、秘册本、津逮本和学津讨源本参校而成。不过这几个本子同出一源，其原刻的错误依然如故。"②

　　然而以上的两条线索都明显忽略了南宋本以后、湖湘本以前这一时段，也就是说，目前学界对于《齐民要术》在宋末、元代以及明初的流传情况仍缺乏深入的探讨。因此，自日本学者天野元之助到最近的杨现昌的专著，都对有无元刻《齐民要术》这一问题颇多关注。虽然元刻并未发现，但是在书目记载与学者传闻中，则似乎仍有踪迹可寻。莫友芝的《郘亭知见传本书目》中提到："元刊本《要术》，每页二十行，行大字十八字。"③又，栾调甫的《〈齐民要术〉版本考》小字载："近闻刘君仲华言：'囊蓄一本，板式绝似元椠，取校津逮本，墨等脱文大体相同。'惜亦未记行款。"④因此，大部分学者仍是相信存有所谓元刻《齐民要术》的。然而，爬梳近今人之探索，可观史料亦止以上二条，且清人莫友芝去元已远，栾氏所记则又出于传闻，故笔者以为有无元刻，未可轻论。

　　不过，虽然元人有无元刻之谜尚为悬案，但是元人确曾存有、阅读、利用某种《齐民要术》殆无疑虑。考元代司农司所编官修农书《农桑辑要》，其中征引《齐民要术》之处比比皆是，石声汉据"武英殿聚珍本"《农桑辑要》考察了该书与《齐民要术》之关系，他写道：

　　　　《辑要》不仅思想、结构体系以《齐民要术》为模板，也还以《要术》

---

　　① 贾思勰：《齐民要术今释》，石声汉校释，1224 页。

　　② 肖克之：《〈齐民要术〉的版本》，载《文献》，1997(3)。

　　③ 莫友芝：《藏园订补郘亭知见传本书目》第 2 册，傅增湘订补，101 页，北京，中华书局，1993。

　　④ 栾调甫：《齐民要术考证》，53 页。

为材料重要来源；全书五百七十二条技术资料，有二百二十五条出自《要术》，几乎是全书的五分之二（实际是 39.3%）。[1]

然殿本所刊实出自《永乐大典》，故经明清两朝辑录，石氏所据实与元人所编之书差距甚远。之后，缪启愉另据上海图书馆藏元刻《农桑辑要》重新校勘与分析了该书，其对于是书所引《齐民要术》之统计如下："《辑要》引书内容的多少，约略统计一下，《要术》占第一位，约二万字，占全书六万五千余字的百分之三十一。"[2]由此可见，无论所据何本，《农桑辑要》确实大量引录了《齐民要术》，进言之，元代中央政府藏有某种《齐民要术》当是无疑。因此，《农桑辑要》实质上保存了《齐民要术》在元代流传的痕迹，探索《农桑辑要》所引《齐民要术》的来源问题，分析《农桑辑要》所引《齐民要术》与诸种宋本、明本《齐民要术》的异同，可以从一个侧面揭示《齐民要术》在宋元明的流传情况，这也正是本文撰写的目的。

## 二

《农桑辑要》的版本流传并不复杂，该书在元代先后有两个版本，并印刷了多次。第一个版本即元世祖至元十年（1273 年）所成的初版，即当年王磐序《农桑辑要》所言："农司诸公……遍求古今所有农家之书，披阅参考，删其繁重，撮其切要，纂成一书，目曰'农桑辑要'。凡七卷；镂为版本，进呈毕，将以颁布天下，属予题其卷首。"[3]第二个版本即成于元仁宗延祐元年（1314 年）的再版，据该本在至治二年（1322 年）重印时，蔡文渊所作序云："逮我仁宗皇帝，充绳祖武，轸念民事，以旧板弗称，诏江浙省臣

---

① 石声汉校注：《农桑辑要校注》，301 页，北京，中华书局，2014。

② 大司农司编撰：《元刻农桑辑要校释》，缪启愉校释，33 页，北京，农业出版社，1988。

③ 石声汉校注：《农桑辑要校注》，1 页。

端楷大书，更锓诸梓。"①随后元英宗至治二年（1322 年）、元文宗天历二年（1329 年）、元顺帝至元五年（1339 年）又先后刊印了延祐本《农桑辑要》，是书也因此流传渐广。据胡道静的统计，以上诸种元刻《农桑辑要》在元代至少刊印了 1 万多部，②但是到了明清时期，《农桑辑要》元刻本的流传实际已经非常稀少了，钱曾在《读书敏求记》中写道：

> 延祐元年，皇帝旨意里"这农桑册子字样不好，教真谨大字书写开板"。盖元朝以此书为劝民要务，故郑重不苟如此。序后资行结衔皆江浙等处行中书省事官。则知是板刊于江南，当日流布必广。今所行惟小字本，而此刻绝不多见，何耶？③

钱氏所指的小字本，莫友芝以为"疑即胡文焕本也"④，换言之，逮至清代元刻《农桑辑要》已然难见，更为流传的是明末诸种丛书（《格致丛书》《田园经济丛书》）中所刻之本。然清人所通行之本则来源于《永乐大典》，乾隆朝刻《武英殿聚珍版书》，《农桑辑要》遂为其中一种，于是后世所刻如"清道光十年（1830 年）福建刻本""清光绪二年（1876 年）黄竹斋刻本""清光绪十四年（1888 年）南高世德堂刻本"等皆从此殿本而重刻。⑤

清人也很早便认识到殿本《农桑辑要》对于当时流传的诸种《齐民要术》有相当的校勘之用。一方面，《农桑辑要》本身就是模仿并大量借鉴《齐民要术》的产物，如四库馆臣所云该书"大致以《齐民要术》为蓝本，芟除其浮

---

① 蔡文渊：《农桑辑要序》，见李修生主编：《全元文》第 46 册，29 页，南京，凤凰出版社，2004。

② 胡道静：《秘籍之精英 农史之新证——述上海图书馆藏元刊大字本〈农桑辑要〉》，载《图书馆杂志》，1982（1）。

③ 钱曾：《读书敏求记》卷三《农家》，85 页，北京，书目文献出版社，1984。

④ 莫友芝：《藏园订补邵亭知见传本书目》第 2 册，傅增湘订补，104 页。

⑤ 武英殿聚珍本之后，翻刻该本《农桑辑要》的约有 8 种，俱见《中国古籍总目》介绍，此不赘述。参见中国古籍总目编纂委员会编：《中国古籍总目·子部》第 1 册，304 页，上海，上海古籍出版社，2010。

文琐事，而杂采他书以附益之。"①前揭石声汉、缪启愉的研究也证明了这一点。另一方面，《齐民要术》本身在清代并无善本流传，主要见诸世人的是以湖湘本为底本的《秘册汇函》本与《津逮秘书》本。湖湘本历来被学者认为是《齐民要术》的"劣本"之祖，钱曾亦称其为"删落颇多""文注混淆""殊可笑也"②，之后《秘册汇函》的编者胡震亨与《津逮秘书》的编者毛晋的校补则不甚理想，馆臣批评道："校勘者不尽能通，辗转讹脱，因而讹异，固亦事所恒有矣。"③正是在这一背景下，清人认为殿本《农桑辑要》源自《永乐大典》，当保存元人所见《齐民要术》之实况，相较脱误众多的明刻本，应更切合宋本《齐民要术》。例如，《学津讨原》本《齐民要术》便是黄廷鉴利用"殿本"《农桑辑要》校勘而成，"琴六黄君录示《农桑辑要》中所引诸款，文注详备，因得据以订定如初"④。但是清人所利用校勘的《农桑辑要》并非元代流传下来的刻本，而是经过《永乐大典》的抄录与修《武英殿聚珍版书》辑录后的"殿本"，经过两次转录，元代《农桑辑要》本来的面目实际已经有了很大改变了。目前，上海图书馆尚保存唯一一种元刻《农桑辑要》7 卷本，该本半页 9 行，行 15 字，黑口，双鱼尾，四周双边，偶见明人补版。缪启愉根据此本比勘"殿本"认为后者远不如前者，大致原因有 3 条："殿本打乱了元刻的篇、章体系"，"殿本的严重错、脱"，"殿本的改动和加按"。⑤换言之，清人校勘《齐民要术》所用的《农桑辑要》并未如同上图藏本一般保存了元人所见《齐民要术》的原貌。因此，顾廷龙在影印元刻《农桑辑要》之时特别强调："元刊《辑要》不仅足补今本《辑要》漏缺，还能校正今本《要术》讹字，尤属可贵。"⑥

---

① 永瑢等：《四库全书总目》卷一百二十《农家类》，见《影印文渊阁四库全书》第 3 册，190 页，台北，"商务印书馆"，1986。

② 钱曾：《读书敏求记》卷三《农家》，85 页。

③ 永瑢等：《四库全书总目》卷一百二十《农家类》，见《影印文渊阁四库全书》第 3 册，189 页。

④ 张海鹏：《齐民要术跋》，见《学津讨原》第 6 册，692 页，扬州，广陵书社，2008。

⑤ 大司农司编撰：《元刻农桑辑要校释》，缪启愉校释，7～30 页。

⑥ 《顾廷龙文集》，213 页，上海，上海科学技术文献出版社，2002。

本文所要利用的正是上海图书馆藏元刻《农桑辑要》，目前该书已经收录在《续修四库全书》第 975 册中，故其影印本较为易见。那么，《农桑辑要》引录《齐民要术》的情况如何呢？

首先，元刻《农桑辑要》对于征引书籍有明确的标识，缪启愉总结为："即直接引自某书者，其书名刻为黑底白字，外加白框。"①而这样一种标识其实是从卷二才开始的，因此该书卷一《典训》虽然也录有摘自《齐民要术》的内容，但笔者认为并不能算作是严格意义上的引用。至少从《农桑辑要》的编辑者来看，卷一中所录《齐民要术》的内容是与卷二以后的征引有本质上的差异，它们也不是关于具体农业技术知识的内容，大部分都是概而论之的劝农"典训"。那么，本文所要探讨的《农桑辑要》引《齐民要术》的情况，便是指前者卷二以后，有明确标识指向为引自《齐民要术》的内容。

其次，有关《农桑辑要》征引了多少条《齐民要术》的问题，前揭石声汉的观点是有 225 条出自后者，但是石氏所据之本乃是"殿本"，而该本并无明显标识某段某条出自何书，因此石声汉的统计实有缺陷。同时，刘毓瑔也曾据"殿本"统计《农桑辑要》辑录《齐民要术》的条数，他认为前者一共有九十九段的内容来自后者，这又与石声汉的统计差异颇多，也从一个侧面暗示了"殿本"的不可靠。② 因此，笔者根据元刻《农桑辑要》重新梳理了该书征引《齐民要术》的情况，请看表 1：

**表 1　《农桑辑要》各卷征引《齐民要术》数量表**

| 卷　　数 | 引用条数 | 所引《齐民要术》卷数 |
|---|---|---|
| 卷二　耕垦　播种 | 15 | 杂说、卷一、二 |
| 卷三　栽桑 | 9 | 卷五 |
| 卷四　养蚕等 | 10 | 卷五 |

① 大司农司编撰：《元刻农桑辑要校释》，缪启愉校释，15 页。

② 刘毓瑔：《农桑辑要的作者、版本和内容》，见中国农业遗产研究室编著：《农业遗产研究集刊》第 1 册，215～216 页，北京，中华书局，1958。

续表

| 卷　　数 | 引用条数 | 所引《齐民要术》卷数 |
|---|---|---|
| 卷五　瓜菜　果实 | 29 | 卷二、三、四 |
| 卷六　竹木　草药 | 25 | 卷三、四、五、六 |
| 卷七　孳畜禽鱼岁用杂事 | 7 | 卷六 |
| 合计 | 95 | 杂说、卷一至六 |

由表 1 可见，元刻《农桑辑要》中明确标明征引自《齐民要术》的条目共有 95 条，占据了全书征引条目的绝对多数，从字数统计来看，缪启愉指出《农桑辑要》共引用《齐民要术》"约两万字"，相较来看，《农桑辑要》所征引的其他农书都"没有超过一万字的"。①

再次，这里分析《农桑辑要》征引《齐民要术》时的内容偏好。根据表 1，似乎《农桑辑要》在卷五、卷六关于"瓜菜""果实""竹木""草药"等方面更喜欢辑录《齐民要术》中的内容，但是表 1 并未给出其他征引书籍的数量，因此缺乏更为坚实的比较研究。表 2 通过更细密的统计，观察《农桑辑要》各卷中征引《齐民要术》的具体情况：

**表 2　《农桑辑要》各卷征引情况表**

| 卷　　数 | | 征引新添总数 | | 引《齐民要术》条数 | | 引其他农书条数 | | 新　添 | |
|---|---|---|---|---|---|---|---|---|---|
| 卷二 | 耕垦 | 3 | 31 | 1 | 15 | 2 | 14 | 0 | 2 |
| | 播植 | 28 | | 14 | | 12 | | 2 | |
| 卷三 | 栽桑 | 32 | | 9 | | 23 | | 0 | |
| 卷四 | 养蚕 | 70 | | 10 | | 60 | | 0 | |
| 卷五 | 瓜菜 | 47 | 69 | 18 | 29 | 22 | 29 | 7 | 11 |
| | 果实 | 22 | | 11 | | 7 | | 4 | |

---

① 大司农司编撰：《元刻农桑辑要校释》，缪启愉校释，33 页。

续表

| 卷 数 | | 征引新添总数 | | 引《齐民要术》条数 | | 引其他农书条数 | | 新 添 | |
|---|---|---|---|---|---|---|---|---|---|
| 卷六 | 竹木 | 31 | 67 | 15 | 25 | 9 | 29 | 7 | 13 |
| | 药草 | 36 | | 10 | | 20 | | 6 | |
| 卷七 | 孳畜 | 11 | 16 | 4 | 7 | 7 | 8 | 0 | 1 |
| | 禽鱼 | 4 | | 3 | | 0 | | 1 | |
| | 杂事 | 1 | | 0 | | 1 | | 0 | |
| 合计 | | 285 | | 95 | | 163 | | 27 | |

由表 2 可见，除了卷三、卷四，《农桑辑要》其余各卷征引《齐民要术》的情况都几乎达到了全卷征引与新添总数的近一半。也就是说，《齐民要术》中关于土地耕作与作物种植等方面的农业知识在元代仍具有相当的活力；但在蚕桑方面则稍有落后，《农桑辑要》更多的是从《土农必用》《务本新书》等金元之际诞生的农书中去辑录相关知识条目的。

最后，《农桑辑要》的编撰者并不是被动地从《齐民要术》乃至其他各种农书中辑录农学知识条目的，元司农司的官员在纂修《农桑辑要》时，其实对原有的文本都进行了一定层面的加工。第一，《农桑辑要》在不少条目之下都"新添"了若干农学知识，而这些都是其所辑录的农书中未见记载的，从表 2 来看，《农桑辑要》"新添"的内容主要集中在"瓜菜""果实""竹木""草药"等具体作物之上，天野元之助对此解释为：

> 这本书初稿完成之时，正是元灭金后的第三十九年，还处于与南宋对立的时期。此书就是这个时期的以华北为中心的农业指导书。但是到了至元十六年(1279 年)灭了南宋而统治全中国的情况下，对于南方的重要作物就有补充的必要了。因此卷五新增了橙、橘、栌子，卷六添加了甘蔗。①

---

① ［日］天野元之助：《中国古农书考》，彭世奖、林广信译，113 页。

第二,《农桑辑要》对之前农书的辑录也有较为明确的技术性取向,而并非照抄诸种古农书的内容。对此,鲁奇具体分析了《农桑辑要》辑录时的特点,他总结为如下两条:一方面,"《农桑辑要》在摘录前代农书时有意删去了大量迷信成分";另一方面,"《农桑辑要》在选录前代农书时删去了大量无农学价值的内容和对生产无意义的文字"。①

第三,《农桑辑要》的编撰者也会对原有的古农书文本进行一定的补充,由此充实相应的农业技术知识。例如该书卷一引《齐民要术》原文为:"七月、八月犁掩杀之,为春谷田,则亩收十石。"由于古今度量衡的差异,《农桑辑要》的编者在此句之后小字作案云:"一石大约今二斗七升,十石今二石七斗有余也,后《齐民要术》中石斗仿此。"此处毫无疑问是编者所加,以明古今"石""斗"转换的比率。②

回顾本节,笔者认为上海图书馆藏元刻《农桑辑要》比"殿本"更能代表元代司农司官员所见到的《齐民要术》的实况。而且《农桑辑要》中确实留存了大量征引自《齐民要术》的条目,这就为我们探讨《农桑辑要》所引《齐民要术》的来源提供了可能。但是,《农桑辑要》也不是全然照抄后者的,《农桑辑要》对征引《齐民要术》原文时的加工,则是处理其征引来源时需要重点考虑之处。

## 三

由于《农桑辑要》乃是元人所撰,因此该书所引的《齐民要术》只有可能是元代或元之前的《齐民要术》版本。目前已知的元以前的《齐民要术》有两种,即上文所言的北宋崇文院刻本与南宋张鳞刻本。因此,《农桑辑要》所

---

① 鲁奇:《中国古代农业经济思想:元代农书研究》,63~65 页,北京,中国科学技术出版社,1992。

② 司农司:《农桑辑要》卷二《耕垦》,见《续修四库全书》第 975 册,91 页,上海,上海古籍出版社,2002。

引《齐民要术》的来源，或是出自北宋本，或是出自南宋，又或是出自一种目前尚未发现的"别本"，大体而言，不外乎以上几种可能。目前对于这一问题有过一定研究的学者唯见元刻《农桑辑要》的校释者缪启愉，缪氏虽未专门就此问题撰成论文，但是在校勘过程中，也透露了部分观点，例如在卷三"桑杂类"条下所引《齐民要术》的注释 1 中，他写道："此处《辑要》所录，多与《要术》院刻、金抄相同，而与南宋本不同，反映《辑要》所用有北宋本《要术》。"不过在另外一些注释下，缪氏似乎又认为《农桑辑要》又曾以南宋本《齐民要术》作校勘，见卷二"麻子"条下所引《齐民要术》注释 5："《辑要》编者所用《要术》，似以北宋本为基础，而参校以南宋本。"同时，缪氏还会认为《农桑辑要》所引《齐民要术》乃是不同于以上两宋本的别本，像卷五"蒜"条下引《齐民要术》注释 3 中写道："反映《辑要》所用《要术》似乎是某一两宋系统本而为现在所未见者。"以上可见，缪启愉在校勘《农桑辑要》的过程中发展出 3 种不同的关于其所引《齐民要术》来源的观点。①

当然，由于缪氏的目的是校勘《农桑辑要》，而并非系统探讨其中的引书来源，因此对于以上牴牾之处应该报以"理解之同情"。但是缪氏的困惑也反映了一个问题，那就是由于现存的材料过少且无善本可循，探讨《农桑辑要》所引《齐民要术》的来源难度确实不小。

一方面，不仅《农桑辑要》对于《齐民要术》的征引存在加工、改写的可能，而且《农桑辑要》本身也是在不断修改中诞生的。目前，至元十年的初版《农桑辑要》已经佚失，考《元史·畅师文传》云其至元二十三年（1286 年）"上所纂《农桑辑要》书"②，一般认为这是元代关于《农桑辑要》的第一次修订，随后，苗好谦于至大二年（1309 年）"献种莳之法……其法出《齐民要术》等书。"至大三年（1310 年）元武宗便"申命大司农总挈天下农政，修明劝

---

① 大司农司编撰：《元刻农桑辑要校释》，缪启愉校释，116、210、329 页。
② 《元史》卷一百七十《畅师文传》，3995 页，北京，中华书局，1976。

课之令",① 故《续文献通考》以为苗氏为《农桑辑要》作者,② 实际情况应是在至大年间朝廷根据苗好谦所献的"种莳之法"再一次修订了该书。现存的元刻《农桑辑要》则是延祐年间再版的复刻,因此该本其实已经是经过畅师文与苗好谦两次修订了。

另一方面,《齐民要术》也没有非常精善的宋本可供参考。从北宋本来看,日本高山寺所藏的若干残卷是目前唯一可据的宋刻《齐民要术》,但是仅存卷五、卷八与若干残页,而据称以此本过录的"金泽文库旧抄卷子本"则已经是二次转抄,其中抄手之疏漏可想而知,未可轻信其中所录就是北宋本的实况。从南宋本来看,虽然《四库丛刊》影印的"江宁邓氏群碧楼藏明抄本南宋本"保存了 10 卷本的《齐民要术》,但是它同样是个抄本,且版本来源仅知出于南宋本系统,至于是否出自龙舒本原刻则尚有争议。③ 除此之外,还有所谓的"校宋本"存在,但是这些校本无一能给出具体所参考的宋本来源,例如黄丕烈所藏之校宋本,黄氏在题跋中写道:

> 此校本不知谁人手笔,开端载有宋本行款,并于细书夹注误为大字正文之处,亦经校出,版刻无字处,间有填补,一似真见宋本者,惜未详纪原委。④

而黄氏所藏校宋本又经陆心源、孙诒让等不断转录,本来即"未详纪原委",转录之中,异文频现,故而不足为南宋本之依据。

以上可见,由于《农桑辑要》经过多次修订,而《齐民要术》自北宋以来并无完善的刻本可供参考,因此对于《农桑辑要》引《齐民要术》来源问题的

---

① 《元史》卷九十三《食货一》,2356 页。
② 王圻:《续文献通考》卷一百七十九《农家》,见《续修四库全书》第 765 册,448 页。
③ 相关不同意见主要集中在孙金荣的专著中,具体参见孙金荣:《〈齐民要术〉研究》,168～178 页,北京,中国农业出版社,2015。
④ 《黄丕烈藏书题跋集》卷四《齐民要术十卷》,191 页,上海,上海古籍出版社,2015。

考辨必须十分慎重。从前文可知，目前唯一一种可见的宋刻《齐民要术》乃是日本高山寺所藏的崇文院刻本，该本可以说是唯一可信的宋本《齐民要术》，虽然崇文院刻本仅存两卷及部分残页，但是它真实地反映了北宋刻本的情况。因此，笔者认为，与其笼统地谈论整个《农桑辑要》引用《齐民要术》的情况，不如专注于考察《农桑辑要》之引录与崇文院刻本尚存之卷重合的部分，因为只有通过这一部分的探讨才能把握《农桑辑要》所用《齐民要术》来源与北宋本的联系。崇文院刻本尚存完整的卷数是卷五与卷八，而从表1可以看出，《农桑辑要》卷三、卷四、卷六中所引《齐民要术》多涉及后者的卷五，而卷八则未见引录。因此，本节的重点就在探讨《农桑辑要》引《齐民要术》卷五若干条目的具体情况。

当然，北宋本系统除了崇文院刻本残卷外，还有日本金泽文库的抄本，而南宋本系统则仅存《四部丛刊》影印的明抄本，因此以上两种抄本亦会作为下文考证的参考。此外，国内现存最早的刻本明代马纪刻湖湘本《齐民要术》则版本来源不清，为了进一步梳理《齐民要术》在宋末至明中期的流传情况，该本也在笔者的考察范围。至于种种根据湖湘本之翻刻、校刻以及版本来源不清的所谓"校宋本"则一般不予考虑，免得节外生枝，将问题复杂化。同时为了行文方便，下文将以"院刻"代指北宋崇文院刻本、"金抄"代指金泽文库抄本、"明抄"代指明代影抄南宋本、"明刻"代指湖湘本。①

---

① 这里简要介绍一下以上笔者所用各本的情况。院刻使用的是罗振玉《吉石庵丛书》中所录的影印日本高山寺所藏北宋崇文院刻本，该本的优点是完全保存了北宋刻本的实际情况，缺点则是未录杂说与卷一之残页，但是本节主要讨论《齐民要术》卷五被引用的情况，因此问题不大。金抄则利用的是1948年日本农林省农业综合研究所影印的金泽文库抄本。明抄所用的则是较为常见的《四部丛刊》影印的江宁邓氏群碧楼藏明抄本南宋本，此亦是孤本，无他本可参考。明刻利用的则是南京农业大学中国农业遗产研究室所藏的明代马直卿刻本，该本似乎山东博物院、上海图书馆亦有藏，尚未及寻访，由于该本未有影印，且颇为珍贵，特此感谢农遗室的诸位老师所提供的帮助！以上所用文献的版本参考信息如下。罗振玉：《罗雪堂先生全集初编》第17册《吉石庵丛书·北宋明道本齐民要术残卷》，7239～7369页，台北，大通书局，1973；贾思勰：《齐民要术》，东京，农林省农业综合研究所，1948；贾思勰：《齐民要术》，见《四部丛刊》初编，上海，上海书店，1989；贾思勰：《齐民要术》，南京农业大学中国农业遗产研究室藏明嘉靖三年(1524年)马纪刻本。碍于篇幅，下文的具体探讨不再给出以上诸种文献的出处。

首先，需要梳理《农桑辑要》所引《齐民要术》卷五的具体条目。根据表 1 可知，《农桑辑要》主要在该书卷三、卷四、卷六中引录了《齐民要术》卷五中的相关内容，分别引录了 9、10、16 条，共计 35 条，约占整个引录条数的 37％，还是具有相当代表性的。至于具体的引录内容，《农桑辑要》卷三、卷四共 19 条的引用都是来源于《齐民要术》卷五《种桑、柘第四十五（养蚕附）》，卷六所引的 16 条则颇为分散，其中 6 条来自于《齐民要术》卷五《种槐、柳、楸、梓、梧、柞第五十》，《种榆、白杨第四十六》与《伐木第五十五》则各有 2 条，《种棠第四十七》《种谷楮第四十八》《种竹第五十一》《种红蓝花、栀子第五十二》《种蓝第五十三》《种紫草第五十四》各有 1 条，整个卷五仅《漆第四十九》未见《农桑辑要》引录。因此，整体来看，《农桑辑要》仍是把《齐民要术》卷五的精华引录完毕了。

其次，《农桑辑要》中引录《齐民要术》卷五的条目与《齐民要术》原书（无论院刻、金抄、明抄、明刻）存在大量相异之处。以上所计 35 条仅《农桑辑要》卷四所引 5 条内容与诸种《齐民要术》完全一致，而这些没有异文的条目有一个共通的特点，那就是短小。请看：

4.1《齐民要术》："《春秋考异邮》曰：蚕，阳物，大恶水，故蚕食而不饮。"

4.5《齐民要术》："屋内四角着火。火若在一处，则冷热不均。"

4.6《齐民要术》："比至再眠，常须三箔，中箔上安蚕，上下空置。下箔障土气，上箔防尘埃。"

4.8《齐民要术》："调火令冷热得所。热则焦燥，冷则长迟。"

4.10《齐民要术》："《淮南子》曰：原蚕一岁再登，非不利也，然王者法禁之，为其残叶也。"[①]

---

① 该条在《农桑辑要》卷四所引《齐民要术》的排序情况，例如"4.1"即是指该条在《农桑辑要》卷四所引《齐民要术》诸条中排列第 1 位，以此方便查考，下同不赘。

至于其余 30 条引文，则大多存在各种各样的异文问题，大体所引文字越长，异文问题也就越多、越明显。

最后，考察存有异文的 30 条引文，其中所异之处不过如下几种：脱字/词，衍字/词，误字/词，以及整句、整段消失的脱句和多出整句、整段的衍句。下面依次详细论述。

第一，脱字/词。由于《农桑辑要》是征引《齐民要术》的相关内容，而且现存延祐本《农桑辑要》据前所述，已经经过了多次修订、翻刻，因此在这一摘录、翻刻过程中，部分《齐民要术》原文的字词存在脱去的现象是十分正常的。据笔者统计，《农桑辑要》所引《齐民要术》卷五的诸条目中，有 14 处存在脱去字词的情况，其中 13 条与诸本相比皆然，请看：

> 3.2 即日以水淘取［子］，晒燥，仍畦种。
>
> 3.2 即以手渍之，以水［灌］洗取子。
>
> 3.4 先概种三年，然后更移［之］。
>
> 3.5 阴相接［者］，则妨禾豆。
>
> 3.5 相当［者］则妨犁。
>
> 3.9 多掘深坑，［于坑］中种桑柘者。
>
> 6.3 ［司部］收青荚，小蒸，曝之。
>
> 6.3 《诗》云：我有旨畜，亦以御冬［也］。
>
> 6.4 明年正月［中］，剥去恶枝。
>
> 6.9 ［亦］方两步一根，两亩一行。
>
> 6.17 花出，［欲］日日乘凉摘取。
>
> 6.18 蓝地欲［得］良，三遍细耕。
>
> 6.18 晨夜再浇［之］。

以上所引可见，《农桑辑要》引《齐民要术》时所脱去的字词具有以下两个特点：一、所脱去的字词大多置于某一句话的句首或句尾，仅"以水［灌］洗取子""蓝地欲[得]良"两句是脱去了句中的某字；二、所脱去的字词大多为虚词，如"之""者""也""亦"，这些词没有实际意义，并不影响文意的理解。因此，笔者认为以上的脱字/词情况仅仅是《农桑辑要》在转引《齐民要术》时疏漏的结果，并不能构成判断前者所引后者来源的证据。此外，以上的脱字/词情况，在院刻、金抄、明抄、明刻中却统一没有出现，换言之，即便存在所谓的"别本"《齐民要术》，也不太可能在这些地方与以上诸种版本相异。但是，在脱字/词现象中，也有一处值得注意，那就是《农桑辑要》所引 6.4 条"畦中宽狭，正似[作]葱垄。"该条在院刻、金抄中皆与《农桑辑要》所引相同，并无"作"字，也就是不存在脱字/词的情况，但是在明抄、明刻中，却都有"作"字，也就是说，《农桑辑要》相对明抄、明刻脱去了"作"。对于此处是否应该加"作"字，笔者不予置评，但是这一差异也在暗示《农桑辑要》所引《齐民要术》可能更接近北宋本。

第二，衍字/词。《农桑辑要》引《齐民要术》卷五相关条目中，衍出某字某词的情况并不多，综合统计仅有 8 条，但是这 8 条所体现的问题却比上文讨论的脱字/词现象略为复杂。首先，有 5 条衍字/词的例子是与诸种《齐民要术》的原文都有差异的，如下：3.5 条"(桑栽)大如臂许。"4.9 条"(蚕)老时，值雨者则坏茧。"6.3 条"故须蓁林长之三年，乃(可)移种。"6.9 条"可于大树四面掘(作)阬。"6.17 条"(花)作饼者，不得干，令花浥郁。"以上可见，这些衍出的"可""作""花"等字于文意亦无太大相关，应与前揭脱字/词现象相同，都是《农桑辑要》编者在引用时或有意(使句子更为通顺)或无意所致。其次，有一处衍字的情况在《齐民要术》诸本中存在分歧，据《农桑辑要》所引《齐民要术》3.2 条，条中又据《齐民要术》转引了《氾胜之书》，在《农桑辑要》中写作"氾胜之书曰：种桑法……"，查院刻、金抄相同段落则录为："氾胜之曰：种桑法……"，而在明抄和明刻中此句却与《农桑辑要》所引相同，记为："氾胜之书曰：种桑法……"。换言之，《农桑辑要》此句所引，相较于北宋本(院刻、金抄)则似乎为衍文，但是却与明抄与明刻相同。出现这种情况有以下两种可能：(1)《农桑辑要》所引《齐民要术》当与明抄、明刻的原本相同，或即为南宋龙舒本；（2）"书"字乃是《农桑辑要》编者所加，毕竟在《齐民要术》中多处引自《氾胜之书》的内容都录为"《氾胜之书》曰"，此处院刻、金抄或为脱误，故而编者补足。最后，在《农桑辑要》所引 6.16 条中却出现与以上所言相反的情况，该条录记为"宜黄白软良之地"，与院刻、金抄、明抄同，但是明刻却脱"宜"字，而同一条又有"用子二升半"，与院刻、金抄同，但是明抄、明刻却作"用子二升"，脱"半"字。换言之，以上两例说明《农桑辑要》所引原文中也有与院刻、金抄相同，但是相对于明抄、明刻则为衍字的情况。至于以上两种现象，哪一种更能说明《农桑辑要》所引的出处，还需通过进一步的分析才可得出结论。

第三，误字/词。与脱、衍不同，《农桑辑要》引用过程中的误字/词情况非常之多，因此也成为笔者判断其所引《齐民要术》来源的重要依据。关于《农桑辑要》引《齐民要术》原文中的字词之误，大体可以分为两种情况，即其引某字某词与院刻、金抄、明抄、明刻 4 种《齐民要术》皆误，抑或是其引某字某词与以上 4 种《齐民要术》中某一种或几种相同却与另一种或几种相异。这里先来讨论第一种情况。据笔者统计，这种与任何一种《齐民要术》原文都存在误字的情况约有 33 种，但是这些误字/词情况大部分是可以得到很好的解释的：甲．形误，例如 3.7 条有"必须长梯高机"，而此句在诸本中皆作"必须长梯高机"，"机"与"机"显然形误，还有类似的如"二月"引作"三月""摺"引作"掐""料"引作"科"等均是如此，以上这种情况共有 25 种；乙．意同，例如 4.9 条"宜于屋内簇之"，此句在《齐民要术》原文中则作"宜于屋里簇之"，虽然"内"与"里"字形差异颇大，但是意思则完全一致，应是编辑者引用之时无意引错所致，同样还可见一些小字的注音，例如 6.4 条"桄"字注意为"奴孝切"，原文则作"奴孝反"，实际都是同样一种注音，这种意同而字异的情况则有 11 种；丙．异体字，例如 6.3 条有句作"中为车毂及蒲桃缸"，"缸"字在《齐民要术》诸本中则作"瓨"，即现今的"缸"字，又如 6.16 条某句作"镇之令褊"，而在《齐民要术》中"褊"则作"扁"，二字亦为异体，类似的情况不多，仅有 3 种；丁．还有一些则是《农桑辑要》编者粗心，将某些字词颠倒了，例如 6.11 条《农桑辑要》作"不须复裹"，而诸本《齐民要术》则作"不复须裹"，明显后者较为顺畅，又如 6.15 条引《齐民要术》转引《孟子》云"斧斤不入山林"，该句在《齐民要术》中则作"斤斧不入山林"，这种情况也仅有 3 种。除了以上 31 种明显是出于《农桑辑要》编辑时加工所造成的误字/词现象之外，还有两种情况需要另外讨论。一则是 3.2 条"治畦下种，一如葵法"，该条在《齐民要术》原文中作"治畦下水，一如葵法。"另一则是 6.10 条"漫田，即再劳之"，该条原文为"漫散，即再劳之。"以上"种"与"水""田"与"散"的差异很明显不是前文提到的 4 种情况，那么，这是否暗示《农桑辑要》所引《齐民要术》来源于一种未知的"别本"呢？笔者认为这样的观点并不能成立，因为以上两条《农桑辑要》的引录明显是错的，前者云"治畦下种，一如葵法"，故检《齐民要术》卷三《种葵》，其中明显写道："春必畦种水浇……下水，令彻泽。"也就是说，"一如葵法"应当指的是"治畦下水"而非"治畦下种"，因为"治畦"本就包含了"下种"。后者所谓"漫田"则不知所云，原文的"漫散"就很好理解，即漫散种子。假如以上两条错误的引录确实来自《农桑辑要》所引《齐民要术》原文的话，只能说明这种《齐民要术》并非什么善本，甚至不如久被诟病的明刻，但是从清人和今人的研究来看，《农桑辑要》中的引录远比入明以后的诸种《齐民要术》要善得多，因此造成"种"与"水""田"与"散"的字误当并非源自所引的《齐民要术》，而仍是《农桑辑要》的编者编辑疏失或理解有误所致。

下面讨论第二种误字/词的情况，即《农桑辑要》引某字某词与本节所用四种《齐民要术》中某一种或几种相同却与另一种或几种相异。据笔者的统计，以上这种情况在本节所探讨的文本中共出现过 47 条，但是其中有两条院刻并不清楚，又有 10 条明刻完全脱去，也就是说这 12 条缺乏共同比较的平台。因此，表 3 列出了其余 35 条的误字/词情况，由此作为下文分析的基础，请看：

表3　《农桑辑要》引《齐民要术》卷五误字/词比较表

| 序 | 《农桑辑要》原文 | 院刻 | 金抄 | 明抄 | 明刻 |
|---|---|---|---|---|---|
| 1 | 3.1 鲁桑百，丰绵帛。 | 同"绵" | 同"绵" | 作"锦" | 作"锦" |
| 2 | 3.2 即以手渍之。 | 作"渍" | 作"渍" | 同"渍" | 同"渍" |
| 3 | 3.3 不如压枝之速。 | 同"枝" | 同"枝" | 作"技" | 同"枝" |
| 4 | 3.3 不如压枝之速。 | 同"速" | 同"速" | 作"远" | 同"速" |
| 5 | 3.6 劚地令起。 | 同"劚" | 同"劚" | 作"断" | 作"断" |
| 6 | 4.2 近地则子不生。 | 同"地" | 同"地" | 作"下" | 作"下" |
| 7 | 6.1 下田得水即死。 | 同"即" | 同"即" | 作"则" | 作"则" |
| 8 | 6.3 尤忌捋心 | 同"捋心" | 作"特心" | 作"捋之" | 作"采心" |
| 9 | 6.3 捋心则科茹不长。 | 同"不" | 同"不" | 作"太" | 作"太" |
| 10 | 6.3 十年成毂。 | 同"毂" | 同"毂" | 作"穀" | 同"毂" |
| 11 | 6.3 陈草速朽。 | 同"速朽" | 同"速朽" | 作"还根" | 同"速朽" |
| 12 | 6.3 棠杜康反。 | 同"棠杜康" | 同"棠杜康" | 作"掌止两" | 作"长止两" |
| 13 | 6.4 且天性多曲。 | 同"天" | 同"天" | 同"天" | 作"本" |
| 14 | 6.5 天晴时，少摘叶。 | 同"摘" | 同"摘" | 作"摘" | 同"摘" |
| 15 | 6.6 若不和麻子种。 | 同"和" | 同"和" | 作"知" | 同"和" |
| 16 | 6.6 卒多冻死。 | 同"卒" | 同"卒" | 作"率" | 同"卒" |
| 17 | 6.6 二月中间劚去恶根。 | 同"劚" | 同"劚" | 作"斫" | 同"劚" |
| 18 | 6.7 绳拦宜以茅裹。 | 同"裹" | 同"裹" | 作"里" | 同"裹" |
| 19 | 6.8 若不拦。 | 同"拦" | 同"拦" | 作"烂" | 同"拦" |
| 20 | 6.8 必为风所摧。 | 同"摧" | 同"摧" | 作"推" | 作"推" |
| 21 | 6.8 气壮故长。 | 同"气" | 同"气" | 作"而" | 作"无" |
| 22 | 6.8 河柳白而明。 | 同"明" | 作"斗" | 作"朋" | 作"朋" |
| 23 | 6.9 以楸有角者名。 | 同"以" | 同"以" | 同"以" | 作"似" |
| 24 | 6.9 梓楸之疏理。 | 同"梓楸" | 同"梓楸" | 作"楸梓" | 作"楸梓" |
| 25 | 6.9 楸既无子。 | 同"既" | 同"既" | 同"既" | 作"即" |

| 序 | 《农桑辑要》原文 | 院刻 | 金抄 | 明抄 | 明刻 |
|---|---|---|---|---|---|
| 26 | 6.9 一行百二十树。 | 同"树" | 同"树" | 作"株" | 作"株" |
| 27 | 6.9 五行合六百树。 | 同"树" | 同"树" | 作"株" | 作"株" |
| 28 | 6.9 胜于松柏。 | 作"柏松" | 作"柏松" | 同"松柏" | 同"松柏" |
| 29 | 6.12 常令净洁。 | 作"絜" | 作"絜" | 同"洁" | 同"洁" |
| 30 | 6.15 为其未坚韧也。 | 同"未" | 同"未" | 作"木" | 同"未" |
| 31 | 6.16 其利胜蓝。 | 同"胜" | 同"胜" | 作"藤" | 同"胜" |
| 32 | 6.17 留余即合。 | 同"留余" | 同"留余" | 作"余留" | 作"余留" |
| 33 | 6.17 十百为群。 | 同"十百为" | 同"十百为" | 作"十百余" | 作"百十余" |
| 34 | 6.17 摘取即碓捣。 | 同"碓" | 同"碓" | 作"确" | 同"碓" |
| 35 | 6.18 栽时宜并功急手。 | 同"功" | 同"功" | 作"工" | 脱 |

统计表 3，《农桑辑要》所引部分字词与院刻相同的有 32 条，与金抄相同的有 31 条，与明抄相同的仅有 6 条，与明刻相同的则有 16 条。复查所引与院刻相异的 3 条，即序号 2、28、29，其中"溃"与"溃"明显是形误，"松柏"与"柏松"也应是编辑时的无心之举，"絜"则是"洁"的另一种写法。换言之，从误字/词的情况来看，《农桑辑要》所引《齐民要术》非常接近院刻为代表的北宋本，故而转录自院刻的金抄也有 31 条与其相似，唯一多出的一条序号 8，"捋心"与"特心"，明显是金抄则抄录过程中失误所致。相反，以明抄为代表的南宋本则与《农桑辑要》的引用有极大的差异，相同之处仅有 6 条，甚至不如被认为是《齐民要术》劣本之祖的明刻。当然，由于明抄本身是后人抄录而成，其中亦有明显的抄手疏失，例如序号 1"绵"与"锦"、序号 31"胜"与"藤"等等，大概都是抄手之过，并不一定反映了南宋本的实际情况，但是笔者还是认为以上误字/词的现象能够说明南宋本《齐民要术》并非《农桑辑要》的引录来源，主要原因有二：其一，上表中还有很多情况似乎并非是抄手失误所致，例如序号 12，北宋本与《农桑辑要》均

作"棠，杜康反"，而明抄却作"掌，止两反"，"棠"与"掌"或是形误，但后面注音绝不可能也是形误，但是抄手所抄之本即以如此；其二，校宋本也提供了相当旁证，说明明抄与《农桑辑要》之异，并不完全是抄手所致，其实也是南宋本原就如此的结果，例如序号16，《农桑辑要》及北宋本作"卒多冻死"，明抄作"率多冻死"，查笔者手头所有《群书校补》本《齐民要术》之校宋本，可知此处校者所见南宋本亦作"率多冻死"，① 可见序号16之异并非"卒"与"率"的形误，而是南宋本原文即是"率"。以上两点足以证明抄所据南宋本《齐民要术》并非《农桑辑要》的引书来源也。至于明刻的情况，则稍显复杂。一般认为，明刻《齐民要术》相当低劣，肖克之称其为"颇多错字、脱文、空格、墨钉、脱页，历来受人指责。"②但是从上表的观感来看，抛开明刻脱去的部分不谈，其存有的文字似乎要比明抄更接近北宋本，明刻与北宋本（院刻、金抄）相同的之处有12条，而与明抄相同的条数则有15条，相差不大。考虑道明刻本身录有南宋本葛佑之的序文，则其与明抄当是有共同来源的，这又牵扯到南宋本《齐民要术》及诸种校宋本之间的关系，这里不再展开讨论，笔者将另撰文考察这一问题。

第四，脱句。正如前文所介绍的一般，《农桑辑要》在征引《齐民要术》时是存在加工的，而这种加工主要体现在两个方面，王毓瑚对此有如下概括："像那些名称的训诂，以及一切涉及迷信或荒诞无稽的说法，几乎完全弃置不用。这样就使得本书成为一个使用价值极高的农学读本。"③也就是说，《农桑辑要》对《齐民要术》的征引活动并不是被动的，而是会删去其中与农业技术知识无关以及迷信层面的内容。进一步来说，《农桑辑要》所引的《齐民要术》与原文相比所出现的脱句情况，应该不是来源版本的差异，而是编者有意的加工。据笔者的统计，《农桑辑要》引《齐民要术》卷五的条目中，共有32处存在脱句的情况，而且这些脱句相较于院刻、金抄、

---

① 陆心源辑：《群书校补》卷二十三《齐民要术》，清光绪刻本。

② 肖克之：《〈齐民要术〉的版本》，载《文献》，1997(3)。

③ 王毓瑚：《中国农学书录》，110页，北京，中华书局，2006。

明抄、明刻皆是如此。因此，脱句的现象不能讨论《农桑辑要》所引是来源于北宋本还是南宋本，但是它们也未必代表《农桑辑要》所见的《齐民要术》乃是北宋本、南宋本之外的别本。其一，《农桑辑要》引文中有 25 处脱句情况是因为《齐民要术》原文与农业技术知识无关所致，较为具有代表性的3.9 条，该条一共有 9 处脱句，请看：

> 　　三年，间劚去，堪为浑心扶老杖。[一根三文]十年，中四破为杖，[一根直二十文]任为马鞭、胡床[马鞭一枚直十文，胡床一具直百文]十五年，任为弓材，[一张三百]亦堪作履。[一两六十]裁截碎木，中作锥、刀靶[音霸，一个直三文]二十年，好作犊车材。[一乘直万钱]……十年之后，便是浑成柘桥。[一具直绢一匹]……十年之后，无所不任。[一树直绢十四]

以上可见，此条所脱去的 9 句话均为小字，且其中内容主要是说明物品的价格，而这些内容既与技术知识无关，也仅反映了《齐民要术》那个时代的情况，对于元人而言并无用处，因此《农桑辑要》的编辑者将它们删去合情合理。其二，《农桑辑要》的脱句中有一些是《齐民要术》原文有误之处（共 3条），例如 4.7 条云："蚕初生，用荻扫则伤蚕。"该句在诸种《齐民要术》的原文中均作："初生以毛扫，用荻扫则伤蚕。"可见《农桑辑要》中脱去了"初生以毛扫"，而另补了"蚕初生"，但是根据缪启愉的分析，初生之蚕用"毛扫"也不是一种很好的选择，而且这样一种认识在南宋时便为人所知，如陈元靓《博闻录》云："切不可以鹅翎扫拨。"且该句也为《农桑辑要》所引，正在《齐民要术》条之后。可见，为了缓解所引内容的矛盾，编纂者是会选择删去《齐民要术》有误之处的。以上两种情况共占到 32 处脱句的 28 处，也就是说大部分脱句都是《农桑辑要》的编者有意为之的。不过，笔者确实也发现 3 处脱句未可简单视之为编辑者的加工，现罗列如下：

　　3.2　放火烧之，[常逆风起火]桑至春生一亩。

3.3 率五尺一根。[未用耕故。凡栽桑不得者，无他故，正为犁拨耳。是以须概，不用稀；稀同耕犁者，必难慎，率多死矣；且概则长疾。]大都种葚长迟，不如压枝之速。

6.6 二月中，间劚去恶根。[劚者地熟楮科，亦所以留润泽也]

此外，还有一处 6.8 条云"以绳拦之"，该句在《齐民要术》原文则作"每一尺以长绳柱拦之"。以上 4 条所脱，笔者并不知其具体原因，或是编者另有考量，或是引录之时失误，抑或是所据《齐民要术》竟无此 4 句，实在不得而知了。

第五，衍句。据笔者统计，《农桑辑要》在引用《齐民要术》卷五的内容中，有 4 处多出了一句话，而该句则未见任何《齐民要术》著录。有学者认为："《辑要》引书相当严谨，恐非《辑要》所加，则其所据《要术》与今本不同。"①但是通过笔者在上文的分析，《农桑辑要》的编辑者是会对于所引的《齐民要术》的相关内容作出一定加工的，既然他们会删去相应内容，自然也可能增补一些文字。同时，《齐民要术》北宋本与南宋本究竟如何，其实并无确切的善本可以依据，仅仅院刻所残存的 2 卷能确切代表北宋本的实况。因此，此处考察《农桑辑要》所引《齐民要术》卷五时所多出的语句，正是来检验该书所添究竟是依据别本，还仅仅是撰者所加。请看 4 处多出之处：

3.3 （桑葚畦种），明年正月，移而栽之。

6.15 或火煏，（皮逼反）。

6.17 耐久不皵，（纤物反，色坏也）。

6.18 五遍为良，（七月中种蓝淀）。

---

① 大司农司编撰：《元刻农桑辑要校释》，缪启愉校释，120 页。

以上 4 处大体能够代表整部《农桑辑要》在引《齐民要术》之时的两种衍句问题。首先来看 3.3 条与 6.15 条，两条分别衍在所引条目的句首或句末，考察前一条"桑葚畦种"，虽然《齐民要术》中并无此句，但是《农桑辑要》所引的"明年正月，移而栽之……"这条之上，原文为：

> 桑葚熟时，收黑鲁葚，黄鲁桑，不耐久。谚曰："鲁桑百，丰锦帛。"言其桑好，功省用多。即日以水淘取子，晒燥，仍畦种。治畦下水，一如葵法。常薅令净。

由此可见，该条的内容就可以概括为"桑葚畦种"，而以上这条《农桑辑要》也并非没有引用，而是引用在了 3.2 条下，换言之，此处《农桑辑要》的编者一方面避免了引文之间的重复，另一方面则照顾到突然引"明年正月，移而栽之……"过于突兀，因此较为巧妙地通过"桑葚畦种"概括了前引的内容，并为此处所引作了铺垫。假如"桑葚畦种"是所谓"别本"《齐民要术》所有的那就相当奇怪了，因为《农桑辑要》也引了"桑葚熟时……"这段话，换言之那个"别本"中也有此句，那么这个"别本"又为何在此句话后面增加概括性的"桑葚畦种"呢？这样的操作显然是不可理喻的。同样的道理也在 6.18 条中出现，该条所衍之句为"七月中种蓝淀"，而此句所接之句的原文即为："七月中作坑……蓝淀成矣。"也就是衍句所概括的内容。因此，以 3.3 条和 6.18 条所代表的衍句情况，并不能代表《农桑辑要》所引的是"别本"《齐民要术》，这些衍句只是一种概括。

至于 6.15 条与 6.17 条则有些复杂，它们都是对于某字的注音，这样的衍句情况在整个《农桑辑要》引《齐民要术》的活动中都相当普遍，而《齐民要术》本身的注音问题就是学者们持续争论的焦点。四库馆臣认为贾思勰原作并无注音，今本所见的注音都是"孙氏"所加：

> 考《文献通考》载李焘《孙氏〈齐民要术〉音义解释序》曰："贾思勰

著此书，专主民事，又旁摭异闻，多可观，在农家最峣然出其类。奇字错见，往往艰读。今运使秘丞孙公为之音义，解释略备。其正名小物，盖与扬雄、郭璞相上下，不但借助于思勰也。"则今本之注盖孙氏之书。①

但是，对于馆臣的观点，余嘉锡在《四库提要辨证》中给予了激烈的反驳，他认为孙氏乃是南宋时人，而《齐民要术》北宋本中已有注音，故而"今本句下之注不出于孙氏，亦明矣"②。而农史专家梁家勉却认为孙氏之注并不在南宋之时，而在北宋院刻之前，"孙氏本人则另藏有原稿在家，经过若干时，他的子孙为了表彰先德，才将稿本托请李焘作序"③。以上这种过于离奇的观点并未在学界获得支持，例如郭文韬先生在《贾思勰评传》中便点评道："我们认为这种解释有些牵强，说服力不够。"④因此，整体来看《齐民要术》中的注音虽然仍不知道是谁、何时所加，但是其与"孙氏"应该无关。

不过，《农桑辑要》中引录《齐民要术》的内容中，在很多字下面都加了原文没有音注，这些音注究竟是《农桑辑要》撰者所增，还是"别本"《齐民要术》中的内容，抑或是所谓"孙氏"的《齐民要术音义解释》呢？笔者认为，通观整部《农桑辑要》来看，仍是编撰者所加的可能性更大，原因也很简单，那就是《农桑辑要》的其他引文和"新添"中，也有加入音注，以下各举一例：《农桑辑要》卷二"大小麦"条下引《四时纂要》云："可以二年不蛀。音注，虫也。"据原文查未有此音注，可见是编者所加；又，《农桑辑要》卷二"苎麻"条下"新添"云："不然，着水虚悬。在把蒲巴反平。"亦为编者所加。

---

① 永瑢等：《四库全书总目》卷一百二十《农家类》，见《影印文渊阁四库全书》第3册，188页。

② 余嘉锡：《四库提要辨证》，621～629页，北京，中华书局，1980。

③ 梁家勉：《〈齐民要术〉的撰者、注者和撰期》，见倪根金主编：《梁家勉农史文集》，19～26页，北京，中国农业出版社，2002。

④ 郭文韬、严火其：《贾思勰、王祯评传》，49页，南京，南京大学出版社，2001。

以上两例足证，既然《农桑辑要》的编者会在其他引文以及"新添"之条中为部分字词注音，那么该书在引《齐民要术》原文中所多出的注音自然也是编者所为了。

综上所述，笔者以《农桑辑要》引《齐民要术》卷五为基础，详细考察了引文与院刻、金抄、明抄、明刻等 4 种《齐民要术》原文的差异，尤其针对其中相异文字的脱、衍、误等情况进行了具体的比较与分析。整体来看，笔者认为以上的考察能够初步得到以下两个结论：第一，《农桑辑要》所引《齐民要术》并没有明显迹象表明来自已知诸本之外的"别本"，当然，前者的引文中有许多都与诸种《齐民要术》存在不同的差异，但是笔者通过上文的叙述，大体能确定这些差异主要是由于《农桑辑要》编者的失误或编者有意为之所致，并不能就这些差异推测存在所谓的"别本"《齐民要术》。第二，《农桑辑要》所引《齐民要术》当是来自北宋崇文院刻本系统，甚至有可能是北宋崇文院刻本的原本，而并非更接近其时代的南宋龙舒本《齐民要术》，有关这一点在误字/词现象中存在非常明显的分野。

# 后　记

　　2020年是北京师范大学原校长陈垣先生诞辰140周年。陈垣先生是蜚声国际的史学家、教育家和社会活动家。纪念和研究陈垣先生对继承他博大精深的学术和教育成就，弘扬他追求真理、热爱祖国、创新学术、无私奉献的"励耘精神"，继续推动学术和教育事业的发展，具有十分重要的意义。为此，北京师范大学发起并和中国国家图书馆、中国社会科学院古代史研究所共同举办了由北京师范大学历史学院承办的"陈垣先生诞辰140周年纪念暨学术研讨会"。此次大会后，我们编辑了这本纪念文集。

　　本次会议，我们收到全国各地学者撰写的论文30余篇。内容包括对陈垣先生的史学成就、学术思想和风格的研究，对其教育思想、教学方法和特点的探讨，对其学术影响和学术传承的论述，以及一批为本次纪念活动而撰写的专题论文。所论内涵丰富，各具特色，皆为精心之作。在此特向不辞辛苦、慷慨赐稿的各位作者致以崇高的敬意。

　　举办研讨会和出版论文集的活动得到北京师范大学校领导的大力支持。中国国家图书馆饶权馆长、中国社会科学院古代史研究所卜宪群所长也为大会顺利召开提供了许多支持。历史学院党委书记耿向东教授和院长张皓教授全程指导、协调相关筹备工作。借此机会，谨向以上各位领导表示衷心感谢。

　　文集大致按照以下方法编排：首先是单位领导或代表致辞，然后是各位专家、学者研究陈垣先生学术与思想的论文，最后一部分是其他专题论文。文集的标题为"动国际而垂久远"，此话是1933年陈垣先生致蔡尚思信中对他提出的一个奋斗目标。[①] 我们认为，以这个崇高的目标来形容陈垣先生杰出的学术与教育成就，正是恰如其分的。

由于文集截稿日期偏晚，留给编辑出版的时间很紧。北京师范大学出版社的总编和刘东明老师克服种种困难，保证了本书的顺利出版，我们特别致以恳谢。

我们期待本书的出版能够深化和推进对陈垣先生的研究。书中因我们的编校而出现的失误，还请各界朋友批评指正。

周少川　毛瑞方

2021年11月22日

---

① 《陈垣全集》第23册，175页，合肥，安徽大学出版社，2009。

**图书在版编目（CIP）数据**

动国际而垂久远：纪念陈垣先生诞辰 140 周年论集 /
北京师范大学历史学院编；周少川，毛瑞方执行主编.
—北京：北京师范大学出版社，2022.9
ISBN 978-7-303-28136-7

Ⅰ. ①动⋯ Ⅱ. ①北⋯ ②周⋯ ③毛⋯ Ⅲ. ①陈垣
(1880—1971) —纪念文集 Ⅳ. ①K825. 81-53

中国版本图书馆 CIP 数据核字（2022)) 第 155222 号

| 图 书 意 见 反 馈 | gaozhifk@bnupg. com | 010－58805079 |
| 营 销 中 心 电 话 | 010-58807651 | |

北师大出版社高等教育分社微信公众号　　新外大街拾玖号

DONGGUOJI ER CHUIJIUYUAN

出版发行：北京师范大学出版社 www. bnup. com
　　　　　北京市西城区新街口外大街 12-3 号
　　　　　邮政编码：100088
印　　刷：北京盛通印刷股份有限公司
经　　销：全国新华书店
开　　本：710 mm ×1000 mm　1/16
印　　张：32.75
字　　数：466 千字
版　　次：2022 年 9 月第 1 版
印　　次：2022 年 9 月第 1 次印刷
定　　价：120.00 元

| 策划编辑：刘东明 | 责任编辑：刘东明　王婧凝 |
| 美术编辑：李向昕 | 装帧设计：李向昕 |
| 责任校对：陈　民 | 责任印制：马　洁 |